论公民福利权利之基础

The Basis of Civil
Welfare Rights

杨伟民　著

图书在版编目(CIP)数据

论公民福利权利之基础/杨伟民著.—北京:北京大学出版社,2017.4
ISBN 978-7-301-27243-5

Ⅰ.①论…　Ⅱ.①杨…　Ⅲ.①公民权—研究　Ⅳ.①D911.04

中国版本图书馆 CIP 数据核字(2016)第 148411 号

书　　　名	论公民福利权利之基础
	LUN GONGMIN FULI QUANLI ZHI JICHU
著作责任者	杨伟民　著
责 任 编 辑	陈相宜
标 准 书 号	ISBN 978-7-301-27243-5
出 版 发 行	北京大学出版社
地　　　址	北京市海淀区成府路 205 号　100871
网　　　址	http://www.pup.cn
新 浪 微 博	@北京大学出版社　　@未名社科-北大图书
电 子 信 箱	ss@pup.pku.edu.cn
电　　　话	邮购部 62752015　发行部 62750672　编辑部 62753121
印　刷　者	涿州市星河印刷有限公司
经　销　者	新华书店
	730 毫米×1020 毫米　16 开本　31.5 印张　553 千字
	2017 年 4 月第 1 版　2017 年 4 月第 1 次印刷
定　　　价	88.00 元

未经许可,不得以任何方式复制或抄袭本书之部分或全部内容。
版权所有,侵权必究
举报电话: 010-62752024　电子信箱: fd@pup.pku.edu.cn
图书如有印装质量问题,请与出版部联系,电话: 010-62756370

国家社科基金后期资助项目
出版说明

　　后期资助项目是国家社科基金设立的一类重要项目,旨在鼓励广大社科研究者潜心治学,支持基础研究多出优秀成果。它是经过严格评审,从接近完成的科研成果中遴选立项的。为扩大后期资助项目的影响,更好地推动学术发展,促进成果转化,全国哲学社会科学规划办公室按照"统一设计、统一标识、统一版式、形成系列"的总体要求,组织出版国家社科基金后期资助项目成果。

全国哲学社会科学规划办公室

前　言

自从进入社会保障、社会政策研究领域(本书将这个领域称为国家福利政策领域)以来，我一直追究的问题就是：国家为什么要制定实施福利政策？我之所以追究这个问题，源自这样一个思考。改革开放以前，对于我们国家的劳动保险、公费医疗、义务教育等，舆论基本上解释为社会主义制度的优越性。改革开放以后，我们了解到很多资本主义国家同样有某些福利政策。对此，似乎难以用社会主义制度的优越性进行解释了。

但是，更详细、深入地了解以后，欧洲一些发达工业化国家的福利政策的实际发展过程又表明，除了各种具体的历史原因和社会力量的作用外，社会主义确实是这些国家福利政策发展的重要影响因素。当然，影响和推动国家福利政策发展的主要是包括英国的费边社会主义在内的各种被我们称为改良主义的社会主义。从这个角度论证和解释国家福利政策必要性的学者，给出的理由主要是减少社会成员之间在收入上的不平等、缩小贫富差距、推进社会团结等等。这些理由仍然不是对国家承担其公民的某些福利责任的根本解释。因为如果社会成员之间收入上的不平等是公正的，就没有必要以国家政策进行调整；如果是不公正的，国家的政策就应该对准造成不公正的原因。仅仅以国家福利政策具有减少社会成员之间在收入上的不平等的作用进行解释，在理论上缺乏应有的精确性和彻底性。如果说社会成员之间的相互帮助，或是境况较好的人对陷入困境的人提供帮助，有助于社会团结，这仍然不能证明国家对其公民直接承担某些福利责任的必要性。因为国家可以通过其他多种方式推进社会慈善事业的发展。

正是因为这些社会主义性质的理由缺乏理论上的精确性和彻底性，所以很难经受住自由主义的批评。根据自由主义的基本观点，只要个人自由得到保证、市场经济秩序得到维护，在市场机制这只"看不见的手"的作用之下，人与人之间的收入差别就既是公正的，也是有助于整个社会经济发展的。国家的福利政策以及以其他方式对市场机制的干预，既影响了经济发展效率，也削弱了个人努力满足自己生活需要的积极性。但是，自由主义者中也几乎没有人断然否定国家所有的福利政策，至少没有人断然否定国家对老弱病残者的救助政策。

肯定国家应该制定必要的福利政策的自由主义者,通常是以个人拥有参与国家公共事务的政治权利为前提,以社会成员的普遍性要求、多数人的意见来解释国家的社会福利政策。但是,社会成员的观念、利益、要求、意见等在很多情况下是彼此不同的,一个人的意见、要求也是会改变的。第二次世界大战以后很多国家的公民对福利政策的意见与后来所谓的"福利国家危机"时期的意见是有很大不同的。那么,究竟哪种意见是国家制定实施福利政策的根本理据?国家的福利政策有没有确定不移的客观事实基础呢?

经过持续的阅读和思考,我大约在十年前形成了本书阐述的基本观点,即每个人对自然资源的平等权利是国家福利政策的客观事实基础,是公民从国家获得一些现金、实物、服务等形式的福利的权利根据。本书将公民的这项权利称为公民福利权利。以每个人对自然资源的平等权利为基础,国家的福利政策可以极大地优化、简化,而且更加公平合理。

但是,当我认识到每个人对自然资源的平等权利是公民福利权利的客观事实基础时,又感觉这样一个简单的基本事实不可能没有人指出过。那么,为什么这个基本事实没有能够成为国家福利制度的基础呢?

到目前为止,仅就我的阅读范围而言,我了解到的是:洛克的财产权理论在肯定了每个人对自己的劳动创造出的财富的权利的同时,实际上否定了每个人对自然资源的平等权利,而且洛克的财产权理论至今仍然是最有影响力的理论;否定洛克的财产权理论所论证的私人财产权制度,建立生产资料公有制,其结果又会严重损害每个人对自己的劳动创造出的财富的权利;同时,在社会科学的历史上,也不止一人论述了每个人对自然资源的平等权利。不过,即使最明确地肯定了每个人对自然资源平等权利的人也没有认识到这项权利与国家福利政策的关系;讨论国家福利政策的人则主要是从人与人、个人与社会之间关系方面进行论证,没有从个人与自然资源之间关系方面加以考虑。所以,将个人从国家那里得到一定的福利给付视为公民权利的人,基本上是将这种权利界定为社会权利。那么,社会权利的根据又是什么呢?最终还是归结为社会成员的意见、理想等。

因此,说出每个人对自然资源拥有平等权利就如同说出"皇帝的新衣"一样,就是指出了一个基本事实。如何能够证明这个基本事实就是公民福利权利、国家福利政策的根据呢?十年来为了论证每个人对自然资源拥有平等权利,这项平等权利是每个公民从国家得到一定的福利的权利基础,我自认为是花费了很多心血、下了很大功夫的。其中,也有不少在岔路上走了很远又返回的经历。

时至今日,我自己觉得本书基本上比较清楚地表达和论证了每个人对自然资源的平等权利与国家福利政策之间的关系。同时,阐述了以每个人对自然资源的平等权利为基础的国家福利体系的核心内容。然而事实上,对于我的论证是否清楚、给出的国家福利政策改革框架是否合理,我仍然心存忐忑。因此,诚挚地希望得到读者的批评指正。

在本书的写作过程中,除了家人给予的一贯的支持和帮助之外,我还要特别感谢北京大学出版社的陈相宜编辑。在几年前了解到我的初步想法后,她就始终与我保持不间断的联系。陈相宜编辑的这种敬业精神,对我的写作具有很大的推动作用。

同时,我也非常感谢国家社科基金后期资助项目给予的支持,感谢审阅我的书稿并提出修改意见的专家。

写在出版之际

因本书的出版得到国家社会科学基金后期资助项目的支持,在立项后对书稿进行修改的同时,我利用获得的经费围绕与自然资源使用有关的情况进行了一些社会调查。在此,将我在调查中获得的一个简单的事实与读者分享。

这个事实能清楚地告诉我们,在目前我国的农业生产条件下,一年生产的粮食卖得的钱中土地贡献所占的比重。亦即,在等价于一年生产的全部粮食的钱里边有多少并不是人的劳动创造的,而是大自然给予的,是全国人民有权利平等分享的。有人看到这句话可能立即反驳说,目前的中国,农民的收入已经显著低于城市居民了,难道还要让农民从辛苦种粮得到的那一点钱中再拿出一部分让城市居民分享?从理论上说,我的回答是:是的。不过我马上就要补充的是:等价于所有的工厂一年生产的产品的钱中不仅包含了土地的转入价值,还包含了各种矿藏资源和其他地上资源的转入价值。所有这类大自然给予的部分,都是全国人民有权利平等分享的。农民之所以较为贫穷,一个重要原因就是,对工业生产领域中各种自然资源转入形成的价值基本上没有任何分享的权利。

近些年,在我国矿产资源丰富的地区,一些矿主为什么能够暴富?不就是因为这些人将各种矿藏资源中开采出来的部分所形成的价值的一部分占为己有吗!这些矿藏资源不是任何人的劳动创造的,而是大自然赋予全国人民的,这是无可争辩的客观事实。在目前中国的GDP中包含的自然资源形成的部分,耕地只占其中很小的比例。GDP中包含的所有的由自然资源转入形成的价值,农民与其他人都拥有平等的享有权利,这才是公平的。

我在中部平原地区的一个村庄了解到土地的流转情况是,同一个村庄的农民,想成为种田大户的人,通过与其他农民协商,租种其他农民的承包地,在租期为6年时,每亩地每年的租金是500元。虽然目前一些地方政府对土地流转提供了支持,但是,至少这个村庄的实际流转过程是农民之间协商的结果。因为没有强制,而且农民对耕种土地的支出和收益都是比较清楚的,所以土地的租金既是双方自愿接受的,也应该是比较合理的。

一个租种了 415 亩地的种田大户介绍,种植水稻需要投入的化肥和农药的费用是每亩 350 元,总的费用是 14.5 万元。种子的费用是 3.2 万元。因为 2014 年气候的影响,小麦只种了 140 亩,他的复种指数仅为 37%。种子、化肥和农药的投入,他没有具体说,根据调查得到的农民自己种承包地的支出情况,大约是每亩 290 元,总共是 4 万元。水稻和小麦合计将近 22 万元。此外,还有机械方面的支出。根据种田大户的介绍,水稻使用机械的柴油费是每亩 70 元,全部机械折旧费每年 1 万元。根据他的复种指数,等于使用机械耕种了 555 亩,平均每亩地的机械使用费大约是 20 元。合计水稻的机械费用是每亩 90 元。因为小麦的机械化程度高一些,可假定小麦的机械费用是每亩 100 元。种田大户投入的机械费用大约是 5 万元。因此,其投入的物质要素总计是 27 万元。

种田大户除了以上的费用支出,还另有一些支出。一是需要雇工,费用是每人每天 100 元,共计约 12 万元。再有就是土地的租金,共计 207 500 元。另外,他为了将从各家各户租的土地连成片,平整土地花了大约 7 万元(这笔费用不是每年都需要支出的,如按照 6 年的租期计算,每年大约 12 000 元)。

收入方面,他 2014 年种植小麦 140 亩,产出约 56 000 公斤,每 100 公斤收购价 230 元,毛收入约 12.9 万元;糯稻产出 14 万公斤,每 100 公斤 260 元,毛收入约 36.4 万元;杂交稻产出 10 万公斤,每 100 公斤 240 元,毛收入约 24 万元,共计 73.3 万元。由于其复种指数只有 37%,因此,其 2014 年每亩耕地的产品的卖价大约是 1766 元。

扣除各种费用和租金大约 61 万元以后,种田大户一年大约能有 12.3 万元的收入。这其中包括他和家人操作农业机械的劳动收入、他自己付出的管理类劳动应得到的收入、他投入的资本的利润。他和家人操作农业机械的劳动收入,可以参照自己耕种承包地的农民和种田大户每亩支出的机械费用计算。农民自己耕种承包地的机械费用,小麦的是 160 元,水稻的是 140 元,种田大户每亩的机械投入则分别是 100 元和 90 元。那么,种田大户家里人投入的操作机械的劳动费用是 415×(140-90)+140×(160-100)= 29 150,即大约是 3 万元。剩下的 9.3 万元是他自己付出的管理类劳动应得到的收入和他投入的资本的利润。

关于种田大户投入的资本的利润,2014 年他投入的生产成本大约是 61 万元,全部粮食的卖价是 73.3 万元。扣除他和家人操作农业机械的劳动收入 3 万元,在不扣除他的管理类劳动应得的报酬的情况下,种田大户的资本利润率是 15.2%。

根据一篇文章,其提供了安徽省芜湖市的产粮型家庭农场投入产出的数据,种植面积平均为26.4公顷(我调查的种田大户租种的耕地是27.67公顷)的农户的资本利润率是13.7%。其他数据可参见表1。表中的数据与我在调查中获得的数据基本是一致的。如果按照13.7%的利润率计算我所调查的种田大户的情况,在他的9.3万元收入中,有8.35万元是他投入的资本的利润,他作为家庭农场管理者付出的劳动的收入是9500元。这些数据表明,种田大户的收入是显著提高的,但是,既不是因为资本的利润率提高,也不是因为劳动生产率的提高,而是因为规模效益。

表1 2013年芜湖市不同规模产粮型家庭农场经营情况调查结果

户均规模	两季单产(kg)	户均产值(万元)	政策补贴(万元)	生产成本(万元)	用工成本(万元)	土地租金(万元)	户均净收入(万元)	成本利润率(%)	户均面积(hm²)
6.7 hm² 以下	14 630	20.8	1.305	12.8	0	4.002	5.303	31.4	5.8
6.7—13.3 hm²	14 532	37.7	2.385	23.6	0.16	7.314	9.01	28.8	10.6
13.3—20 hm²	14 086	56.0	3.645	36.7	1.35	11.178	10.42	21.0	16.2
20—30 hm²	12 993	84.2	5.940	59.4	1.57	18.216	10.95	13.7	26.4
30 hm² 以上	12 955	104.8	7.425	74.3	2.68	22.77	12.48	12.8	33.0

数据来源:方银来、章国银:《小麦(油菜)—水稻两熟区域家庭农场合理经营调查研究》,《安徽农业科学》2013年第30期。

那么,按照2014年的粮食价格,种田大户每亩地粮食1766元的卖价的构成是:土地租金500元,占28.31%;包括管理类的人的劳动收入大约是385元,占21.80%;除了土地,其他生产要素投入平均每亩是680元,占38.47%;资本的利润大约是201元,占11.36%。因为在粮食种植、土地向种田大户流转方面政府还有一些补贴,所以这些数据不是绝对准确的。

尽管这几个数据不是绝对准确的,但是也足以证明,在实现了一定程度的农业机械化的情况下,土地在粮食的卖价中占了将近30%。虽然说耕地已经不是原生态的自然资源,但是其转入到粮食中的价值与先前的劳动有关的部分,是世世代代的人的劳动积累,并不是当时有关的人的劳动投入的结果。因此,这部分劳动积累同自然资源一样,也是每个公民有权利平等分享的。

土地在粮食的产出价格中所占的比例是这样。其他各种自然资源在各自相关产品的市场价格中占的比例又是怎样的?它们在我国一年的GDP中总的占比是多少?等于多少元人民币?

仅仅根据国家统计局 2015 年 2 月 26 日公布的《中华人民共和国 2014 年国民经济和社会发展统计公报》中提及的一些数据,即全年粮食种植面积 11 274 万公顷,折合 168 705 万亩,按照前面的有关数据计算,在 2014 年的 GDP 中有 800 多亿元是这些耕地转入的价值。原煤产量是 38.7 亿吨,原油是 21 142.9 万吨,天然气是 1301.6 亿立方米,初步核算,全年能源消费总量为 42.6 亿吨标准煤。扣除将这些矿藏资源开采出来需要的物质要素的费用和人的各种劳动应得的报酬(科研、管理、环保、直接开采等各种有关的物质和人工投入),完全作为大自然的给予的价值是多少?另外,公报给出的十种有色金属 4380.1 万吨,是由多少矿石提炼出来的,没有提供具体数据。但是,根据生产过程的投入产出,应该是能够计算出来的。全年全国国有建设用地供应总量 61 万公顷以及全年总用水量 6220 亿立方米,这些也都是大自然给予的、全国人民有权平等分享的物质财富。

原煤、原油、天然气、各种矿石等自然资源一旦被开采出来,其使用方式又与土地不同。土地是可以长期重复使用的自然资源,因此其每年转入相关产品的价值只是全部价值的很小的一个部分,而各种矿藏资源是不可重复使用的。一吨原煤被消耗了,其价值就全部转入到相关产品之中了。因此,即便由于科学技术的发展,在某些工业产品中,自然资源价值占的比例可能很小,但是从总体上说,工业产品中包含的自然资源的价值一定比农产品中的多得多。

本书的全部内容就是论证每个人对自然资源的平等权利,以及以这个权利为基础的国家福利体系可以是怎样的。

目 录 Contents

绪论　公民福利与每个人对自然资源的平等权利　/ 1

上编　社会政策与权利

第一章　否定和肯定每个人对自然资源平等权利的理论　/ 31

32　第一节　洛克财产权理论中存在的逻辑错误

46　第二节　劳动价值论的自相矛盾

52　第三节　亨利·乔治对每个人平等拥有自然资源权利的论证

61　第四节　诺齐克的基本观点及其对洛克财产权理论的分析

第二章　难以成为公民福利权利基础的社会权利　/ 74

76　第一节　马歇尔对公民身份演进过程的阐述及其存在的问题

88　第二节　马歇尔对社会权利的阐述

98　第三节　与社会权利的形成和发展相关的历史事实

105　第四节　公民的福利权利的更为坚实的客观基础

第三章　难以成为正义之基础的自然才能分享　/ 111

112　第一节　罗尔斯对正义原则的论证方法

119　第二节　罗尔斯的有关判断中的错误与研究方法的价值

129　第三节　罗尔斯的两个正义原则的基本含义

137　第四节　罗尔斯差别原则及其依据的哲学理论存在的主要问题

144　第五节　"原初状态"下可以产生的更合理的选择

第四章 避开了"难解之谜"的社会政策 / 159

- 162 第一节 贫困救助成为国家必须承担的责任
- 170 第二节 自由主义对国家必须承担贫困救助责任的勉力解释
- 181 第三节 社会政策体系的形成和发展
- 193 第四节 福利国家的形成

第五章 当代社会政策体系难以避免的一些问题 / 207

- 208 第一节 社会救助政策涉及的难以解决的问题
- 219 第二节 社会救助政策导致的难以解决的问题
- 227 第三节 社会保险政策涉及的问题和设计中必然遇到的困难

第六章 社会政策体系的根本性改革框架 / 248

- 249 第一节 以平等的自然资源权利为根据的国家福利政策的核心部分
- 257 第二节 国家的福利政策体系与个人福利多元化
- 265 第三节 以平等的自然资源权利为根据改革国家福利政策体系的意义
- 272 第四节 根本性改革框架的理论模式与中国实际情况的衔接

下编 权利与客观事实

第七章 自然权利论者的"自然" / 281

- 283 第一节 西方思想观念中的"自然"的歧义性及其形成原因
- 290 第二节 古代中国人追寻规则之根据的起因及其提出的有关概念
- 297 第三节 "自然法"观念的形成及其蕴含的多种理论路向
- 306 第四节 自然规律观念的形成

第八章 自然权利论者的"自然权利"之客观事实根据 / 315

- 316 第一节 自然权利论与自然法学说的关联
- 326 第二节 自然权利与自然事实
- 338 第三节 从自然权利到公民权利

第九章　自然正当论与自然权利论　/ 351

- 353　第一节　古典自然正当论的价值和缺陷
- 359　第二节　施特劳斯的自然正当论
- 368　第三节　自然权利论的价值与根本缺陷
- 377　第四节　"实然"与"应然"的关系问题

第十章　人对自然资源的自然拥有与拥有权利的分化　/ 384

- 384　第一节　人对自然资源的自然拥有与拥有意识的形成
- 391　第二节　对劳动产品和自然资源的拥有权开始分化
- 396　第三节　对自然资源和劳动产品的权利分化与公共权力的作用
- 407　第四节　韦伯对原始共同体分化过程与原因的论述

第十一章　人对自然资源权利的分化不可达于极致　/ 413

- 414　第一节　典型的和非典型的奴隶制
- 427　第二节　中国奴隶社会的基本特征
- 434　第三节　奴隶社会不可能长期持续

第十二章　社会制度对人与自然资源关系的影响　/ 446

- 446　第一节　小农土地私有制下人与自然资源关系的特点
- 458　第二节　工厂制产生的前提条件
- 469　第三节　工厂制的双重性

结论　人的两种自然权利　/ 480

绪论　公民福利与每个人对自然资源的平等权利

本书探讨的核心问题是：国家为其公民提供某些福利的根据是什么？本书的基本观点是：每个人对自然资源的平等权利是国家福利政策，亦即公民福利权利的客观事实基础。这其中必然涉及福利、公民、权利等在哲学和社会科学领域中具有重要位置的概念。所以，在绪论中我首先对这几个重要概念给出必要的解释；然后，简单介绍本书探讨的核心问题和基本观点；接下来，简述全书的主要内容及其彼此之间的逻辑关系；最后，概括地论述以每个人对自然资源平等权利为基础的国家福利政策框架的要点和意义。

一、核心概念界定

中文的"福利"一词的现代含义基本上是从西方国家引进的。中文的"福利"主要是与英文的"welfare"互译。在西方社会，"welfare"既是许多学科中的概念，也是植根于伦理和哲学中的理念和目标、政治论述和争论的主题、政治组织和国家的实践活动。因此，其含义极其复杂、多样。基于本书的研究主题，有必要梳理一下学术界对福利含义的一些有代表性的解释，在对他人观点进行分析的基础上给出本书的定义。

对于"welfare"一词的渊源，虽然不同的学者具体说法不同，但是都认为它有进展和良好之意。如詹姆斯·米吉里（James Midgley）说，它来源于一个古老的词汇"farewell"，是人们在分手时用来表达良好祝愿的，意思是"旅途一帆风顺"，有"祝愿生活美好、幸福"之意。① 马丽·戴利（Mary Daly）说："这个词的起源至少可以追溯到14世纪，它意味着进展或旅程良好（it meant to fare or journey well）。在这里福利具有条件和过程双重含义——如果我们把它分开来看就是：好和进展。"② 这样，"welfare"一词与另一个英文词语"well-being"意义相近或相同，都是指生活幸福、美好。

---

① James Midgley, *Social Welfare in Global Context*, Thousand Oaks, California: Sage Publication, 1997, p. 4.
② Mary Daly, *Welfare*, Cambridge: Polity Press, 2011, p. 13.

由于"welfare"与"well-being"的意义难以区分,结果在相关的社会科学学科,尤其是福利经济学和社会政策研究领域,都出现了将"welfare"等同于"well-being"的问题。近年来,一些学者对此提出了批评。

比尔·乔丹(Bill Jordan)引用艾德勒和波斯纳以及鲍多克(Adler and Posner, 2006;Baldock, 2007)的话说:"在 20 世纪的大部分时间里,在讨论人类发展、社会正义和公共政策时,'welfare'和'well-being'或多或少是被作为同义词使用的。"在 20 世纪之所以出现这种状况,一个重要原因是在"对人类繁荣的问题"的研究中,经济学占据了主导地位。而且,经济理论的主张还"进入了其他社会科学的领域"。① 另一个原因是,"在 20 世纪上半叶集体行动的范围,因为政治相互依存的范围扩大了。这意味着经济和社会生活越来越多地受到了政府的控制,并且在民主国家再分配的可能性扩大了,对社会正义争论的领域扩大了"②。确实,主要是这两个方面的原因导致了福利含义的复杂、多样和偏差。

一方面,在福利经济学那里,既对"welfare"给予了不同于"well-being"的解释,又对"welfare"的经济学解释赋予了"well-being"之意。结果是使"well-being"的含义变得狭窄了。庇古在其《福利经济学》中首先说,"'welfare'的范围非常广泛"。然后,他将自己的研究主题限定在了"科学的方法似乎可以最好地发挥作用的领域",社会福利(social welfare)中"直接或间接地与货币测量尺度相联系的部分"。并且明确说明,"福利(welfare)的这个部分可以被称为经济福利(economic welfare)"。③ 而他的经济福利并不是指各种物品和服务。由于福利经济学与功利主义哲学的直接关系,庇古的福利指的是效用。"一个人为了购买一种东西准备支付的货币直接测量的不是他将从那个东西得到的满意,而是他对那个东西渴望的强烈程度。""效用——它自然地与满意相联系——表达渴望的强烈程度。"④这样,福利就变成了与外在的物品和服务有联系的一种主观感觉、一种心理状态。

这种以心理感觉测度效用的方法,在 20 世纪 30 年代受到了批评。罗宾斯(Lionel Robbins)等人提出从科学的角度看,不存在对人的心态进行比较的任何方法。于是,就形成了以偏好或个人的行为选择代表个人福利的思路。个人偏好什么、在市场上选择什么,就证明什么对个人是有效用的,

---

① Bill Jordan, *Welfare and Well-being: Social Value in Public Policy*, Policy Press, 2008, p. 1. Downloaded from http://lib.myilibrary.com.

② Ibid., pp. 1-2,6.

③ A. C. Pigou, *The Economics of Welfare*, Macmillan and Co., Ltd., 1952, pp. 10, 11.

④ Ibid., pp. 10, 23.

是能够增进个人福利的。在这样的理论中,市场处于优先地位,福利就是个人"通过经济交易产生的满足"。"在我们的需要和愿望得到满足的意义上它意味着幸福。"①再加上,"经济理论的主张进入了其他社会科学的领域,坚持它独自为分析所有类型的人类行为提供了首尾一贯的框架"②,因此,福利就被等同于通过市场交换获得的满足,通过市场交换获得了满足就是幸福。

然而,近些年一些社会学研究和一些经济学家对自己的调查结果进行的分析表明,"在平均收入增加和自我评估的幸福(well-being)水平之间没有可靠的关联。特别是在富裕的国家,经济福利(economic welfare)与预测的人们对他们的生活的总体满意度并不相符"③。这些事实表明经济福利不能等同于幸福。

另一方面,对政府扩大在经济和社会生活的干预的有关研究,特别是对政府为其公民提供经济帮助和某些服务的研究,形成了对"welfare"的另一种解释。这种解释"打开了新古典经济学一直紧紧关闭的窗户"。"在这里福利非常适合这样一种关注,这种关注被视为是与平等、公正、自由和权利相关的道德戒律紧紧联系在一起的,也是与福利作为政治生活目标在公共机构和实践中如何可以实现分不开的。"④为了实现这些理念和目标,重要的实践活动就是由国家为其公民提供一定的经济帮助。在西方国家,由政府为其公民提供必要的经济资源和服务的措施,一般被称为社会政策、社会福利或社会保障。第二次世界大战以后,一些国家还自称或被称为福利国家。按照马丽·戴利对福利国家的解释,"大量的术语把我们带入福利国家的领域:社会保障、社会政策、社会福利。我们可以使用这些术语中的任何一个,但是福利在许多方面又是一个更高级的概念"⑤。所谓"更高级的概念",主要是指一些国家比较多地承担了在市场之外向其公民提供现金、实物和服务的职责。

社会政策或福利国家的研究者与福利经济学家的共同点是,都只是考虑了个人生活的快乐、幸福与现金及能够用现金购买到的物品和服务之间的关系。根据"well-being"的基本含义和有关学者的解释,如果将"well-being"理解为一个人生活的快乐、幸福、满意,那么,"welfare"无论是指个人

---

① Mary Daly, *Welfare*, p. 1.
② Bill Jordan, *Welfare and Well-being: Social Value in Public Policy*, p. 3.
③ Ibid., p. 4.
④ Mary Daly, *Welfare*, p. 19.
⑤ Ibid., p. 85.

"通过经济交易产生的满足",还是指个人从政府获得的现金、实物和服务,都不是"well-being"形成的全部条件。无论怎样定义"welfare",将其等同于"well-being"都存在以偏概全的问题。

在20世纪80年代,针对国家对经济和社会生活的干预越来越多的问题,在社会政策或福利国家研究领域,有人提出了福利多元化的观点。例如,较早地论述了福利多元化的罗斯(Richar Rose)提出,一个给定社会的福利是由家庭、市场和国家这"三个部门中的每一个生产的物品和服务刻画的"。① 再如,克雷斯·德·纽伯格(Chris de Neubourg)提出了福利的五边形。他认为现代社会有五个构成因素被用于满足人的需要和控制风险,"分别是:市场、家庭、社会网络、会员组织和政府当局"。"个体为解决他们的福利问题(即满足基本需求),可以在福利五边形中寻求一角加以解决,也可以探寻福利五边形各个角的有机组合,以达目的。"②

福利的多元论者正确地指出了提供福利的不仅仅是国家的政府机构,社会中的其他结构部分也能够或应该对有需要的人承担福利提供的责任。但是,福利多元论的一个主要问题是,将个人从各种途径、以各种方式获得的生活资源——人需要的所有生活物品和人在生活中需要的所有的服务都称为福利。例如,罗斯说:"主要的福利产品在这里被定义为那些必定持续地影响每个人(例如,需要住房)或在生命周期中的一个给定的阶段影响个人(例如,需要教育)的那些产品。"而且认为"大多数人关注的福利产品可以很容易地根据经验确定。收入、食品、住房、医疗、教育、交通和个人的社会服务,这些比共同体(community)或公平等抽象的福利目标更容易测量。不凭经验定义福利的方式,把福利的定义抽空,往往把纯粹的福利经济学转变为'一种无解释的逻辑推断体系,这样的推断不会有任何东西'。这种方式也排除了那些重要的无形的事物,如感情、快乐和生活满意度,主观的社会心理测量对这些是更合适的"③。然而,如果将福利定义为个人从各种途径、以各种方式获得的生活资源,福利作为一个概念就失去了其独特的含义,也就失去了其存在的价值。因为把那些东西称为一个人终其一生都需

---

① Richar Rose, "Common Goals but Different Roles: The State's Contribution to the Welfare Mix", in *Welfare Theory and Development*, edited by Pete Alcock and Martin Powell, London: SAGE Publications Ltd, 2011. p. 66.

② 〔美〕克雷斯·德·纽伯格:《福利五边形和风险的社会化管理》,载于〔美〕罗兰德·斯哥(Roland Sigg)等编:《地球村的社会保障》,华迎放等译,北京:中国劳动社会保障出版社2004年版,第303、307页。

③ Richar Rose, "Common Goals but Different Roles: The State's Contribution to the Welfare Mix", in *Welfare Theory and Development*, edited by Pete Alcock and Martin Powell, p. 64.

要的或在生命周期的某个阶段需要的生活资源就可以了。

其实,按照罗斯所说的,应该"根据经验确定"人们将什么视为福利,那么,在实际生活中没有人将自己通过市场交换获得的资金以及从市场购买的生活物品称为福利,也没有人将家庭成员之间互相给予的现金、物品和服务称为福利。其实,不仅是家庭成员之间的相互给予不被人们称为福利,就是亲属之间的互相帮助,一般也没有人称之为福利。

在实际生活中人们将什么称为福利呢?在英国,"在战后的多数时间里,'福利'是社会工作的代名词,或者更准确地说,是指由地方当局提供的个人社会服务的代名词"。"然而20世纪60年代后期,福利一词开始被用于指针对贫困家庭所开展的家计调查的社会保障津贴。"①

又如,在美国人那里,"公共救助,更多地被称为福利"。比尔·克林顿在担任总统期间,"通过把福利办公室变成一个职业介绍所和通过限制家庭能够持续获得福利的时间,兑现了结束'我们所知道的福利'的承诺"。这种兑现就是"达成对公共救助项目进行仔细审查的协议",通过了"个人责任与工作机会协调法案"。"这项立法结束了帮助有未成年子女家庭计划的权利地位,使工作成为强制性的条件,限制了家庭可以收到现金救助的时间。"②亦即,美国人通常说的福利,指的是由政府提供给贫困的有未成年子女家庭的救济金。

再如,我们中国人说到福利时,一是指政府给退伍军人、老年人、儿童、残疾人等提供的现金、实物和服务;二是指企业福利或单位福利。这两类福利的共同点是,不是依据市场的等价交换原则,也不是依据亲密的私人情感。如人们说到企业福利或单位福利时,通常不是指自己得到的工资或薪金,而是指工作单位在工资或薪金之外提供的资源——工作餐、节日礼品、节假日聚餐、旅游以及其他各种免费或费用较低的物品或服务。这类资源之所以被称为福利,最突出的特点就是,个人即使交费,也不需要按照市场价格交费,同时,企业或单位提供这类资源时,也不是完全按照员工的劳动力价值分别对待。对这样得到的各种物品和服务,人们才视之为单位的"福利"。而工资或薪金,从理论上说,则是个人以自己的劳动能力在劳动力市场中交换到的。所以,不被称为单位的"福利"。

亦即,根据社会生活经验,人们是将在市场和家庭之外、以非等价交换

---

① 〔英〕艾伦·肯迪:《福利视角》,周薇等译,上海:上海人民出版社2011年版,第5页。
② Diana M. DiNitto, *Social Welfare: Politics and Public Policy*, Boston: Allyn & Bacon, 2011, pp. 89, 247.

的方式获得的生活资源称为福利的。人们之所以将这些生活资源称为福利,是因为得到它们的途径或方式有特殊性。社会科学中的概念不应该脱离生活经验,而应该以社会生活的经验为基础。虽然"welfare"最初的含义是与"well-being"相近或相同的,但是随着社会生活的变化,人们已经赋予了"welfare"新的含义,社会科学家就应该根据社会生活已经发生的变化来定义与之相关的概念。其实,蒂特马斯在20世纪50年代,根据当时的社会生活实际论述福利涉及的范围时,就指出当时的集体干预"可以广义地分为三个主要的福利范畴:社会福利、财政福利和职业福利"。[1] 这些指的都是工资和薪金之外,即个人在市场之外从国家或企业得到的资源或服务,包括以减免税的方式实际得到的生活资源。而最近几十年,各种在市场之外为社会成员提供经济资源和服务的社会组织、社会网络的发展,使得福利的含义也应该包括这类提供者提供的资源和服务。

因此,本书对福利的定义是,福利指的是个人在家庭和市场之外,以非等价交换的方式得到的生活资源。能够以这样的方式向个人提供生活资源的,包括政府、各种非政府的非营利组织、慈善组织、互助组织、个人的非正式的社会关系网络等。生活资源的具体形式可以是现金、实物或服务(即此处的生活资源也是指能够以货币衡量的资源,本书称这类资源为生活资源或福利资源)。

根据上面的定义,能够称为福利的只是纽伯格提出的福利的五边形中的社会网络、会员组织和政府当局向个人或家庭提供的生活资源。不过,其中的社会网络中的节点可以是个人或家庭,如邻里之间的互助,同事、同学、战友之间的互助,以及本来没有任何私人关系的个人之间的互助;同时,网络中的节点也可以是组织——各种类型的非营利组织、志愿组织、慈善组织,它们以有组织、有明确规则的方式向有关的个人或家庭提供帮助。以各种类型的节点构成的社会网络、会员组织、政府向有关个人或家庭提供的生活资源之所以称为福利,就是因为提供这些生活资源的方式不同于市场和家庭。既不是以等价交换为原则,也不是以血缘关系和特殊的私人感情为基础,而是以一些更为普遍性的原则为基础的。

一般而言,政府、会员组织和社会网络中的各种类型的节点向个人提供某些生活资源,主要是帮助有关的个人适当地满足其基本生活需要。所谓基本生活需要,指的是在一定的社会、经济、文化环境下得到普遍认可的那

---

[1] Richard M. Titmuss, *Essays on "The Welfare State"*, London: George Allen and Unwin, 1958, p. 41.

些生存和发展需要。人的需要既有生物性的基础,也是由社会文化建构的。因为人的需要与社会文化有关,所以人的需要才变得极其复杂、极其多样、不断变化、不可能完全满足。不过,也恰恰是因为人的需要既有生物性的基础,也是由社会文化建构的,这两个因素又决定了在一定的社会文化环境中,社会成员对于哪些是人的基本需要,还是能够形成大体一致的判断的。

另外,将个人在家庭或市场之外以非等价交换的方式获得的生活资源称为福利,也是与"welfare"最初的含义有关系的,即也是与生活得好、生活幸福有关的。福利是以幸福为目的的。如果一个人的基本需要得不到适当的满足,其生活就会是不好的、很差的。这样的个人如果得到了社会的有关机构、组织或个人的帮助,其生活状态就可能变得好些。但是,福利与幸福不是等同的关系,福利只是影响个人幸福的一个因素。对任何个人而言,一方面,要生活得幸福,需要获得一定量的生活资源,这主要靠个人的努力。个人要努力提高自己获得生活资源的能力,使用自己的能力获得需要的生活资源。在市场经济社会,就是提高自己参与市场活动的能力,实际参与市场活动。但是,个人如何努力、个人的努力能够得到怎样的结果,又是与社会制度、社会结构有关的。另一方面,由于人的生活幸福不仅取决于物质需要的满足程度,也包括社会的、情感的、精神性的需要的适度满足。这同样与个人的行动能力、行动意愿、价值取向以及人际关系有关,也与影响着个人的选择自由、参与各种社会活动的机会的社会环境有关。

就福利与幸福的关系而言,作为福利的生活资源既可能增进个人的幸福,也不一定就使获得者的生活质量、生活满意度或幸福感得到相应提高。福利要能够实现增进个人幸福的目的,其提供方式也是重要的影响因素。因为福利的提供方式要能够使人感觉愉快,福利才可能增进个人幸福。不过,本书并不认为因此就应该将福利的含义扩展至包括那些影响个人的生活质量、生活满意度或幸福感的社会的、情感的、精神性的因素。因为那些因素影响的是个人的幸福。它们与福利一样都是个人生活幸福的影响因素。

在近些年出版的有关著作中,马丽·戴利的《福利》一书,可以说是对福利的概念给出了最为全面、清楚的阐述的著作。她重新思考福利采用了三种方式:"福利是如何被表达和讨论的,它是如何被政治化的,以及它是如何成为日常生活的组织特征的。"这使她的研究涉及"学术工作、政策与政治思想和话语、日常的经验世界"。[①] 这样的研究使我们对福利概念的形成和发

---

① Mary Daly, *Welfare*, p. 5.

展,在各个学科中它是被如何表述和改变的,在日常生活实践中人们是如何看待和理解福利的,在国家的政策和社会制度中哪些内容是被作为福利构想的等,都有了比较系统的了解。但是,本书并不接受她对福利概念的界定。因为她对福利的界定仍然在一定程度上是将"welfare"作为"well-being"理解了。

基于福利与幸福之间的联系,马丽·戴利提出,由于一些新概念的出现,福利概念具有的重要性降低了。但是,福利概念有其强项,它"涉及物质资源的充足,资源总的配置和分配,人们生活的机会的性质,以及国家和其他机构在经济和社会生活中的作用"。然而,"福利概念也有弱点或盲点"。所以,她认为"概念的某种开放是必要的",要"考虑一些更为社会的和关系方面的因素"。她对福利的定义,一方面延续了福利多元主义的看法,认为"福利所构想的是一套跨越各种场所——国家、家庭、社区、市场的人类行为的理想与实践"。另一方面,提出这个定义"被视为可以在微观和宏观层面上适用"。从这个角度看,她的定义不是仅仅考虑个体和经济资源,而是包含了更多的内容。在日常生活的微观层面,福利指的是个人和集体"所享有的资源的相对水平,以及围绕着保障重要的资源所从事的活动"。而且她明确地说,在此"主要关注的是物质资源"。同时,她提出,"福利的一个全面的定义也必须包括人们的社会关系和他们参与的一系列活动的水平和类型"。"福利是由社会实践和社会关系形成的。"在宏观层面,"福利也必须被置于并且被作为社会系统和制度关系的一部分,通过它们,一种集体的基础设施和社会安排被放在适当的位置"。这表达的是,人们"是在积极寻找或保障'福利',但他们的选择和行为是受到约束或被强有力地建构的"。①

她强调福利"涉及物质资源的充足,资源总的配置和分配,人们生活的机会的性质,以及国家和其他机构在经济和社会生活中的作用"是合理的。但问题是,很明显,她的定义仍然包含了与人的生活需要有关的、来自各种途径的消费品和经济资源,就使福利概念失去了独特的含义。同时,她提出的"福利的一个全面的定义也必须包括人们的社会关系和他们参与的一系列活动的水平和类型",这属于影响人们获得福利或幸福的因素,而不是福利的构成因素。

马丽·戴利也提出,"福利理论,尤其是其经济和政治的变体,缺乏一个关于现实生活的实际概念"。② 但是,她自己对福利的定义却没有反映出现

---

① Mary Daly, *Welfare*, pp. 6, 7.
② Ibid., p. 36.

实生活中人们赋予它的含义。这与她对福利的研究方式不无关系。因为她是通过追踪"福利概念是怎样通过学术的历史发展和它在当代的理论与研究中得到的反映来理解福利的"。同时也是通过"当代的现实生活考察福利的成分,主要集中于人作为主体是怎样由国家、植根于市场的利益、家庭和社区的角色的行动形塑并与之联系的"。并且,她是将福利视为"坐落在思想和文化中的一个知识体系"。"不是把福利作为一个中立的、科学存储中的一个学术概念",而是"将它们视为政治的(在推进特定利益的意义上)和有争议的概念"。① 这样的研究方式,就使她对福利的定义囊括了一些不同的观点和视角,也排除了一些观点和视角。从前一方面说,使福利的概念过于宽泛;从后一方面说,没有反映现实生活中人们使用福利概念时的实际含义。

例如,对于美国人赋予的福利的含义,马丽·戴利接受了迪安(Dean)的观点,"最近社会政策的性质和目的的思想争论已经使福利获得了贬义"。她说:"这种情况在美国是特别真实的,福利一词在美国有着很强的负面含义,它在美国的用法是与安全网或有经济审查的补贴以及那些依靠它们得到收入的人有关的。"②因为这样解释福利包含了对福利接受者的贬低,所以她不接受实际生活中存在的这种解释。其实,这里涉及两个问题,一个是福利指的是什么,在此,指的是政府提供的生活资源;二是得到者是否有权利得到。在美国以及其他一些国家,福利之所以成为一个贬义词,不在于其涉及的东西,而在于有些人认为个人从政府得到福利不是个人的权利。既然不是个人的权利,在政府不得不提供时,就需要采取令接受者感觉不愉快的方式,这才使"福利获得了贬义"。而这是因为迄今为止,从国家得到适当满足基本需要的生活资源是否是公民的权利这个问题,没有得到以确定的客观事实为基础的论证。所以,被称为福利的东西有时是以一种有损接受者尊严的方式提供的。同时,这也表明,个人能够得到的生活资源的数量仅仅是个人生活幸福与否的影响因素之一。福利的提供方式,也会显著地影响个人的幸福。很多社会政策的研究者都指出,以对家庭经济状况的审查为前提的贫困救济,虽然向贫困者提供了必要的生活资源,同时也往往使当事人的自尊受到损害,即会影响当事人的幸福感。亦即,福利的提供方式是影响个人生活幸福的因素,而不是福利概念的含义之一。

本书的主题就是论证个人从国家获得适当满足基本需要的生活资源的

---

① Mary Daly, *Welfare*, 5, 7.

② Ibid., p. 12.

客观事实基础。因为这个基础,从国家获得能够适当满足基本需要的生活资源是每个公民的权利。因为这个权利,福利的内容之一,或者说主要内容,虽然是指个人从国家获得的生活资源,但是不会具有贬义。另外,个人作为会员组织的成员,从其中获得的福利,一般而言是以作为会员组织的成员承担有关义务、遵守有关约定为依据的,同样不会具有贬义。而来自社会网络的福利,是以社会网络中的个人、组织自愿承担帮助他人的义务为前提的,既然是给予者的自愿性行动,体现的是提供者的美德,也不应该包含对接受者的贬低。亦即,从福利与幸福的联系方面看,如果将福利定义为个人在家庭和市场之外,以非等价交换的方式,从政府、以各种类型的节点构成的社会网络、会员组织得到的生活资源,那么,以公民的相应权利为基础的公民与国家的关系、以个人自愿承担帮助他人的义务为基础的社会成员之间的关系、以平等的权利义务规则为基础的会员组织成员之间的关系,都将有助于个人生活幸福。

概括地说,个人从社会得到生活资源的情形可以分成两类:一是由对社会中的公共事务进行处理的国家机构向其公民提供某些生活资源;二是由社会成员或社会成员自己组织的团体向某些社会成员提供生活资源。本书将前一种情形称为国家福利,后一种情形称为社会慈善事业。在很多人那里,通常也将由国家提供给公民的福利称为社会福利。但是,在本书中是将由国家机构提供给公民的福利与其他社会成员、社会机构提供的福利相区别的。因为个人获得这两类福利的基础是不同的。一个人能够从其他社会成员、社会团体、社会机构以非等价交换的方式获得一些生活资源,是基于提供者自愿履行作为共同体成员的义务,而国家向其公民提供某些生活资源则是因为个人拥有的权利。

本书所谓"公民福利",指的就是个人作为国家的公民在市场之外,以非等价交换的方式从国家得到的现金、服务或实物等生活资源。

本书的另外两个核心概念是公民和权利。不过,在此只给出基本含义的界定。因为有关论证贯穿于全书的许多章节中。

公民是个人能够拥有的多种角色之一,指的是个人作为共同体中平等成员的角色。公民的概念虽然源自古希腊,但是人人平等的观念在当代社会才得到普遍承认,所以公民主要还是一个现代社会的概念。当一个人被视为一位公民时,他或她就不仅仅是一个独立存在的个体,而是在其观念和行动中都蕴含了他或她与共同体其他成员的关系、与整个共同体的关系。在这样的关系中又或多或少地包含着一定的权利和义务。个人是共同体中平等的成员,就体现在每个成员都平等地拥有一些基本权利。自近代以来,对个人而言最重要的共同体就是国家。作为国家的公民,有其应尽的义务,也拥有一些基本的权利。

权利指个人在社会中能够采取的行动、可以处置的事项、可以获取的利益。因为人作为独立的个体,有自己的需要、愿望、理想。个人的需要、愿望、理想得到适度满足,才能够生存、发展、生活得幸福。但是,另一方面,人与人之间又存在着相互作用、相互影响。所谓社会,即人与人之间因为相互作用、相互影响而形成的关系体系。在一定的社会关系体系中,个人追求自己的生存、发展、幸福,既可能不损害他人的利益,甚至是通过相互作用促进彼此的生存、发展和幸福,也可能损害他人的生存、发展和幸福。所以,在社会中就需要有规范个人行为的规则。规则的形式,在古代社会主要是习俗、惯例,在现代社会主要是法律。社会的规则,一方面应该对损害他人利益、损害社会利益的个人行为加以限制和惩罚;另一方面应该保护个人在不损害他人的前提下追求自己的生存、发展和幸福的行动不受到妨碍、控制、禁止。这后一个方面就体现为个人的权利。因此,个人拥有怎样的权利,是由社会的习俗、惯例、法律所规定的。

但是,由于社会生活的复杂,能够用于满足个人需要、愿望、理想的资源的稀缺性,对于社会规则应该限制人的哪些行动、保护人的哪些权利,社会成员之间很难形成共识。所以,对于个人权利(right)的讨论与社会的习俗、惯例、法律是否正当(right)的论证有直接的关系。而社会规则、制度正当与否的判断依据又是人类社会自古以来就争论不休的问题。本书的基本观点是,对人的权利的规定,应该以关于人自身的客观事实和人与自然资源关系的客观事实为基础。

二、核心问题和基本观点简述

本书肯定公民具有从国家得到一定的生活资源的福利权利。本书的基本内容就是对个人作为国家的公民为什么拥有从国家得到一定的生活资源的权利进行分析和论证,即对公民福利权利之基础是什么进行分析和论证。

个人从国家得到的福利,从接受者方面可以称之为公民福利,从供给者方面则可以称之为国家福利。对于国家为其公民提供福利的政策,学术界通常称之为社会政策。因此,本书探讨的核心问题也可以表述为:国家福利政策的根据是什么?

自从1601年英国颁布了《济贫法》以来,国家在推进公民福利方面就或多或少地开始承担一定的责任。第二次世界大战以后的一段时间里,在西方一些国家,政府承担的公民福利职责及制定和实施的福利计划急剧扩张,以至于人们开始使用"福利国家"概念来指称国家承担的公民福利责任。但是,福利国家概念是在国家为其公民承担的福利职责明显扩张的时期出现的。自从福利国家这个概念产生以来,无论是在价值判断的意义上,还是在实际操作的意义上,都存在着巨大的分歧。因此,很多人都不赞成福利国家这个概念。例如,米吉里就认为,福利国家"这个术语从来没有被严格地界定过。它既没有被标准化,而且对不同的作者意味着不同的含义。……由于这些困难,非常有理由提议放弃这个术语"。他自己则主要使用"国家福利"的概念。所谓国家福利指的是"国家的政府实施的福利项目"。① 而国家的政府实施福利项目即是向其公民提供某些被视为"福利"的现金、实物、服务等生活资源。

在"福利国家"或者说"国家福利"的研究领域,早已有人肯定个人从国家得到一定的生活资源是公民的权利。但是,对于公民福利权利的基础,却很少有人进行必要的探究。在这个领域,至今最具影响力的解释仍然是20世纪中期英国的社会学家马歇尔(T. H. Marshall)提出的公民的社会权利。不过,马歇尔主要是通过对公民权利发展过程的分析,将公民权利分成了不同的类别,并指出公民从国家获得各种生活资源是公民的社会权利。根据马歇尔的阐述,公民的社会权利就是个人从国家获得福利的权利。二者之间是等同的,并不是解释项与被解释项之间的关系。至于公民社会权利的基础是什么,他虽然从人与人之间的相互依赖方面有所解释,但给出的解释既不明确也不充分。

本书的基本观点是:每个人对自然资源的平等权利是公民福利权利或者说国家福利政策的客观事实基础。自然资源指的是自然环境中非人类劳动创造的所有的物质资源。根据人类迄今为止已经形成的关于自然界和人类历史的科学知识,自然资源不是任何人创造的。但是,人类生产任何物质产品时或多或少总是需要利用自然资源。也就是说,人类生产的任何物质产品,其价值都是由自然资源和人的劳动构成的。或者说,任何人类生产的物质产品,其价值都必定分为两个部分:自然资源和人的劳动。基于这样的自然存在的客观事实,即自然事实,每个人都拥有对自然资源的平等权利。

但是,对于那些人们还没有认识到其价值、还没有能力加以利用的自然资源,或者任何人都能够自由使用的自然资源,通常人们不会意识到个人是否拥有权利,也不需要明确这种权利。只有在那些人类认识到其价值且有能力加以利用的自然资源成为稀缺的东西时,才需要考虑和明确谁拥有权

---

① James Midgley, *Social Welfare in Global Context*, p. 92.

利的问题。因此,本书之后提及的自然资源都是指这种人类认识到其价值且有能力加以利用的稀缺性自然资源,而不是指那些任何人都能够自由使用的自然资源。在市场经济社会,具有使用价值和稀缺性的自然资源,也可以称为具有市场价值的自然资源。

对于那些人类认识到其价值且有能力加以利用的稀缺性自然资源,每个人拥有的平等权利至今没有得到普遍承认。究其原因至少有三:一是因为在人类社会的历史中,当人们有能力利用的自然资源变得稀缺时,暴力、权力通常就会成为占有它们的基础,就会形成少数掌握暴力和权力的人同时占有大量自然资源并控制多数劳动者的社会经济制度。在人人平等、每个人都平等地拥有某些权利的观念还没有形成的情况下,劳动者争取对自然资源平等权利的努力总是在观念上受到批判,并在行动上受到压制。二是因为在资本主义私人财产权形成过程中,对私人财产权进行了论证、解释、辩护的自由主义理论,尤其是洛克的财产权理论,存在着一个严重的逻辑错误,就是以人对自己劳动的权利否定了每个人对自然资源的平等权利。后来的古典经济学家在肯定土地、劳动、资本是物质财富的构成要素的同时,特别强调了劳动是一切价值的源泉,进一步导致了在理论上忽视每个人对自然资源的平等权利。三是在资本主义发展过程中占有了大量自然资源或包含很多自然资源的物质财富的少数人,不可能轻易放弃自己已经获得的巨大利益。

在传统的农业社会中,尽管也是少数人占有大量的自然资源,并因此存在着严重的剥削、压迫,但是大多数劳动者至少还通过对一小块土地拥有使用权,保留了对自然资源的一点起码的权利。无论是中国的小农土地私有制还是西欧的封建领主制,抑或是在一些地方存在的村社土地制,绝大多数人对土地还是能够拥有一点权利的。即使是西欧的农奴,对一小块土地也是拥有相对稳定的使用权的。而且,在很多地方农民还对所谓的"公地"拥有一定的使用权。因此,可以说在农业社会绝大多数人对能够作为劳动条件的自然资源还是拥有一点权利的。

工业社会的生产特点是,能够作为工业生产的劳动条件的自然资源不再像传统农业社会那样,以个人为单位分别使用。因此,个人也不再能够通过分别使用自然资源维持对自然资源的平等权利或起码权利。而资本主义私人财产权制度又使得能够达到规模效益的经济活动主要由占有了大量资本的少数人掌控。大量的资本或者本身就是自然资源,如矿山、油田、土地等;或者是包含大量自然资源的劳动产品,如各种机器设备、原材料、厂房、仓库、港口等。大多数人通常没有机会占有那些能够作为人的劳动条件且具有市场价值的自然资源。但是,这不等于每个人对自然资源的平等权利无法实现,也不应该因此否定每个人对自然资源的平等权利。只是每个人对自然资源的平等权利需要通过国家制定必要的政策来予以保证。与此同时,也正因为大多数人没有机会占有自然资源,主要靠自己的劳动力为生,一旦失去劳动能力或劳动能力失去市场价值,就可能陷入生存危机,也需要国家以每个人对自然资源的平等权利为根据,为每个公民定期地、定量地、持续地提供一定的生活资源,以便个人不必仅仅依靠自己的劳动为生。

然而,在西方工业化的萌芽时期形成的、为工业革命的发生提供了前提条件的私人财产权制度,不仅在实际上剥夺了大多数人对自然资源的起码权利,而且为这种私人财产权制度进行论证的、至今仍然居于主导地位的理论,也否定了每个人对自然资源的平等权利。结果,与工业化的萌芽、发展相伴随,今天更为普遍存在的私人财产权制度,一直是一种对物质财富所包含的人类劳动创造的部分与自然资源部分不加区分的私人财产权制度。在这样的制度下,占有了大量自然资源的少数人对已经转入物质财富中的自然资源和具有市场价值的纯粹的自然资源都可以拥有完整的所有权;没占有自然资源的多数人,不仅是他们对自然资源的平等权利受到侵犯,其劳动创造的价值往往也会因此受到侵害。

毫无疑问,私人财产权的确立对于维护个人自由、推翻封建等级制、刺激经济发展等,都具有极其重要的意义。正是随着私人财产权的确立,首先在西欧逐渐形成了资本主义市场经济。由于私人财产权和市场机制对经济活动效率的激励作用,推动了科学技术的快速发展,持续地提高了人类认识和利用自然资源的能力。最终,从英国开始,人类进入了工业社会。但是,在工业社会和当今的高科技社会,人的生产劳动日益以通过对各种自然资源的精细加工和深度改变形成的设备和原材料为条件。然而,在人类能够利用的自然资源越来越广泛、多样、深入的同时,大多数人却失去了对自然资源的起码权利。这样的私人财产权制度显然是不公正的。即使在今天的信息社会,有些物质产品中包含的自然资源占比非常小,但是,没有相关的自然资源,百分之九十九由人的劳动形成的物质产品也不可能被生产出来。

对于资本主义私人财产权制度的不公正,很多社会主义者试图通过建立生产资料公有制予以纠正。实行生产资料公有制似乎是维护了每个人对自然资源的平等权利。但实际上,在传统的社会主义公有制下,不仅每个人对自然资源的平等权利没有得到实现,个人对自己劳动创造的物质财富的权利也没有得到保证。对于传统的社会主义公有制和计划经济制度的严重弊端,除了各种角度的理论分析和批判,20 世纪 80 年代以来实行公有制计划经济的国家进行的改革,已经强有力地证明了传统社会主义制度的问题。

为了平衡不公正的私人财产权制度必然导致的很多严重问题,进入工业化的国家都对以私人财产权为基础的市场运行和分配结果进行了不同程度的干预。国家对市场经济进行干预的一项重要内容就是通过实施一些社会政策,对失去劳动能力或劳动能力失去市场价值的人提供一定的经济帮助。这实际上表明,在大多数人失去对自然资源起码权利的社会中,国家必须通过制定和实施社会政策给予一定的弥补。从社会公正的角度说,国家的社会政策应该是以每个人对自然资源的平等权利为基础的。如果以每个人对自然资源的平等权利为基础,国家的社会政策就应该是定期地、定量地、持续地、平等地向每个公民提供一定的生活资源。但是,由于为私人财产权制度进行论证的有关理论否认了每个人对自然资源的平等权利,国家的社会政策并不是以这样的客观事实为基础的。相反,工业化国家实行的社会政策有时是对各种具体问题的被动反应,有时是受影响力较大的社会群体左右,有时则是受某种意识形态的影响。结果,很多国家的社会政策体系都变得非常复杂,而且自身又制造了很多难以解决的问题。

既然每个人对自然资源都拥有平等的权利,因此对于既包含了人的劳动又包含了某种自然资源的物质产品,每个人,无论是否参与了当时的生产活动,都对其中包含的自然资源拥有平等的享用权。因为自然资源的存在是一种客观事实。从这个角度说,每个人对自然资源的平等权利是人的一种自然权利。

因此,本书的一个更为基本的观点是,每个人都平等地拥有两种自然权利:一种是每个人对自然资源的平等权利;另外一种自然权利,就是近代自然权利论者已经论证了的每个人对自己的生命、身体的各项权利,也被称为人的各种自由权利,人的这种自然权利是以人本身的客观存在之自然事实为基础的。

亦即,人的两种自然权利分别是以关于人自身和人与自然资源之关系的自然事实为基础的。因此,可以说人的基本权利是可以凭借人的认识能力能够认识的自然事实加以确定的,而以自然事实确证的人的基本权利又是人的其他权利的根据。而所有的社会制度、社会规则是否正当,最终的衡量标准就是看其是否维护了每个人平等拥有的权利。近代自然权利论者以每个人平等拥有的自然权利为根据,论证了每个人作为公民应该平等拥有的政治权利;本书则以每个人对自然资源的平等权利为根据,论证了每个人作为国家的公民应该平等拥有的福利权利。当然,每个人对自然资源的平等权利的实现,也离不开每个人必须平等拥有的一些政治权利。不过,近代自然权利论者在论证时并没有完全自觉地将人的自然权利置于客观事实的基础上。同时,他们对人的财产权的论证也是存在严重错误的。

基于本书提出的基本观点,以及对国家福利政策框架的构想,本书还提出了一个不同于普遍流行的观点,即国家责任除了保障每个人最大的且能够彼此相容的自由以外,就是以每个人对自然资源的平等权利为根据,平等地保障每个公民的基本生活需要的适度满足,而不是保护弱者、保障弱势群体的生活需要。帮助弱者以及各种因遇到个人无力解决的困难陷入生活困境的人,是任何有条件的社会成员应尽的义务。一个社会应该通过推动和发展社会慈善事业,来帮助和保障弱势群体的基本生活需要的满足。社会慈善事业的根据是人的社会性、人与人之间的相互依赖关系。这也是人类社会客观存在的事实。但是,这一事实决定的是人应该承担帮助他人的义务。

三、主要内容及其彼此之间的逻辑关系

本书分为上下两编,上编的主题是"社会政策与权利",下编的主题是"权利与客观事实"。

上编一方面对阐述工业社会人与自然资源关系的代表性理论及对国家实施社会政策具有代表性的理论解释进行了分析,并同时指出这些理论的价值和存在的问题;另一方面,分析了社会政策的形成和发展,推动了社会政策的有关理论解释的价值和存在的问题,以及社会政策本身存在的问题和导致的问题。通过对有关的具有代表性的理论、社会政策实际形成和发展的历史事实的分析证明,无论是否定还是肯定每个人对自然资源平等权利的理论,以及为公民从国家那里得到一定福利进行论证的理论,都没有为国家福利政策提供坚实的基础。

自从19世纪以来,凡在一定程度上实现了工业化的国家,基本上都通过制定和实施一些必要的福利政策,建立了正式的福利制度。国家福利政策的形成和发展,从根本上说,是由工业化社会生产方式的特点所致。就实际的历史过程而言,则是在社会实际状况产生了必须由国家做出反应的需要以后,在不同利益群体的博弈、信奉不同思想理论的人给出的各种解释的碰撞中,国家恰当或不恰当地予以应对的结果。

虽然不同的国家由于历史文化传统、政治制度、经济发展水平等方面的差别,具体制定和实施的福利政策以及因此形成的福利制度各有特色,但是,在一定程度上实现了工业化的国家都以其福利政策为依据,在某些情况下为其公民提供一定的福利资源。同时,从国家那里得到必要的福利资源

是公民的社会权利的观点也得到了比较广泛的承认。然而,对于从国家那里得到一定的福利是否为公民确定不移的权利,并没有达成完全的共识。所以,在国家福利政策领域存在着各种问题:很多国家实行的福利政策往往左右摇摆、宽严不定;国家福利既有可能供给严重不足,也可能供给过度导致国家福利负担过重;国家福利责任与其他社会福利提供者的活动空间严重错位;国家的福利政策过于复杂、烦琐,增加了政策执行中的低效、浪费、官僚主义等。

国家福利政策存在很多问题,除了利益方面的博弈,与理论上对公民福利权利的事实基础没有进行必要的探究也有一定关系。虽然社会政策领域的问题不是靠科学的理论认识能够完全解决的,但没有科学的理论认识,这些问题不可能得到真正的解决。

本书第一章,首先对否定和肯定了每个人对自然资源平等权利的有关理论进行了分析。否定了每个人对自然资源平等权利的最具代表性的理论是洛克的财产权理论。洛克的财产权理论是其自然权利论的一个组成部分。自然权利论本是对每个人平等拥有的权利的论证。在论证个人的财产权时,一方面,洛克仍然以每个人的平等为出发点,在论证过程中提出的个人以劳动占有自然资源时需要遵守的限定条件,在当时的社会经济发展水平下,也具有维护每个人对土地的平等权利的意义。但另一方面,由于其论证中过多地强调了劳动在确立私人财产权中的决定作用,最终导致的是对无论平等与否、公正与否的私人财产权的辩护。这是其理论中存在的逻辑错误。当代政治哲学家诺齐克,虽然对洛克财产权理论进行了深入、精细的分析,也承认在有些情况下个人对原先的无主物并不能形成永久的和可继承的财产权。但是,他仍然肯定包括自然资源在内的私人财产权的不可侵犯性。古典经济学家在分析物质财富的形成时,虽然肯定了自然资源在其中的作用,但是同时他们又直接将人的劳作归为一切有价值的东西的源泉,形成了很有影响的"劳动价值论"。因为这种至今仍然具有影响的理论主要论证的是在私人财产权制度下,个人追求自己利益的行为在市场机制的作用下能够增进整个社会的利益,为了确定个人行为、个人自由选择的重要性,古典经济学家不再关心对自然资源的占有是否公正的问题。

在社会科学的历史上并非没有人肯定每个人对自然资源的平等权利。亨利·乔治的经济学说就属于明确肯定了每个人对自然资源的平等权利的理论。但是,他提出国家应该以向占有各种自然资源的人收取租金代替国家的一般税收,这既扭曲了国家一般税收的本质,也不能解决他指出的资本主义社会存在的贫困与进步形影相随"这个时代的难解之谜"。①

洛克的财产权理论既是对已经萌芽的资本主义政治经济制度的反映，也对后来资本主义政治经济制度的发展具有重要的指引作用。正是洛克论证的那种财产权制度，既使国家必须为其公民福利承担必要的责任，又让国家承担这种责任的政策缺乏坚实的基础。

本书第二章和第三章，分别分析了英国社会学家马歇尔和美国政治哲学家罗尔斯论证国家福利政策的理论。这是对国家福利政策的根据进行了探究的两种最具代表性和影响力的理论。但是，这两人给出的解释也各有缺陷和问题。马歇尔并没有自觉地对社会权利的根据进行追问和解释，他采取的是"历史的分析"方法。仔细分析其观点，至多可以看出，公民利用政治参与权利表达了对国家承担福利责任的意愿。亦即，是个人意见决定了国家的福利政策。但是，个人意见如果没有客观事实基础，既是不一致的也是容易变动的。罗尔斯的正义论则通过构想一种带有无知之幕的原初状态推论出人们能够一致同意的正义原则。其中的差别原则实际上就是对国家福利政策的论证。但是，其差别原则的哲学依据——个人才能属于共同资产——却是难以得到人们的一致同意的。相比之下，每个人对自然资源的平等权利，在罗尔斯的原初状态下更有可能得到一致同意。

本书第四章通过对工业化国家社会政策形成和发展的历史的描述和分析，表明在工业社会中，由于生产方式的变化，绝大多数劳动者失去了对自然资源的起码权利。只靠自己的劳动力为生的人，一旦失去劳动能力或劳动能力失去市场价值就会陷入生存困境。对于这种贫困，仅仅靠社会慈善救助完全不能解决问题。最终，首先进入工业化过程的一些国家不得不实施苛刻的济贫法。这实际上是对大多数劳动者失去对自然资源起码权利的弥补。但是，不仅最初的济贫法不是以此为基础的，后来的社会政策的发展也不是以此为基础的。社会政策的发展既是由于社会经济结构的变化，国家被动地应对有关问题的结果，也是各种利益群体、政治力量、思想观念博弈、碰撞的结果。

本书的第五章和第六章，分别分析了当今社会政策体系存在的问题，论证了以每个人对自然资源的平等权利为基础的社会政策的基本框架。由于社会政策始终没有建立在坚实的客观事实基础之上，各个国家的社会政策体系虽然有不同，但都存在着各种难以避免和难以解决的问题。很多国家

---

① 〔美〕亨利·乔治：《进步与贫困》，吴良健、王翼龙译，北京：商务印书馆2010年版，第17页。

的社会政策遭遇的困难,一些国家正在进行的改革探索,都表明工业化早期形成的、一百多年来不断被充实和调整的国家承担公民福利职责的方式,需要进行根本性改革了。这个根本性改革框架的基础就是每个人对自然资源的平等权利。

本书的下编也是由两个部分构成的。第一个部分主要是通过对近代自然权利论者的有关理论的分析来证明,他们所论证的每个人都平等拥有支配自己身体的权利,或者说与支配自己身体有关的各项自由,如人身自由、行动自由、言论自由等,实际上是以关于人本身的自然事实为客观基础的。也正是因为有这样的客观事实基础,人的这种自然权利才能够逐渐得到普遍承认,以至于在当今的世界成为一种普世价值。

近代的自然权利论者之所以将人的权利称为"natural right",是与古希腊哲学家以"nature"来评判社会规则是否"right"(正当、正义)相关联的。同时,自然权利论与西方中世纪的自然法学说也有着复杂的联系。正是这种联系使自然权利论者自觉或不自觉地将人的自然权利与人和人类社会有关的某些自然事实相联系。

由于自然事实的显而易见,无论在中国的文化传统中还是在西方的文化传统中,都形成了从"自然"引申出论证人与人、人与社会之关系的理论。然而,作为这些理论的核心概念的"自然",往往具有多重含义,既指与人类社会的创造物相对的非人为的事物、现象、状态、过程——自然事实,又指人通过想象、猜测、思辨构建的某些实体、理念。以"自然"为基础构建的这样一些思想理论,由于不同的论者对"自然"的含义中不同方面的特别强调,就导致了以"自然"为根据形成的道德哲学、政治哲学、自然哲学理论的纷繁复杂。从总体上说,在西方哲学家那里,自古代到近代,"自然"一词既始终具有多种含义,同时在其中又可以分辨出基本的变化历程。就其变化方面来说,"自然"的含义主要经历了这样的过程:最初更多地指自然事实意义上的自然现象,后来更多地指想象、猜测、构想的实体、理念,再后来又逐渐演变到自觉或不自觉地包含了更多的自然事实。当然,这个过程并非直线变化,后来的更多地包含了自然事实之意的"自然"与之前许多人的想象、构想有着曲折、微妙的关联。正是由于这样的变化过程,近代西方哲学家的自然权利论才能够从滥觞于"自然"概念的自然正当论、自然法理论的基础上发展起来。

自然权利论的形成与"自然法"观念中蕴含的多种理论路向也有直接关系。"自然法"的英文即"natural law"。与"law"相对应的中文主要是法、法则、法律、规律等。其基本含义,既包括由相对明确、严格的一系列相关规则构成的行为准则体系,也包括无论明确与否人都必须遵循的要求、命令、戒律。再加上在西方思想文化中"自然"这一具有多种含义的概念所占据的核心地位,以及希腊化时期希腊哲学家的影响在西方世界扩散的过程中同其他思想观念的不同组合,所以在西方思想文化的历史中产生的"自然法"观念,就隐含了多种理论路向。其中之一认为,在事物之间的相互作用、相互联系中包含着一定的规律性,通过实际观察可以发现其中存在的规律性,这就促生了科学的取向得以发展的可能性。将"law"视为外部施加的法则的观点,既能够使人们将社会的道德规范、法律规则的根据归为上帝的旨意,也能够引导人们努力探讨社会、自然界的规律性,认识到人不仅在处理自身与自然界的关系时,需要以对自然界的科学认识为根据,正当的法律也应该根据关于世界的经验性知识来制定。而且,在这种理论路向中蕴含了客观事实与人的主观认识能力之间的分野,以及人是如何获得关于客观事实(包括可感知的现象和需要借助抽象思维能力才能推断的本质)的知识的问题。

仅对人的自然权利的论证而言,格劳秀斯、霍布斯、洛克等,都是以人对自己的生存、身体、生命、健康、行动自由等与生俱来的需要为根据论证了每个人都平等拥有支配自己的身体、保护自己的生命和健康的权利。洛克的伟大之处在于,以每个人的自然权利为根据论证了每个人也平等地拥有政治权利。

通过施特劳斯对自然权利论的批判,也可以证明自然权利论者是以人人都能够感知的自然事实作为人的自然权利之基础的。他认为,当人们把凭着感官知觉能够获得的东西视为自然,把普遍同意视为自然,把正义理解为防止自己伤害别人的习惯,甚至是理解为帮助他人的习惯,或者是把部分的利益从属于整体的习惯,都是有问题的。"对于正义的护卫者而言不大妙的是,对于维持一群强盗来说它也同样必要:强盗团伙的成员如果不能防止相互伤害、不互相帮助、不把自己的利益置于团伙利益之下的话,这个团伙一天也维持不下去。"①

施特劳斯的根本问题在于,他混淆了一个社会内部成员之间的关系与不同社会之间的关系。如果一个强盗团伙内部确实如施特劳斯描述的那样,那么毫无疑问,这个强盗团伙在其内部是存在正义的。这对于正义的护卫者而言没有什么不妙的。强盗团体之所以被人们认为是不正义的,是因为它对其他人采取的不是团伙内部成员之间彼此对待的行为规则,是伤害

---

① 〔美〕列奥·施特劳斯:《自然权利与历史》,彭刚译,北京:生活·读书·新知三联书店2003年版,第106页。

他人,而不是防止互相伤害,更不是互相帮助。如果一个团体的人与其他团体的人也达成了社会契约,彼此防止相互伤害,彼此相互帮助,并切实履行契约,任何一个团体也不会被视为强盗。

洛克对此的表达是十分清楚的,当人们以对有关自然事实的认识为基础,一致同意为了防止彼此相互伤害,将个人拥有的某些权利交给社会,由社会建立司法和执法机关,对侵害他人权利者给予适当的惩罚时,这些人就成了一个政治社会或公民社会的成员。他明确指出辨别谁是和谁不是共同处在一个政治社会中是容易的。"凡结合成为一个团体的许多人,具有共同制定的法律,以及可以向其申诉的、有权判决他们之间的纠纷和处罚罪犯的司法机关,他们彼此都处在公民社会中,但是那些不具有这种共同申诉——我是指在人世间而言——的人们,还是处在自然状态中。"① 很显然,强盗团伙如果与被抢劫的人处于同一社会,那么他们的行为就违反了社会契约和社会成员公认的公正法律,他们就应该受到处罚;如果他们与被抢劫的人不属于同一社会,彼此之间就仍然是弱肉强食的关系。但是,我们也不能因为强盗团伙对外人的行为而否定其内部存在着正义规则。因此,也就不能否定人人都能够感知的自然事实是人的自然权利的基础,是评判社会制度、社会规则公正与否的最重要的根据。

当然,这并不等于说,证明了人拥有某些不可剥夺的权利的事实,人的这些权利就必然能够得到尊重、得到保护。亦即,从"实然"还是不能绝对地推论出"应然"。因为,对于从"实然"是否能够推导出"应然",还需要对它们的类别进行具体分析。另外,根据休谟对二者之间关系的论证,判断从"实然"是否能够推导出"应然",也需要从如何界定理性方面对理性与人的行为之善恶的关系加以讨论。

本书下编的第二部分,主要围绕人与自然资源之关系的变化展开。人与自然资源之间关系的变化是一个巨大的题目。本书不是要对这个巨大的题目给出详细的描述和论证。这个部分主要是根据一些历史学家的描述和研究,揭示人对自然资源本来是拥有平等权利的;分析先于人类形成和存在的各种自然资源是怎样被少数人占有的,每个人对自然资源的平等权利是怎样丢失的;证明当一个社会中的部分人彻底失去对自然资源的权利时,这样的社会是不可能持续存在的。

由于人类社会的物质财富是以自然资源为原材料,通过人的劳动创造的,所以,这个部分在分析人与自然资源之关系变化的过程中,是结合自然

---

① 〔英〕洛克:《政府论》下篇,瞿菊农、叶启芳译,北京:商务印书馆 2005 年版,第 53 页。

资源和人的劳动在物质财富中所占比重的交错变化展开的。结合人的各种能力及其导致的影响力的差别,对人与自然资源关系的变化进行分析的目的是,揭示导致人对自然资源平等权利彻底丧失的主要因素——公共权力、社会制度、思想观念。

人对自然资源的平等拥有,始于人们以自然形成的群体为单位,对已经认识到其价值的自然资源自然地共同利用和分享。此时,人的拥有意识还没有明确形成。当人产生了拥有、占有意识以后,由于人的能力和影响力的差别及其叠加效应,不仅使少数人控制了群体共有的自然资源和其他物质财富,而且他们已经能够以对物质力量的掌握为基础,借助对精神力量的控制,实际阻止和压制多数人对自身权利的追求和维护。在这样的变化过程中,人对自然资源权利的分化达到极致,即一部分人,甚至多数人完全失去了对自然资源的任何权利,成为奴隶——成为控制了人类能够认识到其价值的自然资源和人类创造出的物质财富的少数人的奴隶。但历史事实也证明,这样的社会是不可能持续存在的。

人类从对自然资源的平等拥有,到产生了拥有、占有意识,形成了拥有权利的显著分化,人的拥有、占有意识主要集中在人类已经认识到其价值、将其视为资产或财产并因而成为稀缺物品的那些资源。例如,在农业社会,土地是最重要的自然资源。当然,在农业社会人类也已经认识到其他许多自然资源的价值,并不断提高对它们的利用能力。但是,从根本上说,人类认识和利用自然资源能力的极大提高,主要还是与工业化的进程相伴随的。所以,在工业化以前,人与自然资源的关系及其变化,主要是人与土地关系的变化。

工业化的过程,一方面是人的能力在创造物质财富中的作用显著提高,利用很少的自然资源,就可能创造出具有巨大价值的物质财富;另一方面,由于工业生产的特点,又使得人们不可能像农业社会那样通过每个人占有一定量的自然资源——主要是占用或占有一块土地,来保证每个人对自然资源的权利。结果,人类社会形成的基本走向就是依据物质生产方式的特征,再一次使大多数人完全丧失了对自然资源的权利。尽管在工业社会中,人的劳动能力具有远比农业社会高得多的价值,但是多数人失去对自然资源的平等权利,仍然会导致很多严重的社会问题。

对于因多数人失去了对自然资源的权利导致的社会问题,工业化国家主要是以政府制定福利政策、承担一些保障公民基本生活需要的责任来弥补。但是,政府的福利政策如果不是以人对自然资源的平等权利为基础的,福利政策本身又会引出很多新的问题。

四、以每个人对自然资源的平等权利为基础的国家福利政策框架的要点和意义

因为本书的基本观点是每个人对自然资源的平等权利是公民福利权利的客观事实基础，个人的这种权利主要是通过国家福利政策实现的，所以，在此有必要概括地介绍一下本书对以此为基础的国家福利政策框架的构想。

每个人对自然资源拥有平等权利并不等于对自然资源必须采取共同占有和使用的公有制方式，也不等于每个人必须平均地使用各种自然资源。自然资源的价值取决于其有用性和稀缺性，由其有用性和稀缺性决定的价值需要通过市场价格体现。所以，在市场经济社会，自然资源可以而且实际上也必须由不同的个人或经济活动单位依据其能力和专长分别使用。

但是，如果每个人对自然资源的平等权利得到承认，那么，从财产权的角度说，当一个人或众多的人在一个企业中以协作的方式将自己的劳动能力作用于某种自然资源，生产出一定量的物质财富以后，这个人或这个企业只对由人的劳动创造的物质财富拥有所有权，对转入其产品中的自然资源形成的价值部分不直接拥有所有权。亦即，有资格并且得到了使用某种自然资源机会的人，对其使用的自然资源只拥有使用权。当然，可以是长期稳定的使用权、包括转让权的使用权、所有者不能收回的使用权。

对于物质产品中包含的由自然资源转入的价值部分，一方面，使用者或者说企业，需要以自然资源消耗费的方式交给一个适当的公共权威机构；另一方面，这个公共权威机构要利用公民赋予的公共权力，将这部分物质财富，按照其生产价格，从各个使用者那里以收取自然资源消耗费的方式分割出来，集中以后，在所有公民之间进行平均分配，以保证实现每个人对自然资源的平等权利。每个人对于经过这样的分配过程得到的自然资源价值部分才拥有所有权。

从理想的角度说，每个人对自然资源的平等权利，应该由一个全球性的专门机构在全球范围内实现。但是，在当今世界，这显然还是不可能很快实现的理想状态。在大多数地方，主权国家范围内的公共权威机构仍然还是每个国家的公民实现其对本国范围内的自然资源平等权利的最适当的机构。为了保证实现每个公民对本国自然资源的平等权利，就需要由有关的国家机构将一定时期内全体劳动者创造的物质财富中所包含的自然资源部分按市场价格分割出来，作为国家福利政策的物质资源。国家福利政策的核心部分就是将这部分资源在每个公民之间进行平均分配。就现代社会，

或者仅仅就我国对自然资源的认识和使用能力而言,每年的GDP中包含的自然资源价值部分,可以适度满足每个人的基本生活需要。

国家对自然资源形成的价值部分的分配应该采取按月向每个人分发现金的方式。因为这样既保证了每个公民对自然资源的平等权利,也使个人能够根据自己的实际情况自由地选择生活必需品。对于个人从国家那里得到的这种福利资源,根据国际社会有关学者已经提出的概念,可以称为"基本收入"。在国家以基本收入的方式确实保障每个人的基本生活需要的情况下,国家的福利政策就能够得到极大的优化和简化。因为在这样的情况下,国家不必再承担目前承担的制定和实施贫困救助、失业保险及失业救助、养老保险政策的责任。有了基本收入,无论是失业者还是没有劳动能力的人的生活都有了基本保障。

首先,需要对家庭经济状况进行审查,因而存在行政成本高、目标对象难以确定、对当事人的尊严有损害、管理者可能接受贿赂等问题的贫困救助政策没有存在的必要了。同时,失业保险和失业救助政策也没有存在的必要了。因为,从理论上说,失业者只是暂时失去工作,在失业期间每个家庭成员都有基本收入,生活能够得到基本保障,整个社会也就不必再付出额外的成本实施失业保险或失业救助政策了。至于老年人的生活保障,一是如果一个人在年老以前收入较高,为了保证自己年老时生活水平不下降,就应在有工作收入时通过参加互助保险、购买商业保险或其他方式为年老时的生活需要进行储备。这是在生活方面个人应该承担的必要责任。二是如果一个人没有为自己的老年生活承担责任的能力或意志力,那么,基本收入也为老年人提供了基本生活保障。与保障老年人生活需要的方式的改变相关联,在很多国家存在的雇主与雇员共同缴纳保险费、政府以财政收入承担部分费用的筹资方式的社会养老保险也就可以随之取消了。这种由德国首创的社会保险形式,在当代社会造成了很多问题。例如,雇主缴费模糊了那也是劳动者应得的劳动报酬的一部分;雇主、雇员和政府共同参与,掩盖了面对共同风险的人分担风险造成的损失的保险本质,混淆了社会保险中的国家责任与个人责任;养老保险作为风险分担的一种方式,实际上是寿命短的人为寿命长的人提供帮助,在人均预期寿命延长而个人之间差别很大的情况下,这就产生了寿命长短不同的人之间是否应该被强制分担风险的伦理问题;雇主、雇员共同缴费且由政府承担最后责任的政策设计,必然增加社会保险的管理成本;等等。在每个人的基本生活需要都得到保障的情况下,是否购买养老保险,购买哪种类型的养老保险,可以完全取决于个人自愿选择。

当然,在每个人每个月都能够得到一份基本收入的情况下,虽然失业保险和养老保险没有必要了,医疗保险也不必采取个人与单位共同缴费的方式,但是医疗保险还是必需的。因为患病对个人而言,在单位时间内,如一年内,是一种小概率风险,但在一个人的一生中又几乎是必然不止一次遭遇到的风险。而且,医疗保险的明显特征是,没有遭遇不幸的人为遭遇不幸的人分担风险。因此,具有理性能力和关于保险的常识性知识的人都能够认识到参加医疗保险的合理性和公正性。

不过,医疗保险应该分为两个部分。一部分是常见病的医疗保险,也可以称之为基本医疗保险,应该强制每个人以自己缴费的方式参加。哪怕没有其他收入的人也要从基本收入中支付这种基本的医疗保险。另一部分是大病的医疗保险,也是由个人缴费,但是因为两个部分加在一起需要缴纳的保险费相对较高,因此,大病的医疗保险不采取强制的方式。这样,可能就只有收入更多且比较稳定的人参加。收入低的人可能只参加常见病的医疗保险,一旦患上了需要医疗费较高的大病,就由有关的慈善基金负责提供。此外,对于严重的、会迅速扩散的传染病的预防和治疗,国家应该视之为公共物品,由通过一般性税收获得的财政收入支付相关费用。

至于住房问题,既然每个人对自然资源拥有平等权利,每个人也就都有在地球上拥有一块居住之地的权利。但是,这块地要成为符合现代社会基本居住标准的住房,当然需要加入很多的人类劳动。因此,每个人既有权无偿得到一块建造住房的土地,也应该以为建造住房的劳动付费的方式实际获得住房。由于现代社会人口众多,在住宅建造方面也需要尽可能节约土地,所以每个人在地球上拥有一块居住之地的权利,在城市中可能不一定采取给每个人实际分配一块宅基地的方式。在城镇中,具体的国家住房政策可以是,凡是没有住房的任何年满18周岁的个人都有权利租住一套政府建造的公共住房或购买一套以无偿使用土地的方式建造的房屋。申请者是个人还是家庭,区别只在住房面积的大小。

也就是说,申请公共住房或经济适用房的资格只是达到年龄且没有任何住房,而不是收入水平。这样的住房政策不仅是合理的,而且可以节省大量的筛选成本,避免管理者以权谋私。希望拥有更好、更多、更大的住房的人,可以通过购买商品房实现自己的愿望。由于更好、更多、更大的住房必然使用更多的自然资源,因此购买商品房的人就需要依据其购买的商品房中包含的自然资源的价值向国家的自然资源管理机构缴纳自然资源消耗费。

由于公民福利的具体形式和根据市场价格确定的自然资源价值的实际

数量,只能保证个人基本的日常生活需要,个人更多的生活需要的满足则要依靠其他渠道或途径获取有关资源。亦即,除了个人作为公民,基于每个人对自然资源的平等权利,有权从国家获得适当保证基本生活需要的福利资源之外,个人生活水平提高,主要靠自己的努力。毕竟一个社会的物质财富的主要部分、物质财富的增加、物质生活水平的提高,以及那些不能够用货币衡量的影响人的福利状况的因素的形成,都是人利用自己的劳动能力和各种社会活动能力创造的。

因此,在社会制度平等地保证每个人的自然权利和以自然权利为基础的政治权利、福利权利的前提下,个人必须对自己的生活状况承担主要责任。首先,个人要努力提高自己的劳动能力和其他方面的能力,以自己的劳动能力和其他资源参与市场交换,获取自己和家人需要的生活资源。当然,个人努力还应该包括通过参与各种社会、政治、文化等活动,以使自己和家人的多方面需要得到满足。其次,个人要科学、理性地对待现代社会存在的各种生活风险,在个人能够参加市场活动获得收入时,为抵御可能遭遇的生活风险,根据自己的实际情况购买相关的保险项目。再次,个人也应该采取适当的形式与他人结合成为相互帮助的团体。在自己有能力时为其中有需要的人提供帮助,在个人有需要时从中获得帮助。另外,在个人确有需要时,也应该积极通过与各种社会慈善组织进行互动,以获得必要的帮助。与最后这一点相对应的就是,个人作为社会成员,基于与他人之间必然存在的社会关联性,在可能的情况下,也应该积极承担帮助他人的社会义务。个人承担社会义务,既包括出钱、出力,也包括组织和参加他人组建的各种慈善机构。

以每个人对自然资源的平等权利为基础的国家福利政策,一方面,能够使每个人的基本生活需要得到保障,使现存的社会政策体系得到极大的简化和优化;另一方面,能够更加明确地区分国家对公民生活的责任和个人对自己生活的责任,减少国家对市场的干预,在规范慈善组织运作的前提下提升社会成员的互助意识;此外,这样的国家福利政策体系也有助于推动公民承担保护自然资源和自然环境的义务,减少对自然资源的消耗。

在每个人的基本生活得到保障的情况下,国家对市场的很多干预也可以减少。首先,可以完全由市场决定企业生存与否。国家因担心失业率增高对市场不得不进行的很多干预可以取消了。企业就按照市场竞争的结果优胜劣汰。由于担心失业率增高,国家对于那些因决策者的贪婪、不智而面临倒闭的企业提供帮助实际上是很不公正的。即使是因为遇到了难以预料的市场变化需要关闭的企业,国家也没必要为了避免失业率增高而进行救助。如果整个国家遭遇经济危机,所有相关的人都需要通过减少消费渡过难关,包括减少每个人的基本收入。因为在严重的经济危机时期,进入新增物质财富中的自然资源也会相应减少。

同时,国家也不必制定最低工资政策。这样,一方面企业能够根据自己的情况以各种各样的方式雇用自己需要的人员,根据每个被雇用者的市场价值支付劳动报酬。由于有基本生活保障,如果雇主提供的报酬过于不合理,这样的雇主也就很难留住需要的雇员。另一方面,个人也能够根据自己的实际情况参与劳动力市场——稳定就业、灵活就业、半日工、季节工、三天打鱼两天晒网式的就业等等。无论怎样,一个人只要对劳动力市场有一点参与就能使自己的收入增加一点。

对于国家为每个公民提供一份基本收入,可能有人担心会造成很多人不再去劳动。会有因为有了基本收入而不再劳动的人,但不应该很多。毕竟国家提供的基本收入很低,只能维持低水平的生活。多数人还是会努力参与劳动力市场的。当然,与此同时通过慈善事业的发展引导人们积极参与劳动力市场和各种有意义的社会活动也是必要的。按照前面的构想和分析,虽然社会政策中的失业保险和养老保险没有必要存在了,医疗保险还是必需的。因考虑到有些人可能除了基本收入之外没有机会获得其他收入,医疗保险分为了两个部分,收入低的人可以只参加常见病的医疗保险。这类人一旦患上了需要医疗费较高的大病,就由有关的慈善基金负责提供支持。而慈善基金在提供此类帮助时,不仅要了解其经济状况,也应该了解其参与劳动力市场或社会公益活动的情况。如果一个生病前有劳动能力的人没有参加过任何有市场报酬的劳动,也没有参加过任何社会公益活动,基金会有权拒绝提供帮助。至少,那些曾经积极参与劳动力市场或社会公益活动的人,具有获得慈善基金帮助的优先权。

慈善救助活动要能够在社会福利体系中发挥适当的、合理的作用,需要以国家和社会各界努力推动、规范慈善事业的发展为前提。就中国目前的情况而言,既需要大力发展各种类型的基金会,又需要对慈善基金和有关的慈善活动进行严格、科学、合理的规范;既需要发展规模大、范围广的慈善组织,也需要发展地方性甚至是社区范围的慈善组织。因为在社区范围内,有需要的人和捐赠者都容易彼此了解。当然,在形成了富人居住区和比较贫穷的人的居住区的情况下,也可以采取贫富社区对口帮助的方式。同时,还要通过社会工作者的努力推动暂时没有工作的人积极参加社会公益活动,以避免懒惰行为的扩散,创造人人积极参与社会慈善事业的良好风尚。

上编　社会政策与权利

第一章　否定和肯定每个人对自然资源平等权利的理论

在工业社会,国家必须通过制定、实施社会政策向其公民提供一定量的生活资源。但是,由于对国家为什么必须制定和实施社会政策,理论界没有给出清晰、到位的解释,因此,国家社会政策体系又存在并造成了很多问题。

国家制定、实施社会政策,向其公民提供必要的生活资源的根本理据,就是每个人对自然资源的平等权利。广义上,自然资源可以指自然环境中的所有自然物质。根据人类迄今为止已经形成的关于自然界和人类历史的科学知识,自然资源不是任何人创造的。因此,每个人对自然资源都拥有平等的权利。但是,对于人类没有认识到其价值、没有能力加以利用,或认识到其价值并有能力加以利用,而相对于人的利用能力,其数量可以视为无限的自然资源,人类没有必要确定对它们的权利关系。因此,说到每个人拥有平等权利的自然资源,主要是指那些人类认识到其价值且有能力加以利用的稀缺性自然资源。或者说在市场经济环境中具有市场价值的自然资源。每个人对自然资源拥有平等的权利,是既简单又不可否认的客观事实。然而,至今没有得到普遍承认。

更加令人遗憾的是,恰恰在需要国家通过社会政策维护每个人对自然资源平等权利的时候,在实践中形成的却是否定了多数人对自然资源起码权利的私人财产权制度,在理论上则是形成了否定每个人对自然资源平等权利的哲学和经济学理论。尽管后来也有人论证了每个人对自然资源的平等权利,但是,却没有提出实现这种权利的恰当方式。

本章将通过对洛克的财产权理论、古典经济学的劳动价值论的分析,论证否认每个人对自然资源平等权利的理论是存在逻辑错误的;同时,通过对亨利·乔治的经济学说的分析,证明在资本主义私人财产权制度和理论居主导地位的社会中,仍然有人认识到每个人对自然资源的平等权利;最后,通过对诺齐克的权利理论的分析,证明当代学者在自然资源权利问题上的含糊其辞。诺齐克在基本同意洛克观点的同时,又对洛克观点中存在的问题提出了一些质疑。如果对诺齐克试图在某些限定的条件下论证洛克观点时提出的问题、表达的困惑、举出的实例进行分析，实际上能够推导出对原先的无主物产生永久的和可继承的财产权是不被允许的论点。这就等于肯定了每个人对自然资源拥有平等权利。但是，诺齐克本人却不想将其理论引向这样的结论。

第一节 洛克财产权理论中存在的逻辑错误

洛克的财产权理论是其自然权利论的一个组成部分。自然权利论本是对每个人平等拥有的权利的论证。在论证个人的财产权时，一方面，洛克仍然以每个人的平等为出发点，在论证过程中提出的个人以劳动占有自然资源时需要遵守的限定条件，在当时的社会经济发展水平下，也具有维护每个人对土地的平等权利的意义。但另一方面，由于其论证中过多地强调了劳动在确立私人财产权中的决定作用，最终导致的是对无论平等与否、公正与否的私人财产权的辩护。

洛克的财产权理论既是对已经萌芽的资本主义政治经济制度的反映，也对后来资本主义政治经济制度的发展具有重要的指引作用。正如格伦·廷德所说，"所有为资本主义辩护的人多多少少都赞同的答案，就在洛克的断言中"。洛克的断言概括地说就是："虽然地球属于整个人类，但是只有个人才可以利用，为了让个人有效地利用物质，他们必须拥有这些物质。因此，政府对地球的责任就是保护私人财产的权利。"[①]然而洛克对这个基本观点的论证是存在严重缺陷的。洛克财产权理论的缺陷既是由于其所处时代导致的历史局限性，也是因为其推论过程中存在逻辑上的错误。由于洛克的财产权理论对资本主义私人财产权理论的影响，其理论中存在的缺陷就体现了关于资本主义私人财产权制度的理论认识的一个严重错误。

一、洛克对人与自然资源关系的论述及其存在的问题

与对自然法和人对自己的生命和自由权利的论述相同，洛克也是在明确地肯定了上帝存在的前提下，论述人对自然资源的权利和人的财产权的。他首先肯定了人的生存权利，并因而肯定了人对自然资源拥有权利。

他认为，无论就人的自然理性来说还是就上帝的启示来说，人都享有生存权利和享用自然资源的权利。"就自然理性来说，人类一出生即享有生存

---

① 〔美〕格伦·廷德：《政治思考：一些永久性的问题》，王宁坤译，北京：世界图书出版公司2010年版，第164页。

权利,因而可以享用肉食和饮料以及自然所供应的以维持他们的生存的其他物品";"就上帝的启示来说","上帝'把地给了世人',给人类共有"。"上帝既将世界给予人类共有,亦给予他们以理性,让他们为了生活和便利的最大好处而加以利用。土地和其中的一切,都是给人们用来维持他们的生活和舒适生活的。土地上所有自然生产的果实和它所养活的兽类,既是自然自发地生产的,就都归人类所共有,而没有人对于这种处于自然状态中的东西原来就具有排斥其余人类的私人所有权。"①这是在创世论的前提下肯定了每个人对自然资源的平等权利。即使抛开创世论,只要承认每个人都有生存权,承认自然资源不是任何个人创造的,就同样应该承认每个人对自然资源的平等权利。

但是,对于每个人对自然资源的平等权利,洛克主要强调的是人类对自然资源的共有权。共有的东西要能够被具体的个人享用、使用,就需要通过某种方式"拨归私用"。② 在接下来分析共有的东西如何"拨归私用"的过程中,洛克强调了劳动在确立私人财产权中的决定作用。他以肯定人对自己身体的权利为基点,肯定了人对自己的劳动和劳动产品的权利。洛克认为,"土地和一切低等动物为一切人所共有,但是每个人对他自己的人身享有一种所有权,除他以外任何人都没有这种权利"。正因为每个人对自己的身体享有权利,所以,"他的身体所从事的劳动和他的双手所进行的工作,我们可以说是正当地属于他的"。③

洛克在这里提出的两个观点——人因生存权利而具有对自然资源的共有权和每个人对自己身体和劳动的权利,都是符合客观事实的,能够作为推理的大前提。然而,在接下来的分析中,洛克却混淆了每个人对自己的身体、劳动以及通过自己的劳动给自然资源增加的东西的权利与对自然资源的权利。亦即,混淆了人对通过自己的劳动所创造的物质财富的权利与对自己在劳动中利用的自然资源的权利。

在人认识到土地、矿藏等自然资源的使用价值以后,人视之为财产的东西就分成了两类:一类是人类已经认识到其使用价值但又相对稀缺的自然资源,另一类是人通过对自然资源的加工形成的物质财富。在后一类财产中,既包括人的劳动创造的价值,也包括进入其中的自然资源的价值。人对自己的身体和劳动的权利,只是对自己的劳动所创造的物质财富拥有权利

---

① 〔英〕洛克:《政府论》下篇,第17页。

② 同上。

③ 同上书,第18页。

的基础,而不是对物质财富中包含的自然资源拥有权利的基础。人对自然资源的权利只能以每个人与生俱来的平等拥有的生存权利为基础。

但是,洛克没有区分与任何人的劳动没有关系的自然资源和"劳动在万物之母的自然所已完成的作业上面加上一些东西",而是笼统地肯定了人的劳动是确立个人对包括自然资源在内的财产的权利的基础。他基于每个人对自己的身体和劳动的权利提出,只要一个人"使任何东西脱离自然所提供的和那个东西所处的状态,他就已经掺进他的劳动,在这上面参加他自己所有的某些东西","从而排斥了其他人的共同权利"。"虽然自然的东西是给人共有的,然而人既是自己的主人,自身和自身行动或劳动的所有者,本身就还具有财产的基本基础。当发明和技能改善了生活的种种便利条件的时候,他用来维持自己的生存和享受的大部分东西完全是他自己的,并不与他人共有。"①

二、洛克对自然资源之间差别的忽视

洛克之所以没有区分人对自然资源的权利和对自己的劳动在自然资源上面加上的"一些东西"的权利,原因之一,是他没有认识到个人对于不同性质的自然资源确立财产权利时具有的差别。在人类进入农业社会以后,人已经认识到其价值并且有能力利用的自然资源可以分为两类:一类是人能够直接消费的自然资源;另一类是主要作为人的劳动条件的自然资源。主要作为人的劳动条件的自然资源需要通过人的劳动使其改变状态、性质,甚至在改变状态、性质的同时使不同的自然资源相互作用,才能够成为人可以直接消费的物品。

对于前一类自然资源,人主要是从自然界获取,并没有在其上增加什么东西。在自然资源相对丰富的环境中,一个人从自然界获取了,也就有权利消费了。已经从自然界取出来的东西被消费了,这种具体类别和数量的自然资源就不存在了。而后一类自然资源,在人的劳动使其改变状态、性质成为人能够直接消费的物品之前,是一直作为人的劳动的条件存在的。这类自然资源既然一直存在,它们就应该是所有人的共有财产。尽管这类自然资源与人的劳动在其上面增加的东西是融合在一起的,在货币被发明出来以后,对于其中包含的人的劳动增加的部分和自然资源部分是能够以货币分别表示其价值的。

根据洛克的有关论述,一方面,他也认识到了自然资源之间的区别;但

---

① 〔英〕洛克:《政府论》下篇,第18、28页。

另一方面,他又否定了个人对这两类自然资源确立财产权利时应该存在的差别。他认为,人不仅对野生的果实通过"最初的采集"确定了财产权,对人人有份的泉水中自己"盛在水壶里"的部分确定了财产权,对自己杀死的鹿确定了财产权,对自己从海洋中捕获的鱼确定了财产权,对土地和矿藏通过开垦、耕种和挖掘同样使之成为"我的财产"。①

他虽然也意识到了土地和矿藏与那些能够直接消费的自然资源不同,但是仍然说:"尽管财产的主要对象现在不是土地所生产的果实和依靠土地而生存的野兽,而是包括和带有其余一切东西的土地本身,我认为很明显,土地的所有权也是和前者一样取得的。一个人能耕耘、播种、改良、栽培多少土地和能用多少土地的产品,这多少土地就是他的财产。"对于土地上的草皮"以及我在同他人共同享有开采权的地方挖掘的矿石,都成为我的财产,无须任何人的让与或同意"。"我的劳动使它们脱离原来所处的共同状态,确定了我对它们的财产权。"②洛克在这里显然混淆了人对自己的劳动和劳动所创造的物质财富的权利与人对物质财富中包含的自然资源的权利。

按照洛克的推论过程,实际上,他将人类对自然资源的共有权仅仅视为个人将自己的劳动施加于某个具体的自然物的权利。此后,劳动就成为将自然资源"拨归私用"、确立私人财产权的唯一决定因素。这样,洛克就将劳动对劳动所创造的财富的权利扩展为对自然资源的权利。由于这样的扩展,对于已经被私人占有的自然资源,他人就不再拥有权利。这就否定了人对自然资源的共有权。在自然资源已经变得稀缺、有些人已经没有机会靠自己的劳动占有必要的能够作为劳动条件的自然资源的环境中,洛克的理论也就否定了人的生存权。

实际上,人类对自然资源的共有权应该体现在两个方面:一是对自然资源的使用权,二是对自然资源的消费权(享用权)。就使用权方面说,由于每个人的身体状况、劳动能力以及使用劳动能力的意愿是不同的,同时也由于一个人出生时能够得到的使用某些自然资源的机会不同,所以每个人对自然资源的使用权需要视个人的主客观状况和外在环境提供的机会而定,因此不能体现为数量上的均等。但是,因为自然资源是人类共有的,所以每个人对自然资源的享用权应该是平等的。这一平等的权利作为形成财产权的基础,人与人之间在数量上应该是均等的。当然,由于每个人在劳动方面的

---

① 〔英〕洛克:《政府论》下篇,第18、19、20页。
② 同上书,第20、21页。

差别,每个人通过将自己的劳动施于自然资源而增加的东西也会有差别,甚至是很大的差别。也就是说,每个人对物质财富的权利应该是,由对被利用的自然资源人人平等享有的部分加上因劳动能力不同而不同的部分。

洛克财产权理论中的错误,与他以人口相对稀少、自然资源极其丰富的人类社会的自然状态为起点,以及对他自己所处时代的自然资源的稀缺性缺乏必要的认识有一定关系。但同时也是由于他对当时已经形成的私人财产权制度的肯定。他所说的,在人们相互订立契约建立了国家以后,国家就以明确的法律保障每个人的生命、自由和财产权,就是在明确地肯定正在形成的私人财产权制度,否定每个人对自然资源的平等权利。

三、洛克对人的劳动的本质特征缺乏认识

洛克之所以忽视人能够直接消费的自然资源和作为人的劳动条件的自然资源之间的区别,又与他没有认识到人的劳动的本质特征直接相关。他将人为了直接消费从自然界获取物品的活动和改变自然资源的物质形态与性质的活动都视为劳动。在谈论私人财产权的形成时,洛克既没有关注这两类自然资源的差别,也没有认识到人的这两类活动之间的不同。

严格地说,人的劳动应该是指改变自然资源的物质形态和性质的活动。因为从自然界获取能够直接消费的物品的活动是其他动物能够从事的活动,主要靠的是生存本能。只有人才能够"在万物之母的自然所已完成的作业上面加上一些东西"。在这样的过程中,人是将自然资源作为自己的劳动条件加以利用的。人的这种改变自然资源的状态、性质,以及进行更复杂的加工的活动,既包括直接改变自然资源的物质形态和性质的体力劳动,也包括思考如何改变的脑力劳动。洛克却将从自然界简单地直接获取消费品的活动与改变自然资源的物质形态和性质的劳动同等看待了。

当然,在实践中,对于有些自然资源,人的这两种活动的区别与人的劳动能力和消费水平有关。例如,人将捕获的野兽的兽皮直接披在身上御寒,捕获野兽的活动就属于从自然界直接获取消费品的活动。如果人将兽皮进一步加工,然后才将其作为服装来消费,捕获野兽的活动就属于人改变自然资源的物质形态和性质的活动。即通过狩猎将一头野兽从原来的存在空间和状态改变为能够对其皮毛进行加工的状态。同样,捕鱼后直接消费,与将鱼出售给他人消费,是不同的。在后一种情况下,捕鱼者是通过自己的劳动改变了鱼存在的空间和状态,供出售的鱼既是大自然的作品,又包含了一定量的人类劳动。但是,有些自然资源,在人类认识到其价值并有能力加以利用时,就是将其作为劳动条件加以利用的,尤其是土地和各种矿藏。

因此在真正意义上的人的劳动形成的劳动产品中,既包含着劳动者利用的自然资源部分,也包含着劳动者在其上增加的东西。在它们最终被消费之前,这两个部分都是一直存在的,只是其中的自然资源部分因为人的劳动而改变了形状和性质。根据人对自己身体的权利和劳动能力的权利,将自己的劳动施加于自然物品之上,仍然只是对自己在其上增加的东西具有权利,而不能因此就否定了人类对自然资源的共有权利。对其中包含的自然资源部分,需要在一个内外部成员都承认的共同体内利用货币能够代表物品价值的特性集中起来,再平均分配以后,个人才拥有权利。

但是,由于洛克没有关注能够直接用来消费的自然资源与需要加入更多的劳动才能够成为对人有用的自然资源之间的差别,由于将人直接从自然界获取物品的活动与人的劳动同等看待,他也就混淆了人对通过劳动获取的自然资源的权利和对通过劳动所创造的物质财富的权利。因此,洛克在论证私人财产权的时候,只强调了劳动是财产权形成的基础,否定了人对自然资源的共有权,以及人以对自然资源的共有权为基础应该拥有的平等的享用权。在他看来,一旦一个人在某种自然资源上施加了劳动,无论这种劳动是简单地从自然界获取,还是更复杂的生产劳动,劳动就既确定了他对经过他的劳动在物品中新增加的价值的财产权,也确定了他对其中包含的自然资源的财产权。

实际上,对于那些可以直接用来消费的自然资源,人通过获取得到消费的权利,一方面是因为这类自然资源被消费了,也就不存在了,其他人不可能与之共同分享;另一方面,也只有在自然资源相对丰富的环境中,权利才能够这样形成。在人口比较少、自然资源相对丰富的情况下,尽管人们还没有财产权的意识,个人对这类自然资源的私人财产权确实可以,也曾经就是这样确定的。但是,在人口增加、人的需要多样化、自然资源的稀缺性越来越明显的情况下,个人对这类自然资源的财产权是越来越不能这样确定了。

在当今的世界,保护野生动物以维护生态平衡已经成为越来越广泛的共识。对于有些野生动植物已经以法律的形式明确规定了任何个人不能获取;对很多仍然能够获取的野生动植物,也有了保证其不因人的过度获取而枯竭的法律。同时,自从人类进入农业社会以后,人日益依靠投入更多的劳动种植植物、养殖动物来满足生活需要。许多过去人们主要从自然界直接获取的动植物,现在都由人工种植、养殖的东西替代了。因此,直接从自然界获取这种劳动方式已经不是个人确立对自然资源财产权的决定因素了。

四、洛克低估了人的劳动能力和消费能力提高和扩展的程度

洛克在论述以劳动确立对自然资源的私人财产权时,提出了两个限制性条件。一个是"以供我们享用为度",另一个是"还留有足够的同样好的东西给其他人所共有"。① 而且前一个条件是后一个条件的保证。如果能够坚持"以供我们享用为度","还留有足够的同样好的东西给其他人所共有"就能够得到保证。而"以供我们享用为度",也是自然能够做到的。这又是以人的消费能力和劳动能力是有限的为前提的。"财产的幅度是自然根据人类的劳动和生活所需的范围而很好地规定的。没有任何人的劳动能够开拓一切土地或把一切土地划归私用,他的享用也顶多只能消耗一小部分;所以任何人都不可能在这种方式下侵犯另一个人的权利,或为自己取得一宗财产而损害他的邻人,因为他的邻人仍然剩有同划归私用以前一样好和一样多的财产。"不仅在"世界之初"是如此,即使"世界现在似乎有人满之患,但是同样的限度仍可被采用而不损及任何人"。②

在具体阐述"以供我们享用为度"这个限制条件的含义时,洛克同样是既意识到了自然资源之间的差别,又认为这种差别不影响个人对自然资源财产权的确立。他说:"在未把土地划归私用之前,谁尽其所能尽多采集野生果实,尽多杀死、捕捉或驯养野兽,谁以劳动对这些自然的天然产品花费力量来改变自然使它们所处的状态,谁就因此取得了对它们的所有权。但是如果它们在他手里未经适当利用即告毁坏;在他未能消费以前果子腐烂或者鹿肉败坏,他就违反了自然的共同法则。""同样的限度也适用于土地的占有。凡是经过耕种、收获、贮存起来的东西,在败坏之前予以利用,那是他的特有权利;凡是圈入、加以饲养和利用的牲畜和产品也都是他的。但是,如果在他圈用范围内的草在地上腐烂,或者他所种植的果实因未被摘采和贮存而败坏,这块土地,尽管经他圈用,还是被看作是荒废的,可以为任何其他人所占有。"③这里的前提显然是人的消费能力是有限的。

从人的劳动能力方面考虑,洛克认为"还留有足够的同样好的东西给其他人所共有"的条件也是能够得到保证的。"因为一个人有权享受所有那些他能施加劳动的东西,同时他也不愿为他所享用不了的东西花费劳力。这就不会让人对财产权有任何争论,也不容易发生侵及他人权利的事情。"④

---

① 〔英〕洛克:《政府论》下篇,第 18、20 页。
② 同上书,第 22、23 页。
③ 同上书,第 24、25 页。
④ 同上书,第 32 页。

所以，洛克的基本观点是，劳动既确定又限制了私人财产权。劳动最初"在自然的共有物中开始确立财产权"，又由于人消费财产是为了满足需要而"限制了财产权"。"权利和生活需要是并行不悖的。"①

就洛克生活的时代而言，由于人类仍然处于主要靠人力和畜力进行生产的农业社会，如果仅仅以每个人自己的劳动作为个人对土地的财产权的决定因素，基本上还是能够保证每个人对自然资源的平等权利的。因此，他的劳动既确定了私人财产权又限制了私人财产权的观点，从理论上说似乎还是能够成立的。因为如果每个人都能够根据自己的劳动能力占有一定量的土地，也就保证了每个人对自然资源的平等权利。亦即，在传统农业社会，每个人对自然资源的平等的享用权还可以通过尽可能平均地使用土地的方式来实现。当然，由于家庭之间、地区之间人口的增减与土地的开垦之间不可能保持平衡，通过平均地权保证每个人对自然资源的平等权利也是难以实现的。

然而，自从人类进入了工业化社会以后，借助由电力、核能推动的各种高、精、尖的机械化、自动化设备，人的劳动能力已经达到的程度，绝对不再是能够保证"还留有足够的同样好的东西给其他人所共有"的充分条件。同时，在人口增加、人类劳动能力提高，以及与人的劳动能力提高相关的经济发展、社会文化积累等诸多因素的相互作用下，人的消费能力也同样有了巨大的提高。人的劳动能力与消费能力的提高是相互推动的。在人能够开发、利用的自然资源种类不断增加、利用程度不断加深的同时，人的需要也在持续扩展。与人的消费需要的极其多样、繁复、奢华、越来越快速的更新扩展趋势相伴随的，是人消费物质资源的能力无止境的提高。因此，人的消费能力也已经完全不是保证人将稀缺性越来越明显的自然资源"拨归私用"时，不损害他人对自然资源平等权利的条件。

虽然生活在几百年前的洛克不可能预计到当今世界人的劳动能力和消费能力会发展到如此地步，但是，洛克财产权理论的缺陷不仅仅是由于其所处时代导致的历史局限性，也是因为其推论过程中存在逻辑上的错误。即他混淆了人对通过自己的劳动所创造的物质财富的权利与人对物质财富中包含的自然资源的权利，以劳动为确定私人财产权的唯一决定因素。

从理论上说，即使在每个人都能够利用自己的劳动能力占有一小块土地，"还留有足够的同样好的东西给其他人所共有"的情况下，个人通过对土地的占有而在其上进行劳动并对自己的劳动产品拥有财产权，在这种劳动

---

① 〔英〕洛克：《政府论》下篇，第32页。

产品中也是既包括人的劳动贡献也包括自然资源的贡献。只不过个人对自己的劳动所创造的物质财富的权利和对自然资源的权利,能够通过对劳动产品的权利同时实现。但是,在人的劳动能力极大提高,对自然资源的开发利用和生产劳动过程一般都需要多人之间复杂的分工协作,一件劳动产品通常都是既包含了一定量的自然资源,又包含了很多人的劳动的情况下,个人对自己的劳动创造的财富的权利和对自然资源的权利都不能够通过对劳动产品的权利直接实现。此时,仅以劳动作为实现对自然资源权利的方式,不仅在理论上否定了每个人对自然资源的共有权、平等权,在实践中也无法实现。结果,在实践中就变成了已经占有了自然资源的人就对自然资源拥有财产权,没有占有自然资源的人就对自然资源没有任何权利。

实际上,既然对一件劳动产品中包含的不同个人的劳动要通过市场交换,以货币的形式在相关的个人之间进行分配,对其中包含的自然资源部分,同样也能够以货币的形式在所有人之间平等分配。只不过,对劳动产品中包含的自然资源部分,无法通过市场在所有的个人之间进行平等分配。那么,当人视之为财产的东西是由人类已经认识到其使用价值但又相对稀缺的自然资源和人通过对自然资源的加工形成的物质财富两个类别构成的,在后一类财产进入市场交换时,一定范围内的公共权威机构,就有必要代表该范围内的全体成员,将其中包含的自然资源部分的价值,以收取资源税或自然资源消耗费的方式集中起来,再平均分配给每个成员,以保证每个人对自然资源的平等享用权。由于这样能够保证每个人对自然资源的平等权利,所以,对前一类财产维持已经形成的占有格局,也就不会损害每个人对自然资源的权利。当然,这就必须以在理论上确认每个人对自己的劳动创造的物质财富的权利基础与每个人对自然资源的权利基础是不同的为前提。

五、洛克对私人财产权制度形成的历史缺乏必要的了解或正视

尽管从理论上说,如果严格坚持洛克的以个人劳动确立自己的财产权利的观点,在传统农业社会确实不至于导致严重的不公正。但是,就历史事实而言,在土地相对丰富、每个人都能够自由地耕种土地的情况下,人们既不可能形成也不需要确立私人财产权。只有在相对于人的劳动能力土地变得稀缺时,至少是在比较容易耕种的土地变得稀缺时,人们才需要确定对土地的权利。此时,对土地的占有,既有通过劳动的占有,更有通过暴力的大范围圈占。因为对土地的开垦和耕种的某些环节,需要大量的人相互协作,在这样的过程中,协作的组织者通常就掌握了对公共事务的处理权、对其他

成员的控制权,并因此对共同体开垦的土地及利用土地生产的农牧产品形成了控制权、分配权。最终,在共同体内部通常会形成少数人通过控制土地而控制、占有他人劳动产品的状况。同时,为了获得更多的、不同于本地的自然资源和劳动产品,一个共同体的统治阶层还可能通过暴力征服其他共同体。这种情况的出现与少数人的权力欲和消费欲望的膨胀直接相关。

由于土地变得稀缺,无论是在共同体内部还是共同体之间,都必然发生纷争。所以,在一些国家之间才会有默认的"放弃了对于为对方所占有的土地的一切要求和权利"的情况。在一些社会内部也会出现"法律规定了它们社会的私人财产"的情况。① 但是,这并非完全如洛克所说的,是"通过契约和协议确定了由劳动和勤劳所开创的财产"。国家之间的"盟约",以及社会内部的法律,主要是否定所有的人对自然资源的共有权。但是,洛克为了维持观点的连贯性,并不承认盟约、法律的出现是因为土地变得相对稀缺,而是认为,"虽然如此,还有大块的土地荒芜不治,比居住在上面的人所能开垦或利用的还要多,所以它们还是公有的"。②

另外,洛克自己就没有清楚地区分一个人自己的劳动和其仆人的劳动。而且,他还肯定了卖身为奴的情况。认为出卖自身的事情,"仅是为了服劳役,而不是为了充当奴隶"。"这种奴仆的主人根本没有任意处置奴仆生命的权力,因此不能随意伤害他。"③然而,主人却因此拥有了获得奴仆的劳动的权利。并且,正是因为如此,一个人就能够利用自己的仆人占有大量的自然资源。在这样的情况下,法律保护的就不仅是人以劳动为根据的对自然资源的权利,而且保护了靠暴力、靠控制他人的劳动获得的对自然资源的权利。此时,私人财产权既不是以劳动为基础确定的,个人的劳动能力也没有限制私人财产权的扩张。

所以,有人认为洛克的哲学"反映了英国地主阶级的主张,他们挑战国王权力,以保卫私有财产的政治和社会权利";指责他"并没有把他的人类自由思想应用到沦为奴隶的非洲人身上","认为蓄奴是私有财产的一种合法形式";并揭露他"投资从事贩奴贸易的皇家非洲公司,赞同在美洲各殖民地发展奴隶制"。④ 这些社会实际状况和他自己的利益所在,不可能不影响他的理论思考。当然,洛克在论述财产权时,似乎没有考虑奴仆的作用。所

---

① 〔英〕洛克:《政府论》下篇,第29页。
② 同上。
③ 同上书,第16、19页。
④ 〔美〕R. R. 帕尔默、乔·科尔顿、劳埃德·克莱默:《启蒙到大革命:理性与激情》,陈敦全等译,北京:世界图书出版公司2010年版,第36、37页。

以,他强调的是通过劳动,"人们对世界的若干小块土地,为了他们个人的用途,享有明确的产权"。①

对于实际上并不是每个人对一小块土地享有财产权的情况,洛克"大胆地肯定说",是因为"货币的出现和人们默许同意赋予土地以一种价值,形成了(基于同意)较大的占有和对土地的权利"。否则,以劳动和个人需要为根据的所有权的法则,"会仍然在世界上有效,而不使任何人感受困难,因为世界上尚有足够的土地供成倍居民的需要"。但是,由于人们对金、银、钻石等能够长期保存的东西的"爱好或协议给以比它们的实际用处和对生活之需的价值更高的价值",结果,这些东西不仅能够被人长期收藏、大量积聚,而且还"给了他们以继续积累和扩大他们的财产的机会"。洛克的具体解释是,由于一个人可以用自己消费不完又不能长期存放的剩余产品"去交换可以窖藏而不致损害任何人的金银",所以,就"使一个人完全可以占有其产量超过他个人消费量的更多的土地"。于是,形成了对土地不平均和不平等的占有。"而政府则以法律规定财产权",土地的占有就成了"由成文宪法加以确定的"。②

然而,事实恰好相反。首先是因为个人或某些人拥有了某种或多种超过自己的享用限度的物品,同时希望消费其他自己不拥有的某种或多种物品,于是会与拥有那些物品且同样超过自己的享用限度的人进行交换。其后,为方便彼此交换不同种类的物品才创造了货币。这一过程的发生是与某些人的消费需要的扩展相互作用的。消费种类的扩展体现着人的消费能力的提高。亦即,先有对自然资源的不平等的占有和消费需要的扩展,而后才出现了货币。因为货币不仅能够作为交换媒介,也具有储存财富的功能,其对财富的占有方面的分化起了推波助澜的作用。当物质财富占有方面的分化使一些人失去了对作为劳动条件的自然资源和物质财富的权利时,货币就不仅可以购买到各种物品,还具有了能够购买他人劳动力的功能。所以,人们在物质财富占有上的差别,就不仅存在于对实物的占有上,也体现在对货币的占有上。

六、洛克对劳动在物质财富形成中的作用的论述及其存在的问题

洛克之所以先肯定了人类对自然资源的共有权,又通过肯定劳动在将共有物"拨归私用"中的作用否定了每个人对自然资源的平等权利,还有一

---

① 〔英〕洛克:《政府论》下篇,第26页。
② 同上书,第23、29、30、31页。

个重要原因是,他过度肯定了劳动在物质财富形成中的作用。当然,这也与他生活在传统农业社会导致的局限性有关。

他认为,"劳动的财产权应该能够胜过土地的公有状态,这个说法在未经研讨之前也许会显得很奇怪,其实不然。因为正是劳动使一切东西具有不同的价值。"他说:"如果任何人考虑一下一英亩种植烟草或甘蔗、播种小麦或大麦的土地同一英亩公有的、未加任何垦殖的土地之间的差别,他就会知道劳动的改进作用造成价值的绝大部分。我认为,如果说在有利于人生的土地产品中,十分之九是劳动的结果,这不过是个极保守的计算。如果我们正确地把供我们使用的东西加以估计并计算有关它们的各项费用——哪些纯然是得自自然的,哪些是从劳动得来的——我们就会发现,在绝大多数的东西中,百分之九十九全然要归之于劳动。"他反复举例说明,在能够满足人们的衣食之需的资料中,"土地很难说占有价值的任何部分,至多只能说占有极小的部分"。即使考虑到人们使用的犁、磨盘、烤炉和其他工具是需要"采掘、冶炼铁和矿石,砍伐并准备木材来制造",他仍然认为,"自然和土地只提供本身几乎没有价值的资料"。①

洛克的这些看法显然都是以农业生产的情况为根据的。在农业生产主要以手工工具为主的情况下,对矿藏类自然资源的消耗确实是极其有限的。同时,尽管农业生产需要大量的土地,但是,由于土地是可以长期反复利用的自然资源,在农产品中包含的确实主要是人的劳动创造的价值。农产品中包含的土地的价值可能只是近似于土地价值的银行利息。因此,洛克对劳动的价值的肯定,为揭露利用土地剥削劳动者的人和行为提供了理论依据。

然而问题是,他对自然资源在形成财富中的价值的否定,同样会严重损害劳动者的利益。因为,尽管一英亩未垦殖的、完全没有生长任何可供人类使用的东西的土地,对人的生存是没有现实价值的,但如果一个人没有任何自然资源,也是完全无法通过劳动创造出可供人类使用的东西的。也正因为这样,大土地的占有者、封建领主,才能利用他们占有的土地剥削、压迫、控制没有或缺少土地的农民。

更严重的问题则是,工业革命开始以后,各种不同的产品中包含的劳动的价值和自然资源的价值差别越来越大。与此同时,人们能够利用的不可再生的自然资源越来越多,在利用这种自然资源生产的产品中,例如各种大型、高效的生产设备和家庭耐用消费品,以及商用和民用建筑物等,自然资

---

① 〔英〕洛克:《政府论》下篇,第26、27、28页。

源的价值占有很大的比重。此时,忽视或不承认劳动产品中包含的自然资源价值,否认每个人都有权利平等分享劳动产品中包含的自然资源形成的价值部分,必然导致物质财富分配上的极大的不公正。

总体上说,人类创造的不同类型的物质财富,其中包含的人类劳动和自然资源的比例是不同的。在人类主要靠采集、渔猎为生的阶段,劳动在能够满足人的需要的物质资料中占的比例很小,人们主要靠自然资源满足需要。人类进入农业社会,主要靠农牧产品为生时,农牧产品包含了远多于被获取的自然野生动植物中包含的人类劳动,开垦过的耕地、人工修建的水利设施等,也包含了一定量的人类劳动。与此同时,人们也认识到土地、水源、土地上的动植物等自然资源的价值。但是,也正因为人类认识到了自然资源的价值,在权力、暴力的作用下,大多数人对自然资源的平等权利既在实际制度上被否定,也在观念上被否定。

进入工业社会以来,劳动在人类的物质财富创造中的作用更加突出,但是,在不同的物质产品中所占的比例非常不同。各种以自然资源为主加工而成的产品包含的自然资源最多;各种物理合成、化学合成材料的制成品相对于天然矿藏的制成品,其中包含的自然资源就相对减少,而包含的劳动则相对增加;各种利用微电子技术、生物技术以及电子技术与生物技术相结合生产出来的产品,其价值中包含的成分可能主要是人类的劳动,来自自然资源的部分就更少了,甚至是微乎其微的。但是,即使在当今科技高度发展的社会中,任何有形的物质产品中还是必然要包含一定量的自然资源。人类社会的物质财富,一定是人类劳动和一定量的自然资源共同构成的。而且,一般而言,用于满足人的基本物质需要的物品通常包含的自然资源的比例是相对较高的。很多物质产品包含的还是不可再生的矿物资源。

由于人的劳动能力发展得越来越复杂,彼此之间在质和量上的差别也越来越大,同时也由于在人的劳动成果中包含的自然资源既千差万别又比例不同,因此,区分人的劳动产品中包含的每个人的劳动贡献和转入其中的自然资源的价值,是一个极其复杂的问题。但与此同时,人们发明创造了具有多种功能的货币,认识到了市场机制确定各种生产要素的价值的作用。因此,利用市场机制和货币对物品价值进行分割,完全能够既保证每个人对自己的劳动创造的价值的权利,也能够保证每个人对已经被利用的自然资源的平等权利。

对于洛克之所以最终否定了人对自然资源的共有权,否定了每个人对自然资源的平等权利,按照施特劳斯的看法,是由于他将人放到了中心地位。施特劳斯认为,"洛克的财产学说,实际上差不多是他政治学说中最核心的部分,当然也是其中最具特色的部分。这使得他的政治学说不仅与霍布斯的,而且与传统的学说最鲜明不过地区分开来。""洛克的财产学说以及他整个的政治哲学,不仅就《圣经》传统而言,而且就哲学传统而言都是革命性的。通过将重心由自然义务或责任转移到自然权利,个人、自我成为了道德世界的中心或源泉,因为人——不同于人的目的——成为了那一中心和源泉。洛克的财产学说比之霍布斯的政治哲学,是这一根本转变的更加'先进'的表达。"①

施特劳斯的评论有合理之处,但也有一些偏差。在自然权利论者中,"将重心由自然义务或责任转移到自然权利",不仅是洛克的哲学理论的根本特征,也是霍布斯哲学的根本特征。不过,他们之间最突出的差别,确实就是洛克的财产权理论更为坚实地肯定了人的中心地位。另外,霍布斯和洛克实际上也是以人的目的为道德世界的中心和源泉的,只不过对人的目的的界定不同于施特劳斯所赞成的古典哲学家,自然权利论者是以人的需要满足为人的目的的。正因为人成了"道德世界的中心和源泉",人"是自己的主人,自身和自身行动或劳动的所有者",人以自己的需要的满足为活动或劳动的目的。所以,人不仅是政治社会的创建者、政治制度和政治权力的创建者,也是物质财富的创造者。

结果,洛克形成了施特劳斯所说的看法,"是人而非自然,是人的劳作而非自然的赐予,才是几乎一切有价值的东西的源泉:人们要把几乎一切有价值的东西都归功于他自己的劳动。"②在这点上,施特劳斯非常准确而透彻地指出了洛克的财产学说以及对人的财产权的论述的根本问题,即在人与自然资源的关系上,完全忽视了自然的力量、作用。这就不仅是过度释放了人的贪欲,更是从对人人平等拥有自然权利的论证,走向了对人平等的自然权利、人对自然资源的平等权利的否定。

由于以上错误,洛克实际上将人类对自然资源的共有权仅仅视为个人将自己的劳动施加于某个具体的自然物上的权利。此后,劳动就成了将自然资源"拨归私用"、确立私人财产权的唯一决定因素。而且,在他看来,一旦一个人在某种自然资源上施加了劳动,无论这种劳动是简单地从自然界获取,还是更复杂的生产劳动,劳动就既确定了他对经过他的劳动在物品中新增加的价值的财产权,也确定了他对其中包含的自然资源的财产权。这样,洛克就将对劳动所创造的财富的权利扩展为对自然资源的权利,因而否

---

① 〔美〕列奥·施特劳斯:《自然权利与历史》,第 239、253 页。
② 同上书,第 253 页。

定了人对自然资源的共有权。

第二节　劳动价值论的自相矛盾

古典经济学是以自由主义哲学为基础的。该学派论证的核心观点就是,在私人财产权制度下,个人追求自己利益的行为在市场机制的作用下能够增进整个社会的利益。为了确定个人行为、个人自由选择的重要性,古典经济学家更是直接将人的劳作归为一切有价值的东西的源泉,形成了很有影响的"劳动价值论"。

但是,人类社会的任何物质财富都是既包含了一定量的自然资源,又包含了一定量的人类劳动,这本来是非常清楚明白的基本事实。就如同亨利·乔治所说,"当我们说到劳动创造财富时,我们是隐喻地说的。人创造不了任何物品。整个人类如果不停地劳动也创造不了在阳光柱中浮游的最小的微尘,不能增加这个旋转地球上的一个原子的分量,也不能减轻一个原子的分量。在财富生产中,劳动在自然力量的帮助下,不过是在原先存在的物质上工作,把它变成所希望的形式。"① 古典经济学家虽然提出了劳动价值论,实际上,他们在分析物质财富的形成时,还是肯定了自然资源在其中的作用的,否则古典经济学不可能成为真正的科学。只不过因为他们认为个人为自己获取财富时,也能增进他人的利益,所以不再关心对自然资源的占有是否公正的问题。然而,既然自然资源是物质财富的源泉之一,公正的经济制度就应该保证每个人对自然资源的平等权利,忽视每个人对自然资源平等权利的学说的缺陷就应该受到正视。

一、威廉·配第

在经济学说史上,与洛克基本上是同时代的威廉·配第被视为从重商主义到自由主义经济学的过渡性人物。② 一方面,今天的经济学说史仍然会提到配第的观点表明,他是明确肯定了物质财富有两个来源的人。他曾明确提出"劳动是财富之父,土地是财富之母"。③ 由于在农业社会中土地是人们认识到其价值并有能力利用的最主要的自然资源,因此可以说配第

---

① 〔美〕亨利·乔治:《进步与贫困》,第244页。
② 〔美〕小罗伯特·B.埃克伦德、罗伯特·F.赫伯特:《经济理论和方法史》,杨玉生、张凤林等译,北京:中国人民大学出版社2001年版,第55页。
③ William Petty, *The Economic Writings of Sir. William Petty*, 2 vols., C. H. Hull, ed., New York: A. M. Kelly, 1963, I, p. 63.

的这一格言明确地指出了财富的两个来源:人的劳动和自然资源。这个论断基本上反映了农业社会物质财富的构成要素。在《赋税论》中讨论地租问题时,他的有些论述也是延续了这个观点的。另一方面,他在讨论谷物和地租应该用多少货币表示时,却为劳动价值论的形成埋下了伏笔。

他认为,一个人在一块土地上生产的谷物与另一个人在同样时间里挖掘白银并制造成货币的数量,"两者之间的价值一定是相等的"。并因此认为他找到了"衡量各种价值等量关系和权衡的基础"。① 实际上,二者的价值是否相等,是难以确定的。尽管谷物和银币都是既包含人的劳动也包含一定量的自然资源的物品,然而,白银与土地、种植谷物与开采白银及铸币的劳动能力的价值是不能相互比较的。它们的价值是分别由人的需要决定的。而人的需要不仅包括人与生俱来的各种生存需要,也包括由人类文化创造的各种需要。文化的多样性导致了人需要的多样性,文化的精神因素导致了人的需要的一定主观性。因此,各种自然资源的价值与各种劳动能力的价值是不能相互比较的。配第也谈到了不同的生活观念和生活方式对不同产品的价值的影响。②

另外,配第在肯定了"所有物品都应该按照土地和劳动这两种自然单位来衡量其价值"之后,又进一步提出,如果"能够用土地和劳动二者之一来表示其他物品的价值",比同时使用它们两个效果"更佳"。③ 这就开启了以劳动衡量一切物品的价值的大门。"用土地和劳动二者之一来表示其他物品的价值",就意味着土地和劳动的价值能够互相表示。但实际上,配第关于同样时间里生产的谷物与银币的价值相等的论断,表达的是它们的市场价格之间的关系,是谷物与白银之间的交换价格。而各种自然资源与各种劳动能力及由它们构成的各种物品的交换价格,既取决于人的需要,还与因购买能力导致的需求,因不同劳动能力和自然资源的稀缺程度导致的供给有关。在供给和需求分别确定了某种劳动与某种自然资源的价格的前提下,一定量的劳动与一定量的自然资源当然也是能够相互比较的。

对于物品的价格,配第也认识到货币的供给数量、物品的供给与需求对价格的影响。④ 在谈论谷物与白银的关系时,他自己就明确地指出,随着供求关系的变化,彼此之间的比例关系也在变化。如果原先一蒲式耳谷物售价五先令,在发现了矿藏更加丰富的新银矿以后,一蒲式耳谷物就会变成售

---

① 〔英〕威廉·配第:《赋税论》,马妍译,北京:中国社会科学出版社 2010 年版,第 38 页。
② 同上书,第 48 页。
③ 同上书,第 38、39、40 页。
④ 同上书,第 49、50 页。

价十先令。然而,配第在论述中强调,"此时获得两盎司的白银和从前获得一盎司的白银的难易程度相同,那么,在其他条件相同的情况下,现在一蒲式耳谷物售价十先令就等于从前一蒲式耳谷物售价五先令,相对价格相等"。① 这显然不是在考虑因白银的供给增加导致其价格下降,而是要说明原先的五先令、现在的十先令与一蒲式耳谷物中包含的劳动是相等的。

因此,在经济学说史上,配第通常被视为首先提出了劳动价值论。根据就是,配第指出"如果收获一蒲式耳谷物与制造一盎司银所付出的劳动是相同的,那么它们的价值就应该是一致的"。②

二、亚当·斯密

在经济学说史上,更明确地提出了劳动价值论的,是古典经济学的创建者亚当·斯密。他在《国富论》中第一句话就说:"一国国民的劳动,本来就是供给他们每年消费的一切生活必需品和便利品的源泉。"③斯密的这个论断可能与明确反对重商主义将金银视为财富的观点有关。但无论如何仅仅将劳动视为一切物品的源泉是偏颇的。在区分了物品的使用价值和交换价值以后,斯密更明确地提出"劳动是衡量一切商品交换价值的真实尺度"。"世间一切财富,原来都是用劳动购买而不是用金银购买的。所以,对于占有财富并愿意用以交换一些新产品的人来说,它的价值,恰恰等于它使他们能够购买或支配的劳动量。"只是由于"要确定两个不同的劳动量的比例,往往很困难",所以,在进行交换时,"是通过市场上议价来作大体上两不相亏的调整"。④

对于市场价格,斯密归结为物品包含的劳动量和供求关系。"凡是难于购得或在取得时需花多量劳动的货物,价必昂贵;凡是易于购得或在取得时只需少量劳动的货物,价必低廉。"⑤但是,一种物品之所以难于或易于购得,不仅取决于人的劳动能力,同时取决于相关的自然资源的供给。斯密在论述金银的价值变化时,实际上承认了在16世纪欧洲金银的价值几乎减低为原价的三分之一,是由于"美洲金银矿山的发现",即由于金银矿这种自然资源的增加。然而,他在提及这样的事实以后,却说是因为"此等金属由矿

---

① 〔英〕威廉·配第:《赋税论》,第49页。
② 〔美〕斯坦利·L.布鲁:《经济思想史(第6版)》,焦国华、韩红译,北京:机械工业出版社2003年版,第23页。
③ 〔英〕亚当·斯密:《国民财富的性质和原因研究》,郭大力、王亚南译,北京:商务印书馆2005年版,第1页。
④ 〔英〕亚当·斯密:《国民财富的性质和原因研究》,第26、27页。
⑤ 同上书,第29页。

山上市所需劳动既较少,故上市后所能购买或支配的劳动也按同一程度减少"。① 这显然是非常牵强的。在当时的技术条件下,即使美洲的金银矿相对容易开采,挖掘时需要的劳动量少些,将其运到欧洲只会需要更多的劳动,加在一起很难说"此等金属由矿山上市所需劳动既较少"。单位金银币中包含的自然资源和劳动与之前相比不会有太大的变化,其市场价格之所以发生变化,主要是因为金银矿的供给增加了。

正因为斯密没有考虑作为任何物品的必要构成元素的自然资源之稀缺程度对物品价值的影响,所以他没能正确解释水和钻石在使用价值和交换价值上的巨大反差。两种价值之间的反差,后来的经济学家以珍珠为例做了表达:"是因为人们潜入水中将珍珠挖出,所以珍珠才具有价值,还是因为珍珠具有价值,人们才潜入水中寻找珍珠?"根据斯密的观点,他的回答会是"珍珠(商品)具有价值是因为人们需要潜入水中才能得到它们"。② 而合理的答案显然是,由于人类文化已经确认了珍珠这种自然资源具有价值,人们才潜入水中寻找。而人为寻找珍珠付出的劳动又增加了它的价值。

不过,斯密作为经济学之父,其理论体系实际上是以劳动和自然资源共同构成财富的价值为基础的。他将人类社会分成两种类型,认为在不同类型的社会中物品的价值基础不同。"在资本和土地私有尚未发生以前的初期野蛮社会获取各种物品所需要的劳动量之间的比例,似乎是各种物品相互交换的唯一标准。""资本一经在个别人手中积聚起来","一国土地,一旦完全成为私有财产",商品的价格或交换价值,就由工资、利润、地租"三个部分全数或其中之一构成"。并明确地说:"工资、利润和地租,是一切收入和一切可交换价值的三个根本源泉。"③当然,即使按照斯密的论述方式,这里也应该说劳动、资本、土地是一切收入和一切可交换价值的源泉。由于斯密主要关注的是交换价值,所以给出了如上的表述。但他也指出,工资是劳动的工资,地租是土地的地租,利润是资本的利润。尽管斯密强调,"这三个组成部分各自的真实价值,由各自所能购买或所能支配的劳动量来衡量。"④但进一步追究的话,必然达到物品的价值由劳动、土地和其他自然资源构成的结论。

在斯密说的第一种情况下,资本和土地之所以尚未私有,是因为人们有

---

① 〔英〕亚当·斯密:《国民财富的性质和原因研究》,第28页。
② 〔美〕斯坦利·L. 布鲁:《经济思想史(第6版)》,第57页。
③ 〔英〕亚当·斯密:《国民财富的性质和原因研究》,第42、43、44、47页。
④ 同上书,第45页。

能力认识和利用的自然资源相对丰富,因此人们在进行物品交换时还没有受到自然资源稀缺性的影响,只考虑劳动量之间的比例即可。而在土地和人们能够利用的自然资源变得稀缺时,它们变成了私有财产。物品交换的价格就不仅要考虑其中包含的劳动量,也必然要考虑其中包含的自然资源。资本,一部分用于购买劳动力,另一部分就是购买进行某种生产劳动需要的所有物质资料。这些物质资料或者本身就是自然资源,或者是包含了自然资源和人类劳动的产品。无论怎样,自然资源都是物品价值的一个构成部分,同时也是其市场价格的影响因素。土地,即使经过人工改良的耕地,很大部分也属于自然资源。在其变得稀缺、明确了所有权关系的情况下,也必然是在其上生产出来的物品价值和价格的构成部分。

但是,斯密作为一位系统地阐述国民财富的性质和原因的经济学家,与洛克相比,其理论有一个显著的退步,即不再探问自然资源如何能够被私人所有的问题。而是将资本和土地的私有视为既定的事实及分析财富的性质和原因的既定基础。这当然与斯密生活的时代,私人所有权已经确立有关。而且,此后绝大多数经济学家也不再关心这个根本性的问题。

三、大卫·李嘉图

李嘉图的经济学说,从一方面说是"一种'真实成本'的理论",但另一方面,他又试图坚持"一个严格不妥协的劳动价值论的解释"。① 与斯密相比,李嘉图的价值理论更为精确一些。首先,李嘉图指出了斯密的混乱,既以生产时投下的劳动量作为一件商品的交换价值的基础,又以它能交换到的劳动量作为衡量其价值大小的尺度。"劳动的报酬,如果与其生产额为比例,则生产该物所须投下的劳动量,当然会等于交换该物所得而支配的劳动量,即彼此当然都可以作为价值的标准尺度。可是这两种劳动量,事实上并不相等。前者往往能够指示他物价值的变动,是一个不变的标准;后者却是可变的,不能测定他物价值的变动。"所以是"投在商品内的劳动量,支配商品的交换价值"。②

另外,李嘉图比斯密更清楚地论述了供求关系对交换价值的影响。在具体论述中,李嘉图实际上认识到了自然资源的丰富或稀缺本身就是一个影响因素。他谈到了"金银会因更丰饶的新矿的发现,而发生价值上的变

---

① 〔美〕小罗伯特·B. 埃克伦德、罗伯特·F. 赫伯特:《经济理论和方法史》,第 124 页。
② 〔英〕里嘉图(李嘉图):《经济学及赋税之原理》,郭大力、王亚南译,上海:上海三联书店 2008 年版,第 3 页。

动","在输入自由时,一国沃壤的发现之利益,可影响各市场的谷物价值"。同时,他也认识到技术的改进、机械的使用和改良,能够影响产品的价值。与此相关,他也认识到"社会情状的变化,可引起劳动供求比例的变化,因而引起劳动价值的变化"。① 这些论述已经表明,构成物品价值的自然资源和劳动的交换价值分别受各自的供求状况的影响。他在谈到"稀少性"影响商品的交换价值时,他的稀少性既涉及劳动技能的稀少,也涉及自然资源的稀少。例如,他举的那些艺术品的稀少性,主要与劳动技能的稀少有关,而关于葡萄酒的例子,直接说的就是"其葡萄由特殊土壤栽培,其品质特殊,分量有限"。② 特殊土壤至少部分是天然所成,属于自然资源。在人的劳动不能缓解稀少性的情况下,"价值变动,全然按照欲得者之资力与欲望"。③

更重要的是,李嘉图明确指出了"影响商品价值的,不仅是直接投在商品内的劳动,投在工具建筑物内的劳动,亦有此种作用"。因此,决定商品交换价值的是该商品"制造及上市所必要的劳动总量"。④ 这就比斯密更明确地承认了商品的价值有两个来源:当下的劳动和生产过程中使用的作为正在进行的生产劳动之条件的物质资料。而且李嘉图还区分了物质资料因耐久性不同,转入到当下生产的商品中的价值量的不同。当然,对于来自已经存在的物质资料的价值部分,李嘉图也只是强调了其中包含的劳动会移入所生产的商品内。因此,他认为,在制造生产工具所需要的劳动量相等的情况下,"耐久器具仅以小部分价值,移入所产商品内,不耐久器具,却以更大部分的价值,实现于所产商品内"。⑤

实际上,移入商品内作为其价值组成部分的,还应包括制造那些物质资料的自然资源。像土地那样的能够反复利用的自然资源也是"仅以小部分价值,移入所产商品内";而像石油、矿石等不能反复利用的自然资源,"却以更大部分的价值,实现于所产商品内"。

对于地租,李嘉图将其定义为是"原有不可灭的土壤力"的报酬。并且,区分了"原有不可灭的土壤力"的报酬与"因曾投资改良土地品质"的资本的报酬。⑥ 按照这个说法,一方面表明李嘉图承认了土地原本就具有"不可灭的土壤力";但是,另一方面,由于他将土地原本具有的"不可灭的土壤

---

① 〔英〕里嘉图:《经济学及赋税之原理》,第3、4页。
② 同上书,第1、2页。
③ 同上书,第2页。
④ 同上书,第8、9页。
⑤ 同上书,第9页。
⑥ 同上书,第27页。

力"仅仅视为地租,结果,就否认了人们已经耕种,又因品质较差、产量较低,仅能维持耕种者的最低需要,而不能产生地租的耕地的土壤力。实际上,这种品质的土地对其产品的价值仍然是有贡献的。如果没有这样的土地,劳动者无论如何也不能生产出任何东西。在这个问题上,李嘉图与斯密犯了同样的错误。

不过,李嘉图比较充分地认识到供求关系对各种商品的交换价值的影响,因此,指出了在土地可以被视为"无限量"供给时,人们使用土地"无须支付代价"。是在"土地之量有限,其质又非均一,而人口增加"的情况下,①才出现地租的。这实际上表明地租的出现标志着人们认识到了土地在财富形成中的作用。当然,地租的出现还因为土地已经成为少数人的私有财产。

以上事实表明,尽管李嘉图试图将劳动价值论贯彻于其经济学说的始终,但实际上,他的经济学说是以物质产品既包含人的劳动也包含自然资源,商品价格既受劳动供给的影响,也受自然资源供给的影响为基础展开的。

后来,由于越来越多的经济学家认识到依据劳动价值论不能对经济运行和发展给出科学的解释,也由于随着工业革命的推进,生产活动变得更为复杂,新古典经济学家放弃了对价值形成的考察。他们更加关心的是个人需求满足、厂商经济活动效率、资源有效配置。这种以边际效用为分析工具的微观经济学,基本上是将某个时点上的资源占有状况作为既定事实的。进入20世纪以后,虽然经济学中的制度学派对产权制度以及其他制度与经济活动的关系从多方面进行了分析,但是有关的经济学家关心的仍然是经济活动的效率,而不是产权制度或资源占有状况是否公正。

第三节　亨利·乔治对每个人平等拥有自然资源权利的论证

在经济学的历史上并非没有人比较清楚、明确地论证过每个人对自然资源的平等权利。早在一百多年前,亨利·乔治就进行了曾经引起广泛关注的论证。他的代表作《进步与贫困》,在1880年正式出版了第一版。至1905年,"包括所有形式和语种的印行数超过200万本"。"连同亨利·乔治后来所写的可以称为'进步与贫困文库'的其他著作,流行于世的总计也

---

① 〔英〕里嘉图:《经济学及赋税之原理》,第28页。

许有 500 万本。"①可见其学说在当时还是产生了巨大影响的。实际上,孙中山以"平均地权"为主要内容的三民主义就是受到了乔治理论的影响。然而,今天的经济学说史几乎不再谈论亨利·乔治的学说。即使提到亨利·乔治,也是将其视为"美国异端思想家"。② 这既是因为其理论确实存在一些缺陷,更是因为乔治的学说关心了"社会正义"问题。③ 已经形成的资本主义私人财产权理论中存在缺陷,资本主义国家中在经济和政治上占据优势的群体实际上是坚持以不公正的制度维护自己不应得的巨大私利。今天的主流经济学家也不关心对自然资源的占有状况是否公正。

当然,主流经济学家不关心资源占有状况公正与否,可能与这样的事实有关,即在市场竞争机制的作用下,原来占有大量自然资源和劳动创造物的人有可能会因竞争失败而变得一无所有。但是,总体的社会经济结构却始终是少数人占有各种自然资源,如土地、矿藏、山林等,以及以它们为原材料的生产资料,多数人则主要靠自己的劳动力为生。因此,无论自然资源的占有状况怎样变化,只要是本来不属于任何人的自然资源被少数人占有,每个人对自然资源的平等权利没有得到实现,这样的财产权制度就是不公正的。

一、亨利·乔治的研究主题

在亨利·乔治生活的时代,由于工业革命,蒸汽、电力以及各种节省人力并具有更高效率的机器的发明,使人类创造物质财富的能力显著提高。但是,在西方国家总体上拥有的物质财富快速增加的同时,大量的劳动者却仍然生活在贫困之中。亨利·乔治的研究主题就是资本主义社会存在的贫困与进步形影相随"这个时代的难解之谜"。④ 通过探究这种进步与贫困并存的原因,乔治论证了每个人对自然资源的平等权利。

他认为在人的劳动能力显著提高的情况下,自然资源必然变得稀缺。由于自然资源"对劳动是必需的",更由于自然资源"不是全体人民的共有财产,它是个人的私有财产",而且是被少数人"独占"的私有财产,所以自然资源的价格就会上升,"劳动收入的大部分被剥夺"。⑤ 因此,要解决资本主义社会贫困与进步形影相随的难解之谜,就必须将政治经济学的基础"建

---

① 〔美〕亨利·乔治:《进步与贫困》,25 周年纪念版本序言。
② 〔美〕小罗伯特·B. 埃克伦德、罗伯特·F. 赫伯特:《经济理论和方法史》,第 367 页。
③ 〔美〕亨利·乔治:《进步与贫困》,第四版序言,第 8 页。
④ 同上书,第 17 页。
⑤ 同上书,第 254、258 页。

在坚实的地面上"。① 根据亨利·乔治的论述,这坚实的地面就是正确区分每个人对自己的劳动产品的私有权利和对自然资源的平等权利,并保证实现每个人的平等权利。

首先,亨利·乔治明确指出了人类社会的物质财富是劳动和自然资源两种要素的产物。他主要以土地代指自然资源,但明确指出,"土地一词必然包含的,不仅仅是区别于水与空气的大地的表面,而且包含人本身以外的物质世界"。"土地一词包括自然界的全部物质、能力和机会。"②所以,当他说"财富是两种要素——土地和劳动——的产物"③时,实际是在说财富是自然资源和劳动两种要素的产物。因此,他特别强调在确定个人财产时,"真正和自然的区分线应该划在劳动产品和大自然无偿贡献的物品之间",因为这两类东西在本质和关系上大不相同。"第一类东西的基本特性是它体现劳动,由人力造成,它们存在或不存在,增加或减少,决定于人。第二类东西的基本特性是它们不体现劳动,其存在与人力无关与人无关;它们是人类存在的场所或环境,是供给人类需要的仓库,是人类劳动施加与利用的原料和力量。"④

在以上前提下,乔治一方面明确肯定以个人劳动能力为基础的个人财产所有制的正当性。"因为一个人属于他自己,所以当他的劳动变成具体物体时也属于他。"这是个人财产所有制正当性的证明。另一方面他明确指出,"如果说生产给予生产者独占和享受产品的权利,那么可以有理由说,不是劳动生产的任何东西不能独占和享受,而承认土地为私人财产是一种错误。""为土地私有制无论说些什么,在正义的天平上显然无法为它辩护。""所有人都有使用土地的平等权利的道理,就像他们有呼吸空气的平等权利一样清楚。"⑤当然,乔治这里说的土地是指所有的自然资源。在后面,他更清楚地指出,如果说我们全部得到造物主的平等恩准来到世间,我们就都"有平等权利使用大自然如此公平提供的全部东西"。"这是一种自然和不容剥夺的权利,它是每个人出世时就被赋予的权利,这种权利当此人在世时只有其他人的同等权利可以加以限制。"⑥

---

① 〔美〕亨利·乔治:《进步与贫困》,第 17、18 页。
② 同上书,第 42 页。
③ 同上书,第 187 页。
④ 同上书,第 303 页。
⑤ 同上书,第 300、302、303 页。
⑥ 同上书,第 304 页。

二、亨利·乔治对资本主义的时代之谜的具体分析

乔治从界定古典经济学普遍谈论的生产三要素的含义开始,展开对贫困与进步形影相随"这个时代的难解之谜"的分析。乔治对工资的解释不同于主流经济学家的解释。首先,他明确否定了工资来自资本的观点。他指出,可能由于在当时的社会里,人们已经生活在"资本家通常出租土地和雇佣劳动的社会里","以致伟大的科学创立人把资本看作生产的首要要素,把土地看作资本的工具,把劳动看作资本的媒介或手段"。"这种情况发展到连斯密和李嘉图都用'自然工资'来表示劳动者的最低工资;实际上劳动者生产的全部产品倒应该看作是劳动者的自然工资。"乔治认为,工资来自资本的观点"引导人们离开了真理"。①

乔治否定工资来自资本,却没有否定资本家也为财富的创造做出了贡献,这主要体现在他对工资含义的界定中。他将工资解释为"包括所有的劳动报酬"。他不赞成将专业人员、经理、职员等人的报酬称为"费用、佣金或薪水"。他认为,"工资就专指付给体力劳动的补偿,这样使用范围就更加狭窄了"。实际上,既然"劳力这个词包括财富生产中的全部人力,而作为产品中付给劳力的那一部分的工资包括对这些人力的全部报酬"。②

此外,乔治不仅认为"工资一词在政治经济学上的意义不因劳动的种类而有所区别",还认为劳动的报酬,也包括自己拥有生产资料情况下的劳动的报酬。他指出,"在普通谈论中使用'工资'这个词的意思是为雇佣他人服务而付给他的补偿;我们谈到一个'为工资工作'的人与另一个'为他自己工作'的人截然不同。"而他自己则认为,工资一词"不管劳动的报酬是否由雇主付给"。"工资意指付出劳动而得到的报酬,以区别于使用资本的报酬和地主从土地使用中获得的报酬。为自己耕种土地的人,从他的产品中得到工资,正如,假如他拥有自己的土地和使用自己的资本,他还可以得到地租和利息。"③

乔治对工资含义的界定,对于清楚地区分物质财富中劳动创造的部分与因自然资源的转入形成的部分,是很有价值的。同时,乔治对工资含义的这种解释,也更明确地肯定了个人对各种形式的劳动创造的价值都拥有不可剥夺的权利。如果说乔治对工资的论述有什么不足的话,可能就是他没

---

① 〔美〕亨利·乔治:《进步与贫困》,第151页。
② 同上书,第36页。
③ 同上。

有预见到由于科学技术的发展,劳动者因知识、技能的不同,在劳动能力上已经形成的差别,也能够导致个人在财富占有上形成巨大的差别。某些劳动能力也能够因为供给上的稀缺而获得很高的、垄断性的收入。

乔治对资本与资本报酬的解释也比主流经济学的解释严谨、精确。他认为既然"资本是与土地和劳动相区别的一个名词",土地指所有的自然资源,因此,"自然界无代价供应的任何东西不适合列入资本"。"肥沃的田野、丰富的矿脉、落差巨大能提供电力的河流可能给予它的拥有者与拥有资本相同的好处,但若把这些东西列为资本,那么土地与资本就没有区别了,以致它们相互纠缠,使两个词失去意义。劳动一词也同样,它包含人的全部用力,因而不管是天生的还是学成的能力绝不能列作资本。"所以,"资本中留下来的东西既不属于土地又不属于劳力,但它们是土地与劳力相结合而产生的东西"。在这些东西中,资本是"用于帮助生产的那一部分"。同时,对生产的理解不能太狭隘,"生产不但包括制作物品,而且包括把物品送交消费者的过程"。①

对于资本的报酬,大部分经济学著作称之为利润。同时,这些著作都告诉读者,"利润(profits)由三要素组成——监督的工资、风险补偿和利息"。但是,乔治认为,监督的工资也应该属于工资的范围。其他经济学家仅把雇主付给体力劳动者的那个部分称为工资,将其他工资放在资本的报酬之中,"这样就回避了资本报酬和人力报酬之间的明显区别"。同时,他还认为,如果就整个社会范围的财富创造和分配而言,"当一个社会的全部交易放在一起时,风险便不见了"。所以,只有"利息这个词指给予资本的那一部分产品"。利息指的是"使用资本的所有报酬,不仅仅指借款人付给贷款人的那种外加款项"。②

根据乔治对资本与自然资源的区分,很容易推导出如下结论,即对于不属于任何人的自然资源,少数人占有后将其作为资本获取报酬,就是对劳动者的剥削、对其他所有人的权利的侵犯。根据乔治对资本报酬和劳动报酬的界定,个人有权拥有的物质财富只能源自劳动报酬和投资带来的利息。资本就是个人节省下来的用于生产经营活动的劳动报酬和利息收入。

在乔治对资本报酬的分析中,对风险补偿问题的论述是存在错误的。他忽视了自然灾害导致的风险损失的问题。因为由自然灾害造成的损失,不是一个社会的全部交易放在一起,就一定能够相互抵消的。不过,他在分

---

① 〔美〕亨利·乔治:《进步与贫困》,第45、47、50页。
② 同上书,第146、148、150、160页。

析单个雇主时还是考虑了资本的提供者得到风险补偿的权利。他说:"在固定工资时,雇主承担全部风险,并由于他对事业的自信心应该得到补偿。因此固定工资总是要比随条件而变化的工资低一些。"① 当然,无论怎样看待风险补偿,都不影响他对每个人平等拥有自然资源权利的论证。

根据乔治对劳动—工资、资本—利息的含义的分析和界定,劳动者之所以陷入贫困,不是因为受到资本的剥削,而是由土地所有者依靠对土地的垄断占有地租造成的。对于地租的界定,乔治接受了古典经济学家,特别是李嘉图的解释:"一块土地的产品超过对在使用的最贫瘠土地的投入相同劳动力与资本能够收获数量的部分叫地租。"② 不过,乔治强调在使用自己的土地进行耕种的人那里,其收获物也可以分为劳动或劳动加资本的报酬和地租。同时,他还明确指出形成地租的规律不仅适用于土地所有者,"当然对于农业以外目的的土地以及对所有自然资源(如矿山、渔场等)都适用"。③ 这就清楚地说明了剥削劳动者的不仅是农业生产领域中的地主,也包括工商业生产领域中占有了相关自然资源的雇主。他们通常被称为资本家,但他们能够剥削劳动者不是因为他们为生产经营活动投入资本,而是因为过多地占有了自然资源。

基于对地租形成规律的认识和对在市场竞争机制作用下生产要素流动规律的认识,乔治论证了"在自然机会全部被垄断的地方,在劳动者的竞争中,工资可以被迫降到劳动者同意再生产的最低点"。④ 他明确指出,在劳动生产能力提高、物质财富增加的情况下,劳动者的工资仍然只能维持最低生活,不仅仅是因为人口增加、劳动力供给增加,主要是因为自然资源成为少数人的私有财产,劳动者不能"得到大自然的物质和力量","劳动被迫同自然隔绝"。⑤

在劳动者被迫同大自然隔绝的情况下,当大自然的物质和力量被更多地利用时,物质财富也更多地流向了垄断着自然资源的人。他认为,"随着物质进步像现在这样向前发展,有双重趋势使地租上升。二者都使生产的财富中归地租的比例增加,归工资和利息的比例减少。第一个趋势或称自然趋势,它是由社会发展的规律产生的,这个趋势使地租在数量上增加,而工资和利息的数量不减,甚至它们的数量也增加。另一个趋势产生于土地

---

① 〔美〕亨利·乔治:《进步与贫困》,第57页。
② 同上书,第156页。
③ 同上书,第153、156页。
④ 同上书,第194页。
⑤ 同上书,第243页。

非自然地占为私人所有,它使地租数量增加,使工资和利息数量减少。"①

乔治对地租和各种自然资源租金的界定、对物质进步条件下自然资源价格或租金上升原因的解释,正确地分析了工业化社会在市场机制作用下劳动报酬、资本收益与自然资源稀缺性之间的正常的相互影响,揭示了自然资源的私人垄断导致的对劳动报酬和资本收益的侵蚀。

三、资本主义时代难解之谜的解决之道

既然劳动者的贫困是少数人对自然资源的垄断占有造成的,解决之道就必然要针对这个根源。不过,乔治在肯定每个人对自然资源平等权利的同时,虽然批评了对自然资源的私人占有的不公正,论证了少数人对自然资源的私人占有必然导致对劳动的剥削,必然导致进步与贫困的并存,但是,他并没有否认财产私有制,也不认为普遍分配土地和实行土地公有等方法是解决问题的恰当选择。对于普遍的土地分散,在乔治的时代,他就看出"由于农作上使用机器和大规模生产的总趋势","表明了两件事:第一,任何旨在促使土地分散的办法是行不通的;第二,任何试图强制土地分散的办法将妨碍生产"。② 对于实行土地公有制,一方面他认为,这必然是"纠正财富分配不公的唯一办法";另一方面又认为,这样的办法在"目前社会状况中将引起最严重的对抗"。③ 因而,他提出了一种"不会引起震动和剥夺"的解决社会正义问题的方法。④

这种办法就是将地租收归公有。他说:"让现在拥有土地的人,倘若他们愿意,仍旧保有他们喜欢称作'他们的土地'的土地。让他们继续称'他们的土地'。让他们购入和出售或者赠送和遗传土地。如果我们取得了核仁,可以让他们据有外壳。"这里所谓的核仁就是地租。"没有必要充公土地,只有必要充公地租。""我们只需要在征收方式中作某些改变,把地租全部征收就行了。"⑤按照这样的方法,国家实际上成了全国土地的唯一地主,确切地说应该是全国所有自然资源的所有者。原来的自然资源的所有者实际上变成了自然资源的租用者。而且由于国家收取租金,任何人如果不是为了利用自己的劳动能力,包括组织他人进行劳动的能力,而租用自然资源,得到的就只有与国家收取的租金相等的支出,不会有其他收益。但是,

---

① 〔美〕亨利·乔治:《进步与贫困》,第 394 页。
② 同上书,第 289、290 页。
③ 同上书,第 295 页。
④ 同上书,第四版序言,第 8 页。
⑤ 同上书,第 362 页。

按照乔治的设想,国家不必改变已经形成的租用状况。这样,国家既可以避免出租土地的麻烦,也可以避免"由此造成徇私、勾结和舞弊的机会"。①

这样做的结果,首先是相对于自己的能力过多占有自然资源的人,就会将其出售,从而就打破了私人对自然资源的垄断。消灭了因垄断导致的自然资源价格的上升,劳动者和资本所有者的收入在总产品中占的比例就能够增加。"一个新的平衡将建立起来,那时一般工资率和利息率将比现在高得多。"②同时,这样能够使社会生产的财富清楚地分为两个部分:"一部分在个别生产者中以工资和利息分配,其份额根据生产中每个人所做的工作;另一部分给予整个社会,用公共福利的形式分配给所有社会成员。在这一部分中每个人均有平等的一份——不论体弱、体强、小孩、衰弱的老人、残废者、跛子、盲人以及精力旺盛者。第一部分代表个人在生产中努力的成果,第二部分代表整个社会用以帮助个人的增加的力量。"③

乔治提出的解决贫困与进步并存的办法是很合理的,是一项既有助于社会公正又不损害市场效率的政策建议。从社会公正方面说,既维护了每个人对自然资源的平等权利,也维护了每个人对自己的劳动报酬的权利;从保证市场效率方面说,既维护了市场交换必需的私人财产权制度,也维护了价格和竞争机制对个人行为的引导、对稀缺资源配置的调节。这两个目的之所以有可能同时得到保障,则是因为各种生产要素的市场价值能够"判断个人权利应在哪里终止,共有权利应在哪里开始",因为"价值提供了精细而真确的检验标准"。"有了价值的帮助,不管人口如何稠密,在确定和保证每个人的恰当权利和所有人的平等权利时便不会有困难。"④具体言之,就是每一个根据自己的劳动能力和组织他人劳动的能力以及投资能力而租用了相关自然资源的人,都必须从其出售劳动产品得到的收入中分出由相关自然资源形成的价值部分,作为自然资源租金交给国家。

四、亨利·乔治提出的解决之道的局限性

乔治提出的解决问题的办法有认识和时代的局限。他提出的是"把地租化作国家的税收","取消其他各种税收","国家征收的钱用于公共事业,以公共福利平等分配给每个人"。⑤ 这表明他没有认识到国家的职责应该

---

① 〔美〕亨利·乔治:《进步与贫困》,第362页。
② 同上书,第395页。
③ 同上书,第393—394页。
④ 同上书,第308页。
⑤ 同上书,第363、393页。

分为两个类别,或者说他没有认识到这两类职责的不同。国家应该承担的职责,一是向全体公民提供公共物品;二是保证和实现每个人对自然资源的平等权利。国家征收的自然资源租金,是国家用来承担第二类职责的资金来源。国家承担这类职责的方式就是,一方面把一定时期内所有的人生产的物质财富中包含的由自然资源形成的价值部分,根据市场价格,以货币的形式分割出来;另一方面以货币或实物的形式定期平均分配给每一个人,即"不论体弱、体强、小孩、衰弱的老人、残废者、跛子、盲人以及精力旺盛者","每个人均有平等的一份"。而国家承担第一类职责需要的资源,不能取自所有人生产的物质财富中包含的由自然资源形成的价值部分,因为这样就不能保证每个人对自然资源的平等权利。

国家之所以要承担提供公共物品的职责,是因为这类物品具有不可排他、不可分割的特性,如国家安全、社会秩序、市场秩序、产品质量、环境保护等。对于这类物品,一方面只能是一定范围内的所有的人共同享用;但另一方面,又恰恰由于公共物品不可分割、不可排他的特性,通常是私人财富越多的人受益越多。在财产私有制和市场经济体制下,即使排除了因对自然资源的垄断导致的贫富差别,个人因劳动能力和资本拥有量的差别造成的收入和财富上的差别还是会非常大的。因此,如果国家承担提供公共物品职责需要的资源也来自对自然资源收取的租金,就不可能实现"每个人均有平等的一份"。为了确保每个人对自然资源的平等权利,国家承担提供公共物品职责的资源仍然应该实行与个人收入和财富相关的累进税。

乔治没有将国家应该承担的两类职责区分开,与在他生活的时代政府承担的职责还很简单也有一定的关系。在美国,1887年时联邦政府的收入仅占 GNP 的3%。然而,在20世纪70年代联邦政府的收入占 GNP 的比例则跃升至38%。[①] 其他发达国家在20世纪70年代政府税收占 GNP 的比例从瑞典的67%和荷兰的64%到美国的38%和最低的瑞士的30%,平均是45%。[②] 这样的变化,除了军费开支增加、国家的"守夜人"职责变得越来越复杂、繁多之外,在很大程度上是由于国家没有保证和实现每个人对自然资源的平等权利,不得不承担很多干预市场的职责和公民福利职责。如果国家承认并确实保证实现每个人对自然资源的平等权利,不仅能够大量减少国家对市场运作过程的干预,同时也能够改善目前国家承担公民福利职责

---

① 〔美〕特伦斯·K.霍普金斯、伊曼纽尔·沃勒斯坦:《转型时代》,北京:高等教育出版社2002年版,第173页。

② 同上书,第167页。

的方式。

另外,乔治根据李嘉图对地租的定义区分农业生产中劳动者的贡献与"大自然无偿贡献",低估了已经耕种的最贫瘠土地的贡献。在已经耕种的最贫瘠土地上的收获物中同样包含了一定量的"大自然无偿贡献"。只是,当一个社会需要耕种以前不耕种的更贫瘠土地时,既反映了人的劳动能力的提高,也反映了耕地的稀缺程度上升。由于耕地是能够反复利用的自然资源,每一年转入到劳动产品中的价值是比较少的,很贫瘠的耕地转入到劳动产品中的价值更少。但是,无论如何,如果在已经耕种的最贫瘠土地上劳动的人的能力属于劳动者的社会平均能力,其劳动报酬加上与他人平等分享"大自然无偿贡献"的总和,应该与自然资源和肥沃程度不等的其他土地上劳动的人得到同样的收入。在资本主义私人财产权制度下,由于少数人对自然资源的垄断使其租金侵蚀了劳动报酬和资本收益,因此,资本主义的地租和其他自然资源的租金不是物质产品总量中转入的自然资源的价值的正确反映。

乔治提出的这项既有助于社会公正又不损害市场效率的政策建议,最终之所以被淡忘、被视为异端,不仅仅是因为其分析和论证中存在的缺陷和不足,主要还是因为已经形成的理论和观念存在的错误,更是由于实行这样的政策在第一步就"必须作恰如其分的斗争"。[①] 然而,在资本主义私人财产制已经确立的地方,已经处于弱势的普通民众很难展开这种斗争。因为即使国家不将土地和其他自然资源收归国有,只是收取租金,那些已经占有大量自然资源的人的利益也会受到很大损失。那些因为侵犯他人对自然资源权利而成为富豪的人,很少能够为了社会公正而放弃不公正地获取的私利。

不仅大量占有自然资源的人不肯放弃本不该占有的利益,理论家也不愿意触动那些人的利益。以个人的某些权利绝对不可侵犯为立论基础的诺齐克,就是一个典型代表。

第四节 诺齐克的基本观点及其对洛克财产权理论的分析

按照沃尔夫的看法,诺齐克深受洛克的影响,当然,也对洛克的理论做了许多修正。诺齐克"是在提供一种单一价值的政治哲学"。这种政治哲学

---

① 〔美〕亨利·乔治:《进步与贫困》,第363页。

是"基于绝对所有权,即对自身的拥有权及对世界上的物的拥有权"。① 诺齐克对个人财产权的论证,在将自然资源称为无主物(unheld things, unowned object)的前提下,一方面,他试图通过对洛克提出的某些限制性条件的详细分析肯定劳动能够确立对无主物的私人财产权;另一方面,从他提出的一些问题、举出的一些实例看,他也承认在有些情况下个人对原先的无主物并不能形成永久的和可继承的财产权。但是,他仍然肯定包括对自然资源在内的私人财产权的不可侵犯性。

对于亨利·乔治提出的理论,诺齐克则是以"现在尚没有设计出一种可行的和前后一致的有关增加的价值的所有权理论"为借口,认为"任何这样的理论都会遭到类似亨利·乔治理论遭到的那种反对"。② 实际上,实现每个人对自然资源的平等权利并不需要"设计出一种可行的和前后一致的有关增加的价值的所有权理论",各种劳动能力和自然资源的市场价格,既能够确定每个人对自己的劳动报酬的所有权,也能够确定每个人对于来自被利用的自然资源的租金的平等所有权。实现每个人对自然资源的平等权利的关键在于,所有的社会成员是否追求财产权制度的公平、公正。

一、诺齐克对个人的某些权利的不可侵犯性的论述

诺齐克在其社会政治伦理哲学的代表作《无政府、国家与乌托邦》中,对个人权利和国家及其官员能做什么不能做什么的论述,是从洛克的自然状态开始的。他认为,"对政治领域的自然状态的解释,是对这个领域的基础性的潜在解释,即使它们不正确,这种解释也是有力的、清楚的"。同时因为"政治哲学和解释性的政治理论都集中注意洛克的自然状态",所以,他也从这里开始展开自己的论述。但是,诺齐克主要关注的是与洛克的自然状态中非常相似的个人,其他许多重要的差别是被忽略的。③ 因此,沃尔夫说诺齐克的政治哲学是"沿袭了自然权利的个人主义"传统。④ 但是,无论是与洛克相比,还是与其他自然权利论者相比,诺齐克更加明确地肯定了个人的某些权利的不可侵犯性。

他在《无政府、国家与乌托邦》的前言中,开宗明义地指出,"个人拥有一些权利,因此有些事情是任何个人或群体都不能对他们做的,否则就会侵

---

① 〔英〕乔纳森·沃尔夫:《诺齐克》,王天成、张颖译,黑龙江:黑龙江人民出版社1999年版,导言,第4页。
② Robert Nozick, *Anarchy, State and Utopia*, University of Notre Dame Press, 1981, p. 175.
③ Ibid., pp. 8-9.
④ 〔英〕乔纳森·沃尔夫:《诺齐克》,导言,第4页。

犯他们的权利"。① 由于诺齐克是从洛克的自然状态开始展开论述的,因此,对于人的这些不可侵犯的权利,基本上也是指个人对自己的生命、健康、自由和财产的权利。而且,他特别地与目的论的道德理论相对照,强调个人拥有某些权利不是一种道德目标,仅仅是对他人行为的一种道德约束,肯定个人拥有某些权利并不意味着以最大限度地减少对权利的侵犯为目标。"与把权利纳入一种目的状态相对照,一个人可以将权利视为对要采取的行动的边界约束:不要违反约束 C。"这里的约束 C 即不得侵犯他人的权利。"他人的权利决定着对你的行动的约束。"在政治哲学中,这种约束"只涉及人们不可利用他人的某些方面,主要是对他人人身的侵犯"。"一种强加于对指向他人的行动的特定的边界约束,表明了这样的事实,即不能以这种边界约束禁止的特定方式利用他人。在其规定的范围内,边界约束表明了他人的神圣不可侵犯性。"②

既然个人拥有某些权利不是一种道德目标,仅仅是对他人行为的一种道德约束,就意味着个人拥有的对自己生命的权利,仅仅指对他人侵犯这种权利的约束,而不是指个人有权要求他人承担保存自己生命的义务。诺齐克说,这一对行动的边界约束的观点,反映了"康德式的基本原则,即个人是目的而不仅仅是手段,如果没有他们的同意,他们不能被牺牲或被用于实现其他目的"。③ 但是,根据诺齐克对个人之所以是神圣不可侵犯的论证,可以说他是在对康德的基本原则做出进一步的解释。因为康德是以人是有理性的存在为根据论证人是目的而不仅仅是手段,然后主要论述的是人的理性及人纯粹理性能够发挥的作用。而诺齐克则是以有关人的事实论证人不能被作为手段。

首先,他明确指出,"存在的只是单个的人、不同的人,他们有着自己的个人的生命"。因此,利用一个人去为他人谋利,以社会利益之名利用一个人,"就是没有尊重和理解这样的事实,即他是一个单独的人,他的生命是他唯一拥有的生命"。诺齐克坚决认为,"对我们可以做什么的道德上的边界约束反映了我们的分别存在的事实"。"存在的只是不同的个人,他们分别享有自己的生命,因此没有任何人可以因为他人而被牺牲,这就是道德的边界约束存在的根据。"为了抵抗强有力的"追求最大值的目的论的观点",

---

① Robert Nozick, *Anarchy, State and Utopia*, p. ix.
② Ibid., pp. 29, 32.
③ Ibid., pp. 30-31.

诺齐克提出，"必须更严格地坚持分别存在的个人不是其他人的手段性资源"。①

基于个人分别存在的事实，诺齐克认为，"我们就有了一个大有希望的从道德形式到道德内容的论证结构"。"道德形式包括 F（道德的边界约束），对道德就在于 F 的最好的解释是 p（对个人是分别存在的强有力的陈述），从 p 产生出一种特殊的道德内容，即自由主义的约束。特殊的道德内容是通过这样一种论证得到的，这种论证集中于这样的事实，即存在着不同的个人，每个人都安排他自己的生活。"基于每个人都是分别存在的事实，自由主义的约束不仅禁止为一个人的利益牺牲另一个人，而且"还需要达到对家长制的干预的禁止"。家长制的干预的特点是"对它支配的个人使用强迫或威胁的手段来保证被支配者的利益"。② 这就是说，根据每个人都是分别存在的客观事实，自由主义的道德约束不仅是任何人不能为了自己的利益有意识地牺牲他人的利益，也包括任何人都不能按照自己认为的好或善，强迫他人按照自己认为能够实现那种好或善的方式增加其利益。

其次，诺齐克论证了人的另外一个基本特征，即人具有通过选择而接受某种总体性的人生观以协调和指导自己生活的能力。这种能力又使人在如何相互对待和被对待方面存在着道德上的约束。人的这个基本特征与人的一些有价值的特征综合导致的结果有关。诺齐克说："传统上认为的与道德约束有关的重要的个人特征是：有感觉和自我意识；有理性（能使用抽象概念，不束缚于对直接刺激的反应）；拥有自由意志；是能够以道德原则指导自己的行为和协调相互性行为的道德主体；有灵魂。"③单独看其中的某一个特征与道德约束的联系都不是充分的。如果从总体上考察，人的基本特征可能是，"能够为自己的生命构造一个长远的计划，能够根据抽象原则或对自我的概念进行思考和做出决定而不仅仅是在直接的刺激下活动，能够根据对自己和他人来说都是适当的生活原则或图景限制自己的行为，等等"。这些特征不是将理智、自由意志和道德主体这三个特征相加就足够的。"我们可以在理论上将长远计划和指导着特殊决定的总体的人生观，以及作为它们的基础的三个特征区别开。一个能够具有这三个特征并将它们结合进某个图景中的存在，还是不能以一种总体的人生观指导其进行活动。这需要补充一个特征，这就是根据通过选择而接受的某种总体性的人生观协调

---

① Robert Nozick, *Anarchy, State and Utopia*, p. 33.
② Ibid., p. 34.
③ Ibid., p. 48.

和指导自己的生活的能力。这样一种我们据此知道怎样行动的人生观,对于我们为自己设计何种目标、成为什么样的人都是重要的。"①

但是,对于人的这种能力与对别人干预的约束之间的关系,诺齐克没有给出清晰的解释。他只是说可能与"'生活的意义'这个不易琢磨的和困难的概念有关"。"一个人根据某个总体计划塑造自己的生活,就是以他自己的方式给自己的生活赋予意义。"但是,对这一结论,诺齐克又提出了许多疑问。"这种塑造一种生活的能力本身就是拥有一种有意义的生活能力吗?""为什么在我们如何对待塑造他们生活的存在者的方式上会有约束?""甚至于这样:为什么我们不抛弃有意义的生活呢?"②总之,诺齐克一方面试图以"生活的意义"证明个人拥有某些权利,他人是不能侵犯的,只有按照个人的意愿做出的选择、确定的生活才是有意义的生活;另一方面,他对什么是有意义的生活、是否任何个人为自己塑造的生活都是有意义的,并没有形成确定的看法。

按照沃尔夫的看法,诺齐克并没有将讨论深入进行下去,而是采用了他的最好的策略"继续攻击"。当然,对沃尔夫的这个看法,也可以换成说诺齐克提出了一系列有价值的问题。不过,沃尔夫下面的结论是符合实际的,他指出,"在这里诺齐克的论证是不完整的。首先,他的有意义生活的概念并不是没有争议的,一个不同的概念可能导致一个完全不同的权利理论,或者导致一种以其他概念为基础的政治理论。其次,甚至按照诺齐克自己的有意义生活的概念,也很难说诺齐克的权利理论与谢弗勒的相比更能为人们所接受。"尽管诺齐克说在另一个地方,他要仔细研究他自己提出的这些问题及有关问题,但实际上"诺齐克并没有真正把(关于有意义生活的)理论建立起来"。③

沃尔夫这里所说的谢弗勒的理论,指的是塞缪尔·谢弗勒(Samuel Scheffler)提出的另一种权利理论。按照这种理论似乎可以得出的结论应该是,人们要过"有意义的生活","每个人都有'一种得到充分的衣、食、住、行和医疗保障的权利',只是它要求你不从同样需要它们的人那里索取"。沃尔夫认为,"谢弗勒的观点的产生可能是通过这样一种观察得到的:过一种有意义生活的一个必要条件是要过一种生活(to lead a life)。因此,假如我们真正关心保证人们过上有意义的生活,至少我们应该给予他们能使他们

---

① Robert Nozick, *Anarchy, State and Utopia*, p. 49.
② Ibid., p. 50.
③ 〔英〕乔纳森·沃尔夫:《诺齐克》,第33、34页。

活下来的必需品。这样,人们就应该拥有对食、住等等的肯定的权利。"①

但是,通常肯定人对生活必需品的权利的理论,往往是以人的社会性为根据的。而人的社会性同样是一个可以争论的关于人的特征的假设。所以,本书强调应该从人与自然资源的关系方面,根据每个人对自然资源的平等权利来确认每个人对生活必需品的权利。

二、诺齐克对洛克财产权观点的分析

个人如何可以对某些财产拥有权利?对于这个问题,诺齐克提出了持有的正义理论。他说这个理论由三个主要论点组成:一是对无主物的最初获取,无主物如何可能变成被持有的。如果一个人的持有符合获取的正义原则,这个人就对那个持有物拥有权利。二是对他人持有物的获得,一个人可以通过什么过程把别人持有的东西变成自己的持有物。如果这个持有过程符合转让的正义原则,"从别的对持有拥有权利的人那里获得一个持有物的人,对这个持有物是有权利的"。三是对不符合获取的正义原则或转让的正义原则的持有的矫正。②

转让的正义原则主要涉及的是自愿,除了导致严重垄断的情况外,只要转让是基于自愿交换或赠予,后来的持有者就有权持有。但是,如果先前的持有者的持有不符合转让的正义原则或获取的正义原则,后来通过自愿交换或自愿赠予持有的人也没有对该物的持有权。当然,这涉及如何界定自愿的问题。沃尔夫提出,如果说"自愿对于正义来说是充分的","我们想要能够区分自由的和被迫的交换",以及如何对待欺骗性交换和当事人没有预料到自己不想接受的后果的交换。③ 沃尔夫提出的后两个问题,从个人对自己负责的角度说,并不是严重的问题,关键是个人不得不进行自愿交换的很多情形都是与每个人对自然资源的平等权利没有得到实现有关的。

无论怎样界定自愿,对于诺齐克的持有的正义理论来说,最初的获取符合正义原则,是通过交换获取符合正义原则的前提。他也特别强调"分配正义的权利理论是历史的,分配是否正义依赖于它是如何演变过来的"。④ 因此,最初的获取是否正义就是非常关键的。关于如何确定对无主物的最初获取是否正义,他一方面认为从"考虑洛克对获取的正义原则的详细说明的

---

① 〔英〕乔纳森·沃尔夫:《诺齐克》,第32页。
② Robert Nozick, *Anarchy, State and Utopia*, pp. 150, 151, 152.
③ 〔英〕乔纳森·沃尔夫:《诺齐克》,第93、96、97页。
④ Robert Nozick, *Anarchy, State and Utopia*, p. 153.

尝试"开始,"是最好的方式";另一方面,他又认为"洛克将对一个无主物的财产权看作是由某个人把自己的劳动混合在那个无主物之中形成的,这种观点导致了许多问题"。①

诺齐克提出的洛克观点导致的问题,大体上可以分为三类:一是如何界定能够导致所有权的劳动;二是为什么一个人的劳动与某些东西混合就使那个人成为那个东西的所有者;三是"为什么一个人的权利能够扩展到整个物品而不仅仅是他的劳动所增加的价值"。② 对于第三个问题,他以亨利·乔治理论已经遭到反对为借口,不再讨论。这清楚地表明,诺齐克不想朝着这个方向进行研究。对于前两个问题,一方面,诺齐克实际上是以"劳动作用于无主物能够改善它和使它更有价值"给出了回答;另一方面,他又从无主物品是否有限的角度展开了讨论。③

诺齐克在无主物品是否有限的前提下分析劳动是否能够成为占有无主物的权利根据时,将洛克的以劳动确定对自然资源的产权的前提条件——"还留有足够的同样好的东西给其他人所共有",变成了"就意味着确保其他人的状况不致变坏"。④ 从他人的状况是否变坏的角度看,一方面似乎是,"如果可以改善的无主物品是有限的,那么,把改善一物品看作是创造了一种对它的充分的所有权是不合理的。因为,当一个物品归某人所有时,就影响到所有其他人的状况。他们先前可以自由地使用这一物品,现在却不行了"。这就使他人的状况变坏了。但另一方面,如果一个人在占有了某种无主物以后,"做了可以改善别人状况的事情",抵消了他们不再能够使用那种东西的损失,这就没有使他人的状况变坏。所以,"关键之点是对一个无主物的占有是否使他人的状况变坏"。⑤

根据诺齐克的上述观点,可以说他也肯定是劳动创造了一种对无主物的所有权,只是不能简单地说创造了充分的所有权。关键是"确保其他人的状况不致变坏"。接下来,诺齐克主要讨论了"确保其他人的状况不致变坏"的具体情形。他认为,"一个人的占有以两种方式使另一个人的状况变坏:首先是使一个人失去通过特殊的占有改善自己状况的机会;其次是使一个人不再能够自由地使用先前能够使用的东西。"因此,洛克的条件可以是一个"严格的要求",也可以是一个"较弱的要求"。严格的要求是"不仅禁

---

① Robert Nozick, *Anarchy, State and Utopia*, p. 174.
② Ibid., pp. 174-175.
③ Ibid., p. 175.
④ Ibid.
⑤ Ibid.

止第二种方式的占有,也禁止第一种方式的占有",较弱的要求则是"只禁止第二种方式的占有,但不禁止第一种方式的占有"。①

在严格的要求下,在人口增加、人的劳动能力增强、人的需要增加以及自然资源已经变得稀缺的情况下,就可以推论出在先前的自然资源极其丰富的情况下,也没有人有权占有任何无主物。因为即使在"还留有足够的同样好的东西给其他人所共有"的情况下,A 占有了一部分无主物,此后是 B、C、D 等无数的人也是在符合洛克的条件下占有的,但只要最后的 Z 没有足够和同样好的东西可以占有,就能够追溯到是 A 的占有导致了 Z 的状况变坏。② 按照这样的推论必然否定个人以劳动作为占有自然资源的权利根据。而诺齐克是不打算否定个人对无主物的占有权的,因此,他主要分析了在洛克的较弱的条件下,劳动是否能够作为获取无主物的权利根据。

对此,诺齐克一方面指出,在洛克的较弱的条件下,劳动是否能够作为获取无主物的权利基础,"这一点是可以争论的"。"这不像在严格的条件下那样明确。""论证这一条件被满足的困难在于,很难确定用于比较的基线。即如何确定洛克式的占有没有使人们的状况变坏。"③ 另一方面,他认为"无论洛克的特殊占有的理论是否被解释得能够处理各种困难","任何恰当的有关获取的正义理论都将包含一个条件,即类似于我们归之于洛克的那种较弱的条件"。"如果不再能够自由地使用某物的他人的状况因此而变坏,一种通常对原先的无主物产生永久的和可继承的财产权的过程将不被允许。"④ 不过,诺齐克想表达的并不是这个将不被允许的观点。接下来,他对"确保其他人的状况不致变坏"这一条件进行的精心推敲,使我们看出实际上他想表达的是,如果不再能够自由地使用某物的他人的状况没有因此而变坏,一种通常对原先的无主物产生永久的和可继承的财产权的过程就将被允许。只是由于不能确定对原先的无主物的永久的和可继承的财产权是否确实没有使他人的状况变坏,诺齐克才没有从正面表达自己的观点。

他在阐明了洛克的较弱条件的含义之后补充说,"阐明使他人状况变坏的特殊类型是重要的,因为这一限制条件并不包括另外的一些类型"。⑤ 这就是说,在有些情况下通过劳动占有某些无主物,会使他人状况变坏,因此,对于那样的无主物的永久的和可继承的财产权就将是不被允许的;而在另

---

① Robert Nozick, *Anarchy, State and Utopia*, p. 176.
② Ibid.
③ Ibid., pp. 176, 177.
④ Ibid., p. 178.
⑤ Ibid.

外的一些情况下,通过劳动占有某些无主物,不会使他人状况变坏,因此,对于那样的无主物的永久的和可继承的财产权就将是被允许的。

但是,我们不仅可以根据诺齐克列举的这一获取的正义理论的条件不包括使他人状况变坏的类型说,他实际上既肯定了个人的劳动对劳动的创造物的权利,也否定了劳动能够形成对自然资源的永久的和可继承的财产权;而且,根据他举出的获取的正义理论的条件不包括使他人状况变坏的类型,也能够推论出每个人对自己的劳动创造的价值的权利和对自然资源的平等权利。

诺齐克举出的获取的正义理论的条件不包括使他人状况变坏的一种类型是,"如果我占有了某些物质材料制造出的商品与某个销售商正出售的商品相同,并因与之竞争使其状况变坏"。① 正义的条件不包括这种类型之所以是合理的,不是因为其中一个人占有了某种无主物导致另一个人没有机会占有。实际情况是两个人都占有了能够作为劳动条件的那种物质材料,因此两人之间的竞争不是占有那种物质材料的竞争,而是个人的劳动能力方面的竞争。一方因为劳动能力(包括与生产经营有关的各种能力)强导致的财产增加,付出了劳动的人当然有权利拥有新增加的财产;另一方因劳动能力差而财产受损失,状况变坏,既不是因为他对自然资源的平等权利受损,也不是因为其用自己的劳动持有自己劳动创造的财富的权利受到侵犯。

诺齐克所说的获取的正义理论的条件不包括使他人状况变坏的另外一种类型是,如果占有使他人状况变坏,但给予了"赔偿","本来会违反这一条件的人就仍然可以占有"。② 在这里"赔偿"的含义显然不会是将占有的自然资源原样放弃,而是在利用占有的自然资源创造了新的物质财富以后,将其中包含的自然资源的价值拿出来给那些因其占有而状况变坏的人。这也表明了劳动只使一个人对自己的劳动创造物形成权利,并没有对自然资源形成权利。"赔偿"实际上就体现了不允许对原先的无主物产生永久的和可继承的财产权。

因此,在诺齐克的持有的正义理论中实际上包含了不允许对原先的无主物产生永久的和可继承的财产权,以及占有了原先的无主物的人应该通过对他人进行"赔偿"来维护每个人对自然资源平等权利的理论路向。如果占有了自然资源的人都能够将自己的物质财富中包含的自然资源形成的部分分割出来,平均"赔偿"给每个人,每个人对自然资源的平等权利也就得到

---

① Robert Nozick, *Anarchy, State and Utopia*, p. 178.
② Ibid.

了保证。当然,诺齐克自己并没有打算沿着这样的理论路向展开研究。

所以,在仔细分析了是否使他人状况变坏的不同类型,并证明了至少在有些情况下对原先的无主物产生永久的和可继承的财产权是不被允许的结论以后,诺齐克不是对私有财产权存在的问题进行追究,而是对财产公有制理论提出了质疑。"不仅那些赞成私有制的人们需要一种解释对无主物的所有权如何合法起源的理论,而且那些信奉公有制的人们,比方说那些信奉生活在一个地区的一群人共同拥有这一地区及地下资源的人们,也必须提供一种解释对无主物的所有权如何产生的理论,他们必须说明,为什么生活在那里的人们就有权利利用那块土地及其资源,而生活在别处的人们就没有这种权利。"[1]这实际上等于说,既然乙的理论有缺陷,对甲的理论缺陷也就不要追问了。这显然不是一个严肃的理论研究者应该秉持的态度。

实际上,诺齐克的问题与公有制或私有制没有关系,主要涉及的是在什么范围内分配使用了某些自然资源的人交出的赔偿金的问题。私有制是必要的,但是私有制不等于某些个人可以对原来的无主物形成永久的和可继承的财产权。利用某些自然资源生产出新的物质财富的人,必须将其新生产的物质财富中包含的自然资源形成的价值部分分割出来,在一定范围内的个人之间平均分配。对此,从理论上说应该是在全世界所有的人之间平均分配,但是由于人类社会的历史走到今天,形成了主权国家对自己的领土及其各种资源拥有权利的实际状态,只要这种状态没有被彻底改变,就只能是生活在同一个国家里的人们"就有权利利用那块土地及其资源,而生活在别处的人们就没有这种权利"。

三、诺齐克对私人财产权的不可侵犯性的肯定

尽管劳动不是个人占有自然资源、形成对所占有的自然资源财产权的根据,但这并不是说不能形成私人对物质财富的财产权。这其中主要应该区分以个人的劳动形成的财产权和个人对自然资源的平等权利。除了对自然资源的权利论证存在问题以外,洛克和诺齐克对私人财产权的不可侵犯性的论证还是有道理的。

洛克对私人财产权的不可侵犯性的论证主要是以个人对自己身体的权利、对自己劳动的权利为根据的。这样的论证足以证明每个人对自己的劳动创造的物质财富的权利。因为诺齐克是从洛克的自然状态开始展开论述的,因此,他提出的人的一些不可侵犯的权利,就是指个人对自己的生命、健

---

[1] Robert Nozick, *Anarchy, State and Utopia*, p. 178.

康、自由和财产的权利。同时,诺齐克还特别说明一个人对生命的权利不是拥有财产权的根据。这一观点也是正确和重要的。

诺齐克在论述占有无主物的洛克条件时,特别针对安·兰德(Ayn Rand)以人的生命权论证所有权的观点提出批评。安·兰德认为所有权来自对生命的权利,因为人们需要某些物品才能够生存。而诺齐克指出,"对生命的权利并不是对生存必需品的权利,别人可能对这些东西是有权利的。对生命的权利至多是拥有或争取生存必需品的权利,如果拥有它并不侵犯他人的权利。涉及物质的东西,问题在于拥有它是否侵犯别人的权利。""一个人首先需要一种对财产拥有权利的理论,然后才能运用假定的对生命的权利。因此,对生命的权利不可能提供一种对财产的权利理论。"[①]诺齐克的论证是合理的。

以个人对自己劳动的权利为基础形成的私人财产权不仅是不可侵犯的,也是必要的。首先,由于个人是分别存在的,需要分别消费、使用或利用包括自然资源在内的各种物质资料。其次,正如诺齐克所列举的,"我们看到各种熟悉的赞成私人财产权的社会的理由:通过将生产资料放在那些能够更有效率地使用它们的人手里,私人拥有财产权的制度可以增加社会的产品;试验得到鼓励,因为由个人分别控制资源,就不需要有新思想的人必须说服某个人或某个小团体才能进行试验;私有制使人们能够决定他们愿意冒什么类型的风险,并承担特定类型的风险;私有制使一些人为了未来的市场而节制现在对资源的使用,从而保护了未来世代的人们;私有制为那些不从众和不媚俗的人提供了各种谋生之道,使他们不必为了被雇佣屈服于任何个人或小团体。"[②]这些理由都被人类社会的实践证明是成立的。

但是,这些理由都不是私人占有自然资源权利的根据。诺齐克却以此为据,试图形成如果能够"确保其他人的状况不致变坏"就"可以引入物质的所有权"的结论。[③] 问题是,既然在很多情况下难以确定这一条件是否得到了满足,为什么不建立一种所有使用了某些自然资源的人都将经过劳动形成的新的物质形态中的自然资源部分分割出来,平均地"赔偿"给每个人的制度呢?只要允许个人拥有对某些自然资源的使用权,而且允许这种使用权在市场中进行交换,就能够确定各种自然资源的价格,并根据其价格将一个人生产的物品中包含的自然资源价值分割出来。这样就既保证了私人

---

① Robert Nozick, *Anarchy, State and Utopia*, p. 179.
② Ibid., p. 177.
③ Ibid., p. 179.

财产权的不可侵犯性,也保证了每个人对自然资源的平等权利。而且,也不必对一个人占有了某些自然资源是否使他人状况变坏的各种类型进行烦琐的且也不可能是完整准确的分析。这种通过所有使用了自然资源的人对每个人的"赔偿"形成的私人财产权,比在不能确定是否使他人状况变坏的情形下占有无主物品形成的权利,显然是更加不可侵犯的。

亦即,从每个人对自然资源的平等权利方面说,个人的财产权也包括通过对自然资源的利用形成的物质财富的权利。但是,这种权利不能以个人的直接占有和利用为基础。而是需要经过一个所有占用了一定的自然资源的人向每个人进行"赔偿",再形成个人财产权的过程。因为人在通过自己的劳动创造能够满足需要的物质财富的过程中,或多或少总要使用或者消耗一定类别和数量的自然资源。在农业社会,人们还可以通过在一定范围内的所有人之间平均分配土地的方式,保证每个人对自然资源的平等权利。或者,如洛克所说的以个人的劳动能力为占有的条件。随着人类利用自然资源能力的提高,很多人们有能力利用的自然资源的特性导致人们不能通过对自然资源的使用权的平均分配实现对自然资源的平等权利。因此,在工业化社会中,只能以已经形成的对自然资源的占用权为基础,然后再按照诺齐克提出的思路,将占用了自然资源的人的物质财富中包含的由自然资源形成的部分分割出来,平均分配给一定范围内的每个人。

所谓一定范围内的每个人,目前主要是主权国家范围内的每个人。这就是对因一些人占有了自然资源而使他人状况变坏的"赔偿"。这"赔偿"也就是乔治提出的在国家作为本国自然资源的唯一所有者时,其他任何占有了某些自然资源的人作为租用者,按照市场价格定期交给国家的自然资源租金。虽然对于一定时间内一个国家的人生产出的物质财富中包含的自然资源的比重很难明确,但是依据各种生产要素的市场价格确定自然资源的租金是没有问题的。因此,将人们在生产物质财富的过程中利用的自然资源依照市场价格在所有人之间平等分配,以保证每个人对自然资源的平等权利,不是完全无法做到的。

在资本主义国家,特别是工业革命以后,在人类能够认识和利用的自然资源的种类不断增加的同时,大多数人却失去了对自然资源的起码权利。连先前拥有的对一小块耕地的使用权都被少数人剥夺了。尽管在市场竞争机制的作用下,原来占有大量自然资源和劳动创造物的人有可能会因竞争失败而变得一无所有。但是,总体的社会经济结构却始终是少数人占有各种自然资源,如土地、矿藏、山林等,以及以它们为原材料的生产资料,多数人则主要靠自己的劳动力为生。因此,无论自然资源的占有状况怎样变化,只要是本来不属于任何人的自然资源被少数人占有,每个人对自然资源的平等权利没有得到实现,这样的财产权制度就是不公正的。

在大多数人完全被剥夺了对自然资源起码权利的 19 世纪,资本主义国家经常陷入崩溃的边缘,是各种改良主义者推动国家实施福利政策对公民的自然资源权利进行弥补,维护了资本主义社会的基本稳定。但是,国家的福利政策并不是以每个人对自然资源的平等权利为基础的,社会政策一直避开了亨利·乔治指出的资本主义社会的"难解之谜"。发展至今,由于社会经济结构和人口年龄结构已经发生的变化,使其本身存在的问题变得越发严重了。所以,要避免资本主义私人财产制度的不公正,必须在保护私人财产权的同时,通过对社会福利政策的改革,实现每个人对自然资源的平等权利。

第二章　难以成为公民福利权利基础的社会权利

在大多数人完全被剥夺了对自然资源起码权利的19世纪，资本主义国家经常陷入崩溃的边缘，面对迫切的实际需要，在各种改良主义者的推动下，各工业化国家陆续制定了为其公民提供起码生存资源的福利政策。学者也从各个角度对国家承担此项职责的根据进行了论证。其中，最具代表性、得到广泛认同的理论之一，是马歇尔（T. H. Marshall）的社会权利理论。

马歇尔是20世纪中期英国著名的社会学家。1949年在剑桥大学纪念经济学家阿尔弗莱德·马歇尔的年度讲座上，社会学家马歇尔发表了题为《公民身份与社会阶级》的演讲。演讲的主旨是分析与公民身份相联系的权利、社会政策与资本主义市场经济的关系，论证社会政策在什么范围内能够修正资本主义市场经济导致的不平等。1950年他对演讲的内容加以扩展，并与其他文章一起以论文集的形式出版。后来，该文又多次与其他论文一起结集出版。在《公民身份与社会阶级》中，马歇尔是将社会权利作为与公民身份相联系的一类权利，即与公民身份相联系的社会要素（social element of citizenship）进行解释的。

虽然马歇尔关于公民身份的这篇演讲发表在六十多年前，但近些年反倒引起了人们更多的关注。根据安东尼·M. 里斯（Anthony M. Rees）的说法，马歇尔在《公民身份与社会阶级》中提出的"富有原创性的思想"最初并没有引起人们的广泛关注。直到1963年该文被收入马歇尔的另外一本论文和演讲集中，并被出版社列为全书的重点篇章之后，"它才获得充分的影响"。当时马歇尔提出的公民身份理论几乎成了唯一可能的叙述，对其后两代许多著名学者产生了"巨大影响"，"那些人的学术在第二次世界大战后的二十多年里日趋成熟起来"。但更为突出的还是，"20世纪80年代中期开展纪念马歇尔的系列讲座以来，大量新一代学者突然对马歇尔的思想产生了浓厚的兴趣"。①

但是,由于马歇尔公民身份理论的"英国中心主义"和"进化论色彩",②他对人的基本自由和政治权利得以扩展的原因没有给予必要的考虑,对不同类别权利的事实根据更缺乏必要的探究。马歇尔主要是以个人平等拥有的权利在内容和地域上的扩展作为公民身份的演进过程,反过来又将这些权利完全归结为与公民身份相联系的权利。而且,他主要以国家,尤其是以英国的有关法律的颁布作为公民身份形成和发展的标志。结果,他对与公民身份相联系的各类权利的论述,不仅不一定与其他国家的历史事实相符,而且在某种程度上忽视了人权与公民权利的区别,同时也不能充分证明具有公民身份的人就必然能够得到与那些权利相联系的利益。

仅就他对社会权利的论述而言,根据马歇尔对社会权利的解释,以及他强调公民身份"从定义上说是全国性的(national)",并明确指出"承认这些权利,国家就要承担责任",③可以说马歇尔的社会权利就是个人作为公民从国家获得一定的经济资源和服务的权利。这是其社会权利理论的重要价值,即明确指出了从国家获得一定的福利给付是公民的权利。直至今天,对于国家为什么要制定和实施福利政策、对其公民福利承担必要责任,马歇尔提出的理论仍然是最具影响力的解释。

同时,在马歇尔对社会权利扩展过程的叙述中隐含了对社会权利事实根据的一些解释。但是,从总体上说,他既没有意识到追究公民权利,包括社会权利的客观事实基础的必要性,也没有自觉地追究社会权利的不以人的意志为转移的客观事实基础。因此,无论是将社会权利等同于公民从国家得到一定的福利给付的权利,还是将社会权利视为公民从国家得到一定的福利给付的权利的根据,马歇尔的社会权利都缺乏坚实的客观事实基础。另外,马歇尔在叙述社会权利扩展过程时提及的一些客观事实,作为个人和非政府组织从事慈善活动的根据,可能更为恰当。

马歇尔提出的思想之所以在20世纪80年代中期再次引起众多学者的浓厚兴趣,既与全球化背景下学术界对公民身份问题的重新关注有关,也与20世纪70年代的福利国家危机以及其后发生的对国家福利责任的激烈争

---

① Anthony M. Rees,"T. H. Marshall and the Progress of Citizenship", in *Citizenship Today*, edited by Martin Bulmer and Anthony M. Rees, Taylor & Francis Ltd, 1996, pp. 1-3.
② 〔英〕巴里·辛德斯:《现代西方的公民身份》,载于〔英〕布赖恩·特纳编:《公民身份与社会理论》,郭忠华、蒋红军译,长春:吉林出版集团2007年版,第26页。
③ T. H. Marshall, "Citizenship and Social Class", in *Class, Citizenship and Social Development: Essays by T. H. Marshall*, Westport: Greenwood Press, 1973, pp. 70, 71, 72.

论有关。因为马歇尔的社会权利理论只是指出了从国家得到一定的福利给付是公民的权利,而没有揭示出社会权利的不以人的意志为转移的客观事实基础,所以公民从国家获得一定的经济资源和服务的权利也就不能成为一种稳定的、确定的权利。

近些年来有关学者在对公民社会权利展开进一步研究时,同样也没有认识到追究独立决定公民社会权利的客观事实基础的必要性。例如,在最近十几年对国家福利模式的研究中,艾斯平-安德森的研究"在世界范围内吸引了众多的经济学家、政治学家和社会学家",以至于"后人们几乎都是以艾斯平-安德森为起点,从社会权利的起点出发,根据马歇尔的理论框架,将'非商品化'作为主要和唯一的分析方法来对待社会权利的问题"。[①] 然而,艾斯平-安德森主要研究的是社会历史、政治文化、阶级合作模式等对一个国家的福利制度模式的影响。他既没有关注公民的社会权利是否存在着不以人的意志为转移的客观事实基础,更没有追问如果不存在客观事实基础,社会权利能否作为劳动力"非商品化"的根据。

本章将通过对马歇尔理论的梳理,一方面证明其理论确实没有自觉地关注公民社会权利的不以人的意志为转移的客观事实基础;另一方面也指出他提及的公民分享社会遗产的权利,实际上就是公民社会权利的一项客观事实基础,但是他所提及的分享社会遗产的权利,仅仅是公民从国家获得一定的经济资源和服务的权利之事实基础的一个构成部分。公民从国家获得一定的经济资源和服务的权利的客观事实基础,不仅仅是分享社会遗产的权利,还包括平等地分享已经被利用了的自然资源的权利。这种权利与分享社会遗产的权利都是每个人与生俱来的平等权利,它们共同构成了公民从国家得到一定福利给付的权利的不以人的意志为转移的客观事实基础。而且相对而言,每个人对自然资源的平等权利比分享社会遗产的权利,更容易在数量上加以确定。因为在人类新创造的物质财富中包含了多少自然资源,是能够进行定量分析的。

第一节 马歇尔对公民身份演进过程的阐述及其存在的问题

马歇尔对公民身份演进过程的阐述实际上揭示了公民身份的本质,但

---

① 郑秉文:《社会权利:现代福利国家模式的起源与诠释》,《山东大学学报》2005年第2期。

是由于其理论最突出的特征是以公民权利的形成和扩展来论述公民身份的演进，反过来又将人的权利完全归结为与公民身份相联系的权利，结果就使他在阐述公民身份的演进过程中，既没有紧紧扣住公民身份的本质，更没有对人的权利与公民权利的区别和联系给予必要的关注。最终，则是将社会权利形成和发展的原因主要归结为人的主观理想、愿望和已经形成的法律、制度。

一、公民身份的本质与标志

众所周知，公民身份的概念源自古希腊和古罗马城邦国家的政治实践，那时的思想家对此给出了一些理论解释。在古希腊和古罗马，一个人能够成为以城邦为单位的公民社会中的成员，既是由于出生于其中，也是由于能够积极地参与城邦的公共事务。在当时，那些能够积极参与共同体事务的公民，实际上主要是不从事生产劳动、靠奴隶养活的人。因此，相对于不自由的奴隶，公民是自由人，是有产者，是可以离开耕地生活在城市里的人。这就使"西方公民身份概念一方面与地位观念密切相关，另一方面，也与城市的成员身份密切相关"。① 亦即，公民身份概念具有以下的含义：第一，只有自由人才能够享有公民身份；第二，公民通常是生活在城市里的有产者；与前两点相关联，第三，公民身份不一定是"全国性的"，也可能是一个城邦、王国之中的部分人构成的地方性共同体中的成员身份。

基于古希腊、古罗马时期的公民身份概念的这些含义，随着在欧洲中世纪发展起来的工商业城市获得了一定的自治权，城市里的居民也就获得了公民身份。虽然在欧洲的不同地方，由于社会和文化传统的差别，公民身份概念的含义也有所不同，但是根据特纳对欧洲一些国家中公民身份概念的基本含义的梳理，在中世纪的欧洲，公民身份基本上都是指生活在城市中的、平等拥有某些权利的个人。②

权利的主体既是个人，但又涉及个人与共同体及与共同体中他人的关系。个人从没有某些权利到能够拥有这些权利，不可能仅仅体现为单个人状况的改变，必然是一定数量的个人的集合体性质的改变。只有一定数量的个人的集合体变成其成员有着某些共同利益、在一定程度上能够平等地参与公共事务的共同体，才可能说个人拥有了某些权利。欧洲的城市居民

---

① 〔英〕布赖恩·特纳：《公民身份理论的当代问题》，载于〔英〕布赖恩·特纳编：《公民身份与社会理论》，第11页。
② 同上。

之所以能够具有公民身份,有的是由于城市获得了自治权,有的是由于某些个人在城市里形成了具有特殊地位的共同体。随着西欧社会、经济、政治等各方面情况的变化,个人的集合体逐渐扩展为民族国家,更多的个人获得了基本的人身自由,此时,公民身份不再局限于城市居民,而且后来还突破了有产者的历史传统。

关于公民身份的本质,马歇尔实际上给出了很好的解释,可以说他认为公民身份的本质是自由和平等。马歇尔指出,"民主的、普遍性的公民身份的特征是从这样的事实中自然地产生的,这种事实在本质上是一种自由的身份。""公民身份是一种地位,是一个共同体的完全的成员享有的地位,享有这种地位的人在权利和义务方面是平等的。"①这就是说,公民身份作为一种成员身份不同于其他社会群体、组织的成员身份,其根本特征是拥有公民身份的人是自由的,在某些权利和义务方面是平等的。不过,与公民身份相联系的自由和平等实际上是不可分割的,自由也可以归结为平等,即所有的共同体成员拥有同等的自由,或者说在个人自由方面拥有平等的权利。当然,共同体所有成员"在权利和义务方面是平等的",可以不仅仅是自由方面的平等,而是包括更多的权利和义务方面的平等。

这里显然存在着一个问题,即与公民身份相联系的权利和义务包括哪些内容。或者说人们在哪些方面是平等的,就是享有了一个共同体的完全的成员地位。进而又会产生新的问题,即与公民身份相联系的平等权利和义务的确定根据是什么。对于与公民身份相联系的权利究竟应该包含哪些内容,马歇尔采用的是"历史的分析"方法。即叙述了在历史上,特别是英国的历史上,各种权利是怎样扩展的。在采用这一分析方法的过程中,他又给公民身份加入了另一个衡量标准,即强调公民身份"从定义上说是全国性的(national)"。② 并且在有些情况下更加看重"全国性的"这个标准。

在阐述与公民身份相联系的权利包括哪些内容时,马歇尔没有自觉地关注各种权利的根据,而且认为不存在决定着与公民身份相联系的"权利和义务应该是什么的普遍原则"。公民权利的扩展是由于,"在那些公民身份作为一种制度正在发展的社会中,很容易产生一种理想公民身份的形象,它被用来衡量取得的成就,引导人们的想望。沿着这种方式所计划的道路前

---

① T. H. Marshall, "Citizenship and Social Class", in *Class, Citizenship and Social Development: Essays by T. H. Marshall*, pp. 76, 84.

② Ibid., p. 72.

进,就是要实现更加充分的平等。"①由此可见,马歇尔并不认为与公民身份相联系的权利和义务有什么确定的根据,也没有特别关注这些权利和义务是否有客观的事实基础,而是将与公民身份相联系的一些权利的根据置于人们的理想、期望之上。当然,他没有完全将人们的理想、期望作为决定性的根据,而是将人们的理想、期望与正在社会中发展的制度相联系。

因此,他一方面以"与自由身份联系在一起的公民权利已经获得了足够的内容"作为一种普遍的公民身份存在的证明;另一方面,根据人们对理想的公民身份形象的期望,考察新的权利是如何逐渐增加到已经存在的公民身份之中的。他认为,"形成时期的公民权利的历史,是一个向已经存在和被认为是属于共同体所有成年人的地位逐渐增添新权利的过程"。② 也就是说,在共同体成员的基本自由得到保障的前提下,每增加一项新的平等享有的权利,公民身份地位就更加充分、更加完全。

二、与公民身份相联系的三类权利

根据历史发展进程,马歇尔将与公民身份相联系的权利分成三类。他首先提出可以将公民身份分为三个部分(parts)或三个要素(elements):公民的(civil)、政治的(political)和社会的(social)。但实际上他是将与公民身份相联系的权利分成了三个部分或三个类别。他认为,"不用损害多少历史精确性就可以将每一个要素的形成归之于不同的历史时期。公民权利可归于18世纪,政治权利可归于19世纪,社会权利则是20世纪。"当然,他也同时指出,时间的划分不是绝对的,不同类别的权利的形成时间"有交叉叠盖,特别是后两种权利的形成时期"。③ 公民身份的演进也就体现为个人作为共同体的成员拥有的权利按照这个顺序的扩展。

关于公民的要素,他说"是由个人自由所必需的一些权利构成的",包括"人身自由、言论自由、思想和信仰自由、拥有财产和缔结有效契约的权利、在司法机构得到公正对待的权利等"。马歇尔特别指出,最后一项与前面诸项不同,"这是一项依据适当的法律程序确定和保护所有的人平等地拥有的权利的权利"。因此,这也表明了与"公民权利(civil rights)"直接相关的制度设施是法院。关于政治的要素,他指的是"参与政治权力的行使的权利,

---

① T. H. Marshall,"Citizenship and Social Class", in *Class, Citizenship and Social Development: Essays by T. H. Marshall*, p. 84.
② Ibid., pp. 76,77.
③ Ibid., p. 74.

是公民作为被授予了政治权力的机构中的一员或选举其成员的权利"。"与其相对应的制度设施是国会和地方议会。"至于社会的要素,他指的是"从对少量的经济福利和保障的权利到分享社会遗产,以及根据通行的社会标准享受文明生活的权利等一系列的权利"。"与这类权利最紧密联系的制度设施是教育系统和社会服务体系。"①

马歇尔之所以把第一类权利称为"公民权利",不仅因为这些权利是与人的"自由身份联系在一起的",更是因为这些权利的确立使个人作为共同体的成员拥有了一种"普遍的公民身份"。而且,这个共同体指的就是国家。同样地,他之所以认为公民权利自18世纪才开始形成,也是依据他提出的判断公民身份的"全国性的"标准。从历史的实际进程来说,个人平等地拥有某些自由和权利的过程是与民族国家的形成基本同步的,人的权利的实现和维护离不开相应社会力量的支持和必要的政治条件。但是,国家的立法主要是公民获得某种权利的标志,是公民享有某种权利的形式上的根据,并非公民的某项权利的客观事实基础。

虽然马歇尔看重以国家的立法为标志的"全国性的"公民身份,然而从个人是否拥有权利方面看,他又认为在西方封建社会中的个人也不是毫无权利可言的,在早期这三组权利也是存在的。只不过,先前的权利是"残缺地混合在一起的"。在中世纪的城镇中也存在着"真实的、平等的公民身份的实例",然而,"它的特定的权利和义务严格说来是地方性的"。② 他所谓的"残缺",实际是指从后来发展了的情况来看,很多权利是不存在的,少量存在的权利也不是普遍性的。所谓的"混合",即有关的权利还不能明显地区分为不同的类别。而权利的"混合"是由于制度设施的混合,同一个机构既是立法的议会,又是政府委员会,也是司法机构。这不仅导致了政治机构、法律机构与权利的混合,而且个人的权利也是混合的。至18世纪"全国性的"公民身份形成,权利也分化为不同的类别。

马歇尔认为,"全国性的"公民身份的形成,"涉及融合与分化的双重进程"。"融合是地域上的,分化是功能上的。"地域上的融合使个人不再像以前那样,"仅仅隶属于他们所熟悉的具有地方性特征的社会群体"。功能上的分化与"全国性的"制度设施的分化相联系。"当公民身份的三个要素所依赖的机构实现分化以后,它们的相互分离也变得可能了。"同时,全国性的

---

① T. H. Marshall, "Citizenship and Social Class", in *Class, Citizenship and Social Development: Essays by T. H. Marshall*, pp. 71, 72.

② Ibid., p. 72.

和专门化机构的形成本身就表明了地方的独立性被打破了。此时,这些专门化的制度设施结合在一起,"不仅决定着在原则上哪些权利得到认可,而且决定着在原则上被认可的权利在实践中能够实现到什么程度"。①

根据以上对马歇尔关于公民身份本质及其演进过程论述的分析,可以看出,一方面他比较看重公民身份的"全国性的"这个标准;另一方面,他在将中世纪城镇中的居民拥有的身份地位称为"公民身份"时,主要考虑的是作为城镇这样的地方性共同体的成员,彼此之间在权利和义务的某些方面是平等的。因此可以说,尽管个人平等拥有某些自由和其他权利被确立的过程,是与民族国家的形成基本同步的,但是"地方性的"还是"全国性的"并非公民身份的本质特征。在这个方面,关键是看有关的个人是否因为具有共同利益而形成了一个共同体。而这又是由人们的活动、交往范围、历史文化传统等多种因素决定的。只不过自近代国家形成以来,它确实成了一个被其成员普遍认同的共同体,在肯定或否定其成员的平等自由和权利方面具有决定性的作用。

三、公民身份及其相关权利扩展的原因

根据马歇尔对公民身份形成过程的叙述,在地域融合、国家形成的同时,公民身份的形成与公民权利的扩展是一个相互作用的过程。这样的叙述和分析,既反映了西方国家的历史事实,也揭示了公民身份的本质。因为没有相关的权利,公民身份只能是徒有其名。但马歇尔所列举的那些权利有些是人与生俱来的权利,有些虽然是与人作为社会性的存在相联系的,却并非必然与"全国性的"公民身份相联系,也可以是与地方性共同体的成员身份相联系的。

当然,在西欧的历史上,个人的"全国性的"身份确实不是毫无意义的。在个人的"全国性的"身份形成方面,地域上的融合显然是重要的。欧洲的封建时代,基本上是大大小小的封建领主各自统治自己领地上的居民,实行地方自治。因此,个人的"全国性的"身份的形成,必然打破地方性自治,在一定程度上削弱地方领主的权力。然而,个人的全国性身份的形成不等于是"全国性的"公民身份的形成,因为公民身份的本质是平等,或自由与平等。全国性公民身份的形成不仅体现为全国性成员身份的形成,也需要体现为个人拥有权利的扩展,体现为全国所有的人都平等地拥有某些权利。

---

① T. H. Marshall, "Citizenship and Social Class", in *Class, Citizenship and Social Development: Essays by T. H. Marshall*, pp. 73, 74.

就历史事实而言,包括英国在内的欧洲国家,地域融合、国家形成、个人权利的扩展与全国性身份的形成、公民权利的扩展是一个复杂交错、相互推动的过程。如果在地域融合、国家形成的过程中没有相关公民权利的扩展,普通民众获得的只是个人的全国性身份(国民身份),而不是公民身份。

这里的关键是,什么原因导致了与国民身份相联系的权利能够得到普遍承认,并能够从法律上加以确立。

马歇尔看重的是公民权利得到法律承认的历史,实际上,马歇尔主要是根据英国全国性的专门化机构对公民权利认可的情况概括三组权利形成的历史的。但即使在英国,这既不等于某些公民权利在一定范围内形成的历史,更不等于与公民身份相联系的权利仅仅就是得到了全国性的专门机构认可的权利。国家机构及其功能的分化,某些公民权利之所以能够得到法律上的确认,是因为一些相关的社会经济力量的推动。在这个过程中,首先是某些个人以有组织的方式争取自己的权利,并最终使自己所争取的权利得到法律上的确认。此后,其他人也要经过一定程度的努力,经过一个或长或短的过程,这些权利才可能成为"全国性的"。而且,就人类社会的历史事实而言,最终能够得到普遍认可的权利,既是由于人们认识到了它们,更是由于它们有着不可否认的客观事实作为根据。

仅就与公民身份相联系的权利而言,马歇尔的论述也在很大程度上损害了历史的精确性。如果从本质方面考察公民身份的演进,很多公民权利的内容,在他确定的时间之前就已经形成;如果从"全国性的"公民身份角度考察,按照他所划分出的历史时期,很多权利还只是部分人享有,并没有达到国家的所有成员在权利上的平等。正如里斯所说,"如果考虑到超过半数以上的成年人口的公民身份经历——这或许是公民身份成就的试金石——马歇尔的论述就会呈现出一幅非常不同的图景。"①

首先,作为"普遍的公民身份的依据"的与自由身份相关的权利,按照他确定的时间,至多只是所有的成年男人普遍享有的。马歇尔也承认所谓"所有成年人的地位"主要是指男性的。但他的辩护理由是,妇女的地位,特别是已婚妇女的地位在某些方面是特殊的。② 所谓"特殊",实际上就是妇女并没有与男性成员同时得到平等的权利。其次,如果以 19 世纪作为公民获得政治权利的时间,不仅妇女普遍没有获得这项权利,而且即使在 19 世纪

---

① 〔英〕安东尼·M. 里斯:《T. H. 马歇尔与公民身份的演进》,载于郭忠华、刘训练编:《公民身份与社会阶级》,南京:江苏人民出版社 2007 年版,第 148 页。

② T. H. Marshall, "Citizenship and Social Class", in *Class, Citizenship and Social Development: Essays by T. H. Marshall*, p. 77.

末,成年男子也没有普遍获得选举权。在整个 19 世纪,政治权利主要还是取决于个人拥有的财产。直到 1918 年的改革法案才确立了所有成年男子的投票权,妇女得到这项政治权利还要晚得多。对此,马歇尔的解释是,政治权利在 19 世纪已经不是一种新创建的权利,而是将其授予人口中原来没有这种权利的某个部分。这表明在他设定的时期之前,人口的某些部分已经拥有了政治权利。同时,在此后的很长一段时间里,选举权这项政治权利"还只是一个有限的经济阶级的特权"。①

虽然说对历史事实中蕴含的普遍性的概括是不可能的,也没有必要在时间方面完全精确,但更主要的问题还不在于历史的精确性,而是不同的考察角度会直接影响到对三组公民权利之间关系的认识、对公民权利形成原因的判断,包括对社会权利之根据的探讨。

在马歇尔之前,霍布豪斯从个人自由扩展的角度对人的权利的历史发展过程进行了比较系统的阐述。他认为,公民权利的形成和发展,首先是工商业者提出了对自由的要求,他们使工商业城市变成了自治的共同体。但这时的自由只限于"特许权","亦即通过特许状获得的公司权利以及从国王或封建领主那里争取到的权利"。② 而后,这种公民权利才扩展为更大范围的个体普遍拥有的权利。德·拉吉罗与霍布豪斯一样,也认为自由是从少数人争取到某些"特权"开始的。正是在封建制度之下不同的共同体,尤其是工商业者构成的城市社区,从封建领主那里争取到各种特权,同时,在拥有某种特权的阶层和团体内部,成员之间是彼此平等的,这就不仅为个人的自由发展提供了机会和条件,而且创建了个人平等地参与共同体事务的一种成员身份。随着"拥有特权的阶层和团体生生不息,繁衍壮大",随着"特权越来越普及,直至使特权自行废止",自由也就"跨越了特权与自由一词本意之间的鸿沟"。③ 正是在这个复杂的争取个人自由的过程中,全国性的公民身份逐渐形成。

亦即,就个人权利的扩展方面说,首先是在一些自治城镇中开始的。随着这些市镇取得了一定的自治权,在其内部也形成了成员平等地拥有某些权利的共同体,在这样的自治城镇中先行改变着权利的"残缺"状态。在城镇工商业者的个人自由和参与公共事务的权利得到确认的过程中,欧洲的

---

① T. H. Marshall, "Citizenship and Social Class", in *Class, Citizenship and Social Development: Essays by T. H. Marshall*, p. 78.
② 〔英〕霍布豪斯:《自由主义》,朱曾汶译,北京:商务印书馆 2002 年版,第 6 页。
③ 〔意〕圭多·德·拉吉罗:《欧洲自由主义史》,杨军译,长春:吉林人民出版社 2001 年版,第 1、3 页。

民族国家体系也初步形成,因此,在有些地方个人也开始具有了全国性的身份。此后,又经过了一个相对漫长的过程,才形成了以民族国家为单位的全国性的公民身份。

在英国,国家机构的分化、某些公民权利能够得到法律上的确认,是与一系列的社会运动分不开的——13世纪的"大宪章运动"、工商业者为争取城市自治进行的斗争,特别是17世纪两次影响深刻的政治革命等,都有直接关系。"在17世纪的英国,发生了两次社会及宗教色彩浓厚的政治革命,挫败了斯图亚特家族的专制主义企图,建立了议会制君主政体。"①正是这样的政治革命才使个人普遍获得了市民已经获得的一些自由,并使部分个人获得了参与公共事务的政治权利。马歇尔虽然也提到了"光荣革命",但只是将其作为与个人自由相联系的权利形成的时间标志,并没有视之为公民权利形成的动力。

如果从公民权利形成的动力方面看,在将体现为平等、自由的非全国性的成员身份扩展为全国性的公民身份的过程中,除了市民或工商业者共同体的推动作用、"光荣革命"的作用外,最终还是工人阶级共同体的作用使之真正成为全国性的,即普遍性的公民身份,使公民身份最终突破了有产者的历史传统。

四、人权与公民权利的联系与区别

此处的公民权利指与公民身份相联系的各类权利。与马歇尔区分出的公民要素(civil elements)相联系的那些个人自由所必需的权利,从根本上说,并不是与人的公民身份相联系的权利,而是人的基本自由权利。是近代以来多种社会力量努力争取、许多哲学家反复论证的人的基本权利。但是,由于马歇尔对公民权利扩展的原因很少讨论,与这一缺陷相关联,他对不同类别的权利之间的逻辑关系也没有给予必要的关注(不是完全没有关注,例如他也提及政治权利对社会权利发展的作用,但关注得不够)。并且,由于这样的问题,反过来也影响了他对其中有些权利给出的概念的准确性。

马歇尔将自己区分出的第一类权利也归结为与公民身份相联系的权利。而且,认为这些权利与政治权利、社会权利一样,也是以国家的有关立法为根据的。实际上严格地进行分析,人作为公民应该拥有政治参与权利,是以人的基本自由权利为根据的。而人的基本自由方面的权利则是以人的

---

① 〔法〕德尼兹·加亚尔、贝尔纳代特·德尚等:《欧洲史》,蔡鸿宾、桂裕芳译,海口:海南出版社2002年版,第402页。

独立性为根据的。这就是洛克所说的,"每个人对他自己的人身享有一种所有权,除他以外任何人都没有这种权利"。① 更具体地说,就是人作为独立的个体,有自己的感觉、知觉、需要,谁没饭吃谁感觉饿,谁没衣服穿谁挨冻,谁遭受毒打谁感觉疼痛,等等。正是这些不可否认的客观事实构成了人权的基础。

虽然在一个人遭受毒打时,父母和其他关心者都会感到心痛、难过,但前者是能够直接感觉到的客观事实,后者则需要经过一个心理、情感、认知方面的反应过程。由于人是独立的个体,有自己独立的感觉、知觉、需要,因此人对自己的身体有着与生俱来的权利,他人不能随意支配、侵犯。人的言论、行动、思想、信仰等方面的自由权利,就是以人与生俱来的对自己身体的权利为根据的。至于在司法机构得到公正对待的权利,则是以人的基本自由权利为根据,通过一定的社会行动过程争取到的。

人的基本自由权利能够最终得到国家司法机关的确认,除了社会经济的发展、多种社会力量的努力以外,近代的权利论者对人的自然权利的论证也是必要条件之一。无论是霍布斯、洛克还是卢梭,基本上都以假设的自然状态为起点,首先论证了人的自然权利——每个人与生俱来的对自己的生命、健康、自由的权利。正是因为通过他们的论证揭示了每个人都是独立的个体的客观事实,个人自由所需要的那些基本权利才得到越来越普遍的认同。

按照这些自然权利论者的看法,由于在原子化的自然状态中,个人不能很好地维护自己的自然权利,因此,人们才结成共同体、建立起国家,借助国家的力量来维护每个人的自然权利。而且,他们都根据每个人平等拥有的自然权利论证了国家的政治权力是以每个人的同意为基础的。亦即,为了维护个人的自然权利,人又需要政治权利。只不过,霍布斯主要论述了在建立政治社会或国家时每个人的同意的必然性,然后个人就永远失去了参与公共事务的权利,所以他称国家的成员为"臣民"。② 而洛克则是将人的政治权利作为必须永远拥有并实际行使的权利,所以他将政治社会称为"公民社会"。③

尽管人实际并不是出生在他们假设的自然状态之中的,但无论如何,他们对人的不同类别权利之间关系的论述,在逻辑上是合理的。因此,根据近

---

① 〔英〕洛克:《政府论》下篇,第18页。
② 〔英〕霍布斯:《利维坦》,黎思复、黎廷弼译,北京:商务印书馆1997年版,第131页。
③ 〔英〕洛克:《政府论》下篇,59页。

代权利论者的观点,马歇尔所说的第一类权利,其中主要是每个人自然或者说天生就拥有的权利,是人与生俱来的权利,是人的自然权利,是人之为人就拥有的权利。有些中文译者也将此译为"天赋人权"。而政治权利与人的自然权利并非完全平行的类别关系,在这两类权利之间存在着手段与目的的关系,是为了维护个人与生俱来的自由权利,才需要人为地设计参与这种维护的政治权利。亦即人的自然权利是其作为共同体中的成员需要和应该拥有政治权利的根据。

当个人生活在一个规模或大或小的社会中时,作为由一定数量的个人构成的社会,就必然有一些公共事务需要处理。对公共事务采取不同的处理方式,就会对整体及其中不同个人的利益产生不同的影响。所以,个人是否有权参与公共事务的处理,对于维护个人的自然权利以及与之相关的个人利益来说是重要的。当一个社会的成员相对自觉地认识到公共权力对每个人的意义,认识到人与人之间不仅有着各种差别,在某些方面也是相同的、平等的,就必然要努力争取参与公共事务的权利。而当一个社会中的成员拥有了起码的参与公共事务的权利时,这个社会也就可以被视为一个共同体了。

很显然,自然权利和政治权利是与人的不同角色相联系的权利,前者是人作为个体行动者与生俱来的权利,而后者则是个人作为社会成员才需要和可能拥有的权利。人既是独立的个体,又不可能脱离社会独立存在。当个人作为社会的成员时,彼此的自然权利就可能相互冲突,对个人的自然权利加以规范和协调,就成为社会需要处理的公共事务,就需要政治权利。因此,政治权利对于平等地维护每个人的自然权利具有极其重要的价值和意义。如果社会成员没有起码的平等参与公共事务的权利,个人的自然权利应该受到哪些限制、限制到什么程度,以及哪些人的自然权利会受到限制等,都将成为掌握政治权力的人可以自行决定的事情。在这样的政治环境中,多数人的自然权利必将受到严重的剥夺。

霍布豪斯根据洛克、卢梭的观点,对个人自由、人的权利与政治社会、政治权利之间的关系给出了比较明确的阐述。他认为,由于自由主义将个人自由视为个人的权利,因此自由主义"立足于人的权利"。但是,这个理论认为"各自追求不同目的的自由人在一起就会发生冲突",所以,需要建立能够协调冲突的政府。自由主义的理论认为"人的权利是以自然法则为基础的,而政府的权利则以人的机构为基础"。"政治社会是个比较人为的安排,是为了获得更好的秩序和维持共同安全这一特殊目的而达成的协议。"但根据政治社会的目的,"政府的功能是受限制的",其功能就是"按照社会条件的许可准确地保护人的天赋权利"。① 与政府的存在以及有限的功能相联系,个人自由或天赋权利也必然受到一定的限制。不过,在以保证个人自由、保证个人权利为目的的政治社会中,个人放弃一些天赋权利,同时即获得了相关的政治权利。

当然,人类社会历史的真实状况,不仅是人必然出生在社会之中,而且人类社会中的很多共同体及其政治权力也并非是以每个人的同意为基础而由当事人建立的。在人类社会的很长历史中,大多数社会的政治权力是被极少数人控制的。当人们自觉地认识到每个人都平等拥有某些与生俱来的权利时,人的这些自然权利早已受到了严重的侵蚀。而且,政治权力也已经非常强大,并压制和剥夺了绝大多数人的很多自然权利,严重地压制了个人自由。马歇尔的公民身份理论的价值就在于比较真实地描述了人们取得自己本来应该具有的权利的过程。但是,由于他没有更多地考虑不同类别的权利的根据,以及彼此之间的逻辑关系,也就导致了他对于这一进程的原因没有给予必要的关注。甚至对于他自己实际上提及的一些推动了公民权利发展的历史事实,也没有清楚地纳入他的公民权利形成和扩展的分析框架之中。所以,有些人批评马歇尔的理论具有进化论的特征。②

人的政治权利的产生和确立,主要是源于人的社会性,以及在此基础上发展起来的公共性。一方面,只要一个社会不完全由一个人和少数几个人绝对控制,允许一定数量的成员参与公共事务,即使主要是承担某些义务,从人的社会性中也会发展出人的公共性。人的社会性及其发展出来的公共性是公民政治权利的基础。另一方面,社会的范围、边界不是固定不变的。与地理环境和交通状况相关的人们的活动范围、对其他社会或群体的征服或屈服、成员之间客观存在的共同利益及其能够形成的共识等,都是影响社会范围或边界的重要因素。而且,随着社会范围的扩大,社会中会形成许多具有共同体特征的小社会。这些小社会或共同体,既可能是自然地形成的,也可能是具有某些特殊的共同利益和共识的个人自觉或不自觉地创建的。

同时,也正是因为政治机构、政治权利是一种人为的设计,在利益极大分化、功能极其多元化的社会中,不同的人、不同的利益群体对公民如何行使政治权利的制度、规则有不同的认识。所以,直至今天,即使是在政治民主最为发达的国家,公民的政治权利也是极其有限的,而且也是很不平等的,并致使很多人的自然权利仍然不能得到起码的保障。这表明人类通过

---

① 〔英〕霍布豪斯:《自由主义》,第 26、27、28 页。
② Michael Mann, "Ruling Class Strategies and Citizenship", in *Citizenship Today*, p. 126.

各种形式的社会"斗争",争取更多、更平等的政治权利以维护人的自然权利的过程,仍然漫长。

第二节　马歇尔对社会权利的阐述

仔细分析马歇尔对社会权利的形成和发展过程的叙述我们可以看出,在他那里,与公民身份相联系的社会权利是个人作为公民从国家获得一定的经济资源和服务的权利。因为,他明确指出福利的提供者是国家。"承认这些权利,国家就要承担责任。"但是,根据他对社会权利的解释,社会权利不仅是个人作为公民从国家获得一定福利的根据,也是个人从功能性社会团体和地方性共同体获得帮助的根据。但是,这是获得者的权利还是提供者的义务则是需要辨析的。另外,由于社会环境发生的变化,他在后来又提出了福利权利的概念,指出个人福利的实现不仅需要社会权利,也需要其他的一些权利。这需要我们从社会权利、福利权利与个人的福利实现之间的关系、公民社会权利形成的环境条件、马歇尔的理论与社会环境之间的关系等方面分析他的社会权利理论。

一、社会权利的扩展过程

马歇尔在《公民身份与社会阶级》一文中并没有注意个人福利的其他来源。他主要叙述了在国家承担责任的情况下,社会权利能够给具有公民身份的人带来什么样的福利。他认为社会权利给公民带来的福利是变化的,或者说是发展的。最初只是"少量的经济福利和保障的权利",后来则发展成了"根据通行的社会标准享受文明生活的权利"。

最初的"少量的经济福利",例如,实施《济贫法》时期。而且,那时还是将"社会权利与公民身份相分离"的。"国家通过各种措施正式给予不幸的人们的好处与其说是公民身份之地位的扩展,不如说是公民权利的替代。"《工厂法》也具有这样的特点。① 尽管如此,在19世纪出现的情况毕竟是国家开始以某种社会政策肯定了公民的社会权利,所以马歇尔认为就其基本原则而言,那些政策并没有明确地否定"作为公民身份地位的一个整合部分的社会权利原则",只是没有明确承认而已。根据后来的发展,又可以说"19世纪在很大程度上是社会权利的奠基时期"。尤其是到19世纪末,"《工厂

---

① T. H. Marshall, "Citizenship and Social Class", in *Class, Citizenship and Social Development: Essays by T. H. Marshall*, p. 81.

法》已经成为社会权利大厦的支柱之一"。同时,由于"初等教育不仅是免费的,而且是强制性的",这就表明了"共同体已经认识到它的文化是一个有机整体,它的文明是一个民族的遗产"。因此,"19世纪公共基础教育的发展是20世纪走向重建公民身份之社会权利的决定性的一步"。[1]

对于社会权利发展的原因,马歇尔结合公民身份形成和发展的原因,大体上给出了以下三个方面的论述:一是因为在19世纪后半叶"平等作为社会公正原则得到了发展"。人们认识到这样一个事实,"即只是正式承认对权利的平等资格是不够的"。人们的思想观念已经超越了狭窄的局限性的平等概念,"发展到平等的社会财富的概念,而不仅仅是自然权利的平等"。因此,"虽然在19世纪末公民身份在减少社会不平等方面还没有发挥什么作用,但它确实有助于在20世纪将进程直接引导到通向平等政策的道路上"。[2]

二是因为"日益成长的民族意识、觉醒中的公共舆论以及一种拥有共同体成员身份和共同遗产的感觉第一次被搅动"。"这是整个过程中的一种重要的因素。"在传统社会人们主要靠情感和血缘关系以及虚拟的亲属关系来维系。然而,"公民身份需要的是一种不同类型的纽带,一种以对共同拥有的文明之忠诚为基础的对共同体成员身份的直接感觉。这种忠诚是拥有权利并受到共同法律保护的自由人的忠诚。"[3]这些因素使人们认识到新的平等原则应该在民族国家的范围内实现。

社会权利发展的第三个原因,与公民政治权利的发展直接相关。首先,在18世纪伴随着现代民主政治自上而下的推进过程,大众传媒、公众集会等制造和传播舆论的方式,在推动民主政治的同时也创造了民族团结的意识。而后,与公民身份相联系的政治权利的扩展为社会权利的发展提供了必要的条件。那时人们还没有预见到,"即使没有暴力和流血的革命,通过和平地使用政治权利也会导致巨大的改变",虽然,"计划社会和福利国家还没有浮出地平线,或者说还未进入现实主义政治家的视野"。但是,受到一定程度教育的工人阶级,正在将他们已经获得的公民权利"变成一种提高自己的社会和经济地位的手段"。"这即是说,成为提出这样一种要求的手段:

---

[1] T. H. Marshall,"Citizenship and Social Class", in *Class, Citizenship and Social Development: Essays by T. H. Marshall*, pp. 81, 82, 87.
[2] Ibid., pp. 91, 92.
[3] Ibid., p. 93.

作为公民,他们有资格享有某些社会权利。"①

马歇尔提及的这些社会权利发展的原因,也可以概括为两个方面:一是社会成员思想观念方面的变化;二是工人阶级获得了政治权利。因此,工人阶级能够将自己认为应该平等获得的利益诉求,通过政治过程变成国家的法律。

马歇尔认为,在上述各种因素的相互作用下,19世纪末期社会权利的发展进入到新阶段。"布斯(Booth)对伦敦居民生活和劳动状况的调查,以及皇家委员会对老年贫民的调查提供了适当的机会。在这个时期社会权利第一次取得了重大的进展,为公民身份中的平等原则带来了重要的改变。"再加上由于科学技术进步、经济发展使大多数人的物质生活水平得到了提高,因而"深刻地改变了公民身份实现进步的环境"。于是,"社会整合从思想感情和爱国主义扩大到物质享受"。在物质生活领域消除不平等的愿望加强了。②

接下来,当社会权利结合进公民身份中已经部分得到满足时,"进而创造了一种对真实收入的普遍权利"。真实收入是一种"与申请人的市场价值不对等的收入"。这就"不再是仅仅减少社会最底层的赤贫导致的明显痛苦,而是开始采取行动修正整个社会不平等的模式"。根据他对真实收入与货币收入的区分,也可以说,他的社会权利就是"对真实收入的普遍权利"。总之,社会权利体现着公民权利"在经济领域中的扩大"。③ 也就是,向着"根据通行的社会标准享受文明生活的权利"扩展。

根据马歇尔的这些论述,19世纪末以来社会权利之所以得到发展,一方面是因为布斯等人的调查证明了有些公民确实处于非常贫困的状态;另一方面是因为科技发展、经济进步使大多数人的物质生活水平得到了提高;再一方面仍然是有关的思想观念和政治权利的行使。然而,这里的前两个方面都不是国家为其公民提供福利的确定无疑的理由。而最后一个方面,尽管在越来越多的社会成员获得了政治权利的情况下,认为国家应该对其公民承担更多福利责任的意见能够通过政治过程变成国家的法律,但是国家的立法主要是公民获得某种权利的标志,是公民享有某种权利的形式上的根据,并非公民的某项权利的客观事实基础。如果一种意见没有不以人

---

① T. H. Marshall,"Citizenship and Social Class", in *Class, Citizenship and Social Development: Essays, by T. H. Marshall*, pp. 92, 93, 94.
② Ibid., p. 96.
③ Ibid., pp. 93, 96.

的意志为转移的客观事实基础,或者没有被置于这样的客观事实基础之上,就很容易被其他意见替代。西方福利国家发展的历史已经很好地证明了这一点。

由于马歇尔发表这个演讲时,在英国正是积极推动国家为其公民承担福利责任的意见最具影响力的时期,因此,马歇尔对当时公民社会权利的发展形成了比较乐观的看法。他认为,社会权利新阶段的基本特点就是,由于"创造了一种对真实收入的普遍权利",同《济贫法》相比,国家不再仅仅考虑对社会中最贫困的那部分人给予最低水平的救济,而是更加关注整个社会各阶级、阶层之间在物质生活方面的平等。全体公民在物质生活方面变得更加平等,主要是通过国家制定和实施一系列相关的社会政策来实现的。其中包括以就业人员为对象的社会保险,以全体公民为对象的一些补贴或免费的社会服务,以及在收入和财产调查的前提下专门对低收入者提供的救助和减免费用的服务。马歇尔认为这些社会政策的实施,再加上在税收方面实行的累进税政策,就导致了一个重要的结果,即一个人的"真实收入与货币收入逐渐分离"。① 至于这些政策在推进物质生活方面的平等中能够发挥多大的作用,则与具体的政策规则直接相关。

二、社会权利与经济平等

马歇尔所说的货币收入主要指一个人通过参与市场经济活动获得的收入,即体现着一个人的市场价值的收入。当一个人从国家那里免费获得某种服务时,在这项服务上原本需要支付的现金,就成为这个人的实际收入的一部分。尤其是对低收入者提供补贴和减免费用的服务,最具有缩小真实收入差距的效果。虽然社会保险政策是以个人承担交费义务为获得福利给付的前提,但通常包含着一定程度的、向低收入者倾斜的再分配,也可以在一定程度上改变个人的真实收入与市场价值之间的关系。对所有人提供免费服务的政策,并不会改变真实收入的不平等,但可以通过税收进行调整。

当然马歇尔承认,将社会权利结合进公民身份中,并不能实现全体公民在物质生活方面的完全平等,与市场经济紧密相连的教育和职业等级体系仍然使个人之间在物质生活方面或货币收入上存在着显著的差别。但是,社会权利能够使人们之间的差别不至于过于悬殊,而且这种差别不是由于家庭出身等先赋因素决定的。社会权利的新阶段产生的主要结果是:"收入

---

① T. H. Marshall, "Citizenship and Social Class", in *Class, Citizenship and Social Development: Essays by T. H. Marshall*, p. 119.

分配等级的两端会有一定的收缩";"共同文化和共同经验领域得到了极大的扩展";"公民身份普遍地位的扩展,与人们对某些社会地位差别的认可同时存在"。人们认可的社会地位差别主要与教育和职业体系的等级系列有关。"社会地位的差别从公民身份的角度看可以得到合法性的印记,其前提是差距不能过于悬殊,所有的人仍然同属于一个单独的文明,而且不能成为世袭的特权。"①

根据马歇尔的论述,当社会权利结合进公民身份中,这样的权利就能够使作为公民的个人从国家获得一定数量的货币、可以直接消费的物品或服务,国家则制定政策、筹集资源、进行分配、组织服务的提供等。当个人能够依据外在于市场交换的一些规则获得某些物质资源和有关服务时,通过市场交换获得的经济资源的不平等就得到了一定程度的修正。由于作为公民的个人能够从国家获得一定的经济资源,也能够使同一个国家的公民切实地感觉到彼此属于一个社会文化共同体,因此,也能够提高个人对共同体的认同。亦即,社会权利还具有促进社会团结、增强社会凝聚力的功能。

在马歇尔的论述中,他是以社会平等指称经济平等的。对公民身份与社会平等之间的关系,马歇尔认为,"公民权利"对"社会不平等没有什么影响"。因为"公民权利给予的法定权力在实际行使时受到了阶级偏见和缺乏经济机会的严重限制"。而"政治权利给予的潜在权力的行使,需要经验、组织和政府职能的改革"。因此,主要是19世纪末开始发展起来的社会权利,"为公民身份中的平等原则带来了重要的改变"。② 马歇尔的这些论述与其《公民身份与社会阶级》的主旨相关,因为马歇尔就是从社会平等的角度阐述其公民身份和公民权利理论的。

他之所以从社会平等的角度阐述其理论,既与他自己的基本信念有关,同时也因为他是在纪念经济学家马歇尔的年度讲座上阐述其观点的。他认为在经济学家马歇尔的有关论著中就隐含了一个公民身份与社会平等之间关系的假设。③ 社会学家马歇尔则指出主要是社会权利在推进经济平等方面发挥了作用。同时他也指出,即使在公民权利得到比较充分实现的社会中,公民之间仍然会存在社会地位和经济地位上的不平等。所以,朗西曼(W. G. Runciman)认为,在《公民身份与社会阶级》中,马歇尔通过对大不列颠的公民身份的历史发展过程的阐述,一方面,"经典性地说明了从法律权

---

① T. H. Marshall, "Citizenship and Social Class", in *Class, Citizenship and Social Development: Essays by T. H. Marshall*, p. 116.

② Ibid., pp. 92, 95, 96.

③ Ibid., p. 70.

利通过政治权利到社会权利的演进";另一方面,"对身份平等与机会平等之间能够实现的一致存在的困难提出了警告"。①

三、社会权利与福利权利

尽管后来的实践证明社会权利在缩小社会成员之间经济上的不平等中的作用比马歇尔所论述的更为有限。但是无论如何,马歇尔的社会权利还是论证了从国家获得一定经济资源和服务是公民的权利。由于依据社会权利个人从国家可以获得一定量的经济资源和服务,使个人的福利状况得到改进。所以吉登斯(Anthony Giddens)直接称这类权利为福利权利(welfare rights or tights of welfare)。②

但是,根据马歇尔的有关论述,他的社会权利并非完全等同于公民从国家得到一定的福利给付的福利权利。一方面,马歇尔的社会权利实际上包含了一些社会成员主动承担帮助其他社会成员的义务的情况;另一方面,马歇尔自己后来提出的福利权利概念包含了比他自己界定的社会权利更多的内容。之所以如此,就是因为马歇尔的"福利"含义是等同于幸福"well-being"的。

关于前一个方面,根据马歇尔对公民身份"从定义上说是全国性的"的解释,以及对"承认这些权利,国家就要承担责任"的强调,可以说社会权利是指个人作为一个国家的公民从国家获得一定的福利给付的权利。但是,根据他的"社会权利的最初来源是地方性共同体和功能性社会团体的成员资格"的论述,③可以看出,他所界定的社会权利不仅是指个人作为公民能够从国家获得一定的经济资源和服务的权利,也包括个人从有组织或无组织的他人那里获得经济或人力方面的帮助的有关事实。问题是,如果进一步探究个人获得有关帮助的理由、根据,我们就可以看出,个人能够从国家、功能性社会团体、地方性共同体那里获得帮助的根据是不同的:在有些情况下能够获得帮助是获得者的权利,而在有些情况下则是因为帮助者承担了助人的义务。马歇尔的论述,在一定程度上混淆了具体情境之中的权利与义务。

---

① W. G. Runciman, "Why Social Inequalities Are Generated by Social Rights", in *Citizenship today*, p. 49.

② Anthony Giddens, "T. H. Marshall, the State and Democracy", in *Citizenship Today*, pp. 66, 67.

③ T. H. Marshall, "Citizenship and Social Class", in *Class, Citizenship and Social Development: Essays by T. H. Marshall*, p. 79.

在功能性社会团体中,成员获得帮助通常是以明确的义务为前提的,在按照团体章程承担了相应义务的前提下,成员也有权利获得相应的帮助。在地方性共同体之中,由于人们之间容易形成比较亲密的情感,也由于贫富分化,人与人之间的相互依赖并不是完全对等的,有些可能一直是助人义务的承担者,有些可能一直是他人帮助的接受者。所以,在地方性共同体中,个人从其中得到一定帮助的基础主要是热心助人的道德观念或宗教信仰。因此,个人在地方性共同体中得到帮助并非是个人的权利。在主权国家体系存在,国家对领土范围内的自然资源拥有主权,每个人对自然资源的平等权利得到承认的情况下,从国家获得一定的经济资源才是个人作为国家公民的权利。因为公民的这种福利权利是以每个人对自然资源的平等权利为基础的,不需要其他前提条件。这又是因为自然资源本来就是不属于任何人的,每个人对自然资源的平等权利是人与生俱来的权利。国家的作用主要是保证每个人对自然资源的平等权利得以实现。

关于后一个方面,1965年马歇尔发表了以《福利的权利》为题的演讲,后在1981年结集出版时又补充了"再思考"的部分。在其中,他特别指出,社会权利仅仅是个人增进自身福利的途径之一。"只有在一种非常有限的程度上,福利才称得上是社会服务或社会政策的结果。"福利"深深扎根于作为整体的社会经济体系中"。"因此,福利的实现和享受依赖于一系列我很少提到的其他权利,包括财产权、人身自由权、工作权、公平权等。"[1]这就是说,个人福利的实现或增加,既与社会权利有关,同时还与其他多项权利有关。马歇尔对福利权利的解释,明显是将福利等同于幸福了。对于这个问题,本书已经在绪论中进行了分析,在此不再赘述。

按照马歇尔的这一论述,实际上将个人的福利权利分成了两类:一类是个人作为国家的公民从国家获得一定的经济资源和服务的权利,另一类是保证个人公平地参与市场竞争为自己获得必要的收入和财富的权利。既然个人的福利权利分成了两类,就意味着个人福利有两个来源:一是个人作为国家的公民,有权利从国家获得的福利给付;另一个是个人通过参与市场活动,以等价交换的方式获得的各种资源和服务。但是,马歇尔后来列举的这些所谓的"福利的权利",基本上都属于个人的基本自由权利,或者是以个人基本自由权利为基础的权利。个人的所有权利自然都是与增进个人幸福相关联的,既然已经形成的理论传统将人的权利分成了不同的类别,就没有必

---

[1] T. H. 马歇尔:《福利的权利及再思考》,载于郭忠华、刘训练编:《公民身份与社会阶级》,第52页。

要再将个人的所有权利都称为福利权利。所以,所谓公民的社会权利,实际上就是个人作为公民从国家获得一定福利的权利。

另外,考虑到个人与其所属的功能性社会团体或地方性共同体的关系,个人的福利不仅与其拥有的权利有关,也与其他社会成员对承担助人义务的信念有关。所以,个人的福利来源也就不仅仅与个人的各种权利有关,也与一个社会的成员根据该社会在慈善、仁爱方面形成的习俗、制度、观念、信仰自愿承担助人义务的实际状况有关。不过,由于马歇尔在《公民身份与社会阶级》一文中更看重的是全国性的公民身份的形成,他主要叙述了在国家承担责任的情况下,社会权利能够给具有公民身份的人带来什么样的福利。一旦全国性的公民身份形成了,与之相联系的社会权利得到承认了,社会权利就是指个人从国家得到福利给付的权利。所以,他并没有注意在全国性的公民身份形成以后,个人福利的其他来源。

根据以上分析,为了区分个人的福利权利和其他福利来源,准确表达个人作为公民从国家获得一定的经济资源和服务的权利,实际上,应该将马歇尔所说的社会权利称为公民的福利权利。因为公民就是相对于国家而言的[①],公民的福利权利就是指直接从国家获得经济资源和服务的权利。这些经济资源和服务既不是依据工作权利通过参与市场交换获得的,也不是在市场和国家之外的其他社会成员自愿承担助人义务的结果。

四、马歇尔社会权利理论形成的社会环境条件

马歇尔之所以将公民从国家获得一定的经济资源和服务的权利称为"社会权利",可能与在欧洲由"社会(society)"一词衍生出"社会的(social)"一词有关。对此,哈耶克曾经从批判的角度指出,"在过去的几十年里,在我所掌握的所有语言中,'道德的'或仅仅是'好的'这些词越来越多地被'社会的'一词所取代了"。[②] 不过,马歇尔的基本思想与英国进入20世纪以后社会福利政策的发展,特别是第二次世界大战以后执政党对福利国家的追求显然有着更直接的关联。马歇尔的这些论述与第二次世界大战以后西方福利国家的追求基本一致。但是,即使根据当时的实际和理想,他也有些夸大了社会权利在推进经济平等方面的作用。这又与他自己信奉的基本观念有关。

---

① Anthony Giddens, "T. H. Marshall, the State and Democracy", in *Citizenship Today*, p. 79.
② 〔英〕弗里德里奇·冯·哈耶克:《经济、科学与政治》,冯克利译,南京,江苏人民出版社2003年版,第288页。

由于马歇尔的社会权利理论带有一定的理想主义的色彩,所以哈尔西(A. H. Halsey)将马歇尔置于伦理社会主义的传统中进行分析。① 哈尔西指出,"伦理社会主义是一种激进的传统,这种传统既认为个人是崇高的,又对个人和社会都提出很高的要求"。这种传统"否定了个人道德与公共行为的差别","坚持始终如一的责任和利他主义原则"。对于个人来说能够如此的动力是"良心",对社会来说是"民主"。"在欧洲的社会背景中关于良心的观念来自犹太—基督教的遗产,民主则是在相同的背景中信奉者将这种观念运用于政治领域动员起来的普遍意识。""支撑着这种人类本性理论的是人是依靠目标和手段生活的基本判断。这种理论假定自由意志和自我意识能够使男人和女人区分并追求超越当下的渴望或欲望朝向理性的充分发展的自我实现。"②但是,现实生活中的人既是有理性、有良心的,也是有欲望、有自身利益追求的。因此,不能仅仅凭借每个人的愿望保证个人的社会权利。

而马歇尔与欧文以及其同时代的著名平等主义者托尼(Tawney)等一样,"既受到了基督教的影响,也相信社会是进步的。至少是相信社会进步的可能性"。因此认为"自由的男人和女人在无论怎样困难的环境中都将自由地创造他们自己的历史"。③ 这就非常明确地阐明了马歇尔是以人们的观念、意志作为公民身份理论及与之相联系的社会权利的根据的。所以,他将社会权利的发展归结为人们对"理想公民身份的形象"、对"实现更加充分的平等"的愿望,"社会整合从思想感情和爱国主义扩大到物质享受"。但是,这种理想、观念也不是凭空产生的。

朗西曼认为,"马歇尔的洞察力"是在第一次世界大战以后,劳埃德政府在英国推行了一系列社会政策的历史背景中形成的;他的著作则是第二次世界大战后"短期的政治压力和短期存在的意识形态基调的产物"。④ 这个判断符合马歇尔理论的实际状况。

根据朗西曼的看法,在不列颠的社会制度(social institutions)演变方面,一战后的劳埃德政府比二战后的艾德礼政府更重要。劳埃德政府"在医疗、住房、教育和失业救济等领域都有积极的建树"。从 20 世纪 90 年代的角度看,"社会权利的神圣时期,与其说艾德礼政府时不如说劳埃德政府时"。不

---

① A. H. Halsey,"T. H. Marshall and Ethical Socialism", in *Citizenship Today*, p. 83.
② Ibid., pp. 85, 87.
③ Ibid., pp. 91, 92.
④ W. G. Runciman,"Why Social Inequalities Are Generated by Social Rights", in *Citizenship Today*, pp. 50, 54.

过,在20世纪20年代,社会权利"仅仅意味着投票;为工人阶级的孩子提供助学金;在法庭上的免费辩护;在房屋建设方面,地方当局与建筑商进行竞争;对紧急病症提供免费治疗,但对一般患者仍然是收费;有限的失业救济;限定资格的老年金和国家保险"。但是,后来"对短期陷入无法预料的困难"者的帮助,"所谓的'没有契约义务'的失业津贴"变成了"常态的""失业救济",其原则和实践都被"神圣化"了。到二战爆发时,"在不列颠,社会服务供给已经是世界上最先进的了"。①

艾德礼政府做的,一方面是将劳埃德政府的社会政策变成了有效的立法,同时又迟疑不决地扩大了原先的政策。特别是将战时实行的征兵、定量配给、物资控制、收入政策等延长到了和平时期。这样的扩展不仅仅是"战时形成的伙伴情感"的功能,也是"人们对敦刻尔克大撤退和遭受的大轰炸的心理反应"。② 亦即,正是英国20世纪前半叶社会政策的扩展、二战及其刚结束的经济状况、社会心理以及因此形成的"短期的政治压力和短期存在的意识形态基调"使马歇尔形成了对社会权利的基本看法。对马歇尔来说,"公民身份意味着免费医疗、免费的中等教育、法律援助、住房补助,以及通过强大的工会和政府的充分就业政策在工作方面提供保护以抵制不受限制的市场力量"。③ 然而,这只是在当时的社会氛围里中上阶层对工人阶级的未来的一种理想阐述。马歇尔理论也是当时社会环境的产物,从20世纪90年代的角度看,他没有考虑到所描述的那些权利会导致怎样的结果。④

仅就人们对"理想公民身份的形象"、对"实现更加充分的平等"的愿望而言,需要区分是对机会平等的愿望还是对实际状况平等的平均主义。如果说在英国,二战时期的经历以及战时和战后初期的经济状况确实促进了国民中的平均主义意识,那么,"自1952年经济复苏以后,不同阶级的不同追求之间的分歧和冲突就日益增长"。而且,在二战后创建了福利国家的艾德礼政府时期,中产阶级就对缩小差别和高税收有抱怨。"即使体力工人要求更高的工资,更短的工作时间,更好的住房,当年老、生病、失业时能得到更充分的保护以免陷入持久的贫困,但他们也与非体力劳动者一样,强烈地反对'偷骗者',坚定地捍卫挣得的收入上的差别。"与此同时,中产阶级与工人阶级的差别是在持续扩大的。无论是有专业的中产阶级还是有工作的

---

① W. G. Runciman,"Why Social Inequalities Are Generated by Social Rights", in *Citizenship Today*, pp. 50, 51, 52.
② Ibid., pp. 52, 53.
③ Ibid., p. 52.
④ Ibid., pp. 56-58.

工人阶级,他们的收入增加都是靠个人努力和市场中的供求关系的变化。①这表明社会成员的观念是在变化的,人们并非持续地要求实现更大的平等。后来,随着时间的推移,二战时形成的社会心理氛围的进一步衰减,社会成员对平等的看法更加多样化。

以上分析表明,由于当时的社会环境和他自己信奉的观念,马歇尔实际上是将社会权利的根据归结为已经在法律上得到确认的公民的基本自由权利、政治权利和人们对"理想公民身份的形象"、对"实现更加充分的平等"的愿望,以及政府已经颁布的对公民福利承担责任的政策。但是,由于人们的观念是变化的,以人们的观念作为社会权利的根据,公民从国家获得一定经济资源和服务的权利就难以成为确定的权利。如果说社会权利的根据是政府已经颁布的社会政策,社会权利就更成了无本之木,因为这就意味着国家能够制定怎样的社会政策,公民就拥有怎样的权利,如果国家取消了承担公民福利责任的政策,公民就没有所谓的社会权利。

第三节　与社会权利的形成和发展相关的历史事实

对于马歇尔的《公民身份与社会阶级》,很多人都给予了很高的评价,但在称赞的同时一些人也指出了其理论存在的问题,主要包括:一是其理论完全是关于大不列颠的,连北爱尔兰都没有涉及;二是他明显采用的是进化论的模式。② 但是,马歇尔的进化论并不是"自由主义的进化决定论"。"马歇尔对先进的工业社会中公民身份发展的解释,是通过对不列颠这样的案例展现的。他解释了植根于18世纪建立的公民权利的成员身份的基本平等怎样扩展为在19世纪包括了政治权利和在20世纪包括了某些社会权利。"③亦即,马歇尔是通过对与公民身份相联系的权利的实际扩展过程的描述来证明社会权利的。在这样的描述过程中,一方面,由于他没有自觉地探究社会权利的不以人的意志为转移的客观事实基础,因此,只是"一种社会学的平凡记录"。④ 但是,另一方面,正因为他的理论是对社会生活实际的反映,在他的描述中也涉及了与社会权利的形成和发展有关的历史事实。

---

① W. G. Runciman, "Why Social Inequalities Are Generated by Social Rights", in *Citizenship Today*, pp. 52, 54, 56.
② Michael Mann, "Ruling Class Strategies and Citizenship", in *Citizenship Today*, p. 126.
③ A. H. Halsey, "T. H. Marshall and Ethical Socialism", in *Citizenship Today*, p. 92.
④ W. G. Runciman, "Why Social Inequalities Are Generated by Social Rights", in *Citizenship Today*, p. 54.

一、马歇尔的论述中涉及的历史事实

马歇尔对公民身份本质及其演进过程的论述,一方面比较看重公民身份的"全国性的"这个标准;但另一方面,他在将中世纪城镇中的居民拥有的身份地位称为"公民身份"时,实际上表明了"地方性的"还是"全国性的"并非公民身份的本质特征。个人是否拥有公民身份,关键是看有关的个人是否因为具有共同利益而形成一个共同体,并在其中与他人一样拥有某些权利。而共同体的形成又是与人们的活动、交往范围、历史文化传统等多种因素相关的。只不过自近代国家形成以来,国家确实成了一个被其成员普遍认同的共同体,在肯定或否定其成员的平等自由和权利方面具有决定性的作用。

在马歇尔从共同体成员身份与权利关联方面进行考察时,他的论述实际上涉及了与社会权利相关的一些历史事实。如果我们仔细阅读他对社会权利的形成和发展过程的叙述,可以看出马歇尔还是自觉或不自觉地涉及了对社会权利事实根据的分析。他对社会权利的"最初来源"和"曾经植根"之处的论述,以及在挖掘经济学家马歇尔的论述中隐含的社会学假设时概括出来的观点,都在一定程度上反映了他对社会权利之根据的看法。在有关的论述中,他实际上表达了社会权利的根据是人与人之间的社会关联性。而且,这种社会关联性又分为同时代人之间横向的相互关联和当代人对前人纵向的依赖。但是,由于他在总体上将与公民身份相联系的权利的扩展归结为人们的理想、期望,因此他没有自觉地认识到应该追究社会权利的事实根据。

关于同时代人的相互关联,他认为,"社会权利的最初来源是地方性共同体和功能性社会团体的成员资格"。后来,"又得到了由国家设计但由地方管理的《济贫法》和工资管制体系的补充",并且后者逐渐代替了前者。但是,"工资管制体系在18世纪迅速崩溃了"。这个阶段的变化过程是,"曾经植根于乡村社区、城镇和同业公会成员身份的社会权利逐渐受到经济变迁的销蚀,直至最后除了《济贫法》之外什么都没有了。"①

按照他的论述,一方面,他表达的是社会权利的变化,最初存在于地方性共同体和功能性社会团体中,后来这些团体被销蚀了,《济贫法》的实施标志着社会权利已经开始在国家范围内孕育,只不过在这一时期,社会权利与

---

① T. H. Marshall, "Citizenship and Social Class", in *Class, Citizenship and Social Development: Essays by T. H. Marshall*, pp. 73, 79.

公民身份还是相分离的。另一方面,当他说"社会权利的最初来源是地方性共同体和功能性社会团体的成员资格"时,已经表明了社会权利是以人的社会关联性为根据的。但是,他没有注意到地方性共同体和功能性社会团体之间的区别。当然,他更没有意识到在福利提供方面地方性共同体和功能性社会团体与国家之间的根本区别。他只是认为二者之间是此消彼长的关系。

仅就地方性共同体与功能性社会团体之间的区别而言,就如我们在第二节已经提及的,功能性团体通常是以具体的规则对成员的权利和义务都予以明确规定的,因此,权利通常也会与义务有比较直接的联系;而地方性共同体中的福利权利与义务之间的关系往往是原则性的,而且主要是通过倡导个人承担助人义务使一些陷入困境的个人的福利有所改善的。

地方性共同体之所以更注重助人义务,是因为在传统社会,人们基本上世代生活在一个地方性共同体之中,不仅相互关联,而且彼此之间往往还具有或近或远的血缘关系,会形成深厚的情感。同时,一个规模相对小的地方性共同体,无论是面对各种自然灾害还是面对其他共同体的威胁,全体成员的同心协力都是必要的。因此,地方性共同体的成员在实际生活中对于个人利益与整个共同体利益的一致性能够形成切实的感受。这些因素综合作用的结果,既在实际生活中培养、激发了源自人的社会性的善性,也能够使人形成自身利益与整个共同体的利益具有一致性的原则认识。结果,即使在同时具有严重的压迫、剥削的地方性共同体中,当某些成员的生存需要不能得到起码的满足时,也有可能从共同体或其他成员那里得到帮助。

但是,在地方性共同体之中,规范人与人之间、个人与共同体之间的权利、义务关系的习俗、惯例并不能在个人的权利与义务之间建立起清晰、明确的对等关系。而且,在地方性共同体中,在一定的时间段内,同时代人的相互依赖不是完全对等的,同时代的人有些可能一直是助人义务的承担者,有些可能一直是他人帮助的接受者。所以,在地方性共同体中形成的主导倾向并不是肯定接受帮助者的权利,而是倡导提供帮助的义务。亦即,在地方性共同体中,社会福利的基础虽然是人与人、个人与共同体的相互依赖性,但是,在人们的思想观念中,通常是归结为人的道德意识、美德、义务。这也是马歇尔以及当今很多社会福利、社会政策研究者仍然将公民福利权利的基础归结为观念、信念的重要原因。

在传统的地方性共同体中,普遍是将承担义务视为一种美德。宗教观念和世俗社会的伦理道德都会包含倡导和推动个人为共同体承担某些义务,同时也承担某些帮助共同体成员义务的观念。如果一个地方性共同体相关的习俗、惯例、道德观念强烈推动和倡导向共同体成员提供帮助的义务,那些有能力的成员也确实对有需要的个人提供必要的帮助,在共同体中也会形成有利于人的社会性、善性发展的环境。

在"城镇和同业公会"等功能性社会团体中,曾经植根于其成员身份的"社会权利",不同于地方性共同体中的"社会权利"。成员的权利往往是以确定的义务为前提条件的。这样的"社会权利"是随着劳动分工的发展逐渐形成的。如果在一个地方某种工商业活动相对而言达到了一定规模,其从业者就可能组织起来,形成功能性社会团体。在其中,成员从团体获得某些必要的帮助,往往用团体规则明确地界定为权利,与此同时,个人对团体的义务也会被明确地规定。结果,成员的权利往往是与其承担的义务相联系的。这也是在当今的社会福利、社会政策领域中有人更加强调权利和义务对等的一个原因。马歇尔在后来的有关论述中,也更加注重根据权利与义务的对等程度分析公民的福利权利是否可以成为法律权利。

这就是说,在人类社会的历史发展过程中,对于社会福利已经形成了两种观念,其一是以福利提供者自愿承担义务的美德为根据,其二是以福利接受者承担的义务为根据。虽然这两种观念得以形成从根本上说还是因为人的社会性,人与人、个人与社会相互依赖的客观事实,但是这两种观念并不是直接以这样的客观事实为根据的,而是以更直接的道德意识、可见的义务为基础的。可见的、由具体规则明确界定的义务能够成为相关权利的根据,但是,道德意识、义务观念、美德却只能构成社会福利给予的基础,而不能成为获得的权利之根据。

在马歇尔的论述中,真正能够作为公民福利权利基础的是他所说的,作为一个社会的成员所拥有的分享社会遗产的权利。这种权利来源于当代人对前人的纵向的依赖关系。

二、马歇尔提及的个人分享社会遗产的权利

真正能够成为公民福利权利基础的是马歇尔所说的,个人作为一个社会的成员所拥有的分享社会遗产的权利,即当代人对前人的纵向依赖。这样的客观事实才是公民福利权利的基础。当马歇尔将社会权利归结为分享社会遗产的权利时,实际上是将社会权利置于客观事实的基础之上了。只是他自己并没有对社会权利的这个客观事实基础进行必要的挖掘。所以,他在阐述公民身份的形成和发展以及社会权利的重建时,只是笼统地说,"日益成长的民族意识、觉醒中的公共舆论以及一种拥有共同体成员身份和

共同遗产的感觉第一次被搅动"。①

马歇尔首次提出公民具有分享社会遗产的权利,是在他挖掘经济学家马歇尔的论述中隐含的社会学假设时。他认为经济学家马歇尔先是从定量分析的角度,"通过展示世界资源和生产能力证明,人类社会有充分的能力为每个人都成为绅士提供必要的物质基础"。在肯定人们之间在经济上的不平等是正当的和可以接受的以后,这位经济学家"谴责了绅士与非绅士之间性质上的不平等或差别"。所以,社会学家马歇尔认为,在不违背作者原意的前提下,如果用"civilized"这个术语代替"gentleman",就可以将经济学家马歇尔所说的工人阶级也可以像一个"绅士"那样生活,改为工人阶级也能够过上文明的生活。接着他自己则提出,"进而言之,即可以说所有的人都有享受文明生活的权利,实际上就是分享社会遗产的权利。反过来,分享社会遗产的权利就意味着对个人作为完全的社会成员的权利的承认。"这就是在经济学家马歇尔的论文中隐含的社会学假设,即"与一个共同体的充分的成员身份相联系的基本的人类平等同社会中依照经济水平区分出来的不平等之间不是不相容"。②

依照社会学家马歇尔的这些论述,"享受文明生活的权利"、社会权利、"分享社会遗产的权利"三者是等同的。实际上,如果马歇尔的社会权利即公民的福利权利的话,那么,三者之间的关系应该是:在工业化社会中"享受文明生活"是社会权利的实现或体现;"分享社会遗产的权利"则是公民之所以拥有社会权利的根据。而一个人作为共同体的成员拥有平等"分享社会遗产的权利",是不可否认的客观事实。因为一个社会当下拥有的精神财富、物质财富,都既是当代人的劳动创造,又离不开前人已经积累的文化、文明。将"分享社会遗产的权利"作为公民社会权利的根据,就是将公民的社会权利置于客观事实的基础上。

当下任何一个人的劳动成果、发明创造,都必然需要利用某些前人创造的文化遗产。今天一个人种植农作物使用的工具、耕作的方法,无论如何先进,其中总会包含几千年前人类已经获得的知识、经验;今天一个企业生产钢铁的设备、方法,无论质量、效率达到了什么高度,不可能与石器、青铜器、铁器时代人类已经积累的知识、技术毫无关系;今天一个国家制造军舰、航母的能力,必定以当初人类制造竹筏、木船的知识、技术为基础;今天任何人

---

① T. H. Marshall, "Citizenship and Social Class", in *Class, Citizenship and Social Development: Essays by T. H. Marshall*, p. 93.

② Ibid., pp. 69, 70.

的科学发现、理论创新、技术发明,其中都既包含他们自己的劳动创造,也包含前人以及同时代人的创造和贡献。至少,他们使用的文字、数字不是也不可能是自己创造的。因此,每个人的劳动成果都或多或少包含了社会文化遗产转化而成的部分,这是任何具有正常的认识和思维能力的人不能否定的客观事实。既然这是不可否定的客观事实,在每个人都有权利享受自己的劳动成果的同时,其创造物或生产物中包含的社会遗产部分则应该由全体社会成员共同分享。这是每个人都平等拥有的权利。

个人对社会遗产的权利,不同于同时代人的相互依赖。因为如前所述,同时代人之间的相互依赖,付出与获得之间不一定是对等的。因此,一些能力强、机遇好的人可能认为自己不需要他人的帮助,也不愿意承担帮助他人的义务。结果,个人是否有权利从共同体(国家)获得帮助是难以确定的。有关机构和承认人与人之间是相互依赖的社会成员能够做的,主要是倡导有能力、有条件的人发扬美德、承担义务。而当下活着的人对前人留下的社会文化遗产,则是每个人都有权利平等分享的。

三、马歇尔对分享社会遗产权利的价值的忽视

马歇尔虽然提及了所有的人都有分享社会遗产的权利,但是对这个非常有价值的观点他并没有进行深入的追究。他既没有对何谓"分享社会遗产的权利"给出进一步的解释,更没有将这种权利视为公民社会权利的事实基础。因为他在论述公民的教育和健康权利时,实际上又将社会权利的根据转变成了个人与社会之间的相互需要。① 而且,后来在《福利的权利及再思考》中,他还开始强调享受权利必须履行某些义务。这样的论证方式与肯定每个人都有分享社会遗产的权利是不同的。②

另外,在《福利的权利及再思考》中,由于马歇尔在很大程度上将"个人与社会彼此交融"归结为个人与社会之间的彼此需要,这样就很难证明那些不能够或不再能够为社会做出贡献的人仍然具有社会权利。在《福利的权利及再思考》中,他实际上否认了那些不能够或不再能够对社会给以回报的人的社会权利。他说,"社会需要健康的、受过教育的人口,但我们不能以同样的方式说,社会需要幸福的老人。对于那些有智力障碍的人,即使没有进行援助,以便使他们有限的能力得到最大限度的发挥,社会也不会因此而蒙

---

① T. H. Marshall, "Citizenship and Social Class", in *Class, Citizenship and Social Development: Essays by T. H. Marshall*, p. 82.
② 〔英〕T. H. 马歇尔:《福利的权利及再思考》,载于郭忠华、刘训练编:《公民身份与社会阶级》,第50、51页。

受严重的损失。给这些人提供服务的动机更多是出于同情,而不是出于利益。"这是靠"同情"及"普遍人性化的动力"创造的"某种权利"。"这种特别的福利权利是一种道德权利。"提供这种福利"通常被看做一种地方性的或邻里间的责任"。① 显然,马歇尔在这里纯粹是为了将所有的社会福利获取都归结为权利而杜撰了"道德权利"这一概念。

马歇尔在提出以上这些建议时已经完全忘记了他曾经提出个人作为社会成员拥有的分享社会遗产的权利。且别说老年人很可能曾经为社会遗产的增加做出了贡献,即使是没有为社会做出任何贡献的智障者或其他残疾人,他们作为人同样拥有分享社会遗产的权利。这些权利并非是由于任何人的仁慈、同情、人性创建出来的道德权利。由此,可以清楚地看出马歇尔并没有意识到自己提出的社会权利的事实根据,以至于这样一位积极推进社会福利、国家福利的学者实际上否定了老年人、残疾人等的福利权利。

对于人作为社会成员平等拥有分享社会遗产的权利这个非常有价值的观点,不仅马歇尔本人没有进行深入的追究,其他人也没有给予必要的关注。例如,A. 艾德、C. 克罗斯和 A. 罗萨斯在论述经济、社会、文化权利与公民权利、政治权利的异同时说,诚然,前一类权利更关涉目标、政策和纲领,但还是认为"基本需要不应受变化中的政府政策和纲领的支配,而应将其界定为权利"。② 显然,在他们看来,人的基本需要之满足是否是权利,取决于有关个人认定的应然,而非人们能够认识到的实然。他们的下述说法更清楚地表明了这一点,"关键问题是,作为人类,我们是否愿意拥护普遍法制的远见,它包容了人类存在的公民、政治、经济、社会和文化的方方面面,并且愿意促进对休戚相关团结一致的关注,它对于国家和国际层面的一体化都至关重要。"③

由于没有追究社会权利的客观事实基础,将社会权利的根据归结为人的主观意愿,归结为思想认识、道德观念,那么当愿意的人占据优势时,国家提供的福利就会增加,当不愿意的人占据优势时,国家福利就会削减。这也正是 20 世纪 80 年代以来,很多国家在社会福利政策领域左右摇摆、宽严不定的重要原因。

---

① 〔英〕T. H. 马歇尔:《福利的权利及再思考》,载于郭忠华、刘训练编:《公民身份与社会阶级》,第 51 页。
② 〔挪〕A. 艾德、〔芬〕C. 克罗斯、〔比〕A. 罗萨斯:《经济、社会和文化权利:世界性的挑战》,载于〔挪〕A. 艾德、〔芬〕C. 克罗斯、〔比〕A. 罗萨斯编:《经济、社会和文化的权利》,黄列译,北京:中国社会科学出版社 2003 年版,第 5 页。
③ 同上书,第 6 页。

不可否认,社会成员的普遍承认是社会权利能够被写入宪法、通过具体政策得到落实的一个必要条件。但社会成员的承认,如果没有与客观事实相联系,而主要与集体主义、社会主义、二战时期形成的"敦刻尔克精神"相联系,就很难具有确定性、稳定性。正如马歇尔自己认识到的那样,"敦刻尔克精神不可能是任何文明的持续特征"。① 事实就是,随着时间的推移,越来越多的人认为自己无端地承担了养活他人的责任,是接受"福利"的人侵犯了自己的利益。即使愿意继续承担这种责任的人也认为自己是在奉献,不认为这是把本来不属于自己的东西交出去。

第四节 公民的福利权利的更为坚实的客观基础

这里所说的公民的福利权利的更为坚实的客观基础,即每个人对自然资源的平等权利。因为经过以上分析,即使说马歇尔的社会权利是以人与人之间的相互依赖关系,包括后人对前人的依赖关系为基础的,即使人与人之间的相互依赖关系是客观存在的,以这样的客观事实为基础,公民能够从国家得到的福利给付还是不确定和不充分的。

一、公民福利权利的两类根据各自的特点

以同时代人的相互依赖为根据,每个人都既有权利,也有义务。如果以义务为确定权利的根据,一是只能局限在权利和义务可以比较清楚界定的事项上;二是有些人可能终生也没有机会形成自己的权利基础;三是对于不能清楚界定权利与义务的事项,根据已经形成的传统,人们更多是从提供者的义务方面来认识的,甚至是将这种义务置于道德意识的基础之上。此时,个人能够从国家得到的福利给付的数量多少、及时与否等,都主要取决于提供者的意愿和能力。接受者或者需要者既没有要求权,更没有决定权。

以后代人对先前各代人之文化遗产的依赖性为根据,尽管这样的客观事实能够证明个人作为共同体的成员,平等拥有分享社会遗产的权利,但是,每一个人从其他人的劳动创造物中能够分享多少,在数量上也是难以计算的。马歇尔所谓的"通行的社会标准",既与社会经济发展水平有关,也离不开社会成员的共识。因此,公民能够从国家获得怎样的福利给付仍然是不确定的。

---

① T. H. Marshall, "Citizenship and Social Class", in *Class, Citizenship and Social Development: Essays by T. H. Marshall*, p. 119.

更重要的是,仅仅以对社会遗产的权利作为个人从国家获得福利的根据是不充分的。因为在一个社会当下的物质财富中,除了人的劳动创造的价值、由社会文化遗产转化的价值,还包括在人类之前早就存在的,不是任何人的劳动创造的自然资源。每个人对自然资源同样拥有平等分享的权利。每个人对自然资源的平等权利与分享社会遗产的平等权利是同样不可否认的。

而且,社会成员分享自然资源的权利不同于分享社会遗产的权利,一个国家对其拥有的自然资源的利用水平与其科学技术发展水平、经济发展水平是直接相关的。一个社会的文明水平越高,其对自然资源开发利用的能力就越强,对自然资源的利用就越广泛、深入,经济发展水平也就越高。同时,在一单位的劳动产物之中包含多少自然资源,是可以利用自然科学知识和经济学知识进行计算的。例如,原油的开采成本、各种矿石的开采成本、以某种方式利用风能和太阳能的成本等,都是可以计算出来的。以市场价格扣除这些成本和社会平均利润,剩下的就是每个公民都有权利分享的部分。尽管有些自然资源在劳动产物中所占比例、数量的计算可能困难一些,但总比社会遗产的计算具有更大的确定性。根据一个国家对自然资源的利用状况,总能够大体计算出其拥有的物质财富中包含了多少自然资源,在当时的情况下价值几何,人均可以得到多少。

因此,对社会遗产和自然资源的权利共同构成了每个公民的不可否认的平等权利。这两项权利是公民从国家获得必要的福利给付的权利的客观事实基础。由于利用前人积累的文化遗产和自然资源形成的物质财富,分散在每个人利用自己的劳动创造的物质财富之中,每个人平等拥有的对社会遗产和自然资源的权利的实现,就需要公共权力加以协调。在当今的世界,主要就是在国家的范围内通过法律来保障,由政府来协调。同时,文化遗产通常也是更多地属于有着共同文化的单个或多个民族形成的共同体——主权国家的。因此,每个人都拥有的平等分享社会遗产和自然资源的权利也就转化为公民的福利权利。而国家的福利政策主要就是对 GDP 中包含了多少应该平等地分给每个人的部分进行计算和估量,并平均分配给每个公民。

有人可能会觉得这样从很多人那里将其物质财富中包含的社会遗产和自然资源部分征收上来,再平均发放下去,是没必要的折腾。这样的想法是没有任何道理的。首先,每个人的平等权利的实现需要这样的过程;其次,这与目前许多国家实行的包含了多种项目的社会福利政策相比,既简单又公平。老年人、失业者、残疾人等的生活都能够按照通行的标准得到保障。

二、确认公民福利权利的客观事实基础的意义

确立了公民福利权利的客观事实基础,就可以更有力地批驳否认公民福利权利的主张。不承认公民拥有社会权利的人,给出的一个主要理由就是承认公民福利权利,国家就要承担责任。国家承担向个人提供福利的责任,就需要有关的公民分担责任,即向国家交钱。1948 年联合国通过《世界人权宣言》以后,之所以将有关的权利分成两组,而且《经济、社会和文化权利国际公约》直至 1966 年才通过,原因之一就是有人认为"公民和政治权利是'免费的',它们不需要太多成本",而"经济、社会和文化权利的实施则需要付出成本,因这些权利要求国家承担向个人提供福利的责任"。① 对此有些人是不愿意的。如果以公民对社会遗产和自然资源的平等权利为根据,国家承担公民福利责任需要付出的成本,就分成了两个类别:一是由社会遗产和自然资源转化而成的物质财富,这本来就属于每个公民。占有物质财富越多的人,占有属于每个公民的份额也越多。任何人不愿意从自己的物质财富中将这个部分拿出来,都是对其他人的经济利益的侵犯,是将他人的财产贪为己有。另一个是国家为了收集分散在每个人手里的这个部分,为了平等地分配给每个公民,需要支付的成本。这同国家处理其他公共事务需要付出一定的成本一样。

既然对自然资源的权利是每个人都平等拥有的权利,可能有人会问:为什么在传统社会没有形成社会权利?为什么那些社会有的只是"慈善事业"而不是社会权利?

这类问题的答案,主要就是我们在前两章已经提到的基本事实。即所谓传统社会,通常主要指人类进入工业化之前的农业社会。在农业社会里,人类认识到其价值且有能力加以利用的自然资源主要是土地及地表的动植物。虽然在有些地方,人们也会对矿物资源进行开采和加工。但是,对于大多数人来说,与他们的生活需要直接相关的自然资源主要是土地。在对自然资源的占有存在着极大的不平等的前提下,大多数人也保有对当时最重要的自然资源的起码的一份权利。

正是因为在传统社会,对已经认识到其价值并有能力加以利用的自然资源,无论在西方的封建制度之下还是在中国的土地私有制度之下,都存在着占有权、使用权的极大不平等,所以那样的制度被认为是不合理的、不公

---

① 〔挪〕A. 艾德:《作为人权的经济、社会和文化权利》,载于〔挪〕A. 艾德、〔芬〕C. 克罗斯、〔比〕A. 罗萨斯编:《经济、社会和文化的权利》,第 10 页。

正的,在实践中不断受到反抗,在理论上也不断有人进行批判。但无论是西方的封建制还是中国的土地私有制,与劳动者完全失去对自然资源的任何权利,被置于会说话的工具地位的奴隶制度相比,又是先进一些、合理一些的制度,所以,将大量劳动者置于奴隶地位的社会能够持续的时间比封建制度和小农土地私有制要短得多。由于在封建制度和小农土地私有制度下,大多数人保有了对自然资源的起码权利,并以此维持了基本生存,所以,在传统农业社会不可能再有什么人要求社会权利。在传统的农业社会人们要求的主要是"平均地权",以及在发生严重的自然灾害时,要求统治者、富人能够提供必要的救济。同时,由于农业社会人们几乎不流动,世代生活在一个地方的人之间的关联性和自然形成的情感,或多或少推动了共同体内部慈善活动的形成。

在英国,最初来源于地方性共同体和功能性社会团体的成员资格的社会权利之所以在后来"又得到了由国家设计但由地方管理的《济贫法》和工资管制体系的补充",最根本的原因就是圈地运动导致越来越多的农民失去了对土地的使用权。当大量的人对自然资源的起码权利被剥夺以后,统治者和有产者为了自身的安全,也不得不对完全失去自然资源权利的人给予必要的补偿。当然,在实行《济贫法》的时候,既不会有人把济贫与人对自然资源的权利相联系,也没有人认为那是公民的社会权利。

马歇尔在评论英国的《济贫法》与社会权利的关系时,之所以说其"地位和作用多少有些模糊",是因为在他看来,一方面,"它所提供的东西使人想到一种更原始但也更真实的社会权利";另一方面,"原先存在的社会权利实际在很大程度上是被取代了"。而且,"到了18世纪末,在旧的计划或模式化社会(planed or patterned society)同新的竞争性经济展开的最后一次较量中,与公民身份相联系的权利分成了相互对立的两个部分。社会权利站在了旧势力一边,与个人自由相联系的权利站在了新势力一边。"[1]实际上,这完全是由于自近代发展起来的权利理论只肯定了个人的各种自由权,同时肯定了已经占有了财产的人的财产权,并没有认识和承认个人对自然资源的权利。所以,为了维护社会秩序,国家采取了剥夺个人自由的济贫方式,导致了公民从国家获得福利的权利与其他个人权利相对立。

后来,无论是由于怎样的具体过程,人类进入资本主义工业社会以后,一方面人类能够认识和利用的自然资源的数量、种类以及它们给人类带来

---

[1] T. H. Marshall, "Citizenship and Social Class", in *Class, Citizenship and Social Development: Essays by T. H. Marshall*, p. 79.

的利益都极大增加,另一方面很多自然资源的利用方式又使得它们不能像土地那样分给每个家庭、每个人,再加上一些哲学家和经济学家对私有财产权的论证,掌握较多财产的人通过政治权力和暴力手段对自己利益的维护等因素的作用,结果就是:劳动者通过利用和消耗自然资源所创造的财富的大部分,被少数人占有;大多数人完全失去了对自然资源的权利,成了只能靠自己的劳动能力换取物质资料生活的人。如果说普通劳动者还对自然资源拥有什么权利的话,就是在自己以劳动能够换取的物质资料中多少包含的自然资源。对社会遗产的权利也是如此。在这样的情况下,劳动者一旦失去了劳动的机会,也就同时彻底失去了对自然资源的权利,失业、年老、生病都会陷入生存难以为继的境况。

由于大多数人失去了对自然资源的权利,在面对工业社会的各种风险时,很多人都变得十分脆弱。20世纪以来,越来越多的国家在法律上对公民社会权利的肯定,实际上就是对人们失去的拥有、利用自然资源的起码权利的补偿。只不过至今还没有在理论上将这二者联系起来。并因此导致了公民从国家获得福利的不确定性。

以上分析证明,每个人对自然资源的权利在人类社会的任何发展阶段都是必要的,差别只是在不同的生产劳动方式之下,该权利实现的方式不同。另外,在人的平等权利没有得到相对普遍承认的历史阶段,人对自然资源的平等权利更是不可能得到相对普遍的承认。在今天,在人人平等的观念已经成为普世价值的条件下,承认和确认人对自然资源的平等权利这样简单和基本的客观事实,应该比传统社会容易一些。但是,涉及物质利益在人们之间重新分配的客观事实能否得到普遍承认和确认,就不仅是人的认识能力问题了,相关的一些社会、政治条件也是必要的。不过,我们也不能以此否定认识到有关的客观事实的价值和意义。

如果一个社会的成员能够承认每个人对自然资源和社会遗产的平等权利,公民的福利权利就被置于不以人的意志为转移的客观事实的基础上。那么,一方面,社会制度不能否定个人有权利拥有自己的劳动创造的财富;另一方面,以当代人对前人的依赖、人对自然资源的依赖的客观事实为根据,分享所有社会成员的劳动创造物中包含的自然资源和社会遗产,同样也是每个人不可剥夺的权利。即使终生失去劳动能力的人,或者因为其他原因没有参加劳动的人,其分享由自然资源和社会遗产转化而成的物质财富的权利也是不可否定的。

在每个人享受自己劳动成果的权利得到法律保障的同时,如果能够在国家(或其他得到公认的共同体)的范围内,以每个人对自然资源和社会遗产的权利为根据,向公民提供一定的经济资源和服务,就既可以使所有的公民根据通行的社会标准享受文明生活,又能够使工业革命以来实行至今的国家福利政策变得更加科学、合理、简便、易行。

当然,国家的福利政策也不仅仅是计量和分配一个社会的成员新创造的物质财富中包含的社会遗产、自然资源的价值。由于人与人、个人与社会的现实关联性,国家也需要承担自然灾害救助、特殊困难救助,以及协调和规范非政府组织的慈善活动等职责。

第三章　难以成为正义之基础的自然才能分享

自然才能分享是罗尔斯提出的两个正义原则中的差别原则的哲学基础。罗尔斯在论证他提出的两个正义原则时,一方面,通过假设的"原初状态"展示了他进行论证时需要设置的一些限定条件,并认为在这些假设的条件下,原初状态中的有关各方将一致同意他提出的两个正义原则;另一方面,他也简单地阐述了自己提出的正义观和正义原则的哲学基础。

从根本上说,罗尔斯的正义理论既是从新的角度、以新的方法对现代社会的自由民主制度进行论证的理论,也是试图以新的方法和观念对国家的福利政策进行论证的理论。在保证每个人平等且彼此相容的最大自由,以及并非纯形式的机会公平平等的前提下,罗尔斯主要以其正义原则中的差别原则及其相关理论为根据,论证国家通过福利政策确保在竞争性市场中的最低受惠者一定的福利水平的必要性、合理性。以致桑德尔称罗尔斯的自由主义为"福利国家自由主义"。① 然而,罗尔斯的差别原则并没有为现代国家实行的福利政策提供坚实的基础,更没有指出必要的改革方向。因为他将个人的自然天资视为共同财产,并以分享个人的自然天资证明差别原则的正义性,但是差别原则的这个哲学基础,无论是在原初状态下还是在现实生活中,都很难得到人们的一致同意。

《正义论》发表以后曾引起广泛的、持久的争论,既受到了高度的赞扬和肯定,也遭到了很多批评和质疑。对《正义论》的批评和质疑,其中有些是由于对罗尔斯有关论点的误解,但也有些是有道理的、深刻的。本章主要结合诺齐克、桑德尔对罗尔斯的正义原则依据的社会理论和个人理论的分析和批判,集中讨论其差别原则及其依据的哲学理论存在的问题,并提出可以解决其问题的方向。实际上,根据罗尔斯构想的"原初状态"、论证方法,完全可以用每个人对自然资源的平等权利原则替代他的"差别原则"。以每个人

---

① 〔美〕迈克尔·J. 桑德尔:《自由主义与正义的局限》,万俊人等译,南京:译林出版社2001年版,第81页。

对自然资源的平等权利作为国家福利政策的根据,不仅使国家的福利政策有了坚实的基础,而且还能够避免罗尔斯对社会和个人的有关论述中存在的严重缺陷,因而使得在"原初状态"下形成的正义原则更加合理。

为了借用罗尔斯所构想的"原初状态"和论证方法,本章首先对罗尔斯推论其正义原则的基本前提、论证方法进行梳理和概括;接下来通过分析诺齐克和桑德尔对罗尔斯提出的一些基本判断、推论正义原则的方法的评论,澄清其中存在的问题、具有的价值和合理性;然后,概括和分析罗尔斯利用其论证方法推论出的正义原则的基本含义;之后,对罗尔斯的差别原则和该原则依据的哲学理论存在的主要问题展开分析;最后,借助罗尔斯的论证方式,证明确认每个人对自然资源的平等权利是比差别原则更为合理的正义原则。

第一节 罗尔斯对正义原则的论证方法

根据罗尔斯自己的说法,他的《正义论》"是要提供一种比人们所熟悉的主导性传统观念更令人满意的有关政治正义和社会正义的解释"。但是,其在《正义论》中将契约论方法和形成的正义理论,"看作是道德哲学的一部分,没有区分道德哲学与政治哲学。在《正义论》中,一种普遍范围的道德正义学说没有与一种严格的政治正义观念区别开来。"而由20世纪80年代以后发表的论文汇集而成的《政治自由主义》,则消除了"《正义论》中的模糊性"。《政治自由主义》从诸多方面对一种普遍范围的道德正义学说与政治正义观念进行了区分;阐述了一种政治的正义观念;探讨了"一个因各种尽管互不相容但却合乎理性的宗教学说、哲学学说和道德学说而产生深刻分化的自由平等公民之稳定而公正的社会如何可能长期存在"的问题。①因此,在《政治自由主义》中将《正义论》的"公平正义转换为一种政治的正义观念","作为拥有道德人格及其充分的道德行为主体之能力的个人理念则被转换为公民的理念"。同时,以"合乎理性的重叠共识"和"公共理性"来表达作为关心政治公平正义的行为主体——公民的理性能力和道德能力。②

尽管《政治自由主义》在目的和内容方面"似乎与《正义论》有着一种主

---

① 〔美〕约翰·罗尔斯:《政治自由主义》,万俊人译,南京:译林出版社2000年版,导论,第3、5、16页。
② 同上书,导论,第29、31页。

旨的改变"①,但"这并不需要改变公平正义学说的许多内容","除了其所属的框架之外,正义两原则和基本结构的意义与内容都是一样的"。② 因此,一方面,罗尔斯的改变并没有解决其差别原则及其依据的哲学理论存在的严重缺陷;另一方面,他的论证方法也没有发生显著变化。就罗尔斯论证其正义原则的基本方法而言,其论证既包括了对社会和个人基本特征的一些判断,也包括一些作为推论其正义原则的限定性条件的基本假设。罗尔斯将其作为限定性条件的有关假设综合为一种"原初状态"。

一、罗尔斯对社会和个人基本特征的判断

首先,罗尔斯把社会视为一个能够推进所有参加者的利益的合作体系。合作可以增进所有的参加者的利益,可以"使所有人有可能过一种比他们仅靠自己的能力独自生存所过的更好的生活"。因此,在社会成员之间存在着一种利益的一致;但与此同时,合作者对他们协力产生的较大利益怎样分配并不是无动于衷的,每个人为了自己的目的"都更喜欢较大的份额而非较小的份额",彼此之间也会产生利益冲突。所以,在这个合作体系中"不仅具有一种利益一致的典型特征,而且也具有一种利益冲突的典型特征"。③ 因此,社会就需要能够规范基本结构、主要制度的正义原则。与之相关联,罗尔斯还明确提出了另一个基本判断,即"正义是社会制度的首要价值"。④ 除了对社会和社会制度基本特征的这两个判断,为了推论正义原则,罗尔斯还将社会合作体系假定为"同其他社会隔绝的封闭社会"。⑤

同时,罗尔斯将构成社会合作体系的个人界定为有正义感和有理性的人。即每个人都有对正义的普遍"欲望",每个人也能够通过反省决定"他追求什么样的目标体系才是合理的",能够"采取最有效地达到既定目标的手段"。⑥ 在《政治自由主义》中,罗尔斯更加清楚地阐述了他对个人的基本假定:个人具有两种道德能力和理性能力。两种道德能力指正义感和形成善观念的能力。正义感表达的是"在与他人的关系中按照他人也能公开认可的项目来行动的意愿","善观念的能力乃是形成、修正和合理追求一种人

---

① 〔美〕约翰·罗尔斯:《政治自由主义》,导论,第3页。
② 同上书,导论,第30页注释⑧。
③ 〔美〕约翰·罗尔斯:《正义论》,何怀宏、何包钢、廖申白译,北京:中国社会科学出版社1988年版(2005年第7次印刷),第4页。
④ 同上书,第3页。
⑤ 同上书,第8页。
⑥ 同上书,第5、11、14页。

的合理利益或善观念的能力"。理性能力包括"与别人在所有能够接受的项目上进行合作"的能力,也包括确定目标和利益、确定目标和利益的优先性、选择适当地实现目标和利益的手段的能力。① 对理性能力的前一个方面罗尔斯称为理性的(reasonable),而将后一种能力称为合理的(rational)。

实际上,除了以上特点之外,罗尔斯也将个人界定为平等自由的。这也是他在后来需要将"公平正义转换为一种政治的正义观念"的主要原因。他在《政治自由主义》中明确地承认,"我们是从民主思想的传统内部着手的,所以,我们也把公民当作自由而平等的个人来思考"。②

既然社会是一个合作体系,社会成员之间既有一致的利益,也有利益冲突,参与合作的个人就需要一些能够指导对各种不同的利益和负担进行分配的正义原则,以及符合这样的原则的社会安排。但是,由于个人既有正义感也重视个人的利益,具有不同利益、处于不同地位的人对何谓正义的原则会有不同的判断。加之,实际社会生活中的个人还会受到已经存在的各种习俗、观念的影响,受到个人的认识能力、获得信息的能力的制约,这些问题同样会影响个人对何谓正义的判断。同时,由于个人之间是平等的,就不应该以某个人或某些人的判断为准。因此,罗尔斯设想的是,"那些参加社会合作的人们通过一个共同的行为,一起选择那些将安排基本的权利义务和决定社会利益划分的原则。人们要预先决定调节他们那些相互对立的要求的方式,决定他们社会的基本蓝图。"亦即,指导着社会基本结构的正义原则是一种"协议或契约的结果"。而且,这个群体"必须一次性地决定在他们中间什么是正义的,什么是不正义的"。③

罗尔斯是将契约论的方法作为研究伦理学理论和构建正义原则的方法。这种方法将适用于社会基本结构的正义原则作为契约的目标。契约的方法表达的是"可以把正义原则作为将被有理性的人们选择的原则来理解",这样就将正义论作为合理选择理论的一部分。契约一词暗示着"必须按照所有各方都能接受的原则来划分利益才算恰当"。契约的用语"也表现了正义原则的公开性"。④

另外,罗尔斯之所以采用契约论的方法,既是因为他以每个人都是自由平等的为前提,也是因为在他看来,"无论如何,仅仅在逻辑的真理和定义上建立一种实质性的正义论显然是不可能的。对道德概念的分析和演绎是一

---

① 〔美〕约翰·罗尔斯《政治自由主义》,导论,第 19、20、52 页。
② 同上书,导论,第 19 页。
③ 〔美〕约翰·罗尔斯:《正义论》,第 11—12 页。
④ 同上书,第 16 页。

个太薄弱的基础,必须允许道德哲学如其所愿地应用可能的假定和普遍的事实"。"这是至少可以追溯到西季维克的经典作家们对此学科的看法。"而允许道德哲学应用可能的假定和普遍事实,就是要允许道德哲学"十分广泛和清楚地叙述理性的那些主要直觉,并通过科学地应用这些直觉,使人类的共同道德思想能迅速地总结起来和加以改正"。① 但是,"一个直觉主义的正义观只是半个正义观"。因为,依靠直觉往往会形成一批相互矛盾的最初原则,而且对相互冲突的正义原则的衡量,直觉主义不可能给出任何建设性的解答。所以,罗尔斯认为,对于直觉到的正义原则,需要由有关各方进行选择,并且要使选择"是一种确定的状态的结果"。同时,"把原则放入一种词典式的序列中去","通过提出更为限定的问题和用明智代替道德判断"来减少对直觉的依赖。②

二、罗尔斯构想的"原初状态"

为了既在某种程度上依赖直觉,又能够对被选择的正义原则给出最可取的哲学解释,罗尔斯构想了一种包含了相关限定条件的"原初状态"。无论在《政治自由主义》还是在《正义论》中,罗尔斯都是通过"被制定出来"的、带有"'无知之幕'特点的原初状态"③来推论或者说建构他的正义观念和正义原则的。这是一种既"进一步概括洛克、卢梭和康德所代表的传统的社会契约论",又"使之上升到一种更高的抽象水平",④成为对立宪层次的正义原则的选择方法。

罗尔斯将对原初状态的设定和选择出来的正义原则,作为反思的平衡的两端,首先,尽可能使所描述的原初状态"体现那些普遍享有和很少偏颇的条件",然后"看这些条件是否足以强到能产生一些有意义的原则"。如果不能,"就以同样合理的方式寻求进一步的前提"。最后达到一种对原初状态的描述:"它既表达了合理的条件;又适合我们所考虑的并已及时修正和调整了的判断。"这样的过程罗尔斯称之为"反思的平衡"。"它是一种平衡,因为我们的原则和判断最后达到了和谐;它又是反思的,因为我们知道我们的判断符合什么样的原则和是在什么样的前提下符合的。"⑤

罗尔斯对原初状态的定义是:"它是一种其间所达到的任何契约都是公

---

① 〔美〕约翰·罗尔斯:《正义论》,第50、51页及第51页注释①。
② 同上书,第41、42、43页。
③ 〔美〕约翰·罗尔斯:《政治自由主义》,第24、108页。
④ 〔美〕约翰·罗尔斯:《正义论》,序言。
⑤ 同上书,第19、20页。

平的状态,是一种各方在其中都是作为道德人的平等代表、选择的结果不受偶然因素或社会力量的相对平衡所决定的状态。"①将各方设定为平等的,即意味着"所有人在选择原则的过程中都有同等的权利,每个人都能参加提议并说明接受它们的理由等等"。② 同时,由于原初状态的设计将使各方的选择不受各种自然和社会的偶然因素的影响,原初状态的公平也将使在其中达成的契约是公平的。因此,罗尔斯称他的正义论为"公平的正义"。③ 他对表现原初状态特征的条件的描述包括正义的环境、无知之幕、缔约各方的理性等。

"正义的环境"指的是需要正义原则而且也能够选择出一定的正义原则的环境。包括客观环境和作为合作主体的主观方面。从客观方面说,罗尔斯的假定是:"众多的个人同时在一个确定的地理区域内生存,他们的身体和精神能力大致相似,或无论如何,他们的能力是可比的,没有任何一个人能压倒其他所有的人。他们是易受攻击的,每个人的计划都容易受到其他人的合力的阻止。最后,在许多领域都存在着一种中等程度的匮乏。自然的和其他资源并不是非常丰富以致使合作的计划成为多余,同时条件也不是那样艰险,以致有成效的冒险也终将失败。当相互有利的安排是可行的时候,它们产生的利益与人们提出的要求尚有差距。"④

从主观方面说,合作的主体被假定为:"一方面各方都有大致相近的需求和利益,以使相互有利的合作在他们中间成为可能;另一方面他们又都有他们自己的生活计划。这些计划使他们抱有不同的目的和目标,造成利用自然和社会资源方面的冲突要求。"每个人都是追求自我利益的,对别人的利益不感兴趣。而且又由于"人们受知识、思想和判断方面的缺点的影响,他们的知识必然是不完整的,他们的推理、记忆力和注意力总是受到限制,他们的判断被渴望、偏见和私心歪曲。在这些缺点中,有的是来自道德缺陷,来自自私和疏忽,但在很大程度上,它们只是人们的自然状态的一部分。"⑤

对于正义的环境的这两个方面,罗尔斯突出强调的是"客观环境的中等匮乏","主观环境中的相互冷淡或对别人利益的不感兴趣"。⑥

---

① 〔美〕约翰·罗尔斯:《正义论》,第120页。
② 同上书,第18—19页。
③ 同上书,第12页。
④ 同上书,第126—127页。
⑤ 同上书,第127页。
⑥ 同上。

在《正义论》中,罗尔斯还认为由于以上原因,"结果各人不仅有不同的生活计划,而且存在着哲学、宗教信仰、政治和社会理论上的分歧"。在《政治自由主义》中,罗尔斯指出作为公民的个人,要"把他们的人格看作是独立于任何这类带有其终极目的图式的特殊功能",信奉各种合乎理性的完备学说的公民都能够从各自的观点出发达成"重叠共识"。① 但是,这也只是个人之间能够相互合作、达成协议的一个平台,与此同时,个人仍然有着自己的利益、渴望、偏见、私心等。

所以,要使原初状态中的个人能够就正义原则达成一致意见,就要保证参与选择正义原则的人不受各种偶然因素的影响,特别是不受自己的特殊情况的影响。② 这就需要"建立一种公平的程序","排除使人们陷入争论的各种偶然因素的影响",为此,罗尔斯设计的原初状态就包含一道"无知之幕",保证参与正义原则选择的个人"不得不仅仅在一般考虑的基础上对原则进行评价","以使任何被一致同意的原则都将是正义的"。无知之幕的设计,"其目的在于用纯粹程序正义的概念作为理论的一个基础"。③ 无知之幕的设计,就是假定各方不知道某些特殊的事实。"首先,没有人知道他在社会中的地位,他的阶级出身,他也不知道他的天生资质和自然能力的程度,不知道他的理智和力量等情形。其次,也没有人知道他的善的观念,他的合理的生活计划的特殊性,甚至不知道他的心理特征:像冒险、乐观或悲观的气质。再次,我假定各方不知道这一社会的经济或政治状况,或者它能达到的文明和文化水平。处在原初状态的人们也没有任何有关他们属于哪个世代的信息。"④

但是,为了选择出一致同意的正义原则,处于原初状态的人们又必须知道一些东西。各方知道"他们的社会在受着正义环境的制约及其所具有的任何含义"。同时,"他们知道有关人类社会的一般事实,他们理解政治事务和经济理论原则,知道社会组织的基础和人的心理学法则"。⑤ 此外,原初状态中的各方还知道社会的基本结构分配的主要是权利和自由、权力和机会、收入和财富以及自尊的基础等基本社会善。每个人无论其合理的生活计划是什么,基本善一般对他们都是有用的。⑥ 所以,他们"喜欢较多的而

---

① [美]约翰·罗尔斯:《政治自由主义》,第30、141页。
② [美]约翰·罗尔斯:《正义论》,第136页。
③ 同上。
④ 同上。
⑤ 同上书,第137页。
⑥ 同上书,第62页。

非较少的基本社会善"。①

为了防止原初状态中的各方过于短视,罗尔斯还将各方"设想为代表着各种要求的连续线,设想为宛如一种持久的道德动机或制度的代表"。② 因为在原初状态中的代表,"不知道他们属于哪一代",③所以,他们在考虑不同个人之间如何公正对待的问题时,同时也就是在考虑不同代的人应该如何公正对待。

缔约各方的理性,除了"在选择原则时他们每个人都试图尽可能好地推进他的利益","喜欢较多的而非较少的基本社会善",他们也被设想为"对他可选择的对象有一前后一贯的倾向"。"他根据它们如何促进他的目的的情况排列它们,遵循那个将满足他较多的欲望并具有较大成功机会的计划。"同时,"一个理性的人并不受嫉妒之累"。"至少是:只要他同其他人之间的差距不超出某种限度",只要存在的不平等不是基于非正义,"或者是没有任何社会补偿而听凭计划自发形成的结果,他就不会因之而懊恼"。④

另外,由于契约的方法表达的是"可以把正义原则作为将被有理性的人们选择的原则来理解",罗尔斯提供了一个包括一些传统的正义观和他自己设想的可能的正义原则的"简要表格"作为选择对象⑤,同时,对于在原初状态中的可选择对象也提出了一系列限制条件,他称之为"正当观念的形式限制"。"对这些正当观念的限制合在一起就是:它们在形式上是一般性质的;在应用上是普遍适用的;它们要被公开地作为排列道德人的冲突要求之次序的最后结论来接受。"⑥即这其中包含了对正当观念的形式的五个限制条件:一般性、普遍性、公开性、次序性和终极性。

然而,由于无知之幕的设计,导致原初状态中的各方不知道彼此之间的差别,导致"每个人都是同等理智和境况相似的,每个人都是被同样的论证说服的"。所以,在原初状态中选择正义原则的过程,就是"从随意选择的一个人的立场来观察原初状态中的选择"。⑦ 实际上,原初状态的所谓选择,就是在设定的条件下,一个人从不同的境况出发,进行思考和判断的过程。因此,在原初状态中,既不存在"通常意义上讨价还价的基础",也没有相互

---

① 〔美〕约翰·罗尔斯:《正义论》,第 141 页。
② 同上书,第 128 页。
③ 同上书,第 288 页。
④ 同上书,第 141、142 页。
⑤ 同上书,第 122 页。
⑥ 同上书,第 135 页。
⑦ 同上书,第 138 页。

结盟的可能。也正因为如此,无知之幕才"使一种对某一正义观的全体一致的选择成为可能"。①

所以,按照乔德兰·库卡塔斯、菲利普·佩蒂特对契约的作用和性质的分类,罗尔斯理论中的契约的作用是评价性的和启发性的。罗尔斯的契约的性质,首先,"是一种意向性的契约,而不是任何毫无意图的准契约性的安排;其次,它是一种经济性契约,而非政治性契约;第三,它是一种在当事人之间不发生相互作用的契约,而不是在当事人之间发生相互作用的契约"。②

第二节　罗尔斯的有关判断中的错误与研究方法的价值

对上述基本判断和研究方法,学术界的很多人提出了批评和质疑。其中有些是深刻的、合理的,但有些在很大程度上却是由于对罗尔斯有关论述的误解。诺齐克对罗尔斯的社会是一个合作体系,因此需要正义原则的判断提出了质疑和批评,这一批评是合理的。桑德尔对罗尔斯的正当优先于善的观点提出的质疑,对正当"是否能够用一种不以任何特殊善生活观念为前提条件的方式得到确认和证明"的分析,是有明显漏洞的。然而,桑德尔对罗尔斯的分析和批判存在的问题,既与其一定程度上的"共同体主义"立场有关,③也与罗尔斯没有对正义与其他社会美德的关系给予必要的阐述有一定的关联。

对于罗尔斯在"原初状态"下采用的契约方法,布坎南有一个概括性的评论:"针对罗尔斯式的契约论,人们通常提出的反对意见是,在理想的条件下达成某种假定的一致意见这种概念性架构,对于实际的立宪选择几乎没有规范和解释意义。"④桑德尔更是从"原初状态"是否能够帮助罗尔斯超越康德的先验论角度,进行了比较深入细致的分析,并认为罗尔斯的努力没有成功。但是,桑德尔的结论在很大程度上是难以成立的。这既是由于其共同体主义的立场,也是由于对罗尔斯的"原初状态"的一些误解。仔细分析桑德尔的有关评论,可以进一步证实罗尔斯的"原初状态"的价值。即如布

---

①　〔美〕约翰·罗尔斯:《正义论》,第138、139页。

②　〔澳〕乔德兰·库卡塔斯、菲利普·佩蒂特:《罗尔斯》,姚建宗、高申春译,黑龙江:黑龙江人民出版社1999年版,第34、35页。

③　〔美〕迈克尔·J.桑德尔:《自由主义与正义的局限》,第二版前言,第2页。

④　〔美〕詹姆斯·布坎南:《宪法秩序的经济学与伦理学》,朱泱等译,北京:商务印书馆2008年版,第78页。

坎南所说,在探讨"具有潜在相互冲突的立宪利益的个人之间如何能就规则取得一致意见"方面,"约翰·罗尔斯的《正义论》提供了范式"。①

一、社会合作与社会正义之间的关系

正义与社会合作之间并不一定是直接关联的。对社会合作与社会正义之间的关系,诺齐克的有关批评是合理的。诺齐克首先对罗尔斯的《正义论》给出了高度的评价,认为这是"自斯图亚特·密尔的著作以来所仅见的一部有力的、深刻的、巧妙的、广泛的、系统的政治和道德哲学著作"。② 但是,由于诺齐克和罗尔斯属于自由主义中的不同流派,他们的理论框架本身就有着巨大的不同,二人对个人权利、国家职责、社会本质的见解都有着显著的分歧。在此前提下,诺齐克对罗尔斯的批评有些是由于基本立场的不同,有些也是由于误解了罗尔斯的意思,而有些则是合理的、尖锐的。

对罗尔斯提出的社会是一个合作体系,需要正义原则指导对合作的利益和负担的适当分配的观点,诺齐克首先指出,罗尔斯"没有区分对问题的两种不同的阐述",即分配的究竟是社会合作产生的总的利益还是与没有合作相比因合作增加的那部分利益。"但就其著作的内容看,他关心的似乎是第一种,也就是社会合作产生的总的利益。"③诺齐克的批评不仅是准确的,而且启发我们认识到罗尔斯没有关注需要分配的利益的构成。需要分配的利益的构成不仅涉及是否与合作有关,也涉及其中哪些是人的劳动创造的,哪些是自然资源构成的。

诺齐克认为两种情况下的公平是不同的。假如在个人分别靠自己的努力生活的情况下,一定数量的个人创造的总的利益是 S,这些个人通过合作创造的利益是 T,T 大于 S。那么,"对 T—S'看上去是公平的'分配,不能够产生出对 T 的'看上去是公平的'分配"。因为"对 T 看上去是公平的分配,可能使有的人得到的份额比他在 S 中本来能够具有的份额要少"。为了集中考虑对 T 的分配,有人可能提出,由于社会合作创造的利益是巨大的,非合作时能够产生的份额与合作产生的份额相比太小了,以至于可以在确立社会正义问题时忽略不计。但诺齐克认为,"这肯定不是那些进入相互合作中的人们能够同意的分配合作利益的方式"。④ 同样地,是否区分物质财富中由人的劳动创造的部分与自然资源形成的部分,分配原则也是不同的。

---

① 〔美〕詹姆斯·布坎南:《宪法秩序的经济学与伦理学》,第 77 页。
② Robert Nozick, *Anarchy, State and Utopia*, p. 183.
③ Ibid., p. 184.
④ Ibid., pp. 184, 185.

与分配的利益究竟是哪一类的问题相联系,诺齐克接下来明确地提出了一个质疑,"为什么社会合作就创造出分配正义的问题呢?如果完全没有社会合作,如果每个人仅仅凭借自己的努力得到他的份额,就不存在任何正义问题,就不需要任何正义理论了吗?"①这就涉及两个问题:一是如何理解人们之间的相互合作和利益分配方式;二是如果没有相互合作,是否就不存在对社会层次的正义原则的需要。而这两个问题都涉及正义原则与个人权利的关系。

罗尔斯关于社会是一个合作体系的观点,既是他论证其正义观的基本假设,也是一个"直觉的观念",即"由于每个人的幸福都依赖于一种合作体系,没有这种合作,所有人都不会有一种满意的生活,因此利益的划分就应当能够导致每个人自愿地加入到合作体系中来,包括那些处境较差的人们"。② 这一直觉观念既有符合社会生活实际的方面,但也并非完全是一般性、普遍性的状态。这里的关键之一是如何定义合作。

诺齐克设想了两种类型的合作,一种是"基于劳动分工、专业化、比较利益和交换的"。在这样的合作体系中,"每个人都单独地对他收到的某种东西进行加工,并与其他将进一步加工或把其产品最后转运到消费者手中的人们订有契约。人们合作创造物品,但他们是分别工作的,每个人都是一个微公司。每个人的产品都是容易鉴别的,交换是在价格竞争、信息约束等的放开的市场中进行的。"这里需要的正义就是"公平价格",结果则由"交换的比率或交换进行时的价格"决定。这样的"与人们的自愿交换结合在一起的社会合作",为什么要"提出有关如何分配的特殊问题呢"?③

诺齐克设想的另一种合作类型是,"在一起工作以生产某种产品的人们,他们的各自的贡献是无法分离的"。在这种情况下,即使边际生产理论是无效的,但是无论如何,"仍然存在着大量的相互交换的情况"。"拥有资源者分别同企业家们就使用他们的资源达成协议;企业家们或者与每个人分别达成协议,或者与个人群体达成协议;等等。"总之,人们仍然能够"以一种通常的交换比率,在自由市场上转让他们的持有物或劳动"。"无论什么分配,只要它来自当事人一方的自愿交换,就都是可以接受的。"另外,罗尔斯在论证差别原则时是在"努力说明有些不平等是可以得到辩护的"。这就表明罗尔斯并不认为在联合生产社会产品的活动中,"个人的贡献是不能分

---

① Robert Nozick, *Anarchy, State and Utopia*, p. 185.
② 〔美〕约翰·罗尔斯:《正义论》,第15页。
③ Robert Nozick, *Anarchy, State and Utopia*, p. 186.

辨的"。① 所以,对共同产品的贡献不可分离的问题也就不存在了。因此,在无论有着怎样的社会分工的环境中,只要个人的持有是公正的、彼此的交换是自愿的,结果就是公正的。

当然,按照诺齐克这里谈论的观点,基本上将会形成罗尔斯所批评的自然的自由体系。这样的体系确实有不公正的问题。但是,解决自然的自由体系的问题,仍然需要从界定个人的权利方面着手。从根本上说,自然的自由体系的主要问题是否定了每个人对自然资源的平等权利。

诺齐克认为,在罗尔斯设计的原初状态下,人们"所面临的这种选择的性质,使人们只能选择目的的分配原则"。"罗尔斯的理论结构不可能产生一种权利或历史的分配正义观。"无知之幕不仅使个人不知道自己的利益、自己的特殊状况,而且也"使任何对权利的考虑都不能进入那些一无所知的、道德中立的个人的合理计算之中"。②

这里涉及了权利与正义的关系问题。其实,权利是个人层次的问题,正义是社会层次的问题。二者既相互联系,又相互区别。正义的确定以对权利的认识为基础,而权利需要正义的制度加以维护。诺齐克是将个人的一些权利置于绝对优先地位的,侵犯了个人的这些权利就是不正义的。但是,个人拥有的权利只有得到他人的承认、有社会层次的制度维护,才可能成为不可侵犯的权利。罗尔斯虽然主要讨论的是正义原则,事实上,他的正义原则也是对个人权利的确认和维护。只不过,他没有对个人究竟应该拥有哪些权利进行仔细思考。结果,一方面,他的理论主要关注的是与个人自由相关的各种权利;另一方面,他虽然肯定每个人都希望得到更多的权利,但并没有清楚地阐明个人权利与正义的关系。

与没有仔细考虑个人应该拥有哪些权利相联系,罗尔斯认为正义只涉及社会合作中的权利和自由、权力和机会、收入和财富以及自尊的基础等基本社会善的分配。但是,在没有社会合作的情况下,同样存在个人有权利拥有的某些自由、财富、自尊的基础等是否受到侵犯的问题。这同样需要公正的原则和与之相联系的社会制度加以规范。这里涉及人的社会性与人与人之间关系的多样性问题。个人是不可能孤立存在的,总是需要通过与他人的相互依赖、相互交往维持生存和发展。所以人是具有社会性的存在。同时,人们的交往关系又是多种多样的。个人之间不一定普遍存在着需要考虑利益和负担的分配问题的社会合作。

---

① Robert Nozick, *Anarchy, State and Utopia*, pp. 187, 188.
② Ibid., pp. 201, 202, 203.

然而,即使在个人之间没有社会合作,各自独立生产、生活的情况下,只要个人之间能够彼此知道对方的存在,有相互的交往,因为个人的某些权利的不可侵犯性,同样会有对正义的要求。在一个确定的地理区域内生存的众多的个人,既不一定要持续地合作,也不一定只形成一个合作体系。罗尔斯关于社会是一个合作体系的假设并不具有充分的一般性和普遍性。即使在现代社会,在一定的环境条件下,个人也可能独立地靠自己的劳动生存,但是也需要社会公正制度保护其权利。这时,社会制度是否公正不是以社会合作的利益和负担为基础,而是以个人根据什么拥有什么权利为基础的。

诺齐克以分别生活在各自的孤岛上的 10 个鲁滨孙为例,说明一旦他们之间有了联系、有了交往,就会产生个人的行为或要求正当与否的问题。但是,没有人会因为他的岛是最贫瘠的、他个人的能力是最差的等,提出别人应该多给他一些的要求,否则就认为是不公正的。诺齐克认为,虽然这些差别与个人努力无关,但是,"在没有社会合作的情况下,每个人都应得非他自己的努力所助而得到的东西。或者说,没有任何人能够提出反对这种持有的正义要求。"①诺齐克的例子虽然很特别,但是确实反映了个人之间不一定存在着需要考虑利益和负担的分配问题的社会合作。

当然,在这里诺齐克是以其持有的正义理论为根据展开分析的。而他的持有的正义理论,对原先的无主物如何能够产生永久的和可继承的财产权的问题,并没有给出明确的解释。诺齐克要表达的观点基本上是对原先的无主物产生永久的和可继承的财产权是被允许的。10 个鲁滨孙的例子也证明了他的倾向性观点。但是,他也对洛克的相关条件进行了仔细的分析,结果是不能确定对原先的无主物的永久的和可继承的财产权是否确实没有使他人的状况变坏。② 根据诺齐克的这个例子,假如又出现了第 11 个人,这个人无论如何也不可能再回到原来生活的环境中去了。这样,当他登上了其中的某一个孤岛,原先在岛上的那个人是否有权将后来者赶走呢?显然是没有的,后来者同样对那个孤岛上的自然资源拥有权利。当然,后来者也没有权将先前的人赶走。此时,他们都对该岛上的自然资源拥有权利。亦即,在自然资源变得稀缺的情况下,个人对自然资源的财产权是需要分析和讨论的。

二、正义的优先性的意义

针对罗尔斯试图将康德学说中的潜在结构从形而上学的氛围中分离出

---

① Robert Nozick, *Anarchy, State and Utopia*, p. 185.
② Ibid., pp. 176, 178.

来的努力,桑德尔认为,"罗尔斯的努力没有成功,他也无法从那些与康德之主体相联系的困难中,拯救道义论的自由主义"。① 罗尔斯的理论仍然坚持正义优先于善、自我优先于目的。对于康德来说,这是"通过先验演绎和设置一个本体的或知性的王国才能建立起来,以作为我们的自由与自我认知能力的必要预设"。当罗尔斯拒绝了康德的这种形而上学,试图在经验理论的范围内解决问题时,"承担这一任务的角色是原初状态"。② 桑德尔认为原初状态并没有为罗尔斯提供这样的阿基米德支点。但是,这在很大程度上是由于他对"原初状态"的误解,以及对道德原则产生环境的自相矛盾的解释。

首先,桑德尔认为罗尔斯设定的正义的客观环境没有能够证明正义的优先性。然而,他的具体分析是存在问题的。罗尔斯将正义的环境既看作是促使正义美德产生的条件,又非常明确地肯定了导致正义美德的条件是一些经验条件。桑德尔则认为如果原初状态中假设的社会状况是经验主义的,"就很难说清如何能够无条件地坚持正义的优先性"。因为,只有在"解决互无利益关涉的各方之间的冲突要求具有最为紧迫的社会优先性"的社会中,正义才具有了优先性。但是这并不是所有的社会的普遍状况。在其他社会中可能是将其他美德置于优先地位的。桑德尔认为有许多的人类联合体,"如部落、邻居、城市、乡镇、大学、商贸联合会、民族解放力量和业已建立的民族主义,还有许许多多种族、宗教、文化和语言的共同体,这些共同体具有或多或少清晰界定的共同认同与共同的追求,其表现出来的属性明确地显示出正义之环境条件的相对缺乏。尽管在上述情形中可能均存在正义之环境条件,但这类环境条件似乎并未占统治地位,至少很难说正义比其他任何美德更受人们重视。"③

所以,桑德尔认为,罗尔斯对正义环境的经验主义解释,很可能损害了正义之首要性的主张。因为这样的设计"倾向于将正义看作是一种补救性美德,正义在道德上带来的好处在于,当社会陷入堕落状况时用它来做修理的工作"。这是将道德的恶化作为正义的环境条件,表明社会中"存在着大量的分歧",社会成员"被大量分歧所困扰"。同时,这也证明存在着"一个至少具有相当优先性的对立美德"。④

桑德尔此处的分析存在的主要错误是:其一,他是在引述了休谟以家庭

---

① 〔美〕迈克尔·J.桑德尔:《自由主义与正义的局限》,第18页。
② 同上书,第30页。
③ 同上书,第37、38页。
④ 同上书,第39、40页。

为例谈论人际的相互怜爱、博爱之后,列举了各种人类共同体的。实际上像家庭那样的共同体恰恰只是一种特殊的社会类型,超出家庭范围和家庭人际关系特征的共同体才是更为普遍的社会的经验状态。如果说他所列举的那些共同体对正义的需要并未占据统治地位,恐怕是对这些共同体的状况过于理想化了。因为人作为既与他人有着各种联系,又有着自己的先天和后天形成的各种需要的存在者,既能够关爱他人,也追求自己需要的适度满足。在资源稀缺的环境中,公正地维护每个人的利益就是必要的。

其二,如果说正义是因为存在着大量的分歧、存在着冲突的利益和目标,它仅仅是一种补救性美德,那么,其他任何美德之所以被视为美德同样是因为有与之相反的情况存在。勇敢被视为美德,是因为有懦弱存在;博爱被视为美德,是因为有只爱自己或只爱自己家人的现象存在。如果没有相反的现象存在,勇敢、博爱等也就会被视为自然而然的现象,不会被视为美德。

其三,正义优先于善、优先于其他美德,可以理解为正义是一个关涉人与人之间关系,关涉社会基本结构、社会主要制度的道德规范的基准。有了这个基准才能够分辨出善与恶。例如勤劳、节俭、刻苦等道德规范,主要关涉的是个人对待自己的生活的态度。而正义是指一个人能够公正地对待他人。公正就是按照社会成员公认的原则、准则行动。这样的行动既不为了自己的利益损害他人的利益,也不包括将自己应该得到的利益让与他人。有了这个基准,将自己的应得让与他人,无论是在体力上、物质上还是在精神上关心他人、帮助他人,才是友爱、仁爱、博爱,是善。相反地,损害他人利益的行为则是恶,程度不同的恶。当然,从这个角度说,罗尔斯的差别原则是需要更合理的原则替代的。而且,没有必要将差别原则解释为"提供了对博爱原则的一个解释"。[1] 因为这样就混淆了正义与善的关系,也削弱了正义原则的优先性。

三、"原初状态"的价值

罗尔斯的论证方法本来是既新颖独特,又很有价值的。但是,桑德尔等人对他的批评也不是完全没有道理的。因为在《正义论》中,罗尔斯阐述他的论证方法与康德的伦理学的关系时,尽管提及了他的理论与康德伦理学之间的一些不同,然而在有关的具体解释中,却过多地阐述了他的原初状态与康德学说的共同点。结果,桑德尔因而认为罗尔斯"对正义环境的充分解

---

[1] 〔美〕约翰·罗尔斯:《正义论》,第 105 页。

释仍限于原初状态的解释之内,那么,其所描绘的条件和动机将只能被当作原初状态中的各方所拥有的,而并不是实际人类所必然具有的"。① 其实,无知之幕遮蔽的那些情况,在实际生活中就是要求个人不应该只根据自己的特殊利益、特殊情况判断何为正义。这样的条件和动机以及罗尔斯假设的人的正义感和理性能力等,都既是人类实际能够具有的,又不是所有的人能够普遍具有的。

除了对罗尔斯的正义优先性的论证提出质疑,桑德尔也在一定程度上误解了罗尔斯对正义原则的推导需要的条件与其在真实世界的应用之间的关系。因为罗尔斯的"原初状态"包含了对进行选择的主体的许多假设,既不是确认也不是否定实际生活中的个人就是如此。所以,可以说罗尔斯的"原初状态",至少在一定程度上是对选择正义原则的主体和在实际社会生活中存在的主体进行了区分的。而桑德尔却认为罗尔斯"对正义环境的充分解释仍限于原初状态的解释之内,那么,其所描绘的条件和动机将只能被当作原初状态中的各方所拥有的,而并不是实际人类所必然具有的"。② 其实,罗尔斯描述的条件和动机既是人类实际能够具有的,又不是所有的人能够普遍具有的。那些条件和动机是有些人在有些情况下能够具有的,甚至有些人是能够终生坚守的。从这方面说,罗尔斯所描绘的那些条件和动机就是人类的实际状况。但是,由于那些条件和动机并不是所有的人都能够持久地具有的,所以需要借助原初状态确定出社会的正义原则,以约束那些不能自觉地采取正义行动的人。

这里的关系是:其一,实际社会中的人,因为都是人,而不是其他生物种类,因此必然具有"大致相近的需求和利益";同时也因为都是人,是具有认识能力和创造能力的人,能够通过创造文化极大地丰富自己的需要,因此形成了人的需要的多样性和丰富性。每个人都可能有着不同于别人的利益、目标、信仰,但每个人的认识能力、创造能力又都是有局限的。其二,正义要求每个人都不得以损害他人权利的方式谋取自己的利益。这在实际生活中,有的人能做到,有的人一时能做到,但不具有稳定性、持久性。有的人可能只关心自己的利益,既不损害他人的利益,也不让渡自己的利益帮助他人;有的人可能很关心他人,不惜牺牲自己的利益;而有的人可能经常企图以损害他人利益的方式增加自己的利益。其三,对于个人可以正当地拥有哪些东西、有权利获取哪些利益,不同的人也由于自私、偏见、信息不完整、

---

① 〔美〕迈克尔·J. 桑德尔:《自由主义与正义的局限》,第51页。
② 同上。

受习俗的影响等,会有不同的看法。

从有些人在有些情况下能够具有,甚至有些人能够终生坚守客观公正地对待他人的品德方面说,罗尔斯所描绘的那些条件和动机就是人类的实际状况。但是,由于那些条件和动机并不是所有的人都能够持久地具有的,所以需要借助原初状态确定出社会的正义原则,并以它们为基础制定社会的基本制度。社会基本制度及其更具体的法律、规则,就是要约束,以至制裁那些不能自觉地采取正义行动的人。

康德的道德哲学的基本特点是强调人在本质上是理性的存在。因此,人能够抛开感性、经验,凭借纯粹理性认识和遵循道德法则。"一个有理性的东西必须把自己看作是理智,而不是从低级力量方面,而把自己看作是属于感性世界。"对于既是知性世界的成员,又是感觉世界的一个部分的人来说,应该"离开感性的领域,摆脱自己的欲望",这样他才能够得到"他的人格的、更大的内在价值"。为此,一个人"必须把知性世界的规律看作是对我的命令,把按照这种原则而行动,看作是自己的职责"。① 但是,对于现实世界的人如何能够抛开自己的感性、经验、欲望,康德没有给出必要的阐述。所以,康德的道德哲学是以超验的理想主义为基础的。

罗尔斯是在既承认人具有理性,也承认人的感性需要、追求自我利益的前提下,探究人类社会需要和能够遵循怎样的正义原则。为此,他假定在无知之幕下,个人不知道自己具体的特殊情况,只知道关于人类社会的一般事实。在这样的环境中人们选择的正义原则必然能够公正地维护每个人的利益,不会只符合某些人的特殊的私利。这就体现了罗尔斯的原初状态"是对康德的自律和绝对命令观念的一个程序性解释"。② 在这里,罗尔斯只是假定个人不知道自己的特殊状况,而不是假定作为选择的主体不具有一定的社会地位、一定的善的观念、一定的心理特征、一定的天生资质和能力,以及各种欲望。

但是,他在《正义论》中却直接将其对公平正义的论证归结为"康德式解释"。"这个解释建立在康德的自律概念上。"因为康德认为,"人是一种自由、平等的理性存在物",其道德原则既是理性存在者能够认识的,也最准确地体现了人作为理性存在者的本性,当人按照康德的道德原则行动时,他就是"在自律地行动的"。由于"无知之幕使原初状态中的人不具有那种使

---

① 〔德〕伊曼努尔·康德:《道德形而上学原理》,苗力田译,上海:上海人民出版社1988年版,第78、79页。

② 〔美〕约翰·罗尔斯:《正义论》,第256页。

他能够选择他律原则的知识",所以,"正义原则也是康德意义上的绝对命令"。原初状态中的本体自我在选择正义原则时,有一种"表现他们作为理智王国的有理性的平等成员"、不受经验世界的各种偶然因素影响的愿望。而人"正义地行动的愿望部分来自想充分地表现我们是什么和我们能成为什么的愿望,即来自想成为具有一种选择自由的自由、平等的理性存在物的愿望"。①

既然人的正义行动的愿望只是部分地来自想成为理性存在物的愿望,也就表明有些人在有些情况下遵循正义原则还有其他原因。这些原因就是存在着与他律有关的法律、制度。然而,罗尔斯却先是指出,"那些把康德的道德理论看成是有法律和负罪感的理论的人严重地误解了康德"。在说明自己在有些方面离开了康德的观点时,只是提出了两点:一是"把作为一个本体自我的个人选择假设为一个集体的选择";二是"始终假设各方知道他们服从于人类生活的各种条件",他们"面临中等匮乏和冲突要求的限制"。②

实际上,罗尔斯在第一点上几乎没有离开康德。因为无知之幕的设计,导致原初状态中的各方不知道彼此之间的差别,导致"每个人都是同等理智和境况相似的,每个人都是被同样的论证说服的"。所以,在原初状态中选择正义原则的过程,就是"从随意选择的一个人的立场来观察原初状态中的选择"。与之相关,在原初状态中,既不存在"通常意义上讨价还价的基础",也没有相互结盟的可能。也正因为如此,无知之幕才"使一种对某一正义观的全体一致的选择成为可能"。③ 当然,他在第二点上确实离开了康德。正因为他假设各方知道他们要服从人类生活的各种条件,所以才会有差别原则产生。原初状态中的这个理智的人或者说理性存在者之所以选择差别原则,就是因为这个理性存在者考虑到了真实世界的人们可能处在各种境况之下。同时,既然原初状态中的各方知道他们面临冲突要求的限制,就表明在真实的世界中,并不是所有的人都想以自己的行为体现人是理性存在者的本质,都具有自觉遵循正义原则的自律意识。

实际社会生活中的人,是既有理性又有感性、感情、欲望的,是一种双重性的存在。而且每个人的理性能够发挥作用的程度也是不同的。所以,实际生活中的人既有能够自觉地遵循正义原则的,也有严重违背正义原则的。

---

① 〔美〕约翰·罗尔斯:《正义论》,第 250、251、252、254、255 页。
② 同上书,第 255、256 页。
③ 同上书,第 138、139 页。

罗尔斯的下述说法也表明他承认人是双重性的存在者："当我们有意识地在日常生活中按照正义原则而行动时，我们就是有意识地接受了原初状态的限制。""正义原则涉及所有具有合理生活计划（不管其内容是什么）的人，这些原则代表着对自由的恰当限制。"①强调"限制"，也就表明了实际人类的条件和动机与原初状态所描绘的各方不是完全相同的。只有那些"有能力，又想这样行动的人"②，才体现了原初状态中的代表者的条件和动机。

亦即，罗尔斯对原初状态中代表人的状况的描述，只是反映了实际生活中的部分人在某些情况下能够具有的条件和动机的。也正因为这样，罗尔斯才提出，"被选择的原则要运用于社会的基本结构"。③ 即通过具体的制度、规则来约束、限制不能自觉地服从正义原则的人。同时，由于在设定的原初状态中，在选择正义原则时，各方都考虑了"为公民相互承认的原则所带来的结果"，考虑了这种选择对公民"有关他们自己的观念和他们按这些原则而行动的动机会产生怎样的影响"，因此，正义原则对公民的道德能力和善观念能力也具有塑造作用。所有这些都表明，在原初状态的假设下推导出来的正义原则是可以应用于处于真实世界的人们之间的关系的。因此，罗尔斯的"原初状态"的设计是有价值的。

第三节 罗尔斯的两个正义原则的基本含义

以对社会和个人的基本判断为基础，利用包含着一系列限制性条件的"原初状态"，罗尔斯推论出了他的两个正义原则。

一、罗尔斯的基本推论过程

首先，各方会要求平等地分配所有的基本善。因为在原初状态下，任何人"都没有任何办法能专为他自己赢得利益"，同时，"也没有任何根据使他接受特殊的不利"。"那么他要做的显然就是把要求一种平等分配的原则接受为正义的第一个原则。"④但是，"如果在社会基本结构中有一种不平等可以使每个人的状况都比最初的平等状况更好"，"人们为了将来的较大回报，能够将一种较大的平等可能给予的直接得益用来进行合理的投资"。"例如，如果某些不平等能提供各种刺激，而成功地引出更有成效的努力，处在

---

① 〔美〕约翰·罗尔斯：《正义论》，第252、253页。
② 同上书，第252页。
③ 同上书，第251页。
④ 同上书，第149、150页。

原初状况中的人就可能把这些不平等看作抵消训练费用和鼓励有效表现的必要手段。"①

不过,原初状态中的各方能够接受的不平等只能是经济和权力方面的不平等,而不会接受基本权利和自由方面的不平等。因为"随着文明条件的改善",由于获利最少者的"一般福利水平的提高",获利最少者的紧迫的需要能够得到满足时,人们就不会接受以自己的基本权利和自由换取经济利益和权力的原则。这就体现了"自由对社会经济利益的优先性"。② 而获利最少者的福利水平的提高,至少是紧迫的需要能够得到满足,是由社会基本结构中的不平等可以使每个人的状况都能够得到改进来确定的。因此,原初状态中的各方就会选择两个正义原则:第一个原则,"每个人对与其他人所拥有的最广泛的基本自由体系相容的类似自由体系都应有一种平等的权利"。第二个原则,"社会的和经济的不平等应该这样安排,使它们①被合理地期望适合于每一个人的利益;并且②依系于地位和职务向所有人开放"。③ 而且,第一个原则将以词典式的顺序得到优先满足。即第一个原则优先于第二个原则。

罗尔斯认为这两个正义原则"预先假定社会结构能够划分为两个大致明确的部分",第一个原则作用于第一个部分,"确定与保障公民的平等自由";"第二个原则大致适用于收入和财富的分配,以及对那些利用权力、责任方面的不相等或权力链条上的差距的组织机构的设计"。④ 一个人拥有哪些权利和自由是由社会基本结构的公开规范、由社会主要制度确立的。第一个原则仅仅要求那些确定基本权利和自由的规范"平等地适用于每一个人"。"确定自由的权利和减少人们的自由的唯一理由,只能是由制度所规定的那些平等权利会相互妨碍。"第二个原则涉及的不平等是与"占据着由社会基本结构确定的各种地位、职务等的代表人"相联系的。⑤ 即一个人在财富、收入、权力方面的状况是由其能够占据的、因社会分工形成的职位的特征决定的。而且,"此种不平等必须对这一结构确定的每个有关代表人都是合理的"。⑥

如果再假定收入与财富"是与权力和权威紧密相关的"⑦,即收入和财

---

① 〔美〕约翰·罗尔斯:《正义论》,第150页。
② 同上书,第261、545页。
③ 同上书,第60—61页。
④ 同上书,第61页。
⑤ 同上书,第64页。
⑥ 同上。
⑦ 同上书,第98页。

富方面的差别主要是因权力和权威上的差别造成的。因此需要考虑的关键就是权力和权威的获得问题。由于权力和权威是依系于由社会基本结构确定的地位、职务的,是与一定的社会、政治、经济职位相联系的,在保证每个人拥有平等自由及地位和职务向所有人开放的前提下,需要调节的就是个人之间因职位不同导致的收入和财富方面的差别。为什么在个人拥有平等自由且地位和职务向所有人开放的前提下,还要对个人的收入和财富之间的差别进行调整?

罗尔斯认为,第二个原则中的"每个人的利益"与地位和职务"平等地向所有人开放"可以具有不同的含义。对第二个原则的平等主义的解释将证明调整的合理性。

在第一个原则得到满足、经济大致是一种自由的市场经济、生产资料可能公有也可能私有的前提下,如果不加任何限定地实行各种地位"向所有能够和愿意去努力争取它们的人开放",这实际上是一种效率原则,而"仅仅效率原则本身不可能成为一种正义观"。因为,"始终起作用的有效率的分配是由资源的最初分配决定的,亦即,由收入和财产、自然才干和能力的最初分配决定的"。而资源的最初分配"总是受到自然和社会偶然因素的强烈影响"。罗尔斯称由这样的原则构建的社会制度为"自然的自由体系"。"自然的自由体系最明显的不正义之处就是它允许分配的份额受到这些从道德观点看是非常任性专横的因素的不恰当影响。"①

如果通过适当的社会安排能够使"那些处在才干和能力的同一水平上,且有着使用它们的同样愿望的人",有同样的成功前景,这样的社会制度就成了自由主义的体系。例如,每个具有相似动机和禀赋的人,都有"大致平等的教育和成就前景"。"所以,对两个原则的自由主义的解释试图减少社会偶然因素和自然运气对分配份额的影响,为此就需要对社会体系增加进一步的基本结构条件。自由市场的安排必须放进一种政治和法律制度的结构之中,这一结构调节经济事务的普遍趋势、保障机会平等所需要的社会条件。"②

对地位和职务"平等地向所有人开放"的自由主义解释虽然比自然的自由体系更可取,但"我们还是可以直觉到它的缺陷"。一方面,"即使它完善地排除了社会偶然因素的影响,它还是允许财富和收入的分配受能力和天赋的自然分配决定"。另一方面,在家庭存在的情况下,"自然能力的发展和

---

① 〔美〕约翰·罗尔斯:《正义论》,第66、72、73页。
② 同上书,第73、74页。

取得成果的范围受到各种社会条件和阶级态度的影响。甚至努力和尝试的意愿、在通常意义上的杰出表现本身都十分依赖于幸福的家庭和社会环境。保障那些具有同样天资的人在受教育和取得成功方面的机会平等在实践上是不可能的,因此我们可能想采取一个在承认这一事实的同时能够减轻自然抽阄的任意结果的原则"。① 这就导向了以差别原则对机会公平原则加以进一步限制的民主平等的社会结构安排。

民主的平等是在平等的自由和公平机会所要求的制度结构存在的前提下,进一步要求"当且仅当境遇较好者的较高的期望是作为提高最少获利者的期望计划的一部分而发挥作用时,它们是公正的"。但是,最少获利者期望的提高有两种情况,"第一种是最少获益的那些人的期望确实是最大限度地增加了"。"第二种是所有那些状况较好的人的期望至少对较不幸的那些人的福利有所贡献。亦即,如果他们的期望被降低,最少获益的那些人的前景也要受损。"罗尔斯称前一种情况为"完全正义的方案",称后一种情况为"充分正义的,但不是最好的正义安排"。而"一个社会应当避免使那些状况较好的人的边际贡献是一个负数"。因此,第二个正义原则应该表述为,"社会和经济的不平等应这样安排,使它们:①适合于最少受惠者的最大利益;并且②依系于在机会公平平等的条件下职务和地位向所有人开放。"②

二、差别原则形成的依据与含义

对于差别原则的形成,罗尔斯根据原初状态展示的限定条件,主要是利用最大最小值规则进行了论证。所谓最大最小值规则就是,首先根据每一个可选择的对象可能有的不同结果,"按选择对象可能产生的最坏结果来排列选择对象的次序";然后,选择"最坏结果优于其他对象的最坏结果"。③

因为在原初状态下,每个人都不知道自己的具体情况,不知道自己的天资是非常好的还是最差的,不知道自己的家庭和社会条件是什么样的,同时作为最终的选择,其对正义原则的选择"应当在别人看来是合理的,特别是对他们的后代来说更是如此"。在他们"不想牺牲平等的自由来获取较大的利益"的情况下,他们就需要考虑如果自己是天资和社会条件最差的人,如何使自己能够避免无法生存的状况。此时,他主要关心的就是"能实际地得到的最低工资","对他来说,为了进一步的利益利用一个机会是不值得

---

① 〔美〕约翰·罗尔斯:《正义论》,第74页。
② 同上书,第76、79、83—84页。
③ 同上书,第151、152页。

的"。放弃最大最小值规则,进行其他选择,可能会出现"一种个人几乎不可能接受的结果"。①

实际上,差别原则体现的就是在机会公平平等的情况下,完全没有抓住任何机会或者只能获得较差机会的人也能够从获得了收入、权力较好机会的人那里得到一些利益。而且,当一个人设想自己如果是处于这样的境况,还会希望其他人在通过相关的机会获得收益的同时,给自己提供尽可能多的利益。所以,差别原则就被表述为"适合于最少受惠者的最大利益"。由于通常"较大的权力和财富也倾向于结为一体"②,所以,最少受惠者的突出特征就是经济贫困。使最少受惠者获得最大利益,也就是在经济发展的一定水平之下,通过一定的制度安排为完全没有抓住任何机会或只抓住较差机会的人提供一定的生存和发展的保障。用罗尔斯的术语说,就是"政府确保一种最低受惠值"。③

对"最低受惠值",罗尔斯的具体阐述是,"把需求考虑进来,并通过与其他要求的比较赋予这些需求以一种适当的重要性"。政府负责确定最低受惠值的转让部门应该"确保一定的福利水平,并高度重视需求的权利"。同时,他还指出,"我们有理由强烈反对由竞争来决定总收入的分配,因为这样做忽视了需求的权利和一种适当的生活标准。从立法阶段的观点来看,确保我们和下一代免受市场偶然性的损害是合理的。确实,差别原则大概要求这一点。"④这些论述基本上表达了使每个人在市场竞争之外获得一定水平的生活保障之意。

对于差别原则的哲学依据,罗尔斯认为,"差别原则实际上代表这样一种安排:即把自然才能的分配看作是一种共同的资产,一种共享的分配的利益"。但另一方面,差别原则不是补偿原则,"它并不要求社会去努力抹平障碍,仿佛所有人都被期望在同样的竞赛中在一个公平的基础上竞争"。例如,在教育资源的分配上,差别原则允许"更重视天赋较高者",只要这样的安排有利于"改善最不利者的长远期望"。⑤ 同时,差别原则也将经济上的不平等视为对更有成效的努力的刺激,亦即,差别原则仍然鼓励个人为可能有的最好的前景做出努力。因此,"差别原则与效率原则是相容的"。但是,如果境况较好的人的进一步改善不能使境况最差的人获益,甚至是以损害

---

① 〔美〕约翰·罗尔斯:《正义论》,第 153、154、155 页。
② 同上书,第 94 页。
③ 同上。
④ 同上书,第 277 页。
⑤ 同上书,第 101、102 页。

他们的利益为代价,这是差别原则所不允许的。民主的平等要求的是"正义优先于效率"。① 同时,第二个正义原则的两个部分之间的关系是"公平的机会优先于差别原则"。②

另外,由于在原初状态中,个人不知道自己属于哪一代,个人之间的公正对待也就自然地包含了代际的公正对待,所以,罗尔斯给出的第二个正义原则的最终表述是,"社会经济的不平等应该这样安排,使它们:①在与正义的储存原则一致的情况下,适合于最少受惠者的最大利益;并且,②依系于在机会公平平等的条件下职务和地位向所有人开放"。③

根据对差别原则的定位,罗尔斯一方面承认,较幸运者,做了依正义原则建立的社会体制宣布要奖励的事情的人,"有权利获得他们的利益";但是另一方面又认为,"没有一个人应得他在自然天赋的分配中所占有的优势,正如没有一个人应得他在社会中的最初有利出发点一样"。④ 为此,就需要对因自然天赋带来的利益差别予以调整。但是,调整并不是针对人的天赋资质和后天形成的能力。"我们显然无须依赖对这种最初安排的鉴别能力。""人们在这种最初状况中生活得怎样的问题对采用差别原则并无实质意义。我们只是在必要的约束下最大限度地增加处于最不利状况的人的期望。"⑤

罗尔斯认为,由于机会的公平平等原则不仅保证了任何人都有机会占据能够得到更多收入、拥有更大权力的职位和地位,而且"完善地排除了社会偶然因素的影响",人们之间因权力和权威或职位的不同形成的收入与财富的差别就是由"能力和天赋的自然分配决定"的。⑥ 对收入和财富进行适当的调整,就体现了"把自然才能的分配看作是一种共同的资产,一种共享的分配的利益"的观点。因为人的健康、精力、智力等"自然赋予的"基本善不在社会基本结构的"直接控制下",社会安排"能够改变的是收入和财富的分配,是组织的权力和一些别的调节合作活动的权力形式"。⑦

这样,罗尔斯的差别原则似乎就为国家通过实施福利政策来调节社会成员之间在收入和财富上的差别,提供了一个根据。但是,罗尔斯的差别原则所依据的关于人的哲学观点,即人的"能力和天赋的自然分配"从道德观

---

① 〔美〕约翰·罗尔斯:《正义论》,第 80 页。
② 同上书,第 303 页。
③ 同上书,第 302 页。
④ 同上书,第 104 页。
⑤ 同上书,第 80 页。
⑥ 同上书,第 74 页。
⑦ 同上书,第 62、71 页。

点看是非常任意专横的,"没有一个人应得他在自然天赋的分配中所占有的优势",这样的观点是难以成立的。罗尔斯一方面承认较幸运者"有权利获得他们的利益",另一方面又认为"没有一个人应得他在自然天赋的分配中所占有的优势",这本身就是自相矛盾的。按照罗尔斯采用的论证方法,在原初状态下,即使各方采取最大最小值规则进行选择,也不是必然选择这样的观点。

三、正义原则与纯粹程序正义

罗尔斯不仅指出原初状态的设计"在于用纯粹程序正义的概念作为理论的一个基础",而且认为以其论证的正义原则为基础,规范分配份额的有关制度也是作为一种纯粹的程序正义来论述的。由于"最终的分配是通过尊重某些权利达到的,而这些权利又是由人们根据合法期望约定去做的事情决定的",所以"这些考虑暗示着作为一种纯粹的程序正义来论述分配的份额问题的想法"。①

纯粹的程序正义的特征是,"在纯粹的程序正义中,不存在对正当结果的独立标准,而是存在着一种正确的或公平的程序,这种程序若被人们恰当地遵守,其结果也会是正确的或公平的,无论它们可能会是一些什么样的结果"。"在纯粹的程序正义中,利益分配一开始就不是对一定量的可用于已知个人的特定欲望和需求的利益的分配。对产品的分配要按照公开的规范体系进行,这一公开的规范体系决定着生产什么、生产多少和用什么手段生产。合法的要求也是由它决定,对这些要求的接受将产生出分配的结果。这样,在这种程序正义中,分配的正确取决于产生分配的合作体系的正义性和对介入其中的个人要求的回答。"②

但是,"为了在分配份额上采用纯粹的程序正义的概念,有必要实际地建立和公平地管理一个正义的制度体系"。③ 也就是说需要通过具体的制度安排、政策设计才能保证分配结果的公平、正义。为此,就需要一些人们直觉的观念所熟知的法律、制度。它们包括:"法律和政府在有效地保证着市场的竞争,保证着资源的充分利用,并且通过税收以及无论何种其他形式保证着财产和财富的普遍分配。""那种全民教育保证着机会的公平平等,并且别的自由也有保证。那么,最后的收入分配和期望类型将倾向于满足差

---

① 〔美〕约翰·罗尔斯:《正义论》,第80、85页。
② 同上书,第86、88页。
③ 同上书,第87页。

别原则。"①罗尔斯这里所列举的法律、制度,有些是保证市场机制发挥作用的规则、制度,有些则是在市场之外对收入和财富进行再分配的规则、制度。

对于在市场之外进行的税收以及对收入和财富的普遍分配,从一方面说,只要标准明确、清楚,达到了标准的人就要按照制度的规定缴纳相应的税款或得到相应的资金、服务,例如义务教育、最低生活保障等,因此可以说这些制度体现了纯粹的程序正义。因为根据这些制度,不需要"追溯无数的特殊环境和个人在不断变化着的相对地位"。"我们要判断的是社会基本结构的安排,而且是从一种普遍的观点判断。"②

但是,从另一方面说,这些制度及其发挥作用的过程,毕竟不同于市场机制这只"看不见的手",需要人为地确定标准、规则。从根本上说,这些标准、规则是要保证某种结果的。而且,标准、规则是否公正,是要依据结果进行判断的。保证"最低受惠值",从一开始,利益分配就是对一定量的可用于已知个人的特定欲望和需求的利益的分配。这就不是典型的纯粹的程序正义了。例如,在20世纪初,"最低受惠值"可能就是维持基本的生存需要。而在彩电、洗衣机已经普及的社会中,"最低受惠值"的标准可能就需要包括这些物品。当标准、规则涉及具体结果,这些标准、规则又没有能够得到普遍承认的坚实基础,人们就很难就什么样的结果是公正的达成一致意见。在"原初状态"下,由于"无知之幕"的作用,有关各方不知道很多情况,不可能确定具体标准;在实际的社会生活中,人们又会由于私利、偏见等,难以达成一致意见。因此,涉及保证"最低受惠值"的制度,很难完全成为体现着纯粹的程序正义的社会制度。

另外,罗尔斯强调,依照两个正义原则形成的分配不同于"配给的正义观"。配给的正义观是要将"一定量的物品在我们已知其欲望和需求的特定个人中分配","要分配的物品并不是这些人生产的,这些人之间也不存在任何既定的合作关系"。③ 但是,保证"最低受惠值"的制度,实际上很可能更接近"配给的正义观"。首先,依据差别原则,需要将一定量的物品或货币在特定的个人之间进行分配;其次,这些人之间以及这些人与境况较好的人之间是否存在合作关系,至少是不确定的;最后,分配的物品也很可能不是接受它们的人生产的。

---

① 〔美〕约翰·罗尔斯:《正义论》,第87—88页。
② 同上书,第88页。
③ 同上书,第89页。

第四节　罗尔斯差别原则及其依据的哲学理论
　　　　存在的主要问题

罗尔斯的"原初状态"及其论证方法,虽然在探讨具有潜在利益冲突的个人之间如何能就规则取得一致意见方面提供了范式,但是其假设有关各方将一致同意的差别原则,以及其对这一原则的含义、根据的分析是存在错误的。他的差别原则的主要问题,一是其依据的关于人的哲学理论,实际上取消了任何个人的构成性特征。对此,诺齐克和桑德尔从人的构成性角度进行分析和批判是合理的。二是他对差别原则的具体含义和实现方式的阐述,表明其差别原则并没有为现代国家的福利政策改革提供有价值的建议。三是他在很大程度上将差别原则的实现也视为纯粹的程序正义的结果。实际上,他的差别原则不可能完全通过纯粹的程序正义来实现。这些问题结合在一起,共同表明其差别原则并没有为国家的福利政策提供坚实的基础。

一、人的构成性特征与个人的权利

罗尔斯对正义原则的整个论证过程,一方面没有具体探究个人应该拥有哪些权利,只是强调个人的自由、权利和义务都是由主要的社会制度确立的;另一方面,他又明确地否认了个人对利用自己的天赋才能和努力创造的利益的权利,认为收入和财富的分配不应该受一个人的自然才能(自然禀赋、自然的才干和能力)以及制约其发展、实现、运用的社会环境等偶然因素的影响。

诺齐克认为将人的自然才能归于任意专横的因素是"罗尔斯理论中深藏的缺陷"。[①] 首先,他通过讨论如何界定个人的自然才能在道德上是任意性的或非任意性的,以及任意的与利益应得与否之间的各种关系、非任意的与利益应得与否之间的各种关系,对罗尔斯的观点进行了比较精细的分析。他的基本结论是,无论怎样界定任意性与非任意性,都是在"假定持有的系列应当实现某种模式"。而按照他自己的权利理论,应该关注的"不是一种持有系列要实现什么模式,而是关注那些产生持有系列的根本原则"。因为现实中需要分配的东西不是从天上掉下来的,而是"由人们制造、生产或加工的","现实生活中产生的东西已经被人们持有了"。[②] 因此,需要关注的

[①] Robert Nozick, *Anarchy, State and Utopia*, p. 230.
[②] Ibid., p. 219.

就是产生持有的根据,即一个人是否有权利持有。

接下来,诺齐克论证了即使个人拥有的自然才能是任意的,也不会削弱个人对由自己的自然才能形成的东西的权利。他的推论过程是:如果人们拥有他们的自然才能并没有侵犯任何别人的权利,"人们对他们的自然才能是有权利的";同时如果他们是通过没有侵犯任何别人权利的方式使用自己的自然才能,那么他对来自自然才能的"无论什么东西也是有权利的";"如果人们的持有是来自他们的自然才能","人们对他们的持有是有权利的";"如果人们对某物是有权利的,那么他们就应当拥有它"。①

另外,诺齐克还进一步指出,如果说人的某些特征从道德观点看是任意的,那么似乎就可以说人的任何特征,包括人的产生本身都是任意的。因为包含着特殊基因的精子和卵子的结合"就是一个偶然事件","从道德上看就是任意的"。因此,"那种认为一个事实从道德观点看是任意的说法是暧昧不清的"。② 鉴于罗尔斯将个人的自然才能视为社会的共同资产的观点,诺齐克指出,"如果我们这样极力强调人与其才能、资质和特征之间的区别,任何统一的人格概念是否还存在将是一个问题"。③ 这正是"罗尔斯理论中深藏的缺陷"。

当然,由于诺齐克对于一个人如何能够形成对无主物的所有权并没有给出确定的解释,因此他只是说,"由人们制造、生产或加工的"东西,在"现实生活中产生的东西已经被人们持有了"。这里仍然存在着不是"由人们制造、生产或加工的"东西如何分配的问题。

桑德尔从自我的本性、自我是如何构成的角度对罗尔斯的与差别原则相联系的主体的分析,同样显示了差别原则缺乏牢固的根基。罗尔斯虽然只是假设在原初状态下的个人不知道自己的特殊状况,而不是假定作为选择的主体不具有任何构成性特征,但是,他的差别原则却是要在实际的社会生活中发挥作用的。由于差别原则的哲学基础是人的能力和天赋的自然分配从道德观点看是非常任意专横的,"没有一个人应得他在自然天赋的分配中所占有的优势",差别原则本身又是对个人之间的收入和财富占有上的差别进行调节的原则,为此,罗尔斯就构想了"一个作为占有主体的自我"。"罗尔斯式的自我不仅是一个占有的主体,而且是一个先在个体化的主体。"④这样设定的自我是相互矛盾的。

---

① Robert Nozick, *Anarchy, State and Utopia*, p. 225.
② Ibid, p. 226.
③ Ibid, p. 228.
④ 〔美〕迈克尔·J. 桑德尔:《自由主义与正义的局限》,第 67、77 页。

一方面，预先个体化且优先于其目的而给定的占有主体，总与其所拥有的利益具有某种距离。"这种距离的一个后果是，将自我置于超越经验极限的地位，使之变得无懈可击，一次性地也是永久地将其身份固定下来。没有任何承诺能如此深刻地抓住我，以至于没有它我就不能理解我自己。""既然我是独立于我所拥有的价值之外的，我就总能离开它们。"①这样的自我就成了一个彻底独立的自我，排除了任何与构成性意义上的占有相连的特性。

桑德尔认为，罗尔斯"从天赋自由到机会平等，再到民主概念"的论述过程，实际上，"是个人遭受剥夺的几个阶段"。"随着每一次转变，一个实质性的自我，充满特殊品性的深厚的自我，也就被逐步剥夺了他们的特征，而这些特征对于个人的认同来说曾是根本性的。随着更多的特征被看作是任意给予的，这些特征被从预设的构成部分降级为自我的纯粹任意性。""自我最后却被剥光了经验的构成要素，赤条条了无牵挂，成了超越其占有对象的'代理者'的条件。"②

另一方面，差别原则"并不等同于结果平等，它也并不要求铲除人与人之间的所有差异"。"罗尔斯的方法不是根除不平等的天赋，而是对收益和责任的方案进行安排。"差别原则还是鼓励个人培养和实践自己的天赋才能的，"而不是让它们处于蛰伏状态"。"社会通常是被安排用来为他们的培养提供资源，以及为他们的实践提供刺激。"同时，"我对于我的那部分利益享有权利，当我在被指明对它们享有资格的情况下"。当然，"要强调的重要一点是，这些主张尊重的是由制度创造的那些合法性期待，（制度的设计是用来诱发我的努力），而不是一种原初的权利，或者因为我占有的特性而具有应得的声明"。③ 但无论如何，还是要承认特定的自然才能、实践自然天赋的能力等是自我的构成性特质的。只是自我对因自己的特质形成的利益不享有全部权利。

一个人之所以对因自己的特征形成的利益不享有权利，桑德尔指出，一方面，是因为罗尔斯特别强调"意义深刻的社会选择，它隐含在制度追求的诸目的和在此过程中它们不断地赞赏的那些属性中"。"所以，即使人们之间的差别大多是基因上的而非文化上的，对一个社会而言，仍然需要决定，哪一种差别应该真正成为不同分配份额的基础。"另一方面，则是因为"事实上，罗尔斯很难表达自我和自我的种类繁多的占有之间的区别"。④ 所以，

---

① 〔美〕迈克尔·J. 桑德尔：《自由主义与正义的局限》，第 74、77 页。
② 同上书，第 114—115 页。
③ 同上书，第 86、87—88 页。
④ 同上书，第 92、96 页。

罗尔斯就把个人的天赋才能视作共同财产。

但是,这里又会产生一个问题:作为个体的主体不应得的为什么会是作为一个整体的社会应得的?"这里有必要更明确地处理个人和他所拥有的天赋之间的关系项。"桑德尔认为,"从原本的占有意义上讲,我可以被描述为天赋的拥有者、看护者、贮存者。""诺齐克实际是宣称罗尔斯的任意性论证,即使成功削弱了个体占有和应得的基础,它也只证明了第三种描述,而非第二种。"但这并不能导致差别原则,因为"如果任意性的全部内容意味着我是并不特属于某人的财产的贮存者,那么,这并不能说明社会比我更有权拥有它们"。对于因此而产生的财产,似乎"也不属于任何占有主体,无论是个人还是社会"。"于是接下来的问题是,应如何对它们进行分配?竞争这种天然施舍的请求权应该以何为基础?从应得的观点看,好像不存在这样一种基础。"①

在这里,桑德尔指出了罗尔斯理论的另一个缺陷,即在否定个人对天赋才能的权利,将其视为公共资产时,并没有证明为什么个人的天赋才能要被视为社会的公共资产。如果说罗尔斯有所论证的话,那就是"对罗尔斯来说,为了把才能的分配看成是一种公共的财产,个人应得的缺乏创造了一个假定"。但是,无论如何,罗尔斯没有证明社会为什么就能够应得。在这点上,罗尔斯与诺齐克有了共同点,诺齐克的论述"也没有清楚地说明应得和有权拥有之间的不同"。②

实际上,如果完全否认每个人与生俱来的,以及很难分清是与生俱来还是后天环境导致的那些特质是那个人的构成性特质,罗尔斯的第一个正义原则也是很难成立的。个人之所以重视自己的自由,或者说各方之所以选择要最大限度保证每个人的彼此能够相容的自由,就是因为每个人都看重对自己身体的权利,肯定每个人都是一个分立的自我。作为一个分立的自我,一方面都拥有一个具有生物性特征的身体,这个身体具有很多潜在的能力;另一方面,以这个生物性的身体为基础,每个人都具有自己的性格、偏好、使用和发展自己的某些潜在能力的倾向等。正因为每个人对自己身体的权利,所以,对这个生物性的身体他人不能任意伤害。同时,由于人的生物特性与精神、能力特性的关联,所以,在不侵犯他人利益的前提下,个人有支配自己身体的自由,包括行动自由、言论自由、表达自由、思想自由,有实现、发展自己的各种潜在能力及创造有形的或无形的财富并享受它们的权

---

① 〔美〕迈克尔·J. 桑德尔:《自由主义与正义的局限》,第 118、120 页。
② 同上书,第 121、122 页。

利。为了维护这些权利,个人又必须拥有参与确定社会规则、制度的权利。如果自我是一个彻底独立的、没有任何构成性特质的自我,也就不需要任何自由、权利了。

二、差别原则与现代国家的福利政策

罗尔斯的两个正义原则一方面体现着他的基于合理选择的正义观,另一方面又规范着社会的基本结构、基本制度。亦即,两个正义原则需要通过社会制度以及更具体的国家政策来实现。由于差别原则是两个正义原则的组成部分,差别原则是在两个正义原则的其他内容得到保证的前提下,对社会成员之间存在的经济不平等进行调整的依据。所以,对于体现差别原则的具体制度、政策,罗尔斯通常是与保证机会的公平平等的制度、政策一起阐述的。

对于体现机会的公平平等和差别原则的制度、政策,除了在前一部分已经提及的,罗尔斯认为是人们直觉的观念所熟悉的那些有效地保证着市场的竞争、保证着资源的充分利用,以及保证着财产和财富的普遍分配的法律、制度。罗尔斯在更具体地阐述"分配的份额"问题时,"假设存在着一种公平的(与形式的平等相对的)机会均等,这意味着:除了维持社会的日常支出费用之外,政府试图通过补贴私立学校或者建立一种公立学校体系来保证具有类似天赋和动机的人都有平等的受教育、受培养的机会。在经济活动和职业的自由选择中,政府也执行和保证机会均等的政策。政府通过管理公司和私人社团的活动、避免对较好地位作出垄断性限制和阻碍来做到这一点。最后,政府确保一种社会的最低受惠值,这或者通过家庭津贴和对生病、失业的特别补助,或者较系统地通过收入分等(一种所谓负所得税,即对收入低于法定标准的家庭的政府补助)的方法来达到"。同时,政府的"配给部门是要保持价格体系的有效竞争性,并防止不合理的市场权力的形成",要"鉴别和更正较明显的低效率"。"稳定部门努力实现合理充分的就业,使想工作者均能找到工作,使职业的自由选择和财政调度得到强有力的有效需求的支持。"[1]

再有,罗尔斯一方面认为,"一旦转让提供了一个适当的最低受惠值,那么,如果由价格体系来决定总收入的其余部分的后果是温和的、不受垄断的限制且排除了不合理的外差因素,这种决定也许就是完全公平的"。[2] 另一

---

[1] 〔美〕约翰·罗尔斯:《正义论》,第 276、277 页。
[2] 同上书,第 277 页。

方面又指出,如果在实施了上述这些制度、政策以后,社会成员之间的贫富差距仍然很大,那么,"当财富的不平等超过某一限度时,这些制度就处于危险之中;政治自由也倾向于失去它的价值,代议制政府就要流于形式"。"分配部门的征税和法规要避免这一限度被逾越。"这就需要通过运用"累进税原则""征收一系列遗产税和馈赠税,并对遗产权进行限制",以便"逐渐地、持续地纠正财富分配中的错误并避免有害于政治自由的公平价值和机会公平平等的权力集中"。①

上述这些制度、政策基本上也是人们直觉观念所熟悉的。之所以如此,是因为它们都是现代国家,至少是积极承担公民福利责任的国家已经实行的制度、政策。罗尔斯的正义理论的价值主要是在新右派对它们进行批判的情况下,对现代国家已经实行的这些制度、政策进行一种论证。这其中还包含着对既靠市场机制配置稀缺资源,又通过政府的积极干预维护一个比较平等的社会的合理性的论证。但是,现代国家实行的这些制度、政策之所以不断受到质疑和批判,既是因为有些制度、政策本身就存在问题,更是因为国家的福利政策缺乏以客观事实为基础的坚实的理论依据。由于罗尔斯的正义原则依据的社会理论,特别是差别原则依据的关于人的理论存在严重缺陷,因此,他的正义论也没有为现代国家实行的这些制度、政策提供一个坚实的基础。同时,由于他的正义论只是对既有的制度、政策进行论证,所以,也就不可能为国家的福利政策改革指出新的方向。

仅就差别原则而言,对于差别原则如何能够保证"最大限度地增加处于最不利状况的人的期望",以及差别原则怎样实现,罗尔斯并没有给出清晰合理的阐述。一方面,他讨论了通过政府的税收,通过家庭津贴和对生病、失业的特别补助,通过对低收入家庭给予补助等方法保证一个"最低受惠值";另一方面,他还是强调"最低受惠值"是依靠纯粹的程序正义来实现的。他认为"分配正义观的一个中心特征是:它包含了较大成分的纯粹程序正义"。因此,"对转让的数额和从基本的公共利益②得来的好处的安排,应当提高不利者的与必要的储存、平等自由的维持相一致的期望。当社会基本结构采取这种形式时,所导致的分配无论怎样都是正义的(或至少不是不正义的)。"③

---

① 〔美〕约翰·罗尔斯:《正义论》,第 278 页。
② 经济学和公共管理、公共政策的有关书籍中的"public goods",在我国通常都译为"公共物品"。本书除了在引用《正义论》的中文原文时使用公共利益的译法,在一般情况下都使用公共物品的译法。
③ 〔美〕约翰·罗尔斯:《正义论》,第 304 页。

在比较抽象地阐述差别原则如何实现时,罗尔斯还"假定期望都是紧密啮合的"。① 实际上,这是难以成立的。他以状况较好者的贡献对不同情况的他人影响的曲线说明,"一个社会应当努力避免使那些状况较好者对较差者的边际贡献是一负数。它只应当按照贡献曲线的上升部分运行。""其中一个理由是,只有在曲线的上升段才能使互利的标准总是能得到满足。"② 但问题是,虽然抽象地说,作为人类社会的一般事实,任何人的行为都会对他人的利益产生一定的影响,而实际上却不可能,至少是不一定存在罗尔斯用曲线表达的使所有的人都受益的线段和超过了某一点就不能使境况最差的人受益,甚至使其利益受损的线段。③ 实际情况更可能是任何一个人的行为都在使某些人受益的同时使某些人受损。受益受损的人的情况也会是各种各样的。

以罗尔斯首次讨论差别原则时所举的例子来说,他的差别原则要求的是,只有企业家的较好的前景能够有利于不熟练的工人阶层的状况时,这种不平等才是正义的。罗尔斯更具体的说法是,企业家的"较好的前景将作为这样一些刺激起作用:使经济过程更有效率,发明革新加速进行等等"。"最后的结果则是有利于整个社会,有利于最少得益者。"④然而,一般来说新的技术发明革新使经济过程更有效率的结果,一方面迟早会使相关产品降低生产成本,降低销售价格,因而有利于消费者,但消费者不一定是社会中的"最少受惠者";另一方面,新技术、新发明的采用最容易使先前的"最少受惠者",如不熟练的工人阶层的状况变得更差——原先掌握的知识和技术失效,原先有能力获得的机会消失了。即"最少受惠者"很难从境况较好者的行为中直接受益。更不用说"最大限度地增加处于最不利状况的人的期望"了。

更何况,罗尔斯的正义原则虽然保证机会的公平平等,但这仅仅是为人们公平平等地获得有关的机会提供了可能性,并非绝对地保证每个人都能实际得到有关的机会。相对于人的需要和人类加工利用自然资源的能力,自然资源总是稀缺的。罗尔斯对正义的客观环境也是假定:"在许多领域都存在着一种中等程度的匮乏。自然的和其他的资源并不是非常丰富。"这样,虽然社会制度设计使每个人都有权利、有可能公平平等地获得有关的机会,但这终究是可能性而不是必然性。即使政府的"稳定部门努力实现合理

---

① 〔美〕约翰·罗尔斯:《正义论》,第81页。
② 同上书,第104页。
③ 同上书,第78页图8、第82页图9。
④ 同上书,第78—79页。

充分的就业,使想工作者均能找到工作,使职业的自由选择和财政调度得到强有力的有效需求的支持",然而,在新的、节省劳动力的技术不断出现的情况下,也不能保证想工作的人都能找到工作。即使在罗尔斯限定的市场竞争环境中,能够保证完全的充分就业,对那些在他所生活于其中的社会中属于没有劳动能力的人而言,机会的公平平等原则也是没有意义的。另外,在保证充分就业的同时是否还能避免明显的低效率,也是不确定的。所有这些情况的存在,都表明罗尔斯的"期望都是紧密啮合的"假定是难以成立的。

　　按照罗尔斯的看法,功利主义原则的一个问题就是它的正义观属于"配给的正义观",它需要通过一种"受制于日常生活中不可避免的各种限制和阻碍"的社会安排来实现社会公正。而这样的社会安排属于"不完善的程序正义"。① 但是,根据以上分析可以看出,罗尔斯的差别原则也很难完全依靠纯粹的程序正义实现。在实际生活中、在具体的操作层次上也不可能完全不"受制于日常生活中不可避免的各种限制和阻碍"。所以罗尔斯在具体地论述"社会最低受惠值水平的标准"时承认,"自然,限度存在于什么地方的问题就构成一种政治判断,这种政治判断受理智、良知并至少在相当范围内受一种明确的直觉指导"。并且说"这类问题不在正义论的专门领域之内,正义论的目标是要详细阐述用来调整背景制度的原则"。② 但是,如果不能解决影响制度的政治争论,差别原则是否是一种"更令人满意的有关政治正义和社会正义的解释",就仍然是值得商榷的。

第五节　"原初状态"下可以产生的更合理的选择

　　以上分析表明,罗尔斯推论出差别原则的目的,主要是为了改变自然的自由体系中社会成员之间在收入与财富的占有上存在的巨大不平等。并且认为,自由主义体系没有完全解决自然的自由体系存在的问题。他的差别原则的意义主要就是对自由主义体系已经实行的保证机会的公平平等政策的补充。因为罗尔斯认为仅有"那种全民教育保证着机会的公平平等"还是不公正的,所以还需要差别原则对自由主义体系的进一步修正。而且依据差别原则,在教育资源的分配上,不必平等地对待所有的人,可以允许"更重视天赋较高者",亦即,让那些自然资质好的人得到更多的教育资源。因为无论个人的天生才能高低都是全体社会成员的公共资产,天赋好的人得到

---

① 〔美〕约翰·罗尔斯:《正义论》,第89页。
② 同上书,第278—279页。

更好的培养,就可以创造更多的收入和财富。而创造出来的更多财富要用于最大限度地增加最少受惠者的利益。

其差别原则的根据,一是在"原初状态"下,有关各方会依据最大最小值规则进行选择;二是,个人的天赋才能、自然才能是任意专横的,不是个人应得由它们的使用创造的利益的基础,个人的自然才能应该被作为社会的共同资产。个人的天赋才能、自然资质的使用产生的利益,一部分作为对个人训练和使用自己的天赋才能的补偿和激励,另一部分要用于改进境况最差的人的福利。但是,罗尔斯以个人的天赋才能、自然才能是任意专横的为理据的论证是存在严重缺陷的。实际上,在罗尔斯的"原初状态"下,各方更有可能选择的是实现每个人对自然资源的平等权利的原则,而不是罗尔斯的差别原则。

一、引向对自然资源平等权利的推理

这个题目模仿了罗尔斯《正义论》第 26 节的题目。因为根据罗尔斯对个人的道德能力和理性能力的假设,无论社会成员彼此之间是否有合作关系,在其"引向两个正义原则"的"原初状态"下,各方更有可能选择确保每个人对自然资源的平等权利的原则。这里的关键问题是,在罗尔斯提供的那个作为选择对象的"简要表格"中没有包括确保每个人对自然资源平等权利的内容。

根据罗尔斯对正义的环境和无知之幕的描述,以及他在论述基本善时表达的意思,既然原初状态的各方知道"有关人类社会的一般事实,他们理解政治事务和经济理论原则,知道社会组织的基础和人的心理学法则",那么,他们就应该知道,人必须拥有一定量的物质资源才能活下去。罗尔斯的基本善中的财富指的就是物质财富。收入,一般来说指的是人们通过市场交换获得的以货币形式存在的财富。货币与物质财富之间是可以相互转换的。当然,货币也可以用于购买非物质性的文化产品。另外,罗尔斯所设想的社会是劳动分工有了一定程度的发展、社会基本结构有了一定程度的分化的社会。在这样的前提下,人们也应该知道物质财富是由人的劳动创造物和自然资源共同构成的。

按照罗尔斯的推论过程,首先,因为有关各方承认每个人都是平等的,因此他们要求平等地分配所有的基本善。确切地说应该是,他们都会要求平等地分配所有他们已经认识到其价值而又相对稀缺的东西,包括对自然资源的平等分配。但是,原初状态下的各方"为了将来的较大回报",又会接受个人之间在权力和经济方面的不平等。既然如此,就表明他们知道人的

自然才能、天赋能力是不同的,使用自然才能的意愿和为之付出的努力以及产生的效益也是不同的。所以,产生的问题主要是如何分配因人的自然才能、劳动能力的使用而来的利益的问题。

另外,人们之所以接受权力和经济的不平等,除了知道个人的自然才能、天赋能力不同,还因为人们知道在存在劳动分工的社会中,需要有人从事不同层次、规模的组织、管理活动。同时,也是因为人们知道经济活动在人类社会生活中具有重要地位。因此,社会成员的合法性期待并非完全是由社会制度创造的,也是由人与生俱来的需要决定的。由于人与生俱来的生存需要,人们首先知道必须从事获取或生产物质生活资料的活动,并很快就能够知道不同的个人在这种活动中的能力是有差别的。罗尔斯的理论过于强调人的合法性期待是由社会制度创造的,忽视了人与生俱来的需要的作用。

正是人与生俱来的需要推动人将自己的天赋能力作用于自然资源,生产出能够满足自己需要的物质财富。在人将自己的天赋能力作用于自然资源创造物质财富的同时,也进一步发展了自己的能力,并逐渐了解了精神活动的价值、权力的意义。在人的能力、需要越来越丰富多样的同时,人也创建了各种社会制度以规范权力、财富的分配。于是社会制度在创造人的期望方面的作用越来越突出了。但是,即使如此,人与生俱来的需要在决定人的期望方面仍然具有不可否认的作用。

人类创造的不同类型的物质财富,其中包含的人类劳动和自然资源的比例是不同的。但是,总体上说,在人类社会的发展历史中,劳动和自然资源在人类创造的物质财富中的比例的变化基本上可以分为三个阶段。

在人类主要靠采集、渔猎为生的阶段,劳动在能够满足人的需要的物质资料中占的比例很小,人们主要是靠自然资源满足需要。此时,自然资源相对于人的劳动能力和认识能力而言是丰富的,人既不可能也没有必要确定每个人对自然资源的平等权利。但是,每个人对自然资源的平等权利却是实际存在的。任何人都可以从大自然中获取自己需要的、有能力获取的东西。

人类进入农业社会,主要靠农牧产品为生时,农牧产品包含了较多的人类劳动,开垦过的耕地、人工修建的水利设施等,也包含了一定量的人类劳动。与此同时,人们也认识到土地、水源、土地上的动植物等自然资源的价值。但是,也正因为人类认识到了自然资源的价值,在权力、暴力的作用下,大多数人失去了对自然资源的平等权利。

与农牧业活动相比,即使是人类早期的工业生产活动的产品都包含了比农牧业产品更多的劳动。进入工业社会以来,劳动在人类的物质财富创造中的作用更加突出,在物质产品中占的比例更大。例如各种物理合成、化学合成、生物合成材料包含的自然资源就相对减少了,而应用微电子技术、生物技术以及电子技术与生物技术相结合生产出来的产品,其价值中包含的成分主要是人类的劳动,来自自然资源的部分是极其微小的。但是,即使在当今科技高度发展的社会中,任何有形的物质产品中还是必然要包含一定量的自然资源。人类社会的物质财富,一定是人类劳动和一定量的自然资源共同构成的。而且,一般而言,用于满足人的基本物质需要的物品包含的自然资源的比例往往是相对较高的。很多物质产品包含的还是不可再生的矿物资源。

由于人的劳动能力发展得越来越复杂、彼此之间在质和量上的差别也越来越大,同时也由于在人的劳动成果中包含的自然资源既千差万别又比例不同,因此,如何分配因人的自然才能、劳动能力的使用而来的利益的问题也变得复杂了。而且,在人类社会的历史中,在人的能力和需要不断发展,但多数人还没有清楚地认识到人的劳动价值的时代,就形成了少数人靠体力、智力、暴力、武力等掌握了对多数人进行管理、支配、控制、强制的社会制度。在这样的社会制度下,在财富的分配方面,则形成了少数掌握权力的统治者控制着各种自然资源,并通过对自然资源的控制剥削多数人的劳动创造的物质财富的状态。这就不仅使如何分配因人的自然才能、劳动能力的使用带来的利益的问题变得复杂了,而且也使人与自然资源的关系变得复杂了,人对自然资源的平等权利被否定了。这就使如何分配因人的自然才能、劳动能力的使用带来的利益的问题,变成了如何分配既包含着人类劳动,也包含着自然资源的物质财富的问题。

尽管问题变得很复杂,掌握控制权的统治者还自觉或不自觉地建构各种维护其在政治、经济上优势的不公正制度的观念,在农牧业社会人们的直觉还是能够认识到每个人对自然资源的平等权利的。"耕者有其田""平均地权",一直是劳动者凭着直觉能够认识到的正义吁求。因此,处于原初状态的各方,尽管不知道他们社会的经济或政治状况,不知道它达到的文明和文化水平,还是应该知道人类社会的这种一般事实的。

这就意味着原初状态中的各方不仅知道物质财富是由人的劳动创造和自然资源共同构成的,而且知道个人的自然才能是每个人与生俱来的,是个人的构成性特征,是内在于每个人身体之中的;知道人的劳动能力,既包括自然赋予的体力、智力、活动能力,也包括后来在一定的客观条件下通过个人努力掌握的知识和技能,为了掌握有关的知识和技能个人可能要付出很大甚至是艰辛的努力;知道各种被人们不断发现其价值的自然资源不是任何人创造的,是外在于每个人的更纯粹的自然赋予。如果在原初状态下的各方知道这些,那么,他们一致同意将自然资源作为共同资产,确保每个人对自然资源平等权利的可能性,要远远大于将个人的自然才能作为共同资产的可能性。

即使各方知道个人的自然才能由潜在能力变成在社会中获取一定职位的实际能力以及使用能力的意愿与个人的社会环境条件有关,如果他们也同样知道无论个人先天具有怎样优异的自然才能、后天具有怎样优越的社会环境条件,要使自然才能创造出一定量的收入和财富仍然需要当事人付出实际努力,甚至是艰苦的努力,他们一致同意将个人的自然才能作为公共资产的可能性也是很低的。根据罗尔斯的差别原则,为成功地引出更有成效的努力,为刺激人们更努力地将自己拥有的潜在能力变成实际能力并运用它们,也是要保护不同的劳动能力导致的收入与财富上的某些不平等的。在肯定这种不平等的合理性和必要性的同时,原初状态的各方的合理期望为什么不是对自然资源的平等分配呢?为什么一定是罗尔斯的差别原则呢?

当原初状态下的各方考虑到选择的正义原则"应当在别人看来是合理的",包括在他们的后代看来也是合理的,当他们在"不想牺牲平等的自由来获取较大的利益"的情况下,当他们需要考虑如果自己是天资和社会条件最差的人,如何使自己能够避免无法生存的状况,而关心"能实际地得到的最低工资"问题时,按照最大最小值规则,他们就会选择确保每个人对自然资源的平等权利原则。

因为坚持这个原则,无论社会是否为合作体系,无论社会经济处于怎样的发展阶段,无论社会达到了怎样的文明和文化水平,选择确保每个人对自然资源平等权利的原则,一般来说就能够保证每个人基本的物质需要得到适度满足,不会出现"一种个人几乎不可能接受的结果"。

具体言之,如果每个人对自然资源的平等权利得到保障,有劳动能力的人既可以通过自己的劳动作用于自然资源满足自己的生活需要,也可以通过与他人合作平等地分配共同创造的物质财富中包含的自然资源部分,同时依据每个人的劳动贡献分配其余部分;没有劳动能力的人则可以利用对自然资源的拥有,通过与他人交换,获得基本的物质生活保障。当然,人类认识和利用自然资源的能力比较低,保障的水平也会很低,如果人类认识和利用自然资源的水平高,保障的水平也会相应提高。在人类社会的发展过程中,虽然如何分配因人的自然才能、劳动能力的使用带来的利益的问题变得越来越复杂,但与此同时,人们也逐渐发现并肯定了自愿交换就是等价交换、就是一种公正分配的方式。

亦即,选择保证每个人对自然资源平等权利的原则,就意味着建立一种能够与社会经济发展水平相一致的、保障每个人的基本物质需要的社会制度。这样的选择不仅符合最大最小值规则,而且比保证"最大限度地增加处于最不利状况的人的期望"有更真实的实现机会,能真正体现使每个人都从社会经济的不平等中受益。更为根本的是,这种保障以每个人对自然资源的平等权利为基础,这个基础比将内在于每个人的能力看作是一种共同的资产,要坚实得多。

因此,第二个正义原则应该表述为,社会和经济的不平等应这样安排,①在与正义的储存原则一致的情况下,确保每个人对自然资源的平等权利;②依系于在机会公平平等的条件下职务和地位向所有人开放。这样的正义原则同样具有罗尔斯认为的正义原则在形式上应该具有的那些特征:一般性、普遍性、公开性、次序性和终极性。

二、罗尔斯忽视每个人对自然资源平等权利的原因

罗尔斯之所以忽视每个人对自然资源的平等权利,与人类社会已经形成的财产权观念直接相关。与人类劳动在物质财富创造中的作用越来越重要、越来越显著相联系,更与已经较多地占有了自然资源或者通过占有较多物质财富而间接占有了较多自然资源的人以个人私利为基础形成的偏见相联系,近代以来对物质财富中包含的劳动和自然资源不加区分的私人财产权观念和制度占据了主导地位。在生产资料主要由少数人控制、多数人只拥有自己的劳动能力的工业社会,多数人对自然资源的平等权利在实际上被剥夺了,在观念上被否定了。

在观念上、理论上每个人对自然资源的平等权利被否定,与洛克的财产权理论有直接的联系。洛克在肯定了人都享有生存权利和享用自然资源权利的同时,又以肯定人对自己身体的权利为基点,肯定了人对自己的劳动和劳动产品的权利。但最终,又以每个人对自己的劳动和劳动产品的权利为基础,在很大程度上否定了每个人对自然资源的平等权利。虽然洛克在论证过程中提出了一个条件,但是即使在农业社会对土地的实际占有都不是完全以劳动为基础的,洛克的条件从来就没有得到过保证。因此,对私人财产权的肯定就意味着对已经不平等的财富占有的肯定。

诺齐克将洛克的条件改变成了"就意味着确保其他人的状况不致变坏",①并讨论了"确保其他人的状况不致变坏"的各种具体情形。根据诺齐克的讨论,可以说他也肯定了是劳动创造了一种对无主物的所有权,只是不能简单地说创造了充分的所有权。② 但是,他对个人财产权的肯定、对最小国家的论证,都是以个人对无主物已经形成了财产权为基础的。

资本主义工业社会就是在对自然资源的严重不平等占有的基础上发展起来的。所以,自资本主义私有制形成以来,不仅遭到了各种派别的社会主义者的批判,也遭到了类似罗尔斯这样的社会自由主义者的批判。但是,这些批判都没有从明确每个人对自然资源平等权利的角度展开。这也是罗尔斯提供的那个作为选择对象的"简要表格"中没有包括确保每个人对自然资源平等权利内容的原因。

三、每个人对自然资源平等权利的意义

每个人对自然资源平等权利的根本意义就是,它为在以财产的私有制或多种形式的私有制为基础的市场经济社会中,国家通过市场之外的再分配维持和提升公民的福利水平的政策提供了以客观事实为根据的坚实基础。

资本主义工业社会既是在对自然资源的严重不平等占有的基础上发展起来的,也是在市场竞争机制的作用下发展起来的。尽管市场竞争会导致原来占有大量自然资源和劳动创造物的人变得一无所有,但是,总体的社会经济结构却始终是少数人占有各种自然资源,如土地、矿藏、山林等,以及以它们为原材料的生产资料,多数人则主要靠出卖自己的劳动力为生。因此,对早期资本主义私有制,即自然的自由主义体系,很多人进行了激烈的批判。有关的理论批判导致了各种改变某些社会制度的实际探索。

其中一类探索,就是利用罗尔斯提及的那些人们直觉的观念所熟悉的政策、制度修正自然的自由主义体系导致的严重的贫富差距。亦即,以国家的义务教育政策尽可能修正因家庭出身和个人生活环境等社会偶然因素对个人获取社会中相应地位、职位的能力和意愿的影响;以国家的公共救助和社会保险政策减轻和预防自然的自由体系下存在的严重贫困;以国家的公共医疗、家庭津贴、社会服务等普遍性的福利政策提高全体社会成员的福利水平。与这些政策的实施以及国家提供其他公共物品相联系,国家也通过

---

① Robert Nozick, *Anarchy, State and Utopia*, p. 175.
② Ibid.

税收政策适当缩小个人之间在收入和财富占有上的差距。例如,除了为提供上述供给征收社会保障税之外,对个人收入实行累进税、对获得较多遗产的人征收遗产税等。

虽然国家义务教育的发展在很大程度上是与工业社会对劳动者的基本素质的要求相联系的,但是就客观效果而言,确实具有减少社会生活环境的偶然因素对人实现和利用自然才能的影响的作用。国家的公共救助、社会保险、公共医疗、家庭津贴、社会服务等政策,以及相关的税收政策,在一定程度上修正了自然的自由主义体系导致的社会成员在财富占有上的巨大差距。但是,在法律和政府能够有效地保证市场中的竞争是公平的情况下,分配过程就体现了纯粹的程序正义。如果国家对符合纯粹程序正义的过程形成的结果进行再分配,必须有能够得到人们普遍承认的理由。在不包括自愿赠予的情况下,如果将人们在市场之外获得某些物质资源(获得的方式可能是直接得到某些消费品,也可能是得到现金或服务)视为权利,"人们的权利必须依据于理由"。①

在主要由市场机制配置稀缺资源的情况下,对市场分配结果进行再分配的理由,虽然各种各样,但大体上可以分为两类:一类是以结果的平等为公正,认为社会成员之间是相互依赖的,因此对过大的贫富差距就应该进行修正;另一类是以起点的平等为公正,认为如果参与市场竞争的个人在资源的最初占有上存在较大差别,结果就是不公正的。后一类观点的形成,与资本主义工业社会是在对自然资源的严重不平等占有的基础上发展起来的有一定的关联。

二战以后在西方工业国家发展起来的福利国家,一方面是以追求更大的结果平等的理论为根据的,另一方面也是由于二战对人们的观念和情绪的影响、战后持续的经济繁荣、与苏联式社会主义的竞争等实际状况。后来由于社会成员的情感、情绪的变化,意识形态方面的向右转,更是由于占主导地位的社会利益群体的利益、权力的影响,追求更大的结果平等的福利国家在实践上遭遇了困难,在理论上受到了批判。在福利国家受到批判的同时,出现了从起点平等的角度为国家的一些福利政策进行论证的理论。

例如,布坎南认为影响市场中的分配结果有四个因素:出身、运气、努力和选择。由于运气属于偶然性,而努力和选择是个人的决策,个人不能决定而又对分配结果产生影响的只有出身。这是"在私有财产和契约的法律构架里由市场制度作用所限制的经济比赛中的不公正"的唯一原因。这种先

---

① 〔美〕迈克尔·J.桑德尔:《自由主义与正义的局限》,第120页。

天的分配,"在作出选择之前,在运气光临经济赌博以前,在开始努力之前"就已经发挥作用了。① 要解决这种出发地位上的不平等,"只能依靠宪法制度,依靠制度规则的选择"。"有了制度结构就能鼓励做到某些出发地位的平等。"其中很重要的就是对财产在世代之间的转让征税。②

阿马蒂亚·森在评论帕累托效率原则时也指出,由于该原则不关心效用在个人之间的分配,如果坚持遵循该原则得到的结果才是最优结果,就会导致一种显然不公正的社会状态。因为帕累托最优可能是一种"不分享富人的奢侈荣华,穷人就无法快乐自在"的社会状态。"随着一些人的极度贫困和另一些人的极度奢侈,这种社会状态也可以被称为帕累托最优。这样,帕累托最优可以像'恺撒的精神'那样,'从地狱到天堂'。"③

但是,这样的理由也没有得到普遍认可,对以此为依据实行的相关政策的合理性也一直存在争论。按照诺齐克的权利理论,国家在市场之外承担进一步的再分配职责是不合理的、不公正的。然而,由于诺齐克的理论没有对个人持有无主物的权利是怎样形成的给出必要的解释,其理论是存在明显硬伤的。

在国家的福利政策以及进一步推进社会平等的诉求已经受到新右派的激烈批判之时,罗尔斯试图从新的角度对国家的福利政策给出解释。他与布坎南不同,将因偶然因素导致的不平等视为不公正的根源。因此,他将国家以有关政策、制度调整社会成员间过大的贫富差距的理由归结为个人占据由社会基本结构决定的地位、职务的能力上的不平等是由偶然专横的因素导致的。但是,他将对个人收入和财富在市场之外进行调整的理由归结为"没有一个人应得他在自然天赋的分配中所占有的优势",其依据的哲学理论的缺陷同样是严重的。

简单地说,个人占有的、与收入和财富的形成相关的资源大体上可以分为三类:一是本来属于全人类共同所有的自然资源;二是由个人的劳动创造的物质财富;三是个人占据由社会基本结构决定的地位、职务的能力。而迄今为止,所有为国家的福利政策,或者说再分配政策进行论证的理论,都没有自觉地关注需要分配的利益究竟是怎样产生的。

为国家的福利政策提供的理论解释,无论是看重结果平等还是强调起

---

① 〔美〕布坎南:《自由、市场和国家》,吴良健等译,北京:北京经济学院出版社 1989 年版,第 131 页。
② 同上书,第 134、135 页。
③ 〔印〕阿马蒂亚·森:《伦理学与经济学》,王宇、王文玉译,北京:商务印书馆 2000 年版,第 35—36 页。

点平等,关键的问题都是没有区分个人财富是来源于自己或亲人的劳动创造还是来源于对自然资源的过多占有。结果,在少数人不公正地占有大量自然资源的同时,提供较高福利水平的"福利国家"又很可能通过税收过度侵占一些人运用自己的劳动能力创造的物质财富部分。即使仅仅对财产在世代之间的转让征税,也同样存在侵犯个人劳动创造的物质财富的问题。这是工业化以来,对国家的福利政策一直争论不休的根本原因。罗尔斯的理论直接将人的自然能力上的差别视为不公正的,既是人们的直觉难以接受的,也是在理论上难以成立的。

出于对自然的自由主义体系存在的各种弊病的担忧,在一些国家实行的生产资料公有制和计划经济体系,可以说是对改革自然的自由主义体系的另一类探索。这类探索的根本问题是,似乎实现了每个人对包括自然资源在内的生产资料的平等权利,但是实际上,既没有在理论上明确每个人对自然资源的平等权利,在实践中还由于必然以高度集中的权力调配生产资料和生活资料,导致了在权力的拥有方面社会成员之间的极大差距,与此同时还否定了每个人对自己的劳动能力和劳动产品的权利。因为在劳动分工日益发展、人的劳动越来越复杂的情况下,计划者很难评价每个人的劳动贡献。20世纪80年代以前,在一些国家的实践已经证明了这类探索的失败。

罗尔斯在试图以其正义理论为国家的福利政策提供依据时,多次提到"生产资料可能是、也可能不是私人所有",同时假定"经济大致是一种自由的市场经济","它依赖着一种竞争经济"。① 而且认为,"至少从理论上说,一个自由的社会主义政权也能满足两个正义原则。我们只需要假设生产资料是公共所有,并且由比如说工人委员会或者工人委员会指派的代表管理公司。在宪法指导下,民主地做出的集体决策决定了经济的一般面貌,例如储存率和用于基本公共利益的社会生产比例。在由此产生的经济环境里,由市场力量调节的公司仍然表现得像以前一样。"② 其实,他这里的公共所有更像是公司范围内的公共所有,而不是整个社会范围的公共所有。因为从社会生产中确定一定的储存率和用于公共物品的比例,与生产资料的所有制没有直接的关系,各种形式的私人所有制同样可以通过税收解决。这里的关键问题是,如果一个社会实行的是完全的生产资料共同所有,除了储存率和用于公共物品的比例直接扣除外,其他用于生产和个人生活的物品也必须通过计划进行分配,这就不可能形成市场经济。同时,完全的生产资

---

① 〔美〕约翰·罗尔斯:《正义论》,第66、157页。
② 同上书,第281页。

料公有制必然导致权力高度集中于少数人,没有权力或权力较小的大多数人的自由和权利也必然受到很多限制。

高度集权的计划经济体制的失败证明了,在劳动分工比较发达的社会,经济必须是一种自由的市场经济,必须依赖市场机制配置稀缺资源、刺激经济活动的效益,并保证个人支配自身和有权利拥有的各种资源的自由。因此,生产资料以及各种劳动产品就需要分属于不同的所有者。对自然资源也需要不同的劳动者、劳动者组成的生产单位分别持有或使用。但是,在科学技术高度发达的工业社会、后工业社会,在市场机制的作用下,社会成员之间在财富占有方面的状况是不可能持久地维持大体均衡的。

所以,罗尔斯在阐述了那些保证机会公平平等、对最低受惠者给予一定补助的政策、制度之后,又提出需要通过运用"累进税原则""征收一系列遗产税和馈赠税,并对遗产权进行限制",以便"逐渐地、持续地纠正财富分配中的错误并避免有害于政治自由的公平价值和机会公平平等的权力集中"。说到底,这类政策还是对人们占有的物质财富的状况进行再分配。问题是,国家实施的再分配政策,只有既能够维护每个人对自己的劳动创造物的权利,又能够维护每个人对自然资源的平等权利,才可能是合理的、公正的。

因此,国家对个人收入和财富在市场之外的再分配必须对准每个人拥有或占有的物质财富中包含的自然资源。因为在上述三类与物质财富的形成有关的资源中,只有自然资源本来就不是任何人创造的,与个人的努力和贡献无关。人的权利依据的理由必须以客观事实为基础,才可能得到相对普遍的承认。无论创世论还是进化论,都不否认所有的自然资源都是先于人类存在的。面对这样的客观事实,只有极度自私、完全不讲道理的人才会否认每个人对自然资源的平等权利。确认每个人对自然资源的平等权利,就为国家的再分配政策提供了坚实的客观事实基础。

四、每个人对自然资源平等权利的实现方式

从自然资源与人类的关系来说,首先应该说自然资源是人类共同所有的。但是,为了能够利用自然资源,将自然资源作为人利用自己的劳动能力创造物质财富的条件,对自然资源也需要实行私有制。至于具体的实现方式则可以依据社会经济的实际发展状况决定。在自然经济条件下,可以自然资源的形态为主。这就是满足农民的"耕者有其田"的诉求。在市场经济条件下,特别是在科学技术快速发展的经济体系中,几乎不可能维持每个人对自然资源的平等占有。但是,既然自然资源是人类的共同资产,每个人对自然资源就都拥有平等的权利,那么,个人对利用自己占有的那些自然资源从事生产创造的物质财富就不能拥有完全的财产权。

人的财产权,一方面,正因为人对自己的身体拥有平等的权利,所以人对自己的劳动创造的财富、劳动创造的价值拥有不可否认的权利;另一方面,由于在人的劳动产品中总是或多或少地包含着一定量的自然资源,对于自己的劳动产品中包含的自然资源,个人不一定拥有全部的所有权。例如,煤矿、铁矿、原油的市场价值,其中很大的部分是由没有加入任何人类劳动的自然资源形成的。它们的生产经营者没有权利直接拥有其产品中由自然资源形成的价值部分。因此,对于人的劳动制造的产品中包含的来自自然资源的价值,需要经过一定的再分配过程,才能够成为个人有权利拥有的财产。

由于利用自然资源形成的物质财富,分散在每个人利用自己的劳动创造的物质财富之中,每个人平等拥有的自然资源权利的实现,就需要公共权力加以协调。在当今的世界,主要就是在国家的范围内通过法律来保障,由政府来协调。因此,每个人都拥有的平等分享自然资源的权利也就转化为公民的福利权利,即个人作为一个国家的公民从国家那里获得一定的福利给付的权利。国家的福利政策主要就是对 GDP 中包含了多少应该平等分给每个人的部分进行计算和估量,并平均分配给每个公民。

这个再分配过程大体包括三个环节:首先,从一定时期内每个人新生产的劳动产品的总价值中分离出由自然资源形成的价值部分。从技术上说,在能够以货币衡量物品价值,劳动力和其他各种生产资料的价值能够通过市场价格相互比较的条件下,将具体产品中劳动创造的部分和自然资源形成的部分相互分离是能够做到的。其次,将从所有人的劳动产品中分离出来的由自然资源形成的部分的价值加总。最后,依据总量平均分配给每个人,作为在相应时期内个人对自然资源平等权利的实现形式。经过这样的再分配过程,个人对自己得到的由自然资源形成的财产就拥有了不可侵犯的权利。亦即,每个人对自然资源的平等权利并不需要以生产资料公有制的方式来体现。

由于个人以对自然资源的平等权利为基础获得的这部分财产与个人是否具有劳动能力、是否参加劳动无关,所以,无论一个人是否有能力、有实际的机会获得一个职位,以每个人对自然资源的平等权利为基础,所有的人至少都能够获得生存保障。至于具体的给付形式,既可以满足人的基本物质需要的相关物品和服务为主,也可以相应的货币收入来替代。无论以怎样的形式提供给每个社会成员,国家进行再分配需要具体从事的工作,与当今世界多数国家政府承担公民福利职责的方式相比,都将是既科学合理又相对简单易行的。

在平等自由的正义原则保证了"所有人都是平等的公民",机会的公平平等原则使"那些处在才干和能力的同一水平上,且有着使用它们的同样愿望的人"都有"大致平等的教育和成就前景"的情况下,以每个人对自然资源的平等权利为基础实施福利政策,还能够确实实现"境遇较好者的较高的期望是作为提高最少获利者的期望计划的一部分而发挥作用"的正义诉求。因为在依据这样的正义原则制定的社会制度下,一方面,由于每个人在自然赋予的基本善和后天努力方面的差别导致的收入和财富上的不平等能够提供各种刺激,因此,就能够成功地引出更有成效的努力,能够"使经济过程更有效率,发明革新加速进行等等";另一方面,因职位不同导致的权力、收入和财富的不平等既激励了人们的努力,也能够推动人认识和利用自然资源的能力的提高,从而推进整个社会经济发展水平的提高。随着社会经济发展水平的提高,人们对自然资源的价值的认识和利用能力也会相应提高。人对自然资源开发利用的能力越强,对自然资源的利用就越广泛、深入,经济发展水平也就越高,为每个人提供的基本保障水平也会相应提高。因此,这里根本不需要"假定期望都是紧密啮合的",只要整个社会的经济发展水平提高,每个人都能够从社会经济的不平等中受益。

当社会经济发展至较高水平时,以每个人对自然资源的平等权利为基础进行的再分配,就不仅能够满足人的基本生存需要,也能够更多地满足人的由社会文化创造的基本物质需要。仅以20世纪人对自然资源的认识和利用能力而言,在人类拥有的物质财富中由自然资源转入的部分,完全能够保障每个人与社会文化发展水平相一致的基本物质生活需要。与此同时,由于定期将人们已经利用的自然资源以实物、服务或货币的形式在社会成员之间平均分配,那些无论因为什么占有了大量自然资源的人实际能够支配的物质财富就将大量减少。人与人之间在收入和物质财富占有上的差别既能够相对缩小,差别的原因又将主要是个人能力和市场中的运气。

由于罗尔斯的差别原则以分享个人的自然才能为理据,但是又不能将个人不同的能力创造的物质财富完全平等分享,所以对差别原则能够保证的最低受惠值究竟能够达到怎样的水平,他不能给出清楚的回答。他既认为依据人们的直觉观念熟悉的那些制度能够提供一个适当的最低受惠值,又担心在实施了那些制度、政策以后,社会成员之间的贫富差距仍然很大,以致政治自由和保证机会公平平等的制度都受到破坏;他既认为差别原则是纯粹程序正义的结果,又认为保证最低受惠的限度存在于什么地方的问题构成一种政治判断。后来,他更是不得不承认"在理论上差别原则容许无限大的不平等,又容许条件不佳者得到极小的份额"。①

以每个人对自然资源的平等权利为基础实行的再分配,就不会出现罗尔斯担心的那些问题。首先,每个人通过再分配得到的给付是随着经济的发展而提高的;同时,依据社会经济发展水平为每个人提供相应的基本物质生活保障的水平,主要不是一个政治判断的问题,而是一个可以利用自然科学知识和经济科学知识进行计算的问题。在一单位的劳动产物之中包含多少自然资源,是可以利用自然科学知识和经济学知识进行计算的。例如,原油的开采成本、各种矿石的开采成本、以某种方式利用风能和太阳能的成本等,都是可以计算出来的。以市场价格扣除这些成本和社会平均利润,剩下的就是每个公民都有权利分享的部分。即使在有些情况下自然资源在劳动产物中所占比例、数量的计算可能困难一些,但总能够大体计算出一个人拥有的物质财富中包含了多少自然资源,在当时的情况下价值几何,人均可以得到多少。

另外,由于一定时代的人还没有能力认识和利用的自然资源,自然就留给了后来的世代;以污染环境的方式利用资源,必然对同时代的人产生损害,在自然资源分别由不同的个人或集体拥有的情况下,在民主制度下,人们一定会努力避免这种情况的持续存在。因此,将差别原则改为保证每个人对自然资源平等权利的原则,也同样能够与正义的储存原则相一致。

总之,在生产资料包括自然资源分别由不同的个人或集体所有,"经济大致是一种自由的市场经济"的社会中,将罗尔斯的差别原则改变为保证每个人对自然资源的平等权利原则,完全能够实现对产品的分配按照公开的规范体系进行的要求。而且,市场之外的再分配不仅有更合理、更坚实的基础,分配过程也能够更符合纯粹的程序正义。

但是,国家以每个人对自然资源平等权利为基础进行的资源筹集和市场之外的再分配,必须与国家为提供公共物品进行的税收和财政支出区分开。因为前者是将一段时期内分散在个人拥有的物质财富中的自然资源价值部分集中起来,并在所有社会成员之间平均分配;以后一种方式筹集资金是为了国家能够处理公共事务,为社会成员提供公共物品。公共物品的特点是不能排他、不能分别享用。但是,一般来说,越富有的人从国家提供的公共物品中受益越多。如良好的社会秩序下,富人的大量财产与穷人的极少财产都得到了保障。虽然通过对自然资源形成的价值的平均分配,人与人之间在收入和物质财富占有上的差别能够相对缩小,但个人能力和在市

---

① 〔美〕约翰·罗尔斯:《正义论》,第539页。

场中的运气的不同还会使社会成员之间存在显著差别。因此,国家为了处理公共事务、提供公共物品进行的税收,还是要实行累进税,对个人通过继承遗产和接受馈赠得到的财富也同样应该征收遗产税和馈赠税。这样又可以避免因社会成员之间的贫富差距太大,使政治自由和保证机会公平平等的制度都受到破坏。

每个人对自然资源的平等权利的实现,从理想上说,应该由一个全球性的机构承担。但是,依据目前人类社会的实际状况,由各主权国家的政府承担更为合适。在人类社会几千年的历史上,各种类型的人类群体,为了得到更多的自然资源,经历了无数的血腥杀戮和惨烈争战。目前在国际社会已经形成的主权国家体系以及主权国家的责任和彼此之间关系的现代规则,对于维护人类和平是具有积极作用的。因此,目前由各国政府对利用本国自然资源形成的价值在全体国民之间进行平均分配最为合适。

第四章 避开了"难解之谜"的社会政策

这里的"难解之谜",指的就是亨利·乔治指出的资本主义社会存在的贫困与进步形影相随"这个时代的难解之谜"。所谓社会政策,即国家制定实施的、使个人或家庭可以在市场之外以非等价交换的方式获得某些生活资源以满足社会性地认识到的个人需要的政策。在有些国家也称之为国家福利政策或社会福利政策。由于能够得到长期执行的政策通常也被称为制度,在社会政策具有几十年、上百年历史的国家,社会政策也会被视为国家的社会福利制度。

从福利多元化的角度说,国家的社会政策可以分成两类:一类是由国家负责筹集资源为其成员提供一定福利的政策;另一类是国家对社会成员之间的互助,特别是有组织的慈善活动的引导、监督、管理政策。本书主要讨论由国家负责筹集资源的福利政策。在当今世界,由国家筹集经济资源再提供给个人和家庭的方式,主要有程度不同地遵循保险原则的社会保险,以一般的或特殊的税收收入向贫困家庭提供现金、实物、服务的社会救助,以及以一般的或特殊的税收收入向某一类个人或家庭普遍性地提供现金、实物、服务,其中的实物、服务可能是完全免费的,也可能是低于市场价格的。由国家出资向个人提供的服务,可能由国家机构直接提供,也可能由非政府、非营利组织提供。无论具体方式如何,这里的一个关键问题是:在实行财产私人所有、个人通过参与市场交换满足自身及家人需要的社会中,个人的某些需要为什么要由国家承担筹集资源予以满足的责任?换言之,国家为什么要通过制定实施社会政策的方式对市场分配结果进行一定程度的再分配?

从根本上说,这是工业社会的生产方式和对自然资源的占有方式所致。在工业社会,大多数人不能通过直接占有实现自己对自然资源的平等权利。既然如此,国家的社会政策就应该以每个人对自然资源的平等权利为根据。但是,由于每个人对自然资源的平等权利的客观事实没有在思想观念上得到承认,更没有形成相关的理论认识,结果就是自然资源被少数人占有,多数人除了自己的劳动力以外,对自然资源没有任何占有和直接享用的权利。

只拥有劳动力的人,在失去劳动力或劳动力失去市场价值时,就陷入难以满足生存需要的境地。当一个社会中难以靠自己和家人满足生存需要的人达到一定数量时,这个社会的公共权威机构如果不能对此做出必要的反应,这个社会将面临崩溃的危险。

实际的历史过程是,在社会实际状况产生了必须由公共权威机构做出反应的需要以后,首先是英国国王和国家机构对因圈地运动失去对自然资源起码权利的贫民实施了极端苛刻的贫困救济。后来,基于对工业化社会中生活风险的科学认识,工业化国家又先后实施了政府在其中承担一定责任的社会保险政策。再后来,由于政治民主化程度的提高,以及信奉不同思想理论的人从各自角度对国家制定实施社会政策给出的解释在不同时期得到了不同社会成员的认同,又导致了有关政策的发展、扩展或调整、收缩、削减。然而,从总体上说,国家社会政策以及相关的理论解释,基本上都没有从人与自然资源关系方面、从每个人对自然资源平等权利方面进行思考。亦即,国家的社会政策和相关的理论解释都避开了国家必须制定和实施社会政策的根本原因,即大多数人对自然资源的权利被否定,导致了在社会经济显著进步的同时,多数人还是处于贫困状况,"这个时代的难解之谜"。

本书前三章对阐述工业社会人与自然资源关系的代表性理论、对关于国家实施社会政策具有代表性的理论解释进行了分析,并同时指出了这些理论的价值和存在问题。简言之,这些理论都没有对工业社会的国家必须制定和实施社会政策的根据给出充分的、不可置疑的论证。在社会实际状况需要国家制定和实施社会政策时,推动了社会政策的有关理论解释,主要都是以人与人之间关系的"社会的"特性为依据的。例如,考夫曼认为,"'社会的'(social)这个词的概念史同福利国家的发展紧密地联系在一起"。"'社会的'这个词从它逐渐被频繁使用时起,就是被用来指称人际关系的制度。""一个'社会的'制度就人际关系来说是'和谐的',它能够凝聚共识并使人感到满足。"这样的人际关系制度与新的工业—货币经济导致的社会关系中的"斤斤计较、冷漠和'不人道'"是对立的。①

也有社会政策研究者将这样的思想观念称为"社会连带主义"(solidaristic)。"主张社会连带主义的人认为,社会成员之间的相互依存关系是构成利害一致的社会组织的基础,因此大家要紧密团结合作。"②考夫曼认为

---

① 〔德〕弗兰茨-克萨韦尔·考夫曼:《社会福利国家面临的挑战》,王学东译,北京:商务印书馆2004年版,第33、34页。
② 〔美〕彼得·鲍尔温:《欧洲福利国家模式的定义问题》,载于〔丹〕本特·格雷夫主编:《比较福利制度》,许耀桐等译,重庆:重庆出版社2006年版,第36页注释①。

社会连带主义这个词,"源于拉丁文的'solidus',其中有'坚定的、持久的、可靠的、可信赖的'等含义"。"因此,对团结的要求实质上包含着对他人的可靠性的要求,对他们承认现存规范和随之产生的义务的要求,对他们的合作意愿及其致力于共同利益的要求。""它激励着人们设身处地地为他人着想,也就是'同情',或者用更现代的说法是移情,并相应地在为平衡自身利益与他人利益承担责任的意义上采取行动。"①这类解释与马歇尔的社会权利理论所强调的事实基础基本相同,只是没有像马歇尔那样进一步推论出个人因此就拥有社会权利。

由于对"社会的""社会连带主义"的肯定,国家对个人提供必要的经济保障的政策就被称为社会政策、社会福利政策、社会保障政策。甚至,主要以对工业化社会人们可能遭遇的各种风险和风险分担方式的科学认识为基础的有关措施,因为国家在其中承担或多或少的责任,也被称为社会保险政策。实际上,在工业社会,人们之所以在遭遇工伤、失业、年老等风险时会陷入生活困境,说到底还是因为不考虑每个人对自然资源权利的财产权理论和制度占据着统治地位,劳动者没有对具有市场价值的、能够作为劳动条件的自然资源的起码权利。

然而,人与人之间不仅具有社会连带性,每个人也是分别存在的独立个体,仅仅强调人的社会连带性的理论有其片面性,仅仅强调人的社会连带性不能与自由主义抗衡。所以,哈耶克就从批判的角度分析了"social"这个词。他认为自19世纪中叶开始,在欧洲从"society"这个词演变出了"social"这个词,以表示个人与社会是相互关联的:个人应该服从社会,社会应该关心个人福利。而他自己则非常反感这个词。②

至于自由主义者,依据其核心理论是不可能对国家的社会政策给出合理解释的。但是,由于实际状况表明国家至少不能不承担社会救助的责任,除了早期的古典自由主义者,后来的各种自由主义,包括20世纪80年代以后在思想领域再次占据主导地位的新自由主义(neo-liberalism)、新保守主义,很少有人断然否定国家在市场之外以非等价交换的方式向贫困的个人和家庭提供一定量的生活资源的责任。其间的差别,除了对救济水平有不同看法以外,主要是仅以贫困为标准还是增加要求——没有劳动能力或积极寻找工作。而对国家承担必要的社会福利责任,自由主义者主要是从两方面进行解释,一方面就是根据公民意愿,另一方面基本上是从公共物品的

---

① 〔德〕弗兰茨-克萨韦尔·考夫曼:《社会福利国家面临的挑战》,第132、133页。
② 参见〔英〕弗里德里奇·冯·哈耶克:《经济、科学与政治》,第287、289、290页。

角度进行解释。然而,从公共物品角度解释,医疗、教育政策还能说得通;对于其他社会政策,从公共物品角度解释,在很大程度上混淆了公共物品与私人物品本身在特性上的区别。

总之,在国家的社会政策形成过程中,对国家的社会政策进行解释的各种理论,基本上没有从个人与自然资源关系方面考虑问题,几乎都是从人与人、个人与社会之间关系方面进行论证的。由于这些理论不考虑人与自然资源的关系、不承认每个人对自然资源的平等权利,必然不能对国家的社会政策职责给出确定无疑的解释。结果,为应对各种具体困境、受不同思想观念的影响发展起来的社会政策,虽然在一定程度上缓和了资本主义私人财产权制度造成的一些困境,其本身又制造出了很多难以解决的问题。

由于社会政策首先是在西方国家发展商品经济、市场经济、实现工业化的过程中形成的,虽然发展中国家的社会政策各有自己的特点,但在很大程度上还是通过吸取西方国家社会政策的经验、教训发展起来的,因此本章主要以西方国家社会政策发展的历史为凭,以证明社会政策的发展,除了有关社会力量的推动,主要是对一些社会状况的被动反应和一些缺乏充分解释力的理论推动的结果。社会政策并没有被置于每个人对自然资源拥有平等权利这个客观事实基础上,因而是避开了资本主义的"难解之谜"。

第一节 贫困救助成为国家必须承担的责任

当今,国家的贫困救助政策通常称为社会救助或公共救助。其有几个主要特征,一是以贫困者或低收入者为对象;二是需要通过对当事人进行家庭经济状况调查,确定其状况低于国家颁布的贫困标准(贫困线或最低生活保障标准等),当事人才能够得到以实物、现金或服务等形式给予的帮助;三是救助可能要持续较长时间;四是实施社会救助的资金通常来源于国家的一般性财政收入。也正是因为实施贫困救助的资金来源于国家的一般性财政收入,所以,以贫困者为对象的救助才被称为社会救助,或者公共救助。同时,由于实施救助的资金来源于国家,社会救助政策就更加直接地遭遇到国家为什么承担此项职责的问题。

在传统的农业社会,一般人也会面对收成不好、家人生病等威胁正常生活的风险。因此,人与人之间的互助是一直存在的。欧美的学者通常会说,"在欧洲,福利救助的最初源泉是互相帮助",后来,教会和富有的封建领主也将帮助穷人作为自己的职责,"在中世纪的大多数时间,人们将慈善工作视为一种宗教上的责任"。① 在中国,邻里之间的互助、家族里相对富裕者对贫困族人的帮助,同样有着源远流长的历史。而且,由于中国很早就成了中央集权制的国家,政府对因天灾人祸陷入困境的人也有一些救助性措施。但是,传统农业社会的救助,通常是针对偶然发生的灾害导致的贫困,而且,无论是民间的还是官方的救助,都有两个共同点:一是依据熟人社会的彼此熟识,对因天灾人祸一时陷入极端贫困者提供帮助;二是救助的提供者基本上是自觉或不自觉地以传统的道德观念和宗教观念为依据的。

但是,在西欧从封建社会向资本主义社会转变的过程中发生的贫困不同于传统农业社会。这是因为在这个过程中,人类有能力利用的自然资源越来越多,而同时也有越来越多的人失去了对具有市场价值的、能够作为劳动条件的自然资源的起码权利。当这样的人失去劳动能力或其劳动能力失去市场价值时,不仅其整个家庭陷入困境,社会成员的自愿互助、慈善救助,往往也不能解决问题。在这样的情况下,持续的贫困救助就成为国家不得不承担的责任。否则,不仅有些个人难以生存,社会秩序也会受到严重威胁。今天的社会政策体系虽然已经变得非常复杂,实际上需要应对的问题仍然源自那个时代所发生的社会经济变化。

由于需要国家制定实施救助政策的社会状况、最早的社会政策的颁布,以及对社会政策进行解释的主要理论,都首先发生在英国,所以,本部分主要以英国的《济贫法》和相关理论解释为分析对象。

一、需要贫困救助政策应对的问题产生的背景

在以自然经济为主的农业社会,土地是人们认识到其价值并能够利用的最重要的自然资源,劳动者与土地的权利关系大体上可以分为三种类型:一是像中国自秦汉就形成的小农土地私有制;二是像俄罗斯、印度等的村社土地所有制;三是像西欧那样的上至国王下至耕种土地的农民都对同一块土地拥有某些权利、农奴可以相对稳定地耕种一小块土地的封建制。这三种土地制度的共同点是,都有一个靠政治权力、暴力、武力控制、压迫、剥削农民的社会阶级凌驾于农业劳动者之上。但与此同时,大多数劳动者还是对土地拥有一点起码的权利的。即使是中世纪西欧的农奴对土地也还是拥有直接使用权的,并能够利用这种起码的权利作为使用自己的劳动力的条件。因此,一般情况下农奴也能够勉强维持一家人的生存。特别是在劳动力缺乏的时候,封建领主为了获得必要的劳动力,对自己的农奴还是会提供

---

① Diana M. DiNitto, *Social Welfare: Politics and Public Policy*, p. 36.

必要的生存保障的。

然而，自中世纪末期，由于人口增加、商品经济发展，导致社会经济结构发生了显著变化。贵族之间、农民之间都发生了分化，同时贵族与城市工商业者之间的界限变得模糊了。"它意味着资本主义的兴起，和从前以城市为中心的经济体系向以国家为中心的经济体系的过渡。"当然，这个过程相对于后来的工业革命及其导致的变化而言还是缓慢的。"因为它至少早在14世纪就已经开始，一直持续到19世纪早期机器工业开始超过商业时为止。"①

在西欧社会经济结构发生变化的过程中，首先，由于土地和农副产品价格上升，导致西欧的封建领主开始通过明确自己对土地的专有权独占商品经济发展带来的利益。西欧的私人财产权观念和制度是在中世纪后期形成的。在封建制形成时期，在产权观念和制度方面，侵入罗马帝国的日耳曼人还处于专一的共同体所有和个人拥有部分权利的混杂状态。后来，随着人口增加、商品经济发展，罗马法"在近代欧洲产权结构的形成中再度发挥了作用"。② 其中，财产所有权的明确是很重要的一点。而财产所有权的明确，首先表现在土地私人专有权的确立。虽然封建法律在最初"不承认土地所有权的概念"，但是"土地实际价值的上升通过各社会集团的竞争为建立、重建和确定对土地的所有权提供了刺激"。③

私人财产权的确立对于维护个人自由、推翻封建等级制、刺激经济发展等，都具有极其重要的意义。但是，私人财产权的形成过程是存在着极大的不公正的。土地私人财产权的确立过程同时也是对大多数农民的剥夺过程。在西欧，尤其是在英国，剥夺农民土地的典型方式就是圈地。通过对土地进行圈围，领主加强了自己对土地的专有权，同时彻底剥夺了原先耕种领主土地的农民对土地的起码权利。按照《剑桥欧洲经济史》作者的看法，圈地运动这个概念包含多重含义，其中之一就是，大的土地所有者限制或完全否认其他农民的权利而独占土地。④

在英国由于地理位置和气候，最初是通过圈地发展养羊业以出口羊毛

---

① 〔美〕R. R. 帕尔默、乔·科尔顿、劳埃德·克莱默：《欧洲崛起：现代世界的人口》，孙福生等译，北京：世界图书出版公司2010年版，第129页。
② 〔美〕道格拉斯·C. 诺思：《经济史上的结构和变革》，厉以平译，北京：商务印书馆2009年版，第141页。
③ 〔美〕道格拉斯·诺思、罗伯斯·托马斯：《西方世界的兴起》，厉以平、蔡磊译，北京：华夏出版社1999年版，第81页。
④ 参见〔英〕M. M. 波斯坦、D. C. 科尔曼、彼得·马赛厄斯主编：《剑桥欧洲经济史》第五卷，王春法主译，北京：经济科学出版社2002年版，第106—107页。

的。后来,由于从尼德兰引进了纺织工人,"在15世纪羊毛出口量减少,而毛纺织品的出口量增加了三倍",这就更增加了对羊毛的需求。"在16世纪,随着更多的耕地被牧场取代,人们对于羊'吃'人也更加怨声载道。"①18世纪中期以后,圈地运动更加激烈,议会颁布了数以百计的关于分割、分配和圈围敞田和公地、草地和牧场的法令。"从1714年至1720年,几乎每年都有一个。"而后是每年几个,再后来是每年几百个。"1800至1810年这一个时期则提供一个更高的总数,大大超过以前的一切数字:在这十年中,议会通过的那些旨在'分割、分配和圈围'的法令,不少于九百零六个。"②同时,与圈地运动相联系,在农业生产领域发生了各种技术改良。一些人发明了深耕、施肥以及合理使用牲畜、农具、土地的新方法,并且积极宣传,使很多贵族接受了新的耕种方法。这表明后来的圈地不仅与畜牧业相联系,而且也与种植业相联系。

在领主确定了对土地的专有权、农民对土地的权利被剥夺的情况下,原先的权利义务解体了。于是农民和贵族都获得了更多的自由。但是,这种自由对不同的人却具有不同的意义。对于封建领主而言,由于确定了自己对土地的专有权,他们既可以更自由地决定土地的使用方式,也可以自行决定出售土地。与此同时,在工商业活动中积累了财富的市民、工商业者,也有了购买土地的机会。"于是阶级阵线趋于模糊。"有些资产阶级开始依靠地租过活,"但有些乡绅、贵族(在英国是大部分贵族),则购得海外大贸易公司的股票,或经营其他形式的商业企业"。③而原来的农民,则失去了稳定地使用自己的劳动力的条件,变成了需要在市场上出售劳动力的无产者,陷入贫困的可能性增加了,因为影响因素不仅仅是过去的天灾人祸,更加上了市场造成的不确定性。

当然,在西欧社会经济结构发生变化的过程中,不仅仅是贵族与农民之间的不平等加剧,社会阶级结构也变得更加复杂。贵族之间、农民之间也在分化。贵族之间,除了原先就存在的小乡绅与大贵族之间的区别外,新的推动因素就是在商品经济发展的过程中各自的不同决策。本来由于商品经济发展,货币地租能够使领主更灵活地支配自己从土地上获得的收益。但是,在农产品价格明显上升的情况下,货币地租往往使贵族的实际收入下降,仍然收取实物地租的贵族则能够增加收入。而那些已经自己从事经营活动的

---

① 〔英〕阿萨·勃里格斯:《英国社会史》,陈叔平等译,北京:中国人民大学出版社1991年版,第111页。
② 〔法〕保尔·芒图:《十八世纪产业革命》,杨人等译,北京:商务印书馆1991年版,第111页。
③ 〔美〕R. R. 帕尔默、乔·科尔顿、劳埃德·克莱默:《欧洲崛起:现代世界的人口》,第138页。

人,收入更会显著增加。于是,在财产权和生产经营活动方式发生变化的过程中,有些贵族变得穷困潦倒,有些则成为拥有大量地产、森林、矿山,通过出售各种产品谋取利润的大资产者。另外,在以国家为中心的经济体系形成过程中,一些贵族还积极谋求在国王的军队或政府中工作,"渴望在已成立的政府中获得高官要职"。而那些靠地租为生的贵族则"过着悠闲的生活"。①

农民之间的分化同样与此相关,拥有小块土地、在以货币形式交纳地租以后仍然能够出售一些农产品的农民,就能够增加收入。因此,"在英国,一个介于小地主乡绅和农村贫民之间的小土地所有者阶级('自耕农')发展起来。在欧洲大陆,至少在法国、德国西部和尼德兰,有些农民(如同英国的小土地所有者一样),获得了更可靠的财产所有权。"与此同时,那些没有土地,或者土地很少,拿不出东西在市场上出售的农民,以及依赖工资的雇工,则"境况迅速恶化"。"农村生活比中世纪更加不平等。""在英国和大陆,大量没有财产的农村劳动者依旧处在贫困之中。"②另外,本来就已经与市场相联系的工商业者,在束缚竞争的封建制度被逐渐打破的过程中,也会产生分化。特别是远距离贸易的发展,小商人、小业主因不能适应越来越广阔的市场,在竞争中变成无产者的可能性也在增加。

在上述变化发生的过程中,既有人生活变得富裕了,也有人变得更加贫困了。同时,由于市场竞争,本来有些财产的人也可能在竞争中失败,变成贫民。当劳动力与土地和其他自然资源的结合需要通过市场这个中介时,情况就发生了更为根本性的改变。在16世纪的欧洲,"各国的大多数人口都是由贫穷的劳动者组成的"。"这些人不仅包括非熟练的工资劳动者,也包括失业工人、未被雇佣的工人和大部分转为流浪汉和乞丐的贫民。"③正是已经产生和继续增加的大量贫民,以及对社会秩序的威胁,迫使正在形成中的国家不得不采取必要的救助措施。

二、目的与原则相互矛盾的《济贫法》

由于社会经济结构的变化,失去土地和劳动机会的人持续增加,流浪乞讨问题"自中世纪后期以来一直被视为欧洲的灾难"。④ 英国首先通过颁布《济贫法》应对这一问题。但是,英国的《济贫法》从一开始就存在目的与原

---

① 〔美〕R. R. 帕尔默、乔·科尔顿、劳埃德·克莱默:《欧洲崛起:现代世界的人口》,第138页。
② 同上书,第137页。
③ 同上书,第139页。
④ 〔英〕迈克尔·希尔:《理解社会政策》,刘升华译,北京:商务印书局2003年版,第28页。

则的矛盾。

因为当时的英国,不仅由于激烈的圈地运动使大量的农村雇佣劳动者成了失业者,而且又由于宗教改革和解散修道院,使教会的救济能力极大地减弱了。越来越多失去了土地、失去了必要的生存条件的农民,成了流离失所的贫民、乞丐和流浪汉。当人对能够作为劳动条件的自然资源的权利被彻底剥夺,失去了获得必要的生存资源的机会时,采取极端手段是不可避免的。"在16世纪,各种程度的暴力行为始终没有停息。暴力已经构成了日常生活的组成部分。私人武器库和武装团伙的存在,已经被视为理所当然的事情。非政治的施暴行为以及非政治性的暴力惩治行为,更是司空见惯、不足为奇。""无论在乡村还是在城市,屡屡发生区域性骚乱,间或发生大规模的起义。""在1549年,同时存在着两股互不相属的起义大军。""1569年发生在北方的又一次起义致使400人被处决。"1596年"牛津郡又发生了反对圈地的乡村暴动"。一些起义的民众要求政府对"贫困的平民百姓实行赈济"。①

上述种种情况清楚地表明,当一个社会中的劳动者失去了对自然资源的起码权利时,不仅个人难以生存,社会也难以维持必要的秩序。但是,在私有财产权制度和私人财产权观念已经确立的社会环境中,如果不从个人与自然资源关系的角度看待社会面对的困境,国家就没有理由为陷入贫困的个人提供救助。所以,英国的《济贫法》是以维护社会秩序为目的,作为维护社会秩序的一种手段形成的。《济贫法》及其相关规定表明,当时政府颁布这些法律,最主要的目的不是救助穷人,而是管制穷人。"是想以惩治流浪汉和乞丐的方法防止人们离开土地,并要求那些无法养活自己的人不要在国内游荡,而是要回到他们出生的教区。""《济贫法》所要做的是阻止大规模的社会失序。"②

面对社会的动荡不安,英国国王颁布了一系列适当或不适当、有效或无效的法令。到1601年,将以前颁布的各项法令编纂补充成为法典,此即世界历史上著名的英国《济贫法》。此后,由于社会经济的继续变化,"农业的变化,城镇的增加,以及制造业的初步发展,发生了可观的人口流动"。③ 在17和18世纪,英国政府又不断发布了对《济贫法》进行修改、补充的法令。包括要求地方当局建设济贫院并且不准对不愿入院的贫民给予任何救济的

---

① 〔英〕阿萨·勃里格斯:《英国社会史》,第126页。
② 〔英〕哈特利·迪安:《社会政策学十讲》,岳经纶等译,上海:世纪出版集团2009年版,第21页。
③ 〔英〕迈克尔·希尔:《理解社会政策》,第28—29页。

法令。在17、18两个世纪里在全国发展起了各种执行机构。

虽然《济贫法》的主要目的是维护社会秩序,但是,既然以"济贫"为手段维护社会秩序,必定包含着对贫困者提供救济的观念和措施。这是因为在当时,传统的道德观念和宗教观念还具有一定的影响力,"济贫"的观念主要还是来自人道主义思想和其他一些传统观念,如旧的家长制观念、基督教中的助人观念等。例如配第在论述国家应该承担救济贫民的职责时,给出的理由是,"根据上天的法则,任何人都不应该挨饿,上天为每个人准备了食物。因此,任何人都应该被允许得到公众的接济,我们更应该用公共经费来赡养他们"。①

然而,基督教除了有助人的观念,也有"不劳动者不得食"的观念,再加上正在兴起的维护个人权利的自由主义思潮,使得"济贫"似乎必须加上"无能或失能"的限制性条件。所以,"《济贫法》的一个主要特征就是'使穷人参加工作'"。②《济贫法》一直致力于区分"值得帮助的穷人"和"不值得帮助的穷人"。只有那些没有劳动能力或失去劳动能力的人才被认为是值得救助的。然而,那些值得救助的人之所以陷入贫困,有很多是因为他们有劳动能力的家人没有劳动机会或工资非常低。当贫困人口的数量之多已经导致严重的社会失序时,不对有劳动能力的人给予救助,社会秩序就必然受到威胁。结果导致《济贫法》从一开始就陷入了维持社会秩序的目的与坚持救助值得帮助的穷人的原则之间的矛盾。

三、社会实际状况推动了必需的贫困救济

远离根本问题,实际措施与政策目的也相互矛盾的《济贫法》,在很大程度上是由于社会的实际状况推动着一些地方的政策执行者在实践中自觉或不自觉地向济贫方向倾斜,才使之在当时的社会变迁中发挥了必要的作用。

因为按照古典自由主义的观念,"中央政府扮演'辅助者'而非'领导者'的角色"。"这种世界观的进一步延伸则是地方自治的思想。"③所以,"法律通过把救助穷人的责任委托给地方教区,使救济物资的发放得到系统化。而这些教区则获得授权,对当地的财产拥有者征收一定的税费以弥补成本。"但是,由于各个教区的情况不同、对《济贫法》的规则执行情况也不

---

① 〔英〕威廉·配第:《赋税论》,第4—5页。
② 〔英〕内维尔·哈里斯等:《社会保障法》,北京:北京大学出版社2006年版,第74页。
③ 〔英〕马丁·鲍威尔主编:《理解福利混合经济》,钟晓慧译,北京:北京大学出版社2011年版,第30页。

同,"穷人得到的救济在苛严或慷慨的程度上可能存在着极大的差异"。①为了节省资金,很多教区没有实行严格的济贫院内救济,各个教区在实际中也不可能严格保持不对有劳动能力的人给予救济。

尤其是18世纪末由地方自己选择是否执行的两项法令,更多地体现了对无能或失能的限制性条件的偏离。西欧的18世纪,既是自由主义的观念和制度快速发展的时期,也是以资本主义私人财产权制为基础的市场经济推进工业革命的时期。到18世纪末,虽然英国的工业革命已经如火如荼,自由主义思想也已经成为主流意识形态,但是,在更多的人成为无产者、经济波动愈加明显、社会动荡也更为激烈的情况下,旧的家长制道德观念再次推动了《济贫法》从失能救助向贫困救助摆动。有人认为,在英国这是"最后一次竭尽全力恢复旧的道德经济,以对抗自由市场经济"。②

被认为体现了旧的家长制道德观念的法令,一是1782年的《吉尔伯特法》,二是1795年的《斯皮纳姆兰(Speenhamland)法》③。这两项法案不仅肯定要对有劳动能力的人提供帮助,而且还都含有当工资不能维持家庭生存时,以济贫税补贴"劳动报酬和生活费之间的任何不足"的内容。④《斯皮纳姆兰法》还提出要给贫民更多的救济。而且,"这些救济要成为公平的,就应当同食品价格一道变动"。为此,有关官员"制作了一个一览表,根据小麦价格的高低来估计生活所必需的最低限度的收入"。⑤ 这实际上就是后来设定贫困救助标准的前奏。

但是,这两项法案,特别是1795年《斯皮纳姆兰法》的提出,首先是由于法国大革命引起的恐慌、粮食价格上涨和各种税收引发的国内大规模的暴乱频繁发生。"在18世纪和19世纪初,由面包价格、路税、通行税、间接税、'救济费'、罢工、新机器、圈地、强征兵役劳役和许多其他令人不快的事引起的骚乱不断发生。"而"1795年是这种'骚乱'频发的危机年头。这一年欧洲发生饥荒,食品极度短缺"。"随着价格猛涨,直接行动遍及全国。"⑥在这种情况下,传统的家长制观念也乘势发挥了作用。

虽然在当时的情况下,《斯皮纳姆兰法》对于避免更大的骚乱具有一定

---

① 〔英〕哈特利·迪安《社会政策学十讲》,第21页。
② 〔英〕E.P.汤普森:《英国工人阶级的形成》,钱乘旦等译,南京:译林出版社2001年版,第61页。
③ 国内也有人译为"斯宾汉兰""史宾翰连"或"斯品汉姆兰"。
④ 〔英〕克拉潘:《现代英国经济史》上卷,北京:商务印书馆1964年版,第443页。
⑤ 〔法〕保尔·芒图:《十八世纪产业革命》,第353—354页。
⑥ 〔英〕E.P.汤普森:《英国工人阶级的形成》,第55、59页。

的作用,但是,因为它包含了向有劳动能力甚至有工作的人提供院外救济的内容,结果就是申请救济的人数激增。这既是由于确实存在广泛的绝对贫困,也是由于工厂主、农场主借机更加压低工资,同时,对教区来说,对单个人的院外救济比院内救济可以省一些钱。结果,申请救济的人数急剧增加时,济贫税自然也迅速增加。"济贫税在 1785 年是二百万镑,到 1801 年增到四百万镑,1812 年到六百五十万镑。"①

在 18 世纪英国工业革命迅速发展的大背景下,济贫税的激增很快就遭到了越来越多的人的反对和谴责,认为它还是以贵族家长制的理念为基础的。主张自由放任的古典经济学家对"旧济贫法"进行了激烈批判,如马尔萨斯就提出,"《济贫法》——事无巨细概以女王命令行之并由国家为全体臣民承担责任的那样一个时代的产物——应干脆停止实施。"并且认为"弊害之所以产生,根本观念上的错误比随之而来的行政上的错误要负更多的责任"。② 但是,社会生活的实际状况已经证明国家不能不承担贫困救助的责任,停止实施《济贫法》的结果就是社会崩溃。在自由主义思想的影响下,实际采取的措施是在 1834 年颁布了后来被称为"新济贫法"的《济贫法修正案》。

第二节 自由主义对国家必须承担贫困救助责任的勉力解释

西欧封建社会向资本主义社会的转变与自由主义理论的发展是相互推动的。自由主义理论的核心是个人自由、权利,包括财产权不可侵犯。这种不承认每个人对自然资源平等权利的自由主义,不可能对国家的社会救助政策给出合理的解释。根据自由主义的基本观点能够推出的结论,只能是仅仅承担维护个人权利而不能侵犯个人权利的最小国家。即使根据自由主义对每个人的平等的政治权利的论证,国家是否承担对贫困人口的救助责任或承担更多的职责,要看全体公民能够达成怎样的"社会契约"。然而,作为公民,对国家政策表达意见时,也总是应该给出理由的。在绝大多数社会成员还没有获得政治权利的情况下,有机会表达意见的人也需要对自己的意见给出解释。如果严格遵循古典自由主义的基本信条,就很难符合逻辑地对于国家的贫困救济政策给出恰如其分的解释。

---

① 〔法〕保尔·芒图:《十八世纪产业革命》,第 354 页。
② 参见〔英〕克拉潘:《现代英国经济史》上卷,第 434 页。

实际上，后来的自由主义者主要从两方面解释国家的贫困救济政策和其他需要国家筹集资源的社会政策。一方面就是根据公民意愿，另一方面基本上是从公共物品的角度进行解释。例如，雷吉达对国家承担其公民经济保障责任的解释，典型地代表着前一种看法。"对经济保障计划的批评意见经常认为，联邦政府不应该涉足经济保障领域。然而，在一个民主化的国家，政府的行为通常应该反映人民的意愿。""民主政府所做的事情本质上就是公民所需要的。实际上，该原则是多数原则的一个体现，并且从长期看，公民的意愿应该被反映在能够表达他们意志的立法当中。如果公民们希望制定某种经济保障计划，他们就会选举支持这些计划的人作为他们的代表。"①

在实现了政治民主的社会中，公民意愿确实是国家承担职责的主要依据。但是，在一个利益分化、不同的人信奉不同观念的社会中，任何就国家事务表达意愿的人，试图将自己的意愿变成国家法律时，还是需要给出有说服力的理由的。虽然那些能表达强势群体的利益诉求的意见，给出的理由可能并不科学严谨，也不合乎客观事实，却能够变成国家法规的情况也并非鲜见，但是，对某种意见给出理由总是必要的。

在资本主义从手工工场发展到大机器工业阶段时，社会的实际状况，不仅需要国家承担起贫困救助的职责，而且越来越需要国家承担更多的超出"守夜人"的职责。在国家必须承担这些职责的情况下，自由主义理论本身也发生了变化，一些自由主义者开始对国家必须承担的职责给出了不同于古典自由主义的解释。

仅就自由主义对贫困救助政策的解释而言，可以分为两个阶段，前一个阶段是将贫困救济视为消极的公共物品，后来是将贫困救济视为积极的公共物品。所谓消极的公共物品指的是为了避免社会失序、崩溃而提供的公共物品。相对而言，积极的公共物品指的是有助于社会发展、能够增进社会福利的公共物品。但是严格说来，无论是贫困救济能够避免社会失序，还是有助于增进整个共同体的利益，这些都是因为某些个人从国家得到了一些私人物品而产生的外部效应。所以，将社会救助解释为公共物品，并没有揭示社会救助政策的根本原因。

一、市场原则与生存原则的矛盾

18世纪的欧洲，是自由竞争、自由放任的思想观念日渐强劲，限制经济

---

① 〔美〕乔治·E.雷吉达：《社会保险与经济保障》，陈秉正译，北京：经济科学出版社2005年版，第13页。

自由发展的封建习俗、法规被逐渐打破的时代。"放任主义的倾向在公开出现并以一般理论来证明自己的正确性以前,已经逐渐地并在若干特殊场合中显露出来了。"①随着亚当·斯密、大卫·李嘉图等人对自由主义经济学理论的系统阐述,自由贸易、自由竞争、自由放任的思想观念更加深入人心。这种自由放任的主张之一就是废除所有的有组织的利益集团,不仅要废除商人和手工业主的行会,而且也禁止雇工在行会之外组织的工匠协会。自由主义者"主张所有价格和工资应在有关的个人之间自由协商而定"。②

但是,在劳动力市场上单个劳动者的选择自由是极其有限的,他们几乎不可能对工资的决定有任何影响力。没有稀缺技能的劳动者只能根据市场中的供求关系得到极其低微的工资,以至家庭负担较重的工人完全不能维持家人的生存。这清楚地表明在大多数劳动者除了自己的劳动力,对任何能够作为劳动条件的自然资源都没有权利的经济制度下,自由竞争的市场原则与生存原则是相互矛盾的。当工人通过组建工会,以集体的力量争取自己利益时,控制了政治权力的有产者阶级一直将工人组建工会定为非法。即使在19世纪中期自由放任的思想已经达于顶峰的情况下,工人仍然没有建立工会的自由。而这又与工人在政治上仍然处于无权地位有关。因为直到19世纪末,只有拥有一定财产的成年男性才有选举权。由有财产的阶级控制的政治权力、国家机器,必然成为从无产者那里获取最大利益的工具。

英国1782年和1795年的法案之所以提出"以捐税补贴其劳动报酬和生活费之间的任何不足",就是因为由市场决定的工资使劳动者不能维持一家人的生存。这种情况也不仅仅存在于英国,在法国也同样存在。不过,在法国不是政府承担弥补工资不能维持劳动者生存的问题,而是有些雇主在工资之外给工人提供家庭补贴。本来"一个人的工资代表他的劳动的商品价值,它的多少是不以他的家庭负担的大小而转移的","然而,出于公平的考虑,同时也受到天主教的社会伦理的影响,在第一次世界大战以前,一些雇主便决定发给那些有家庭负担的劳动者较多的工资"。③

在市场原则与生存原则的矛盾十分尖锐时,国家的十分苛刻的《济贫法》在维护社会秩序和缓解贫困方面的作用都是很有限的。不过,由于在社会经济的发展过程中生活富裕的人也在增加,更由于人道主义观念和宗教观念对人的社会道德的引导,在19世纪的英国和其他欧洲国家,劳动者之

---

① 〔法〕保尔·芒图:《十八世纪产业革命》,第368页。
② 〔美〕R.R.帕尔默、乔·科尔顿、劳埃德·克莱默:《理性与激情》,第175—176页。
③ 〔法〕让-雅克·迪贝卢、爱克扎维尔·普列多:《社会保障法》,蒋将元译,北京:法律出版社2002年版,第18页。

间的互助和民间的慈善活动也迅速发展。在19世纪,"慈善团体和通过各种慈善活动的济贫捐款持续增加。对于经济状况稍好的有工作的穷人,互助会、工会和保险公司越来越多地提供一些项目,以保护他们免于疾病或死亡所带来的经济困境或者避免乞丐的葬礼所带来的耻辱感"。①

但是,在大多数人失去对自然资源起码权利的情况下,劳动者之间的互助,以及社会中上层人士的慈善捐助都不可能解决严重的贫困问题。在19世纪末,英国的有关学者对劳动者的贫困问题的科学调查,以大量的事实揭露了贫民的悲惨处境,并证明贫困者的贫穷并不完全是因为他们个人。其中查尔斯·布斯(Charles Booth)对伦敦东区的调查最为著名。他在1889—1903年对伦敦东区的贫困问题进行了调查,然后发表了长达13卷的调查报告《伦敦人的生活和劳动》。其后,很多人对英国城市的贫困问题进行了调查。结论大致都是有约30%的人处于贫困状态。

而且,这些社会调查证明,贫困并非由于懒惰,人口中的30%处于贫困中,主要是因为找不到稳定的工作或即使有相对稳定的工作收入仍然难以维持生存需要。经常发生的经济萧条更导致了与失业相联系的贫困。② 这些调查"很容易地就动摇了贫困是由于个人或家庭的缺点造成的假设"。"贫困应该通过个人或有组织的慈善活动来消除的看法也越来越受到怀疑。"③这些系统的、确凿的事实开始改变一直居于主导地位的一种观念,即贫穷是由于个人的懒惰和其他道德方面的问题。

劳动者陷入极端贫困之中,不仅发生在英国的工业化过程中,同样发生在其他国家。例如,在法国,随着工业化程度的提高,工人因失业、工伤陷入"贫困的深渊"的威胁越来越明显,因此无论法律上是否禁止,"一旦意识到他们的脆弱之处和他们的连带关系(阶级连带),劳动者便越来越多地建立起互助制,很多互助会也随之产生"。但是,因为工作的劳动者也十分贫困,所以"这些互助会的运作很糟糕"。"因为会员们没有足够的收入,他们也不可能缴纳应有的会费,因而也不可能得到足够的补偿。"④

由于工人的自助、互助不能解决问题,法国政府也开始考虑承担必要的救助责任。1893年建立了"医疗救济",1904年建立了"儿童救济",1905年建立了"老年救济"和"残疾不愈救济"。"所有这些救济制度都是由公共财

---

① 〔英〕内维尔·哈里斯等:《社会保障法》,第77页。
② 参见丁建定:《从济贫到社会保险》,北京:中国社会科学出版社2000年版,第29—31页。
③ Eric J. Evans, ed., *Social Policy*, London, Routledge & Kegan Paul, 1978, p. 149.
④ 〔法〕让-雅克·迪贝卢、爱克扎维尔·普列多:《社会保障法》,第12页。

政支出的。"① 根据这些救助政策的名称可以看出,这些政策基本上是属于对没有劳动能力的人的救助。

日本,虽然文化传统和政治制度与西方国家有很大的不同,但是,在工业化时期,也制定了类似济贫法的贫困救济政策。"1874 年制定并颁布的《恤救规则》,是日本实施社会保障制度的萌芽,1929 年制定(1932 年实施)的《救护法》取代了《恤救规则》。"②

这些事实表明,在一个国家进入工业社会以后,由于工业领域中的劳动者及其供养人口除了自己的劳动力,没有任何具有市场交换价值的其他资源,在只能通过出卖劳动力获取必要的生活资料的情况下,劳动者就随时面临着失去劳动能力和劳动能力失去买主时如何生存的问题。尽管由于人的生物性以及在此基础上形成的观念和制度,家庭成员之间的互助能够发挥一定的作用,但是对没有财产积累的贫困家庭来说,有劳动能力的人得不到雇佣时,成员之间互助的经济基础就坍塌了;尽管由于人的社会性以及在此基础上形成的观念和制度,包括宗教信仰,也推动了没有亲缘关系的人之间的互助和慈善救助。然而,当自然资源和人类劳动创造的物质财富成为少数人控制的资本,绝大多数人只有得到资本所有者的雇佣才能获得或多或少的生活资料时,越来越多的事实证明,市场、家庭、社会成员的互助都不能避免一些个人和家庭陷入生存需要不能得到起码满足的困境。

不过,在人们对贫困的原因有了更为客观的认识之后,居主导地位的思想理论仍然不是从人与自然资源关系角度考虑问题的,转变主要发生在一些人开始从人与人之间关系方面考虑问题。

在英国这种变化的发生,与一个重要事件有比较直接的关系。这个事件就是布尔战争。"它是英国历史上极不光彩的一页,也正是这段历史对社会政策产生了重要影响。"③ 在 1899—1902 年英国人在与南非的布尔人进行战争需要征兵时,对报名的青年人进行体格检查,结果有 60%的人身体状况不合格。这与很多人缺衣少食、营养不良的生活状态有直接的关系。当时,社会舆论主要是从国家的竞争力角度看待这一问题。因为在 19 世纪末,德国、法国、美国工业资本主义已经有了迅速发展,对英国形成了明显的威胁。公民的贫弱和来自其他国家的竞争在英国引起了人们对国家状况的

---

① 〔法〕让-雅克·迪贝卢、爱克扎维尔·普列多:《社会保障法》,第 12 页。
② 穆怀中等:《发展中国家社会保障制度的建立和完善》,北京:人民出版社 2008 年版,第 73 页。
③ 〔英〕迈克尔·希尔:《理解社会政策》,第 34 页。

关注。"可以说,形成1905至1914年社会改革洪流的最重要的原因就是对人的不胜任和无能的担心。布斯和朗特里(Rowntree)的揭露,特别是在1899至1902年的布尔战争期间征兵时发现的工人的身体状况,使许多有影响的人感到惊恐。"①于是很多社会成员开始把文盲、疾病、贫困等社会问题不再仅仅看作是个人问题,而且是涉及国家竞争实力的问题。这就使从个人与集体、个人与国家关系角度看问题的观点具有了一定的影响力。

二、对工业社会国家必须承担的新职责的不同解释

在封建时代,国王、贵族领主对人的控制很多,但是很少对公共事务进行管理。在社会发生剧烈变化的环境中,在工业化的社会中,社会生活的许多方面都不能再依据传统社会的习俗、惯例维持秩序,在很多领域都需要建立一些人为的制度安排。所以,在自由放任原则已经居主导地位的同时,恰恰需要国家也必须承担起必要的职责。

对这种社会变迁给出较好解释的是自由主义理论中的功利主义。功利主义者杰里米·边沁的理论推动了国家责任及其履行方式的转变。边沁虽然也是自由主义经济学家,但是他与亚当·斯密的思想有一个根本的区别。斯密信奉的是个人利益天然一致的信条,相信追求自身利益的个人之间能够自动地实现和谐,因此他的理论促进了自由放任。而边沁在承认个人追求自身利益合理性的同时,不认为个人利益能够自然地实现和谐,他认为在社会层面需要以增加快乐避免痛苦为标准建立必要的规则。亦即,在他的思想理论中包含了通过政府实现和谐的意涵。② 这就为政府实施贫困救济和其他干预措施,如工厂立法等提供了理论依据。

因此,英国的"新济贫法"既是古典自由主义者反对国家承担济贫责任的体现,也是功利主义推动国家作用方式改革的体现。

在英国工业革命高潮即将来临之际颁布的"新济贫法",由于济贫税高涨,再一次明确提出不再对贫民提供"院外救济"。同时,"新济贫法"还提出了两条原则:济贫院审查(workhouse test)和较低资格(less eligibility)。济贫院审查,指的是一个人要想获得救济必须进入一个专门的济贫机构。这既意味着接受救济需要放弃个人自由,同时也意味着有工作的人,无论工资多低,都不再能够得到救济。而较低资格原则,表达的是"那些接受救济的

---

① Eric J. Evans, ed., *Social Policy*, p. 223.
② 参见〔美〕小罗伯特·B.埃克伦德、罗伯特·F.赫伯特:《经济理论和方法史》,第105—110页。

人不应比那些在工作的人生活得好"。因此,"较低资格原则通常还与济贫院中恶劣的生活环境并行"。① 也正因为济贫机构的生活环境非常恶劣,济贫院审查才能发挥作用,只有那些确实走投无路的人才可能申请进入其中。

不过,"新济贫法"的实施方式则更多地体现了功利主义者的一些主张。"新济贫法"改变了过去主要由教区负责的状况。"设立了全国性的济贫法委员会(Poor Law Commission)监督该系统的工作,并将教区分组,形成济贫法联合会(Poor-law unions)。"② 这标志着国家不仅需要承担制定社会政策的责任,而且开始介入社会政策的实施。因此,有人将英国的"新济贫法"视为福利国家的起点。但是,实际上,那时的国家承担济贫的责任并不是以增进公民福利为目的的,而是以控制贫民、维护社会秩序为目的的。

"新济贫法"在管理方式上的改变,实际上体现了一种将贫困救济视为公共物品的观念。自由主义的功利主义者主要是将贫困救济解释为消极的公共物品。诺曼·巴里认为,"边沁的功利主义是19世纪英国主导公共政策的官僚式福利国家的知识源泉。它是理性主义的和设计性的,认为国家有一种福利作用。"③

正是基于边沁的功利主义,国家的社会救助职责被视为国家提供公共物品的职责之一。虽然那时的经济学家还没有提出"公共物品"的概念,但是,在大多数人失去了对自然资源的起码权利、个人或家庭的需要主要通过参与市场交换来满足的情况下,没有国家的社会救助作为最后的生存保障,社会必然走向崩溃。所以,"19世纪的功利主义者是将济贫视为一种公共物品"的。因为如果不救济贫民,社会秩序将可能受到威胁。然而,自利的个人不可能提供这样的公共物品,需要国家承担责任。④ 这显然是从消极的方面将社会救助解释为公共物品的,因为济贫的目的是为了避免社会秩序受到威胁。

当然,对于进入工业化过程的国家,政府不得不实施的贫困救济,当代学者给出了比较符合历史事实的分析。例如奥菲认为,当时发生的变化,属于社会成员大规模"消极地"无产阶级化,这并不等于被剥夺了劳动手段或生存资料的个体,就一定"要把自己的劳动力放到劳动力市场上去出卖,自发地进行'积极'无产阶级化"。实际上,劳动力大规模地转变为无产阶级

---

① 〔英〕肯·布莱克默:《社会政策导论》,王宏亮等译,北京:中国人民大学出版社2009年版,第34、35页。
② 〔英〕迈克尔·希尔:《理解社会政策》,第29页。
③ 〔英〕诺曼·巴里:《福利》,储建国译,长春:吉林人民出版社2005年版,第20页。
④ 同上书,第20页。

绝不是一种自然的结果。要将"消极"的无产阶级转变为"积极"的无产阶级,需要社会结构、社会制度多方面的改革。需要通过"国家机器中的'意识形态'部分和'压制性'部分",解决"把劳动力纳入劳动市场供应方的问题";需要国家建立起"组织和支持劳动力市场外生存形式","把不能'纳入'雇佣劳动关系的风险和生活领域进行制度化";需要国家解决"对劳动市场的供求关系进行数量控制的问题"。①

诺思也同样提到了在工业化过程中,"有效的思想约束"及"坚持不懈地发展新社会的伦理准则"的重要性。② 韦伯也指出,劳动者并非是自然地就走进工厂的。现代工业作坊的业主"把工人集中在作坊内,在现代初期是有一部分强制性的;贫民、无家可归者和犯人被迫进入工厂"。③

奥菲等人的分析表明,无论是为了维护社会秩序,还是为了迫使失去土地的劳动力进入工业生产作坊,都需要国家实施贫困救济。但是,贫困救助又必须是十分苛刻的,只有这样才能够既避免大规模的社会动乱,又能够将祖祖辈辈生活在农业社会的劳动者逐渐推入劳动力市场,成为工业社会生产活动的构成要素。

不过,就工业革命发生时期的实际社会状况而言,当时不仅需要将大量的农业劳动力推入工业劳动领域,而且由于社会经济生活发生的显著变化,需要国家承担必要的管理责任。在 19 世纪,鉴于工厂中的种种恶劣状况,英国政府颁布并多次修改了限制工厂主雇佣童工的年龄、工作时间以及工作环境的《工厂法》;19 世纪中期,与人口集中于城市、贫民窟恶劣的生活环境造成传染病相关,国家制定了公共卫生方面的法律。对于国家的这些作为,功利主义确实能够给出比古典自由主义更合理的解释。

三、积极自由与积极的公共物品

将贫困救助解释为消极的公共物品,虽然比完全反对国家承担此一职责更符合社会实际状况的要求,但是,仅此还不能推动国家有更积极的作为,或者说是不能对国家更积极的作为给出必要的解释。与此同时,"当自由主义最终成为主流政治意识形态时,工业革命令人震惊的后果导致了巨

---

① 〔德〕克劳斯·奥菲:《福利国家的矛盾》,郭忠华等译,长春:吉林人民出版社 2006 年版,第 102、103、107 页。
② 〔美〕道格拉斯·C. 诺思:《经济史上的结构和变革》,第 192 页。
③ 〔德〕马克斯·韦伯:《经济通史》,姚曾廙译,上海:上海三联书店 2006 年版,第 109 页。

大的反应,开始出现建立一种不同的政治意识形态的尝试"。① 严酷的社会现实在19世纪中后期不仅导致了各种社会主义思想的形成,也推动了对古典自由主义的批判和修正。在英国还产生了"新自由主义"(new-liberalism)的思想潮流。"新自由主义"者采用了积极自由的概念,并在一定程度上将贫困救济及其他必要的社会政策解释为积极的公共物品。

英国的新自由主义者认为,自由应该是指"一种积极的权力或能力"。这种能力能够让人去做值得做和值得享受的事情,包括"与他人一起做或一起享受的事情"。为了做值得做的事,就需要一定的条件。所以,国家就应该承担一些维护个人生存、健康以及儿童教育的责任。② 在19世纪80年代末和90年代,持有新自由主义观念的一些年轻的自由党议员还通过他们的政治行动推动议会和政府更多地关注社会问题,并且把他们的要求称为"新自由主义的首次行动"。

例如,当时比较有影响的霍布豪斯(L. T. Hobhouse)明确提出,"如果我们发现国家教育儿童、提供医疗检查、为老年人提供养老金等,我们的回答是,这就是国家的为保证个人能够发展他们的智力和个性提供条件的功能"。③ 霍布森(J. A. Hobson)在肯定国家已经开展的一些公共活动的同时指出,"但是,迄今为止国家的这些干预和新的功能在很大程度上还是机会主义式的、相互没有联系的行动。对这些行动还没有公开承认的原则基础。""自由主义的真正危机在于接受和实施一种积极的进步政策的知识上和道德上的能力。"④

对于国家为什么要对个人从事活动的能力提供条件,以及为此提供资金,新自由主义者也是从公共物品的角度进行论证的。只不过他们不同于19世纪的功利主义者,不是从消极的方面而是从积极方面将国家的社会福利职责解释为公共物品。所谓从积极方面的解释,即不仅认为国家的社会政策能够避免社会失序,而且能够使整个共同体变得更好。例如,塞缪尔(Herbert Samuel)等认为国家在教育、住房和贫困救济方面提供财政支出,不仅仅是直接补贴给接受者,也是通过保证更有效和更令人满意的劳动力,补贴了整个共同体。霍布森则进一步认为,再分配的税收不仅是社会福利

---

① 〔瑞典〕吉姆·凯梅尼:《从公共住房到社会市场》,王韬译,北京:中国建筑工业出版社2010年版,第6页。
② Robert Eceleshall, *British Liberalism*, London, 1978, p. 180.
③ Eric J. Evans, ed., *Social Policy*, p. 229.
④ Ibid., p. 218.

的基础,它也提供一种经济资源消费不足的解决办法。① 这些观点表明,新自由主义者主要还是从个人与社会的关系方面来论证国家承担福利责任,这样就仍然是从公共物品的角度解释国家的责任。只不过因为是从积极的公共物品角度给出解释,新自由主义就不仅能够为国家的贫困救济政策提供必要的解释,而且也能为国家制定和实施其他社会政策提供必要的解释。

当代学者对社会政策与积极自由和积极的公共物品的关系给出了更清楚的表述。"社会福利国家的任务是保障'实现公民基本权利自由的社会前提'。如果说一个人的自由不该导致另一个人的依附的话,那么,在一个以市场经济方式组织起来的社会中就需要政治上和法律上的校正。"有关的校正政策,维持充分就业、实施收入再分配、根据需要提供社会服务等,"不仅符合私人利益,而且也符合公共利益"。② 问题是,政治上和法律上对市场经济分配结果校正到什么程度是合理的、公正的,说到底还是取决于各社会阶级、利益群体能够达成怎样的共识。

然而,将贫困救济视为公共物品的解释,并不是就物品本身的解释,而是就其可能具有的外部性——维护社会秩序的作用的解释。因为公共物品的基本特征是具有不可分割性和不可排他性,如果有人提供,其他没有为之做出贡献的人也能够享用。所以对于社会成员都需要,而个人因他人可以搭便车不愿意提供的东西,就需要国家提供。而国家依据社会政策,尤其是贫困救济政策,向个人或家庭提供的现金、物品、服务,绝大多数是能够排他性地分别使用的私人物品,需要的人是能够通过市场化的供给购买的。国家之所以需要向个人提供一些私人物品,根本原因还是在于有些人没有购买必要的私人物品的能力。

尽管从国家的目的方面考虑,如果目的不是满足个人需要,而是维护社会秩序,贫困救助确实提供了社会秩序这种公共物品。但是,即使从人的很多活动、很多消费品的享用都会有外部影响的角度说,公共物品与私人物品的界限不是绝对的。将由国家提供的私人物品称为公共物品,还是存在着混淆概念基本含义的问题。

当然,在19世纪末和20世纪初,英国政府对贫困救济政策的改革,以及自工业革命开始就制定和实施的一些有利于无产者的政策,不仅仅是由于思想观念领域发生了变化,更是由于社会变迁过程中产生的实际需要,特别是在社会变迁中形成的新的社会力量在国家的政治生活中、在推进社会

---

① Eric J. Evans, ed., *Social Policy*, p. 229.
② 〔德〕弗兰茨-克萨韦尔·考夫曼:《社会福利国家面临的挑战》,第135页。

改良中也开始发挥作用。

在 19 世纪末的英国共同推动了济贫法改革和其他一些社会福利政策形成的力量,主要是新自由主义者和费边社会主义者。后来,费边社会主义者与其他社会主义团体共同努力建立的"独立工党""工人代表委员会""工党",更是在推动英国社会政策发展中发挥了重要作用。这表明在更多的社会成员获得政治权利的情况下,社会的不公正确实更有机会得到修正。

希尔对这段历史给出了如下概括:"1885 年,大量的工人阶级男性加入选民队伍,是影响政治思想的开端。1899 年成立了工人代表委员会,它试图将更多的工作的男子选入国会。它在 1906 年转变为工党。大多数政党,包括保守党和自由党越来越意识到应当争取获得工人阶级的支持。保守党是帝国主义和社会改革的很有意思的混合体。自由党有一个激进的派系,他们因爱尔兰地方自治和布尔战争的侵略主义斗争而处于不利地位,但是他们乐于推动该党接受一系列新的社会措施。"①

在贫困救助方面,由于布尔战争事件,政府成立了一个针对体质下降的跨部门委员会。"1904 年,该委员会的报告中敦促在公立学校系统中建立学校医疗服务并提供校餐。这两项措施都被自由党采纳,并在他们掌权后立即实施。"②这项政策与 19 世纪英国政府已经实施的教育政策有直接关系,为了提高选民素质和提高工人的文化水平,"1870 年以后,政府有效地参与到初等教育的提供中"。③

另外,由于社会各界对"新济贫法"的批评,在 1905 年保守党执政时就成立了一个对济贫法执行状况进行调查的皇家委员会。在自由党执政以后,还没有等皇家委员会的调查报告通过,就在 1908 年推出了《老年人养老金法案》。这一法案"对济贫法的作用作出了重要修正"。④《老年人养老金法案》是对老年人的贫困救助,对 70 岁以上的贫困老年人提供养老金。当时的标准是年收入低于 31 英镑,对收入在 21 到 31 英镑之间的人进行资力调查。

这项社会救助法案,一方面还是延续了对值得帮助的穷人的救助,但由于在政策上明确地与已经把救助对象刻上耻辱烙印的济贫法相分离,而且,接受者的自由和权利没有受到损害,所以其人性化程度有了很大提高;但另一方面,《老年人养老金法案》则是将通过资产情况调查确定救助对象的方

---

① 〔英〕迈克尔·希尔:《理解社会政策》,第 33 页。
② 同上书,第 34 页。
③ 同上书,第 31 页。
④ 同上书,第 35 页。

式,更清楚地建立起来了。

第三节　社会政策体系的形成和发展

虽然需要国家制定实施社会救济政策的情况,首先发生在从封建社会向资本主义社会转变过程中的西欧,但是,包含了更多内容的社会政策体系的形成还是由于工业革命导致的令人震惊的后果。工业革命发生以后,虽然有些人变得更富裕了,但是也有人生活得更加艰难了。工业革命从两个方面造成社会政策体系得以形成的环境。

一方面是,机械化生产、市场经济和城市化给劳动者造成了更多陷入生活困境、遭遇严重贫困的风险。工业革命使经济活动增速,同时也使市场经济的波动更为剧烈;大机器工业生产中的工伤事故更多、结果更严重;与机器工业相联系,人口集中于城市,造成了住房拥挤、传染病肆虐等各种生活问题。所有这一切都清楚地表明,很多问题既不是市场能解决的,也不是社会成员的互助能应对的。另一方面,由于工业化和城市化造成的人口集中不仅催生了各种社会主义思想理论和社会主义运动的发展,也因此导致了社会中的有产者、富裕阶层对一些严重问题的关注,并从中产生了一些推动社会改良的思想理论和社会力量。

在资本主义社会中,真正推动了国家在一定程度上承担公民的经济保障或者说公民福利责任的实际力量,主要是工人阶级及其政党。而各种努力推动资本主义改良的社会民主主义理论,包括英国的费边社会主义,则主要从人的社会关联性、推进社会平等的角度对国家的社会政策给出了解释。同时,对工业化社会人们遭遇的概率性风险及应对方法的科学认识,也是国家社会政策发生变化、内容更加丰富、复杂的重要原因。

然而,尽管在工业化国家社会政策形成和发展的过程中,推动社会政策的思想理论主要是各种社会民主主义和社会自由主义,但是,由于在各西方国家毕竟是财产所有者和自由主义思想居于主导地位,而且各个国家的社会阶级结构、历史文化传统各有自己的特点,不同阶级和利益群体的宗教信仰、价值观念又有着错综复杂的差别,所以推动社会政策的实际的和观念的力量是在各种因素的不同组合之下,以不同方式发挥作用的。另外,当国家制定实施必要的社会政策已经成为一种事实之后,中产阶级以及更富有的阶级也千方百计地通过国家的社会政策增加自己的利益。在希望落空时,又转而批评国家的社会政策过度干预了市场、侵蚀了社会。

一、社会政策与工业化、城市化和民主化的关联

工业化与城市化是紧密相连的。城市化不仅使贫民集中于城市,更使衣食无着的人难以靠自己解决居住问题,再加上战争等因素的影响,使一些国家的社会政策不得不增加了在住房上对贫民提供帮助的内容;同时由于工业化需要劳动者具有一定的文化知识、在生产劳动中能够遵守严格的纪律,国家的社会政策逐渐增加了提供免费教育的内容;工业化社会靠劳动力为生的无产者一旦生病不仅失去收入,而且因为集中劳动和居住,也极易发生传染病的快速扩散,应对疾病导致的收入中断和提供医疗服务也成为国家的社会政策之一。此外,除了义务教育,一些国家还因为人口出生率低等原因,制定了诸如儿童津贴等普遍性的福利给付政策。

不过,自19世纪末,国家社会政策最突出的变化是,以对工业化社会劳动者遭遇的生活风险的概率性认识为基础,增加了帮助劳动者应对导致收入中断的各种风险的社会保险政策。因为工业生产与农业生产的最大不同是,劳动者会患上职业病、遭遇工伤事故。

"在19世纪期间,工人阶级因为劳动事故和职业病几乎濒于绝境。""因为技术方面的缺陷(机器爆炸,矿井坍塌等等)和漫长的工作日削弱劳动者的注意力(直至每天14个小时),劳动事故相当频繁。由于事故的受害人无力求医,且多数的医疗水平还很低下,事故的后果对受害人来说则更是灾难性的了。"结果,在一些国家先是通过对民法的修改,"通过了一系列关于对劳动事故进行赔偿的立法"。意大利是在1883年,比利时和荷兰是在1903年。① 英国在1897年颁布了《工人伤残赔偿法》,"国家实施了强制性的工人伤残赔偿法案","保障工伤雇员从雇主那里得到一个最高限额的赔偿"。②

原来的《法国民法典》规定的是,"事故受害人若要得到其雇主的赔偿,应该证明后者的过错"。而1898年的法律对有关条款进行了修改。"变化是两方面的,体现了折中的意图",一是无须证明雇主有过错,雇主负责"变为自动的";二是雇主"负担的民事责任只能是一种定额赔偿"。"他的赔偿的广度并不相当于受害人遭受的实际损失。"该法律的原则最初仅适用于工业企业,后来逐渐扩展到商业,最终扩展到所有行业的企业。"1919年,该

---

① 〔法〕让-雅克·迪贝卢、爱克扎维尔·普列多:《社会保障法》,第13页。
② 〔英〕内维尔·哈里斯等:《社会保障法》,第78页。

原则也适用于某些特定的职业病。"①由于工伤事故无论怎样频繁,总是属于概率性事件,所以,在雇主的赔偿责任被明确以后,"大多数雇主都到保险公司投保"。②

另外,在大多数人失去了对能够作为劳动条件的自然资源的起码权利的同时,工业化社会生产技术的更新速度、市场经济的周期性波动都使劳动能力更容易失去市场价值。失业成为劳动者及其家庭陷入贫困的重要原因。

亦即,在工业化社会,靠劳动力为生的人无论是因为工伤、疾病、年老,一旦失去劳动能力,或劳动能力失去市场价值,就无法养活自己和家人。因此,19世纪末以来,虽然国家社会政策体系的形成和发展是多种力量以不同的组合方式综合作用的结果,但是,其中对工业化社会人们遭遇的概率性风险及应对方法的科学认识,是国家社会政策发生变化、内容更加丰富、复杂的重要原因。

与此同时,政治民主的发展也直接或间接地推动了国家社会政策发展。在19世纪末,由于工人运动和社会主义运动发展,在不少工业化国家,工人已经建立了自己的政党,争取到了参与政治事务的权利。至少是男性成年人的选举权,不再以拥有财产为必要条件。各种类型的工人阶级政党——社会民主党、工党、社会党等在推动社会政策发展方面是发挥了重要作用的。在工人阶级力量增强和社会主义运动发展的背景下,有些国家的保守主义者、自由主义者也不得不以颁布一些社会政策的方式,阻止工人阶级及其政党的影响力扩大。

另外,政治民主也不仅仅是劳动者逐步获得基本的政治权利,也表现为各种社会力量、利益群体之间,在必要的情况下能够实现一定的相互妥协。在19世纪末,最重要的是在占有各种自然资源、拥有资本的资产者与没有什么经济资源却人数众多且已经组织起来的工人阶级之间的冲突可能导致两败俱伤,以致社会崩溃的情况下,最终在很多国家各社会阶级、各种社会力量之间实现了必要的妥协。

考夫曼对劳资双方的妥协与社会政策发展之间的关系给出了很好的阐述。他认为,"福利国家发展由于社会整合而实现安定的方面,在雇主协会和工会之间的历史协议中得到更清楚的表现。这种协议在许多国家构成了'福利国家妥协'的基础。"在19世纪末20世纪初,在丹麦、瑞典、瑞士、德国

---

① 〔法〕让-雅克·迪贝卢、爱克扎维尔·普列多:《社会保障法》,第13、14页。
② 同上书,第14页。

等都有双方达成协议的明确记录。而劳资双方能够最终实现妥协,又是与这些国家的文化传统有关的。虽然是社会民主党推进了福利国家的发展,但是,"借助市场经济和社会福利国家实现其公民团结互助的政治共同体的理想,只能在深受基督教和启蒙运动文化影响的西欧社会的界域中产生"。他还引用海曼的话说,资产阶级和工人阶级共有的"社会理念"具有重要意义。"基督教的信念以及对'集体的'生活方式的回忆,对启蒙思想家所宣扬的个人主义起了强有力的修正作用。'自由主义由于这个在其基础上成长起来的社会运动而不得不自我克制。'正是价值取向的,或者更确切地说,基本公正的理念的这种共同性,为社会政策的内涵指引方向。"①

但是,由于社会政策的发展是通过政治过程实现的社会妥协,因此,社会政策至多是以当时各方能够承认的缓解问题的方式为根据的。那么,随着社会实际状况的变化、人们利益的变化、观念的变化、各方力量对比的变化,国家能够实施的政策也会发生变化。国家的社会政策,既可能只是弥补劳动者失去的对具有市场价值的自然资源的起码权利,也可能过度膨胀。过高的福利支出也是一种不公正。这正是自 19 世纪末以来社会政策发展变化的实际状况。根本原因在于社会政策不是以每个人对自然资源的平等权利为根据的。

对于在资本主义社会里推动了国家在一定程度上承担公民的经济保障或者说公民福利责任的各种理论而言,其本身并没有为国家的社会政策提供坚实的客观事实基础。努力推动资本主义改良的社会民主主义,包括英国的费边社会主义,主要从人的社会关联性、推进社会平等的角度对国家的社会政策给出了解释。但是,这两个论证角度都存在着各自的理论困境。

肯定人的社会关联性的社会主义理论有不同的派别。其共同点是,认为资本主义制度下,劳动者受到了剥削和压迫,劳动者既没有得到真正的自由,更没有实现经济上的平等。马克思主义的社会主义认为只有推翻资本主义私有制才能解决劳动者遭遇的各种问题。实际上实行生产资料公有制、计划经济又会造成很多新问题。而社会民主主义则试图通过对资本主义制度的逐步改进,推进平等。而且,后来在很大程度上将社会政策视为协调资本主义的效率与社会平等的工具。但是,这会产生平等与公平之间的纠结。因为按照自由主义的观点,在看不见的手作用下形成的结果才是公平的,由某个人或某些人决定的分配结果恰恰难以实现公平。

另外,从人的社会关联性角度为社会政策提出解释的社会主义理论,还

---

① 〔德〕弗兰茨-克萨韦尔·考夫曼:《社会福利国家面临的挑战》,第 29—30、31—32 页。

必须面对一个问题,即人不仅具有社会性,人也是独立存在的个体,每个人都有自己的感觉、知觉、认识和思考能力,有自己独特的利益。因此,有关的社会主义理论虽然在实践中推动了社会政策的发展,其本身仍然存在两个相互联系的难以回答的问题:一是,个人利益与集体利益之间的取舍;二是,从人的社会性方面说,必然涉及权利和义务、贡献与接受之间关系如何确定的问题。正因为社会民主主义理论没能解决这两个问题,加上二战以后在西欧国家形成的集体主义氛围,在追求人与人之间更大的平等的观念下,在20世纪六七十年代出现了福利国家的过度膨胀。

虽然,以人的社会关联性为基础的社会权利理论,自第二次世界大战以后,已经逐渐成为被普遍接受的观念,但这一理论同样没能为国家的社会政策提供坚实的、确定的基础。

二、社会保险政策的形成

由于在工业化社会,大多数人失去了对能够作为劳动条件的自然资源的起码权利,靠劳动力为生的人无论是因为工伤、疾病、年老,一旦失去劳动能力,就无法养活自己和家人。借助在市场中形成的商业保险方式,即通过交纳保险金使遭遇风险的人共同分担某种风险造成的损失,降低实际遭遇风险的人负担的方式,以及工人自己组织的互助方式,到了19世纪末和20世纪初,很多因素共同推动一些工业化国家开始通过立法将对某些风险的保险作为国家的社会政策。

在国家以社会保险的方式帮助工人抵御工业社会的风险方面,德国是首创。德国的俾斯麦政府在19世纪80年代颁布了三项社会保险政策:1883年颁布的《劳工疾病保险法》、1884年颁布的《劳工灾害保险法》、1889年颁布的《劳工老年残废保险法》。俾斯麦政府颁布的这三项社会保险法,都是由雇主和劳工联合组成管理机构,由政府予以监督。疾病保险费,雇主分担1/3,劳工自己负担2/3;灾害保险费,全由雇主负担;老年残废的保险费,雇主和劳工各负担一半,政府给予适当的补助。① 所谓灾害保险即工伤保险。这几项保险法颁布的顺序就表明,在当时急需应对的是与工业化社会相联系的来自职业活动中的风险。

德国首先颁布社会保险政策,一是因为始于重化工业的德国工业化使工人遭遇工业社会特有风险的可能性更大。二是德国的工业化过程使工人

---

① 以上内容主要参考曾繁正等编译:《西方国家法律制度社会政策及立法》,杭州:红旗出版社1998年版,第105、107、195—206页。

的集中程度也更高,所以工人阶级的组织化程度和反抗能力格外强大。德国是第一个建立了工人阶级政党的资本主义国家。"1869年,倍倍尔成立了工人党,1875年由它诞生了社会民主党。"①三是德国人的科学精神和德国以知识分子为主的行政官员的特征。他们既是代表贵族利益的保守派,又比那些眼界狭隘的极端保守派更现实,懂得利用社会政策实现所希望的控制。而导致三项社会保险颁布的直接原因则是,"左派——更确切地说是社会民主党人——在议会选举中的胜利使俾斯麦感到不安。为了阻止社会民主党人力量的滋长,俾斯麦认为应该果断地采取一些前所未有的社会政策。"以便让"人民发现其君主关心他们的福利","为了没有社会主义,要发展一点儿社会主义"。② 由此可见,俾斯麦政府颁布有利于工人的社会保险法,目的是与社会民主党争夺国家权力的合法性基础。

实事求是地说,社会保险也不完全是俾斯麦政府的首创。在此之前的很长时间里,不仅有商业保险的发展,工人自己也通过建立"友谊社"、行业工会等方式自发地组织了类似的社会保险,如工伤、失业以及丧葬方面的社会保险方式的互助。

然而,德国的社会保险政策毕竟与工人自发组织的互助保险不同。其中最主要的差别在于,工人自发组织的互助保险经费完全来自工人自己的收入,而德国的社会保险是由国家强制雇主也要缴纳一定比例的保险费,尤其是工伤保险完全由雇主承担保险费用。这样的社会保险政策,在当时,确实是增加了劳动者的利益。首先,在不曾有过这样的社会保险政策的情况下,国家开始强制雇主为工人抵御有关风险缴纳保险费,等于在先前雇主承担的劳动力成本的基础上迫使雇主从自己获取的利润中拿出一部分,确实是减少了雇主的一些收益,增加了工人的利益。其次,在当时的情况下,工人的工资仅仅能维持生存,工资再低劳动力的再生产就不可能维持了。在这样的情况下,雇主也很难将新增加的保险负担通过逐渐降低工人工资的办法,暗中转变为实际上仍然是工人自己出资。

这样的政策之所以能够得到雇主的接受,因为当时德国的社会保险政策主要涉及的是经济核心领域的工人。社会保险政策的目的是"把核心的工人纳入到年轻的德国民族国家中来"。由于对工人提供的保险是与收入挂钩的,"这有助于雇主和雇员积极投资于技术(特别是与工业有关的技

---

① 〔法〕德尼兹·加亚尔、贝尔纳代特·德尚等:《欧洲史》,第504页。
② 〔法〕让-雅克·迪贝卢、爱克扎维尔·普列多:《社会保障法》,第15、16页。

术)。这是雇主最终支持俾斯麦的"福利国家"的基础。①

但是,当这样的社会保险政策长期稳定实施,成为一种常规化的制度,同时劳动者的工资也已经高于维持生存、维持劳动力再生产的水平以后,所谓的雇主与工人共同出资参加社会保险,就会变成只是名义上雇主出资而已了。因为在社会保险政策稳定下来以后,当工人的工资超出了维持生存的水平,雇主就完全能够通过减少工资报酬部分作为雇主承担的保险费。也就是说,在社会保险稳定实施的情况下,所谓雇主为雇员缴纳一定比例的社会保险费,只不过是使雇主将其承担的劳动力成本分成了两个部分而已:一个部分是雇员的工资,另一个部分是为雇员缴纳的保险费。

第一次世界大战以后,根据《魏玛宪法》的基本精神,在已有的社会保险法的基础上,新的政府又相继推出了一些劳工保护和社会救济方面的法令。特别是由于20年代末30年代初的大萧条,德国1929年推出了《职业介绍与失业保险法》,1931年推出了《志愿工作法》,1932年推出了《义务劳动法》。② 在失业救助方面,1927年在社会保险体系中"有一个与就业相挂钩的失业福利(为失业者提供在当时的国际标准来看是比较高的福利)和一个资力审查与税收支持的失业救济"。"长期失业者最终会'落入'资力审查的城市福利社会救济体系中。"第二次世界大战以后建立的社会政策体系仍然包含这样一个多层次的失业救助。"尽管有失业救济,社会救济实际上变成了社会保障体系的第三级保护。"③

尽管经过后来的一系列变化,德国的社会政策体系也包含了更多的内容,但是人们一般认为俾斯麦的社会政策是"保守的福利制度的主要代表"。因为德国的社会政策除了强调家庭的作用,再一个主要特征是,"福利的慷慨程度基本上是由以前的收入确定的"。由于再分配的力度相对较小,所以,"社会保险的国家努力保持社会现状,并维持生活水平不下降。这个目标在养老金和失业保险的考核指标中有所体现。"这就使得只有能够稳定就业的人才可能参加社会保险。参加了社会保险的人就"能够获得慷慨的与收入挂钩的福利"。而那些"从保险费中不能获得(充分的)享受权而又有需要的人则依靠税收支持的社会救济金"。"这类救济金数额较少,而且要受到资力审查。与收入挂钩的德国福利主要关注水平的而不是垂直的再分

---

① 李秉勤等:《欧美福利制度》,北京:中国社会出版社2011年版,第233页。
② David Denney, *Social Policy and Social Work*, New York: Oxford University Press, 1998, p. 5.
③ 李秉勤等:《欧美福利制度》,第232、233页。

配。后者在社会民主的福利国家中更为明显。"①

德国社会政策的保守色彩,与其在快速工业化的过程中工人阶级和资产阶级这些现代社会阶级力量发展的同时,贵族特权阶层依然强大,天主教徒在人口中占有较大比例并且也成立了自己的政党等因素有一定的关系。由于德国俾斯麦政府的社会政策立法在一定程度上是为了在政治上排斥社会民主党人,所以最初,社会民主党是反对政府的社会福利政策的。"在第二次世界大战之后,社会民主党开始也是不同意与收入挂钩的福利,因为他们更喜欢贝弗里奇的平等的社会福利。然而,除了得到雇主的支持,与收入挂钩的社会保险福利也得到了工会的支持。"②由于具有广泛的社会阶级基础,所以德国的社会政策体系的保守色彩一直保持了下来。

第二次世界大战以后,在西德是明确地实行社会市场经济体制的。德国的克劳斯·格林教授在总结德国的社会市场经济原则时说:"按照现在的认识水平,从原则上来说,最符合一个奔向富裕的社会的各种需要的是:a)市场经济制度;b)一个实行市场经济制度的'负有社会责任的'国家。余下的任务是要发挥创造力,而发挥创造力的领域很大,并且要冒很大的风险。"③但是,"负有社会责任"还是一个有着巨大变动空间的原则。

在德国颁布了三项社会保险立法以后,许多国家都仿效德国,以社会保险的方式提供劳工保护和劳工福利。在当今的世界,社会保险更是很多国家的社会政策体系的重要组成部分。差别主要是,由于其他多种因素的不同影响方式、力度,不同国家的社会保险政策也有很大的不同,即使社会保险政策主要是与对工业化社会人们遭遇的概率性风险及应对方法的科学认识有关。例如,在有的国家社会保险资金主要由雇主和雇员以缴纳社会保险费的方式筹集,在另一些国家则以政府的一般税收收入作为主要资金来源,还有一些国家则是以国家征收社会保险(社会保障)税的方式筹集资金。另外,在不同的国家雇主与雇员缴费的比例也不同。至于社会保险金的给付,有关条件、与工资的关联程度等也有很大不同。

三、社会政策体系的复杂化

此处的社会政策体系的复杂化,一方面是指,进入 20 世纪以后,特别是

---

① 李秉勤等:《欧美福利制度》,第 232 页。
② 同上书,第 234 页。
③ 〔德〕克劳斯·格林:《联邦德国的社会市场经济》,北京:中央编译出版社 1994 年版,第 7 页。

第二次世界大战以后,在很多工业化国家,贫困救助和社会保险政策变得越来越复杂了;另一方面是指,与城市化、人口结构变化以及思想观念的变化相联系,在一些国家建立了不同于贫困救助和社会保险的福利政策。例如,在很多工业化国家都实施了儿童补贴政策。这种政策通常都是既不以交纳保险费为前提,也不考虑家庭经济状况的普遍性福利给付。关于社会政策的复杂化,此处主要以法国的社会政策体系的形成和发展为例。

对国家福利体制进行比较的学者通常都将德国和法国归为保守主义的福利国家。按照法国人自己的看法,法国的社会保障与德国的一样,都明显地受到保险思想的影响,即保险金的缴纳与给付都和被保险者的工资有比较密切的关联。因此,这是"一个对工资进行保障的社会保障体系"。"在这种体系中,给付差不多变成了与在职时工资十分接近的无职工资。"①

但是,法国的以社会保险为核心的整个社会政策体系也与德国有许多的不同。首先,法国的社会保险体系十分零碎、分散;其次,其决策制度和行政管理体制中除了国家的作用外,有组织的社会力量的作用也比较重要;再有,法国的社会政策在以保险为原则的同时,也有保障社会成员基本生活需要的考虑,是"两种思想的折中调和"。所以,作为缴费和给付基数的工资有一个最高限额,而且一些社会救助性的政策和普遍性的福利给付是依附于社会保险政策的。体现为"分摊金的缴纳通常是社会保障制度的资金来源,但是许多给付的发放却是非缴费性的"。② 所以,在法国的社会政策中,很难区分出单独的社会保险政策。

法国作为一个比德国有着更长的资本主义工业化和革命运动历史的国家,在国家建立社会保险政策之前,劳动者自己已经以行业和职业为基础建立了许多自治性的互助组织。这些互助组织,虽然帮助劳动者应对了一些工业社会的生活风险,却很难靠自身力量长期维持。所以,劳动者在推动政府建立社会救助政策的同时,也推动了国家社会保险政策的建立。但是,由于在法国工人已经形成了以行业、职业为基础组织互助的长期传统,也因为不同行业、职业的劳动者在劳动和报酬方面存在差别,结果,在法国要建立一个统一的社会保险制度就变得很困难了。

目前法国的社会保障体系是由许多部分构成的。最早出现的是后来被称为特别制度的部分;相对于那些特别制度,后来为一般工薪者建立的体系被称为一般制度;一般制度之后,又为没有雇主的独立劳动者建立了老年、

---

① 〔法〕让-雅克·迪贝卢、爱克扎维尔·普列多:《社会保障法》,第40页。
② 同上书,第41页。

疾病与生育保险制度；为农业领域的经营者和领薪者建立了一系列不同形式的保险制度。

在 19 世纪末，"由于劳动者的强烈要求，在那些劳动条件十分艰苦，以及那些对经济的影响非常重要或者对公共事务机构的运行至关重要的部门（如矿业、海运业、铁路运输业、公务员，等等）分别建立起了各自的保险制度"。后来，"社会保障制度的设计者们曾希望将同一个保障制度扩展到所有居民，但遭到了强烈的反对"，这些"独特的、较之一般制度更优越的制度"就作为特别制度保留下来了。这些特别制度相对于一般制度自主程度更高一些。有的覆盖了多种风险，有的只覆盖了部分风险，其他风险，特别是"疾病的保险给付和家庭给付"通常又属于一般制度。这些特别制度的当事人，当初是为了自己能够得到更高水平的给付，强烈反对加入一般制度，但近些年则由于"人口和经济的变化，以及高水平的给付时常给特别制度带来财政上的困难，尤其是当它们所属的职业活动每况愈下的时候（例如，矿业制度）"，所以，很多特别制度需要补充性的资金来源。① 这已经表明，即使是以对风险的概率性和风险分担的科学认识为依据的保险政策，如果有其他的利益和观念方面的介入，同样会出现明显的不合理。

法国在 20 世纪初开始考虑建立覆盖更广泛的社会保险制度。但是这套一般制度的形成经过了长时间的争论和努力。"1910 年 4 月 5 日的一项法律本想为工商农行业的领薪者建立一个工人农民退休制，但最后以失败告终。""1921 年，一项关于建立社会保险的法律草案在议会立案。""经过一个漫长的起草和准备工作，第一个法律于 1928 年 4 月 5 日通过。但是，它所掀起的争论是如此之多，以至于第二个法律——1930 年 4 月 30 日通过——不得不对它做出修改。"②

所以，在 20 世纪 30 年代，法国就形成了覆盖先前分别建立了保险制度的那些行业的劳动者的特别制度，以工商行业中除前者之外的领薪者为对象的一般制度。根据 1945 年及之后的有关法令，"这个制度的资金来自于老板和工人们的分摊金。""它包括所有由利害关系人的代表所管理的、由政府劳动与社会保障部所监管的协调一致的保险所。这些保险所应该一方面对工商界领薪者及其类似人员的除失业以外的全部风险提供保护，另一方面，负责对除农业人口以外的所有人发放家庭补贴。"后来，学生、职业军人、不拿工资的作家、战争残疾人、寡妇和孤儿被纳入以工商界的领薪者为

---

① 〔法〕让-雅克·迪贝卢·爱克扎维尔·普列多：《社会保障法》，第 16—17、170—172 页。
② 同上书，第 17 页。

对象的一般保险制度。① 所以,这个制度实际上是既包含了社会保险也包含了其他方式的社会政策的社会保障体系。

另外,由于非农业领域的独立职业者没有雇主为他们缴纳分摊金,他们既不想加入一般制度,又希望有社会保障,结果,在将非农业的独立劳动者的家庭给付归属到一般制度以后,"自1948年起,立法者便为他们设立了老年保险自治制度"。1966年以及1970年的法律"又为独立劳动者设立了一个疾病与生育保险制度"。然而随着社会经济状况的变化,"非领薪阶层所强烈要求的独立很难适应因这些行业的在职人员数目持续下降,以及他们所拥有的制度中的在职人口与无职业人口的比例的快速恶化而带来的经济方面的变化。无可避免地,这种恶化激发出日益增多的困难:一方面,这些行业的成员希望享受相当于一般制度的被保险者所享受的给付(即所谓'平等'),但是另一方面,其在职成员却激烈反对加重分摊金的负担。"②这再次反映了不以确定的、无可争辩的权利为根据的社会政策必然遭遇的困境。

除了以上三个部分外,由于农业领域的劳动者的缴费也很难区分为雇主与领薪者,并且"农业领域的竞争力不强,其收入的增长不如其他领域那样快",所以,在1960年以前,农业领域的经营者和领薪者,主要由一系列的互助保险提供必要的保护。这种互助机构包括,"农业领薪者社会保险互助所,农业家庭补贴互助所,农业经营者老年保险互助所"。此后,陆续颁布的有关法律为农业生产经营者建立了生育—残疾保险、劳动事故和职业病保险,以及劳动医疗检查、领薪者的退休补充制度等。另外,在农业生产经营领域还有一种"普通农业互助制",对于保护有关个人也"起到很大的补充作用"。"它包括三个分支:火灾、冰雹和牲畜死亡。"③这些都是与农业生产中可能遇到的概率性风险有关的抵御措施。

法国的社会保险制度的零碎、复杂,不仅体现在社会保险分成了四种基本制度,内部又以行业为基础有更多的区分。而且不同制度的保险项目也不同,"但就部分风险而言,一个特别制度的受益人也可以隶属于一般制度"。例如,公务员有其特别制度,但其疾病保险又从属于一般制度。在四种基本制度之外,在法国还有"各种不同形式的自愿性的努力或是出于自愿性的努力对法定制度进行补充,它们或是对法定保护进行补充(例如退休补充制度),或是填补法定保护的空白(例如失业保险)"。结果,仅"在老年保

---

① 〔法〕让-雅克·迪贝卢、爱克扎维尔·普列多:《社会保障法》,第24、25页。
② 同上书,第173页。
③ 同上书,第180—182页。

险方面,共有 120 个基本制度和 600 个补充制度"。①

此外,法国的一般制度,除了为缴纳保险金的人提供相关的保险给付外,还包括一项家庭补贴政策。而家庭补贴不仅提供给交纳了保险费的人,也同样提供给没有任何职业活动并不交纳保险费的人。"很长时期内,家庭给付的特点是:多样性、普遍性、一律性。"但是,这种既不以交纳保险费为依据,也不以贫困者为对象的福利提供方式,逐渐引发争议。后来,"一些给付仅保留给那些最贫穷的社会阶层"。当然,还有一些给付是普遍性的,其资金的筹集,很长时间里与其他社会保险金的筹集方式类似,来自"基于职业收入的分摊金"。1991 年的《财政法》规定,交费不仅包括工资性收入也包括财富性收入,交纳的费用被称为综合社会捐。其中,"基于职业收入的分摊金"的比例,由 1988 年的 9% 降为 5.4%。② 因此,法国的家庭补贴在资金筹集方面,从与社会保险直接联系在一起到更多地由特别的税收资金支持。但这项税收"提取的比率是一律性的","并不像税收那样具有累进性";③给付方面,有些是普遍性福利给付,而有些则是针对贫困群体的。

法国的另一项社会政策——"老年连带基金",与一些家庭补贴项目具有一定的相似性。其资金也主要来源于综合社会捐。二者的不同之处是,"几乎所有的家庭给付都是以应由其抚养的孩子的存在为前提的",而老年连带基金主要用于"老年领薪劳动者补贴、老年非领薪劳动者补贴、终身救助,等等"。显然,老年连带基金是提供给比较贫困的老年人的。④

在法国,社会保障与社会援助是两个不同的概念。"所有公共集体给予那些生活来源不能满足其基本需要的人的援助",称为社会援助。"与社会保障的给付不同,社会援助的给付是以申请人的困难状况的存在为先决条件的。"但是,实际上在社会保障政策中又包含了一些社会援助。有些连带基金的发放,实际上是以社会保障的名义发放的社会援助,"各种不同的以生活来源为前提的家庭给付",表明"社会保障运用一些社会援助的原则"。⑤ 法国的社会保障、社会保险政策之所以搞得如此复杂,在很大程度上与至今社会救助政策不可避免的对当事人名誉的损害有关。

总体上说,法国的社会保障制度的形成以及后来的发展,除了工业化社会需要国家和社会帮助个人应对各种风险,各个社会群体自身的利益、影响

---

① 〔法〕让-雅克·迪贝卢、爱克扎维尔·普列多:《社会保障法》,第 32、33、36 页。
② 同上书,第 120、121、122、161 页。
③ 同上书,第 162 页。
④ 同上书,第 123、160 页。
⑤ 同上书,第 209、210 页。

力以及与国家的博弈也是一个重要方面。另外,就思想观念而言,一方面,社会民主主义思想在法国是有着很大影响的。因此,法国的社会政策是以人的社会关联性为基础的。法国的社会保障法肯定了"建立在国民连带的基础上的原则"。法国研究社会保障的学者也指出,国家的社会保障政策以为其公民提供必要的经济保障为目的。而以经济保障为目的的政策之所以被称为社会保障政策,是因为"社会保障体系所采用的措施具有集体性质:这是一种'集体性'的,因而也是'社会性'的保障"。但是,另一方面,各种自由主义、保守主义的观念同样对法国的社会政策有着很大的影响。所以,"法国社会保障的历史可以说是连带观念、保险观念以及救济观念之间的永久性的冲突"。①

法国社会政策体系的形成和发展清楚地表明,社会政策如果没有置于坚实的客观事实基础上,不从人与自然资源关系方面考虑国家制定实施社会政策的根据,只是在各种社会力量和不同思想观念的影响下对有关问题进行被动反应,国家的社会政策很难成为一个科学、合理的体系。在不同的行业性群体的要求下、在不同观念的影响下,法国的社会保障成了"一个无形的格外复杂的结合体"。"它的原则、目标、运作和筹资方式,它所提供的保护的广度以及效果都缺乏内在联系。"②

第四节 福利国家的形成

二战以后法国社会政策体系的复杂化,与福利国家概念和观念的流行是相关联的。二战以后,英国首先宣布自己建立了福利国家。继英国之后,法国、联邦德国、意大利、瑞典等欧洲国家以及新西兰、澳大利亚、加拿大等国家也纷纷对本国的社会政策进行修改,致力于建设"福利国家"。

福利国家的形成和发展,根本原因是在普通劳动者对国家政治生活的影响力增强、更平等地分享经济发展成果的要求得到广泛认同的情况下,国家不得不依据社会政策对物质财富实施更多的市场之外的再分配,以便在一定程度上修正少数人直接或间接占有大量自然资源又借此侵犯劳动者对自己劳动成果的权利的状况。此外,经济持续繁荣,以及战后资本主义阵营和社会主义阵营的对垒,也是各资本主义国家福利政策和支出水平同时扩张的重要原因。在社会主义革命的压力之下,各资本主义国家更加倚重通

---

① 〔法〕让-雅克·迪贝卢、爱克扎维尔·普列多:《社会保障法》,第2、4、36页。
② 同上书,第36页。

过社会福利政策来赢得公众的满意,维持社会秩序和市场经济的稳定。

20世纪50年代至70年代发展起来的福利国家与之前的济贫法时代以及社会保险政策形成和发展的早期相比,其共同点是,都避开了资本主义社会的"难解之谜"。这两个时期的不同点,一是福利国家的概念更加突出了国家在承担公民福利责任方面的地位和作用;二是使社会政策体系更加复杂化;三是在致力于建设福利国家之前,社会政策基本上是弥补劳动者失去的对自然资源的起码权利,或者以风险分担的方式应对工业社会的生活风险,而福利国家的形成和发展,使有些人从国家那里得到的福利给付可能超出了根据其对自然资源的平等权利能够得到的东西。即福利国家的形成和发展导致的是,不以每个人对自然资源的平等权利为基础的社会政策也可能侵犯一些人对自己劳动创造的财富的权利。

在福利国家形成和发展的几十年里,虽然各个国家的具体项目设计和给付水平、筹资方式等仍然是存在差别的,但是多数国家基本上形成了以著名的"五大项目"为核心的社会政策体系:以社会保险和社会救助方式提供的收入维持项目、医疗服务、教育、住房、社会工作或社会服务。而且其中或多或少包含了一些由国家直接筹集资源的普遍性福利给付。在这样的发展过程中,各个国家的社会政策体系都变得极为复杂。

不过,在20世纪六七十年代达于高峰的英国和北欧福利国家更有一些突出的特征。例如,社会保障和其他福利支出占GDP的比例相对较高,即使在1995年,英国的社会福利给付中,国家出资的部分也是类似于瑞典,占到近50%的比重,而不是像德国、法国、意大利等,通常被视为保守主义的福利国家那样,只占20%—30%;①与国家社会福利支出占GDP的比例较高相关联,通过社会政策进行再分配的力度相对较大;国家更广泛地介入社会政策的实施和执行中的组织管理,教育、医疗以及其他社会服务主要由政府机构提供,工作人员大多属于由国家财政提供报酬的政府雇员;更加重视福利给付中的普遍性原则和公民权利;等等。

但是,即使在20世纪六七十年代的顶峰时期,英国的福利国家与北欧福利国家也有一些显著的不同。最直观的差别就是英国的社会福利支出占GDP的比例明显低于北欧福利国家。② 虽然由于统计口径不同,这个数据不能准确反映一个国家的社会福利政策的状况,但还是具有很好的参考价值。这个差别是由多种因素造成的。其中一个因素就是,英国的福利国家

---

① 参见〔法〕让-雅克·迪贝卢·爱克扎维尔·普列多:《社会保障法》,第50页图表9。
② 参见〔德〕弗兰茨-克萨韦尔·考夫曼:《社会福利国家面临的挑战》,第40页表1。

建设既受到费边社会主义的影响,也受到社会自由主义的影响,而在瑞典,自由主义思想对其福利国家建设的影响相对较少。因此,在本部分将重点分析英国和瑞典这两个各具特色的福利国家。

一、英国社会政策体系的变化

(一) 英国的社会政策与世界大战和经济萧条的关系

在英国社会政策发展的历史上,1944 至 1948 年是一个重要的阶段。"这五年间所通过的社会立法的确构成了英国现代史上一个最具连贯性、延续时间最长的制度性遗产。"而这样一个特殊的社会政策立法阶段,"突出反映了时代的特征"。"它代表了一系列能为当代人所理解的、反映国家作用的独特的政治价值观和假设。同时体现了当时强大的利益群体之间达成的种种妥协。"①

从价值观方面说,由于战争期间使很多人切实感觉到了人与人之间的社会连带性,感觉到民族、国家对个人的价值,费边社会主义以及重视积极自由的社会自由主义的影响更加强劲,最终,集体主义思想和感情推动了有关的社会政策立法。"福利国家"的概念在英国不仅涉及整个社会政策,"而且在英国人的心目中还有一种成于二战期间,却从未真正丢掉过的宗教意味"。"历史学家频繁地使用社会契约这个词来描述二战末期一系列令人瞩目的社会立法,以及由此而产生的'全民健康服务机构'、向所有母亲提供的家庭津贴、免费的中高等教育、全民养老金体系、生病和失业救济,还有政府设立的更为基本的'国家救助'安全网。"②

而各阶级之间的妥协、对国家作用的接受等,又都与英国人在二战时期的经历有很大关系。"1940 年代的立法产生于一个充满极度社会变革与危险的时期。人们普遍经历着共同的风险。炸弹不会区分阶级和财富。""尽管中央国家机器在很大程度上处于隐性的无效率状态,但人们所看到的是它在人民的支持下赢得了战争。而且是在极端匮乏与危险的时期赢得了战争,保证了对全体人民提供基本的食物、穿着、急诊医疗与就业。"结果,"过去 20 年里由于利益群体之间的争吵而不了了之的变革提案,突然成为可行的政治行动"。③

---

① 〔英〕霍华德·格伦内斯特:《英国社会政策论文集》,苗正民译,北京:商务印书馆 2003 年版,第 6、7 页。
② 〔英〕霍华德·格伦内斯特:《英国社会政策论文集》,第 92 页。
③ 同上书,第 8 页。

战后劳资双方之所以能够达成社会契约,是因为"工会的力量强大起来。国家在二战中的幸存取决于有组织的工人在整个战争中的合作。在战后的选举中,工党政府以压倒多数获胜,要求资方作出妥协。对工党来说,妥协的形式至少是暂时放弃全面实现社会主义的目标;对资方来说,则是同意筹资建立福利国家,保障实现充分就业"。就影响社会政策的这个部分而言,"这里没有道德因素的影响,完全是两股历史力量的交锋,形成势均力敌的局面并达成私下和解的结果"。①

不过,英国战后的社会政策也不完全是突然提出的,与之前,包括第一次世界大战时期的一些政策及其相关影响因素之间又是具有一定关联的。在英国,自从20世纪初,费边社会主义、倡导积极自由的社会自由主义以及工人阶级组织和政党对社会政策的影响力就持续增强。在第二次世界大战之前,已经"形成了完全的成年人选举权制度"。"这个时期还达成了一种政治上的共识,使工党与其他的党派并存。"这虽然与"左派的力主折中"有一定关系,但是,这"对社会政策的发展是有积极意义的"。②

英国1908年推出了不同于《济贫法》的《老年人养老金法案》之后,在了解和分析德国的社会保险政策的基础上,也将保险原则引入了社会政策的制定中,于1911年颁布了《国民保险法》。不过,英国最初的社会保险政策不仅针对的风险与德国不同,而且在资金的筹集方面,政策明确了国家的出资责任。根据1911年《国民保险法》,"所实施的社会保险有两个主要方面:医疗保险为参保人支付医疗诊治和患病期间的工资,和失业保险。这两种保险都由雇主、雇员和国家按周缴纳保险费用。另外,还可以向被保险人的妻子或有资格的女性支付生育补助金。"③

第一次世界大战期间,英国政府就实行了"战时经济","抑制工资上涨和工业动荡""强制实行对私房租金的控制"等。这些都"使'集体主义国家'在总体上有了很大进步"。"公务员学会了执行政府在生活领域的政策。""公众对此也有了一定的期望。""战争期间以及战争结束时,政府对更好的未来做出了很大承诺。甚至在战争尚未结束时,就已经通过了《教育法》,将国家支持的免费教育的年龄提高到14岁。战争结束时,劳埃德·乔治承诺建造'适合英雄的家园'。战后首先通过的立法之一就是《住宅法》,向地方当局提供政府补贴,用以'为工人阶级'建造住房。"④

---

① 〔英〕霍华德·格伦内斯特:《英国社会政策论文集》,第94页。
② 〔英〕迈克尔·希尔:《理解社会政策》,第41、42页。
③ 〔英〕内维尔·哈里斯等:《社会保障法》,第80页。
④ 〔英〕迈克尔·希尔:《理解社会政策》,第38页。

另外,由于二三十年代的经济周期性波动,尤其是始于20年代末30年代初的大萧条,严重的失业问题导致政府的失业救济政策的发展"同样有一段引人注意的历史"。按照贝弗里奇对德国经验的研究,得出的结论是,"缴费式保险的原理不仅能降低成本,还能够消除对资力审查的依赖性"。① 但是,由于担心在失业保险难于量化的行业失业保险的费用将极其昂贵,当时的失业保险依据的原则之一是,"覆盖率要低",而且缴费数额很少。② 所以,在20世纪二三十年代失业人数急剧增加时,"保险救济金制度再不能完全受保险规则的约束了"。在要求申请者寻找工作的前提下,政府提供了"由收入决定的救济金"。"1934年,在设计出的保险救济金之外设计出了一个全国统一的收入审查救济金计划,由失业救助委员会管理。"这就为将失业救助与贫困救助合二为一做好了铺垫。"至1948年,济贫法终于寿终正寝了。"失业救助委员会也被"国家救助委员会"替代。③

英国的失业救助的这段历史已经清楚地证明,尽管缴费式保险"能够消除对资力审查的依赖性",但必须以当事人能够缴纳保险金为前提,而这个前提不是所有的人都能够具备的。

在二三十年代,除了通过失业救济取代济贫法的救济方式,对济贫法的取缔还借助了另外一项立法的出台,即1929年《地方政府法》。这项法案把对济贫责任从监事会那里转交给了地方。这一变化使地方政府有机会将老式的济贫院改为公共医疗服务机构。这一变化为向全民医疗服务迈进提供了一个开端。④

二战期间英国政府在调动国家资源方面比第一次世界大战时做得更多。而且当时,"工党把重视社会政策作为参与联合政府的条件之一"。虽然丘吉尔并不情愿,但在战争期间,国家为其公民承担必要福利责任已经被广泛地作为合法的政治任务而接受下来,而后"很多和平时期的政策变更实际上是获得了战争时期临时性措施的预示"。例如战时的紧急医疗服务,对全民医疗服务的影响;通过"发展特殊服务解决儿童的疏散问题,为战后儿童照顾工作的发展作出了提示;对房屋租金再次加以控制,并征用空房;控制物价和配给食品";等等。"在战时已经形成了很多'福利国家'的特征。"⑤

---

① 〔英〕迈克尔·希尔:《理解社会政策》,第36页。
② 〔英〕内维尔·哈里斯等:《社会保障法》,第80页。
③ 〔英〕迈克尔·希尔:《理解社会政策》,第40页。
④ 同上书,第40、41页。
⑤ 同上书,第42、43页。

以上事实表明,英国的社会政策主要是在被动地应对经济波动、战争等导致的实际问题时形成的。当然,国家能够对因经济波动、战争陷入失业、失去住房、遭受伤病的人通过制定必要的政策提供帮助,也是由于此前经历的历史事实和思想观念方面的转变,使国家必须承担保障其公民生存的责任的观点已经得到相对普遍的接受。然而,由于社会政策主要是在被动应对相关问题的情况下形成的,所以,对于国家为什么必须承担保障其公民生存的责任,无论是思想家还是政治家都没有进行必要的探究。

(二)英国的更注重再分配的社会保险政策及其产生的影响

英国在第二次世界大战后推行的社会保险政策,具有明显的广覆盖、强再分配的特点,这一特点似乎是更加注重公民社会权利,然而实际上却导致参加了社会保险的许多人也不得不依靠带有家庭经济状况审查要求的社会救助。

英国1944至1948年期间颁布的社会政策立法,主要包括1944年联合政府颁布的《巴特勒教育法》和《家庭补贴法》,工党政府颁布的1946年《国民保险法案》和1948年《国民救助法案》。"1948年创立的全民健康服务是社会政策中又一个关键的创新。对每一个人均提供免费的普通医师和医院服务。""该制度由普通税收提供资金",其中也有部分是"由国家保险缴费付出"。另一项具有深远意义的措施是1948年的《儿童法》。"《儿童法》巩固了现有的儿童照顾立法并创造条件发展从事儿童照顾的专业社会工作,并因而形成针对家庭的社会工作。"在住房方面,"工党政府将工作重心置于地方当局建房而不是私人建房销售。同时,政府自身也参与了确保土地有效使用的规划并遏制土地投机。"这些政策,"为那些来自过分拥挤的城市和衰落工业区的人们在新区提供了工作和住房"。①

这些法案既有采纳《贝弗里奇报告》的原则和建议的地方,也有一些不同。按照贝弗里奇的设想,战后的社会保障政策应以社会保险为主,只有"为数有限的未被社会保险覆盖的需求可以得到国民救助,条件是通过标准统一的经济状况调查"。② 但是,由于《贝弗里奇报告》希望社会保险尽可能覆盖所有有收入的劳动者,所以,"它意味着分担额必须使最低收入者也能负担得起"。缴费低,国民保险计划也就"只能向人们提供一个不充足的津

---

① 〔英〕迈克尔·希尔:《理解社会政策》,第44—46页。
② 《贝弗里奇报告》,劳动和社会保障部社会保险研究所组织翻译,北京:中国劳动社会保障出版社2004年版,第9页。

贴"。① "使得领取养老金的人不可避免地申领财产调查型补贴补充其收入。到1954年,1/4以上领取养老金的家庭从国民救助委员会领取了救助金。"② 另外,工党政府实际颁布的法案规定的提供失业保险金的时间只有6个月,补贴水平也因为通货膨胀而低于基本生活需要,提供的儿童津贴也比贝弗里奇建议的低。

结果,尽管工党自豪地宣布自己在英国建立了从摇篮到坟墓的"福利国家",实际上,其整个社会保障体系却是越来越多地依靠社会救助体系。"老年人、残疾人、长期失业者依然贫穷。于是低收入者不得不选择接受经济状况调查以便向国民救助计划寻求帮助。"③ "经过几个增长阶段,英国最终演变出来的是一个极度复杂的家庭资力审查体系。它历经周折终于取得贝弗里奇所设计的国民最低限度安全网,但却走的是与贝弗里奇的预想大相径庭的道路。"④ 所以,英国社会福利支出占GDP的比例一直是低于西德、法国、意大利等保守主义福利国家的。⑤

在很长时间里英国能够被视为典型的福利国家,主要是因为以下几个特点:

一是,实施了全民免费医疗服务,对所有儿童提供普遍性家庭津贴,对残疾人提供普遍性的生活与照顾津贴。

二是,中央政府在社会政策中的主导作用。在社会保险方面,由工会或职业团体等国家批准的社团自主管理和接受捐赠的方式,"被中央单一的国家保险计划所取代";"战前许多医院由志愿的自主的托拉斯经营,1948年都实现了国有化"。"正是这一点使联合王国在社会政策方面有别于核心的欧洲传统。例如,法国就没有出现这种情况。法国旧有的互助会以及私营的、志愿的医院如战前那样继续存在。地方当局严格按政府设计的标准行事,并得到中央政府补贴,成为新供租赁住宅的主要提供者。同样,这也不是欧洲大陆的模式,在那些国家,这项工作由住房协会和其他社会住房机构共同分担。"⑥ 总之,在英国的社会政策领域,地方政府的作用比较小,志愿机构的作用更是在很长时间里被边缘化。

三是,虽然英国工党政府在1948年就宣布建立了福利国家,实际上,英

---

① 〔英〕肯·布莱克默:《社会政策导论》,第42页。
② 〔英〕内维尔·哈里斯等:《社会保障法》,第109页。
③ 〔英〕肯·布莱克默:《社会政策导论》,第43页。
④ 〔英〕霍华德·格伦内斯特:《英国社会政策论文集》,第74页。
⑤ 参见〔德〕弗兰茨-克萨韦尔·考夫曼:《社会福利国家面临的挑战》,第40页表1。
⑥ 〔英〕霍华德·格伦内斯特:《英国社会政策论文集》,第12页。

国国家福利的膨胀主要还是在 20 世纪六七十年代。这里所谓的国家福利膨胀不仅仅是指福利支出的增加。如果说福利支出的增加，可能最近三十年更为突出，而这是由于失业增多、人口老龄化、医疗技术的发展等方面的变化。20 世纪六七十年代国家福利的膨胀，主要是因为追求更大的经济平等、更多的社会权利的观念的影响力较强，同时也是因为中产阶级对社会政策的态度，他们通常要求福利水平与他们的生活和收入水平相适应。

第二次世界大战后的国际状况，一方面是社会主义与资本主义两大阵营的对抗，另一方面则是在资本主义体系内部形成了一种"意识形态终结"的状态。在社会政策或者说建立福利国家方面，左派和右派形成了一定的共识，工人阶级和中产阶级都赞成国家实施一些社会政策。以实现公民社会权利、推进社会成员经济平等赋予社会福利制度"以道义的权威性和历史的合理性"的理论，在很多国家产生了很大的影响。[1] 再加上 20 世纪五六十年代的战后经济繁荣时期，六七十年代成为西方国家社会政策的扩张时期。

"1964—1970 年，工党政府对社会保障作了一些调整。有些调整提高了某些人的收入，有些增加了津贴等级。"这类政策在"许多方面都需要大量资源"。同时，由于战后新生儿猛增，保守党政府增加了国立教育资源。直到 20 世纪 70 年代中期才"结束了教育服务在所有公共服务支出中增长最快的地位"。总之，在 1951 至 1975 年间，"两个政党都大大增加了公共开支，尤其是社会政策开支"。[2]

另外，二战后至 20 世纪 60 年代，英国社会政策的一个特点是，虽然社会保险给付水平比较低，但是其社会救助是比较慷慨的。这既是由于经济繁荣，也是由于集体主义、社会主义的一些观念，特别是每个人都拥有社会权利的观念，得到了较多社会成员的认同。1964 年上台的工党政府建议向养老金领取者和寡妇提供非财产调查型的补贴，事实很快就"证明了国家无力承担其费用"。后来，工党政府发展了一项补充补贴方案来取代国民救助。"1966 年《社会保障法》解散了国民救助委员会并把它的职责转移给新成立的社会保障部和补充补贴委员会。"合并的目的是通过将缴费型补贴和非缴费型补贴放在一个部门，以"消除非缴费型补贴申领人的耻辱感"。[3]

补充补贴方案之所以能消除非缴费型补贴申领人的耻辱感，因为它的

---

[1] 〔英〕霍华德·格伦内斯特：《英国社会政策论文集》，第 7 页。
[2] 〔英〕迈克尔·希尔：《理解社会政策》，第 50、51、57、65 页。
[3] 〔英〕内维尔·哈里斯等：《社会保障法》，第 114 页。

明显特征是,"其自由裁量的规定,它赋予委员会酌情考虑个体申领人的实际情况"。"适用自由裁量的主要领域是立法中允许提供的特殊需要支付和特殊情况额外补助。特殊需要支付是用于支付特定项目开支的一次性付款——主要是用于衣服和鞋类、卧具、家具、住房设备、搬家费用、房屋装修和维修等等的款项。""特殊情况额外补助包括不同待遇水平之外的每周额外补助,用于特殊情况的支付诸如采暖、洗衣和特殊食品的费用。"①很明显,这样的以个人的具体生活需要为内容,因而必然极其复杂、必须产生官僚主义的补贴方案不可能维持很久。

全民免费医疗政策也同样不可能长期持续。"很快,财政大臣关注到对服务的需求大大超过了预期,于是首先收取小额配镜费和牙科治疗费,然后是处方费。"②

在养老保险方面,针对国家基本养老金过低的问题,"工党政府于1970年代模仿瑞典、德国和美国的联邦社会保险制度,在上述单一比率的基本养老金以外,引入和工资挂钩的成分。依据这个办法,个人按照一生的缴费金额挣得第二国家养老金。"但是,由于在此之前有很多人,包括"一般工薪阶层的工会会员",已经购买了私人职业养老金,所以,"当新的国家计划开始实施的时候,大约一半可能成为会员的人选择放弃国家计划,而保留在职业养老金计划中"。③

在20世纪70年代的经济危机发生以后,新自由主义(neo-liberalism)思想的影响力增强并逐渐占据主流地位。保守党的动作之一就是极力将社会救助改变为以财产和收入审查为条件的贫困救助。这既证明了在资本主义财产私有制度下,贫困救助不可能取消,也表明贫困救助不是因为一个人拥有社会权利而是因为其贫困。20世纪90年代以后,新工党的社会政策强调"工作福利",同样表明劳动才是个人满足自己和家人需要的途径,社会救助没有不可否定的根据。只是因为在大多数人失去了对自然资源起码权利的情况下,社会救助对陷入贫困的个人和社会都是不可或缺的,所以,在英国形成了一个相对"良好的安全网"。④

澳大利亚和新西兰也属于类似英国的这种低福利支出,但有一个相对"良好的安全网"的福利国家。

---

① 〔英〕内维尔·哈里斯等:《社会保障法》,第115、116页。
② 〔英〕迈克尔·希尔:《理解社会政策》,第45页。
③ 〔英〕霍华德·格伦内斯特:《英国社会政策论文集》,第103页。
④ 同上书,第145页。

二、瑞典的社会政策体系

（一）瑞典福利国家基本特征

瑞典在19世纪中期开始了其工业化进程。在19世纪除了类似于英国的《济贫法》之外，没有其他社会政策。在20世纪初建立了失业保险和养老保险。然而，20世纪30年代的大萧条证明消极的失业救济政策是难以应对当时问题的。1932年社会民主党一成为执政党，马上设计实施了通过扩大公共工程来降低失业率的计划。同时，总理汉森提出了建立"人民之家"的口号。他认为瑞典应该成为一个好的家庭，为每个人提供社会福利。在这个总的指导思想之下，瑞典的社会政策开始朝着福利国家的方向推进。

另外，瑞典社会民主党积极推进社会政策，还由于接受了瑞典斯德哥尔摩经济学派的有关思想理论。瑞典斯德哥尔摩学派的经济理论基本上处于凯恩斯经济学的轮廓之内，但是，比凯恩斯经济学更加重视收入分配的平等。斯德哥尔摩学派的创始人克努特·威克塞尔（Knut Wicksell）认为，资本主义制度一般而言是有效率的，但是在收入分配方面存在着缺陷。根据边际效用理论，如果努力使收入分配趋于平等，就能够使全社会的总效用大于一个自由竞争的社会。所以，应当提倡比较平等的收入分配。

对于自20世纪30年代至今的瑞典及其他斯堪的纳维亚福利国家模式的发展，"斯德哥尔摩学派作出了重大贡献"。[①] 加上其他因素的影响，例如，在瑞典社会民主党长期执政、工人阶级的组织化程度较高等。所以，瑞典及其他斯堪的纳维亚福利国家的目的，"既不是生产国有化，也不是消费集体化，而是个人权利和生活机会的分配和稳定得到公共权力的干预、保证，市场机制、私有财产和分散化经济决策等基础性的制度保持不变"。[②] 这些福利国家，在追求经济平等的同时，并不否定资本主义私人财产权制度和市场机制的作用。它们的基本思想是利用资本主义制度追求经济效率，利用国家的福利政策推进社会经济平等。同时，瑞典社会政策还有一个特点，即坚持积极的就业政策或者充分就业政策。

第二次世界大战后，瑞典更加积极地推进就业政策和收入平等化的政策。古纳·米达尔担任政府战后计划项目委员会主席时，委员会把充分就

[①] 〔丹〕杰斯珀·叶斯帕森：《福利国家宏观经济学分析：一个后凯恩斯理论的观点》，载于〔丹〕本特·格雷夫主编：《比较福利制度》，第58页。

[②] 〔挪〕朗·厄维克·斯坦·昆勒：《北欧福利模式和欧盟》，载于〔丹〕本特·格雷夫主编：《比较福利制度》，第88页。

业定为第一工作目标。同时通过高税率来实现收入的平等化。1946年厄兰德担任总理以后,继续推行"人民之家"的理想,把30年代提出的社会福利设想大规模地付诸实施,制定了慷慨的失业保险制度(失业保险金相当于原工资的90%左右),为当母亲的妇女建立了社会福利和医疗福利,通过了给所有雇员最少两周的带薪休假期。此外,厄兰德还提出了建立"强大的社会"的建议,即建立强大的公共部门,运用广泛的社会经济资源提供社会福利项目。至70年代,瑞典基本上建立了高水平的福利国家。尤其是在60年代,更被称为瑞典社会福利国家的"黄金时期"。在这个时期瑞典先后制定了养老保险和补充养老保险政策、国家健康保险政策、国家儿童补贴政策、积极的就业促进政策、政府租金补贴等。①

与英国相比,瑞典更属于"以社会连带主义(solidaristic)为核心的福利国家"。② 而且,20世纪80年代以后,瑞典可能是最典型的高支出的福利资本主义。在此前,瑞典的福利支出并不比西德、法国、意大利、奥地利等欧洲大陆国家高。③ 瑞典社会福利支出的显著增加是在70年代中期以后,社会支出占GDP的比例,1975年是26.9%,1981年蹿升为33.4%。④ 瑞典福利国家体制与这些欧洲大陆国家的显著区别在于其组织形式。"瑞典强调提供免费的或大量补助的福利服务,由公共部门提供,高度社会化。这些服务主要包括教育、卫生和老年人服务。""社会福利的享受对象不管收入高低,包括各个社会阶层。大部分服务的对象是同类型中的每一个人。"另外,"在推行积极的劳动力市场政策'给每个人工作'方面,不遗余力,举世无双"。⑤

与上述特点相关联,瑞典的社会政策在资源筹集方面也有一个显著特点,即社会保障的资金主要来源于雇主和政府。与其他国家相比,瑞典的被保险人缴费是很低的。1995年瑞典社会保障的筹资项目结构,雇主的分摊金占38%,政府资助占48.4%,被保护人的分摊金仅占5.2%。⑥ 当然,与此同时,个人的税负很重。1985年瑞典平均工资的边际税率是62%,最高工资的边际税率是77%,国家收入占GDP的51%。⑦ 通过累进制的税收筹集

---

① 参见沈全水:《失业的出路》,北京:中国发展出版社2000年版,第二章与第三章。
② 〔美〕彼得·鲍尔温:《欧洲福利国家模式的定义问题》,载于〔丹〕本特·格雷夫主编:《比较福利制度》,第35—36页。
③ 参见〔德〕弗兰茨-克萨韦尔·考夫曼:《社会福利国家面临的挑战》,第40页表1。
④ 〔加〕R.米什拉:《资本主义社会的福利国家》,郑秉文译,北京:法律出版社2003年版,第57页。
⑤ 沈全水:《失业的出路》,第32—33页。
⑥ 参见〔法〕让-雅克·迪贝卢、爱克扎维尔·普列多:《社会保障法》,第50页图表9。
⑦ 〔加〕R.米什拉:《资本主义社会的福利国家》,第133页表7。

资源,以多种普遍性福利给付的方式向全体公民提供福利,必然能够缩小社会成员之间实际收入的差距。

另外,瑞典的社会福利国家建设,除了有关的经济理论和社会民主党的作用外,还与强大的工会的作用密不可分。瑞典的工人以工会的形式高度组织起来,在社会上取得了强大的集体谈判的地位。在工资、福利和其他许多政策的决定上,一般是由工会与雇主联合会和政府三方协商谈判。"集中的工资谈判连同'劳动市场政策'在减少蓝领工人之间和蓝领与白领工人之间的工资差距上都起到了很关键的作用。实际上,集中工资谈判和收入政策的一个重要问题,是劝说劳动力中掌握高技术和组织良好的那部分人接受较小的工资差距,这个差距要小于他们本来可能取得的工资。"[①]总之,瑞典的社会福利政策和其他政策、制度,在改变市场分配结果方面是具有很大作用的。在国家大量介入、工会能够维护全体工人阶级利益的情况下,在瑞典,社会政策成了推进经济平等的有力工具。

(二)对瑞典福利国家的不同解释

米什拉认为,瑞典模式的主要特征是"对'社会负责'的福利资本主义管理方法"。"通过国家集体谈判的制度化过程和由'劳动力市场委员会'而实现的相互合作,工业资本主义中的主要经济集团(工人和雇主)被迫不得不对更广阔的国家目标负起责任来。"他称这种模式为"社会合作主义"。合作主义"基本上被理解为:根据总的国家形势为谋求各种经济和社会目标之间达到平衡状态而在社会层面上实行的'三方伙伴主义'"。这里的平衡包括"维持充分就业"。瑞典合作主义有三个主要支柱:"集中的工资谈判和有序的劳资关系、'劳动市场政策'、对福利国家的经济和社会政策的普遍共识。"通过采用三方谈判的方法,"社会合作主义就得以使生产与分配、经济与社会福利等协调起来了,从而维护了福利国家的基本前提和制度"[②]。但是,米什拉在这里阐述的主要是瑞典福利国家体制的基本特点,至于为什么形成这样的特点,他并没有给出更多的解释。

艾斯平-安德森在将福利国家体制分为三种类型的同时,从影响各个国家的去商品化程度的主要原因及这些原因综合作用状况的角度,对不同国家福利体制的形成因素进行了分析。对于瑞典而言,工会力量的强大、农民对充分就业的福利国家的支持、民主社会主义的政治文化等都是其福利国

[①] 〔加〕R.米什拉:《资本主义社会的福利国家》,第64页。
[②] 同上书,第52、61、67页。

家体制的主要影响因素。①

但是,也有人认为,"把斯堪的纳维亚福利制度视为社会民主模式有一些概念上的误导"。"把一个福利制度用一个政党的名称来命名本身就失去了其界定力量。它掩盖了斯堪的纳维亚福利制度没有受到社会民主原则影响,而是受到保守主义和福特主义影响的成分。"另外,"有时候人们误以为瑞典有一个社会自由计划,目的是为了让公民通过国家的帮助获得自由"。实际上,"瑞典直到20世纪70年代,在技术上它都是一个社群主义国家"。其"发展的关注点在于使得瑞典人民现代化"。持这种观点的人认为,瑞典国家的框架在20世纪三四十年代发生了很大的变化,"一个很强的独立的政府取代了一个原本自由和支持自由资本主义的政府"。这个新的政府是以现代化的科学观念来指导瑞典的改革的。目的是把一个相当地方主义的、以小农为主体的农业社会变成更具全国性的、城市化的、工业化的社会。为此就需要"把以前的农民、家族和/或农村人口,改头换面成干干净净的、现代化的集体人群"。瑞典人的新家——人民之家——需要由理性的、受过良好教育的人,用简单的、实际的、科学的方法来组织他们生活。②

持上述观点的论者还认为,"人民之家的概念是一个社会民主党从保守主义思想家Kjellen那里借来的想法。他把国家当做一个机体,认为有必要增加父权主义的成分。社会民主在20世纪三四十年代的话语受到大工业和功能主义的影响,包括功能性的设计和社会理想的规划项目。"甚至认为,"统治瑞典的民主党政体在威胁到统治者的利益和现代化的问题上,部分地践踏了人权,特别是妇女、'弱智者'和移民群体"。③

上述论点的证据之一就是,社会民主党的重要理论家米尔达夫妇(Alva and Gunnar Myrdal)结合瑞典自从30年代以来出生率明显下降的事实,提出要"创造一个预防性的社会政策,提高人力资本的质量,并把儿童照顾纳入到国家制度的范畴中来"。同时还提出"并不是每个人都有资格成为家长"。"受这种想法所支配,在1934年和1941年瑞典议会两次通过了关于绝育的有关法律。两个法律都允许在某种程度上不经过本人同意就做绝育手术。"绝育的原因之一是,"防止精神病遗传、弱智或者把重病传染给下一代"。另外,已经被证明"不是称职的家长",或"因为怀孕有可能影响到母

---

① 〔丹麦〕爱斯平-安德森(艾斯平-安德森):《福利资本主义的三个世界》,台北:巨流图书公司1999年版,第50、72、73页。
② 李秉勤等:《欧美福利制度》,第255、257页。
③ 同上书,第257、258页。

亲的健康"的情况,也要节育。①

　　米尔达夫妇倡导的优生优育政策本身并非绝对错误,问题是其具体规则和实际执行过程中,确实可能有践踏人权的事件发生。再有,在目前的世界格局下,福利政策的实施主要以国家为单位决定"谁是成员,谁不是成员",以"地域感、近似感、整体感"为基础,②也是无可非议的。不过,除此之外,约翰·诺登斯维德(Johan Nordensvrd)对瑞典福利国家体制的理论依据的解释是有一定道理的。

　　瑞典的集体主义确实更具有保守主义、社群主义的成分。因此,这种集体主义注重的不仅仅是成员之间的互助、平等,而且注重国家这个集体的目标、目的。因此,瑞典的福利国家体制对个人自由和市场运行机制都有较强的制约和影响。

　　实际上,以瑞典拥有的丰富的地上、地下自然资源,以每个人对自然资源的平等权利为根据,国家将其 GDP 中的 30% 平均分配给每个人,在数量上可能也是合理的。更主要的是,这不仅同样能够保证每个人的基本生活需要的满足,保证人力资本的质量,而且能够更大程度地减少国家对个人自由和市场机制的干预。

---

　　① 李秉勤等:《欧美福利制度》,第 258、259 页。
　　② 同上书,第 256 页。

第五章　当代社会政策体系难以避免的一些问题

在上一章我们已经提及始建于西方国家工业化时期的社会政策体系存在的一些问题,本章将更为具体地讨论当代很多国家的社会政策体系存在的问题。在当今的世界,由于各个国家在社会、政治、经济方面的差别导致需要应对问题的不同、能够影响社会政策的社会群体的利益和信奉的思想观念不同,各个国家的社会政策体系也有很大差别。而且,各个国家实施的社会政策与100年前的社会政策体系相比,大多变得非常复杂了。但是,工业化国家的社会政策基本上都还是由社会救助、社会保险、普遍性的福利给付三类政策构成的。

对社会政策进行比较研究的学者,通常是根据某些标准将一个国家的社会政策体系归入某一种体制类型。实际上,不同体制类型之间的主要区别就是,一个国家的社会政策体系是以社会救助为主还是以社会保险为主,或者是普遍性的福利给付更多一些。艾斯平-安德森在论述福利国家体制的类型时就指出,虽然蒂特马斯将福利国家分成了补缺型、工业成就型和制度型三个类别,"但是在现实中,并不存在单一类型的福利国家"。[1] 他自己对福利国家体制的分类,实际上也是依据各个国家的社会政策体系以哪一类社会政策为主的。

因此,本章讨论当代社会政策体系难以避免的问题,主要是分别讨论社会救助、社会保险政策各自涉及或导致的难以解决的问题。对普遍性福利给付政策的讨论将放在第六章,在对根本性改革框架的讨论中进行。另外,分析社会政策存在的问题,一方面是直接分析西方国家社会政策存在的问题,另一方面是通过分析发展中国家在社会政策方面相对于西方国家的一些改变的意义,对发展中国家的社会政策进行必要的讨论。

---

[1] 〔丹麦〕艾斯平-安德森:《福利资本主义的三个世界》,郑秉文译,北京:法律出版社2003年版,第54页。

第一节　社会救助政策涉及的难以解决的问题

本书第四章已经概括了社会救助政策的基本特征,其中之一就是需要通过对当事人进行家庭经济状况调查,确定其低于国家颁布的救助标准(贫困标准、贫困线、最低生活保障标准等)。社会救助政策的另一个基本特征是,实施社会救助的资金通常来源于国家的一般性财政收入。仅仅由于这两个特点,就导致社会救助政策本身的一些问题。首先,是确定贫困标准的问题。因为贫困不是一个能够绝对量化的现象。其次,是确定政策对象的问题。因为社会救助政策的资金源于国家的一般性财政收入,在没有确定无疑的、纳税人能够普遍接受的理由的情况下,自英国《济贫法》以来就一直有的争论至今仍然存在。即国家是向所有的低于贫困标准的人提供帮助,还是仅仅帮助失去劳动能力以及需要照顾未成年子女的母亲？再次,社会救助作为选择性的福利政策,其实施必然需要较高的行政成本。最后,还有"贫困陷阱"问题和对当事人自尊的损害。

上述四个问题中的前两个是社会救助政策涉及的问题,后两个是社会救助政策导致的问题。本部分主要讨论社会救助政策涉及的问题,在下一节主要讨论社会救助政策导致的问题。这些问题都曾经被社会政策研究者进行过多方面的分析,本书在此并非打算提出什么新的见解,目的是通过对这些问题的梳理证明当今的社会政策体系需要进行根本性的改革。

一、确定贫困标准问题

简单地说,贫困就是基本生活需要不能得到满足的状况。但是,基本生活需要并没有确定的标准。即使在同一个国家、同一个地区,抛开因自然环境和历史文化传统形成的生活习惯,基本生活需要的数量和内容也是随着经济的发展、人们的生活方式的改变而变化的。人的基本生活需要既是由人作为生物体的生存需要决定的,也是由社会文化建构的。由于后一方面的作用,人的基本生活需要实际上既是以人类已经获得的关于生存、健康、方便、舒适等的科学认识为根据的,也是随着一个社会的成员对生活方式的通行看法的改变而改变的。

一个社会的成员对基本生活需要的标准不可能形成统一的看法。无论是因为掌握的知识方面的差别,还是因为利益上的不同。尤其是在确定是否需要政府提供救助的标准时,必然会有更多的分歧。所以,"界定贫困是一项政治性的行为"。伴随着关于贫困问题界定的争论,还会有关于贫困的政治斗争。"为了试图影响政策制定,各种各样的政治性利益集团都要尝试着让人们接受他们对此问题的界定。"①

像英国18世纪末的《斯皮纳姆兰法》那样,根据小麦价格的高低来估计生活所必需的最低限度的收入,这在当时也仅仅是短时间内的最低限度的生存标准。否则,最低限度的生存标准至少还应该包括穿衣、居住方面的需要。工业革命以后,随着经济的发展、生活方式的改变,人的基本生活需要就不能仅仅以生存需要的满足为标准了。亚当·斯密在其《国富论》中论述消费品税时就将消费品分为了必需品和奢侈品。必需品"不但是维持生活上必不可少的商品,而且是按照一国习俗,少了它,体面人固不待说,就是最低阶级人民,亦觉有伤体面的那一切消费品"。②

考虑到体面,应该将贫困界定为是"一种匮乏——相对于要保持一种体面的生活标准而言,在食物、住房、衣服、医疗和其他方面存在着不足"。"这种界定方法认为,对于生活有一个标准,在这种标准之下的个人和家庭就可以被认为是'匮乏'。"但是,"这个标准是任意的;没有人确切地知道究竟物质上的福利要达到什么样的标准才足够避免匮乏"。③ 例如,在英国,早期的国家救助研究,"采用以最低生活必需品的成本为基础的绝对标准"。"现在人们仍然认为这种方式为制定救济金标准提供了良好的基础。"同时,也有不同意见,"以汤森为代表的专家指出,只有把个人生活与社会中广泛拥有的并被视为应当有的普遍标准结合起来,贫困的概念才有意义"。④

然而,社会救助的标准是否应该考虑体面、应该结合"社会中广泛拥有的并被视为应当有的普遍标准",这本身就难以取得共识。而且,从实施社会救助方面说,问题还有更复杂的地方,即提供救助的标准与审查的标准。如果提供救助的标准是"以最低生活必需品的成本为基础",审查的标准就很难完全以此为基础。因为,对当事人进行家庭经济状况调查(means-tested),既包括对申请人及其家庭成员收入状况的调查,也包括对该家庭的资产状况的调查。一个家庭的成员即使没有收入,如果有较多的资产,也能够通过出售部分资产维持体面的,甚至是很好的生活。这就涉及如何确定社会救助接受者可以拥有的资产的标准问题。例如,在一个彩电、冰箱、洗衣机等已经普及的社会里,拥有这些东西的人家能否作为社会救助的对象?这实际上涉及的是接受社会救助的人,"在多大程度上不能享受到大部分人

---

① Diana M. DiNitto, *Social Welfare: Politics and Public Policy*, p. 66.
② 〔英〕亚当·斯密:《国民财富的性质和原因的研究》,第431页。
③ Diana M. DiNitto, *Social Welfare: Politics and Public Policy*, p. 67.
④ 〔英〕迈克尔·希尔:《理解社会政策》,第157页。

的生活方式""贫困线收入与平均收入的差距应当有多大"等等问题。①

在实践中,还有一个与确定社会救助标准相关联的问题,即社会救助标准与劳动收入的关系,主要是与能够从市场中获得的最低收入的关系。"社会保障收入与低工资收入之间的关系非常重要。多项贫困方面的研究都把工资收入与主要的按收入决定的救济金方案联系起来共同考虑。除了关注那些在标准线以下却申请不到救济金的人以外,还关注由于工资太低而处于标准线以下的人。"②因为根据劳动在物质财富创造中的作用,如果一个人的劳动收入少于国家提供给不劳动的人的救济金,一般来说,其合理性是难以得到承认的。

应对这个问题,主要是在两个方向上采取措施。一是制定最低工资标准,以保证劳动收入高于国家救济金;二是使救济金低于市场决定的最低工资。这两种措施都有各自的问题。

为了使工资不低于国家的最低工资标准,又有两种办法:一种方法是,国家的法律规定雇主提供的工资不能低于某一标准。这就必然影响由劳动力的供求决定的工资,使一些雇主更加不愿意雇用"劳动力市场上的问题群体"。劳动力市场上的问题群体通常指的是,"年龄较大的人、受教育程度低的人、残疾人或者未被同化的外国人"。③ 另一种方法是,国家对雇用劳动力市场上的问题群体成员的雇主提供一定的补贴,以保证雇主仍然按照市场价格支付工资。但是,这又可能导致"以受国家资助的劳动关系排挤标准的劳动关系",④使能力强于劳动力市场上的问题群体的劳动者失去就业机会。另外,在全球化背景下,还有一个国家的最低工资标准是否会影响企业在国际上的竞争力的问题。

使救济金低于市场决定的最低工资,很有可能造成救济水平过低,达不到通过救济帮助受助者满足基本生活需要的目的。因为市场决定的工资取决于技能类似的劳动力的供求状况,工资可能就达不到满足劳动者本人及其供养人口基本生活需要的水平。如果再维持救济金水平低于劳动力市场决定的最低工资,自然达不到社会救助政策的目的。

根据2012年12月28日北京市人力资源和社会保障局《关于调整北京市2013年最低工资标准的通知》(京人社劳发〔2012〕349号),北京市最低

---

① 〔英〕迈克尔·希尔:《理解社会政策》,第158页。
② 同上书,第159页。
③ 〔德〕弗兰茨-克萨韦尔·考夫曼:《社会福利国家面临的挑战》,第154页。
④ 同上。

工资标准由每小时不低于 7.2 元、每月不低于 1260 元,调整到每小时不低于 8.05 元、每月不低于 1400 元。再根据北京市民政局和财政局 2012 年 12 月 27 日发布的《关于调整本市社会救助相关标准的通知》,城市低保标准从家庭月人均 520 元调整为 580 元。如果就单个劳动者而言,最低工资标准与最低生活保障标准之间的差距似乎是很明显的。但是,对于一个需要供养三口之家的劳动者而言,二者之间的差距就完全不存在了。按照中国的最低生活保障政策,他/她如果只能从事一份月收入 1400 元的工作,就能够再获得 160 元的最低生活保障金。然而,不考虑其他因素的话,他/她不去工作,这个家庭也能得到 1560 元的最低生活保障金。

按照北京的日常生活消费品的价格,每个人每月 520 元,实在是仅能维持最低生活标准,即勉强维持生存。但是,另一方面,对于劳动密集型的竞争性企业而言,目前的劳动力成本已经使不少企业难以承受。特别是,在与东南亚一些劳动力成本更低的国家的竞争中,中国已经开始失去劳动力成本低廉的优势。这样的问题不仅仅存在于北京市,在中国的其他城市也同样存在。

例如,根据 2013 年 4 月 1 日天津市人力社保局《关于调整天津市最低工资标准的通知》(津人社局发〔2013〕13 号),天津市最低工资标准由每月 1310 元、每小时 7.5 元,调整为每月 1500 元、每小时 8.6 元。同时,根据天津市民政局、财政局联合下发的《关于调整社会救助范围和标准的通知》(津民〔2013〕31 号),从 2013 年 4 月 1 日起,城市居民最低生活保障标准由每人每月 520 元调整为 600 元。这同样可能形成三口之家能够获得的社会救助金总额高于一个家庭成员的劳动收入的情况。

对于救济金高于工资是否会影响人的就业意愿,没有确定的结论。希尔指出,"有人认为失业者中很少有人会因为能够得到比工资高的救济金就不再工作。""在工作机会稀缺的情况下,阻碍的实际效果很难估计出来。然而,公众普遍认为这种效果实际上促进了失业率的提高。政治家们也认同这种说法,或者说他们对此非常敏感。"实际上,在那些人口多的家庭得到的救济金与低技术工人挣得的工资差别不大的情况下,有劳动能力的人是否选择就业,取决于"参加工作造成的损失""个人对工作的心理成本和效益""工作期间仍能得到的救济金数额"。① 针对这些情况,不同国家的社会救助政策制定者都采取了一些应对措施,但很难从根本上解决问题。

另外,在社会救助的方式上,提供现金还是实物,也是有争论的。实物

---

① 〔英〕迈克尔·希尔:《理解社会政策》,第 154 页。

给付,往往既限制了个人的选择自由,也很难准确地与不同个人和家庭的实际需要相符合。现金给付,虽然也有各种弊病,但大多数国家的社会救助还是以现金为主。这样,如果考虑到体面、通行的生活标准,救助标准就需要考虑收入指数。即使不考虑收入指数,由于现代社会的商品价格总体是上涨的,社会救助的标准也必须考虑价格指数,这又会涉及对最佳计算方法的不同意见。"特别引起争议的是,用于穷人的价格指数是否应该区别于一般的价格指数,因为在许多方面穷人的消费方式与别人不一样。"①如果在社会救助的标准问题上,进行如此深入细致的探究,还会引出很多难以解决的问题。

二、确定救助对象问题

虽然社会救助的对象是家庭经济状况低于国家颁布的救助标准的家庭成员,但是在很多国家,家庭经济状况低于救助标准且处于劳动年龄阶段、具有劳动能力的人,要成为救助对象,往往还需要以积极寻找工作为前提条件。而在有些国家,这样的人基本上就不被视作救助对象。救助对象是老年人和残疾人等被认为是"值得帮助的穷人",是"那些由于其状况不能从事有收益的就业因而几乎没有或完全没有收入的人"。②

在英国,对处于劳动年龄阶段、具有劳动能力的生活贫困者,国家也是提供救助的。但是,这样的人要成为救助对象,或者是因为有未成年的孩子,或者需要以其积极寻找工作为前提条件。

1909年的《职业介绍所法》,"授权行业委员会在有需求的地方设立和维持职业介绍机构并制定管理规范。最初,职业介绍机构发展缓慢"。当根据1911年《国民保险法》"实行失业保险时,在职业介绍机构进行登记成为领取补贴的一个条件,致使在职业介绍机构登记的人数增加了两倍"。③ 此时,失业登记还是得到失业保险的必要条件。后来,由于在20世纪二三十年代失业人数急剧增加,而1911年的《国民保险法》只要求少数行业的工人建立失业保险,且缴费数额很少,政府不得不提供"由收入决定的救济金"。此时,申请者寻找工作是其能够成为救助对象的前提。

后来,在英国逐渐形成了"一个围绕'收入支持'建立起来的'一体化安全网'"。"收入支持"政策根据家庭收入状况确定救济金的给付。"对于不

---

① 〔英〕迈克尔·希尔:《理解社会政策》,第158页。
② Diana M. DiNitto, *Social Welfare: Politics and Public Policy*, p. 133.
③ 〔英〕内维尔·哈里斯等:《社会保障法》,第79页。

同的个人,具体的补贴率是不一样的,分为夫妻、25岁以上的单身、18至24岁者以及分为三个不同的年龄段的儿童。""偶尔会有些'额外补贴'。"额外补贴的对象也分成不同的类别:"分别针对家庭、单亲、80岁以下退休者、80岁以上退休者、残疾人以及重残者。""新工党把按照收入发放的救济金称为'最低收入保障'。""1970年代以来,与收入支持计划共同实施的还有另一项按收入决定的救济金,它是付给那些一周工作16小时以上且家中有未成年孩子的低收入工作者。"最初,该政策叫"家庭收入支持"计划,1988年改为"家庭税收补贴",自1999年10月起,"家庭税收补贴又被'工作家庭税收补贴'及辅助性的'儿童税收补贴'所取代,它包括了由于就业而造成的70%的儿童照顾成本"。① 这项按收入决定的救济金,救助的对象实际上要满足三个条件,家庭收入低于国家规定的标准、家庭中的成年人自己要一周工作16小时以上、家庭有未成年的孩子。

英国的这些社会救助政策,同时是与积极的劳动力市场政策相联系的。特别是20世纪70年代以后,随着更新的科学技术在经济领域的应用、全球化的推进,以及政府政策自身造成的问题,五六十年代的充分就业局面发生了变化。即使以通货膨胀为代价,充分就业也很难实现了。英国以及更多的国家开始实行积极的劳动力市场政策,目的既是为了减少失业,也是一种对社会政策进行调整的探索。"它依赖政府行为放宽劳动力市场并引导失业者迅速回到工作岗位,而不是听任他们沾染上长期失业的病患。"②将救助对象按年龄分类,与对不同年龄的人采取不同的就业推动政策有关。例如,在1997年工党政府实施了为18—24岁的年轻失业者提供6个月的工作或培训机会的政策,1998年制定了为24岁以上两年以上未找到工作的人提供有补贴的工作的计划。③

由于实行积极的劳动力市场政策,所以,"国家对失业者的资金支持是由求职者津贴提供的。为了达到条件,求职者必须做出明确的保证,签订求职协议,同意按照协议中的步骤找工作。即使上缴了国民保险的人,如果6个月后还想得到求职者津贴必须经过家庭收入调查。如果发现某人失业的理由不充分或是他没有抓住就业机会,那么他的救济金就可能被停发或减少"。④ 亦即,贫穷不是能够成为社会救助对象的充分条件。

另外,由于社会救助以家庭为单位,随着家庭结构的多样化,在确定救

---

① 〔英〕迈克尔·希尔:《理解社会政策》,第147、148页。
② 〔英〕霍华德·格伦内斯特:《英国社会政策论文集》,第129页。
③ 〔英〕迈克尔·希尔:《理解社会政策》,第276、277页。
④ 同上书,第275页。

助对象时也遇到了很多问题。"如果男女双方未婚同居但有子女,按收入决定的政策就会变得更加复杂。对家庭收入的审查要求判断一个家庭是否存在。"如果一位有男友的女性申请救助,"希望被独立审查时,往往会出现问题。救济金局会把她们当作其男友的'妻子'"。虽然,在英国对由单亲母亲构成的家庭的救助是"非常慷慨的",但是,人们对"离异的父亲应该缴费""单身父母增多的原因是他们能够得到救济金和住房"的争论,对社会救助政策如何确定救助对象,已经产生了影响。并且使政策的执行更加困难、复杂。①

尽管这些问题直接表现为如何确定一个家庭的构成人员,实际上还是意味着成年人,尤其是按照福利国家政策对家庭的基本假设,成年男人不应该成为社会救助的对象。"严格而且非常不切实际的审查都是为了确保人们能够'真诚地寻找工作'。"②但是,在失业率比较高的情况下,长期失业的低技能劳动者是否在积极寻找工作,是很难判断的。即使积极寻找,也很难找到工作,特别是能够养家糊口的工作。当政府为这类劳动力市场上的问题人群提供就业补贴时,是否不会排挤其他人的就业,同样难以确定。

在法国也是以对劳动收入的补贴救助贫困的成年人的。这项"最低再就业收入补贴政策","源于 1988 年 12 月 1 日的一个法律,并被 1992 年 7 月 29 日的一个法律所重新肯定并略加修改"。"最低再就业收入集特殊给付的发放和社会及职业的参与措施于一体。"这是一项"'差别性补贴'的发放:这种补贴将受益人的生活来源提高到最低收入的数额"。"获得最低再就业收入及其更新的权利是以其受益人愿意参加所有可能给他们建议的社会与再就业方面的措施为条件的。"③这些规定清楚地表明,对成年人的社会救助是以贫困和参与社会和就业市场为条件的。

中国的最低生活保障政策,并不完全排除对处于劳动年龄段(男 16 至 60 周岁,女 16 至 50 周岁)、有劳动能力的无业人员提供救助。因为中国的城市居民最低生活保障政策就是在 20 世纪 90 年代中期国有企业改革、大量国企工人失业下岗的背景下颁布的。但是,作为申请人同样需要到有关部门办理求职登记并主动就业,同时申请人还被要求每季度提供 1 次求职证明或者就业状况证明,汇报就业情况。另外,在劳动就业年龄内、有劳动能力而尚未就业者(含下岗及失业人员等),应当参加街道办事处(乡镇人

---

① 〔英〕迈克尔·希尔:《理解社会政策》,第 162、163 页。
② 同上书,第 40 页。
③ 〔法〕让-雅克·迪贝卢、爱克扎维尔·普列多:《社会保障法》,第 212、213 页。

民政府)组织的公益性社区服务劳动(劳动保障部门组织的职业培训时间除外)。这也表明在中国,作为主要社会救助政策的最低生活保障,劳动年龄内、有劳动能力的人,除了家庭人均收入和财产低于其所在地区规定的标准,要成为救助对象,还需要以参加社区公益性服务和积极寻找工作为条件。

后来,在有些城市还实行了"分类施保"政策。例如,按照北京市民政局、财政局2004年发布的《关于对城市低保对象实行分类救助的通知》(京民救发〔2004〕198号),对法定劳动年龄段内的人员区分有无劳动能力,对有劳动能力的实施鼓励就业政策;对儿童、老年人、残疾人等给予高于法定就业年龄段内有劳动能力的人员的救助。

美国的公共救助政策基本上没有对劳动年龄段内、有劳动能力的成年人的救助。公共救助的对象主要是18岁以下的贫困儿童、65岁以上的贫困老年人、贫困且残疾的成年人(18岁及以上的人)。残疾指的是因为一种"从医学上确定不能治愈的身体的或精神的损伤,以及至少将持续12个月或更长时间的损伤",因而不能够工作的状况。① 在1972年以前,在美国的公共救助政策中,对贫困的老年人和残疾人分别有不同的救助计划。在1972年,不同的计划被改变、合并为补充保障收入(Supplemental Security Income,SSI)。一个人如果从社会保障和其他来源获得的收入以及他的财产没有超过SSI的资格要求,就可以在社会保障的退休或残疾津贴之外再接受SSI津贴。但是,对18岁以下的贫困儿童的救助政策,在如何对待贫困孩子的父母问题上,由于不断有新情况出现,美国人一直进行着争论。

20世纪初,各个州开始规范法律来帮助那些父母缺乏经济来源的孩子们,以满足他们的物质需要。"这些计划试图帮助那些失去父亲的孩子,有时也帮助那些父亲是残疾的或是离异或遭到抛弃的孩子。这些早期的计划称作对母亲的帮助或是母亲津贴(mothers' pensions)。"联邦政府于1953开始介入,部分地担负起对贫苦儿童的责任。作为最初的《社会保障法》的一部分的"帮助未独立的儿童的计划(ADC)被构想为对贫困家庭的儿童提供短期的经济救助的一种方法"。"计划被设想为当有越来越多的家庭符合《社会保障法》之中的社会保险计划的资格要求时接受ADC的家庭将会逐渐减少,这项计划将逐渐成为过时的。"②

早期的帮助贫困家庭中的孩子的政策强调的不是对寡妇的帮助,而是

---

① Diana M. DiNitto, *Social Welfare: Politics and Public Policy*, p. 135.
② Ibid., p. 169.

对代表孩子的母亲提供帮助。后来家长的需要才在计划中被考虑到,家长们变得也能得到帮助。"但是计划的其他部分变成了令人痛心的污点。其中一个十分尖刻的指控是 ADC 计划导致了父亲抛弃他们的家庭。虽然这个指控很难被证实,但是我们能了解它是如何产生的。在 ADC 计划下,一个健康的父亲失业在家的家庭是不符合救助要求的。""因此,一个失业的健康的父亲如果找不到工作并且不具有 ADC 资格就不能支撑整个家庭。然而,如果他离开,这个家庭便能具备 ADC 资格并得到帮助。这种为得到 ADC 帮助而选择离开的父亲数目不得而知。""但事实是如果一个健康的父亲失业在家,他的家庭不能获得 ADC 资助。"为解决这个问题,ADC 做了两个改变。第一个改变是,1961 年颁布实施了一个与帮助未独立的儿童计划相关联的失业父(母)计划(ADC-Unemployed Parent,UP)。"这个反衰退措施使得那些父母失业在家的孩子也能得到救助。"第二个改变是,"1962 年计划更名为帮助有未成年子女的家庭(Aid to Families with Dependent Children,AFDC)来强调家庭这个单位"。①

后来,由于失业率和离婚率增高,"即使公共救助不是导致家庭不稳定的根本原因,但是领取补助的健康家长的数量还是持续地使公众对福利接受者的道德越来越担心。在美国的文化中具有牢固地位的工作伦理认为,对有能力可以自食其力的人不应该给予公共救助。"再加上一些人婚姻生活态度的改变。因此,"领取福利的母亲同其他男人的关系同样引起关注。那些希望确保救济金只发给'正确的'人的人们担心接受福利的母亲会让健康的男人待在家里。AFDC 支票主要是帮助妇女和儿童,某些时候帮助父亲。母亲让其他人分享福利被认为是不道德的和非法的。"②

同时,"因为越来越多的接受帮助有未成年子女家庭计划的儿童是那些没有结婚的人所生,而且他们不在一起的父亲或母亲很少或是基本不尽供养义务。"1975 年国会又开始做出更协调的努力来寻找离开的父(母),建立亲子关系并且通过《社会保障法》第四部中的 D 部分(Part D of Title IV of the Social Security Act, called the IV_D program)获得对儿童的支持。建立亲子关系与高离婚率也有关,因为这也是造成没人供养问题的原因。1984 年国会还通过了《儿童抚养强制执行修正案》(Child Support Enforcement Amendments,CSE)。根据该法案,"父母如在规定期限内未支付供养费(通常为 30 天或是更多)将会接到警告通知,被向信用机构通报,被扣押工资,

---

① Diana M. DiNitto, *Social Welfare*:*Politics and Public Policy*, p. 169.
② Ibid., p. 170.

受到民事的或刑事指控,联邦或州政府给予的所得税退款被拦截,以其财产做抵押,查封并拍卖其财产以及要求他们邮递一个合同。这样的父亲或母亲的失业补助金也可能被扣除。"① 这些措施意味着只有那些确实无人供养的孩子及其抚养人才能够成为救助对象。

另外,最初的帮助未独立儿童的计划是在当时母亲更愿意待在家里照看自己的孩子的情况下设立的。人口、社会和经济的变化使社会有关人士的观念发生了变化。"正如 20 世纪 60 年代所显示的,不再是把提供经济帮助作为摆脱贫困的主要方法;'使人复兴',通过给他们提供更好的机会而摆脱贫困成为议事日程。"更主要的则是,"随着 AFDC 名单的持续增长,美国人对于给那些有能力工作的人提供公共救助越来越不高兴。重点又一次改变,这次变成通过给予更多的刺激和更强硬的工作要求来减少对福利的依赖。""第一次为了打破人们对公共救助的依赖关系而提出大范围地促使人们恢复就业的方案是 1962 年的《社会保障法》中的《社会服务修正案》。这个方案通过解决阻碍着经济独立的个人问题和社会问题来减少贫困。提供的服务包括:咨询、职业训练、儿童管理训练、家庭计划服务和法律服务。各州在为公共救助的接受者提供社会服务方面建立了一项额外的津贴——州政府支出每一美元,联邦政府就追加给它们三美元的配套资金,比 AFDC 现金支付的退还公式更为有利。"但是,对这些政策,州政府很难实施到位。"各州声称它们已经将联邦政府为多项服务提供的配套资金提供给案主了,再一个是说很难找到足够具备资格的社工人员来提供服务。"②

以上事实表明,在既有的经济制度和社会政策框架下,人们既不愿意给非残疾的劳动年龄人口提供公共救助,也很难实行那些繁杂且未必有效的帮助贫困人口就业的措施。在由政府帮助贫困者就业的政策难以取得预期效果的情况下,1988 年"国会颁布了一个被认为是更好的方案——工作机会与基本技能计划(Job Opportunities and Basic Skills, JOBS)"。该计划除了向贫困家庭的成年人提供基础教育、工作技能和预备性训练、职业发展以及寻找和安排工作、支持性服务、在职培训等,一个新的要求就是,"接受对有未成年子女和失业父母的补助津贴(AFDC-UP)的家庭的一个家长一般每星期必须在公共部门或私企工作 16 个小时"。"如果资源允许,各州要求带孩子的单身父母,只要孩子三岁或三岁以上,必须参加 JOBS 计划;如果他们

---

① Diana M. DiNitto, *Social Welfare: Politics and Public Policy*, p. 168.
② Ibid., pp. 180-181.

愿意,各州也可以要求孩子满一岁的父母去工作。"①即要求有未成年子女的、接受救助的家长必须参加工作。

最后,在 1996 年,帮助有未成年子女的家庭的政策被改变为对贫困家庭的临时救助(Temporary Assistance for Needy Families, TANF)。TANF 计划"由两部分拨款组成"。"一个是家庭救助拨款,为家庭提供现金,帮助家庭成员工作,避免未婚先孕。这些钱还可以用来鼓励父母建立或维持双亲家庭。这项拨款结合了以前的 AFDC 计划和 JOBS 计划的功能但对它们设置了资金上限。另一项是对儿童照顾的拨款,帮助家庭脱离公共救助或避免只是领取公共救助而不关心对孩子的监管。"同时,"在 TANF 下,多数家庭领取现金帮助不会超过五年,而在 AFDC 计划下,直到家庭中最小的孩子满 18 岁才会失去资格。所有领取公共救助达两年的健康的成年人被要求通过工作实行自立。这个要求比它的前身 AFDC 要严厉得多。"②

不过,美国也有一项健康的成年人也能获得的社会救助,这就是食品券计划。"尽管食品券计划在 1996 年做出改变,但它仍比其他公共救助计划涵盖的人口要多。它仍可以被描述成全国非特定类别的公共救助计划——虽然接受者必须是穷人,但他们不一定必须是老年人、残疾人或受抚养的子女。计划试图帮助那些最贫困的人。"但是,这项计划在确定政策对象时仍然是很繁杂的。"经济状况调查是判断一个人是否符合领取食品券的资格要求的基本方法。资格的确定非常复杂,并且是以'家庭单元'来判断的。事实上,联邦登记簿上要用 5 页以上的附件来说清楚什么构成了一个食品券家庭!"③

如果说美国的这种极力排除有劳动能力的成年人作为社会救助对象的政策,导致具体规则和实际实行都很困难,那些仅仅以贫困标准确定救助对象的国家,其社会救助政策也同样遭遇一些问题。

例如,在澳大利亚,由于没有通过社会保险政策实现的收入维持计划,对陷入贫困的人,"实行的是通过个人资产调查(广义上的)等手段决定是否享有诸如养老金与失业救济金等福利待遇的制度"。所以,各种类型的人,包括失业的成年人都可以获得通过家庭资产审查的救济金。在 20 世纪 80 年代初,澳大利亚领取救济金的人中 50% 是失业津贴的领取者。④ 因此,

---

① Diana M. DiNitto, Social Welfare: Politics and Public Policy, p. 184.
② Ibid., pp. 199-200.
③ Ibid., pp. 222, 224.
④ 〔加〕R. 米什拉:《资本主义社会的福利国家》,第 84、91 页。

抵制和反对国家福利政策的人还是将失业者作为攻击对象,尽管澳大利亚一直是一个低税制的国家,一直是经合组织国家中社会支出水平最低的一个。反对向失业者提供救助的原因,一个是他们有劳动能力,无论这种劳动能力是否具有市场价值,再一个重要的可能就是"那笔救济金是从税收总额中提取的,且没有时间限制"。[①]

在承认对包括自然资源在内的各种财产的私人财产权利的情况下,以国家的税收收入向少数人,尤其是向具有劳动能力的人,提供私人物品或可以购买私人物品的现金,很难令人认为是公平的、合理的,除非是在利他主义作为道德意识被普遍接受的社会环境中。然而,利他主义,"那种动机当然并不是一成不变的;普遍的观察都发现,它可以由于观察到许多人违反自食其力的规范,或由于感觉到福利津贴相对于许多上班族的挣钱能力要偏高而弱化"。[②] 亦即,利他主义不可能成为国家福利政策的坚实基础。

第二节 社会救助政策导致的难以解决的问题

社会救助政策本身必然导致的问题,一是较高的行政成本,二是对当事人自尊的损害,三是"贫困陷阱"问题。

一、较高的行政成本问题以及对当事人自尊的损害

由于社会救助政策需要制定救助标准,并依据国家的标准对申请者的家庭状况、家庭经济状况、就业状况、身体状况等进行审查,作为选择性的福利政策,其实施必然需要较高的行政成本。

例如,在确定社会救助对象方面,由于政策对象的具体情况各种各样,国家或地方政府的统一救助标准难以确切衡量具体申请人的情况,给实际执行政策的工作人员一定的自主权是必要的。但是,这既加大了执行的难度,也给实际工作人员不完全遵循政策规则提供了空间,甚至为其以权谋私提供了机会。

实际工作人员的具体工作主要包括三个方面:控制进入的条件、控制接受者中的欺骗、努力使已经接受社会救助的人退出。

获得社会救助的条件一般包括:已经用完了其他的潜在的收入资源,拥

---

① 〔加〕R. 米什拉:《资本主义社会的福利国家》,第98页。
② 〔美〕罗布特·索洛、格特路德·希梅尔法尔、安东尼·刘易斯、格伦·劳里、约翰·罗默:《工作与福利》,刘文忻、陆云航、黄雪蒙译,北京:中国社会科学出版社2010年版,第25页。

有的财产低于设定的门槛,正在积极地寻找工作等。为了保证得到救助的人确实符合条件,通常的程序都是要求申请人提交有关财产、存款、就业、居住等证明资料。然后,有关工作人员需要确认有关资料是否有效。同时,社会救助机构的工作者还要到申请人的家里考察其生活状况。

对欺骗,一是可以由社会救助机构来识别,另外,由于要求社会救助申请人必须积极寻找工作,往往还需要就业服务部门的协助。对欺骗的控制是需要花费很多人力以及一定物力的,但实际效果往往难以判断。

使接受社会救助的人通过其他渠道增加收入退出社会救助接受者行列,也是社会救助工作的重要内容。具体方法有两种:一种是推动他们就业,另一种是将他们转到其他社会福利项目之下。这些也都是很困难的工作。

在美国,为了消除公共救助中的欺骗滥用和错误,既监督检查执行机构,也监督检查救助接受者,联邦政府采用了质量控制程序。所谓质量控制程序,就像在工业生产中检验产品的质量那样,通过抽取产品中的一个样本,检测它们是否达到规定的标准。在公共救助中,质量控制也是采取抽取检查的方法。既检查接受者是否合格以及他们领取的补助额是否合适,也用来确保合格者没有被错误地拒绝。这个程序是,联邦政府设立质量控制标准,各州的福利部门负责复查,负责直接检查的工作人员进行现场测验。现场测验包括面试案主和鉴定记录,如租赁收据或支票等。① 为了防止有人冒领或倒卖食品券,近些年还采用了指纹成像技术。"但是,这个系统也没有节省什么开支。这表明该试点工程没有阻止欺诈活动。"②

尽管这种耗费人力和财力的监督检查,实际上并没有节省多少资金,而且,"多数非法领取津贴或得到过度支付的家庭,他们在经济上也并不富裕",关键是"虽然减少错误而节省的费用与质量控制的费用相减后没有剩下多少净值,但这些努力比减少公共救助费用更能平息批评"。③

中国的社会救助,以城市居民最低生活保障为例,根据国务院颁布的《城市居民最低生活保障条例》,实施最低生活保障制度的责任主体是地方各级政府。县级民政部门以及街道办事处和镇政府是城市居民最低生活保障的具体管理审批机关。居民委员会受管理审批机关的委托,可以承担城市居民最低生活保障的日常管理、服务工作。在不同的城市具体负责管理

---

① Diana M. DiNitto, *Social Welfare: Politics and Public Policy*, p. 241.
② Ibid., p. 240.
③ Ibid., p. 242.

和审批的机关、程序不尽相同。

国务院颁布的《城市居民最低生活保障条例》规定,"凡共同生活的家庭成员人均收入低于当地城市居民最低生活保障标准的,均有从当地人民政府获得基本生活物质帮助的权利"。对于收入,《城市居民最低生活保障条例》指出包括"全部货币收入和实物收入"。而各城市在自己的条例实施细则中基本上是将"实物收入"界定为申请人拥有财产的标准。

对申请人的资格审查主要包括以下内容和方法:首先要求申请人提交收入证明、医院证明等有关材料;为了确认申请人的情况,工作人员除了审核申请人提交的材料,还需要进行入户观察,直接观看一个家庭的贫困程度;审查申请人的生活支出情况,要求申请人提交水、电、煤气、通信等方面的费用单据;将申请人的情况进行"公示"。

对家庭经济状况的审查最容易遇到的困难:一是受助对象是否有银行存款或股票等有价证券的监督检查,银行和股票公司等机构不提供有关信息,致使低保工作人员无法核查;二是具有抚养或扶养关系,但不在一起生活的人,是否承担了抚养或扶养责任的监督检查比较困难;三是对无业、失业人员当前是否有隐性收入以及非正式就业人员的收入的监督检查非常困难。另外,由于中国特殊的户籍制度,包括确定农业与非农业户籍,这本身就增加了工作内容。当一个家庭的成员既有农业户口也有非农业户口时,问题就变得复杂了。同时,由于人口流动、大规模的城市拆迁改造以及婚姻变故等,在中国人户分离的情况很多,一个地方的民政部门确定申请人是否本地区居民时,情况变得更为复杂。如果严格遵循最低生活保障政策的有关规定进行审查,是需要支付很高的行政成本的。

与此同时,由于社会救助政策以贫困人口为对象,需要进行耗费人力物力的审查,对受助者的自尊必然会造成或多或少的损害。对此,蒂特马斯等很多人都进行过论述。迈克尔·希尔对这个问题的分析非常清楚。"通常,人们反对按收入决定救济金的做法,因为它使需要帮助的人感到困惑、觉得不情愿或处境尴尬。""那些不得不申请救济的人往往已经遇到麻烦了,他们因为申请救济金而感到耻辱,他们会受到邻里的指责。为了能得到救济金,他们不得不把个人的情况告诉政府官员。这更使他们觉得'耻辱'。"[1]

虽然在社会救助领域存在着欺骗问题,一些人为了得到救济金,会提供一些虚假的情况,但是与此同时,由于感到耻辱,也有些人宁愿忍受贫困而不去领取救济金。在英国进行的一些社会救助项目的领取率的调查表明,

---

[1] 〔英〕迈克尔·希尔:《理解社会政策》,第165、166页。

有些政策对象没有申领相应的救济金。"有些救济金迟迟没有领取,就是因为存在这种耻辱感和复杂的收入审查手续。"①

二、"贫困陷阱"问题

贫困陷阱(poverty trap),通常指的是由于一些因素阻碍了贫困的个人、家庭通过自己增加收入来提高净收入,因而不能脱离贫困状况的现象。在发展经济学中贫困陷阱也指处于贫困状态的群体、区域等,由于贫困和其他阻碍性因素的作用而不断地再生产出贫困,因而陷入贫困的恶性循环中不能自拔的状况。

与社会救助相关联的导致贫困陷阱的直接原因是,当接受救助金的人通过就业增加了收入,救济金也减少,而税负、社会保险缴费等会相应增加,结果一个人或一个家庭因为努力寻找工作增加的收入扣除了税金和社会保险金等缴费外,其净收入可能增加不了多少,甚至可能还没有不工作时能够得到的救济金多。

即使没有税收和社会保险等费用的支出,即使救助金不是根据就业收入等额减少,只要社会救济金以家庭经济状况调查为基础,就会出现家庭收入达到了某个标准,就得不到救助补贴的情况。而且,通常接受社会救助的人能够获得的就业收入往往也是比较低的。因此,这就很容易导致个人通过努力增加收入,结果实际收入并没有明显增加,仍然处于贫困线附近的状况。这就打击了穷人努力工作获得更多收入的积极性。

当然,由于对贫困陷阱问题的研究结果,很多国家的社会救助政策的具体规则都比较注意缓解导致贫困陷阱的直接因素。但是,与我们后面准备讨论的以每个人对自然资源平等权利为基础的社会政策框架相比,最终还是会出现原先得到的救济金减少或取消的情况。

例如在英国,政府曾宣称,"1986 年法案的一个主要的好处是大部分人不致遇到贫困陷阱的问题。它将扣除税收和国民保险后的工作所得考虑在内,并把主要的收入审查纳入一个通用的框架。然而,税收和国民收入缴费额均伴随着家庭税收补贴、住房救济金和市政税的减少而增加,从而收入者每增加 1 英镑的收入,最终只能得到 3 便士,也就相当于 97%的税率(这种损失比最高收入者支付的边际所得税率还高两倍)。"②

再如在美国,1999 年在没有补充给付的州里,一个没有工作的人每个

---

① 〔英〕迈克尔·希尔:《理解社会政策》,第 165、166 页。
② 同上书,第 167 页。

月可以得到的补充保障收入最低不少于 500 美元。那些不能独立生活的人可以得到更多。在计算津贴时一般不被计算的收入包括,从任何来源获得的每个月的第一个 20 美元。为了鼓励就业,来自工作收入的第一个 65 美元,再加上个人另外增加的可计算的收入达到了资格限制标准以前的一半也不计算在内。即超过 85 美元的工作所得中只有一半被计算以抵补 SSI 给付。对盲人和其他类型的残疾人而言,某些工作——或与残疾有关的支出在确定给付时也可以忽略不计。用于教育支出的奖学金和助学金一般也是忽略不计的。盲人和其他类型的残疾人在试工期被允许继续接受津贴,以便使他们能够确定工作是否适合自己。在 1998 年,正在工作且没有其他额外收入的个人,如果其每个月的收入不超过 1073 美元,就有资格得到联邦的补充保障收入给付,对两个人规定的数字是 1567 美元。这对于正在接受残疾人给付的先前的工人返回工作有重要的意义。①

尽管美国的公共救助政策设计已经很注意贫困陷阱问题,或者说很注意鼓励公共救助的接受者积极就业,但是,一个接受 SSI 给付的人,如果有了收入,只要其收入超过 85 美元,在没有其他特殊情况时,即使只有 86 美元,其原先能够得到的 SSI 给付就要减少 0.5 美元,当其收入超过 1037 美元时,SSI 给付就完全扣除了。在 20 世纪 90 年代末的美国,一个月收入 1037 美元的人,肯定仍然生活在贫困之中。

在中国,最低生活保障政策也注意了贫困陷阱的问题,但是在具体规则方面远不如美国精细。例如,根据《北京市人民政府关于推进城乡社会救助体系建设的意见》(京政发〔2005〕8 号),要在北京市实行低保分类救助制度。分类救助的原则是:"根据城市低保对象劳动能力、家庭情况、赡养系数等不同情况,合理区分不同救助家庭的困难程度,采用适当的救助系数,适度提高城市'三无人员'、重残人、老年人、未成年人等特殊困难人员的救助标准。对于有劳动能力的低保人员,实施积极的生活救助和就业援助政策,进一步体现城市低保制度的针对性和科学性。"按照这个原则,法定就业年龄段内有劳动能力的人员,设定其救助系数为 1,并按下列原则享受鼓励就业政策:一是,"家中现有相对固定岗位的就业人员及城市低保对象家庭成员就业后,在核定其家庭收入时,先从其本人收入中扣除本市当年城市低保标准 80%的金额,再计算家庭收入";二是,"家庭月人均收入超出低保标准的,实行救助渐退政策,即对其家庭原享受的低保金进行逐月抵扣,在 2 个月内抵扣完毕(即第一个月发放 100%,第二个月发放 50%)"。

---

① Diana M. DiNitto, *Social Welfare: Politics and Public Policy*, p. 136.

按照北京市的最低生活保障政策设计,一个低保家庭如果有人就业,而且收入超出了家庭月人均收入低保标准,两个月后原来的最低生活保障金就被取消了。而这个家庭的生活状况,很可能与家里没人就业时差不多。

考夫曼对弗里茨·沙尔普夫提出的改变"以同样高的职业收入挤掉社会福利收入"问题的建议,给予了肯定的评价。他认为沙尔普夫的建议"避开了普遍的负所得税或者国民津贴等无法筹集资金的计划"。"它的目标是通过逐步递减的国家津贴,使人们能够去从事私营部门的低薪工作并达到高于社会救济金的收入水平。由此就可以达到积极的就业效果,这样一来,公共开支(社会救济金、失业救济金等等)归根结底甚至会减少。"①实际上,这个建议基本上就是美国已经采取的方法,最终还是要以职业收入代替社会救济金。同时,使只能从事低薪工作的人获得高于社会救济金的收入,本身也不是很现实。

另外,为了缓解贫困陷阱的政策设计,还会导致一个新的问题,即那些收入稍微高于国家的贫困救助标准的家庭,其人均收入实际上将低于那些部分收入不被计算在内因而仍然能够从国家得到部分救济金的人家。这就损害了以贫困为标准的社会救助的公正性。

至于负所得税建议,实际上与其他形式的社会救助政策一样,既没有给出国家实行这一政策的权利基础,又同样不能完全避免其他方式的社会救助存在和必然导致的问题。负所得税的建议是右翼自由主义经济学家弗里德曼提出的。根据他的基本思想,个人拥有的是自由择业的权利。他坚决不同意人们可以拥有无偿获得食物、衣服、住房、医疗等的"基本人权",因为这样的权利需要有人承担提供的义务。他坚持认为,"通过直接的生产或者与他人的自愿合作,每个人都应该可以自由地使用其人力资源来获得食物、衣服、住处及医疗。这一含义是通过自愿合作而组织起来的自由社会的本质所在。"②实际上,自由市场经济的历史已经充分证明,并不是在任何时候、任何人都能够获得"自由地使用其人力资源"的机会的,因此也就不可能通过"自由地使用其人力资源来获得食物、衣服、住处及医疗"。

弗里德曼认为,一些人之所以失业、陷入贫困,说到底是政府干预的结果。由于政府的职业许可证限制了对一些职业位置的自由竞争,导致了一些人不能用自己的劳动养活自己。解决的办法是:"按照你的意愿来使用你

---

① 〔德〕弗兰茨-克萨韦尔·考夫曼:《社会福利国家面临的挑战》,第159页。
② 〔美〕米尔顿·弗里德曼:《弗里德曼文萃》,北京:北京经济学院出版社1991年版,第171页。

的能力——唯一的限制是你没有干预别人这样做——是你的基本权利。"对各种职业的"进入的权利"是应该得到保障的。"充分地保障这一权利,将会极大地减少贫困与匮乏。"①弗里德曼的这一观点也不是完全合理的。一方面,失业并非完全由于政府的干预。另一方面,对于大多数职业,"进入的权利"确实是应该得到保障的。然而对于一些与人的生命、健康直接有关的职业,是不能完全以消费者的生命、健康为代价去试错的。政府对"进入的权利"进行干预也是必要的。随着科学技术的发展、高科技时代的到来,需要政府干预职业资格的领域很可能会进一步增多。

对于因某种事故或疾病而无法自己养活自己的人,弗里德曼从根本上也不认为需要政府来承担责任。他认为,"对这种残留的困苦的最好解决办法——尽管大家公认是不完善的——是我们这部分人的自愿行动,来帮助我们那些穷兄弟。"②在每个人对自然资源的平等权利不被承认的情况下,对于那些无法自己养活自己的人,确实只能如弗里德曼所认为的那样,靠他人的自愿帮助。政府确实没有理由强制比较富裕的人去帮助陷入贫困的人。

弗里德曼就是以其对贫困问题的成因的看法为基础,提出负所得税建议的。他认为,由于政府对人们的职业进入权利的限制和种种计划不当的福利措施,已经使成千上万的人在大部分基本需要的满足方面依赖于政府。现在,允许这种情况继续下去是错误的,不过要彻底纠正又会使现有的福利受益者遭受不合理的困苦,所以就需要采取一些过渡性的措施。他所提倡的负所得税计划就属于这样的过渡性措施。"负所得税计划将确保每个人的最低收入,并鼓励受益人进行自助。"而且他还特别声明,自己赞成负所得税计划并不是因为相信任何人都拥有以别人为代价的衣、食、住的"权利",而是因为政府应该对其政策已经导致的结果承担责任。

弗里德曼声称,负所得税强调的是与通行的所得税之间在概念上和方法上的一致性。其基本含义是,划定一条收入线,收入高于这条线的人,高出部分按照一定的比例向政府交税;低于这条线的人,差额部分按一定比例从政府得到补贴。根据这种负所得税的设想,对一个家庭有两个衡量标准:一个是收支平衡的收入标准,在这条线以上的人需要交税,在这条线以下的人得到政府补贴,正好在这个收入点上的人既不必交税也不会得到补贴;另一个标准是确保的最低收入标准,即纳税后或从政府得到补贴后实际收入

---

① 〔美〕米尔顿·弗里德曼:《弗里德曼文萃》,第172页。
② 同上书,第173页。

的最低标准。另外,这两个标准都与家庭规模相联系,家庭人口越多,收支平衡的收入标准和确保的最低收入标准相应地也越高。

弗里德曼建议的负所得税,如果税率设计精细、合理,也许能够避免贫困群体与次贫困群体之间的不公正问题。政策的执行也能够以每个人填报一份所得税申报书为基础。同时,由于负所得税主要是通过既有的税收体系来实施,可以避免那些累赘的、代价高昂的福利机构的介入,避免那些官僚机构为了追求自身的利益而扩大和滥用社会福利资金。在政党竞争的政治体制中,负所得税的简单、明了也可以避免各政党为了争取更多的选票而拿社会福利项目做交易,进行政治贿赂。

但是,实施负所得税,还是需要以对家庭经济状况的审查为基础。特别是,既然负所得税要使公共基金集中用于穷人,就不能只考察收入,还需要审查家庭财产状况。在避免贫困陷阱的问题上,弗里德曼的设想与美国已经采取的政策类似,最终还是不能避免贫困陷阱。因此,诚如希尔所说,"贫困陷阱会破坏任何统一的按收入决定的体系,包括负所得税"。①

以上对弗里德曼观点的介绍,同时表明右翼自由主义者对社会救助政策的批判性态度。即使在一般人当中,随着新右派影响力的增强,将社会救助的接受者视为福利依赖者,也是大有人在的。正如迪尼图所说,"在当代,人们的信念发生了变化,有很多人认为'公共救助计划促进了贫困,而且强制工作的哲学应当被采用'"。②

持有应当强制社会救助接受者去工作的观点的人,是以不承认人拥有不劳而获的权利为前提的。即使承认政府对那些因某种事故或疾病而无法自己养活自己的人应该承担保障其基本生活需要责任的人,也是将接受者的权利称为社会权利,而不是承认这类人有不劳而获的权利。

然而,如果每个人对自然资源的平等权利得到承认,个人是有可能利用这个权利获得一些生活必需品的。如果每个人对自然资源的平等权利,在一个国家范围内以货币给付的形式实现,无论这个人的收入、财富状况如何,除了按照国家的税收政策纳税、根据自己的收入和财产缴纳自然资源税之外,依据自己对自然资源的平等权利得到的资金是不会被扣除的。

---

① 〔英〕迈克尔·希尔:《理解社会政策》,第168页。
② Diana M. DiNitto, *Social Welfare: Politics and Public Policy*, p. 93.

第三节 社会保险政策涉及的问题和设计中必然遇到的困难

社会保险政策涉及的一个主要问题是就业问题。因为社会保险政策，无论是否严格遵循保险原则，都是以个人缴纳保险费为在需要时获得保险金的前提条件。对于大多数自己没有必要的劳动条件且需要靠劳动为生的人来说，都是要用部分就业收入缴纳保险费的。二战中贝弗里奇提出的社会福利政策体系，一个重要的基本假设就是劳动者能够充分就业。因此，劳动者能够用自己的收入缴纳社会保险费。这样，与社会救助政策相比，"缴费原则的历史性优势是，它使受益者通过缴费而获得道德价值"。① 但是，事实上，除了一些特殊时期，充分就业几乎是不可能的。

社会保险政策设计中必然遇到的困难，本处主要讨论与保险金的筹集和发放有关的问题。抛开与保险精算有关的具体问题，保险金的筹集和发放也涉及筹资水平、再分配力度、政府介入程度等问题。另外，与前几个问题相关，还涉及评价养老保险公正与否的问题，以及由于人口年龄结构的变化养老保险是否能够持续的问题。

一、自动化和智能化使社会保险需要的前提条件不可能得到满足

社会保险需要的前提条件，即充分就业，是不可能得到满足的。人类劳动采取就业的方式，只是伴随着工业革命和城市化的进程，劳动者与劳动资料相分离，各种生产要素主要通过市场机制进行配置以后发生的现象。在这样的环境条件下，就业指的是通过劳动力市场中的竞争，劳动者获得了有经济报酬的劳动机会。失业指的是在市场经济条件下，在劳动年龄之内，有劳动能力并有就业愿望的劳动者失去了或者没得到经济报酬能够维持劳动力再生产的劳动机会。如果不把市场竞争和能够维持劳动力再生产的经济报酬作为相关因素，也就无所谓就业与失业了。

本书的充分就业指的是，除了短期的摩擦性失业和季节性失业以外，劳动年龄内有就业愿望的人都能够找到与自己的技能、愿望基本符合的就业岗位。然而，至少自20世纪70年代中期以来，各发达的工业化国家几乎都面临着如何降低失业率的问题。20世纪80年代，不少经合组织国家的失业

---

① 〔英〕霍华德·格伦内斯特：《英国社会政策论文集》，第29页。

率达到了 10% 以上,在 90 年代非常重视充分就业的瑞典的失业率也达到了 10%。① 自 2008 年发生金融危机以来,很多发达国家又发生了比较严重的失业。由于经济全球化,像中国这样加入了世界经济体系的发展中国家,同样有着巨大的就业压力。失业率是不包括自愿失业者的。

而且,失业率接近或超过两位数的情况,不仅仅存在于发生了经济危机的时期,即使在经济发展比较好的时期,一些发达国家的失业率也是比较高的。像美国在 20 世纪 90 年代虽然统计的失业率只有 5%—6%,实际上,这是扣除了很多不稳定的、临时性的灵活就业者以后的失业率。而这些灵活就业者的收入一般都是很低的,他们没有能力缴纳社会保险费。

在当今的高科技时代,由于各种自动化的生产和办公设备能够替代大量的人力,同时,由于在市场机制的作用下,一个就业机会是以雇主能够得到利润和劳动者的工资不能低于维持本人及其供养人口的基本生活需要为前提的,能够满足人的需要的劳动,如果不能为雇主创造利润,或者雇主提供的劳动报酬不能维持劳动力的再生产,都很难成为待业者的就业机会。科学技术的发展和市场机制两种因素作用的结果就是,"绝大多数经济分析家一致认为,经济增长与充分就业之间的联系已经不再紧密了"。②

下面,我们主要分析科学技术的发展与就业之间的关系。

(一) 技术性失业的不可逆性

根据社会科学家对失业现象的研究,失业大体上可以分为季节性失业、摩擦性失业、周期性失业、技术性失业、结构性失业等几种类型。季节性失业指的是由于受气候条件或购买习惯的影响,人们对某些产品或服务的需求出现季节性的波动,从而对相关劳动力的需求也出现波动造成的失业。很显然,随着生产的机械化、自动化水平的提高,季节性失业应该会越来越少。摩擦性失业反映的是市场经济中劳动力资源配置的动态性,由于劳动力市场总会存在一定程度的运转失灵,劳动力的供求双方在相互寻找的过程中总要花费一段时间,在此期间存在的失业即是摩擦性失业。这种失业是市场经济效率的副产品。周期性失业指的是经济的周期性波动导致的失业。经济学家对经济周期的成因和类别做过很多研究,并试图通过政府运用适当的经济政策干预对经济运行的周期性进行控制。如果能够控制或缓解经济运行的周期性波动,周期性失业自然也会消失或减少。最使人困扰的是技术性失业和结构性失业。

---

① 参见〔德〕弗兰茨-克萨韦尔·考夫曼:《社会福利国家面临的挑战》,第 70 页表 4。
② 同上书,第 70 页。

结构性失业一般指的是生产技术的革命性改变导致了产业结构的变化,新兴的行业需要劳动力,原有的一些行业正在被新兴行业替代,能够接纳的劳动力正在减少。然而从正在衰落的行业中排挤出来的劳动力却由于知识技能方面的问题,不能适应新兴行业的要求。结果出现了失业者和职位空缺同时存在的局面。结构性失业主要是第二次世界大战以后,新的科技革命引发的一种社会经济现象。这种类型的失业与劳动者之间在知识、技术方面的高度分化相联系。一方面,由于高等教育的发展,那些受过高等教育、专门从事科学技术研究工作的人,不断地创造着新的知识、技术,并不断地将新的知识、技术推广到生产和服务领域,极大地提高了劳动生产率。另一方面,在直接从事生产活动的劳动者之中,一些人由于受教育、训练较少,不能适应新产生的工作岗位的要求。为了应对日益严重的结构性失业,自从20世纪70年代以来,各发达国家相继采取了积极的劳动力市场政策,加大了对人力资本的投入,开展了多种形式的职业培训,制定了有利于劳动力在行业和地区之间流动的社会政策,在一定程度上缓解了结构性失业。

技术性失业与结构性失业有一定程度的相似,也与新的、能够节省劳动力的生产技术引入生产或服务行业有关。但是,技术性失业指的就是引进了节省劳动力的技术而导致的失业。自从18世纪中叶英国发生工业革命以来,人类社会就迈进了以机器生产代替人的体力劳动和技能、以自动化机器和电脑部分地替代人的脑力劳动,由生产自动化到办公自动化和生活服务自动化的持续不断的加速发展过程。目前人类社会已经进入了以信息技术的飞速发展为标志的高新技术革命的时代。科学技术一次又一次的革命性发展,正逐渐把人从繁重的体力劳动和繁杂的脑力劳动中解脱出来。从理论上说,节省劳动力的新技术在生产和服务领域的应用、劳动生产率的不断提高,最终必然会减少对劳动力的需求,减轻人类的劳动负担。这在一定的制度环境中将增进人类的福利。可是,如果不具备必要的制度环境,就将导致不可逆转的技术性失业。

对于各种节省劳动力的技术是否会造成失业,经济学家一直争论不休。实际上技术性失业可以分为两类:一类是具有可逆性的技术性失业。即从短期效果看,引进节省劳动力的技术,工人会被解雇,会增加失业。但是,从长期效果看,如果引进的新技术降低了一种产品的生产成本,并降低了其销售价格,而这种产品的需求弹性又很大,那么,由于需求的增加,被解雇的工人就会被重新召回,甚至雇用更多的人。如果这种产品的需求弹性很小,该产品的价格下降也不能引发更多的需求,在消费函数不变的条件下,消费者多余的购买力将花在其他商品上,也会创造出新的工作岗位。另一类是不可逆转的技术性失业。不可逆转的技术性失业指的是,由于节省劳动力的新技术在生产和服务领域的应用、劳动生产率的不断提高,导致对劳动力的需求绝对减少,致使一定数量的劳动者无法在市场中找到经济报酬能够维持基本生活需要的工作岗位。这些人虽然可以在市场之外从事其他活动,但是不能获得由市场竞争机制决定的、能够维持基本生活需要(劳动力再生产)的经济报酬。因此,以市场经济社会的标准来衡量,这些人即是失业者。

在人类社会的发展进程中,在以信息技术为核心的第三次技术革命发生以前,由于科学技术的发展既能够节省劳动力,同时还能够创造出新的就业岗位,虽然不断地产生技术性失业,但那时的技术性失业经过一段时间的发展,还是能够被逐渐吸收的,即还具有可逆转性。然而,在高新技术飞速发展的今天,在经济全球化的背景下,技术性失业在一些发达国家已经呈现出不可逆转之势。而且发达国家已经出现的难以逆转的技术性失业,对包括中国在内的一些发展中国家也产生了不可避免的影响。

美国学者杰里米·里夫金曾以书名《工作的终结——后市场时代的来临》清楚地表明,科学技术发展至今天,在市场经济条件下,对劳动需求的减少已经呈现不可逆转之势。在该书的导言中,他就指出,"信息时代到来了。在未来的岁月里新的更复杂的软件技术将使世界文明更加接近于几乎无工人的世界。在农业、制造业和服务业中,机器在迅速取代人的劳动,到 21 世纪中叶世界经济将接近完全自动化生产。"[①]

杰里米·里夫金明确地批驳了一个多世纪以来流行的经济观点,即认为新技术会提高劳动生产率,降低生产成本,增加廉价产品的供应,反过来又促进购买力的提高,扩大市场,创造出更多的就业机会的观点。他以大量的事实证明科学技术的高速发展不仅导致对体力劳动者的需求大量减少,而且由于适应生产自动化、信息化的需要进行的企业管理方面的改革和重组,也大量减少了对中层管理人员的需求;不仅制造业对劳动力的需求锐减,而且服务部门和白领岗位仍能够吸收成千上万寻找工作的失业者的希望也正在破灭。

他引用有关人员的看法以证明自己的观点,"迈克尔·哈默,前马萨诸塞理工学院的教授,企业改革的主要倡议者,说企业改革通常会导致一个公司减少 40% 以上的工作岗位,在某些特定的公司里可以导致高达 75% 的裁减。在企业改革中,中层管理人员特别容易失去工作。哈默估计高达 80%

[①] 〔美〕杰里米·里夫金:《工作的终结——后市场时代的来临》,上海:上海译文出版社 1998 年版,第 1 页。

的从事中层管理工作的岗位可能被取消。""在80年代初美国劳动生产率的年增长率略高于1%,在电脑自动化和工作场所的改革方面获得新的进展以后,年增长率就提高至3%。从1979年到1992年制造业部门的生产率提高了35%,而就业人数减少了15%。""安达信咨询公司,世界上最大的正在进行企业改革的公司之一,估计仅仅一个服务领域——商业银行和互助储蓄机构——的管理重新设计将意味着在今后7年内失去30%至40%的工作岗位,也就是将失去70万人的工作机会。""在过去十年中,在美国有300多万白领工人的工作岗位被取消。有一些工作的丧失无疑是国际竞争的日益加剧造成的,但正如戴维·查伯克和杰弗里·扬在《福布斯》上著文所说的,'技术使他们大批地成为多余。'即使在经济复苏、有着不错的2.6%的增长率的1992年,又有50万个办事员和技术工作消失。电脑技术的迅速发展,包括平行处理和人工智能,将使很大数量的白领工人在下一世纪的头十年成为多余。"此外,杰里米·里夫金还证明了寄希望于小企业可以吸收更多的劳动力也是不实际的。①

中国的一些文献资料也证明了当代科学技术的发展对劳动力的替代情况。如中国社会科学家编撰的《世界经济年鉴(1999—2000)》的世界科技部分介绍道:"信息电子技术在制造业中所占的比重越来越大。1997年全世界使用的机器人已经达到71.2万台。——一台机器人至少可以代替两个工人工作,日本汽车工业采用机器人替下了20%的劳动力。"②

总之,在人类经历了机械化、自动化,正在进入智能化的今天,自动化机器、机器人和越来越复杂的电脑日益代替了人的体力劳动和脑力劳动。在这个过程中,由于对自动化机器、机器人、越来越复杂的电脑、计算机网络、生物技术等的开发研究和运用,使劳动者之间在知识、技术方面的分化程度更高,因而结构性失业更难克服。同时,由于各种高新技术的运用,在发达国家已经呈现出各个行业、各个领域对劳动力的需求都在减少的趋势,这种趋势正在表现为技术性失业的不可逆性。

(二)市场创造需求的问题

根据杰里米·里夫金的介绍,实际上,在美国,早在20世纪初经济学家就已经注意到了,大多数人在基本生活需要得到满足以及拥有了少量奢侈品以后,其消费需求也就基本满足了。因此,随着20年代前后生产率的迅速提高,结果是,一方面有越来越多的工人被解雇,另一方面则是大量产品

---

① 〔美〕杰里米·里夫金:《工作的终结——后市场时代的来临》,第12—14页。
② 《世界经济年鉴(1999—2000)》,北京:经济科学出版社2001年版,第449页。

在仓库和厂房里积压。"从1920年到1927年美国工业生产率提高了40%。在制造业,从1919年到1929年每工时的产出每年提高令人吃惊的5.6%。与此同时250万个工作机会消失。仅在制造业部门,就解雇了825 000名蓝领工人。在1925年,参院教育和劳动委员会就越来越多的工人被机器所取代以及劳动生产率的提高举行听证会。委员会发现大多数因'技术改进'而失业的工人的失业时间拖得很长,当他们确实找到工作时,常常比原来的工资低。"①与此同时,报界开始谈论"罢购(buyers' strikes)"和"市场有限"的故事。

于是企业家开始运用公关力量对消费公众进行动员,并将这种把美国工人变成大批消费者的做法称为"消费至上主义"运动。但是,由于主导着美国人开拓精神的新教伦理深植在美国人的心中,因此,将美国人的节俭心理转变为挥霍心理是一项艰巨的任务。在这个过程中,公共关系学得到了发展,"消费经济学"应运而生,原来在商务中只起边缘性作用的营销有了新的重要性。推销商品开始从功能主义的观点和描绘性信息转向激发人们对标志社会地位和社会区别的商品的激情。分期付款和消费信贷又大大地为这种"消费至上主义"助了一臂之力。结果,"在不到十年时间里,一个由勤劳、节俭的美国人组成的国家变成了一个追求新奇和及时享乐的享乐主义文化的国家。"②

对于20世纪30年代的大萧条,许多经济学家认为是由于技术革命导致生产率的提高和产量的增加快于它能够产生的对物品和劳务的需求。康奈尔大学工程学院院长德克斯特·金博尔已经表达了这样的观点:"我们的工业设备是如此有效率以致发生了永久性的生产过量。因而,技术性失业也变成了一个永久性的因素。"③

与此同时,劳工组织提出了缩短工作时间以减少失业和提高购买力的主张,提出把工作时间减少到每周30小时。而且1933年4月6日,美国参议院通过了要求美国所有从事州际和外贸的企业必须实行每周30小时工作制的提案。但是,总统罗斯福担心这会使美国在海外的竞争能力受到损害,企业界虽然认为有必要减少工作时间,然而不希望使之成为法律、成为美国经济的永恒特征。结果众议院法规委员会放弃了这一提案。

尽管为了摆脱严重的经济危机,美国和其他国家加大了政府的干预力

---

① 〔美〕杰里米·里夫金:《工作的终结——后市场时代的来临》,第23页。
② 同上书,第28页。
③ 同上书,第32页。

度,采取了很多措施,但是,最终使各工业国家从严重的经济危机和高失业率中解脱出来的是第二次世界大战。战后虽然大规模的军事工业在美国继续存在,可是因劳动生产率的继续提高,特别是生产自动化的突破,技术性失业又日趋严重。结果是冷战和越南战争以及政府雇用的增加,为很多本来要被新技术的使用所取代的人保留了工作机会。而一些西欧国家由于没有战争可利用,所以在经历了二战后的一段繁荣期后高失业率几乎成为常态。

但即使在美国,在以信息和通信技术为核心的知识经济时代,"不论是市场还是公共部门都不可能再次使经济免受日益增长的技术性失业和削弱的消费需求所带来的影响。信息和通信技术的发展在未来岁月里威胁着千百万人的工作,将使很多产业的工作机会和就业种类不断减少。——新的数据高速公路会雇用数量越来越大的电脑科学家、工程师、生产者、作家和表演者来编制程序、监控和经营网络。尽管如此,他们的数量和几百万在批发和零售部门工作的人数相比就黯然失色,而后者的工作将成为多余,和新的(技术)手段搭不上茬。"①

以上事实说明,不可逆转的技术性失业在发达国家,在20世纪初就已经出现了。只是由于二战及后来的战争才使得不可逆转的技术性失业有所缓解。这表明市场虽然能够创造各种各样的供给,却不一定能创造出相应的需求。因为市场需求是由人的需要和购买能力两个因素决定的。而人的需要,是以人的生物性需要为基础,由社会、经济、文化等因素综合建构的。后一方面虽然是可变的,但是通常也需要一定的时间进行积淀。市场上的供给,可能只靠一个人的奇思妙想就能够形成,但是当这种供给需要很多人来消费时,人类文化在漫长的历史发展过程中建构的人类基本需要如果基本得到了满足,有些人可能就没有消费某些新奇产品的愿望,有些人则是因为贫富分化,没有能力购买。

在今天的后发工业化国家中,很多国家的工业化水平已经超过二战之前的发达国家。伊莎贝拉·格伦伯格以韩国的例子证明,在其刚刚要加入发达国家的俱乐部时,就首先分享了这些国家失业率的增加和工作稳定性的降低。"早在1996年12月,也就是金融危机袭来之前,一直被教科书奉为成功典范的韩国就被迫修改了某些既有的劳工标准。例如,它通过了一部法律,使得公司可以更容易地解雇员工,并且在2002年之前禁止在任何

---

① 〔美〕杰里米·里夫金:《工作的终结——后市场时代的来临》,第41页。

一个工作场所成立多个工会组织。"①由于降低了对劳工的保护,失业增加就是必然的了。韩国1996年的失业率是2.0%,1998年是6.8%,②2000年是6.3%。③ 当然,韩国近年失业率的增加与亚洲金融危机也有关系。

中国虽然还处于工业和服务业都需要扩张,而且也确实正在迅速扩张的过程之中,但是,这些领域在扩张的同时,也需要提高科学技术水平,需要采用节省能源、减少污染、效率更高的生产技术和设备。如果选择这样的发展方向,第二、第三产业的扩展以及整个经济的发展,能够吸收的劳动力就必然相对减少。特别是由于新经济所具有的非直线性、跳跃性发展的特点,使得信息技术、网络经济、电子商务在第三产业中迅速得到应用,在中国这样的发展中国家,第三产业吸收劳动力的能力,肯定比发达国家当时第三产业发展时吸收劳动力的能力要弱。特别是在经济全球化的背景下,在我国已经加入了WTO以后,要保持经济的竞争力就需要进行产业结构调整。但是,进行产业结构调整,就难免低端劳动力以及各种类型的新生劳动力的失业。

因此,无论是刚刚加入发达国家俱乐部的国家,还是正在争取加入的国家,都同样会遭遇技术性失业问题。

(三) 劳动力市场的两极化

以往的历史经验表明,新的技术引入生产领域导致的失业,总能够在进一步的发展中得到缓解,以往的技术性失业是具有可逆性的,并没有成为人类社会不可克服的危机。自从第二次世界大战以后,被认识到的最难以克服的失业是结构性失业。因此,目前许多人还没有意识到技术性失业的不可逆性,以及其对人类社会可能带来的严重影响。更多的人还是把主要注意力用于解决结构性失业,希望通过更多的职业培训来帮助失业者实现再就业,而对不可逆转的技术性失业则关注不够。

为了解决严重的失业问题,很多国家都制定了积极的劳动力市场政策。这类政策无论怎样复杂,大体上不外乎两类:一类是政府对雇用"劳动力市场上的问题群体"成员的雇主提供补贴,以使雇主有利润,被雇用者的工资能够维持劳动力再生产。但是,这类政策也可能排挤了劳动力市场中的其他人。另一类就是对缺乏必要知识、技能的劳动者进行培训。政府根据经

---

① 伊莎贝拉·格伦伯格:《人人有工作:社会发展峰会之后我们学会了什么?》,《国际社会科学杂志(中文版)》2000年第4期,第67—76页。
② 《世界经济年鉴(1999—2000年)》,北京:经济科学出版社2001年版。
③ 国际劳工组织:《劳工统计年鉴》,2000年。

济结构、产业结构的变化,以及劳动力的状况,对劳动者提供某些技能培训是必要的。但是,杰里米·里夫金和吉登斯的提问也不是完全没有道理的。

针对当时克林顿政府采取的积极的职业培训计划,杰里米·里夫金说有越来越多的批评者提出了"重新培训是为了什么?"的问题。因为在全球化的高新技术经济中,工作主要集中在知识产业部门,这种部门对劳动力的需求数量很少,对劳动者的能力、素质、知识水平却又有很高的要求。农业、制造业和服务业等部门也都在实现自动化和企业改革,同样要求的是少而精的劳动力。因此,一方面是那些需要工作的人与工作对其能力、素质、教育水平的要求之间的差距之大,这是职业培训不可能消除的;另一方面,即使职业培训能够消除这一差距,培训出来的人也无业可就。杰里米·里夫金以美国劳工部1993年的一项研究发现为证,"在联邦计划下进行了重新培训的失业工人只有20%找到了新的工作,所得工资也只有他们以前工资的80%。"①

各发达国家针对长期居高不下的失业率,大多数从20世纪70年代以后就采取了积极的劳动力市场政策,加大了对人力资本的投入,包括发展高等教育和职业技能培训。但是,在结构性失业与不可逆转的技术性失业并存的情况下,针对结构性失业采取的措施,自然不能解决不可逆转的技术性失业导致的问题。吉登斯针对一些人提出的支持小企业发展、推行终身教育、政府提供公共项目、企业通过增强凝聚力而提高竞争力等减少失业的措施说,"这样一些策略,能在通常意义上产生出充分就业吗?没人知道答案,但似乎是不能。""既然没有人敢说全球资本主义将来能否创造出充分就业的工作,那么以为它真能做到这一点并因此朝着这个方向努力,就是愚蠢的。"②

对以工作取代"福利"的政策,罗伯特·索洛指出,由福利到工作的转型,"必然意味着有相当数量的不合格工人将去寻找工作"。但是,"绝对没有理由相信,我们的经济会为不合格的工人留下了数量很大的未充填位置。"结果就是以前依赖福利现在去找工作的人"与已经被雇佣的不合格工人展开竞争并代替他们"。而能够在这样的竞争中取胜,不外两个途径:使自己成为合格的雇员,或是接受更低的工资。但是,由于大多数福利接受者的文化水平和能力都比较低,使他们成为合格的雇员是很困难的。因此,更

---

① 〔美〕杰里米·里夫金:《工作的终结——后市场时代的来临》,第44页。
② 〔英〕安东尼·吉登斯:《第三条道路》,北京:北京大学出版社、生活·读书·新知三联书店2000年版,第130、131页。

可能的结果是,雇主以能够接受更低工资的不合格工人代替稍微更合格一些的工人。这导致最低水平和次低水平工人的工资都出现"更大范围的削减"。"因此在总就业上会有一个小小的收获,但这是以先前已经就业的次低水平工人的收入和工作前景为代价的。"①这清楚地表明,在每个人对自然资源平等权利没有得到保证的情况下,劳动者的劳动创造的价值也不能通过劳动报酬得到合理回报。

在20世纪,英美等工业化国家至少经历了两次严重的失业:一次是30年代的大萧条时期,英、美、德等国家的失业率曾达20%以上,而且英国和美国的失业率一直到二战以前从未降到10%以下;另一次是70年代中期的高通胀率与高失业率并存的经济危机时期,一些国家的失业率再次达到10%以上。但是,进入90年代以后,虽然法国、德国、比利时等国家的失业率仍然保持在10%以上,西班牙的失业率甚至在20%以上,而英美两国的失业率却明显降低,到世纪末美国的失业率已经降到4.5%,英国的失业率也降到了5%以下。这样的事实似乎表明,在科学技术高度发展如美国这样的水平之下,在连续的高速发展的带动下,仍然能够实现科学技术发展、劳动生产率提高与高就业率之间的正相关。

然而,实际上,发达国家已经进入了结构性失业与不可逆转的技术性失业并存的状态。有些研究揭示了英美两国创造了较高就业率的"秘密"。英美两国的高就业率实际上是以大量非正规的、不确定的、低质量的就业为代价的。诚如吉登斯所言,"在西方经济中,全日制或长期性的工作的比例正在减少。如果我们比较的不是工作位置的数目(number of jobs)而是劳动时间(hours of work),那么,我们就会发现,英美式的'充分就业型经济'与德法式的'高失业型经济'之间的区别,不是那么泾渭分明。"②

联合国发展项目发展研究室的高级政策顾问伊莎贝拉·格伦伯格也指出,"根据1997年的《联合国全球社会状况报告》,在过去的20年间,临时性工作在总的就业机会中所占的比例越来越大——在10个发达国家中,从事这种工作的人已经占到就业人口总数的20%。在大多数发达国家,临时性就业都有所增加,只有意大利和丹麦除外。经合组织的资料也显示出,低报酬的临时工作占美国所有就业机会的1/4,而大多数发达国家的实际工资水平也不再保持1960—1973年间的增长趋势。"③很显然,这20年正是各发达

---

① 〔美〕罗布特·索洛、格特路德·希梅尔法尔、安东尼·刘易斯、格伦·劳里、约翰·罗默:《工作与福利》,第34、35、36页。
② 〔英〕安东尼·吉登斯:《第三条道路》,第130页。
③ 伊莎贝拉·格伦伯格:《人人有工作:社会发展峰会之后我们学会了什么?》,第67—76页。

国家在计算机和信息产业中加大投入的年代。正是这类高新技术的发展更明显地、普遍地减少了对劳动力的需求，因而使大量的劳动力不得不从事临时性的、不稳定的工作。

在当今的高新技术时代，劳动力市场的分化可能是合理的——既需要一些掌握了艰深的科学知识或具有高水平操作技术的劳动力，从事高水平的开发、研制、生产以及经营管理活动，也需要大量的具有一般知识和技能的劳动者从事零散的、临时性的、不稳定的工作。关键的问题是，仅仅靠市场，后一类劳动者的收入很可能都难以维持当下的基本生活需要，根本没有余钱缴纳社会保险费。

二、社会保险规则设计中的问题以及养老保险难以为继的问题

以保险的方式应对风险，从理论上说与大多数人失去对自然资源起码权利没有关系。保险就是以大数法则为基础对概率性风险进行分担的一种方式。但是，19世纪末由德国首创、至今仍然在很多国家实行的社会保险政策却存在两个缺陷。

首先，社会保险在很多国家都采取雇主与雇员共同缴费的筹资方式。实际上，这种方式徒然增加了社会保险的管理成本。不过在19世纪这种方式确有其必要性。因为保险是一种无论个人是否遭遇风险都要通过缴纳保险费分担责任的方式，而在资本主义工业化初期，在大多数人失去对自然资源起码权利的情况下，单个劳动者根本不可能从雇主那里得到与自己的劳动贡献相当的报酬，多数劳动者的收入只是勉强维持生存，很难完全负担必要的保险费。结果，从19世纪末的德国政府开始，就实行了一种要求雇主和雇员分别缴费，同时国家提供一定补助的社会保险。

在实行社会保险政策的初期，雇主缴费确实是要从其获得的利润中拨付。但是，随着时间的推移，雇主肯定要通过各种方式，如减缓工资增长的方式，使自己承担的社会保险缴费转变为劳动力成本的构成部分。亦即，表面上由雇主和雇员共同分担社会保险缴费，实际上是雇员在用自己应得的劳动收入的一部分缴费。虽然雇主与雇员共同缴费通过彼此之间的相互牵制有助于提高社会保险覆盖率，但是这种方式再加上政府以财政收入承担部分费用，结果就掩盖了面对共同风险的人通过保险分担风险造成的损失的本质，造成了社会保险就是国家对其成员提供社会福利的误解。并因此既导致了社会保险的复杂化，也导致了对国家承担的责任太多还是太少，以及对不同社会群体是否公正的无尽争论。

现行的社会保险制度的另一个缺陷，主要与养老保险相关。保险以大

数法则为基础对概率性风险进行分担,通常应该是针对小概率风险。但是,由于人口预期寿命延长,达到退休年龄后仍然生存很长时间的人已经是多数了。虽然寿命不同的人之间还是存在风险分担的,但是这又涉及一个伦理问题。失业保险、医疗保险、工伤保险,以及火险、海险等绝大多数保险,都是没有遭遇不幸事故的人为遭遇不幸事故的人付出一些保险金。唯有养老保险,却是寿命相对短的人为长寿的人付出一些保险金。这样的情况不适合由国家强制实施。因此,在保障每个人的基本生活需要的情况下,是否购买养老保险,购买哪种类型的养老保险,应该取决于个人自愿。

(一)社会保险规则设计中的问题

社会保险政策通常包括养老、医疗、工伤、失业等。像中国还包括生育保险。对于这些社会保险项目的收费,各个国家基本上都是以个人工资和雇主支付的工资总额为基数。不同国家之间的差别之一是,各社会保险项目由雇主缴费还是由雇员缴费,或者雇主与雇员共同缴费的具体规定不同。不同国家的另一个差别是,在有的国家,如中国,是分别设计以工资为基数的缴费比例;在有的国家,如美国,是联邦政府一起征收包括老年和遗属保险、老年医疗保险、残疾保险在内的社会保障税,州政府根据《联邦失业税法》向雇主征收失业保险税。当然,联邦政府征收的社会保障税,也要按照不同的比例分别划入相应的保险项目。

对于社会保险政策的规则设计来说,无论是不同保险计划一起征收保险税还是分别收费,都有一个缴费占工资比例高低的问题。即使不是严格地遵循保险原则,或者说按照个人缴费决定保险津贴,通常也是缴费比例低,得到的保险金也就少。这一点尤其反映在养老保险金计划中。

英国二战以后的政策设计,为了能够实现广覆盖,规定的缴费比例比较低,这导致了一些问题:一是,"在英国要想退休后有体面的收入,你最好自己想办法"。20世纪90年代,在英国"按目前的政策作合理估计,基本政府养老金现在大约相当于平均收入的15%,到2040年将下降到8%"。① 二是,由于低比例缴费导致给付也很低,这样的政策对于中产阶级就缺乏吸引力。在社会福利政策主要以人们的意见、观念为基础时,不能够吸引中产阶级的政策,也就很难得到中产阶级在政治上的支持。所以,格伦内斯特认为,"英国政府提供的是劣质产品,对中产阶级来说并不值得维护"。"在最发达的国家中,类似于瑞典那样的明智的养老金计划会赢得中产阶级选民

---

① 〔英〕霍华德·格伦内斯特:《英国社会政策论文集》,第135页。

的支持。"①

然而,无论是通过高税收还是通过高比例的社会保险税费,较高的社会保险支出同样会产生相应的问题。一是中产阶级的支持问题。虽然得到较高的保险给付能够赢得中产阶级的支持,但是,当社会团结意识减弱、个人主义观念处于主流地位时,高缴费同样会引起中产阶级对社会福利政策的反对。二是在人们不承认国家为其公民提供一定的福利给付的客观事实基础时,通常会将社会保险缴费视为劳动力成本。高比例缴费就被认为增加了劳动力成本。

例如,1997年的德国,"在保险费的计算限额之内,法定养老金保险的收费占毛工资的20.3%,法定医疗保险约占13.2%到13.7%,失业保险占6.5%,此外还有新建立的护理保险占1.7%,总计占42%,由雇主和雇员各负担一半。另外,雇主还需独自负担工伤保险、病假工资、带薪休假等费用。"②中国的社会保险缴费对于很多企业而言也是比较沉重的负担。目前中国养老保险缴费,企业负责的部分基本上占职工工资总额的20%,雇员个人缴费占工资的8%;医疗保险、失业保险、生育保险,雇主与雇员共同负担的比例大约占10%。此外,雇主也要单独负责工伤保险缴费。总计占工资的比例差不多也要有40%。就总体而言,通常会被认为削弱了国家和企业的经济竞争力。

但是,社会保险导致劳动力成本增加、削弱企业竞争力的判断,通常是就一般情况而言,或者是对总体的劳动力成本而言。实际上,与抱怨社会保险缴费过高同时存在的是,有些雇主愿意为职工提供更多的福利。例如在德国,"1995年,工资附加成本超过了毛工资的80%。不过同时也应当看到,工资附加成本只有不到一半是源于法定义务。大约有1/4是雇主自愿给付的附加福利金。"③在中国,有些企业除了能够给职工缴纳各项社会保险费以外,通常还能够建立企业年金,即附加的社会保险。然而,能够为职工提供附加福利金的企业,无论是在德国还是在中国,"主要是大企业,受惠的只是固定工,尤其是管理人员"。④ 当然,在中国能够这样做的企业,通常不仅是大企业,而且往往是大型国有企业,特别是垄断型企业。

这是因为社会保险作为国家的法律,就会对所有的企业和员工有统一

---

① 〔英〕霍华德·格伦内斯特:《英国社会政策论文集》,第105、136页。
② 〔德〕弗兰茨-克萨韦尔·考夫曼:《社会福利国家面临的挑战》,第8页。
③ 同上。
④ 同上。

的缴费要求,而企业的情况千差万别,员工的能力和素质也各不相同,经营状况好的企业与经营状况差的企业对同样的缴费标准的承受能力不同,同时企业更愿意以多种方式,包括不同于工资的福利给付方式吸引和稳定高素质的员工。实际上,近些年随着就业结构的改变、灵活就业人员的增加,社会保险制度也成为社会分化、社会排斥状况的一个指标。通常只有那些能够稳定就业的劳动者才能为社会保险所覆盖,而那些低收入的灵活就业者往往既没有能力也没有机会加入与他人共同分担某种风险的行列中。

中国近些年社会保险改革的努力方向之一是,将没有工资收入或稳定工资收入的城市居民和农村居民也纳入社会保险体系之中,主要是养老保险和医疗保险。由于这些人中的大多数经济状况比较差,所以对他们的社会保险缴费设置了多种标准,可以自行选择。但是,这些缴费标准都是相对较低的,按照这些标准缴纳社会保险费,将来得到的社会保险给付也会很低,这将导致社会保险金给付方面的严重分化。

对于社会保险政策的规则设计来说,还有一个再分配力度的问题。这里的再分配指的是,社会保险的参保人员根据个人收入确定的单位时间内的缴费数量,如每个月的缴费之间的差距大于单位时间内领取的津贴之间的差距,差距的改变是因为缴费多的人领取的津贴相对较少,而缴费少的人领取的津贴相对较多,即收入较高的人的一部分缴费支付给了收入较低的参保人员。

虽然社会保险在很大程度上是以私人保险(商业保险)的原理为基础的,但是,社会保险之所以是社会保险,还是具有一些不同于私人保险的地方。私人保险的特点:一是遵循风险分担的原则,只有遭遇了风险的投保人才能够得到赔偿,没有遭遇相应风险的投保人只是通过缴费获得了一种如果遭遇风险就能够得到约定的赔偿的确定性;二是保险津贴的多少与缴费相联系。而社会保险在遵循风险分担原则的前提下,保险金的给付除了考虑个人和雇主的缴费以外,还会涉及其他因素。即使在美国,"'社会'一词在社会保障中是非常重要的,因为计划有重要的目标,诸如对那些不幸运的人进行的收入再分配,这与私人养老金和退休计划是不同的"。所以,养老金的替代率"将会对低收入的人提高或对高收入者降低"。[1]

在法国,由于社会保险缴费对工资基数有最高限额,超出的部分就不用作为缴费基数计算,所以,领取养老金时,"也不得超过一个相当于最高分摊金的一半的最大值"。同时,对于缴费时间达到法定要求的人,法律对退休

---

[1] Diana M. DiNitto, *Social Welfare: Politics and Public Policy*, pp. 111,116.

金也"设定了一个最低值"。另外,"退休金可以有好几种有利于退休者的增值办法"。如"拥有3个孩子,或至少9年内养育了3个16岁以上的孩子";有65岁以上的配偶;日常生活行为中不得不求助于第三人的服务。①这些都是既与先前的缴费无关,也与退休金的多少无关的增加保险金的因素。

在德国,人们的印象是"所有法定老年保障体系(法定养老金保险、公务员保险、自营业者的职业退休金),其给付标准几乎完全是依据被保险人的工作年限及其工资水平而定"。但是,"事实上,当这些法定养老金系统将减免保险费的时间或者非货币化缴费的时间(例如养育子女或职业培训的时间)也计算在内时,它们就已经理直气壮地偏离了纯粹的保费与给付等值原则"。此外,在德国还以社会保险金支付了其他一些"与保险无关的福利金",如对战争受害者的补偿、用于干预劳动力市场的政策等。这种"与保险无关的福利金"给付遭到了一些人的反对。②

中国的养老保险也有向低收入群体倾斜的规则。即养老保险金给付时所有的当年退休的人,领取的养老保险金都有一个按当地职工上年平均工资的20%计算的部分。另外则是根据缴费工资和个人账户积累金额计算。这样,原来工资高、缴费多的人的养老保险会比完全按照缴费和原来的工资计算出的数量少一些;原来工资低、缴费少的人的养老保险会比完全按照缴费和原来的工资计算出的数量多一些。

不过社会保险政策的再分配问题并不是非常清晰的,因为社会保险不同于社会救助。社会救助是清楚地将纳税人的钱提供给那些没有能力纳税且不能靠自己满足基本生活需要的人;社会保险本来就不是所有交了钱的人,都得到相应的现金返还,而是以全体参保人员的缴费(在有些国家还包括政府拨款)向遭遇了风险的人提供保险津贴。但是,在社会保险的各个项目中,养老保险又与其他保险有着很大的不同。社会保险的再分配力度的大小,主要反映在养老保险的缴费和给付规则中。

社会保险中的其他项目,如医疗保险、工伤保险、失业保险等,都是将参保人缴纳的保险金以有关保险津贴的形式提供给确实遭遇了不幸的参保人员。而养老保险则不同,除了在退休前就去世的参保人员的家属根据有关政策规定得到某些赔偿外,养老保险主要是达到了退休年龄但生存时间不

---

① 〔法〕让-雅克·迪贝卢、爱克扎维尔·普列多:《社会保障法》,第91页。
② 〔德〕弗兰茨-克萨韦尔·考夫曼:《社会福利国家面临的挑战》,第156页及注释①、第9页及注释②。

同的参保人之间风险分担,即长寿风险分担。

因此,养老保险与其他保险项目的主要区别:一是,参保人员领取的养老保险金与以前的缴费之间的关系能够反映养老保险的再分配力度;二是,养老保险领取人之间的风险分担,不是像其他保险项目那样,是将没有遭遇不幸的人的缴费提供给遭遇了不幸的人,养老保险是将退休后生存时间短的人的缴费提供给生存时间长的人。按照一般的世俗观念,通常认为长寿是幸运的,退休没有几年就去世了,则是不幸的。这就涉及如何评价养老保险公正与否的问题,以及由于人口年龄结构的变化养老保险是否能够持续的问题。

(二) 养老保险公正与否问题与可持续性问题

关于养老保险公正与否的问题,在美国是从"计划是否对某些民族和种族的成员在操作上存在着支付上的不公平"的角度提出的。"非洲和西班牙血统的美国人比白人的寿命要短。许多非洲和西班牙血统的美国人从没有活到能够得到退休金的年龄,另外一些人和白人相比,收到退休金的时期也是比较短的。很多少数族群的成员往往被雇用到一些需要体力劳动的工作岗位上,这样的工作岗位使他们较早地被消耗。社会保障改革,诸如提高退休年龄,将他们置于一个甚至更加难以守住的位置上。"①这些人在工作时同样支付了自己收入中的一大部分作为社会保障税款。

实际上这个问题不仅是种族和民族间是否公平的问题,同样是个体之间是否公平的问题。不过,由于在很多西方国家,养老保险的给付还包括其供养人口,本人去世后他们受赡养的遗属也能够得到一定的补偿金,比起中国的只以个人为政策对象的设计,退休后较早去世的参保人的损失还相对小一些。

正因为养老保险是以不幸运的人的缴费帮助更幸运的人,尤其是在人均寿命延长,人与人之间的寿命差距增大的情况下,这个问题更加明显。再加上由于人口年龄结构的变化,现收现付的养老保险资金筹集方式的可持续性问题显现,以及社会成员对通过政府干预进行的再分配的公正性的质疑增多,所以,一些国家对养老保险的筹资和给付模式进行了改革。

各发达国家建立的养老保险,在筹资模式上基本都采取现收现付制。即用正在工作的人上缴的保险费来支付已经退休的人的养老保险金。与之相关联的养老金给付形式也都是待遇确定型的(简称 DB 型)。这种待遇确

---

① Diana M. DiNitto, *Social Welfare: Politics and Public Policy*, p. 117.

定型的现收现付的制度设计，在老年人口抚养比相对低的情况下，在有些国家筹集到的资金有部分节余，能够形成社会保险基金或养老保险基金。这类基金通常在政府的监管下由政府或非政府的专门机构进行投资运营，以获得一定的盈利。

但是，最近几十年由于退休人口寿命显著延长、年轻人因受教育时间延长而较晚进入劳动力市场、失业率增高等因素的综合作用，老年人口抚养比显著升高。在不断提高缴费水平的情况下，许多国家的政府为此还背上了沉重的债务。世界银行和经合组织的有关报告都提出，"人口日益老龄化使当初承诺只需少量缴费就能轻松获得政治收益的'现收现付制'养老金计划开始自食恶果"。"经合组织的估计表明，许多政府似乎对未来的老年人口作了完全不现实的许诺。它们大部分反悔了。意大利政府于1995年实行变革之前，形势尤其糟糕。瑞典在近年实现协议变革之前，情况亦复如此。但数字表明，在美国或英国，这些承诺转化为适度的政府养老金需求之前，还有很长的一段路要走。然而，到下世纪中叶，法国、德国、日本和瑞典的国家养老金将占 GDP 的 15%—20%。"①

英国的情况之所以相对较好，是因为政府提供的养老金的替代率非常低，很多人已经加入了私人养老金计划。但是，各种原因导致的低收入者是没有能力购买私人养老金的，将来只能成为社会救助的对象。

美国的情况是，"在 1950 年是 16 个工作着的人对 1 个受益人；今天在这个很大程度的'现收现付'的系统里大概要用三个工作着的人来供养一个受益人。由于低出生率和寿命的延长，美国的人口正在老龄化，一旦 750 万婴儿潮时期出生的人退休，将会出现两个工作着的人来供养一个社会保障受益人的情况。不论我们如何评价适当性和平等性，这将是一个需要认真思考的非常沉重的责任。"②

因此，有关预测表明，"在大约 2010 年时，那些婴儿潮时期出生的人将会开始退休；这就意味着实际上将会有更多的人进入这个系统来获取帮助，但是由于人口出生率的下降，交款的人将不会像从前那样迅速增长。在 2013 年之际，结合的 OASDI 给付被预测将第一次超过其捐献数。在 2019 年，残疾保险基金将会被耗尽。在 2021 年，OASDI 给付将会第一次超出其供款的收入加上其利息收入之和。在 2032 年，结合的 OASDI 基金将会耗尽。在 2034 年老年和遗属保险基金将会耗尽。由于老年和遗属保险与残

---

① 〔英〕霍华德·格伦内斯特：《英国社会政策论文集》，第 124、135 页。
② Diana M. DiNitto, *Social Welfare: Politics and Public Policy*, p. 116.

疾保险信托基金经常被合并考虑,所以关键的日期是在2032年。长期的预测是,在第75年结束之时,老年和遗属保险计划的开支将是其收入的1.5倍。改变成另一种方式,按照事情目前的情况,在2032年OASDI将只有能力支付大约四分之三的保障金,在2072年大约只能支付三分之二的保障金。至于老年人健康保险,其消费比率将会超过它的收入的2.25倍。按照目前的增加率,医疗照顾津贴最终将超过OASDI保障金。"①

不过,对于美国来说,如果能够采取适当的措施,"当前的系统也可以看上去不那么悲观,如果(1)今天的工人和雇主没有将社会保障税看作是过度的繁重负担(现今低收入的员工比高收入的人支付更多的社会保障税),以及(2)被工作阶层赡养的年老的人口数量不是增长得很快。这些因素使一些为社会保障供款的年轻人不确定他们能够得到什么回报,因而变得犹豫不定。"但问题是,"大多数人收到的社会保障退休津贴大大超过了他们原来的投入,如果把医疗照顾也考虑进去会更多。在近450万当前的受益人之中计划是如此的普遍已经不足为奇,他们中的大多数老年人构成了在美国的最活跃的投票人中的一个非常大的集团,拥有如此强大的支持,使得对计划考虑重大的改变是十分困难的。"②

在不改变社会保障政策规则的情况下,不仅在维持社会保障收支之间的平衡方面将遇到困难,其公平性也存在问题。有关分析表明,"一个出生在1910年的单身工人,在1975年达到规定的65岁的退休年龄,在挣得平均工资以后退休,在67岁之前得到的就将能够补偿他或她所支付的老年和遗属保险税款再加上利息。一个出生在1930年的单身工人,在挣得平均工资以后,在1995年65岁时退休,在73岁之前得到的就将能够补偿他或她支付的社会保障税再加上利息。同时一个出生在1949年的单身工人,在挣得平均工资以后,在2015年66岁时退休,要一直到78岁时所得到的津贴才正好等于他或她的投入。如果再加上这些工人的雇主支付的税收和利息,给这些工人的付款等于供款的年龄将分别是68岁零7个月、83岁零6个月和95岁。"③退休后没有活到这些计算出的年龄的人就是为那些长寿者做了贡献。

法国的情况可能是既具有特殊性也具有代表性的。由于法国社会保障制度的碎片化,其中历史比较长的特殊制度④,有的抚养比已经接近百分之

---

① Diana M. DiNitto, *Social Welfare: Politics and Public Policy*, pp. 111-112.
② Ibid., p. 113.
③ Ibid., pp. 113-114.
④ 特殊制度亦译为特别制度,普通制度亦译为一般制度。

百,而且由于其保障对象原来的强势地位,使制度设计成了收费相对低而给付相对高的情形。结果,在财务上早就难以为继了。一开始,"为了维持特殊制度的财务平衡,保证养老金的足额发放,法国政府不得不从其他制度里'转移支付'"。"1971 年立法规定'普通制度'可以向法国国铁公司制度转移支付,1972 年立法规定可以向矿山和海员制度转移支付。从此,'普通制度'向特殊制度的转移支付便得以'合法化'。但是,从其他制度向特殊制度的转移支付,不仅涉及不同制度之间的公平问题,而且也是不可持续的。"近些年,法国的普通制度也不能维持平衡了,据 2008 年 3 月公布的数据,"普通制度 2007 年赤字就高达 94 亿欧元"。[①] 这使法国中央政府背上了沉重的财政包袱。

由于现收现付的 DB 型养老保险制度存在的问题,有些国家的养老保险在资金筹集方面采取了完全积累制模式,在保险金支付方面采取了根据个人缴费确定其能够得到的养老金的方式(简称 DC 型)。这是不同于现收现付制的 DB 型的一种养老保险设计。

新加坡的中央公积金计划实际上最初就是一项强制性的、完全积累制的、按个人和雇主的缴费确定个人养老金的政策。只不过由于后来积累的资金比较多,个人由自己和雇主缴费形成的账户才被分成了可用于购买公共住房和教育及其他符合规定的投资项目的普通账户、主要用于养老和其他急用的特别账户以及医疗储蓄账户。在 55 岁以后,个人账户改变为退休账户和医疗账户。按规定在这两个账户中保留一定量的最低存款,其他全部存款及其利息和投资收益都可提取出来。这样的政策设计既不存在退休后生存时间不同的人之间的再分配,也不存在收入不同的人之间的再分配。

智利在 1981 年根据 1980 年颁布的《养老保险法》,将先前复杂的、条款各异、现收现付型的养老保险改变为由个人供款确定的完全积累式的养老保险。按照新的规定,"工人们必须至少留出他们工作所得的 10%,建立一种以工资为基础的税收"。[②] 但是,这些缴费并不进入政府的收入之中,而是分别进入个人的账户。个人可以自由选择由政府批准的私人养老基金管理公司,在一个公司建立自己的账户。养老基金管理公司负责对个人账户中的资金进行投资,以争取为委托人获得尽可能多的收益。当投保人达到法定退休年龄或达到其他有关条件的要求时,就能够领取他们账户中的本

[①] 郑秉文:《法国"碎片化"社保制度的起源与危害:历史传统·民族特征·路径依赖》,载于郑秉文、麦克尔·奥尔扎格主编:《保险与社会保障(第 3 辑)》,北京:中国劳动社会保障出版社 2008 年版,第 9、10 页。

[②] Diana M. DiNitto, *Social Welfare: Politics and Public Policy*, p. 120.

金和增值部分。按照这样的规则,收入不同的参保人员之间不存在再分配。

继1981年智利的养老保险改革之后,从20世纪90年代开始,在全世界范围内包括欧洲和拉美许多国家都对原先的收入确定型的现收现付式养老保险进行了改革。有的是像智利一样,改成了缴费确定型的完全积累式的养老保险;有的是在原先的养老保险之外增加了缴费确定型的完全积累式的个人账户;也有像中国这样将个人账户与社会统筹相结合且部分资金积累的混合形式。此外,在20世纪90年代,瑞典、意大利、波兰、拉脱维亚和中亚的蒙古、吉尔吉斯斯坦等国家还采取了一种名义缴费确定型模式。这种模式又被称为"名义账户"制。这种模式的特点是,资金本身仍然是现收现付,而个人账户中虽然没有实际的资金储蓄,但退休金的给付标准却是按缴费确定型积累制规则确定的。

养老保险的这些变革主要反映了两个特点:一是减少甚至完全取消了收入不同的人之间在养老金领取中的再分配;二是可以更好地确定养老金的供给成本,退休收入不足和投资失败的风险更多由个人承担。

至于寿命不同的人之间的再分配,由于养老保险由现收现付的DB型向DC型改变,尤其是向完全积累制的DC型改变,基本的主导思想是在养老问题上每个人都要更多地依靠自己,因此,寿命不同的人之间的再分配基本上没有成为强制执行的国家法定政策,而是由社会成员自由选择。所以,只有选择了退休后用存款向保险公司购买年金保单的人,生存时间不同者之间才有一定程度的再分配,即长寿风险的分担。例如在智利,个人账户中积累的资金的领取方式之一是终生收入法。按照这种方法支取个人账户中的资金的人,与在同一个基金管理公司中采取同样支取方法而寿命长短不同的人之间还是存在一定程度的再分配的。

但是,20世纪80年代以来发生在诸多国家的改变,并不能真正减少在职人口对老年人的负担。因为无论一个社会的人口年龄结构是怎样的,在每个单位时间内,如一个月或一年,都是全部人口消费有劳动能力的人利用自然资源创造的各种物品以及提供的服务。全部人口中有劳动能力且利用劳动能力和有关的自然资源创造出的有价值的物品多,整个社会成员的生活或福利水平就高,反之就低。养老金支付模式从DB型向DC型的改变,只是在不承认每个人对自然资源平等权利的前提下更加清楚地界定了每个老年人有权利消费的份额。但是,在货币贬值的情况下,个人积累的养老保险金很难不贬值。如果发生积累的资金贬值的情况,老年人的利益还是会受到损害的。

在DC型养老金支付模式下,无论是完全积累制还是名义账户制,要避免积累的资金贬值,一是需要参保人员在职缴费期间缴纳的保险金能够获得不低于物价指数的利息;二是需要参保人员在退休之时有能力和条件用积累的保险金购买到与物价指数挂钩的指数化终身年金。而这又需要发达的金融市场、有多种金融工具、基金管理机构能够选择合理的投资组合等一系列必要条件。同时国家能够对基金管理公司的偿付能力、运营状况等进行多种形式的管理和监督。

然而,对达到退休年龄的人国家是否强制要求其用积累的保险金购买年金也是一个问题。如果国家不强制要求,老年人仍然有可能遭遇积累的资金甚至其他财富都用尽的风险以及低估通货膨胀对实际收入侵蚀的风险。一个社会中如果有一定比例的老年人、高龄老年人陷入严重贫困,很可能引发一些心理、道德、秩序方面的问题。如果国家强制要求,不仅同样涉及退休后生存时间短的人对生存时间长的人提供帮助的再分配问题,而且还涉及很多如何强制的具体问题。对此,麦肯锡进行了比较详细的分析。例如,年金化的程度如何决定,政府是否需要设定一个年金缴费的最低标准和最低年金给付标准?对账户积累基金的价值是否给予担保,如果担保,是全部还是部分?强制年金应该采取何种形式,包括领取方式是生存期、固定期、还是生存期加固定期?缴费方式是一次性缴费还是分期缴费?允许何种例外,垂危病人能否把强制年金化的资产全部提取出来?储蓄未达到最低要求的人是要求其补足账户还是让其成为社会救助对象?如果由私人部门提供基金管理,年金提供商在产品定价上可以有多大的自主权?等等。①

以上问题表明,在每个人对自然资源平等权利没有得到承认的情况下,在国家必须对个人基本需要的满足承担责任的同时,体现国家这种责任的有关政策总是不可避免地要面对很多难题。

既然无论一个社会的人口年龄结构是怎样的,在每个单位时间内,如一个月或一年,都是全部人口消费有劳动能力的人利用自然资源创造的各种物品以及提供的服务,根本性的问题还是政策的公正、科学、合理的问题。本书对此给出的答案就是要以每个人对自然资源的平等权利为基础构建社会政策体系。

---

① G. A. (桑迪)麦肯锡:《私人年金市场在公共养老金计划个人账户改革中的作用》,载于郑秉文、麦克尔·奥尔扎格主编:《保险与社会保障(第3辑)》,第143、144页。

第六章　社会政策体系的根本性改革框架

本章的"根本性改革框架",主要讨论的是在主权国家范围内,以每个人对自然资源的平等权利为根据的国家福利政策框架。

每个人对自然资源拥有平等权利并不等于对自然资源必须采取共同占有和使用的公有制方式,也不等于每个人必须平均地使用各种自然资源。在市场经济社会,自然资源可以而且实际上也必须由不同的个人或经济活动单位依据其能力和专长分别使用。在此前提下,为了保证实现每个人对自然资源的平等权利,就需要将一定地域范围内的人创造的物质财富中所包含的自然资源部分按市场价格分割出来,作为国家福利政策的物质资源。社会政策体系的根本性改革框架,就是由相应的公共权威机构在有关的个人之间对这部分物质资源进行平均分配的主要方式构成。

本书在前面已经指出,在人认识到土地、矿藏等自然资源的使用价值以后,人视之为财产的东西就分成了两类:一类是人类已经认识到其使用价值但又相对稀缺的自然资源,另一类是人将自己的劳动能力作用于自然资源之上形成的物质财富。在后一类财产中,既包括人的劳动创造的价值,也包括进入其中的自然资源的价值。因此,每个人都有权利拥有的财产也应该是由两个部分构成:一部分来自个人的劳动创造,另一个部分来自对一个社会在一定时间段内生产的总的物质财富中包含的自然资源价值的分享。因为每个人对自然资源都拥有平等的享用权,因此每个人对一个社会在一定时间段内生产的物质财富中包含的自然资源形成的价值部分都有权利得到均等的一份。

从理想的角度说,每个人对自然资源的平等权利,应该由一个全球性的专门机构在全球范围内实现。但是,在当今世界,这显然还是不可能很快实现的理想状态。在大多数地方,主权国家范围内的公共权威机构仍然是每个国家的公民实现其对本国范围内的自然资源平等权利的最适当的机构。所以,需要在国家范围内建立专门的自然资源管理机构,负责对单位时间内转入一个国家的GDP中的自然资源的价值进行确定、集中和分配。

不可否认,最近几十年里由于全球化、国际化和跨国化的加速,①主权国家的决策空间和自主性受到了很大的影响,甚至是冲击。例如,与环境保护有关的很多问题都需要在国际社会的范围内达成协议、制定计划。再如,在全球化的竞争中,工资率、税收水平、用于社会政策方面的支出等,都会影响国家的经济竞争力。一个国家在确定自己的相关政策时不能不考虑它们对资金、劳动力流动和对外贸易产生的影响。但是,尽管如此,在当今世界至少以下两点还是可以确定的:一是,"政治共同体的国家形式仍然是民主基础上集体决策的首要场所";二是,虽然"跨国性的联系和决策,在越来越大的程度上决定着各国的国内事务,但在正常情况下并不排除国家的决策层及其进行政治塑造的可能性"。②

当然,某些正在或将来可能形成一体化的地区,以及可能从既有的国家分离出来的地区,作为新形成的政治共同体,同样可以像主权国家一样,在其范围内实现每个成员对该区域内自然资源的平等权利。

至于不同国家之间的人员流动,目前,在国家是否应平等地向外来移民提供福利资源方面,很多国家都存在争议。实际上,即使目前还不可能在全球范围内实现每个人对自然资源的平等权利,如果能够通过个人的自由流动,适度调整全球范围内人口与自然资源之间的不平衡分布,也是通过看不见的手实现的一种公正。从这个角度说,相对拥有较多自然资源的国家应该平等地对待其移民。

第一节 以平等的自然资源权利为根据的国家福利政策的核心部分

以每个人对自然资源平等权利为根据的国家福利政策框架的核心部分,就是每个人作为国家公民对自己国家在一定时间段内生产的物质财富中包含的自然资源价值的平等分享方式。例如,对一个国家一年的 GDP 中包含的自然资源价值的平等分享方式。

这种平等分享方式的基本特征是:以单个公民或居民为对象;由国家或其他层次的政治共同体中的专门机构负责,将一定时间内本共同体生产的物质财富中包含的自然资源的价值分割出来,加以集中,平均分配给每个公民或居民;对自然资源价值的平等分享体现为每个公民或居民定期得到同

---

① 〔德〕弗兰茨-克萨韦尔·考夫曼:《社会福利国家面临的挑战》,第 101—102 页。
② 同上书,第 119 页。

样数量的货币;对每个接受者都没有资产审查或工作要求,即不论一个人是贫穷还是富有,是否从事有报酬的职业活动,都能得到与他人相同数量的现金。

一、自然资源价值的确定、集中和分配

自然资源的价值取决于其有用性和稀缺性。一种自然资源的有用性和稀缺性与一个社会的科学技术发展水平、经济状况、文化观念等诸多因素有关。在此前提下,一种自然资源的有用性主要与科学技术发展水平有关;其稀缺性,当交易市场存在时,则主要体现为由市场供求关系决定的价格。但是,一种自然资源要能够进入市场进行交易,或多或少是要有人的劳动和相关资本进入其中的。因此,确定自然资源价值的一个关键环节就是如何将掺入其中的劳务和其他资本的价值与自然资源的价值相对准确地进行分割。对此,自然资源经济学已经探讨了多种方法,例如,剩余归属方法。这种方法是从某种可交易的自然资源的总价值中扣除其生产过程中使用的每种要素的价格,"那么产品总价值的剩余部分就归属于剩下的资源"。①

在采用某种方法确定已经被开发使用的自然资源的价值和市场价格的前提下,国家的自然资源管理机构要分别向各个自然资源使用单位征收自然资源消耗费。在核算自然资源价值的基础上征收自然资源消耗费,就涉及自然资源的所有权问题。因为自然资源不是任何人创造的,所以自然资源就应该由全体公民共同所有。这就需要由一个国家机构代表全体公民实现公共所有权并保障每个人平等的享用权。这又需要在法律上严格界定自然资源的所有权、使用权、转让权等的拥有者能够和不能够采取的行动、实施的活动。

在西方国家实现工业化的过程中,最初基本上实行的是土地归私人所有,地上和地下资源也由土地的所有者拥有权利的制度。但是,后来科学技术持续地加速发展,人类对自然资源的认识和利用能力也快速提高,自然资源由少数人占有的不公正性变得越来越明显了。因此,在20世纪30年代的大萧条以后,特别是第二次世界大战以后,在经济发达国家出现了矿产和能源产业的公共所有权高潮,这一高潮虽然在20世纪50年代末平息,"但仍不断创建一些新的国有企业来开发新供给源,例如创建了加拿大国有石油公司、荷兰政府入股的天然气田开发、英国国家石油公司、各国政府拥有

---

① 〔美〕阿兰·V. 尼斯、詹姆斯·L. 斯威尼主编:《自然资源与能源经济学》第 2 卷,李晓西、史培军等译,北京:经济科学出版社 2007 年版,第 18 页。

核工业、澳大利亚政府参股的铀和煤开发,这些不过是众多可引用例子中的少数几个"。"欠发达国家政府把矿产出口业置于国家权下的高峰期是20世纪60年代中期至70年代中期的十年间。"① 当然,自20世纪80年代以后,情况又发生了朝着私有化方向的变化。这种变化的发生,既是由于在思想观念领域新右派占据了主导地位,也是由于国有企业的效率低下。而国有企业效率低下,以及其他很多问题的发生,在很大程度上又是由于对自然资源的所有权、使用权、转让权的界定不清晰、不科学。

在我国以及其他实行自然资源公共所有的国家,通常在制度安排上会产生的一个误区是,公有的财产就一定要公有的企业去使用。实际上,如果对自然资源的所有权、使用权、转让权有明晰的、科学的规定,专门的自然资源管理机构确实承担起自然资源所有者的责任,使用者按照使用权拥有者的规则行动,自然资源的使用权可以由任何具有资质的企业拥有。不过,基于自然资源的特殊性,可能需要明确规定使用者一旦获得使用权,所有者就不能轻易收回。另外,也需要规定自然资源的转让权归使用者。通常对于私人物品,所有权和使用权也可以是分离的,但转让权是属于所有权的拥有者。由于自然资源的特性,转让权如果属于所有者,也就不可能存在自然资源的转让。在对不同的财产权利有明确规定的前提下,如果自然资源的不同使用者拥有转让使用权的权利,不仅能够使资源得到更有效的配置,也能够对判断自然资源的价值有所帮助。

当代的财产权理论虽然有了很大的进步,很多学者提出的有关理论对于人们正确认识不同财产权利的特性都是很有帮助的,但是与此同时,最具有影响力的财产权理论也仍然有其不足,加上一些人对这类理论的理解存在问题,所以,至今人们在对不同性质的物质财产的不同权利的认识和理解上仍然存在着误解和错误。

例如,当今最具影响力的科斯产权理论,根据科斯的阐述,在产权明确界定的情况下,即使具有外部影响的经济活动,也能够通过当事人之间的讨价还价、成本—收益比较,形成最优的资源配置结果。② 但是,这里存在两个问题:一是,如尼斯和斯威尼等人指出的,如果只有两个当事人,"这是一个双边垄断问题。没有令人信服的理论证明最后的协商是帕累托有效的。那可能有赖于双方讨价还价的力度等"。如果外部损害涉及很多当事人,协

---

① 〔英〕朱迪·丽斯:《自然资源:分配、经济学和政策》,蔡运龙等译,北京:商务印书馆2005年版,第301、302页。

② R. H. Coase,"The Problem of Social Cost", *Journal of Law and Economics*, Vol. 3. (Oct., 1960), pp. 1-44.

商成本会很高,还不一定能形成有效配置。① 二是,在以法律界定财产权时,不仅需要考虑经济效率,也需要考虑公平公正问题。这是科斯产权理论本身存在的问题。

还有一些对科斯产权理论的误解。科斯的财产权理论主要强调的是产权明晰的重要性。"权利的界定是法律制定的结果。"在存在交易成本的情况下,"合法权利的初始界定是非常重要的"。"没有这种权利的初始界定,就不存在权利转让和重新组合的市场交易";不同的权利界定需要不同的成本,会对经济制度运行的效率产生不同的影响。② 但是在我国,有些人往往将产权明晰误解为财产的私人所有。能够排他性地分别享用的东西实行私人所有,确实具有政治、经济、社会诸多方面的益处。然而,全体公民共同拥有的自然资源的某个部分归私人所有,也是明显不公正的。不过,公有的财产不等于不可以由私人使用。

按照科斯对财产权的解释,某物的所有者"实际上所拥有的是实施一定行为的权利"。而且,"所有者的权利并不是无限的"。对所有者实施某种行为的权利的限制,可能是来自于其拥有的某物的物理或化学特性,例如,对一块土地的所有者来说,"通过挖掘将土地移到其他地方也是不可能的"。限制也可能来自政府的规定或法律,例如,"或许可能或不可能在该土地上建某类建筑,种某种庄稼,或只用某种排水系统。这不只是因为政府的规定。在普通法上亦如此"。③ 既然与财产权相联系的权利是由法律规定的可能或不可能实施某种行为的权利,我们就有必要根据自然资源的特性,对其所有权、使用权、转让权等的拥有者能够实施和不能够实施的行为给出明晰、科学的规定。

另外,在国家的自然资源管理机构能够对本国每年进入生产领域的自然资源形成的价值进行核算,通过向自然资源使用者征收消耗费将这部分价值征收上来以后,还需要特别强调的是,这个专门的管理机构作为国家机器的一个组成部分,征收的来自自然资源价值的收入必须与国家基于政治权力、为提供公共物品通过征税形成的财政收入严格区分开。因为这两部分收入具有完全不同的性质和用途。在历史上,也不是完全没有人论证过自然资源由全体公民共同所有,国家应该通过对使用者征收租金,以体现这

---

① 〔美〕阿兰·V. 尼斯、詹姆斯·L. 斯威尼主编:《自然资源与能源经济学》第 2 卷,第 29—30 页。

② R. H. Coase, "The Problem of Social Cost", pp. 1-44.

③ Ibid.

种共同所有。但是,这些论者通常是将国家的这部分收入作为国家的一般税收。从理论上说,国家基于政治权力征收的税金,应该用于提供私人企业所不能提供的公共物品。对公共物品的享用,通常是物质财富越多的人享用的也越多。所以,国家形成财政收入的征税应该实行累进税制。而自然资源管理机构,是对自然资源的使用者征收消耗费,并且应该平均地分配给每个公民。所以,国家征收的来自自然资源价值的收入必须与国家为履行提供公共物品职责征收的税金区分开。

二、根本性改革框架核心部分的具体形式

在以上前提下,以每个人对自然资源的平等权利为基础的国家福利政策体系的核心部分就是将每一年的 GDP 中包含的自然资源转入的价值部分,以货币的形式平均分配给每一个公民或居民。从形式上说,就是在 2013 年 12 月我国一些媒体报道的在瑞士有人提出的"全民发工资"形式。

对于瑞士的这个提案,有人认为过于激进,也有人认为只有在这个富国才具有可行性。实际上,国家的贫富并不是"全民发工资"的决定性因素。只要是在一定程度上实现了工业化的国家,都应该以"全民发工资"的形式保障每个公民的基本生活。瑞士的"全民发工资"提案体现了工业化国家社会保障体系改革的大方向。当然,"全民发工资"的理由并不是像有些人认为的,只是简单地针对收入的不平等,其理由应该是改变造成收入不平等的多种因素中的不公正因素,即对进入一个社会的总的物质财富中的自然资源的不平等享用。至于因劳动能力的市场价值不同导致的报酬不平等,并不是造成收入不平等的因素中的不公正因素,不是需要改变的内容。

其实,"全民发工资"的提案,在国际社会早就有人提出了。由于自 20 世纪 70 年代以来,国家福利政策本身的问题以及它们导致的各种问题越来越明显,批判福利国家、倡导削减国家福利支出的意见在英美等国家逐渐成为主流。与此同时,维护社会政策的各种力量也根据社会、人口、经济结构发生的实际变化提出了各种改革构想。在 20 世纪 70 年代末,丹麦和荷兰的一些学者就以"公民工资"(Citizen's Wage)、"有保证的收入"(Guaranteed Income)等词语表达了政府应该为其公民提供基本收入的想法。在 80 年代,英国则有人提出了"基本收入"(Basic Income)的概念。1984 年一些学者和活动家还在志愿组织全国委员会的赞助下,创建了基本收入研究组

(Basic Income Research Group, BIRG)。①

按照全球基本收入网络的介绍,基本收入的定义是,"由一个政治共同体以个人为基础支付给它的所有成员的收入,没有资产审查或工作要求"。更详细的解释包括:基本收入提供的是现金而非实物;基本收入是定期提供的,而不是一次性的补助;基本收入是由政府提供的,来自公共控制的资源的某种类型,可以是在民族国家的水平上建立,也可以在作为国家一部分的政治性组织的层次建立,或由一个超国家的政治单位支付;基本收入不同于负所得税,无论一个人有工作或没有工作,无论贫穷还是富有,都能得到全额的基本收入。因此,一个人工作时一定会比不工作时更好。

根据英国基本收入研究组的创建人之一赫敏娜·帕克(Hermione Parker)的解释,基本收入"将权利的基础从缴费记录和遭遇意外事故转变为公民身份(或法定居住)和评估的基本需要"。"评估的基本单位也从家庭转变为个人。"另外,如果实施一种完全的基本收入计划,就以基本收入取代现行的所有津贴。基本收入没有资产审查,并且是免税的。纳税以所有其他的收入为基础。② 帕克等人构想的基本收入,是通过"整合既有的现金补贴系统和个人收入税收(包括社会保险缴费)"来实现的。③

在工业化社会和当今的高科技社会,由国家(或其他更合适的层级的公共权威机构)以公民身份或合法居住为条件,向所有的人提供一份基本收入显然是公正的。只有这样才能解决实行财产私有制的工业化、后工业化社会始终存在的分配不公正的问题,也能够解决为了应对因大多数人失去对自然资源的起码权利,国家不得不实行的社会政策本身存在和导致的问题。基本收入研究者概括的基本收入的那些特点,就体现了本书提出的国家福利政策的根本性改革框架核心部分的具体形式应该具有的特点。

但是,到目前为止,"基本收入"的理论研究和实践状况与其能够体现的无可置疑的公正是非常不匹配的。一方面,赞成基本收入的学者和政治家是在增加,而且赞成者形成的团体也在发展。根据《基本收入研究》(*Basic Income Studies*)两位主编的介绍,"基本收入的学术讨论和相关的政策在经济学、哲学、政治学、社会学和公共政策领域一直在增长。过去的几十年里每年发表的以基本收入为主题的文章有几十篇,在过去的10年中与基本收入研究主题有关的书超过30本。此外,基本收入的政治讨论已经通过各种

---

① 参见全球基本收入网络(The Basic Income Earth Network)的有关介绍,网址:http://www.basicincome.org/bien/aboutbasicincome.html。
② Hermione Parker, *Instead of Dole*, London, Routledge, 1989, pp. 3, 128.
③ Ibid., p. 1.

社会组织、非政府组织和其他团体得到扩散。在国际上,近年来,在发展中国家,如在巴西和南非,在基层运动和政府官员的关注下,基本收入也受到了重视。"①

根据帕克和全球基本收入网络的介绍,1986年9月在比利时召开了基本收入第一次讨论会,在会上建立了欧洲基本收入网络(Basic Income European Network),英国基本收入研究组也成为这个网络的一个组成部分。② 后来,由于有越来越多的非欧洲人出现在欧洲基本收入的会议上,在2004年9月第十次大会上重新诠释了它的首字母缩略词的含义,将其改为全球基本收入网络。③ 与此同时,在美国、南美和南非也产生了类似网络,这些网络又与澳大利亚和新西兰已经存在的网络加强了交流,在欧洲之外新创建的全球网络2006年10月在南非的开普敦大学举行了第一次代表大会。这些信息表明基本收入研究确实是在发展的。

另一方面,按照基本收入网络的判断,基本收入,甚至是部分基本收入的倡导都没有进入英国的政治主流,即使在布莱尔的新工党时代其影响也没有超过撒切尔的新自由主义。在其他地方,基本收入的理念对政策制定的影响也是很小的。这既与各利益集团顽固坚持自己的利益、一些人对已经形成的观念的信奉等因素有关,更与一个关键性的问题有关,即这一理念的倡导者、推进者没有对国家为什么要为每个公民提供一份基本收入给出一个以确定无疑的客观事实为根据的解释。国际上的有关学者,特别是当代学者完全没有将对基本收入的讨论与每个人对自然资源的平等权利联系起来。

帕克的研究,一方面是对现行的政策、制度存在问题的分析,另一方面主要是对自己构想的部分整合的具体方案(BI 2000)的阐述,并没有自觉地思考实行基本收入政策的根本理据。在追溯基本收入理念的历史渊源时,帕克认为基本收入的理念来源于第二次世界大战期间的自由主义者朱丽叶·里斯·威廉姆斯(Juliet Rhys Williams)提出的"新社会契约"。而当时朱丽叶·里斯·威廉姆斯认为,国家对其公民承担确保每个人的健康生活的所有需要,"应该由18世纪以来单个的男人和女人实际签署的契约来解释的"。后来,自20世纪60年代末开始,她的儿子博兰顿·里斯·威廉姆斯"始终不屈不挠地支持他母亲的理念",并在70年代末开始使用基本收入

---

① 参见德古意特网站,网址:http://www.degruyter.com/view/j/bis。
② Hermione Parker, *Instead of Dole*, p. 124.
③ 参见全球基本收入网络(The Basic Income Earth Network)的有关介绍。

概念。① 但这里的问题是:一方面,虽然国家的政策是应该以公民比较一致的意见为依据的,但作为公民或公民的代表在表达某种意见时是需要给出能够令人信服的理由的;另一方面,朱丽叶·里斯·威廉姆斯所称的"新社会契约"更多的是以国家保证个人需要满足和个人承担责任为相互关联的内容,即"个人将承认尽最大努力从事财富的生产是他的责任",②与没有工作要求的基本收入是不同的。

关注基本收入观念形成历史的学者,虽然了解到在18世纪曾经有人提及每个人对自然资源的平等权利,但是仍然没有意识到这种权利与基本收入构想之间具有紧密的因果关系。根据全球基本收入网络对该理念历史的追溯,在18世纪,托马斯·潘恩(Thomas Paine)提出应该给年龄在20岁以下和50岁以上的人提供一份津贴。他虽然没有提出基本收入的设想,但实际上清楚地论证了每个人都应该得到一份基本收入的事实根据。"这是一种不可能被反驳的观点,"他写道,"地球,在它的自然的、未被开垦的状态将是,并会继续是,人类的共同财产。""当土地被开垦以后,只是被改进的价值属于个人财产,而不是地球本身,因此,每个被开垦的土地的所有者,因其占有的土地,就应该向共同体交纳地租(因为我知道没有更好的词来表达这个想法);并且,正是由于这地租解决了这个建议的计划的资金问题。"③令人遗憾的是,20世纪提出"社会分红""国家赠金""基本收入"理念的人往往从国家应负责任、个人需要、经济发展等方面进行论证,反而掩盖了基本收入的根本理据。

事实上,到目前为止,唯一真正实行了持续"社会分红"的政治单位,是美国的阿拉斯加州。这个州之所以能够实行社会分红,就是因为州政府拥有对该州油田的开采权。州政府用出租油田的部分租金,在1976根据阿拉斯加州法律建立了一个在政府之外独立运营的"永久基金"。自1982起利用该基金的部分收益,州政府为每个在阿拉斯加居住至少六个月的人提供数量相同的一笔现金。2008年度的分红最多,每人2069美元。④

根据美国政府的贫困救助标准,在2008年,由两个成年人和两个孩子组成的一个四口之家一年是21 834美元;在2008年,美国最大的补充营养援助计划(以前称为食品券计划)对一个四口之家每个月的补贴是542美元

---

① Hermione Parker, *Instead of Dole*, pp. 121, 123.
② Ibid., p. 121.
③ 参见全球基本收入网络(The Basic Income Earth Network)的有关介绍。
④ 参见全球基本收入网络(The Basic Income Earth Network)的有关介绍;黄胤英、周建军编译:《阿拉斯加是如何进行石油社会分红的》,《中国改革》2006年第2期。

或一年 6504 美元。这是联邦政府认为一个四口之家需要维持一个适当但节俭的饮食的数目。① 这就是说,在 2008 年美国的贫困救助标准是平均每人约 5400 美元,保证维持一个适当但节俭的饮食,平均每人大约需要 1600 美元。阿拉斯加州的"社会分红"在保证一个人维持适当但节俭的饮食以后,还能够满足一些其他基本需要。

阿拉斯加州的"社会分红",一方面,由于它是以油田开采者对政府的缴费为资金来源,因此,"社会分红"实际上就是以每个居民对自然资源的平等权利为根据的;另一方面,它还不是真正意义上的基本收入。因为州政府并没有将已经被开采和利用的所有自然资源的收益,或该收益的投资所得,平等地分配给每个居民,只是将其中部分收益的投资收入中的一部分进行了平均分配。也因为这样,每个人能够得到的社会分红没有达到美国的贫困救助标准。如果将阿拉斯加州每年生产的物质财富中包含的所有自然资源都用于"社会分红",每个人得到的以其对自然资源平等权利为基础的基本收入,显然是能够满足其基本生活需要的。

如果每个人对自然资源的平等权利得到确认,社会政策体系根本性改革框架核心部分的具体形式就是,以一个国家在一定时间内生产的物质财富中包含的自然资源价值为资金来源,在一个国家的范围内,由国家的自然资源管理机构每个月向每个公民或居民以货币的形式提供一份基本收入。而且,这种提供除了公民身份或居住要求之外,没有任何其他附加条件。

第二节 国家的福利政策体系与个人福利多元化

以每个人对自然资源平等权利为根据的国家福利政策体系,与当今存在于很多国家的大同小异的社会福利政策体系相比,其主要内容将得到极大简化和优化。同时,从个人福利多元化的角度看,以每个人对自然资源的平等权利作为国家福利政策的基础,也能够更清楚地区分和论证在满足个人生活需要方面国家、社会、个人的责任。

一、国家福利政策体系的主要内容

按照自由主义的基本观点,国家的责任主要是保障每个人最大的且能够彼此相容的自由,个人生活需要的满足主要是个人和家庭的责任。但是,由于在工业社会大多数人失去了对自然资源的起码权利,各工业国家实际

---

① Diana M. DiNitto, *Social Welfare: Politics and Public Policy*, pp. 110, 111.

上都程度不同地承担了保障个人基本生活需要的责任。只不过,国家承担这种责任是采取了不同政策:对穷人是各种方式的社会救助,对有劳动收入的人是各种方式的社会保险,除此之外,为了国家利益还有一些所谓普遍性的福利政策。各个国家在应对各种实际问题,以及在不同利益群体的推动与反对之下,对社会政策体系不断进行修正,不仅使之变得很复杂,而且造成了很多难以解决的问题。

当代十分复杂的社会政策体系造成的问题,除了本书第五章已经讨论的那些内容外,还导致了一种相当普遍的错误认识,即国家应该承担保护弱者的责任,应该保障弱势群体的生活需要。其实,根据本书提出的基本观点,既然在工业化社会每个人对自然资源的平等权利不能通过平等地使用自然资源实现,国家责任除了保障每个人最大的且能够彼此相容的自由以外,就是以每个人对自然资源的平等权利为根据,平等地保障每个公民的基本生活需要满足,而不是保护弱者、保障弱势群体的生活需要。

以每个人对自然资源的平等权利为基础,在国家以基本收入的方式确实保障了每个人的基本生活需要的情况下,国家的福利政策就能够得到极大的优化和简化。因为在这样的情况下,国家不必再承担目前承担的制定和实施贫困救助、失业保险及失业救助、养老保险政策的责任。由于有了基本收入,无论是失业者还是没有劳动能力的人,生活都有了保障。首先,需要对家庭经济状况进行审查,因而存在行政成本高、目标对象难以确定、对当事人的尊严有损害、管理者可能以权谋私等问题的贫困救助政策,没有存在必要了。同时,失业保险和失业救助政策也没有存在必要了。因为,从理论上说,失业者只是暂时失去工作,在失业期间每个家庭成员都有基本收入,生活能够得到基本保障,整个社会也就不必再付出额外的成本实施失业保险或失业救助政策了。至于老年人的生活保障,一是基本收入为老年人提供了基本生活保障;二是如果一个人以前收入较高,为了保证自己年老时生活水平不下降,就应在年轻时通过参加互助保险、购买商业保险或其他方式为年老时的生活需要进行储备。这是在生活方面个人应该承担的必要责任。

与保障老年人生活需要方式的改变相关联,在很多国家存在的雇主与雇员共同缴纳保险费、政府以财政收入承担部分费用的筹资方式造成的问题——增加社会保险的管理成本、掩盖面对共同风险的人分担风险造成的损失的保险本质、混淆社会保险中的国家责任与个人责任、寿命长短不同的人之间是否应该被强制分担风险的伦理问题等——都能够得到解决。在每个人的基本生活需要都得到保障的情况下,是否购买养老保险,购买哪种类型的养老保险,就可以完全取决于个人自愿。

因此,以每个人对自然资源的平等权利为根据的国家福利政策体系可以只包括以下内容:

首先,在每个人每个月都能够得到一份基本收入的情况下,虽然失业保险和养老保险没有必要了,医疗保险还是必需的。但是,医疗保险也不必采取个人与单位共同缴费的方式。因为患病对个人而言,在单位时间内,如一年内,是一种小概率风险,而在一个人的一生中又几乎是必然不止一次遭遇到的风险。而且,医疗保险的明显特征是,没有遭遇不幸的人,以交纳保险费的方式为自己换来了保障性和确定性,即购买了安全感;同时也为遭遇不幸的人分担了支出更多医疗费的风险。因此,具有理性能力和关于保险的常识性知识的人都能够认识到参加医疗保险的合理性和公正性。

不过,医疗保险应该分为两个部分。一部分是常见病的医疗保险,也可以称之为基本医疗保险,应该强制每个人以自己缴费的方式参加。哪怕没有其他收入的人也要从基本收入中支付这种基本的医疗保险。另一部分是大病的医疗保险,也是由个人缴费,但是因为两个部分加在一起需要缴纳的保险费相对较高,因此,大病的医疗保险不采取强制的方式。这样,可能就只有收入更多且比较稳定的人参加。收入低的人可能只参加常见病的医疗保险,一旦患上了需要医疗费较高的大病,就由有关的慈善基金负责提供。此外,对于严重的、会迅速扩散的传染病的预防和治疗,国家应该将其作为公共物品,由通过一般性税收获得的财政收入支付相关费用。

至于住房问题,既然每个人对自然资源拥有平等权利,每个人也就都有在地球上拥有一块居住之地的权利。但是,这块地要成为符合现代社会基本居住标准的住房,当然需要加入很多的人类劳动。因此,每个人既有权无偿得到一块建造住房的土地,也应该以为建造住房的劳动付费的方式实际获得住房。由于现代社会人口众多,在住宅建造方面也需要尽可能节约土地,所以每个人在地球上拥有一块居住之地的权利,在城市中不能采取每个人实际分配到一块宅基地的方式。因此在城镇中,具体的国家住房政策就应该是,凡是没有住房的任何年满18周岁的个人都有权利租住一套政府建造的公共住房或购买一套以无偿使用土地的方式建造的房屋。申请者是个人还是家庭,区别只在住房面积的大小。

也就是说,申请公共住房或经济适用房的资格只是达到年龄且没有任何住房,而不是收入水平。这样的住房政策不仅是合理的,而且可以节省大量的筛选成本,避免管理者以权谋私。希望拥有更好、更多、更大的住房的人,只能通过购买商品房实现自己的愿望。由于更好、更多、更大的住房必然使用更多的自然资源,因此购买商品房的人就需要依据其购买的商品房中包含的自然资源的价值向国家的自然资源管理机构缴纳自然资源消耗费。

根据以上构想,这个根本性改革框架的内容有些类似于一些国家的社会政策体系中的普遍性福利政策。但是,在本质上与普遍性福利政策是有区别的。一方面,所谓普遍性的社会政策实际上通常是针对某一类人的政策,如婴幼儿、青少年、残疾人等,只是不再仅以这一类人中的贫困者作为政策对象。亦即,政策对象的确定不需要经过经济状况审查。另一方面,一些国家实行普遍性福利政策往往基于对国家整体利益的考虑,并不是从个人利益、权利角度出发,更是完全没有与每个人对自然资源的平等权利相联系。

20世纪以来,在一些国家先后实行了一些只以个人年龄、身体状况等为依据、不需要对家庭经济状况进行审查的社会福利政策。这类社会政策的出现,一方面是由于国家之间的战争使很多人切实感觉到人与人之间的社会连带性,感觉到民族、国家对个人的价值,因此集体主义思想和感情增强、社会主义思潮的影响更加强劲。另一方面也是由于一些国家担心人口出生率下降。因此,这类政策大多是对有未成年子女的家庭提供补贴的政策。例如在法国,"从19世纪末开始,特别是在1914—1918年死亡甚多的战争冲突以后,法国政府开始关注人口问题"。法国的家庭补贴,"起初只是保留给有薪人士的。但它逐步扩展到了几乎全部居民"。虽然自从1978年1月1日以来,"家庭给付变得如此复杂多样,它们之间根本不存在任何共同的发放条件"。但是"唯一可以被看做是家庭给付的共同条件的便是给付获得者及其孩子应该定居于法国本土"。"几乎所有的家庭给付都是以应由其抚养的孩子的存在为前提的。"①英国、瑞典等国家的家庭补贴政策也基本如此。

另外,在不少国家,教育和医疗政策也是不分贫富、不进行经济状况审查的普遍性福利政策。国家为小学生、中学生以至大学生提供教育费用,为全体国民提供免费医疗服务,一方面是因为这些服务具有公共物品的性质,获得这类服务不仅对当事人有益,对整个国家也是有益的;另一方面也是由于一些特殊情况的发生。例如英国的一些具有普遍性的社会政策,如全民免费医疗服务政策、儿童补贴政策、住房政策等,都与二战时采取的一些临时性政策有关。"战争期间,急救医院制度中规定了医院服务的一体化;要

---

① 〔法〕让-雅克·迪贝卢、爱克扎维尔·普列多:《社会保障法》,第18、122、123页。

求发展特殊服务解决儿童的疏散问题,为战后儿童照顾工作的发展作出了提示;对房屋租金再次加以控制,并征用空房;控制物价和配给食品;随着国家大量投资于战争而实现了充分就业。所有这些均对福利工作作出了重要的贡献。在战时已经形成了很多'福利国家'的特征。"①

然而,以每个人对自然资源的平等权利为根据的国家福利政策框架,与其他所有特殊情况都没有关系,依据的就是每个人对自然资源的平等权利。每个人对自然资源的平等权利既保证每个人都能够从国家得到一份基本收入,也能够保证每个人最起码的住房需要得到满足。在每个人都有一份基本收入的前提下,个人只需要依据保险原则通过参加基本医疗保险,对因患病导致的额外支出进行风险分担。

至于现代社会国家普遍承担的义务教育责任,实际上应该归入国家提供公共物品的职责范围,即由国家的一般税收提供资金。因为教育的作用不仅是使接受教育的个人受益,同时也使整个社会受益,因此,义务教育具有公共物品的性质。

此外,还有一类需要由国家的一般税收提供资金以满足个人生活需要的情况。这就是在遭受自然灾害时,如果当事人的生活陷入困难,是应该由国家提供灾害救助的。因为自然灾害的发生与个人患病不同,患病对个人而言,在以年为单位的时间内,是一种小概率风险,但在一个人的一生中又很可能多次遭遇到,而需要他人提供救助以维持基本生活需要满足的自然灾害,很多人可能终生都不会遇到。对自然灾害救助直接采取社会保险的方式,可能很多人也难以承认其合理性。而对自然灾害救助采取以国家一般税收提供资金的方式,实际上也是由纳税人为此共同分担风险的一种方式。二者的差别,主要是以纳税的方式分担风险,参与者对直接受益的期待比保险的参与者更弱一些。

二、公民福利与个人福利多元化

本书的公民福利指的是个人作为国家的公民,以每个人对自然资源的平等权利为根据,从国家得到的福利给付。主要内容就是每个公民每个月从国家得到的基本收入和在没有住房的情况下从国家得到的公共住房。如果考虑到人们已经形成的对国家福利政策的理解,公民福利还可以包括国家视为公共物品提供的教育和部分特殊的医疗服务,以及自然灾害救助。但是,公民福利的具体形式和根据市场价格确定的自然资源价值的实际数

---

① 〔英〕迈克尔·希尔:《理解社会政策》,第43页。

量,只能保证个人基本的日常生活需要。而个人更多的生活需要的满足则要依靠其他渠道或途径获取有关资源。

个人生活的适度满足需要获取的资源既包括物质资源,也包括有关的精神性资源。一个人需要的物质和精神的生活资源来自多种渠道、多个来源。这多种渠道、多个来源总体上可以概括为家庭、市场、社会、国家。对于个人需要的生活资源的多种渠道、多个来源,自20世纪70年代以后发展起来的福利多元主义都称之为福利的来源。对此,本书已经在绪论中指出,这是将个人生活资源的多种来源与福利的来源混淆了。在明确个人从家庭和市场得到的生活资源不应该称为福利的前提下,仅就福利多元主义的可取之处而言,福利多元主义是针对福利国家的理念、原则以及实际运行中产生的各种问题提出的。因为,无论如何定义"福利国家",这个概念本身都体现着国家在个人生活中承担更大的责任,而这样一种"政府与人民之间的福利'合同'自20世纪70年代以来进入了一个重新协商的过程"。[①]

20世纪70年代以后政府与人民之间的福利合同之所以需要重新协商,主要是因为第二次世界大战以后,一些发达国家的政府承担了许多满足个人生活需要的福利职责。随着时间的推移,越来越多的人对国家承担这些职责的合理性提出了质疑,而与此同时,国家承担这些福利职责的实际工作部门又不断暴露出令人不满的缺陷。

但是,另一方面,即使是最发达的福利国家,在维持和推进个人的福利水平中发挥作用的仍然不仅仅是国家或政府。在维持和增进个人福利方面,还有许多其他力量和组织发挥了重要作用。此外,有劳动能力且积极参与了有报酬的劳动的个人仍然是自己及其家庭成员的生活水平维持和提高所需要的各种资源的主要提供者。只不过随着福利国家概念的流行,由于一些人的热情、观念、意见,在有些国家,政府确实过多地承担了与个人生活有关的责任,使社会和个人本应该可以承担的一些责任弱化了。

20世纪70年代以后,随着新保守主义强调家庭、社区对个人福利应该承担责任,以及第三部门的活跃和发展,使人们认识到了人与人之间的非正式关系网络和非政府正式组织都能够在增进个人福利中发挥作用,因此福利多元主义观念也随之流行起来。福利多元主义的基本含义就是,在满足个人需要方面,除了国家作用之外,个人努力,家庭、亲友、邻里、社区和其他各种不同类型的社会团体中的成员之间的互助和帮助,各种类型的非政府

[①] John J. Rodger, *From a Welfare State to a Welfare Society*, New York: ST. Martin's Press, 2000, p.1.

组织开展的慈善救助活动等,都应该能够发挥积极作用。

不过,由于福利多元主义产生的背景,谈论福利多元主义的人所持的基本观点或者说基本立场并不一致。有些福利多元主义者在谈论福利多元主义时,基本上是认为个人获得福利的不同渠道之间是完全可以相互替代的。因此,新右派通常更强调的是个人应该更多地依靠家庭、社区等传统社会结构单位满足自己的福利需要,而不应该更多地依靠国家。但是,后来一些肯定福利多元主义的人则比较明确地指出了国家福利提供与其他方式之间是不能相互替代的。例如米什拉就指出,"不能简单地把福利的形式看做是'功能的等价物'。它们建立在不同的原则之上,其范围也不同。"从政府获得帮助依据的是"权利原则",从其他非政府机构获得帮助,给予者是"自愿行为","所以赠与者并没有奉献的义务","那些需要帮助的人并不具有从私人资源那里获得援助的权利或权利授予,他们必须对可能得到的援助心存感激"。①

当然,无论是肯定还是否定国家对其公民的福利责任的福利多元主义者,都没有认识到国家责任的根据或者说公民福利权利的根据是每个人对自然资源的平等权利。福利国家的扩张和遭到批评都与有关支持者没有认识到国家为其公民承担福利责任以及确定国家福利数量的客观事实根据有关。

实际上,不仅国家为其公民提供一定的福利资源需要也确实存在客观事实根据,个人生活资源的其他来源也同样具有客观事实根据。然而,研究社会福利政策的学者大多不太关注这些客观事实根据。例如希尔在论述个人福利的不同来源时,虽然明确指出了它们的组织方式与基本原则是不同的,并认为如果只考虑各种方式在福利供给方面的可相互替代性,不考虑各种不同方式背后的原则之不同,就会把新自由主义和社会民主主义在社会福利问题上的主张混为一谈,但是并没有进一步追问这些方式和原则的根据。

对满足福利需要的不同组织方式的特点和原则,希尔曾做出如下概括:②

---

① 〔加〕R. 米什拉:《资本主义社会的福利国家》,第 116—118 页。
② Michael Hill, *Social Policy: A Comparative Analysis*, Hemel Hempstead: Harvester Wheatsheaf, 1996, p. 4.

	收入获得	服务获得和需求的满足	规则
个人	工作	购买	交换
家庭	分享	照顾	慈爱
社区（社会公益组织）捐赠、赈济	慈善	道德	
国家	补贴	社会服务	法律

根据我们对福利的定义，这里的个人和家庭不能视为福利提供者，同时能够作为福利提供者的还应该加上会员组织，其成员之间在收入和服务方面存在着一定程度的"分享"。那么，这里的关键问题是：一些人之间为什么应该相互"分享"？一些人为什么应该对他人进行"捐赠"？国家为什么要提供"补贴"？要认识一个社会中不同的结构单位为什么能够在其成员的福利增进中发挥作用，需要以对这些结构部分的本质、特征的认识为根据。因为只有这样，福利的提供才不会只以个人的热情、美德为基础。实际上，个人福利的多种渠道、多个来源都是以人的本性、人与人之间关系、个人与社会的关系、个人与自然资源之间的关系等客观事实为基础的。

首先，从人的本性方面说，任何一个健康的成年人，甚至青少年，都具有通过自己的劳动满足自己的某些生活需要的能力。这种能力是人与生俱来的很多潜在能力实际发展的结果。现代社会与传统社会的差别主要是，现代社会的很多生产活动对人的劳动能力和技巧的要求都很高，人的潜在能力需要经过专门的学习和训练才能成为实际的劳动能力。尽管如此，无论现代社会还是传统社会，人都必须通过使用自己的劳动能力来满足自己的生活需要。否则，人类社会只能永远停留在像其他动物那样直接消费自然资源的阶段。人类社会既然能够脱离那个阶段，就证明了人具有劳动能力，也需要并能够运用自己的劳动能力。

至于人与人之间各种形式的互助、帮助，也是以人们在与天灾人祸的顽强斗争中发展起来并认识到的人与人之间的相互依赖关系为基础的。人类社会的进步、人类文明程度的提高，不仅体现为劳动生产能力的提高、经济的发展，也体现为各种人类共同体的形成和发展，以及有益于共同体和共同体中的个人生存和发展的各种习俗、惯例和制度的建立。在人类社会中发展出的各种制度，很多都承担了满足个人需要和推进人类福利的功能。

其中，家庭制度、亲属制度是人类社会中自然形成的基本制度。一般的家庭主要是通过代际的互助、通过有劳动能力的成员与不能劳动的成员之间的互助来使每个成员的生活得到基本保障的。此外，在有血缘关系的家庭之间往往也存在着很明显的互相关心、互相帮助的友好和亲密的关系。除了在家庭和亲属这种自然形成的共同体外,由于在传统社会中大多数人世代久居一地,即使没有血缘关系的邻里、乡亲之间也需要经常互相帮助。既有穷人之间的互助,也有富帮穷、强帮弱,还有面对自然灾害和外敌入侵时所有共同体成员的同舟共济。这些人与人之间、个人与社会之间关系的事实,既是有关社会美德形成的基础,也是社会成员之间有组织的和非组织化的慈善、互助的基础。

所以,虽然说任何个人都不具有从私人资源那里获得援助的权利,不过,只要一个人承认个人作为社会成员与他人之间必然存在相互依赖、相互作用的"社会关联性",在可能的情况下积极参与社会慈善事业,热心助人,也是每个社会成员应该承担的义务。

在国家以每个人对自然资源的平等权利为根据,在市场之外向其公民提供一定量的现金、实物、服务的同时,以个人的社会关联性作为国家推动社会成员之间的互助、民间慈善事业发展的基础,既是适宜的也是必要的。更何况通过规范和发达的社会慈善事业,一个社会的成员还能够依据一些具体规则推动那些懒惰、不积极承担个人责任的人也努力参与社会公益活动和经济活动。

第三节 以平等的自然资源权利为根据改革国家福利政策体系的意义

以每个人对自然资源的平等权利为根据,国家每个月为每个公民或居民提供一份稳定的基本收入,以及为没有住房的人提供公共住房,具有多方面的意义。不仅能够使每个人的基本生活需要得到保障,使现存的社会政策体系得到极大的简化和优化,同时,这样的国家福利政策体系还具有更加明确地区分国家对公民生活的责任和个人对自己生活的责任、减少国家对市场的干预、在规范慈善组织运作的前提下提升社会成员互助意识等重要意义。从劳动力去商品化的角度说,这样的国家福利政策体系可以使劳动者自主地决定是否出卖自己的劳动力。亦即,劳动力去商品化,不在于劳动力是否成为商品,更为关键的是劳动者可以根据资本提供的劳动条件、劳动报酬,以及个人的实际情况,自主地决定是否在特定的劳动力市场中出卖自己的劳动力,因而使劳动力市场中的交换也成为真正自由、平等的交换。此外,这样的国家福利政策体系也有助于推动公民对保护自然资源和自然环境承担义务,减少对自然资源的消耗。最终,在国家履行保证每个人对自然资源平等权利的职责的情况下,使国家承担起极其复杂环境中强有力的守夜人职责。

一、减少国家干预、明确个人责任、推进社会慈善事业发展

在每个人的基本生活得到保障的情况下,国家对市场的很多干预也可以减少。首先,可以完全由市场决定企业生存与否。国家因担心失业率增高对市场不得不进行的很多干预可以取消了。企业就按照市场竞争的结果优胜劣汰。由于担心失业率增高,国家对那些因决策者的贪婪、不智而面临倒闭的企业提供帮助实际上是很不公正的。即使是因为遇到了难以预料的市场变化需要关门的企业,国家也没必要为了避免失业率增高进行救助。如果整个国家遭遇经济危机,那就通过所有相关的人都减少消费渡过难关,包括减少每个人的基本收入。因为在严重的经济危机时期,进入新增物质财富中的自然资源也会相应减少。

同时,国家也不必制定最低工资政策。这样,一方面企业能够根据自己的情况以各种各样的方式雇用自己需要的人员,根据每个被雇用者的市场价值支付劳动报酬。由于有基本生活保障,如果雇主提供的报酬过于不合理,这样的雇主也就很难留住需要的雇员。另一方面,个人也能够根据自己的实际情况参与劳动力市场——稳定就业、灵活就业、半日工、季节工、三天打鱼两天晒网式的就业等等。无论怎样,一个人只要对劳动力市场有一点参与就能使自己的收入增加一点,因此,一方面这样的政策能够避免贫困救助政策必然存在的贫困陷阱问题,另一方面这样的政策很可能会极大地提高劳动者的市场参与率。本来在现行的体制下因文化水平低、劳动技能差、残疾、年老、体弱等,不会得到就业机会的人,都可能得到一些有报酬的劳动机会。

对于国家为每个公民提供一份基本收入,可能有人担心会造成很多人不再去劳动。会有因为有了基本收入而不再劳动的人,但不应该很多。毕竟国家提供的基本收入很低,只能维持低水平的生活。多数人还是会努力参与劳动力市场的。罗尔斯认为亚里士多德的一些思想可以概括为一条亚里士多德主义原则,即实现和发展自己的能力是人的一种需要。他说:"亚里士多德主义原则强调,如其他条件相同,人们把他们的已经实现的能力(天赋的或靠训练获得的)的运用作为享受,并且这种能力被实现得越多,或

其复杂程度越高,这种享受也就越大。"①以至于罗尔斯以及其他很多人都将人的这种运用和发展自己能力的需要也称为欲望。"亚里士多德主义原则认为人类最重要的特征在于,他们的活动不仅仅由肉体需要驱动,而且由从事活动的欲望驱动,而这些欲望仅仅由于自身的原因就给人以享受。"②根据这一原则,至少绝大多数人是不愿意整天无所事事地生活的。当使用自己的能力本身就是享受,又能够得到合理的经济回报时,绝大多数人必然会积极参与劳动力市场,以使自己的生活有价值、有意义。

  当然,与此同时,通过慈善事业的发展引导人们积极参与劳动力市场和各种有意义的社会活动也是必要的。按照前面的构想和分析,虽然社会政策中的失业保险和养老保险没有必要存在了,医疗保险还是必需的。因考虑到有些人可能除了基本收入之外没有机会获得其他收入,医疗保险可分为两个部分,收入低的人可以只参加常见病的医疗保险。这类人一旦患上了需要医疗费较高的大病,就由有关的慈善基金负责提供支持。而慈善基金在提供此类帮助时,不仅要了解其经济状况,也应该了解其参与劳动力市场或社会公益活动的情况。如果一个生病前有劳动能力的人没有参加过任何有市场报酬的劳动,也没有参加过任何社会公益活动,基金会有权利拒绝提供帮助。至少,是那些曾经积极参与劳动力市场或社会公益活动的人,具有获得慈善基金帮助的优先权。这是因为非政府的慈善组织不同于国家,国家应该平等地对待其所有公民,而非政府的慈善组织可以根据自己的意愿和标准,对帮助对象进行选择。慈善组织选择对积极参加各种有意义的活动的人提供帮助,也是在推动慈善事业的发展。

  慈善救助活动要能够在社会福利体系中发挥适当的、合理的作用,需要以国家和社会各界努力推动、规范慈善事业的发展为前提。就中国目前的情况而言,既需要大力发展各种类型的基金会,又需要对慈善基金和有关的慈善活动进行严格、科学、合理的规范;在中国既需要发展规模大、范围广的慈善组织,也需要发展地方性的甚至是社区范围的慈善组织。因为在社区范围内,有需要的人和捐赠者都容易彼此了解。当然,在形成了富人居住区和比较贫穷的人的居住区的情况下,也可以采取贫富社区对口帮助的方式。同时,还要通过社会工作者努力推动暂时没有工作的人积极参加社会公益活动,以避免懒惰行为的扩散,创造人人积极参与社会慈善事业的良好风尚。

---

① 〔美〕约翰·罗尔斯:《正义论》,第415—416页。
② 同上书,第433页。

二、协调每个人对自然资源的权利与义务

20 世纪 60 年代以来,由于工业化的生产方式和人们的消费方式,对自然资源和自然环境长期积累的不良影响已经非常明显:环境被严重污染、土地荒漠化、濒危物种消失速度加快、许多矿产储备资源正趋于枯竭等。情况的严重程度不仅引起了社会各界的广泛关注,也推动了以自然资源和自然环境为对象的经济学分支学科的发展。这个学科明确地将自然资源和自然环境界定为公共物品,肯定了每个家庭和每个生产者都"对一个'未被破坏的自然'拥有一个合法权利"。并论证了需要一个提供或者说管理这种公共物品的环境保护机构。① 但是,这个分支学科主要关注的是生产、资本积累、消费、环境管理与环境之间的均衡,关心的是对环境污染的控制和对生产与消费中产生的剩余物质的改造,没有关注每个人对已经被消耗的自然资源的平等享用权。实际上,只有在个人对自然资源的平等权利得到明确、实际保证的情况下,个人才能更积极地承担保护的义务。

自然资源和自然环境经济学的"一个较深入的理论发展是将经济一般均衡、物质平衡和公共财产资源这些概念相结合,形成一个单独的统一理论"。② 这一理论的基本特点是承认"大部分的环境服务都具有公共物品的性质",证明了需要一个能够合理确定环境服务价格的环境管理机构,各种经济活动才可能在完全的市场经济中,在价格机制的作用下实现类似于帕累托均衡的林达尔均衡。③ 为了说明在有环境管理机构的情况下,基本经济资源从环境中被开发,提供生产和消费活动,最后回到环境的物质循环流动过程,卡尔·戈兰·马勒设计了一个经济—环境相互作用的一般框架。但是,借助这个框架我们却可以清楚地看出,关注自然资源和自然环境的经济学分支学科确实没有考虑每个人对被消耗了的自然资源的平等享用权。

根据马勒的解释,其中的初级资源对应着环境中的可再生和不可再生的初级自然资源,它们在生产中被用作原材料和初级能源。投入生产过程的除了劳动力,还有以各种生产资料体现的资本。在这个框架中,投入生产中的资本分成了两个部分:资本服务和折旧。在生产过程中的资本和初级资源会形成消费品和服务之外的残余物。能够在生产过程中被重新利用的部分,被视为与折旧部分相等,也用 D 表示,不能被重新利用而进入到环境

---

① 〔美〕阿兰·V. 尼斯、詹姆斯·L. 斯威尼主编:《自然资源与能源经济学手册》第 1 卷,李晓西、史培军等译,北京:经济科学出版社 2007 年版,第 4、18 页。
② 同上书,英文版序言。
③ 同上书,第 9、30 页。

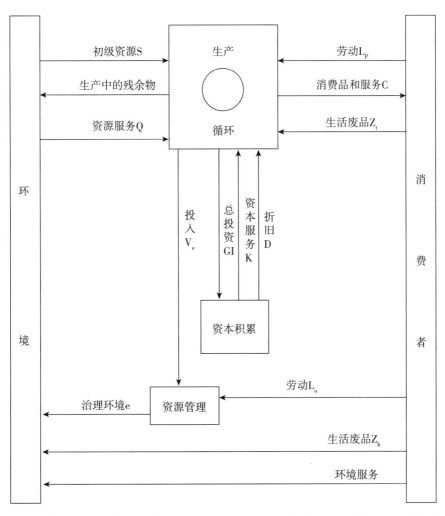

来源：〔美〕阿兰·V.尼斯、詹姆斯·L.斯威尼主编：《自然资源与能源经济学手册》第1卷，第10页，图1.1。

中的部分用 Z_p 表示。消费者消费来自生产领域的消费品和服务时也会产生生活废品。生活废品也同样分为能够在生产过程中被重新利用的部分 Z_t，以及不能被重新利用而进入到环境中的部分 Z_h。环境管理机构被假设为："一个公共机构，其目的在于管理环境，购买劳务服务与作为生产投入的物品，两者分别由箭头 L_o 和 V_e 表示，并利用这些投入治理环境。这种环境治理的规模用流量 e 表示。"由于环境治理的规模不仅与投入和科学技术的发展水平有关，也与对自然资源的利用和生产、生活中排放到环境中的残余物有关，所以，环境管理机构还"对环境有合法管理权"。"它决定有多少原材料能够从环境中开发出来,多少不同的残余物将被允许排放到环境中。"①

马勒提出了一个规范性的假设,即"家庭与生产者有权拥有一个未被破坏的环境"。因此,"环境机构必须对那些受到环境质量损害的人做出补偿(并且对受益于环境的人进行收费)"。② 马勒的这个假设的规范性是非常弱的。因为自然环境是自然形成的,不是任何人创造的,所有的人都有权拥有一个未被破坏的环境是理所当然的。其规范性主要是体现在将环境机构必须做的事情明确出来了。

在马勒的框架中,环境管理机构与生产者一样也是追求净收益最大化的。不过,由于环境机构提供的是公共物品,无论是补偿价格还是收费价格都不会像私人物品那样完全由市场机制决定。"我们不是假设有环境服务市场,而是假设环境机构有一些方法能够确定家庭和生产者对环境服务付款的边际意愿。""环境机构的作用就在于用这些价格评估环境的'价值',决定残余物的排放量和自然资源的开采量,使环境价值加上从出售废物处理服务和环境资源开采权得到的收入最大化。"③

然而,在假设环境机构有一些方法能够确定环境服务价格的前提下,我们仔细分析环境机构的作用就会发现,需要其投入成本付出劳动的部分,主要是废物处理服务。环境机构的这种服务能够通过向排放者收取费用补偿付出的成本。如果环境机构是通过有关企业提供这种服务,企业不仅要补偿付出的成本也要获得相应的利润。在科学、合理计算成本,个人和企业需要为使用环境和保护环境承担费用的情况下,个人和企业就都会积极承担减少废物排放和自然资源使用的义务。

而环境机构出售环境资源开采权,除了像其他政府机构一样需要办公经费以外,是不需要生产经营成本的。在自然资源得到了广泛开发利用的现代社会,如果对自然资源开采权定价合理的话,环境机构通过履行此项职责的收益是极其巨大的。环境机构如何使用这笔巨大的收入呢?用作提供环境服务所需的成本投入,由于各个生产者和家庭向环境排放废物的数量是多少不等的,以此作为提供处理那些废物的成本,降低出售服务的价格,对于向环境排放废物较少的人是不公平的。

---

① 〔美〕阿兰·V.尼斯、詹姆斯·L.斯威尼主编:《自然资源与能源经济学手册》第 1 卷,第 12、26 页。
② 同上书,第 26、27 页。
③ 同上书,第 30—31 页。

实际上,马勒并没有考虑环境机构出售环境资源开采权获得的收益,更没有考虑这笔巨额收益的使用或分配问题。在他的框架中,从生产部门进入环境机构的 V_e 表示的只是环境机构为提供环境服务用来购买劳务服务与作为生产投入的物品需要的费用,即出售废物处理服务需要的费用。当然,仅就这个部分而言,在框架中,消费者也不能仅仅提供劳务服务,也需要提供一定的费用,因为消费者也会制造出生活废品。不过,该框架更重要的问题是:初级资源 S 进入生产领域以后形成的价值到哪里去了?

首先,就进入生产领域的资本而言,其物质态,也是初级资源和人类劳动的产物。它们进入生产领域是为了获得利润。从根本上说,资本的利润是使用它们进行劳动的人在自然资源上增加的价值的一个部分。因为资本为劳动提供了条件,使用它们的人应该为之付费。同时,就进入生产领域的劳动者而言,他们得到的消费品和服务的市场价值应该与他们的劳动的市场价值相等。亦即,资本的利润和劳动者的报酬都应该来自劳动者在自然资源上新增加的价值,而不应该来自进入生产领域的自然资源形成的价值。进入生产领域的自然资源形成的价值部分既不应该按一个人投入资本的多少分配,也不能按照一个人能够获得劳动报酬的多少分配。因为每个人都对自然资源拥有平等的权利,没有资本也没有参加生产劳动的人同样拥有对自然资源的平等权利。所以,进入生产领域的自然资源形成的价值应该进入框架中的环境管理机构。作为一个社会的公共机构,环境管理机构只能将这部分收入作为向该社会的成员提供生活保障的资源。

因此,根据自然资源经济学已经认识到并明确提出的观点,国家需要建立专门的自然资源和自然环境管理机构,不仅应该负责决定本国的企业和家庭残余物的排放量和处理排放到环境中的残余物,在负责决定自然资源开采量的同时,也要对本国每年进入生产领域的自然资源形成的价值进行核算,以自然资源消耗费的形式将这些价值集中起来。然后,将它们作为国家福利政策的物质资源,在全体公民或居民中进行平均分配。国家的自然资源和自然环境管理机构,在负责决定残余物的排放量和处理排放到环境中的残余物时,根据企业和家庭排放的残余物进行收费,是推动公民对保护自然环境和自然资源承担义务,而对国家一定时间内生产的物质财富中包含的价值进行确定、集中并在所有公民之间进行平等分配,即维护和实现每个人对自然资源的平等权利。

第四节　根本性改革框架的理论模式与中国实际情况的衔接

对已经实行的社会政策体系进行更科学、合理的改革,需要确定一个必要前提,即不能否定社会成员在原先的制度之下积累的权益。因此,必须考虑新老政策、新的政策与已经形成的制度之间的衔接。在这方面,我国在20世纪90年代进行的社会保障制度改革已经积累了很好的经验。这就是将有关人员分成老人、中人和新人。另外,由于户籍制度、土地承包制度等,中国的城镇人口与农村户籍人口也是需要分别考虑的。所以,以每个人对自然资源的平等权利为基础的中国社会福利政策框架也必然具有一些中国特色。

一、自然资源价值的核算与集中

自然资源价值的核算可以采用前面提及的"剩余归属方法",也可以根据企业竞争某种自然资源开采或使用权时的市场价格确定。至于与自然资源价值有关的费用的集中方式,可以在严格的统计、计算、建立模型进行比较的基础上,对以下两种方式中进行选择。

一种方式是通过向自然资源的直接开采者征收自然资源消耗费。在国家有关机构确定的自然资源使用计划的基础上,对于可以开采或使用的各种自然资源,开采权或使用权向所有具有资质的企业开放。经过合理、合法的竞争过程,获得开采权或使用权的企业,在遵守国家的自然资源管理机构对残余物排放和处理的规定、自然资源开采量和开采方式的规定的前提下,每年向国家的自然资源管理机构缴纳自然资源消耗费。这笔钱的数目要与自然资源的市场价值相符合。没有能力缴纳这笔钱的企业也就是竞争力差、没有资格开采或使用某种自然资源的企业。如果企业为了缴纳自然资源消耗费,通过提高产品价格维持合理利润,只要其产品有市场需求,自然资源价格相对提高恰恰有助于减少对自然资源的消耗。

另一种方式是向所有的购买物质产品的人征收自然资源消耗费。因为任何一单位的物质产品中都必然包含或多或少的自然资源,向购买物质产品的人征收自然资源消耗费,购买同一种物质产品越多的人,消耗的自然资源也越多,缴纳的自然资源消耗费也就越多。因此,向购买物质产品的人征收自然资源消耗费也是公正、合理的。当然,采取这种方式,一是仍然需要将这种收费与国家的一般税收相区别;二是对不同的物质产品的自然资源费率需要分别进行精确计算,因为不同的物质产品中包含的自然资源可以有很大的不同。

无论采取哪种方式,根据目前中国的经济发展水平和自然资源消耗情况,当前的国民生产总值中由自然资源构成的部分应该不会少于20%。

根据世界银行数据库提供的数据,按照当时的美元价格,很多OECD国家都是在20世纪60年代末至70年代初人均GDP达到4000美元以上的。此时,也正是很多国家的社会福利支出达到了占GDP的20%以上的水平。后来,尽管经过了"福利国家危机"、新右派对福利国家的批判,但是总体上,在这些国家,随着经济的发展、老年人在总人口中的比例提高等,社会福利开支占GDP的比例是进一步提高的。这表明在一个国家的经济发展到一定水平时,以物质财富中新增加值的20%以上,采用市场之外的分配方式保障社会成员基本生活需要是具有内在必然性的。问题的关键在于,是以目前很多国家采取的非常复杂、成本很高、问题很多的方式实行,还是以更科学、合理、简便的方式实行。

就中国目前的情况而言,人均GDP已经超过4000美元。2012年全年国内生产总值为519 322亿元。如果每年进入新增物质财富中的自然资源价值不少于GDP的20%,国内生产总值的20%大约是103 864亿元。总人口为13.54亿人,国内生产总值的20%大约是每人每年7600元、每月630元。这个数字基本上相当于我国发达地区的最低生活保障标准。如果中西部地区的居民每人每月也能够得到630元的基本收入,一定能够拉动这些地区对基本生活消费品的需求。一个国家对基本生活消费品需求的增加,与对奢侈品需求的增加相比,无论对经济增长还是对社会文化发展,前者的意义都超过后者。

当然,本书在此主要是提供一个基本思路,自然资源消耗费的具体费率、征收规则等,都需要经过严格的统计和计算。

二、新老政策之间的衔接

首先,是关于中国城镇企业职工的养老政策的衔接。假如以2012年的有关数据为参考,中国城镇企业职工的养老政策的衔接可以采取下面的思路。

根据人力资源和社会保障部公布的《2012年度人力资源和社会保障事业发展统计公报》,全年城镇基本养老保险基金总收入为20 001亿元,其中征缴收入为16 467亿元,各级财政补贴基本养老保险基金为2648亿元。全年基金总支出为 15 562 亿元。这几个数字表明,就全国而言,养老保险费的征缴收入多于支出。在改为新制度以后,企业仍然按照原来缴纳养老保险金的方式向养老保险经办机构缴费,该机构的征缴收入基本上能够偿付在旧制度下老人和陆续进入退休年龄的中人积累的权益。因为由该机构按照原先的制度全部支付退休金的人会逐渐减少,而陆续进入退休年龄的中人在人数上会增加,特别是在中国人口老龄化高峰期,但是,这些人在旧制度下积累的权益也在陆续减少,需要原来的养老保险经办机构支付的退休金会相应减少。不过,对这些人来说,因为他们在结束对旧制度的权益积累的同时,开始每个月得到一份基本收入,即在职时个人的总收入增加了,退休时的生活状况关键看个人如何平衡自己在整个生命周期不同阶段的支出。

其中的差别可能是低收入的人增加得相对多,高收入的人增加得相对少。假定企业按工资总额的 20% 为其职工缴纳养老保险金,实际上也是按照每个员工工资的 20% 缴纳养老保险金。如果国家分配给每个人的基本收入是每月 630 元,对一个职工而言,两种制度收入的平衡点是 3200 元左右。原先高收入的人不能通过自己的劳动使自己年老时的收入达到旧制度下的相应水平,就表明根据旧制度这个人侵占了他人的自然资源权利。

按照国家应该帮助弱势群体的观点,国家为收入较高的人每个月也提供一份基本收入似乎没有必要。但是,只要一个人不能否认每个人对自然资源拥有平等权利,就同样不能否认高收入的人也有权利从国家得到一份基本收入。这本身没有任何不合理。不过,另一方面,收入高的人通常购买的物质产品也比较多,如果采取向所有的购买物质产品的人征收自然资源消耗费的方式,集中国家的 GDP 中包含的自然资源价值,高收入者也会通过这种方式将其得到的基本收入再交出去。这个过程从表面看,似乎增加了收集和发放与自然资源价值有关的资金的工作,但这是一个清楚地体现个人权利和义务的必要过程。而且,与现行的社会福利政策体系相比,工作内容要简单、明了得多。

其次,是医疗保险。前提是,将现行的企业和机关事业单位职工的医疗保障制度与城乡居民的医疗保险制度合并为统一的医疗保险制度。然后,如本章已经讨论过的那样,分为强制性的常见病医疗保险和自愿参加的重病、大病医疗保险。新旧制度的衔接,主要体现为在旧制度下由单位负责缴纳的医疗保险统筹部分,转入每个职工的工资。此后,个人缴纳的医疗保险费就是医疗保险的统筹基金。医疗保险的经办机构不仅要负责保险金的征缴和支出,同时也要负责制定医疗机构服务收费标准并进行监督检查。参加了医疗保险的个人在就医时也需要根据医院的等级按不同比例交纳一定的医疗费,这是为了避免个人过度使用医疗资源。医疗保险制度如果进行这样的改革,与现行的城镇职工医疗保险制度相比,也将得到简化和优化。

当然,按照制度改革时需要将有关人员分成老人、中人和新人,以保证老人和中人已经积累的权益不受损害的原则,对于老人和中人在医疗保险领域已经积累的权益也要有所考虑。例如,按照工龄或年龄,向个人的医疗保险账户中拨入不同数量的资金,以便老人和中人在就医时,可以用自己的医疗账户中的资金支付属于自费部分的医药费。

最后,是住房政策。对于城镇居民,基本上不存在新旧制度衔接的问题。已经实行的住房保障政策的关键问题是,由于有家庭收入方面的规定,不仅导致审查成本很高,而且为不少人提供了很多以权谋私的机会。对此,各种类型的媒体已经有过很多报道和议论。如果改为只是审查一个人是否有住房,审查成本会明显降低。以个人为审查对象,也避免了以家庭为单位造成的对家庭成员关系的一些不良刺激。

至于农村居民,在中国,农民之所以相对贫穷,收入远低于城市居民,一个重要原因是在大量的自然资源转入社会的物质财富的同时,农民只有对土地的一点点使用权,对其他自然资源,农民基本上没有得到享用的权利。因此,这里需要解决的是两个问题:一个是农民对所有的转入物质财富中的自然资源的平等享用权;二是使农民耕种的土地能够扩大到实现规模效益。这两个问题的解决可以采取以前一个问题的解决带动第二个问题的解决的方式。亦即,凡是放弃承包地和宅基地的农村居民,就可以在某个城镇得到一套经济适用房,同时每月得到一份基本收入。对于转入城镇的农民,国家还可以根据新型城镇化规划加以引导。通过提供住房和基本收入将农民引导到需要和适合扩大发展的城镇中。当然,无论是放弃承包地和宅基地,还是具体流动到哪个城镇,都要尊重农民个人的选择权利。

随着转移到城镇(真正在一个城镇中作为常住人口定居下来)的原农村居民增加,继续留在农村从事农业生产的人能够承包的土地数量就会相应增加,一直到能够取得耕种土地的规模效益。在中国目前的情况下,如果一个农民能够利用农业机械耕种几百亩土地,其收入不会比城市一般职工低。对于继续留在农村从事农牧业生产的农民,国家可以继续实行现有的医疗和养老保险制度。

在对既有的社会政策体系进行根本性改革的起步阶段,可能很难将GDP中包含的自然资源的价值完全地分割出来,以作为国家福利政策的物质资源。因此,对既有的社会政策体系进行根本性改革的第一步,可以与推进中国的新型城镇化结合进行。根据新型城镇化规划向自愿放弃承包地的农民提供住房和基本收入,作为社会政策的根本性改革的起点。以此为起点的意义在于:一是可以为从每年生产的物质财富中分割出自然资源转入的价值部分提供一个逐步推进的机会,以避免贸然的根本性改变导致整个社会系统整合方面出现各种能够预测和不能预测的困难;二是改变长期在城镇工作和生活的大量农民及其子女的两栖生活状态,使中国的工业化和城市化水平相匹配;三是尽早为土地制度改革、提高农业生产的规模化水平,以及农业生产经营领域的其他方面的改革提供机会。

农业生产经营的低效、农业生产者难以适应市场供求关系的变化、农民工的两栖生活状态等问题,都已经成为中国社会经济发展的严重瓶颈了。实行新的国家福利政策,不仅从保证每个人对自然资源平等权利、简化和优化社会福利政策体系方面看,具有十分重要的意义,对整个社会经济的协调发展也具有十分重要的意义。

另外,中国福利政策体系的根本性改革,除了涉及自然资源价值的计算和分割问题,还必须大力推动和规范社会慈善事业的发展。这包括钱物的捐赠和接收、发放机构,也包括各种志愿服务活动的引导和组织。以个人的社会关联性作为国家推动社会成员之间的互助、民间慈善事业发展的基础,既是适宜的也是必要的。其意义在于:一是通过发展社会慈善事业,推动社会成员之间的互助,使个人懂得自己作为社会的一员应该承担对其他社会成员提供帮助的义务;二是利用社会慈善事业有别于国家福利政策的特点,推动个人对自己承担应该承担的责任。即通过规范和发达的社会慈善事业以及相关的一些具体规则,推动那些懒惰、不积极承担个人责任的人也努力参与社会公益活动和经济活动。因为国家福利政策应该平等地对待每个公民,而社会慈善事业可以依据捐赠者的意愿对特定的困难人口提供救助。所以,可以根据人类社会长期积累的、得到普遍认同的价值标准,确定社会慈善救助的优先者。

再有,以每个人对自然资源的平等权利为基础的国家福利政策的实行还需要一个前提,即需要有合理的计划生育政策,甚至是立法。因为国家保证每个人对自然资源的平等权利,就需要对每个有生育能力的人可以生几个孩子有明确的引导。同时,有关机构要能够准确统计国家的人口数量。只有这样才能够尽可能防止个别人通过生育多个子女使整个家庭增加基本收入,也尽可能防止个别人通过虚报人口数冒领国家发放的基本收入。当然,合理的计划生育政策既不等于已经实行多年的独生子女政策,也不一定就是目前正在调整的二孩政策,而是根据中国社会人口与经济发展、自然资源利用的实际情况科学、合理地制定的政策。

三、社会政策体系的根本性改革框架能够成为实际政策的必要前提

本书阐述的社会政策体系的根本性改革框架,对于缺乏创新意识、囿于既有社会经济制度、社会福利政策体系和观念的人而言,可能会觉得是天方夜谭,不可思议。然而,对于稍微认真思考一下人与自然资源关系的现代人来说,每个人对自然资源都拥有平等的权利,就是不可置疑的判断。既然每个人对自然资源拥有平等权利是不可置疑的判断,每个人对一个社会已经利用的自然资源拥有平等的享用权,同样也是无可置疑的判断。既然每个人对一个社会已经利用的自然资源拥有平等的享用权,由这个社会的公共权威机构来保证每个人实现对自然资源的平等享用权也是顺理成章的。

以这个无可置疑的客观事实为大前提,社会政策体系的根本性改革框架能够成为实际政策的关键前提,就是有尽可能多的社会成员能够对人与自然资源的关系进行认真的、理性的思考。在形成正确认识的同时,推动自己所在社会的公共权威机构——国家的立法机构、决策机构——通过具体可行的步骤实现每个人对自然资源的平等权利。

社会政策体系的根本性改革框架能够成为实际政策的另外一个必要前提,就是国家的决策者能够正视人与自然资源的关系,愿意实现其公民对自然资源的平等权利,并以此为基础推进社会的公平、公正。

将社会政策体系的根本性改革框架变为实际政策,最困难的地方,一是对自然资源的使用者征收合理的自然资源消耗费。不过,根据《中华人民共和国宪法》的规定,除了由法律规定属于集体所有的森林和山岭、草原、荒地、滩涂之外,所有的矿藏、水流、森林、山岭、草原、荒地、滩涂等自然资源,都属于国家所有,城市的土地属于国家所有。与自然资源属于私人所有的情况相比,自然资源的国家所有为向自然资源使用者征收合理的自然资源消耗费提供了很好的基础,这是将社会政策体系的根本性改革框架变为实际政策的最大可行性之所在。而且,我国也已经颁布了《中华人民共和国资源税暂行条例》,最新修订的《中华人民共和国资源税暂行条例》规定:"在中华人民共和国领域及管辖海域开采本条例规定的矿产品或者生产盐(以下称开采或者生产应税产品)的单位和个人,为资源税的纳税人,应当依照本条例缴纳资源税。"

目前需要解决的问题是,对自然资源消耗费或资源税进行科学、合理的计算。首先,目前我国的资源税征税范围较窄,许多应该征收的自然资源消耗费没有征收;其次,资源税的定价没有根据市场决定的产品价格、生产成本等进行严格、科学的计算;另外,更主要的、与本书讨论的内容相关的问题是,国家目前征收资源税的目的是调节资源级差收入,以有利于企业在同一

水平上竞争,以及加强资源管理、促进企业合理开发利用,而不是真正将那些自然资源使用者利用的自然资源的价值集中起来,保证全体公民对已经被利用的自然资源的平等享用权利。也正因为没有对自然资源消耗费进行科学、合理的计算,在一些矿藏资源丰富的地方,少数获得了矿藏开采权的人发了横财;掌握了矿藏资源开采授予权的官员,利用手中的权力大量贪污受贿。如果认真计算一下三十年来我国已经被利用的自然资源的价值,将这些价值用于中国公民的医疗、教育、环境保护,中国公民整体的福利状况一定能够有巨大的改进。

不过,因为三十多年的经济体制改革,在我国已经初步形成了确定各种资源和产品价格的市场体系,对于真的愿意借助市场机制对自然资源消耗费或资源税进行科学、合理计算的人来说,在我国目前的环境条件下也具有了可行性。根据各种资源和产品的市场价格,包括人力资源,扣除包含自然资源的产品中的其他投入,剩下的就是自然资源的市场价格,也就是自然资源消耗费的数量。

将社会政策体系的根本性改革框架变为实际政策,另一个困难的地方是,既有的社会福利政策与新的社会政策体系的衔接。由于我国改革开放以来一直推行的社会保障体系主要是以城镇职工为对象的,虽然近些年已经以农村居民和城市居民为对象建立了有关的医疗保险和养老保险,但是由于推行的时间相对较短,这些人积累的权益相对较少,因此,新老体系的衔接主要涉及的还是城镇职工。而在这方面,改革开放初期开始推行新的社会保障制度时积累的新旧制度衔接的经验,为再一次的制度变革提供了可行性。国家福利政策新的改革,需要做的工作主要也是科学、合理的计算。同时,在新的社会政策体系与既有社会政策体系相比将大大简化,需要的工作人员也将大大减少的情况下,由于需要进行新、老体系之间的衔接,在实行新的社会政策体系时,旧的政策体系的工作人员仍然有其必要的工作内容,所以不会导致社会政策体系工作人员的大量裁减。

另外,中国福利政策体系的根本性改革,除了以上必要前提之外,还必须大力推动和规范社会慈善事业的发展。尽管中国的社会慈善事业还比较薄弱,存在的问题也很多,但是,自从改革开放以来,一些社会成员已经在积极参与方面积累了必要的经验。而且,社会慈善事业在其他国家的发展经验我们也是可以学习和借鉴的。因此,在中国,社会慈善事业的进一步发展也具备了相当的可行性。

下编　权利与客观事实

第七章　自然权利论者的"自然"

简单地说，自然权利论产生于近代的西欧社会。但是仔细追究，"自然权利"作为一个重要的理论概念究竟何时产生，在西方的思想理论中有着各种不同的观点。① 近代西方的自然权利论在其形成之时，虽然是人类历史中的一种全新观念，但是，近代的自然权利论者之所以将人的权利称为"natural right"，是与古希腊哲学家以"nature"来评判社会规则是否"right（正当、正义）"相关联的。同时，这种新的观念与西方中世纪的自然法学说也有着复杂的联系。而且，近代自然权利论者的"nature"与古希腊哲学家的"nature"，虽然在含义上有明显的不同，两种理论之间也存在着本质区别，但是近代自然权利论者的"nature"仍然与古希腊哲学家的"nature"，以及在更早的历史上人类以"自然"指称非人为地存在的客观物质世界有着一定关系。正是这种联系使自然权利论者自觉或不自觉地将人的自然权利与人和人类社会有关的某些自然事实相联系。

由于自然事实的显而易见，无论在中国的文化传统中，还是在西方的文化传统中，都形成了从"自然"引申出论证人与人、人与社会关系的理论。然而，作为这些理论的核心概念的"自然"，往往具有多重含义，既指与人类社会的创造物相对的非人为的事物、现象、状态、过程——自然事实，又指人通过想象、猜测、思辨构建的某些实体、理念。这样，以"自然"为基础构建的一些思想理论，由于不同论者对"自然"的含义中不同方面的特别强调，就导致了以"自然"为根据形成的道德哲学、政治哲学、自然哲学的纷繁复杂。这其中既有借助"自然"概念中包含着自然事实的方面，为人们观察、认识自然事实，以自然事实为基础论证人与人、人与社会的关系，以及与之相关的社会行为规则、法则，提供了可能的理论路向；又有通过哲学思辨解释"自然"，以关于"自然"的假设论证人与人、人与社会的关系及其相关的行为规则的理论路向。而以构想的"自然"论证人的行为规则、社会规则之根据的理论，又

---

① Francis Oakley, *Natural Law*, *Laws of Nature*, *Natural Rights*, New York: Continuum, 2005, p. 87.

可以形成不同的路向:既能够形成以思辨的"自然",为各种形式的等级制辩护的理论;也能够以抽象的"自然",为论证人人平等提供一个虽然不确定、不坚实,但还是能够加以利用的基础。

从总体上说,在西方哲学家那里,自古代到近代,"自然"一词始终具有多种含义,同时在其中又可以分辨出基本的变化历程。就其变化方面说,"自然"的含义主要是经历了最初更多地指自然事实意义上的自然现象,后来更多地指想象、猜测、构想的实体、理念,再后来又逐渐演变到自觉或不自觉地包含了更多的自然事实之意的过程。当然,这个过程并非直线变化,后来的更多地包含了自然事实之意的"自然"与之前许多人的想象、构想有着曲折、微妙的关联。正是由于这样的变化过程,近代西方哲学家的自然权利论才能够从滥觞于"自然"概念的自然正当论、自然法理论的基础上发展起来。

但是,自然权利与自然事实之间的关系又是非常复杂的。因为在近代哲学家的自然权利论形成之前,"自然"的概念早已经具有多种含义,并非完全是指与人的创造物相对应的自然事实,因此,近代西方哲学家的自然权利也并非完全指以自然事实为根据的权利。实际上,在近代西方哲学家那里,对于人的"权利""自然权利"的基础或根据,不同的人给出了不同的解释。有些人的解释是从自然事实中引申出来的,有些人给出的解释是从宗教的、形而上学的观念引申出来的。

不过,无论如何,人人平等地拥有某些不可剥夺的权利的观念之所以能够逐渐深入人心,成为现代社会中的普世性观念,是因为人的思想观念的变化并非完全取决于理论认识,每个人的切身感受、对社会生活的实际状况及其所发生变化的感受同样有着巨大的作用。

然而吊诡的是,恰恰由于人人平等地拥有某些不可剥夺的权利的观念已经成为被普遍接受的观念,当今阐述人的权利的论者往往就以此为前提展开论述,不再追究人之不可剥夺的平等权利的根据或基础。也正因为如此,虽然在当今的世界,人有某些不可剥夺的权利已经成为被普遍接受的观念,可是直至今日人们对个人拥有哪些不可剥夺的权利并没有达成共识。这与理论界对人拥有不可剥夺的权利的根据或基础是什么,缺乏进一步的探讨有直接关系。

本书所要阐述的根本观点就是:人人平等地拥有某些权利的判断不仅仅是一种理念、一种价值观念,人的权利是以人人都能够认识到的自然事实为根据的。其中与人的权利有关的最重要的自然事实:一是每个人身体的独立存在和人对自己身体的各种感觉和知觉;二是自然资源是先于任何个人存在的,不是任何人创造的。这些自然事实决定了每个人对自己身体和行动的平等权利以及对自然资源的平等权利。人的这两种自然权利是人的其他一切权利的根据或基础,而有关人与人、人与社会关系的各种规则、制度,从根本上说,都应该以人的这两种自然权利为根据。

由于无论在中国还是在西方,"自然"都是一个具有多重含义的概念,因此,讨论人的以自然事实为根据的权利,就需要厘清"自然"与自然事实之间的关系。同时,由于无论在中国还是在西方,以"自然"为核心的观念、理论的提出,都是为了论证人与人、人与社会之间的关系,以及人应该遵循的社会规则,所以,讨论人的以自然事实为基础的权利,还必须对以"自然"为根据论证人与人、人与社会关系的有关理论进行分析。特别是,由于权利概念、人权理论与近代西方思想理论中的自然权利论的关系,讨论人的以自然事实为根据的权利,必然涉及作为其理论源头的自然正当论和"自然法"理论。因此,本章的重点是通过对既有的相关概念、理论的分辨,阐明以"自然"为核心的思想理论怎样既阻碍了人们以人人可见的自然事实论证人的平等权利,又为人们注重自然事实、认识人的自然权利提供了可能性。

第一节 西方思想观念中的"自然"的歧义性及其形成原因

任何一个人自出生起就必然面对几类他者。首先,一个人必然面对着一定数量的他人,必然面对着与所有的人相区别的自然界;同时,由于每一个人同他所面对的人之间都必然存在着或亲或疏及或直接或间接的相互关系,因此,个人所面对的他者也包括由一定数量的人构成的共同体。这样,对于所有的个人来说,必然面对着三类关系,即与自然界、与他人、与自己所属的共同体的关系。而且,由于人类的繁衍和活动范围的扩大,人还会面对自己所属的共同体与其他共同体的人及其他共同体的关系。个人在与不同的他者互动的过程中,总会自觉或不自觉地形成和遵循一些行为规则。规则通常指的是人的行为遵循的标准、规定,这些标准、规定指示着一个人应该做什么、怎样做、不应该做什么等。相关的一系列规则就构成了社会生活某个方面、某个领域中的制度、法则。其中有些规则、制度是行为者没有自觉意识到的,至少是没有被相关的个人普遍自觉认识到的;有些则是被有关的个人自觉意识到的,甚至是以法律、法规的形式明确地颁布出来,要求有关个人必须遵循的。前者通常属于习俗、惯例等非正式制度,后者通常被视为正式的行为规则、社会制度。

当规则、制度被有关个人自觉意识到,或者被明确颁布出来时,人作为有理性的存在,对于其根据就会进行思考、提出质疑,对人们在与自然界打交道时需要遵循的规则的思考,逐渐积累为自然科学知识。对人与人、人与社会关系以及人作为社会中的一员所遵循的规则的思考,逐渐形成了关于社会、政治、道德的各种思想理论。所谓理论研究,就是将人们对有关规则、法则的根据进行的思考加以系统化,将其提升为具有内在逻辑的论述,同时引导人们接受这些系统的论述。人类社会自古至今之所以形成了不同的思想理论流派,既是由于不同论者的阐述方式、逻辑推论过程存在差别,更是由于不同理论流派的论者依据的论述基础不同。

由于在上述三种关系中,人为了生存,首先需要有意识地关注和思考的是人与自然界的关系,是对自然界中的某些东西、某些现象进行观察和思考,由此,人们会逐渐认识自己所注意到的某些动物、植物及其他自然现象的特征、规律性,还能够认识到一些现象之间的因果关系。这些认识都是以同人类社会及其所创造的文化相对的物质世界、非人为状态或过程为基础的,即以自然事实为基础。不过,由于人不是孤立存在的,在人与自然界打交道时,往往同时会涉及人与人之间的相互关系。人与人、个人与社会的关系在很多情况下就是通过人与自然界的关系体现出来的。

然而,在人类发展到需要自觉地认识和思考人与人、人与社会的关系时,由于人们对自己注意到的自然事实以及对其的认识还具有很大的局限性,由于人与人、人与社会的关系同人与自然之间关系的相互交织,由于否认人与人之间的平等能够增加某些强势者的利益,无论在中国还是在西方文化传统中,都出现了以自然界的某些现象及其现象之间存在的规律来论述人与人、人与社会的关系的思想观念、理论学说。结果,在有记录的人类思想史的早期就形成了复杂、歧义的"自然"概念:既指物质的自然界,又指人与人、人与社会的关系;既指客观事实,又指社会道德规范。这导致了事实陈述与规范表达的混淆,导致了"自然"对自然事实的掩盖。而掩盖了自然事实的"自然"则既可能为否定人平等地拥有某些权利的制度进行辩护,也可能为论证人人平等地拥有某些自然权利提供一定的引导和启示。

一、人的认识能力的特点与"自然"的歧义性

人既有利用自己的感觉器官认识自然界、人类社会以及人自身的有关现象、特征的能力,也有利用自己的想象、联想、推理能力对获得的感性认识加以整理、提炼、推导的能力。但是,任何个人的这些能力都是有限的。因此,在人面对能够感知的各种现象时,只能实际感知到其中的一部分。同时,由于人的认识能力的局限性,也由于人具有想象、推理的能力,在人实际

形成的对某种事实的认识中，难免会或多或少地加入猜测、想象、构想的成分。"自然"概念的歧义性就是在人们对自然界的现象有了一些认识，这些认识相对于人们应对实际生活的需要又远远不足的情况下，加入猜测、想象的过程中形成的。

具体说来，"自然"的概念是在首先进入农业社会的文明古国中形成的。因为在农业文明的发源地，人们是通过认识与人类社会相区别的自然界的一些特性才使农业生产得以发展的。因此，那些活动在大河流域首先进入农业社会的氏族部落，在这些地区从事农业生产活动的过程中，也首先创造了与丈量土地、修建灌溉工程、观察气候和季节变化等有关的数学、几何学、天文学知识。这些都是关于自然事实的知识。但是，由于人类尚处于文化发展的初级阶段，对于很多可见的自然现象及其之间的关系还不可能形成清晰、系统的认识，初期的农业文明往往既包含与自然事实有关的知识，也包含与自然事实的关系比较复杂、微妙的巫术和神话。因此，这些古代文明往往创造了一些指称可以观察到的自然事实的概念、观念，同时又在其中加入了自己想象、猜测、构想出来的某些东西。在人们自觉或不自觉地为自己所遵循的行为规则寻找根据时，更是既诉诸自然事实，又借助包含着加入了各种猜测、想象、构想内容的概念、观念。

丹皮尔认为，在这些地方诞生的文明，往往呈现出"实际知识是和巫术观念密不可分地交织在一起"的状态。例如，这些古代人往往通过观察日月星辰的视运动规律来确定季节的更替，同时，又围绕着它们的存在和变化构想出各种神话。巴比伦的那些专门负责观察天空景象的僧侣，"他们渐渐看出了天文现象的周期性"，"已经能够事先计算出太阳和月亮的相对位置，因而也就有可能预测日、月食了。这可以说是科学的天文学的起源。"但是，"在这种实际知识的基础上，一种异想天开的占星术体系建立起来了"。"他们无疑是因为最初看到一些偶然的巧合，所以到后来才相信，星宿决定了并且预示着人事的进程。"[①]

萨拜因同样指出，虽然神话是"一套过于简化而富于幻想的故事"，但是有证据表明，古代埃及人、美索不达米亚人，对天、地、人之间的关系的理解有很多表现为神话的形式，但在他们的神话中又饱含了许多对自然事实进行观察形成的精确知识。他们是用神话的形式说明太阳、月亮和行星在不同的星座中的活动状态，对其中的关系"是以准确而极其富于想象力的数学方法来观察和计算的"。"这些情况逐渐发展成一套极端复杂而玄妙的宗教

---

① 〔英〕W. C. 丹皮尔：《科学史》，李珩译，北京：商务印书馆1979年版，第32、33页。

与科学相结合的教义。"①亦即,古代人往往将人人都能够观察到的自然事实和自己的猜测、构想相结合,创造出一些神话、一些理论,用以解释自己感知到的自然现象和社会现象。

西方人的"自然"概念来源于古希腊,而古希腊的"自然"概念的歧义性则源自古代中东文明。只不过,在古希腊哲学家那里,"自然"的含义中自然事实的成分变得更少了,"自然"被更多地用来指称事物、现象的本质、本性,淡化了其中原本具有的自然事实之意。正是由于希腊文化与中东文化的关系,使希腊哲学中的"自然"具有了不同的含义。

二、解释社会规则的需要使"自然"更加脱离自然事实

人类进入农业文明以后开始了新的文化创造,形成了关于"自然"的种种认识和构想。这既是由于生产活动的需要,也是由于生产方式的改变使人类有可能在维持生存之外从事更丰富的文化活动。但是,更重要的则是由于与生产能力的提高、剩余产品的形成直接相关的人类社会生活的复杂化。人类在进入农业社会以后,不仅农业生产活动明显地需要人们认识人与自然的关系,同时还明显地产生了规范人与人、人与社会关系的需要。因此,人们根据对自然界的观察和自己的想象、推测形成的知识、神话,既被用于了解与人类社会相对的那个物质性的大自然,也被用于论证或评判人类社会中的规范、规则。而且,在论证人类社会中的规范、规则时,往往需要更多的想象、推断、构建、抽象推理,因而就使"自然"明显地脱离了自然事实。

例如,由于在所有的正常人都能够观察到的天文现象中,太阳的辉煌是最为明显的。所以,"有证据表明,那些河流经过的文明地区的居民,把他们的河流理解为黄道或太阳经过天空的轨道在尘世的反映或在尘世的体现。他们的国王是太阳,而太阳乃是某一个神的化身"。以类似的神话为依据,"尽管古代中东的历史非常混乱而不完备,但仍然可以从中看出一种政治模式。那种政治体系以一个神王为中心,他受到周围一批祭司官吏的支持和拥戴,这些祭司官吏通过由神话形式提高为一种依据数学的天文占星术来解释世界"。②

这样,当文明的各种要素在希腊汇合起来以后,希腊人既吸收了其中的很多因素,又发展出了独具特点的文化体系。"野蛮的希腊人是在这种文化

---

① 〔美〕乔治·霍兰·萨拜因:《政治学说史》,托马斯·兰敦·索尔森修订,盛葵阳、崔妙因译,北京:商务印书馆1986年版,第17页。
② 同上书,第17、18页。

存在的后期,也就是在它过了完美的全盛期以后很久才接触到它的古代智慧的。""他们认识到以天体的、数学—几何学的、'自然的'观念作为政治体系的一种基础所具有的力量。但他们紧紧掌握住的是这种去掉了神话形式的思想方式。"①亦即,通过哲学思辨论证宇宙自然、地球上的各种自然物、人和人类社会的共同本性、本质。因此,那些以天体、大地、河流等自然事实为基础的知识,在很大程度上就被抽象为脱离了自然事实基础的哲学理论。

希腊人的去掉了神话形式的思想方式,最突出的特点就是试图探讨存在于自然、社会、人生之中的统一的本质。最初,希腊哲学家还是主要探究物质的自然界的本质的。如米利都学派,追究的是可见的物质世界的原初实体,他们中有些人把这种能够形成和统御万物的原初实体构想为水,有的人构想为气,有的人构想为火。但是,后来在公元前6世纪末,希腊哲学思想发生了一场向形而上学的转变。"它不再仅仅为物质世界的问题所占据,而将注意力转向存在的性质、真理的意义、神在万物体系中的位置等玄奥问题。"首先,是毕达哥拉斯学派提出,"思辨生活是最高的善",并"力主万物的本质不是物质的实体而是抽象的原则"。② 此后,希腊哲学中的"自然"越来越指向可见世界的本质、所遵循的原则。

而后,以物质世界或者说大自然具有某种稳定的特性和本质的观念来类比人类社会事务的思想方式流行起来了。而且,由于希腊城邦社会的特点,当时在希腊人中流行的主要是追求共同体生活协调和均衡的观念。这种观念既与希腊人从中东获得的、自己能够观察到的季节更替、日月星辰的周期性变化有关,也与他们从可见的现象中推论、构想出系统的知识、抽象的本性有直接关系。"协调或均衡,或者也不妨称之为'公道',是最早想要创立物质世界理论的一切想法的一个基本原则。""它意味着对构成物质世界的复杂事物或具体的事件和物体需要根据假设来作出解释;假设这些复杂的事物或物体是一种本质始终不变的基本物质的种种异化或变形。这是转瞬即逝的、变化不息的具体事物和不可能改变的'自然'之间的对比,而后者的一切特性和法则则是永恒的。"这就使"自然"具有了形而上学的含义。早在公元前6世纪或公元前5世纪,厄纳克西曼就"试图把大自然描绘为一个由相对的特性(如热或冷)构成的体系,这些相对的特性是从一种基本的自然物质'分离'出来的"。③ 这种观念最系统的表达则是在公元前5世纪

---

① 〔美〕乔治·霍兰·萨拜因:《政治学说史》,第18页。
② 〔美〕菲利普·李·拉尔夫等:《世界文明史》上卷,赵丰等译,北京:商务印书馆2006年版,第234页。
③ 〔美〕乔治·霍兰·萨拜因:《政治学说史》,第48、49页。

后期形成的原子论中。

后来,由于"财富的增加、文雅生活的发展以及感到需要有更高水平的教育",人们的兴趣发生了变化,"转向人文主义的学术研究"。不过,"协调或均衡这个基本观念,一开始是不加区分地既作为自然界的一个原则又作为伦理道德的一个原则来运用的,而且不加区分地认为它是自然界的一种特性或人性的一种合乎情理的特性"。例如,萨拜因引述赫拉克利特曾说过的话:"太阳不会逾越他的本分,如果他逾越的话,公道之神的女侍伊里逆司就会给他以应得的惩罚。""使得这场兴趣的改变得以完成的力量是苏格拉底的极其高尚的品格,柏拉图的《对话录》则把这种品格最好不过地表现出来而更加增强了这股力量。"①

在研究兴趣从关注物质的自然界转向人类社会的改变中,希腊人就将这样的思想方法,即设想有形可见的事物、不断变化的现象是由某种永恒不变的实体可能发生的变异而产生的,用于对人类社会事务、现象的思考。当他们了解到在不同的地方有不同的习俗、惯例,"在这个希腊世界的领域中看到了多种多样的政治制度"时,公元前5世纪的希腊人便已形成了对何种法律、制度更为合理进行思考和辩论的习惯。希腊古典哲学家形成了这样的基本思想,即将习俗、惯例视为与自然界中转瞬即逝的事物类似的现象,"并再一次去寻求使这类不断变化的现象能够具有规律性的'自然'或永久不变的原则"。"'自然的法则'再次成为自然哲学家们追求的真谛,这就是在人类环境的无穷无尽的限制和变化中存在的永恒。只要能够找到这样一种永久不变的法则,就能够使人类的生活达到相当合理的境界。""结果,希腊的政治哲学和伦理哲学继续沿着业已为自然哲学开辟的老路线前进——追求变化中的不变和多样性中的统一性。"②

此时的"自然"既不仅仅是指与人类社会相对而言的物质性自然界或大自然,也不仅仅是指那些人们通过直接观察或借助工具能够认识到的自然世界的本质、规律,同时还指靠思辨性假设和逻辑推理才能揭示的有关人类社会、人应该遵循的规则的"本质""本性"。人的行为、社会规则只有符合这样的本质、本性才是正当的。这样,在希腊哲学中就形成了以"自然"论证、判断正当与否的"自然正当论"。

但是,古希腊人在通过思辨的方式追寻"多样性中的统一性"的过程中,由于"自然"既是指物质的自然界,又是指种种可见的、变化的现象背后的本

---

① 〔美〕乔治·霍兰·萨拜因:《政治学说史》,第49、50页。
② 同上书,第51页。

质、本性、正当规则,其结果不仅造成了"自然"这个词语含义的多样性,更导致了古希腊的政治哲学基础中的紧张、断裂。特别是在苏格拉底和柏拉图的时代,以构想的关于人和社会的本质——"自然"——为基础而展开系统论证的哲学理论形成了。"自然"主要成了没有自然的"自然"。以这样的"自然"为根据的理论既深刻地揭示了人的某些本质、本性,具有促进人类社会和谐的意义和价值,也有其片面性和问题。这种理论不再自觉地关注构成物质世界的自然事实以及人与这些自然事实的关系,而是倾向于构想自然界和人类社会中的各种可见现象背后的本质、本性、原则,根据这些假设来解释可见的现象。这样的理论不再关注自然事实,也就不可能关注人的以自然事实为基础的权利。

但是,另一方面,希腊人的探究和思考之所以能够成为具有长久价值的哲学理论,或者说希腊文明之所以能够成为西方文明的基石,不仅仅是由于他们对人类社会的规范、规则之根据的追究,更是因为希腊人对理性思维格外重视。萨拜因认为,"希腊人幸运地没有受到两种错觉的影响:一种是幻想他生来就有为所欲为的权利,另一种是自认为他承担的义务是'来自上帝的严峻的意旨'。"相反,雅典人"倒是希望对惯例中可能包含的某种基本原则进行合乎理性的评议,从而使它更加明确、更加易于理解"。"这个惯例和理性的相互关系问题贯穿在关于城邦的整个理论中。"正是由于希腊人对理性思维的重视才使古希腊的思想理论成为整个西方文明的基础。仅就当时的情况而言,由于注重对既有规范、规则的理性思考和辩论,因此,早在柏拉图和亚里士多德之前,在古希腊就形成了很多可以归入政治哲学的论述。雅典人在辩论中提出的"那些本身或多或少具有重要性的孤立的政治概念",在柏拉图那里被"汇集成一门缜密的哲学"。①

这样,虽然对于古希腊的所有人而言,"城邦就是一种共同生活","整个希腊政治学说中的基本思想是:求得这种共同生活的和谐"。然而,和谐的共同生活尽管在一些实行民主制度的城邦中"在相当大的程度上"实现了,但"它终归是一种理想而不是现实"。"即使这种民主政治处于全盛时期也有着它的阴暗面,而它的阴暗面和它的成就一样,对早期的政治学说产生了很大的影响。"②也就是说,现实生活中存在的矛盾、实际状况与通行的观念之间的不一致必然引发人们的思考。正是由于对现存的体现着人与人之间、个人与城邦之间关系的行为规则体系的恰当性、正当性的怀疑,激发

---

① 〔美〕乔治·霍兰·萨拜因:《政治学说史》,第 37、38、48 页。
② 同上书,第 33、35—36 页。

了古希腊哲学家对公正、公道及其根据的思考。同时,由于在古希腊人那里已经形成的通过理性思辨追寻事物本质的思维方式,也使其他哲学流派提出与苏格拉底等古典派哲学家不同的"自然"观念具有了可能性,为后来的人在希腊哲学的基础上,在以"自然"来论证"自然正当""自然法"的理论基础上提出"自然权利"的思想提供了可能性。

当古希腊的哲学思想在西方世界扩散开来时,在西方的思想理论中也就形成了既指自然事实,又指事物的本质、本性的"自然"。而且,对后一种含义的"自然",不同的人又给出了各种不同的解释。弗朗西斯·奥克礼(Francis Oakley)在他自己的书中说,多年前洛弗乔伊(Lovejoy)曾经成功地检查出"在古代自然一词有66种含义"。[①]

总之,"自然"的歧义性在很大程度上是在人类社会发生了显著变化以后,一些人为了追究人与人、人与社会关系以及人应该遵循的行为规则的根据导致的。同时,更是因为这种追究是以当时已经广泛存在的少数人统治多数人的事实为基础,通过哲学思辨来展开的。因此,以"自然"为立论基础形成的理论就具有了不同的路向。从根本上说,不同的论者之所以特别强调或看重"自然"这个核心概念的不同含义,既是由于他们已经接受了的思想观念、哲学理论的影响,也是由于其所处的社会环境。当人类社会进入到大多数人失去了对自然资源的平等权利,甚至是对自己身体的支配和保护权利时,无论是为了论证统治者已经取得的权力地位的合理性,还是由于对已经形成的人与人之间显著的不平等关系的赞赏,都导致了比较系统地以"自然"掩盖自然事实的思想理论的形成。但是,由于古希腊的哲学家采取了追究体现着自然界、人类社会种种变化的事物"中的不变和多样性中的统一性"之本质、本性的思维方式,又为通过构想的"自然"论证所有人的平等及平等地拥有某些自然权利提供了可能性。

第二节 古代中国人追寻规则之根据的起因及其提出的有关概念

中国人虽然没有独立发展出自然权利、权利等思想理论,但是却同样在几千年前就形成了既指物质的自然界又指人与人、人与社会之关系,既指客观事实又指社会道德规范的"自然"概念。这样的"自然"概念及其相关理

[①] Francis Oakley, *Natural Law*, *Laws of Nature*, *Natural Rights*, p. 24.

论的形成,同样是由于以构想的假设解释可见的自然事实和社会现象。例如老子提出的"人法地,地法天,天法道,道法自然"的思想。其中的"自然"就既是指宇宙自然,又是指非人为的状态、过程,同时也指既包括人、人类社会,也包括宇宙自然中统一的本质、原则,尤其具有人应该遵循的规则、法则之意。而且,在老子之前的一些人提出的思想观念中,还具有"天"就是"自然"或"自然"的代表之意。而"天"既是指人们可见的天气、天象,又是指体现在其中的、不可见的、影响着人的命运和人类社会的高远、神秘的变化规则。中国文化中的阴阳对立统一的观念,五行学说,以及各种将人的身体、人间事务与日月星辰的运行、春夏秋冬的更替联系起来的思想,都是以既指自然事实又包含了各种思辨性内容的"自然",或类似概念为基础构建的。中国人以不同的词语表示的"自然"及其包含的多种含义,同样与中国是最早进入农业社会的文明古国有关。

中国作为最早进入农业社会的文明古国之一,在生产和生活实践中创造的一些思想观念以及表达它们的主要概念,与中东和希腊人在形成"自然"概念时具有同样的特点。只不过,在后来的发展中,中国传统文化的思维方式发生了很大的变化。一方面,那些具有多种含义的"自然"仍然是各种思想理论的核心概念;另一方面,占据了主流地位的思想理论,基本上是以人,特别是人与人之间自然形成的关系中的一些特性作为天、地、人之间的统一性的。即以人们可以在具有较近血缘关系的人之间能够普遍感受、体验到的情感作为一切社会关系、社会规则的根据。例如,后来发展起来并在中国传统文化中长期居主导地位的儒家思想,其所论述的"天人合一",既明确地将"天"视为道德观念和原则的本原,又认为人心中天赋地具有这样的道德原则。人如果意识到并自觉遵循这样的道德观念和行为规则,就是实现了"天人合一"。这样的理论,既忽视了对作为自然事实的"天""地",特别是人与"天""地"关系的实际考察,也没有追求以严谨的逻辑推理论证其中的统一性。

一、古代中国人追寻规则、规范之根据的起因

在中国古代的思想观念中,最初不是以现代汉语中与西方人使用的"nature"相对应的"自然"来表达人应该遵循的规范、规则之根据的。但是,这并不等于古代的中国人对这些问题没有自己的表达和思考。在中国的传统思想文化中,最初是以"帝""天"等概念表达社会规则、规范之根据的,并辅之以"礼""德"以及后来发展出来的"仁"等概念。以这些概念为核心表达的思想观念,既有与古代希腊人提出的思想观念相同的地方,也形成了中国人思维方式自身的优点和缺陷。

中国的历史与中东和古希腊有所不同,在几千年前,在以黄河中下游为中心的广袤大地上有众多的氏族、部落同时进入了农业文明。根据中国春秋战国时代的一些文献对更久远的历史的记述,在中国的黄河流域和长江中下游地带的众多氏族部落进入农业社会,特别是随着农业、畜牧业的发展,以制陶和冶铜业为基础的手工业发展起来以后,劳动分工的发展、物质财富的积累使社会结构发生了显著的变化。此时,仅仅凭借以血缘关系为基础自然形成的习俗、惯例来维持社会秩序已经不够了。尤其是经过氏族部落之间的持续争战,在黄河流域形成了由一个氏族部落统治众多氏族部落的王朝以后,人为制定规则并给出解释的必要性开始凸显。于是就逐渐形成了一些以可见的自然现象及其变化规律论证人应该遵循的行为规则的思想理论。

在公元前 1700 年开始兴盛起来,并且已经有了基本成熟的文字系统的商族,成了众多氏族、部落的统治集团。形成了以商王族为主体,以其诸多的旁系、支系为构成部分的统治网络。这个统治网络覆盖了远比希腊城邦广袤得多的地域和数量多得多的人口,加之管理土地、水利的需要,因此,居于其中的统治者摒弃了部落、部落联盟中存在的原始民主因素,借助着氏族部落中存在的长者对幼者的指导、支配关系,逐步孕育出了一种很有特色的宗法制度。宗法制度的基本特点是,在一个并不是彼此之间都有着血缘关系的、众多个人和家庭、家族、氏族构成的复杂社会中,为了维护社会秩序、维护商王族的统治,统治者将过去存在于有着血缘关系的人之间的长者指导、管理、支配幼者的规范、规则扩展到没有血缘关系的社会成员之间,以此不仅加强商王族的统治,明确谁是统治者,谁是被统治者,确定和规范统治者与被统治者之间的关系,而且明确和加强了所有家族中家长的权力。形成了一种自上而下靠权力支配个人行为、维护社会秩序的"法"。

商代这样的靠战争形成、靠战俘变成奴隶从事很多生产活动的社会,其宗法制度得以施行主要靠的是暴力。但与此同时,统治者也对其宗法制度给出了观念上的解释。他们不仅借助了在氏族社会中长期存在的长者对幼者指导、管理、支配关系中的规范、规则,同时也借助了在这种自然形成的关系中必然蕴含的对祖先的敬仰、崇拜、迷信。因为幼者应该服从长者、晚辈应该服从长辈,长辈自然应该服从祖先。在世的长者、家长越是强化已经不在世的祖先的权威,就越有助于加强自己的权威,结果就导致了各个氏族部落都将自己的祖先神化的情形。到了商人这里就出现了至高无上的神:"帝"或"上帝"。这个至高无上的神能赏能罚,能决定人间祸福。人间的各种大事,像天气的晴雨、收成的丰歉、战争的胜败,都受其主宰。同时,商王宣称自己是"帝"的代表。这样,商代的统治者就将自己的统治权以及靠统治权施行的规范、规则的根据归结为其祖先的神性、神力。可能是由于在中国古代已经用"帝"或"上帝"来表示具有意志和绝对权力的人格神,所以后来也就将西方人的"God"译为"上帝"了。

在周人取代了商人成为新朝代的统治集团以后,周人基本沿袭了商代的统治制度,主要是使之更加精细、更加完备。周人依然利用从氏族中蜕变出来的宗法制度作为划分社会等级、规范人与人之间以及人与社会之间关系的制度;仍然是通过这种制度体系,既确定各个大家族族长对本族成员的统治地位,又利用同姓与异姓、大宗与小宗的分别规定不同家族族长及其成员之间的等级地位,并且以王、公、卿、大夫等称谓来标示贵族中的不同等级。

但是,此时周人却面临一个解释上的难题,即作为至上神的"帝"或"上帝"是商人的祖先,令其子孙作为人间的统治者,对于依然保存着氏族部落中以血缘关系为基础的观念和行为规则的人来说是可以理解和接受的,现在这样的祖先以别人的子孙取代自己的子孙作为自己的代表者,按照既有的观念是说不通的。后来周人在依然自称是至上神的代表者的同时,逐渐用人格化的"天"来称呼"帝"。周王宣称自己是"上天"的儿子,是受了"天命"来取代商朝统治天下的。既然周文王是领受了天命取代商朝的,因此,同样能够是天下各家族的首领。这里的"天"既有天气、天象之意,又由于天气的变化神秘莫测、日月星辰高高在上,似乎是由超人的力量所掌控的,于是,就形成了既与可见的自然事实有关,又是想象出来的"天"的概念,并以其为根据解释与人类社会有关的问题的思想理论。

由于周人想象出来的这个至上神并不是以一个确定的家族的族长作为自己在人间的代表者,周人还提出了"天命靡常"的观念。但是,如果说这个至上神选择谁来做自己在人间的代表者完全是任意的,将完全无助于周人巩固自己的统治地位,所以,周人又提出了"德"的概念。周人用这个概念表达了一种新的观念,这个观念的提出在中国传统思想文化中具有至关重要的意义。这个观念就是上天只选择有"德"的人作为自己在人间的代表者,同时要求被统治者必须"敬德"。"德"与"敬德"的观念表达了统治或社会秩序的维持不能仅仅靠强力、靠压制,还需要有关个人的道德自觉。

"天"这个一般性的超然存在的提出,在人类的思想观念中具有极其重大的意义。中国传统思想文化中的"天"与古希腊人提出的"自然"具有很大程度的相似性。同样蕴含着类似于西方的"自然法"观念得以产生的一些因素,因而能够为人追求社会的公正、公道,追求人与人之间的平等提供一个虽然不确定、不坚实,但还是能够加以利用的基础。时至今日,在中国人中普遍流行的一些观念仍然与周人提出的"天"有关,例如,"天理难容""天网恢恢疏而不漏""人在做,天在看"等。只不过,中国传统思想文化的主流并没有沿着这个方向发展,而是放弃了"天"这样具有普遍性的概念,越来越专注于"德"。但是,又没有去追寻,因而也就没有为"德"找到一种具有普遍性的基础。

中国传统思想文化主流的转向,一方面是由于周朝的制度和思想文化的特点。仅就思想文化方面说,虽然被统治者对既有制度的合理性、正当性心存怀疑,但是在整个社会中并没有如古希腊那样形成一种追究规则、制度之根据的氛围,因此周朝的统治者并没有对施行的制度、规范给出系统的解释。另一方面,由于其施行的制度本身就具有某些压迫性,也就不可能给出以所有的人都能普遍认识到的事实为基础的合理解释。最终,由于制度缺乏合理性和正当性,结果是"礼崩乐坏",诸侯之间兼并侵吞、下层民众反抗上层的剥削压迫,使中国社会进入了既动荡又繁荣的春秋战国时代。

战国时代在思想领域出现的百家争鸣,最终形成了以道家思想和儒家思想为代表的、在中国社会持续传承的文化观念。其中的道家把人格神的"天"演变成了"天道","天道"所依据或效法的则是非人为的"自然"。这种思想观念为人运用自己的理性能力认识自然事实提供了可能性,同时也将人间事物的根据置于了难以证实和把握的形而上学之基础上。但是,更具影响力的儒家思想则是为此寻找到了每个人都能够感知到的根据,即具有血缘关系的人之间通常具有的亲情。这确实是人类社会中客观存在的自然事实。但是,以孔子为代表的儒家,是以具有很近的血缘关系的人才可能自然感觉到的情感、能够遵循的行为规则为根据的。以特殊性的自然事实论证所有社会成员都应该遵循的普遍性规则,这就如同在平房的地基上建宫殿,其理论本身就存在着根本性的缺陷。儒学所倡导的社会行为规则主要适用于具有血缘关系的人之间,至多适用于人与人之间关系的特殊方面,并没有利用人的理性思维能力为人作为社会成员应该遵循的规范、规则给出具有普遍性的解释。而道家的"天"也逐渐变成了人们根据某些特殊事项能够普遍形成的心理反应、主观判断。

二、以孔子为代表的中国儒家思想中的"礼"与"仁"

儒家思想的创立者孔子,虽然生活在"礼崩乐坏"时代,但是对于周礼却极为推崇,希望人们能够"克己复礼",仍然遵循周礼,因此以父子、兄弟之间能够自然产生的感情作为根据,对周礼给出了系统的解释。孔子正是通过对周礼的阐述和论证,创立了儒家学说。同时,也因为孔子根据父子、兄弟之间能够自然产生的感情、自然形成的对待方式,对周礼所规范的上下尊卑等级关系之根据给出了解释,使这种等级关系中的苛刻性得到了一定程度的缓解,因此使儒家思想成为在中国社会历史中最有影响力的思想体系。

孔子通过创造"仁"这个概念,表达了父子、兄弟能够自然形成的感情和对待方式,并利用它表达了一系列的思想观念。李泽厚说,"尽管'仁'字早有,但把它作为思想系统的中心,孔子确为第一人。"而"孔子讲'仁'是为了释'礼'"。① 亦即,儒家思想是以"仁"作为他们所肯定的社会规范、人的行为规则的根据的。

对于孔子所提出的这一根据的特征,李泽厚给出了很好的分析。他认为,虽然"'仁'字在《论语》中出现百次以上,其含义宽泛而多变,每次讲解并不完全一致"。"这不仅使两千年来从无达诂,也使后人见仁见智,提供了各种不同解说的可能。"但是,孔子的仁学思想实际上是一种整体模式,"它由四个方面或因素组成,诸因素互相依存、渗透或制约。从而具有自我调节、相互转换和相对稳定的适应功能"。这四个因素分别是:血缘基础、心理原则、人道主义、个体人格。其整体特征则是"实践理性"。孔子"把整套'礼'的血缘实质规定为'孝悌',又把'孝悌'建筑在日常亲子之爱上,这就把'礼'以及'仪'从外在的规范约束解说成人心的内在要求,把原来的僵硬的强制规定,提升为生活的自觉理念,把一种宗教性神秘性的东西变而为人情日用之常,从而使伦理规范与心理欲求融为一体"。并因此将"礼"、社会规范"由'神'的准绳命令变而为人的内在欲求和自觉意识,由服从于神变而为服从于人、服从于自己"。②

李泽厚认为上述转变"在中国古代思想史上具有划时代的意义"。③ 因为孔子对"礼"之规定的解释"更平实地符合日常生活,具有普遍的可接受性和付诸实践的有效性"。更重要的是,"孔子没有把仁的情感心理引导向外在的崇拜对象或神秘境界,而是把它消融满足在以亲子关系为核心的人与人的世间关系之中,使构成宗教三要素的观念、情感和仪式统统环绕和沉浸在这一世俗伦理和日常心理的综合体中,而不必去建立另外的神学信仰大厦"。④ 与此同时,由于以日常生活中人们能够体验到的情感、感性认识

---

① 李泽厚:《中国古代思想史论》,北京:人民出版社1986年版,第16页。
② 同上书,第16、20—21页。
③ 同上书,第21页。
④ 同上。

为基础,又使儒家学说具有了实用理性的特征。"它不在理论上去探求讨论、争辩难以解决的哲学课题,并认为不必要去进行这种纯思辨的抽象。"①然而,这种实用理性完全不同于西方哲学传统中的实践理性。它不仅不去探究那些既不能证实也不能证伪的事情,而且也回避了对于那些需要借助复杂的工具、通过严密的逻辑推理才能够认识和证实的事实的探究,把注意力主要集中在了那些可以凭经验认识、凭感觉把握的事情上。

孔子的学说不仅阐述了作为社会的人应该遵循的规范、规则,解释了它们的根据,同时还引导了中国人的思维方式,使中国人形成了注重实用理性而非思辨理性的特征。由于这样的思维特征注重的是人普遍能够感受到的情感、心理反应,所以在论证人应该遵循的伦理规范、行为规则时,注重的是与人们的心理感受、从生活中获得的常识性经验相符。但是,由于其不注重引导人们进行理性思考,这种实用理性导致了儒家学说的两个核心问题。

其一,孔子实际上是将具有较近血缘关系的人,尤其是父子、兄弟之间存在的行为规则概括为"孝悌",并将其推广为人与人之间相互对待的一般性规范,但是回过头来仍然用具有血缘关系的人之间相互对待的心理、情感论证彼此这样对待的必然性。结果,一方面由于这种一般性规范是以特殊性的事实为根据的,根基不牢固;另一方面又只强调了人与人关系中能够友善地相互对待的方面,忽视了人也同样能够损害他人利益的方面,对理智在控制激情和欲望方面的作用没有给予应有的关注。人确实能够友善地对待其他人,对这种事实的揭示和强调也是很有价值和意义的,不仅有助于社会和谐,也有助于引导人更向善。但是,这毕竟是以人与人之间所具有的特殊关系为基础的规则和根据,仅此是不够的。在社会层次上还需要能够应对人为了自己的利益不友善地对待他人的行为规范、规则,并给出合理的解释。这在儒家学说中是薄弱的。

其二,人的心理感受、情感反应属于内在于每个人心中的东西,再加上彼此之间必然具有的差异性,无法形成客观的判断基础。这一方面确如李泽厚所说,"突出了个体人格的主动性和独立性"。② 但另一方面,也为每个人以自己的心理感受、情感反应为理由解释自己的行为提供了极大的可能性。甚至在很多人那里能够理直气壮地以情代法、因情违法。由于根据的灵活性,规则、法则也就成了可以变通的,不必严格遵循的。尤其是在以长幼尊卑为前提的情况下突出"个体人格的主动性和独立性",结果必然是突

---

① 李泽厚:《中国古代思想史论》,第 30 页。
② 同上书,第 25 页。

出了在等级关系中有支配权、统治权的那些人的主动性和独立性。因此,皇帝可以"口含天宪",家族长可以随意处置家族成员。由此可见,理性地探寻社会制度、伦理规范的客观基础是非常重要的。

第三节 "自然法"观念的形成及其蕴含的多种理论路向

"自然法"的观念也源自古希腊的哲学思想,与"自然正当"一样,也是试图以思辨性地构想的"自然"论证何谓"正当"。同时,这两种不同的理论所构想的"自然"又都自觉或不自觉地包含了自然事实的成分。由于人是既具有社会性又有着自身需要的独立个体,因此,人既有追求社会和谐、社会秩序的需要,也有追求个人利益、欲望的"自然"。主要论证社会和谐的哲学理论既有其不可否认的、持久的价值,也有其不可否认的片面性。因此,即使在古希腊城邦社会环境下,以"自然"论证个人追求自身利益、需要满足的哲学,也同样有其形成的客观条件。古希腊哲学中的伊壁鸠鲁派就是以"自然"论证个人追求快乐、幸福之合理性的代表。

尽管这类论证人的目的是个人的快乐、幸福的哲学可能将个人为社会和谐做出贡献视为一种幸福,一种更高级的快乐,但毕竟对个人的追求予以了肯定。例如,伊壁鸠鲁说,"自然的公正,乃是引导人们避免彼此伤害和受害的互利的约定"。"凡不能相约彼此不伤害的动物,是没有公正或不公正可言的。""公正没有独立的存在,而是由相互约定而来的,在任何地点,任何时间,只要有一个防范彼此伤害的相互约定,公正就成立了。"①这样的哲学论述显然肯定了每一个人的利益、意见的重要性。当然,这样的"自然的公正"对相互约定之前是否存在公正缺乏必要的关注。

另外,由于在希腊城邦内部存在明显的贫富差距、公民与非公民之间的不平等、对奴隶的剥削或控制,而在外部,城邦之间以及与其他部族之间频繁进行战争,很多人的实际生活并无幸福可言。因此,在希腊哲学中不仅有倡导追求个人幸福的伊壁鸠鲁派,也有倡导从实际生活中退却的犬儒主义。这个学派与伊壁鸠鲁派正好相反,他们倡导逃避现实,"放弃人们通常所说的生活中的一切幸福"。他们否定社会中的种种差别,抛弃社会中存在的习俗。"他们的学说的哲学基础是这样一则教条:明智的人应当是完全自我满足的。"②这种思想虽然也肯定了人的内心世界的决定性作用,但与柏拉图

---

① 周辅成编:《西方伦理学名著选辑》上卷,北京:商务印书馆1987年版,第96页。
② 〔美〕乔治·霍兰·萨拜因:《政治学说史》,第173、174页。

论证的正当源自人的灵魂不同。因为前一种思想的先决条件是摧毁性地批判了"希腊社会生活的一切通常的差别"。"富人和穷人、希腊人和野蛮人、公民和外国人、自由人和奴隶、出身高贵的人和出身低贱的人一律平等。"这为所有人都平等才是"自然"的观念的形成提供了必要的思想基础。当然,这种平等是所有的人"统统降到了无关紧要的水平"。①

但是,无论是伊壁鸠鲁主义对个人幸福的论述,还是犬儒主义对实际获得个人幸福的退缩,这两个流派却又有一个共同点,即关注的是个人,每一个人,而不是整体的和谐。按照萨拜因的看法,在公元前3世纪,当社会环境发生显著变化,由诸多小规模社会构成的体系被打破以后,论述个人重要性的各种思想流派汇聚成了不同于苏格拉底、柏拉图、亚里士多德之哲学的理论。在其中,自然法理论具有一定的代表性。"自然法"理论,从一方面说,仍然是追寻以"自然"论证"自然正当";但从另一方面说,它又包含了一些有助于人们关注自然事实、论证人的平等的自然权利的因素。因此,它与自然科学中的自然规律概念以及现代自然权利论都有着曲折的、或隐或显的联系。

一、"自然法"观念的形成

萨拜因结合社会生活实际发生的巨大变化,从两类法律相区分的角度论述了西方的"自然法"观念的形成。他认为,在公元前3世纪,由于各城邦之间连绵不断的争战使自身力量严重衰弱,在被尚未完全开化的马其顿人打败以后,马其顿人首领的继位者亚历山大不仅统治了希腊,而且经过一系列战役征服了整个波斯帝国、巴克特里亚,进入了印度,"最终成为当时世界上有史以来疆域最为辽阔的帝国的统治者"。于是希腊文明变成了希腊文明与亚洲文明相融合的"希腊化文明"。② 在不同的社会生活单位聚合的过程中,逐渐形成了更大社会范围中的"普通法"与地方的法律、习俗的区分。

因为在当时的交通通信条件下,大帝国总是得分成不同的部分,所以,一方面,"国王不仅是国家的首脑,他实际上就是国家本身,因为除此之外,没有任何聚合的力量能够把国家维系在一起";另一方面,由于这样的帝国是"由极为多种多样的因素组合而成,因此它们必然保留大量本地的风俗习惯和本地的法律"。国王的作用就体现在"这些风俗习惯和法律都是受王国的统一所需要的种种规定所制约的"。于是,"就产生了国王的法律或普通

---

① 〔美〕乔治·霍兰·萨拜因:《政治学说史》,第174页。
② 〔美〕菲利普·李·拉尔夫等:《世界文明史》上卷,第268页。

法和地方法的区分"。① 同时,由于王国的统一和国王的统治被置于了某种神圣性的基础上,国王在死后或者甚至在生前,就被作为不同于凡人的神得到崇拜。所以,从亚历山大开始,希腊化了的国王就被列入希腊各城市的诸神之中。被神化了的国王成为东方普遍存在的一种体制,后来的罗马皇帝也同样被神化。正是普通法与地方的法律、习俗相互区分的现实,使"自然法"与人为制定的法律得以区分。同时,"自然法"似乎又具有了某种不同于可感知到的世俗世界的基础。

对这样的现实从哲学上加以论述的是斯多噶学派。从某种角度看,可以说斯多噶派的观点是伊壁鸠鲁派与犬儒主义的综合。一方面,它肯定个人的幸福;另一方面,它又"想通过对意志的严格训练来教导人们做到自足"。它既"减少了个人与个人之间社会区分的重要性",又"倾向于促进国家与国家之间的和谐关系"。因此,在肯定每个人都是有理性的基础上,它论证了"对每个人都有两个法律:他自己城市的法律和世界城市的法律,习惯的法律和理性的法律"。以此表明,"风俗习惯虽各不相同但理性却是统一的"。由于各地方的习俗、法律不同,"在城市与城市之间,仲裁成为处理争端的一种公认的和普遍推行的方法",这"意味着诉诸公道"。② 由此,我们可以看出中国传统思想文化与西方思想文化的根本差别,中国自孔子创立的儒家学说始,更多地将社会规则的根据归结为特殊的情感,而西方文化则越来越明确地归结为理性能够认识到的具有普遍性的东西。

这种由斯多噶派区分出来的体现着理性、公道、普遍性,比各个地方的风俗习惯、地方法律更高一级的理想中的规范、规则,在译成拉丁文时就被称为"自然法"(ius naturale),同在古罗马已经形成的"万民法"(ius gentium)概念相对应。罗马法中的"万民法"本来是与它的市民法(ius civil)相对应的。因为,"罗马法也和大多数古代法系一样,在起初只是一个城市的法律"。这种作为一个城市或"为数有限的一批公民"生来就应该遵循的法规和习惯法,就被称为"市民法"。后来,由于"罗马的政治权力和财富日益增长时,罗马的外来居民也越来越多,这些外来居民相互之间以及同罗马人都要打交道"。涉及这类关系的惯例、规则逐渐形成了法律以后,法学家就给它起了一个"万民法"的名字,表示是"对一切民族都适用的法律"。③

萨拜因认为,虽然"自然法"(ius naturale)是一个哲学用语,"万民法"或

---

① 〔美〕乔治·霍兰·萨拜因:《政治学说史》,第184、185页。
② 同上书,第187、189页。
③ 同上书,第195、196页。

"市民法"则没有特殊的哲学含义,但是,"实际上这两个词是十分密切地结合在一起的"。"这两个概念能有成效地相互作用,因为人们正当地感觉到,普遍采用和实施就为实质上的公正提供了某种保证,至少同地方风俗习惯相比是如此,同时它们又为理性的规则提供了一个与实践接触之点。因此人们就把斯多噶派的理想法律同各国的成文法配合起来了。自然法的概念使人们对风俗习惯进行有见识的批判;它有助于消除法律的宗教的和礼节性的性质;它倾向于促进在法律面前的人人平等;它强调意图的因素;并使没有道理的严酷性得以缓和。"①总之,"自然法"的概念使人们能够对社会中实际存在的习俗、惯例或人为制定且正式实施的法律是否正当提出质疑,为人们改变既有的法律制度提供了可能性。

以至于萨拜因认同卡莱尔的观点,他认为,"如果说政治哲学的连续性在什么地方中断的话,那就是在亚里士多德逝世的时候。比较起来,基督教的兴起在这一历史进程中只引起了表面的变化,而不论政治思想后来的变化有多么大,它们无论如何也是连续的,从斯多噶派中自然法理论的出现直到革命的人权学说都是如此。"②

这也就是说,按照萨拜因和卡莱尔的看法,西方政治思想理论发生根本性变化的时间是在公元前 3 世纪,是由于社会生活发生了巨大变化,催生了斯多噶主义的自然法理论。但是,由于斯多噶主义的"自然"与希腊其他哲学流派的"自然"并非毫无关联,更由于斯多噶主义对"自然"的解释中隐含了多种可能的理论路向,所以,认为斯多噶主义的"自然法"不同于苏格拉底等的古典派思想,直接与现代自然权利论相关联是能够成立的。然而,与此同时,如施特劳斯那样,认为斯多噶派以及西塞罗等人的观点与古典派的观点是一脉相承的,③也不无道理。主要看有关论者特别强调了"自然法"观念中的哪些构成要素。这表明以抽象的思辨构想的"自然"虽然脱离了自然事实,但是也可能为人们论证人的自然权利提供一定的前提条件。与古希腊人对"自然"的追寻相关联,当一些人试图以"自然"为根据论证人类社会应该遵循的"永久不变的原则""自然的法则"时,在西方的思想文化中逐渐形成了"自然法"的观念和各种既相互关联又彼此相异的"自然法"理论。在有些"自然法"理论中又蕴含了自然规律的概念。而自然规律的概念则包含和引导了人对自然事实的关注。

---

① 〔美〕乔治·霍兰·萨拜因:《政治学说史》,第 196 页。
② 同上书,第 178 页。
③ 〔美〕列奥·施特劳斯:《自然权利与历史》,第 136 页。

但是,在西方的思想文化传统中具有重要地位的"自然法"观念,同已经形成的"自然"概念一样,也形成了各种不同的含义。奥克礼指出,西方的自然法思想在它两千多年的历史中发生了很多变化,存在着许多分歧和混乱。而这种分歧和混乱与自然法理论之基础既借用了古希腊的哲学思想也包含了基督教的信仰有直接关系。因此,使得西方的"自然法"观念中"充满了不稳定、紧张"。如果形象地说,这样的基础就类似于地壳中的断层,在这个隐蔽的断层之上,"地震的周期性爆发是不可避免的"。① 实际上,使自然法理论充满了多样性、混乱、分歧的,还不仅仅是奥克礼所追寻到的基础存在的紧张、断裂,这与古希腊哲学中的"自然"本就包含分歧和混乱也有着直接的关联。

二、"自然法"观念中蕴含的多种理论路向

"自然法"的英文即"natural law",与"law"相对应的中文主要是法、法则、法律、规律等。其基本含义,既包括由相对明确、严格的一系列相关规则构成的行为准则体系,也包括无论明确与否人都必须遵循的要求、命令、戒律。奥克礼认为在西方的思想理论传统中,"law"一词至少有三种含义:道德规范、法律规则、"可观察到的物质自然世界中的实体发生作用的规律性"。② 显然第三种含义的"law"是以自然事实为根据的,而前两种含义的"law"既可能以客观事实为根据,也可能以人构想的人或社会的本质、本性为根据。因此,西方文化传统中的"law"可以分为描述性的和规范性的,同时又可以分为关于物质性的自然世界和关于人类社会的。

当然,实际上,西方思想文化传统中"law"的含义比以上的区分还要复杂。首先,由于在西方思想文化中"自然"这一概念所占据的核心地位,加之希腊化时期希腊哲学家的影响在西方世界扩散的过程中同其他思想观念的不同组合,所以在西方思想文化历史中产生的"自然法"观念,以及因此形成的阐述这个观念的各种理论,使"law"含义更加多样。与此同时,由于在各个部落、地区、城邦事实上还存着既有共同点又彼此各异的人为规定的行为规则、法则,因此而产生的对"自然法"与人定法的区分,以及对它们之间关系的分析,更使"law"的含义复杂化了。再加上"自然"的概念中本来还具有物质自然界的含义,以"natural law"表达自然界中存在的规律性的思想根源也是存在的。此外,在基督教的影响逐渐加强的过程中,探讨"law"之根

---

① Francis Oakley, *Natural Law, Laws of Nature, Natural Rights*, p. 27.
② Ibid., p. 37.

据的人还必须对"natural law"与基督教义及上帝的关系给出适当的解释。

如果抛开纷繁复杂的枝枝蔓蔓,简单地概括而言,在西方思想理论的发展历史中,对"law"的阐述大体上经历了从以构想的本质为根据到以自然事实为根据的过程。但是,在这期间还插入了一个以上帝的意志为"law"的根据的很长的时间段。另外,如果将这个过程分为三个阶段,它们之间的界限也不是泾渭分明的,而是存在着相当复杂的相互交叉。并且,直至近代自然权利论形成时,对于人类社会的"law",有关论者也还没有达到自觉地以客观事实为根据的程度。

对于"自然法"观念中包含的歧义性以及可能导致的理论路向,我们可以奥克礼的有关论述为例。他认为尽管"自然法"理论或观念纷繁多样,但在一定程度上可以将关于自然法的理论表述分成两个类别。对于其中的一个类别,他借用了保罗·西格蒙德(Paul Sigmund)的概括,这是一种规范性的自然法观念,以自然法表达相信在本质上或人的本性中存在着一种理性秩序,这种理性秩序能提供一种独立于人的意志的可理解的价值陈述。这种价值陈述的基本含义是,人类的道德义务是普遍适用的、永恒不变的。它被表达为"laws"或道德命令,它为评价法律(legal)和政治结构提供了一个基础。他认为"西格蒙德的阐述有效地抓住了自然法理论传统中主要的直觉知识"。①

接下来他通过对西格蒙德的表述进行分析,概括了自然法思想的另一个类别。他说,西格蒙德的系统阐述本身表明了自己阐述的是一种"法律的或道德的规范性的自然法观念(notion of natural law)",而不是那种"科学的、描述性的关于物质性自然的法则或规律的概念(concept of laws of physical nature)"。而这种科学的描述性概念"在17世纪已经具有了巨大的声望"。②

对于奥克礼的概括,首先,我们可以说他这里指出的分歧主要体现在对"law"的理解上。亦即,西方人的自然法观念可以大体上分为法律或道德的规范性观念和物质性自然的科学的、描述性的观念。但是,很显然,对"law"的不同理解是与对"自然"的不同理解直接相关的。对"law"的规范性理解与将"自然"理解为本性有直接关系,这可以说是一种"没有自然的自然法理论"。③ 而将"law"理解为描述性的,则与将"自然"视为客观存在的现象

---

① Francis Oakley, *Natural Law*, *Laws of Nature*, *Natural Rights*, p. 18.
② Ibid.
③ Ibid.

不无关系。在这两种"自然法"观念中的"自然",一个指人的本性、本质和人类社会的本性、本质,另一个指客观存在的现象或物质的自然世界。

然而,人类社会的规范、规则的根据本来也应该是物质的或客观的自然事实,只不过由于人类社会的自然事实必定是人的行为相互作用的结果,即必然有人为的因素掺杂其中,因此,在人类的思想史中出现了偏离自然事实,以思辨的方式构想出来的观念为基础的情况。结果就使得"自然法"观念中的"自然"分成了物质的自然和非物质的"自然"。

不过,奥克礼特别强调,不能过于坚持某个论者对自然法的阐述是清楚地属于其中之一,至多是从某些方面说,某个论者的阐述更接近或类似于其中之一。因为从总体上说,自然法理论家对"nature"和"law"的理解是极其复杂多样的。例如,公元 3 世纪的罗马法学家乌尔比安(Ulpian)就认为自然法不是人类特有的,而是自然传授给所有动物的。奥克礼认为,这种观点在根本上,又是将一种关于在物质自然世界中可观察到的、没有理性的存在者发生作用的,规律性(regularities)的、科学上的描述性的"laws"的观念,引入道德和法律规范的领域。因此,16、17 世纪兴盛起来的科学的自然规律(scientific laws of nature)这个特殊的概念,实际上与早期现代法律上的自然法思想"分享着共同的哲学或神学基础"。① 而这一基础又是早期基督教作家和作为他们后继者的中世纪经院哲学家通过利用希腊和希腊化时代的哲学遗产,以各种方式使之与基督教的信仰相协调所形成的。尽管在使二者相互协调方面,就其产生了持久的影响而言,他们"是取得了杰出成就的"②,但是,"在其中也充满了不稳定、紧张"。

因为斯多噶派的思想观念具有一个特点,这个特点如同奥克礼引述的柯林伍德(R. G. Collingwood)对希腊人的自然观念特点的概括,即"以宏观和微观、自然界和个人之间的类似为基础,都将其视之为由某种精神性的东西所弥漫的有机体"。③ 例如,斯多噶派的重要代表人物之一克利西斯就说,"我们个人的本性就是宇宙的自然的一部分,合乎自然的方式的生活就是至善,就是说至善是合乎个人的本性以及宇宙的自然,不应作任何为人类普遍法则习惯上所禁止的事。这种普遍法则相等于弥漫于一切事物中的正确的理性,这种普遍法则与主宰万物规定万物的神并无二致。"④这样来论证合乎自然的生活方式、普遍性法则,就导致"自然法"观念隐含了各种世俗

---

① Francis Oakley, *Natural Law, Laws of Nature, Natural Rights*, p. 25.
② Ibid., p. 27.
③ Ibid., p. 38.
④ 周辅成编:《西方伦理学名著选辑》上卷,第 215—216 页。

的、神学的、科学的倾向,蕴含了朝着各种理论路向发展的可能性。

同时,由于希腊人的自然观念的特点,也使得在斯多噶主义者中流行的自然法"既是规范性的也是描述性的,不仅统治着人类的道德行为也统治着宇宙本身的秩序"。① 因此,在这样的"自然法"观念中,不仅隐含着将"自然"解释为事物、人、社会的本性、德行的可能性,也隐含着将其解释为物质的自然界、宇宙的可能性。从而不仅导致我们在前面已经提及的奥克礼的一个观点,即尽管"自然法"理论或观念纷繁多样,在一定程度上可以将关于自然法的理论表述分为法律或道德的规范性观念和物质性自然的科学的、描述性的观念;也导致奥克礼肯定怀特黑德(Alfred North Whitehead)对自然法的另一种分类,即"自然法是内在于现实存在的事物自身的结构之中的、可以被理解的","抑或是被设想为从外部施加的"。② 后一种路向正好与基督教在西方世界的传播结合在了一起。

关于"自然法"是"内在的法则"和"外部施加的法则"的各自含义,按照怀特黑德的解释,前者"意味着真实事物的自然秩序(order of nature)",这些真实事物"联合构成了在自然(nature)中被发现的实体",自然法就是真实存在的事物和实体的特性。它涉及这样一种假设,即"对那些事物的本性的把握将揭示它们相互联系的模式,在具有多种多样的特性的自然事物中存在的模式的部分同一性,就产生了这些事物的相互关系模式的部分同一性。自然法就是对这种模式的同一性的阐述。""在自然中相互联系着的事物的特性是它们相互作用的结果,而它们的相互作用是它们的特性的结果。"总之,"它涉及的是'某种内在的相互关系'的形而上学学说"。这既可以引向"亚里士多德的方式,即悬在半空中的石头必然努力达到地面上,或达到它们在宇宙中的适当位置",并由此论证不同等级的人也必须在社会中找到自己的适当位置,社会才和谐、正当。③ 但同时,也可以引向对事物之间的相互作用的规律性、其中蕴含的必然性的科学探讨。

而后者"采用的是构成了自然世界(the world of nature)的独立存在的事物彼此之间的外在关系的形而上学学说"。"这些独立存在的事物被设想为是自然的最终构成因素。它们除了被理解为相互之间没有任何内在的联系,它们进入的'与其他独立存在的事物一样的作为自然的最终构成因素'的关系,是由我们称之为上帝的最高立法者从外部施加给它们的。"对于这

---

① Francis Oakley, *Natural Law*, *Laws of Nature*, *Natural Rights*, p. 39.
② Ibid., p. 28.
③ Ibid.

种从外部施加的行为模式我们已经习惯于称之为"自然法"。①

奥克礼自己则认为这两种自然法观念并非截然对立,"它们是部分相互适应,部分相互紧张的"。因为,一方面,自然法是"内在的法则"的观点,虽然可以引向对事物之间的相互作用、内在联系进行观察和研究,即可以引向对自然界的科学研究。但同时它也意味着"一种对道德的或法律的自然法的内在的理解,这种理解可以被说成是假设了一种观念体系,在其中神意被设想为内在的或内在于世界之中的"。而另一方面,自然法是"外部施加的法则"的观点也意味着"一种类似的道德的或法律的自然法的立法的观念,这种观念假设或者说需要一种制度,在其中包含了上帝作为自由的和全能的超然存在者的观念,但与此同时,经验论的或机械论的自然哲学却能够集中于对有效原因的调查,并强调以对一个被创造的和从根本上说是偶然的世界的观察为基础的关于有条件的自然的全部知识"。②

如果我们对怀特黑德和奥克礼的观点加以综合,那么,可以说西方思想文化传统中的自然法观念隐含了多种理论路向。根据"内在的法则"的观点,可以引出三种路向:其一是正当或者法律源自人的本性;其二是正当或法律源自神、上帝;其三是事物之间的相互作用、相互联系中包含着一定的规律性,通过实际观察可以发现其中存在的规律性。这就导致了科学的取向得以发展的可能性。

而且在第一种路向中还可以引出两种思路:一是所有的正常人都是具有理性的存在者,都具有认识正当、公正的能力,因此,人们都能感觉或认识到"普遍采用和实施就为实质上的公正提供了某种保证";二是人与人之间天生就有差别,后天又"并非所有的人都是以同等的热忱来追求德行",所以,正当的根据只能是少数"高等人"的德行。③

根据"外部施加的法则"的观点,至少也可以引出奥克礼已经概括的两种路向:一是将社会的道德规范、法律规则的根据归为上帝的旨意。但是,如果将"laws"视为外部施加于社会、宇宙、万事万物的,"自然"就既可以是神的意志,也可以是"高等人"的德行、意志。二是将神、上帝悬置起来,仅仅探讨社会、自然界的规律性,这同样可以导致科学的取向得以发展的可能性。人不仅在处理自身与自然界的关系时,需要以对自然界的科学认识为根据,正当的法律也应该根据关于世界的经验性知识来制定。而且,在这种

---

① Francis Oakley, *Natural Law, Laws of Nature, Natural Rights*, p. 29.
② Ibid., p. 30.
③ 〔美〕列奥·施特劳斯:《自然权利与历史》,第136页。

理论路向中蕴含了客观事实与人的主观认识能力之间的分野,以及人是如何获得关于客观事实(包括可感知的现象和需要借助抽象思维能力才能推断的本质)的知识的问题。

承认人的理性认识能力,承认人通过对经验性世界的观察能够对自然事实及其内在规律形成相关知识的理论路向,为人们探究社会生活领域中人的行为规则以及法则的自然事实根据提供了可能性。当然,这样的理论路向首先促成的是通过对自然现象的系统观察形成的自然科学。

第四节　自然规律观念的形成

由于"自然法"观念本身的歧义性,在其中不仅隐含着法律和宗教的倾向,而且也能够引申出科学的自然规律的观念。但是,实际上科学的自然规律的观念并非完全是从"自然法"观念中引申出来的。通过关注经验事实认识到自然规律,形成追求科学知识的倾向和实践,既与源自斯多噶主义者的"自然法"观念有关,更与其他诸多因素的相互作用分不开。自然规律概念的形成,是哲学上的"自然法"观念的变化与实际生活中人们对物质自然界的观察、研究的结合,逐渐产生了关于自然界的各种科学认识的结果。而自然科学的发展又推动了对社会现象的研究也要以客观事实为根据的观念的形成。

一、在自然科学的萌芽中孕育的自然规律观念

由于古希腊人的"自然"观念与更早的中东文化有直接关联,在这种关联中,古希腊人的"自然"本来就既包含有关自然界的实际知识,也包含各种幻想、想象形成的巫术观念、神话传说。但是,后来发展到苏格拉底、柏拉图的哲学学说,"自然"越来越变成了基于思辨所构想的东西。就如丹皮尔所说,"早期的希腊哲学还坦率地建立在对可见世界的观察基础上面。到了苏格拉底和柏拉图手中,哲学的探讨更进一层,从现象问题追究到背后的实在,从自然哲学走到一种带有唯心主义和神秘主义倾向的形而上学。""在柏拉图看来,外界的事实,无论是自然界的、人生的和历史的,只有为心灵所领会时才成为实在。""亚里士多德对于观察自然界比柏拉图感兴趣,但是即令就亚里士多德来说,他的力量也是用在形而上学与逻辑学方面多,用在科学方面少。"[①]及至希腊化时期和公元初的几个世纪里,欧洲的主流观念是包

---

① 〔英〕W. C. 丹皮尔:《科学史》,第109—110页。

含在罗马法中的普遍性公道,以及越来越具有影响力的基督教思想。

不过,"当基督教国家的科学正在衰落时,伊斯兰国家的科学却蓬勃发展起来,至八世纪后半期时,领导地位已确定地由欧洲移到近东了",而且与古希腊人相比更加注重观察与实验。"古典时代,希腊人关于物质本性的见解,以及关于原子和基本元素的观念,离开观察与实验太远。""六百年后阿拉伯人重新拾起他们的工作。"虽然最初是沿着炼金术的思路,但在阿拉伯人的手里"炼金术发展成为化学"。此外,当欧几里得的《几何原理》、托勒密的天文学著作、印度的数字传到阿拉伯世界以后,阿拉伯人在翻译的同时也做出了自己的贡献。"阿拉伯学派保存了希腊学术,而且对于自然界的知识有不少独创性的贡献。"①后来,欧洲在接受并且慢慢地吸收了阿拉伯人继承和创造的科学知识的基础上,推进了近代自然科学的发展。

"在东罗马帝国的君士坦丁堡,九、十世纪时,就已经出现了知识的复兴。""十世纪时,阿拉伯学术已经传播到列日和洛林等城市,再由这里传到法国、德国与英国。"与此同时,"新的世俗学校开始建立"。"1000 年左右,法律的研究已经在波伦亚恢复,到了十二世纪,法律学校外,又加上医学和哲学学校。"②这就使得在西欧的混乱时期依然保留下来的以"自然法"观念为基础的、罗马法中包含的理性秩序的哲学思想也得到了恢复。

正是在这样的背景下,人们追求世俗知识的热情不断增长,对希腊书籍的翻译大量增加。"1200 至 1225 年间,亚里士多德的全集被发现了,并且翻译成拉丁语。"③尽管亚里士多德的思想依然是以思辨为主,但是与此前被视为古代哲学之主要代表的新柏拉图主义是有很大差别的。亚里士多德的知识领域,无论在哲学方面或自然科学方面,都比当时所知道的宽广得多。于是,一些人开始致力于将新发现的资料中包含的思想与中世纪的基督教思想相调和。"在这个时期里解释亚里士多德的最主要的学者是多明我会修士科隆的阿尔伯特。他是中世纪里最富有科学思想的一人。他把亚里士多德、阿拉伯和犹太诸要素组成一个整体,其中包括了当时的天文学、地理学、植物学、动物学与医学各种知识。"④与阿尔伯特的工作有密切关系的人之一就是方济各会的修士罗吉尔·培根(Roger Bacon)。正是这个培根明确地从"自然法"观念中引出了自然规律的概念。

根据奥克礼的看法,"在古罗马和中世纪,'law'一词经常与'rule'或

---

① 〔英〕W. C. 丹皮尔:《科学史》,第 123、124、152 页。
② 同上书,第 130、131 页。
③ 同上书,第 137 页。
④ 同上书,第 138—139 页。

'regula'互换使用。而且这些词也被用来表示数学和逻辑学这样的学科中的原则(principles)，并且至少是被断断续续地扩大到用于描述在物质世界中的现象的变化情况。"①但是，能够明确地提出自然规律的概念，不仅与哲学上的"自然法"观念有关，更与人们实际进行的对物质自然世界的观察所形成的认识、知识有关。即能够明确地根据将自然法视为"内在于现实存在的事物自身的结构之中的、可以被理解的"规则、规律性的观点，从中引出现代科学中的自然规律概念，不可能脱离开对自然现象的观察和实验。罗吉尔·培根的工作清楚地证明了这一点。

罗吉尔·培根是在他的光学著作中对"law"给出了现代的用法。"培根在他的著作中反复提到了光的折射规律，而且提到了自然的普遍规律(the common laws of nature)。"奥克礼引用了其他人的观点说，培根所做的实际上是"将科学的调查对象从亚里士多德的本质(nature)和形式(form)转变为现代意义上的可认识的自然规律(laws of nature)"。尽管培根的观点在那个时代属于特例，"要说此后人们就持续地朝着这个方向努力也是不符合实际的"。"但是，留下来的事实毕竟是在培根的光学中已经存在的自然法的观念并没有归附到神学的或规范的含义。"②亦即，培根光学中的自然法(laws of nature)就是现代意义上的自然规律。

丹皮尔对罗吉尔·培根给出了更高的评价。他指出，"培根高出于同时代的哲学家，事实上或高出于整个中世纪欧洲哲学家的地方在于，他清晰地了解只有实验方法才能给科学以确实性。这是心理态度的一次革命性的改变。"培根自己博览群书，但他并不是把书本上的自然知识的事实和推论拿过来就算完事，"而是谆谆告诫世人：证明前人说法的唯一方法只有观察与实验"。"在这里，他的理论又成为另一位更有名的培根的理论的先声。"③

推动"自然法"观念转变为自然规律观念的力量，还不仅仅是这些有关的科学实验。已经存在的将自然法视为"外部施加的法则"的观点，经过一个相对曲折的过程也同样推进了以自然事实作为论点之根据的理论路向。对自然现象的观察和实验以及所获得的知识，一方面，使人认识到了在自然界的现象中存在的一些规律性，从而使有关的研究者从"自然法"观念中引出了自然规律的概念；另一方面，也推动了人的思维方式、心理态度的改变，开始注重以能够直接或间接观察到的自然事实作为某种观点的根据。同

---

① Francis Oakley, *Natural Law*, *Laws of Nature*, *Natural Rights*, p. 40.
② Ibid.
③ 〔英〕W. C. 丹皮尔：《科学史》，第146页。

时,中世纪经院哲学家提出的一些观点,也在有意无意之中推动了自然规律观念的形成。

二、经院哲学对自然规律观念的助推作用

关注自然现象及其规律性的观念,与西方世界古代晚期思想观念纷繁复杂的变化中形成的新柏拉图主义,以及奥古斯丁对基督教思想的系统阐述,有着微妙的联系。新柏拉图主义者将柏拉图的"理念""本质"解读为神秘真实存在,人的灵魂需要这种神秘实在的帮助。这就使"哲学越来越远离物理与实验"。① 奥古斯丁"把柏拉图的哲学与保罗《使徒行传》的学说结合起来,形成基督教对知识的第一次大综合的基础"。② 他将古典派哲学中存在于人的本性或灵魂中的、决定着社会正当秩序的德行、善(good)称为上帝(God)。"并且在这关键的、有影响的一步中,不是将柏拉图的永恒地存在的形式、原型或理念视为独立的和永恒存在的实体,而是视为产生于宇宙的融合过程中至高无上的上帝的思想或理念。这就形成了一种超验的上帝的观念,它是所有事物的最高的善或最终原因,是所有的事物得以存在的第一位的有效原因,所有事物的秩序和理智来自这个至高无上的理性。同时,(对于新柏拉图主义者来说,这既是一种哲学也是一条救赎之路)它也是被热烈地崇拜的对象。"③这些理论,一方面推动了以新柏拉图主义者为代表的哲学家的上帝与基督教的上帝的成功合并,另一方面又为后来将先验的存在者与可经验性地感知的存在相区分提供了可能性。

新柏拉图主义和奥古斯丁的学说首先引发了唯名论与唯实论的争论,即柏拉图所说的"理念""共相"只是一个概念、一个名称,抑或是独立存在的实体。到了中世纪,占主导地位的是上帝才是唯一的实在。这个终极的实在既是自然界的各种现象的终极原因,也是社会秩序、道德规范的终极根据。但是,随着对古希腊著作的译介、自然科学知识的增长,使人们不得不对知识的来源给出更为世俗的解释。在这样的背景下,一些经院哲学家再次肯定了人的理性的作用。虽然他们仍然将人的理性归结为上帝的全能,目的还是为了论证上帝的全能,但是,由于他们肯定了上帝使人具有理性能力,并因此在一定程度上阐述了人通过运用自己的理性能力观察和认识自然现象而获得科学知识,这就使经院哲学不自觉地为科学的发展提供了一

---

① 〔英〕W. C. 丹皮尔:《科学史》,第111页。
② 同上书,第113页。
③ Francis Oakley, *Natural Law, Laws of Nature, Natural Rights*, pp. 45-46.

种可能性。

其中,最有影响力的经院哲学家是阿尔伯特的门徒托马斯·阿奎那。"他继承阿尔伯特的工作,把当时知识的宝藏,不管是神圣的还是世俗的,加以理性的解释,因而激起人们对于知识的兴趣,并使人们感觉宇宙似乎是可以理解的。""他认为知识有两个来源:一是基督信仰的神秘,由圣经、神父及教会的传说传递下来,一是人类理性所推出的真理。"当然,这两个来源不是对立的,"它们都从一个源头——神——那里出来"。① 但这毕竟论证了人具有并且也应该使用自己的理性。人的理性不仅是为了了解和检验神的存在,也是为了了解自然。这样,无论人的理性是演化而来还是上帝赐予,人通过自己的感觉、知觉,认识自然和社会生活事实、获取科学知识就具有了必要的前提。

丹皮尔认为,"经院哲学在托马斯·阿奎那手里达到了最高的水平"。因此,尽管文艺复兴后残存的经院哲学家是反对新的实验科学的,但是,第一,他们学说的彻底的唯理论形成了产生近代科学的学术气氛;第二,尽管科学诉诸的是事实,不管这些事实与理性能够推论出的体系是否相合,但这种唯理论却有一个必要的假设作为基础,那就是,自然界是一个整体,是有规律的。②

而且,不仅是阿奎那这样肯定人的理性的经院哲学家为科学研究的发展提供了可能的空间,就连更加扩大了神学的地盘,否认神学教义可以用理性加以证明的论点也帮助了科学的发展。例如,虽然邓斯·司各托和威廉·奥卡姆③对阿奎那把理性和信仰、科学和神学紧密结合在一起的理论结构给予了强力冲击,但是,他们通过将人的理性与信仰区分开,最终还是肯定了人的理性。阿奎那整个理论体系的目的是"力图解放信仰"④,但同时也对人的理性给予了确实的肯定。而司各托和奥卡姆,"他们两人使理性与信仰之间的区别大为明确起来"。"他们认为神学的对象主要是超自然的事物,这些事物只有通过启示由信仰来认识,从而只有道德方面的用处;但他们却更加明确地把哲学限于理论上的真理,这种真理是独立的自然理性所能认知的。"⑤

丹皮尔将奥卡姆观点的基本含义概括为,"一方面凭借信仰接受教会的

---

① 〔英〕W. C. 丹皮尔:《科学史》,第 139、140、141 页。
② 同上书,第 144 页。
③ 萨拜因的《政治学说史》一书的中文译者将"Ockham"译为"奥肯"。
④ 〔美〕乔治·霍兰·萨拜因:《政治学说史》,第 358 页。
⑤ 同上。

教义,另一方面凭借理性研究哲学问题"。"从此以后,哲学就可以自由地进行探讨,不一定非得达到神学预定的结论不可了,同时宗教也暂时脱离了唯理论,可以来发展它那些同样重要的情感和神秘方面了。"丹皮尔认为这样的区分虽然不能令人满意,但是对于"使哲学从'神学的婢女'的束缚中解放出来,以至可以自由地与实验结合,而产生科学,这却是一个必经的阶段"。① 因为,这就使人们有可能把上帝的事情归上帝,把人世间的事情归人间。

奥克礼对奥卡姆的思想进行了更为细致的辨析。首先,奥卡姆在他的哲学和神学著作中充分肯定了上帝的自由和全能。但是,在他的政治和论辩性著作中,奥卡姆将"自然法的道德命令与他坚持的'在任何情况下都不会失效的'明显的自然理性(evident natural reason)结盟"。并且"提出了'正确的理性(right reason)是指导人的行动的原则的根源'"。② 后来,奥卡姆"又将自然法置于正确的理性的基础上,并宣称自然法是绝对的、永恒不变的"。当然,这并不意味着自然法损毁了"唯意志论的框架"。这是因为,第一,奥卡姆清楚地表达了正确的理性的原则,同时也是自然法的原则,都是在上帝的权力之中的;第二,奥卡姆认为自然法的命令本身就是上帝间接的或不言而喻的命令,"它们的内容就是通过自然理性传达给我们的"。③

至此,我们就可以理解萨拜因和丹皮尔对奥卡姆的评论了,亦即,尽管他极力地扩大神的地盘,主张一切都是神或上帝的意志决定的,但是,在此前提下他又承认了人的行动有人的理性,自然的变化有自然的理性。结果是,"上帝作为自然的创造者,创造了一个在物理和生物的意义上具有不同的自然规律(laws of nature)的世界"。④ 这就为利用人具有的理性能力认识物质自然界以及人类社会种种现象的"自然理性""自然规律"提供了可能性,也为运用上帝赋予人的理性对自然现象、人类社会进行科学研究提供了可能性。

三、自然规律概念与自然科学的发展

在以上概括的西方中世纪自然科学和哲学观念发展变化的基础上,在诸多近代科学家那里,运用人的认识能力和理性分析能力,在专门观察的基础上对各种实际存在的现象、发生的事件之间的因果关系进行探究,运用归

---

① 〔英〕W. C. 丹皮尔:《科学史》,第 150、151 页。
② Francis Oakley, *Natural Law*, *Laws of Nature*, *Natural Rights*, pp. 75,77.
③ Ibid., pp. 78-79.
④ Ibid., p. 79.

纳方法获得知识,已经逐渐成为研究自然现象的科学家自觉使用的研究方法。

例如,弗兰西斯·培根从理论上论述了观察和实验对认识现象之间关系的意义,肯定了理论认识对于"确实可靠的事实是当时迫切的需要"。①

笛卡尔在肯定上帝创造和管理世界的同时,"抛弃了根据希腊哲学和教父理论建立起来的、在当时仍然有力的中世纪积累下来的思想,而企图仅仅根据人的意识与经验,建立一种新的哲学,这个哲学的范围从对于上帝的直接的心理领悟一直到物质世界的观察与实验",从而"为现代批判哲学奠定了基础"。他"第一个提出了一种彻底的二元论","把灵魂与肉体,心与物鲜明地区别开来"。因此,"在笛卡尔的体系中,上帝在一开头的时候把运动赋予宇宙,以后即听其自然进行,虽然也得照了上帝的旨意"。这样,"上帝不再是最高的善,而被贬到第一因的地位上去了"。② 笛卡尔"把上帝描绘为全能的立法者,同时把规律(laws)的有效性的原因给予了自然——不仅是机械的物理世界物体的运动和惯性依据的规律,而且还令人吃惊地包括数学的和逻辑学的规律"。"这样尽管自然规律(laws of nature)是永恒的,但上帝仍然是自然的创造者,因此上帝是自由的。"③显然,我们也可以反过来说,尽管上帝是自然的创造者,但是,自然有自然规律,是人可以认识的。

而后,受到了弗兰西斯·培根的影响,明确地继承了实验主义传统的波义耳,一方面认为,"law 一词是在比喻的意义上被用于没有理性的存在获得的特性"。④ 另一方面,他则更加明确地提出不必寻找最后因或第一因的观点。他认为,人应该主要关注"直接就可以知觉到的各种性质之间的关系"。"解释一件事实,只不过是把这件事实从人们了解得比较清楚的另一件事推导出来而已。"⑤那么,事件之间的通过知觉可以认识到的具有重复性的因果关系,就是自然规律。

笛卡尔、波义耳论述的思维方式在某种程度上会导致在科学研究中,人们不再努力追究现象背后更深刻的原因,以及自然界和人类社会中存在的更为普遍的规律。但是,在经历了几百年、上千年的钻牛角尖式的、烦琐的追究第一因,将一切都归结到只能在思辨中加以论述的上帝的意志的理论路向的背景下,明确地强调以通过观察和实验能够知觉到的事实来解释物

---

① 〔英〕W. C. 丹皮尔:《科学史》,第 192 页。
② 同上书,第 202、204、205 页。
③ Francis Oakley, *Natural Law*, *Laws of Nature*, *Natural Rights*, p. 41.
④ Ibid., p. 36.
⑤ 〔英〕W. C. 丹皮尔:《科学史》,第 208 页。

质自然和人类社会,无论如何都是一个巨大的进步。"从笛卡尔起,神赐的法规(legislation)的理念被建构成一种特别的自然规律(laws of nature)的概念。这个概念在新的物理科学和由伽桑狄(Pierre Gassendi)、查尔顿(Walter Charleton)、波义耳直至牛顿等自然哲学家强有力地推进的自然哲学中,被接纳并扮演了重要的角色,为后来科学的巨大发展定下了基调。"①

奥克礼认为,"这种独特的自然法观念,即自然规律概念,在16、17世纪作为物理科学的新出发点和支撑着它们的新自然哲学的关键特征,在后来赢得了很高的声望"。这种独特的自然规律概念明确地从"自然法"的"实质上是规范性道德的和法律的用法中,区分出了描述性的、在物质的自然界中存在的活动的规律性的科学概念"。在这样的科学概念中,自然规律"被视为统计上的规律性,其有效性取决于给定的时间和地点"。②

正是在这样的思维方式、哲学理论的指导下,笛卡尔"发明了一些在物理学上有用的新的数学方法","指出了力所做的功的重要性"。③ 波义耳不仅仅是英国的自然哲学之父,同时也被视为现代化学的创建者。此时,经院哲学的无所不包的知识大厦"已经动摇了"。"吉尔伯特与哈维表明了怎样用经验的方法来进行实验,伽利略证明哥白尼与刻卜勒(开普勒)认为在天体现象中有根本意义的数学简单性也可以在地面上的运动中发现。经院哲学用'本质''理性'来不精确地描述的运动,以说明物体为什么运动,现在这些已经为时间、空间、物质及力等概念所代替。这些概念第一次有了明晰的定义,而且人们还利用这些概念,运用数学方法,发现了物体怎样运动,并测定了运动物体的实际速度与加速度。"④

因此,虽然在西方,"十七世纪中叶所有的合格的科学家与差不多所有的哲学家,都从基督教的观点去观察世界","一般来说,一切学者都接受了有神论的根本假定",但是,同时很多"帮助造成牛顿的学术环境"的因素也已经形成。例如,各种以自然现象为研究对象的学会陆续建立。"这些学会进行了充分的讨论,集中了科学界的意见,公布了会员们的研究成果,因而这些组织成立后,科学的发展愈加迅速,特别是大半的学会不久都开始发行定期刊物。"⑤这就不仅在观念上,而且在组织制度方面为科学研究以及研究成果的传播提供了很好的条件。正是在这样的环境条件下,人类进入了

---

① Francis Oakley, *Natural Law*, *Laws of Nature*, *Natural Rights*, pp. 40-41.
② Ibid., p. 37.
③ 〔英〕W. C. 丹皮尔:《科学史》,第202、203页。
④ 同上书,第217页。
⑤ 同上书,第219、220、221页。

以牛顿为代表的科学知识的第一次大综合的时代。

虽然牛顿的科学使用了自然神学的语言,认为"这最美丽的太阳、行星、彗星的系统,只能从一位智慧的与无所不能的神的计划与控制中产生出来",但实际上,牛顿的研究特点是,"在他对事实进行归纳研究的时候,在他从他的理论中得出数学推论的时候,猜度是没有地位的"。而且,他明确指出,"自然哲学的主要任务,是从现象出发,而不是臆造假说"。[①] 对可感知的自然现象、客观事实的观察,对实验的重视,对运用数学方法和归纳推理形成理论认识的肯定等,不仅引起了人类历史上的科学革命,同时也标示着人类的学术观念发生了革命性的变化。正是这种变化使近代的自然权利论者开始自觉或不自觉地以关于人和人类社会的自然事实为基础,论证每个人都拥有的某些权利,并以这些权利为根据论证社会规则是怎样形成的,以及应该是怎样的。

---

① 〔英〕W. C. 丹皮尔:《科学史》,第 247、251、252 页。

第八章 自然权利论者的"自然权利"之客观事实根据

本章的自然权利论者的"自然权利"指的是近代自然权利论者论证的每个人与生俱来、平等拥有的支配自己身体的权利,或者说与支配自己身体有关的各项自由,如人身自由、行动自由、言论自由等。

对人的这些自然权利的论证,虽然多数论者仍然是以一些超验理论、个人想象为论据,但是在论证过程中也自觉或不自觉地指出了人之所以拥有这些自然权利的客观事实基础。不过,由于自然权利论者的财产权理论存在缺陷,本章对自然权利论者的"自然权利"的讨论主要集中于与人的身体、生命有关的自然权利。个人对其财产的权利既与其对自己的身体、生命的自然权利有关,也与其对自然资源的权利有关。对此,本书在上编中已经进行了明确的阐述。

"自然权利"作为一个重要的理论概念,在西方的思想理论中是逐步形成的。在有关的各种见解中,施特劳斯等人认为自然权利观念始于霍布斯,这一看法至今仍然被一些人坚持着。而萨拜因认为在亚里士多德逝世以后,在那时的罗马法学家的自然法观念中就已经包含了所有的人是平等的以及革命性的人的权利的观念。① 此外,关于自然权利观念的起点还有其他各种论说。

奥克礼根据有关的历史文献提出,"虽然在14、15世纪时,有关的论述还没有达到对自然权利的足够的兴趣,但是转变已经发生了。这种转变包括在理解自然的本质(nature of nature)方面和理解法的实质(essence of law)方面的改变。"②他的这一观点又是以对流行的欧洲历史分期法的质疑为前提的。他认为,"传统的古代、中世纪、现代的欧洲历史分期法,对于理解欧洲知识的历史既有帮助,也造成了障碍。实际上,许多历史学家都主张'在欧洲的政治思想中真正的划时代的转变发生在12到18世纪',而且这

---

① 〔美〕乔治·霍兰·萨拜因:《政治学说史》,第178页。
② Francis Oakley, *Natural Law*, *Laws of Nature*, *Natural Rights*, p. 25.

之间的整个时期基本上是一个时代。"①因此,他认为自然权利的观念也是在这个时期从自然法观念的转变中形成的。奥克礼的这一判断是有道理的。

本章讨论近代自然权利论者的"自然权利"的客观事实基础,主要通过对自然权利理论的形成过程的分析来证明。西方人对自然权利的追寻过程实际上体现了一个从以构想的本质、超自然的存在为人与人、人与社会关系的原则、规则的根据,转变为以自然事实作为它们的根据的过程。这一过程还表明,由于人的认识能力的局限性,以及社会现象的特殊性,要实现以对人和社会有关的自然事实的认识为社会规则的根据,是非常困难的。而且,由于大量已经存在的辩护性观念对人潜移默化的影响,以它们为基础的规则、法则对人的制约作用,人类社会中已经存在的缺乏事实根据的观念、规则的改变必然需要经历一个漫长的过程。

第一节 自然权利论与自然法学说的关联

在16、17世纪的欧洲,不仅是对自然现象的研究开始重视以观察和实验获得的事实为根据,通过归纳法推导出结论,对人和社会的研究也越来越重视以事实为根据的论证方式,并因此提出了自然权利观念。但是,自然权利观念与先前的自然法观念以及中世纪的哲学和神学并非完全没有关联的。当然,这种关联是极其曲折、复杂的。

由于"自然法"观念隐含了各种世俗的、神学的、科学的倾向,蕴含了朝着各种理论路向发展的可能性,因此,其中有些理论路向发展的结果就为自然权利论的形成提供了必要的条件和元素。同时,其中也有一些元素和理论路向阻碍了人们自觉地以自然事实作为人类社会有关规则的基础。在"自然法"观念中包含的最有助于自然权利论产生的思想就是"个人"和普遍的"人性"概念,以及与之相关的人人平等的观念。

虽然在自然法观念中的人人平等还是有条件的,是上帝面前的人人平等,但人人平等的观念却是自然权利论能够产生的一个主要的思想基础。这是中国传统思想中缺乏的一种重要元素。另外,在中世纪的自然法学说中形成的、以一种特别方式对人的理性能力的肯定,也对自然权利论的形成具有重要意义。中世纪自然法学说对人的理性认识能力的肯定,是经过对上帝的意志与人的意志和理性之间的关系,在形而上学的基础上进行论辩

---

① Francis Oakley, *Natural Law*, *Laws of Nature*, *Natural Rights*, pp. 23-24.

得以实现的。这样形成的对人的理性认识能力的肯定,既可能生成以构想的抽象原则为根据论证人类社会的规则、法则的正当性,也能够推动人们努力认识客观存在的事实,并因此引出人的权利的观念。

一、早期"自然法"观念中包含的平等

施特劳斯与萨拜因对于西方思想史在何时发生了根本性转变或"断裂"有不同的看法,重要原因之一,是对"自然法"观念中是否已经包含了人人平等的思想有不同的看法。萨拜因认为"自然法"观念的产生就标志着西方政治思想理论发生了根本性转变,他的主要根据就是,在"自然法"观念中已经包含了所有的人都平等的观念。而施特劳斯则认为自然法观念与古典自然正当论基本一致。

如果我们从社会实际状况与人的认识、人的思想观念之间的关系方面看问题,萨拜因的看法是可以成立的。在人们生活于其中的社会发生巨大变化的时候,人对以往所接受的观念进行反思、提出新的观念是必然的。无论是新的观念中仍然包含着大量的旧元素,还是与旧观念截然不同,变化总是有的。从这个角度说,我们未尝不可以接受萨拜因的论断。但是,另一方面,一种新的观念的形成总是要经历一个或长或短的过程,因此,我们也不能完全否认"自然法"观念中包含着某些与古典派相一致的因素。不过,我们在此讨论的重点不是自然法观念的产生是否标志着西方政治思想理论发生了根本性转变,而是分析自然法观念中包含了怎样的人人平等的观念。

萨拜因认为,由于在公元前3世纪西方人的社会生活发生了巨大变化,西方的政治思想理论随之发生了根本性变化。社会发生的巨大变化导致:"人们不得不学会过单独的生活,而这是他们从来没有经历过的,而且他们还不得不学会以一种新的社会联合体的形式生活在一起,这种联合体比城邦要大得多,并且具有浓厚得多的非个人色彩。"于是,政治思想中就有两个概念需要"弄清楚":"一个是个人的概念,所谓个人就是人类的一个单位,他有他纯属个人的和私人的生活;一个是普遍性的概念,这指的是全世界的人类,人类中所有的人所具有的共同的人性。"①

如果我们联系公元前后几个世纪中西方社会生活实际发生的巨变来分析人的思想观念的变化,更可能是,一方面,过去在城邦社会中存在的人与人之间的许多差别、分别不那么重要或显著了,尤其是在一个人统治的帝国中,不同城邦的人、不同族群的人之间的区分被淡化或消除了。但另一方

---

① 〔美〕乔治·霍兰·萨拜因:《政治学说史》,第179、180页。

面,绝大多数人与极少数甚至是单个统治者之间的差别却急剧扩大至仰视而不可见的程度了。因为在城邦社会中,即使是实行君主制的城邦,由于其规模很小,在一般公民与国王之间还存在着大大小小的贵族,彼此之间还是有着一定的相互制约关系的,奴隶又不被视为人,所以,国王或其他统治者与公民之间的差别无论怎样大还是人与人之间的差别。而在由一个人统治的帝国中,国王与其臣民之间的关系已经变成了神与人的关系。因此在希腊化时代,更可能的恐怕是虽然产生了"个人"和普遍的"人性"概念的萌芽,而个人之间的相同或平等则更多的是以所有的人绝对服从尘世的和天国中的神为前提的。

这就是说,在当时形成的人人平等的观念,必然是有条件的平等。就如萨拜因所说,这种人人平等的前提是"不得不把个人人格的内容或者冲淡为在上帝心目中每个人多少有些神秘的平等,或者冲淡为在法律面前每个人的平等,而不去考虑智力、性格和财产方面的不平等"。① 但是,无论如何,受到希腊哲学影响的罗马法学观念,在遇到了基督教的上帝面前人人平等观念时,它们之间的相互作用最终推进了法律面前的人人平等。当然,法律面前人人平等的观念真正具有了普遍和实际的意义,还是在西方的启蒙运动之后。

二、"自然法"对罗马法和基督教的影响

就思想观念的具体变化过程而言,尽管"自然法"观念中包含了各种世俗的、神学的、科学的倾向,但是,根据萨拜因的分析,从斯多噶主义者的"自然法"观念中首先引出的是两种趋向,即法律的和宗教的倾向。"在公元前一世纪及其后的两三个世纪中,这些思想的发展是遵循两条主要路线的。"一条路线具有把自然法嵌入罗马法的哲学结构的效果;另一条路线则包含了宗教的含义,即法律和政府都体现了神意指导人类生活的计划。② 同时,萨拜因还认为,在"自然法"的这两种倾向中都蕴含了对人人平等的阐述。

萨拜因将西塞罗视为前一条路线的代表。西塞罗介绍了斯多噶派的自然法学说。"这一学说由他传给了罗马法学家,同样也传给了教会的教父。"在西塞罗介绍的思想中最重要的观念是,"有一种普遍的自然法,它是同等地出自两个来源:一个是上帝的神圣旨意统治着世界,另一个是出自人类合

---

① 〔美〕乔治·霍兰·萨拜因:《政治学说史》,第181页。
② 同上书,第200页。

理的社会本性,这种本性使得他们跟上帝相近似"。①

至于"自然法"观念对罗马法的实际影响,以及通过罗马法对欧洲社会思想文化的影响,萨拜因的看法是,由于罗马法在西欧"享有巨大的威信",因此,能够被罗马法承认的任何主张都会变得更加有分量。同时,由于"法律中包含的任何一般观念肯定是法律学家和所有受教育的人所知道的,并且最后通过一般的传说又为根本不是学者的人所知道"。"结果,罗马法就成了欧洲文化史上最伟大的精神力量之一。"②作为对欧洲文化具有重大影响的罗马法,它的最主要的文本表达是《法学汇纂》和《法理概要》。这些法律文本中提及的,或对它们进行解释的法学家表达的基本观点就是,"承认三种主要类型的法律":ius civile, ius gentium, ius naturale。

第一种法,即"一个特定国家的法规和习惯法",可称之为市民法。对于后两种法的区别,以及它们与市民法的关系,最初是"不甚明确"的。"无论对早期的法学家还是对西塞罗来说,二者的意义看来是一回事。它们指的是那些受到公认的原则","还泛指那些内在合理并且无论出现在什么法律体系之中都是正确的原则"。但"随着时间的推移,法学家显然看到将 ius gentium 与 ius naturale 加以区分的理由"。"人们认为,'自然'提出了成文法必须尽量做到的某些标准。"③这样就将"自然法"与人定法区分开了,"自然法"基本上等同于"自然"。这种区分,既进一步推进了西方思想文化中已经存在的对法律、制度是否公正依照寻找到的根据进行批判的文化传统,也使"自然法"成为评判人为制定的法律、规则的根据。

这样的文化传统,既包含着通过形而上学的思辨构想规范、规则之根据的可能性,也包含着通过对社会事实进行观察和论证提出规范、规则之科学根据的可能性。当然,这种寻求根据的意识在一定的社会环境中也能够成为推动宗教发展的力量。在当时,由于尘世生活发生的巨大变化给众多的人带来冲击和痛苦,使宗教"在国家生活之上创造了一个日益独立的基础"。④ 基督教的教义、《圣经》、上帝的旨意,就成为一些人论证、批判社会生活的规范、规则的根据。

但是,基督教徒毕竟生活在实际的社会之中,因此,"基督教徒对哲学或政治理论等学科的看法同异教徒的看法并无很大差别"。这两类人"都可以

---

① 〔美〕乔治·霍兰·萨拜因:《政治学说史》,第201、204页。
② 同上书,第209页。
③ 同上书,第209、210、211页。
④ 同上书,第219页。

相信自然法"。① 当然,相信自然法的人可以把自然法说成是上帝的旨意,相信上帝的人可以说上帝的旨意就是自然法。总之,现实的社会生活规范、规则要有根据。

三、西塞罗的学说中包含的人人平等

萨拜因为了推论出此时已经产生、此后一直延续到近现代的人权观念,特别地肯定了西塞罗阐述的所有的人都平等的思想。他说,西塞罗认为"由于所有的人都服从一个法律,所以他们同是公民,就某种意义来说他们必然是平等的"。不过,萨拜因又认为西塞罗表达的只是一种"道德上的需要,而并不是事实";表达的是与一个基督徒在说上帝绝不偏袒任何人时所表达的"十分相同的信念";"并无任何政治民主方面的含义"。② 这表明萨拜因也不是绝对地认为西塞罗就已经提出了与自然权利论者相同的观点。

但是,萨拜因认为从西塞罗的论述中可以推论出一种政治观念。这种政治观念是,一个国家,必须"依赖把它的公民结合到一起的相互义务和对权利的相互尊重这个意识","否则是不能长久存在的"。"国家是个道德的集体,是共同拥有该国家及其法律的人的集团。"所以,西塞罗"用美好的词句"把国家称为"人民的事业"。"这样便产生了三个后果":第一,国家的权威"来自人民的集体力量";第二,"正当而合法地行使的政治权力才真正是人们的共同的权力",行使这一权力的官员是法律的产物,法律是他行使权力的依据;第三,"国家本身和它的法律永远要服从上帝的法律,或道德的或自然的法律"。③ 总之,在萨拜因看来,西塞罗从斯多噶主义的"自然法"观念中推论出了所有的人都是平等的,对国家拥有平等的权利和义务。萨拜因的推论在一定程度上确实反映了西塞罗的思想观念,但同时不可避免地在其中加入了他作为一个现代人对西塞罗的思想观念的解读。

而施特劳斯也同样在加入了自己的解读的前提下,认为西塞罗本人"完全没有意识到柏拉图和他的学说有着巨大的歧异"。通常观点认为西塞罗是要确立起平等主义的自然权利论,实际上他只是要证明人的社会性。为了证明人天生的社会性,西塞罗谈到,所有人都彼此相似,因此他们彼此亲近。他把这种相似性说成是人对人的善意的自然基础。④ 施特劳斯之所以

---

① 〔美〕乔治·霍兰·萨拜因:《政治学说史》,第 222、223 页。
② 同上书,第 205、206 页。
③ 同上书,第 206、207 页。
④ 〔美〕列奥·施特劳斯:《自然权利与历史》,第 136—137 页。

坚持西塞罗只是指出了人与人之间的相似性，一方面因为他赞同的是古典自然正当论，因此必然否认所有的人在认识和遵循自然法方面具有同样的潜能；另一方面，则是为了坚持每个人平等地拥有某些权利的观念是在近代才被霍布斯提出的。

所以，施特劳斯在提出上述看法后接着说，"西塞罗在这一语境中所使用的某个术语是否不能看作是略微偏向于平等主义的观点，这相对而言并不是什么要紧的问题。我们只需注意到，西塞罗的作品充满了这样的论述，重申古典派关于人们在至关重要的方面不平等的观点，重申那种观点的政治意义，这就足够了。"而所谓的政治意义，即"为了达到他发展的极致，人必须生活在一种最好的社会、一种最有利于达到人类优异性的社会中"。而最好的社会是"最好的政治"，"它是一切法律的源泉"，"政治指的不是一个社会的宪法而是其生活方式"。① 亦即，法律本身不是最重要的，更重要的是评价法律正当与否的根据。

如果我们考虑到当时的社会生活实际，一方面，罗马正从共和国走向君主专制的帝国，基督教开始在罗马世界传播，西塞罗论述的所有人的平等只能是上帝面前的人人平等，是国王的法律面前的人人平等。而且，由于财富占有及其他方面实际存在的巨大差别，这样的平等也仅仅是一种理想。另一方面，根据萨拜因引述的西塞罗的有关论述②，我们也可以看出西塞罗对于法律的根据提出了不同的说法，似乎既是说自然法源于人的理性，又在说自然法源自上帝。亦即，西塞罗本人的论述既看到了法律面前人人平等，又开启了"自然法"与上帝的关联。由此可见，中世纪经院哲学家既肯定自然法是上帝的意志，又肯定人的理性认识能力的学说，与西塞罗的观点也是有联系的。

因此，虽然就西塞罗的思想中是否包含了人人平等的观念，萨拜因和施特劳斯的观点不同，不过，在他们对西塞罗的不同评价中也存在着一个共同点，即都肯定了西塞罗阐述的人的理性在认识和遵循自然法方面的作用。而"自然权利"观念的出现，既与人人平等的观念是否形成有关，也与人是否能够运用自己的理性能力认识自然事实，并以这样的认识作为立论的基础有关。

四、现代意义的"权利"概念的形成

施特劳斯认为，第一个从非目的论的自然科学的发展中引申出自然权

---

① 〔美〕列奥·施特劳斯：《自然权利与历史》，第 137、138 页。
② 〔美〕乔治·霍兰·萨拜因：《政治学说史》，第 204、205 页。

利论的是托马斯·霍布斯。他不赞同将约翰·洛克视为"在所有现代自然权利论的导师中,最为著名和影响最大的"。因为,虽然"洛克的宗师是理查德·胡克尔",但是"洛克的自然权利观念却在根本上有别于胡克尔的观念"。"在胡克尔与洛克之间,自然权利观念经历了根本性的变化。中途出现了自然权利传统的一次断裂。"这一断裂是因为,在"洛克与胡克尔之间的时期,现代自然科学、非目的论的自然科学崛起了,并且从而摧毁了传统自然权利论①的基础"。从这一变化中引申出自然权利论的是霍布斯。②

然而,霍布斯阐述的理论观点,无论是对个人"自我保全"的肯定,还是对个人自由、权利、义务关系的论述,以及他在本体论和认识论上的基本立场,都证明他的学说与先前的思想传统是存在一定联系的。奥克礼认为,"无论如何霍布斯自己实际留下来的作品充分地证明,在其中存在着将17、18世纪的道德思想与过去传统的信奉联系在一起的线索",并没有证明施特劳斯和他的后继者们的观点,即"霍布斯应该对思想观念中的某种哥白尼式的转变负责"。③ 奥克礼认为根据迈克尔·奥克肖特(Michael Oakeshott)的看法,霍布斯的贡献主要是"将先前分散地提出的论点综合成了系统的理论"。④ 实际上也是如此。

霍布斯的思想理论中包含的许多重要元素,都是在他之前就已经形成了的。例如,其中最重要的"right"概念,赋予这一概念以现代意义的是在他之前的苏亚雷斯、格劳秀斯等人。由于格劳秀斯(Hugo Grotius)在1625年出版了著名的《战争与和平法》,在其中对权利问题给出了自己的解释,因此,有很多人将他视为自然权利论的奠基人。

约翰·菲尼斯认为,"'权利'是在罗马法中开始获得学术意义的。但是它在罗马文本中的意思变成纷争的对象。"不过,"'权利'一词以及在欧洲古典文化中的用语的前身,即 jus",其含义大体上可以分为两种,从一种含义变化到另一种含义,在历史上"有一个分水岭"。要弄清权利的前一种

---

① 由于"natural"和"right"都是具有多种含义的概念,而施特劳斯在其关于"natural right"的著名论著中"只用'natural right'一个词语,分别表达了'自然正当'和'自然权利'两种观念,因此,对于他的'natural right'一词的具体含义需要根据他分析的对象和内容来确定。当他分析希腊、罗马和中世纪的一些哲学家的有关论述时,其'natural right'一词表达的基本是'自然正当'之意,并称这些哲学家的理论为'古典自然正当论'。"《自然权利与历史》的中文译者基本上将"natural right"一律译为"自然权利",本书在引用该书的中译本时,将根据实际情况,在一些地方的"自然权利"之后括注"自然正当"。

② 〔美〕列奥·施特劳斯:《自然权利与历史》,第168、169页。
③ Francis Oakley, *Natural Law, Laws of Nature, Natural Rights*, p. 92.
④ Ibid., p. 31.

含义,"更为便利的是通过探寻托马斯·阿奎那——一位精通当时的罗马法体系的哲学神学家——采纳的'权利'的含义来展开历史的勾勒"。阿奎那在列举了 jus 的各种意思以后,"他认为最基本的意思是'正义事情的本身'"。①

"right"含义的变化,首先可以在西班牙耶稣会的苏亚雷斯(Francisco Suarez)那里发现。阿奎那所界定的基本意思,只是"相当模糊地被苏亚雷斯提及,最后也淡出于视野中"。亦即,苏亚雷斯对"right"的解释与阿奎那不同,两人分别处于分水岭的两边。那么,苏亚雷斯是如何界定"right"含义的呢? 菲尼斯引述了苏亚雷斯大约写于 1610 年的《论法律》一书中的观点,"jus'真实的、严格的、正确的意思'据称是'每个人或对自身财产所具有的或涉及自己应有之物的一种道德权利(facultas②)'。"③可见,苏亚雷斯已经明确地将权利解释为每个人对自己的财产以及其他所有物的权力。若干年后荷兰的法学家格劳秀斯则更为明确地指出,"对'jus 的另一种含义……涉及人的;jus 这一含义是:某人使自己能够正当地拥有某物或做某事的一种道德权利'作出了一个详细的说明"。④ 亦即,格劳秀斯对权利的解释进一步包含了个人拥有某些与自己的身体、行动有关的权利。

五、中世纪晚期自然法学说论证方法的改变对自然权利论的助推作用

尽管"right"含义的变化发生在近代,然而其含义之所以能够发生变化,则是由于中世纪晚期自然法学说中已经变化了的论证方法。当时论证自然法之根据的经院哲学家,有些是坚持其根据就是上帝的意志,有些则开始在肯定上帝意志的前提下肯定人的意志的重要作用,而有些人则侧重于肯定人的理智或理性的重要作用。于是就形成了论证自然法的形而上学基础的相互交织的观点。同时,无论其中的哪一种观点,一旦对人的能力给予了比较充分的肯定,以人的理性所认识到的事实为根据进行推理和论证就有了可能性。一旦这种可能性成为现实,自然法学说也就从宗教神学变成了世俗化的学说。而一旦以世俗化的方式关注人、人类社会的客观事实,在已经形成的人人平等观念的基础上,肯定每个人对自身和某些物品的权利的观点的提出也就成为必然。这种在肯定上帝意志的前提下论述人的能力、探

---

① 〔英〕约翰·菲尼斯:《自然法与自然权利》,董娇娇等译,北京:中国政法大学出版社 2003 年版,第 165、166 页。
② 该词也可以译为"能力"。
③ 〔英〕约翰·菲尼斯:《自然法与自然权利》,第 166 页。
④ 同上。

讨人的理性能力具有什么作用的论证方法，是在中世纪的自然法学说中出现的。

按照奥克礼的看法，一方面，"早期启蒙运动的著作家们把格劳秀斯看作是现代伦理学的奠基人"。"他实际上在许多方面是 17、18 世纪欧洲古典'天赋人权'理论的奠基人。""同样，他在国际法领域的历史地位也不应受到轻视。"①奥克礼自己也认为是格劳秀斯"最终打破了古典的和中世纪的自然法学说，在它们的领地上建立了一种自然法的新的、世俗化的形式"。"或者说他将老的自然法观念替换成了更为现代的自然权利学说。"②但另一方面，格劳秀斯在确实提出了新的观点的同时，其论证方法与中世纪的哲学和神学又有着明显的共同之处。而且，在整个 17 世纪直至 18 世纪，很多人也是采用类似的方法论证人的自然权利的。也就是说，从论证方法上说，是中世纪已经发生的变化为自然权利论的形成准备了必要条件。

这种变化就是形成了世俗化的唯意志论和唯理智论。"两种竞争着的立场的论辩在整个 17 世纪持续存在，并进入 18 世纪。"③同时，这两种论辩方法又都有可能成为论述人的自然权利的方法。所以，奥克礼将霍布斯归为唯意志论者，而施特劳斯则认为霍布斯是理性主义者，不过是有限的理性主义者。或者用施特劳斯的话说，在霍布斯看来，"理性是无能的，又是无所不能的"。因为霍布斯的理性主义只是被用于理解"那些我们就是其产生原因，或者其构造在我们能力范围之内或取决于我们任意的意志的东西"。④除此之外，就属于信仰的领域。

由此我们可以看出，这些推进自然权利论的哲学家，都与中世纪的奥卡姆相似，即在根本上坚持的是唯意志论的立场，但在此前提下，又都肯定了人的理性能力在认识事实、因果关系方面的作用。当然，我们并不认为霍布斯与中世纪的哲学家完全相同。与其说霍布斯与中世纪的哲学家相似，还不如说他与近代的自然哲学家、自然科学家相似更为准确。他们的共同点是，都承认或者不否认上帝的意志和作用，然后，重点阐述人的理性的意义和作用。在这样的阐述过程中就为以人的理性认识客观事实，以客观事实作为立论的根据提供了可能性。所以，17、18 世纪的论辩既有与中世纪的争论相同的地方，也有显著的不同。

---

① 〔英〕戴维·米勒、韦农·波格丹诺编：《布莱克维尔政治学百科全书》，北京：中国政法大学出版社 1992 年版，第 304 页。

② Francis Oakley, *Natural Law*, *Laws of Nature*, *Natural Rights*, p. 64.

③ Ibid., p. 67.

④ 〔美〕列奥·施特劳斯：《自然权利与历史》，第 176、205 页。

尤其是，在探讨关于人类社会的规则、法则的根据方面所发生的变化。这不仅仅是由于有关论者自觉或不自觉地从神学的唯意志论转变为世俗化的唯意志论或唯理智论，同时，也是由于自然科学的发展，此时，一些论者已经自觉或不自觉地在某种程度上开始以自然事实论证"法"。这样来论证人的行为应该遵循的正当法则，必然走向对人的自然权利的肯定。

因此，如果说在中世纪唯意志论者和唯理智论者论辩的核心问题是：作为自然法的形而上学基础的善和正义的根据究竟是什么？是因为它们是上帝的意志，因此才是善的和正义的，还是因为上帝的意志原本就是善的和正义的？从这一问题产生的源头来说，奥克礼的观点是有道理的："在长期的和冲突的'自然正当'（natural right）的历史中，'哥白尼式的时刻'已经发生了，但不是在17世纪而是在14世纪。"所以，奥克礼对施特劳斯的批评不无道理："奥卡姆的唯意志论在很大程度上与霍布斯和洛克的是相同的。但是，施特劳斯对奥卡姆保持沉默。对于从规范的自然法到自然权利的转变，施特劳斯特别地联系到霍布斯，实际上应该探寻的是奥卡姆的著作。"①然而，如果就提出的系统性理论见解而言，霍布斯毕竟与奥卡姆有着很大的不同，只是到了霍布斯那里，才比较明确地强调人的理性在认识人的自然权利中的作用。所以施特劳斯说现代自然权利论始自霍布斯也不无道理。

当然，如前所述，我们在此讨论的重点并不是"哥白尼式的时刻"发生在何时，我们所要强调的是，从在中世纪就存在的、一直延续到18世纪的论辩中可以看出，唯意志论者虽然强调导致结果的最终原因是上帝的意志，但毕竟为人运用自己的理性探讨结果的有效原因提供了可能性。正是在这样的前提之下，理性主义能够对结果的有效原因进行观察和论证，包括对各种可以观察到的自然现象中隐含的规律的论证，也包括以关于人的自然事实为基础对人类社会的法则、规则的论证。

总体上说，世俗化的唯意志论和唯理智论相互论辩的结果，最终逐渐形成了以一定的自然事实为基础的现代权利论。霍布斯以及洛克等人的主要问题是，由于他们仍然在很大程度上属于唯意志论者，尽管他们实际上更加强调的是人的意志而非上帝的意志，可是，也导致了他们并非完全自觉地以自然事实论证人的自然权利。因而他们对一些重要的自然事实的认识本身就出现了偏差，尤其是对人的财产权的论述，是以他们对人与自然资源关系的错误认识为基础的。

但无论如何，在中世纪晚期的自然法学说中发生的论述方法的变化，到

---

① Francis Oakley, *Natural Law*, *Laws of Nature*, *Natural Rights*, p. 94.

了16、17世纪的欧洲,不仅使人们对自然现象的研究开始重视以观察和实验获得的事实为根据,通过归纳法推导出结论,也使越来越多的人在思考和研究人和社会问题时自觉或不自觉地以事实为根据展开论证。同时,由于在罗马法和基督教神学中已经孕育的在法律面前、在上帝面前人人平等的观念,因此逐渐形成了所有的人都平等拥有某些自然权利的观念。当然,自然权利论者,在很大程度上也类似于近代的自然科学家,即差不多"都从基督教的观点去观察世界",一般来说,"都接受了有神论的根本假定"。他们是在这样的前提下开始以事实为根据,通过对事实进行归纳推论出自己的观点的。正是学术观念和论证方法发生的这种革命性变化,为自然权利论的出现提供了必要条件。

第二节 自然权利与自然事实

一方面,自然权利的观念与自然法观念以及古代人对"自然"的探究有着不可分割的联系,自然权利的观念就是在这些更早形成的思想中孕育的,因此,很难断然判定自然权利观念形成的起点;但是另一方面,自觉而明确地论述每个人的权利,并以此为论证社会制度、规则的根据,还是始自近代的思想家。而且,在他们试图以个人权利作为社会制度、规则的根据时,无论自觉与否,他们实际上是以某些自然事实为根据论证人的权利的。正因为如此,人的自然权利才能够真的成为国家和社会制度的合法性的基础。

一、格劳秀斯以自然事实对人的权利的论证

如前所述,在霍布斯之前,至少苏亚雷斯、格劳秀斯等已经明确地论述了人对自己的身体、自由和财产的权利。在此,我们首先以格劳秀斯的推论过程为例,看一看他是如何开始以自然事实论证人的权利的。

格劳秀斯将"law"更明确地推论成人为制定的法,并强调人为制定的法的功能就是保护人的权利。这从格劳秀斯对"right"一词给出的各种解释就可以看出。关于"right",根据格劳秀斯的解释,包括以下几种含义:"对我们自己所拥有的权力";"我们对他人拥有的权力";"责成我们作出恰当行为的道德行为规范";与第三种含义相关联,"既然用right一词来称呼'恰当'的东西,那么一个对'正义'一词更广义的理解由此而产生出来";同时,为了维护正义,"在'法律'一词最严格的意义上把它称作'合法的法'(lawful right），有时又称为'制定法（instituted right）'"。①

根据格劳秀斯给出的这些解释，我们至少可以说"right"具有正当和权利两种基本含义。当他说"用 right 一词来称呼'恰当'的东西"时，他已经把权利与"正义""法律"联系起来了。接下来，他说，"对'法'一词最恰当的分类是由亚里士多德作出的。他把其中的一类限定为自然的，另一类限定为意志之后的。"②所谓意志之后的，就是人为制定的。也就是"在'法律'一词最严格的意义"上的"合法的法"或"制定法"。

这样，格劳秀斯就将法区分为"自然法"和"制定法"。此外，他还区分出一类法，即"神意法"。后来他又将"制定法"称为"人类法"。而"人类法"就是以有关范围内的人们的同意为基础的。③"人类法"的功能就是保护有关个人的权利。而"自然法是正当理性的命令，它指示任何与合乎本性的理性相一致的行为就是道义上公正的行为，反之，就是道义上罪恶的行为"。"'神意法'（divine voluntary right）一词的真正含义表明的是该法来自于神灵的意志，这使它与自然法区别开来。"④但是，在很大程度上他又将"自然法"与"神意法"等同了起来，因为自然法与神意法都需要人的"合乎本性的理性"加以认识。⑤

他的论证过程是：首先，指出"神意法"是上帝晓谕给人类的，但是"在所有民族中，只有一个民族是上帝特别地赐予它以法律的，那就是以色列人"。然后，他说圣保罗已经指出"没有法律的外邦人若顺着本性（nature）行律法上的事，则他们虽然没有律法，自己就是自己的法律"。"因而，'本性'一词可以被看作是道德义务的原始起源"，或者，"它便指的是知识"。该知识是非犹太教徒"从其诞生地、同时也几乎是从其一出生就开始被灌输给他们的"。这显然是说道德义务是人们在生活实践中获得的知识，包括自己直接获得的，也包括他人传递给自己的。最后，他又说，尽管以色列人及其后裔都受上帝的律法约束，但在基督教诞生之后，由于所有的人都"应当和以色列人的子孙、以色列的祖先的后代统一在一个教堂之下"，所以以色列人的法律"应当被捣毁"。⑥ 这就等于说所有的人应当遵守的只有源自人的本性的"自然法"。

---

① 〔荷〕格劳秀斯：《战争与和平法》，何勤华等译，上海：上海人民出版社 2005 年版，第 31、32 页。
② 同上书，第 32 页。
③ 同上书，第 37—38 页。
④ 同上书，第 32、38 页。
⑤ 同上书，第 32—33 页。
⑥ 同上书，第 39、41、42 页。

上述的论证过程,与近代以来的自然科学家通过观察和实验发现和论证自然规律的方式具有明显的相似性。但是,由于自然规律是客观存在的,人的作用主要是发现和描述。而社会生活的法则与自然规律既有相似之处也有其自身的独特性,它们必须是由人来制定和颁布的。所以,在论述人类社会的法则、规则时,如果将法分成三类,就还需要处理"自然法"与"人类法"的关系。对此,格劳秀斯又从多个角度指出自然法最终得体现在"人类法"之中。

他指出,"对自然法的考察意味着一种探究,是否可以作出任何特定的行为而不会导致非正义"。"神法和人法的基本宗旨,是对于那些本身值得赞许的行为作出义务性的授权。"这就是说,究竟什么行为规则是与自然法相符合的,需要由人进行"思考"和"探究"。而且,他还强调人通过思考得出的那些规则"比自然原则具有更高的严肃性"。[①]

格劳秀斯肯定了人为制定的法律、规则。那么,人为制定的法律、规则的根据是什么呢? 格劳秀斯提出的主要立论基础是普遍同意。他是从如何证明自然法存在的角度表达这一观点的。他说,自然法的存在可以通过两种证明法来加以证实,即先验的证明方法和经验的证明方法。格劳秀斯对先验的证明方法的肯定是延续了自古希腊至中世纪一直居主导地位的、通过思辨证明结论的传统。但同时,或者说实际上他更为肯定的是经验的证明方法。经验的证明方法"是建立在或然性的基础之上的"。[②] 这确实是经验证明方法的基本特征。因为人能够观察到的事实总是有限的,只是在没有发现相反事实的前提下,被证明的结论才算是有根据的。同时,格劳秀斯是将普遍同意本身作为经验的证明方法了。只要得到普遍同意,只要形成"人类共同意识",就是一般性结论的理由。而且格劳秀斯还将这种证明方法的成立追溯至古希腊的赫拉克利特、亚里士多德。此外,他还提到了西塞罗、塞涅卡、昆提利安等。[③]

那么,普遍同意、"人类共同意识"的基础又是什么呢? 对此,格劳秀斯似乎没有清楚地认识到应该是客观事实,但也不自觉地意识到了。例如他说,"对于具有健全理智的人来说,自然正义是无法改变的。事实也是无法改变的,尽管神志不清或满脑子是邪恶想法的人会持相反的看法。仅仅因为蜂蜜在身体不适、从而毫无胃口的人看来不是甜的,就否认蜂蜜是甜的,

---

① 〔荷〕格劳秀斯:《战争与和平法》,第49页。
② 同上书,第36页。
③ 同上书,第36、37页。

是不正确的。"① 可见,格劳秀斯实际上是以客观事实作为立论的根据。

更重要的是,格劳秀斯对战争是否正义、正当的论证,是以维护还是侵犯个人的权利为标准的,而个人权利的根据则是西塞罗大量引用的、斯多噶学派著作中论述的、被希腊人称作"'原初自然观念'的最高自然原则"。"他把每一个动物从其出生之日起就存在的自我照料、对其生存和健康的保护、对毁灭和引起死亡威胁的任何事物的憎恨称作'自然原则'。因而,他说,如果让每个人自己选择,都宁愿有个健全和挺拔的而不是残疾和变形的身躯。所以,在自然状态下保全自己,要坚持做与自然和谐一致的任何事情,同时决不要做任何与自然相违背的事情,是首要的义务。"② 这里的"义务",显然指的是不侵犯他人的"保全自己"权利的义务。而每个人的权利则是以关于人自身的自然事实为根据的。

此外,他还通过引述很多人的话语证明保全自己是所有生物的本能。并得出结论说,"自由地使用生命和四肢也可以说是一个人的权利","使用自然界的公有物品是第一个占有者的权利"。③

以上这些论述都表明格劳秀斯是在自觉或不自觉地以正常人都能够认识到的事实来论证人的权利。当然,他所指出的事实就其作为论证人的平等权利的根据或基础而言,既有片面性,更是不充分的。例如,他所说的"每一个动物从其出生之日起就存在的自我照料",实际上,不仅是人,包括其他哺乳动物,一般都是先需要得到生产它的母性的照料,然后才能自我照料。这样的自然事实就使有关的动物,尤其是人具有了社会性,使人具有了关心、照顾他人的潜能。在适当的社会文化环境中,这样的潜能就能够发展为实际的善性、善行。至于论证人的平等权利依据的事实不充分,我们将在后面的有关章节再来具体阐述。

二、霍布斯以事实为根据对人的自然权利的阐述

与格劳秀斯相比,霍布斯已经是一个世俗化的唯意志论者。因为他明确地认为上帝是人的理性自然的创造物。不过,由于对人的理性认识能力的肯定,霍布斯同样也可以被视为理性主义者。当然,与古典派相比,霍布斯不仅肯定了人的理性的建构能力,同时还将人的理性能力作为一种认识能力。因此,他既更加充分地肯定了人的理性能力,同时又肯定了人的理性

---

① 〔荷〕格劳秀斯:《战争与和平法》,第37页。
② 同上书,第48—49页。
③ 同上书,第51页。

能力的局限性。在此前提下，霍布斯实际上阐述了人是以对有关自然事实的认识为根据，制定人类社会应该遵循的法则的。

就其对人的理性能力的肯定方面说，他肯定的是人的理性以认识能力为前提的建构能力。他认为由于人好探究事物，人类"能观察一个事件是怎样从另一个事件中产生的，并记住其中的前因和后果"。"当他自己对事物的真正原因感到没有把握时，他就会根据自己想象的提示，或是信靠自己认为比自己高明的朋友的权威，而设想出一些原因来。"尤其是在一个人从结果推论原因，"接着再推论原因的原因，以致深深地卷在原因的探求中时，最后他就会得出一个连异教的哲学家也承认的结论，认为必然有一个原始的推动者存在；也就是说，有一个万物的初始和永恒的原因存在，这就是人们所谓的上帝这一名称的意义"。① 同时，人的理性能力不仅能够创造出一个全能的上帝，也能够为自己创建出必要的社会规则。

这也就是施特劳斯所说的，霍布斯所教导的"理性是无能的，又是无所不能的"。实际上这确实是人的理性能力的特点，既能够凭借对经验事实的观察、实验、归纳推理，认识事物之间的直接或间接的因果关系，又不能完全、彻底地认识所有的经验事实和因果关系。但是，能够凭借想象力对本质、整体进行猜测、构想、演绎。霍布斯基本上就是以关于人和人类社会的部分经验事实为基础，推论出了人的一些基本自然权利和社会法则。他所依据的最根本的自然事实就是每个人都有保全自己生命的需要，以及人是具有理性认识能力的存在。

每个人保全自己生命的需要决定了每个人最基本的自然权利，人的理性认识能力使人能够认识并创建维护人的这种自然权利的法则。他说，"著作家们一般称之为自然权利的，就是每一个人按照自己所愿意的方式运用自己的力量保全自己的天性——也就是保全自己的生命——的自由。因此，这种自由就是用他自己的判断和理性认为最合适的手段去做任何事情的自由。"而自然法②就是"理性所发现的戒条或一般法则"。"这种戒条或一般法则禁止人们去做损毁自己的生命或剥夺保全自己生命的手段的事，并禁止人们不去做自己认为最有利于生命保全的事情。"③

在这里，霍布斯不仅清楚地指出了人的自然权利的根据，界定了何谓人的自然权利，而且还将人的权利与法做了明确的区分。同时，他还特别指出

---

① 〔英〕霍布斯：《利维坦》，第79、80页。
② 《利维坦》一书的中文译者有些地方译为"自然律"，有些地方译为"自然法"。
③ 〔英〕霍布斯：《利维坦》，第97页。

以前谈论"自然法"的人往往没有将人的权利与法则区分开。他说,"谈论这一问题的人虽然往往把权与律混为一谈,但却应当加以区别。因为权在于做或者不做的自由,而律则决定并约束人们采取其中之一。所以律与权的区别就像义务与自由的区别一样,两者在同一事物中是不相一致的。"①以前谈论自然法的人之所以没有对权与律加以区别,是因为他们还没有自觉地思考人的权利,他们探讨的主要是人的义务,是"law"怎样能够正当的问题。在这样的探讨过程中,源自古希腊的哲学传统不是将人的理性视为认识能力,而是视为保证"law"能够正当的根源、本体。

如果从自然法源自人的理性方面说,似乎霍布斯与古典自然正当论者是相同的。但实际上,霍布斯与古典自然正当论者有两个显著的不同。其一,霍布斯主要是从"认识论"的角度肯定人的理性是自然法的来源,而非从本体论的角度将理性或人的本性、德行视为自然法的根源。理性的作用主要是认识、获取知识。与之相联系,其二,自然法的根据是具有理性认识能力的人认识到的"自然事实"。亦即,每个人的保全自己生命的需要。因此,霍布斯是根据人的理性能够认识到的自然事实推论出人类社会应该遵循的自然法的。

对这两点,施特劳斯是持批评态度的。关于"认识论",他说,霍布斯是由于"认为目的论的宇宙论是不可能的这一信念,以及认为机械论的宇宙论不能够满足可理解性的要求这种感情",于是将"对于知识的关切"作为目的了。因此,"成了目的论的宇宙论的替代物的,不是新的机械论的宇宙论,而是后来所谓的'认识论'"。"然而,倘若整体全然不可理解,知识就无法维系目的。"结果,"一切意义的全部可理解性,其最终根源都在于人类的需要"。② 实际上,恰恰是因为霍布斯以"人类的需要"这样的事实为根据,所以才使自己的理论相对于仅仅靠思辨、猜测、演绎推理的那些理论有了更为坚实的基础,并因此有了更为广泛的影响力。当然,霍布斯对人的需要的认识本身是存在问题的,而这又是与他对人性的认识存在片面性相关的。对此,我们下一章再讨论。现在,主要分析他以人的需要为根据形成的认识的合理性。

霍布斯将人的自我保全的需要视为人的本性。这样,从表面看,霍布斯似乎与古典派一样,也是以人的本性作为立论基础的。但他所说的人的本性实际上指的是关于人自身的某些自然事实。以关于人和社会的事实为根

---

① 〔英〕霍布斯:《利维坦》,第 97 页。
② 〔美〕列奥·施特劳斯:《自然权利与历史》,第 180 页。

据,霍布斯不仅比较充分地肯定了人的理性能力,而且认为人在其他能力方面也没有悬殊的差别。由于人在能力上的平等,"就产生了目的的希望的平等"。人的目的"主要是自我保全,有时则只是为了自己的快乐"。① 为了达到这样的目的,人与人之间就很可能相互争斗、厮杀,至少也是相互怀疑。同时,由于人们都追求自我保全,与之相应的就是惧怕死亡。作为有理性的存在,人就会认识到这样一条一般法则:首先是"寻求和平",不行的话就是"利用一切可能的办法来保卫我们自己"。② 亦即,人应该遵循的规则,包括如何相互对待和如何自我保全,都是人的理性发挥认识和建构能力的结果。

他将"寻求和平""信守和平"视为基本的自然法,又称为第一个自然法,并以此为出发点推论出了一系列的自然法。这些"自然法"对于维护人的权利和社会秩序都是必要的。首先,由于人们力求和平,就可以引出第二自然律:人们为了和平可能会放弃或转让自己的某些权利。"权利的相互转让就是人们所谓的契约。"于是,"所订信约必须履行"就成为第三自然法。感恩、顺应、恕宥、惩罚的目的是为了使人改过自新、不侮辱他人、承认他人与自己生而平等。这是他推论出的第四至第九条自然法。③

如果承认所有的人生而平等,那么,接下来就必然承认,"进入和平状态时,任何人都不应要求为自己保留任何他不赞成其余每一个人要为自己保留的权利。正如所有寻求和平的人都必须放弃某些自然权利,也就是不具有为所欲为的自由"。但同时,"人们也必须为了自己的生命而保留某些权利,如支配自己的身体的权利,享受空气、水的权利、运动的权利、通过从一个地方到另一个地方的道路的权利以及一切其他缺了就不能生活或生活不好的东西的权利等等"。为此,又产生了对于可分配之物必须公正地分配的"公道",对不可分割但可以共享之物的"共享",以及对既不能分割也不能共享之物"以抽签方式决定"或"轮流使用"等权利,以及为维护这些权利所需要的自然法。总之,"都是规定人们以和平为手段在社群中保全自己"的规则。④

从总体上说,霍布斯推论出的这些自然法条对于维护人与人之间的正当关系、维护社会的正当秩序都是必需的。但是,与古典自然正当论不同的是,他不是将社会秩序、社会和谐放在首位,而是从每个人的需要开始,以人具有理性能力且人是平等的存在者为前提,以维护个人的权利为出发点,逐

---

① 〔英〕霍布斯:《利维坦》,第 93 页。
② 同上书,第 98 页。
③ 同上书,第 98、100、108、115、116、117 页。
④ 同上书,第 117、118、120 页。

渐推论出这些能够维护社会秩序、维护和平的自然法。即人类社会需要自然法是为了保护人的自然权利，只有人的自然权利得到了平等的保护，社会才能够有正当的秩序。

如果从霍布斯对上帝的看法，对人的本性的看法，对人的自然权利的论证，对人的权利与法则之间关系的区分，以及因此推出的一些论点所具有的更为鲜明的特征来看，确实可以说，霍布斯是自然权利论的创立者。施特劳斯将霍布斯视为在思想观念中引发了某种哥白尼式转变的人，是有道理的。当然，就其阐述的基本观点、采用的论证方法来说，霍布斯又与先前的论者有着明显的相似之处。至少，以个人的生存需要作为立论的出发点，并非霍布斯的首创。

三、洛克对人的观念、知识来自经验事实的肯定

尽管施特劳斯认为，是霍布斯摧毁了传统自然正当论的基础，首创了自然权利论，但通常人们还是将洛克视为"在所有现代自然权利论的导师中，最为著名和影响最大的"。在所有的自然权利论者中，洛克之所以最著名和影响最大，从根本上说，是因为洛克比较充分地阐述了人的政治权利。他对人的政治权利的阐述虽然从表面看是以构想的自然状态为出发点的，但实际上是以人人平等、每个人都拥有对自己的生命、健康、自由、财产的自然权利为根据的。这实际上就是以人类社会的客观事实为根据进行推论。而这与他在认识论上系统地阐述了经验主义思想，提出了著名的"白板说"有直接关系。

当然，洛克在论述人的自然权利时对有关自然事实的认识同样存在错误、存在片面性。这是由于人的认识能力的有限性，每个人对客观事实的认识都可能出现偏差、错误。同时，这也是由于既有的思想观念对他的束缚和限制。就某些方面说，洛克所受到的束缚可能比霍布斯还严重。从对自然法的来源和人与自然法的关系方面说，洛克与中世纪的某些经院哲学家更接近。

首先，洛克对自然法和人的认识能力之间的关系给出了具有经验论特征的阐述。按照奥克礼的看法，洛克与先前的很多人一样，同样是既论证了上帝的全能又论证了人能够发挥的作用。洛克是以上帝的无限权力为先决条件的，实际上又坚持着一种"对称"。"这种对称既存在于他的认识论与本体论之间，又存在于他的道德论和科学哲学之间，同时也存在于他的道德

秩序中的自然法(natural law)和物质世界中的自然规律(laws of nature)之间。"①确实,洛克比霍布斯更加明确地肯定了上帝的无限权力和对人的支配能力。对上帝及其无限权力的肯定不仅存在于他在1660年前后写出的那些关于自然法的论文中,同样也存在于他在大约三十年后出版的《人类理解论》和《政府论》中。但是,在此前提之下,洛克也同中世纪的一些经院哲学家一样,同时论述和肯定了人的认识能力及其独立性、自主性。而且,洛克对人的能力和人的独立性、自主性的阐述比奥卡姆等人更加明确。

在莱登(W. von Leyden)根据洛克1660年前后用拉丁文撰写的论文翻译和编辑的《自然法论集》中,洛克非常明确地肯定了上帝在所有的地方都向我们显示了他的存在。但是,他论证上帝存在的方式又是在肯定从无机物到有机物,从植物到动物以至人和人类社会都有自己存在、运行的客观规律。自然界所有的存在都有适合于它们的本性(nature)的规律。这就如同一个人来到这个世界不可避免地有着适合于他的法(law)一样。②"我们能将法(law)等同于道德上的善或美德";自然法也是"每个人仅仅依靠自然赋予我们的灵光就能够觉察到的,并且认为是人应该顺从的,这是人的义务"。因此,"自然法可以被描述为能够被自然之光(light of nature)识别出来的神圣意志的命令。这种命令指示着什么是与理性自然相符合的,什么不是与之相符合的。这也是人的理性所要求和禁止的。"③

这就是说,在洛克看来,关于自然法的来源,是上帝的意志,是上帝颁布的;就自然法本身而言,既是指事物发展变化和相互联系的规律,同时也是指人类社会中用以区分善与恶的准则;就人与自然法的关系而言,人能够凭借上帝赋予的能力认识自然法,人必须服从自然法,这是人的义务。

在阐述人与自然法的关系时,洛克特别指出,某些人将自然法视为"理性的命令,这对我来说是不正确的"。"因为理性并不建立和宣布自然法,法是在我们之上的力量颁布的,理性的作用只是寻找和发现自然法。理性只是法的解释者而不是它的制定者。""我们希望理性对接受法负责任,这仅仅是一种调查研究的责任,实际上理性不能赋予我们法,因为它只是我们的头脑的官能和我们的构成部分。"④洛克的这些论述清楚地表明了,对于人而言,他谈论的自然法是认识论意义上的自然法,而不是本体论意义上的自然

---

① Francis Oakley, *Natural Law, Laws of Nature, Natural Rights*, p. 83.
② John Locke, *Essays on the Law of Nature*, edited by W. von Leyden, London: Oxford University Press, 1954, p. 109.
③ Ibid., pp. 109, 111.
④ Ibid., p. 111.

法。因此,他与柏拉图等古希腊哲学家不同,他不认为人在社会生活中应该遵循的能够做什么不能做什么的规则、法则是人的理性创造出来的,而是视之为人的理性认识到的。

这样,尽管洛克将自然法视为上帝颁布的,但根据他对人的理性与自然法的关系的论述,如果将自然法视为人对客观存在的事实及其之间关系的有规律性的认识,完全不影响他关于人的理性作用的论述。他为反驳否认自然法存在的观点提出的论据,都与自然法是否来源于上帝无关,实际上都是在阐述人类社会需要法律、法则。他的第一个论据是,"在世俗的事物中一些人不能认识自然法并不能必然证明自然法不存在或没有被颁布。因为阅读在公共场所张贴的法律公告,对于盲人来说是不可能的,对那些视力差的人也是困难的。忙忙碌碌的人也不会看见那样的法律公告,但抬起眼睛看一看公告栏却是他们的责任。"①这就是说,只有具有正常的认识能力,并实际使用自己的认识能力的人才可能认识人类社会需要的法则、规则。

他的第二、三个论据分别是,理性的人们对自然法及其具体的戒律是什么没有一致的意见,就如同在一个国家中法学家们对法律有不同的解释一样。"这样的事实只能使法的存在更加坚实,因为那些争论者维护了关于法的共同的理念。"②"所有的存在都明显有适合它们的本性的活动和存在方式的固定的法则(fixed law)。这样的法则规范着每一种存在活动的形式、方式、限度或本分。这就是法。"③这已经表明了有规律、法则是物质世界和人类社会的客观事实。人们之间的分歧除了利益上的矛盾、对立、冲突外,就是由于对这样的客观规律是否努力去认识、认识的过程中采取的方法是否恰当、认识主体的能力等诸多方面存在差别。

即使仅对自然法的认识而言,尽管洛克对自然法的论述还与中世纪的经院哲学有着更多的相似之处,但由于他在认识论上持有的是经验主义的观点,他首先认为人是凭借自己的感觉知觉(sense-perception)获得自然法知识的。"这在一定的意义上就意味着自然法是在某些地方明显地展露出来的。我们或者是用自己的眼睛能够把它辨认出来,或者是能够用自己的手把它检查出来,或者能够听见它把自己公布出来。"④这实际上就是在说,人具有感觉和认识的能力,人的知识是人利用这些能力对客观存在的事实的反映。

---

① John Locke, *Essays on the Law of Nature*, p. 115.
② Ibid., p. 115.
③ Ibid., p. 117.
④ Ibid., p. 133.

同时，洛克不仅肯定了人的理性具有认识存在对象的能力，而且也肯定了人的理性的推理能力。所以，他首先肯定人关于自然法的知识是通过人的感官知觉获得的；在此基础上，人的理性和推理能力会推进至自然法以及人的感觉、知觉和理性能力的创造者那里；"最后，他们会得出结论并为自己建立起某种神是所有这些东西的创造者的观念"。① 就人和人类社会的实际情况而言，由于人的理性能力的局限性，一旦提出人的创造者、人的能力的创造者、自然界的创造者、规律或规则的创造者等终极性问题，最后归结为上帝或其他超自然的存在，是必然的。所以，洛克一直宣称自然法是上帝颁布的，人和人的能力以及整个世界或宇宙都是上帝创造的，也是必然的。

延续着早期对人的认识能力和认识对象的区分，洛克在近三十年后出版的《人类理解论》中，更为系统地论述了人的观念和知识是怎样形成的，以及人能够获取的知识的限度。在阐述观念的起源时，他更加明确而详细地说明了"所有的观念都来自于感觉或者反映"。并提出了人的思想是"一张没有任何标记和观念的白纸"的假设。而知识"就是对两个观念之间的符合或矛盾的知觉"。② 亦即，人的知识都是来自于感觉或者反映。

当然，洛克认为人的观念的形成不是只靠感觉。"当经验被使用时，还有另一个源泉。"即对自己的各种心理活动的反思和考察。他的结论是，"总之，外界的事物是感觉的对象，我们自己的心理作用是反省的对象，而它们正是我们所有观念所能发生的根源"。③

另外，洛克也提出人的认识能力是有限的。因为观念之间的关系需要进行论证，形成的是"理性的知识"。但是，当人在考察两个观念之间关系时，"在所有的推论过程中，我们都无法找到一种媒介通过直觉的知识把观念联合起来"。④ 所以，他认为"在我们需要证据来产生知识的地方，哲学家应当谦恭而不要专断"。"我们有必要弄清楚我们的知识达到了什么程度。"我们应该承认，"在许多事物方面，我们应当安于信仰和可能性"。⑤

遵循着上述的经验主义认识论，洛克以自然事实为基础论述了人的自然权利。在其《自然法论集》中，洛克就明确地将自然法与自然权利相区别。他说，"权利（right）是以这样的事实为基础的，即我们可以自由地利用的东

---

① John Locke, *Essays on the Law of Nature*, p. 133.
② 〔英〕洛克：《人类理解论》，谭善明、徐文秀编译，西安：陕西人民出版社 2007 年版，第 21、41、236 页。
③ 同上书，第 41、43 页。
④ 同上书，第 243、245 页。
⑤ 同上书，第 247 页。

西,相反,法(law)是责成或禁止做的事情"。① 在《政府论》上篇中,他在批判罗伯特·菲尔麦爵士的观点时,就以人具有"共同天性、能力和力量"为根据提出了"人从本性上说都是生而平等的,都应该享受共同的权利和特权"。② 在《政府论》下篇中,他更是以每个人对自己的生命、健康、自由和财产的权利为根据,系统地阐述了人的政治权利。

洛克与霍布斯一样,以自然状态为其论证的起点。一方面,由于自然状态是一种构想的状态,因此,他们在论证人的自然权利时就不仅由于其认识能力的局限性,而且也因为他们已经接受的观念的制约,所依据的事实是存在着错误和片面性的。另一方面,他们所确认的人的一些自然权利之所以能够得到普遍认同,主要是因为他们实际上还是以自己所能认识到的关于人和社会的事实为根据的。因此,洛克也同霍布斯一样首先以人本身的自然事实,人在性质、属性、类别、能力等方面的同质性为立论的根据,肯定了人人平等。

既然自然状态是一种构想的状态,洛克对自然状态的描述与霍布斯就不会完全相同。洛克认为"虽然这是自由的状态,但不是放任的状态"。其根据一是人人平等,因此在自然状态中"虽然人具有处理他的人身和财产的无限自由,但是他并没有毁灭自身或他所占有的任何生物的自由,除非有一种比单纯地保存它来得更高贵的用处要求将它毁灭"。再一个根据则是,人是有理性的。"而理性,也就是自然法,教导着有意遵从理性的全人类:人们既然都是平等和独立的,任何人就不得侵害他人的生命、健康、自由或财产。""正因为每一个人必须保存自己,不能擅自改变他的地位,所以基于同样理由,当他保存自身不成问题时,他就应该尽其所能保存其余的人类。"③ 另外,他还引述了胡克尔的有关论述,"相同的自然动机使人们知道有爱人和爱己的同样的责任"。正是"从我们和与我们相同的他们之间的平等关系上,自然理性引申出了若干人所共知的、指导生活的规则和教义"。④ 由此可见,洛克对人的本性主要强调的还是人的独立性、自利性,对人与自然资源关系的认识更是存在严重错误。

总之,基于对人自身所具有的某些自然事实的认识,洛克既肯定了人的独立性,并从中引出了每个人对自己的生存、身体、行为的权利,也肯定了人

---

① John Locke, *Essays on the Law of Nature*, p. 111.
② 〔英〕洛克:《政府论》上篇,瞿菊农、叶启芳译,北京:商务印书馆 2005 年版,第 56 页。
③ 〔英〕洛克:《政府论》下篇,第 4—5 页。
④ 同上书,第 3—4 页。

的社会性,并从中引出了人应该承担对他人的义务。为了充分地保证每个人的权利,洛克不仅像格劳秀斯、霍布斯等那样论证了人对于自己身体的自然权利、对物质财产的权利,而且比较系统地阐述了人的政治权利。

第三节 从自然权利到公民权利

人不仅是独立存在的个体,同时也是与他人具有不可分割的联系的社会性存在。当人类社会发展到比较复杂的时候,那些或者因为具有血缘关系,或者因为长期生活在一个共同的地域范围内有着直接或间接联系的人,就会有一些需要共同处理的事务,包括确立共同体成员都必须遵守的一些行为规则、确定在处理与其他共同体的关系中本共同体成员应该承担的义务等。反过来,由于有着共同的事务需要处理,也使一定数量的人确实成为一个共同体。如果居住在同一地域范围的一定数量的个人之间没有任何公共事务需要处理,就意味着这些人之间没有共同的利益和需要,或者是没有认识到他们之间存在着共同的利益和需要,这些人就不是一个共同体的成员。

如果一定数量的人认识到他们之间存在着共同的利益和需要,有一些公共事务需要处理,就需要有人实际处理这些公共事务。这样,在共同体中就形成了处理公共事务的权力,即公共权力。涉及共同体公共事务的活动也被称为政治活动,相应的权力也可以称之为政治权力。由于这类权力之行使会影响到共同体所有成员的利益,或者影响共同体成员之间利益的重新分布,因此,在一个人类共同体中,公共权力作用的领域也就是社会生活中的公共领域。在不同的社会经济条件和政治制度之下,公共领域的范围是有很大不同的。如果公共权力作用的范围相对广泛,个人自由就必然相对较小。

正是由于人必须生活在一个共同体之中,而处理共同体公共事务的政治权力必然对个人的自然权利产生影响,所以个人作为共同体的一个成员,即作为公民,也就必须平等地拥有一些公民权利。亦即,每个人的自然权利是以有关的自然事实为基础的,而个人作为公民必然平等拥有的一些权利是以人平等拥有的自然权利为基础的。人的自然权利与其作为公民的权利之间不是平行的类别关系,而是因果关系。个人作为一个共同体的公民最重要的公民权利是政治权利。

一、公共权力与人的政治权利

个人与整个共同体的关系不同于个人之间的关系,个人之间的关系主要对有关的个人产生影响,而个人与共同体的关系,是一种政治关系。个人如果有机会参与公共事务,个人的行为选择或多或少会对整个共同体产生影响。因此,人与人的不可分割的联系不仅孕育、培养了人的社会性,而且,在有着社会关联的人之间有了相对较多的共同事务需要处理时,还形成了个人与其所在共同体的关系,在个人与共同体的关系中孕育、形成了人的公共性。人的公共性是从人的社会性中衍生出来的。但人的公共性不同于人的社会性,不是如何对待他人的问题,而是如何对待由众多的他人构成的整体的问题,涉及的是个人在这个整体中的权利和义务,包括根据这个整体的道德规范、法律规则对待他人的义务。

政治权利指的就是人作为共同体中的一员所拥有的参与共同体事务的权利。包括参与确定共同体处理公共事务的各种规则、法则、程序的权利,参与确定由谁来掌握公共权力的权利,根据有关规则和程序掌握公共权力的权利等。

在人类社会可考证的历史上,直到现代国家出现以前,只是在公元前6世纪至公元前4世纪的一些希腊城邦、罗马共和国时期,成年的自由男子曾拥有参与城邦或国家公共事务的权利。这样的共同体成员被称为公民。当然,无论是在希腊城邦还是在罗马共和国,具有公民资格的人不仅有参与公共事务的权利,更主要的是为了共同体的利益承担各种义务。在其他地区和历史阶段,处理公共事务的权力一直是掌握在少数人手中的。

在人类社会生活还非常简单的漫长历史阶段,在以血缘关系为纽带的氏族、部落中,一方面是家族长自然地成为负责处理简单的公共事务的人,另一方面,对于其他人参与与否也不可能形成明确的权利意识。后来,随着人口的繁衍、数量的增多,一个共同体中的成员之间的血缘关系有的已经相当疏远;同时,由于迁徙、流动,尤其是伴随着一些氏族、部落对另一些氏族、部落的征服,共同体成员之间的关系更是发生了质的变化。生活在同一地域范围内的人,已经不是由于血缘关系,或自然形成的直接或间接联系,成为一个共同体,而是由于经济的和其他人为建构的联系成为一个共同体。此时,负责处理公共事务的人,已经认识到掌握处理公共事务的权力能够为自己和相关的人带来更多的利益,因此,明确地排斥共同体其他成员参与公共事务的意识形成了。

结果就形成了共同体的公共权力长期由极少数人控制的历史。尤其是在通过对其他共同体的武力征服形成的新共同体中,少数掌握公共权力的人以武力、暴力为后盾,以某种思想观念论证自己掌握权力的合法性,不仅排斥其他人对公共事务的参与,而且利用公共权力压迫、控制、剥削大多数共同体成员。形成了一个共同体内部成员之间在人身自由、财产权利、公共事务参与权、文化活动参与权上都存在极大差别的状况,甚至有相当数量的人几乎毫无权利。

不过,随着文艺复兴运动推动西方人对希腊、罗马历史和相关思想理论的了解,同时,更由于在欧洲中世纪随着工商业城市的发展,工商业者从封建领主那里逐渐争取,或者说换取了自主管理自己城市的"特权",在理论上不同于正当之意的权利概念逐渐形成。在实践中,在能够实行自治的工商业城市内部,拥有一定财产的城市市民开始获得参与城市中的公共事务的权利。工商业城市的发展使越来越多的人认识到个人参与公共事务的意义。这些都为自然权利论者论证个人参与公共事务的权利提供了必要的条件。

自然权利论者一般都是以保护人的自然权利为根据,首先肯定公共权力的必要性,而后不同程度地论证个人参与公共事务的政治权利。由于他们是以保护每一个人的自然权利为根据论证个人参与公共事务的政治权利的,因此,他们同时也就限定了公共权力的作用范围,保障了一个不受公共权力侵犯的私人领域。从而将整个社会生活区分为公共权力作用的公共领域和不受公共权力侵犯的私人领域。

霍布斯是以人性恶和人的权利的无限性为根据论证公共权力的必要性的。由于人性恶,"在没有一个共同权力使大家慑服的时候,人们便处在所谓的战争状态之下"。"这种战争是每一个人对每一个人的战争。"[①]同时,他认为在这样每一个人与每一个人交战的状况下,"每一个人对每一种事物都具有权利,甚至对彼此的身体也是这样"。而且,由于人在能力上的大致平等,所以任何一个人的生命安全都不能得到保障。[②] 显然,霍布斯对人性的认识是片面的,并因此夸大了人能够拥有的自然权利。根据人与自己身体的关系,人只能对自己的身体拥有自然权利,没有事实证明人对他人的身体拥有权利。至多,根据人是由父母生养的,能够适当地肯定父母及其他养育者对生养、抚养对象的人身自由拥有一定的支配权。但是,推论至中国传统思想文化中的某些极端观点,即子女必须绝对服从父母的观点,也是没有

---

① 〔英〕霍布斯:《利维坦》,第94页。
② 同上书,第98页。

道理的。因为人出生以后,毕竟在很多方面是靠自己的努力逐渐成长为具有自身需要、意志、人格的独立个体的。而且,到了一定的时候,还能够反过来赡养父母。因此个人自然拥有与自己身体有关的各种权利。

霍布斯依据他自己对人性和人的权利的认识,认为虽然具有理性的人为了保全自己,会认识到"寻求和平""信守和平"、相互订立契约、信守契约等自然法条。但是,"各种自然法本身,如果没有某种权威使人们遵从,便跟那些驱使我们走向偏私、自傲、复仇等等的自然激情相互冲突"。因此,人如果想有和平的生活,就需要建立"能使大家畏服并指导其行动以谋求共同利益的共同权力"。如果要建立这样一种共同权力,"那就只有一条道路——把大家所有的权力和力量托付给某一个人或一个能够通过多数的意见把大家的意志化为一个意志的多人组成的集体"。① 这样,"大家"也就成为一个具有共同权力的国家中的一员。

洛克对公共权力必要性的论述与霍布斯既有相似之处,也有些不同。与霍布斯的相似之处在于,他也承认,虽然在自然状态中有理性的人都能够认识到"自然法",依据自然法任何人都没有伤害他人的权利,然而,这一切都不能保证没有人侵犯他人的权利、不伤害他人。与霍布斯不同的地方是,洛克比较清楚地区分了人的自然权利和在此基础上衍生的权利。

人的自然权利是与维护自己的生存有关的生命、健康、自由、财产等权利。但是由于有人会侵犯他人的这种自然权利,于是,"为了约束所有的人不侵犯他人的权利、不互相伤害,使大家都遵守旨在维护和平和保卫全人类的自然法,自然法便在那种状态下交给每一个人去执行,使每个人都有权惩罚违反自然法的人"。② 这样,人除了拥有"按照他们认为合适的办法,决定他们的行动和处理他们的财产和人身,而无须得到任何人许可或听命于任何人的意志"的权利,还拥有了两种权利:"一种是人人所享有的旨在制止相类罪行而惩罚犯罪行为的权利";另一种是作为受害者"要求赔偿的权利"。③ 这两种权利作为人人都拥有的执法权或管辖权"是相互的,没有一个人享有多于别人的权力"。④

但是,这样的自然状态"有着许多缺陷"。⑤ "由于有些堕落的人的腐化和罪恶",人们就从"庞大和自然的社会中分离出来,以明文协议去结成较小

---

① 〔英〕霍布斯:《利维坦》,第 128、131 页。
② 〔英〕洛克:《政府论》下篇,第 5 页。
③ 同上书,第 3、7 页。
④ 同上书,第 3 页。
⑤ 同上书,第 8 页。

的和各别的组合"。① 这种较小的和各别的组合,洛克称为政治社会。

当一个人自愿与其他人通过协议建立一个政治社会时,就要将自己拥有的惩罚犯罪行为的权利转交给社会。由社会制定法律保护每个人的自然权利,也由社会依照人定的法律惩罚犯罪。这也就形成了一个社会的成员共同创建的包括立法权、执法权、处理与其他社会关系的权力等在内的公共权力或政治权力。他对政治权力的定义是:"为了规定和保护财产而制定法律的权利,判处死刑和一切较轻处分的权利,以及使用共同体的力量来执行这些法律和保卫国家不受外来侵害的权利,而这一切都只是为了公众福利。"②显然,这就是处理共同体公共事务的权力。

二、自然权利与政治权利

由于自然权利论者是从认识论的角度阐述人的理性与自然法的关系的,因此,他们都是既承认人的理性能够认识自然法,又认为任何个人的认识都是有限的。因此,社会实际需要的法律只能是以所有人的普遍同意为基础的人定法。如前所述,格劳秀斯就明确地指出了自然法的存在可以通过先验和经验的方法来证明。先验的证明只能是抽象的证明,而经验的证明方法不是建立在绝对可靠的证据之上的,因此,"'普遍的结果'只能是来自'普遍的原因'",即"人类共同意识"。霍布斯和洛克更是根据每个人都平等拥有的自然权利论证了每个人的同意对于共同事务的必要性。不过,霍布斯主要论述了在建立政治社会或国家时每个人的同意的必然性,然后,个人就永远失去了参与公共事务的权利。所以,他称国家的成员为"臣民"。而洛克则是将人的政治权利作为必须永远拥有并实际行使的权利。所以,他也将政治社会称为"公民社会"。

霍布斯对于每个人参与创建公共权力、创建国家的权利的论证,得出的最终结论是:众人将自己的权力和力量托付给一个人或把大家的意志化为一个意志的集体,也就是指定一个人或这个集体代表他们的人格。"承担这一人格的人就称为主权者,并被说成具有主权,其余的每一个人都是他的臣民。"③主权者一旦确定,就绝对地拥有了立法权、司法权,有权对所有臣民之间的纷争、冲突进行裁判,征税、征兵、决定国内外各种事务以及决定一个人的意见是否可以发表等,同时也包括选择继任者。而其他人既然已经成

---

① 〔英〕洛克:《政府论》下篇,第79页。
② 同上书,第2页。
③ 〔英〕霍布斯:《利维坦》,第131页。

为"臣民",也就没有了任何政治权利。

霍布斯没有在理论上肯定每个人都拥有参与公共事务的权利。但无论如何,霍布斯明确地肯定了主权者的权力是由每个臣民授予的,并因此肯定每个人仍然保有"自己原先具有的天赋自由"。① 亦即,他虽然论证了一个拥有巨大权力的"利维坦",但同时仍然为每个人保留了必要的私人领域。据此,我们不能否认霍布斯也是一位肯定了每个人的政治权利的自由主义者。霍布斯之所以只是将个人的政治权利视为创建国家时的一次性权利,就其理论推导过程方面的问题而言,主要是因为他将谋求共同利益的权力的形成与这种权力的授予混为一谈了。而实际上,一定数量的个人如何形成一个共同体是一回事,确定这个共同体的公共权力由谁掌握可以是另外一回事。

由于霍布斯对主权或公共权力的形成与确定谁掌握公共权力这两个问题的混淆,他完全否定了个人应该拥有的政治权利,形成了一种为绝对君主专制辩护的理论。但另一方面,作为对人的自然权利的肯定者,他实际上还是以人的自然权利、自然法在一定程度上限定了君主的权力。

首先,他将自然权利界定为每一个人按照自己所愿意的方式运用自己的力量保全自己生命的自由,人们建立国家也是为了保障自己的自然权利。人们创建一个主权者就是为了通过限制某些个人自由来避免"每一个人对每一个人的战争"。由于主权是通过人人相互订立信约所产生的,"于是有一点就可以看得很明显:每一个臣民对于权利不能根据信约予以转让的一切事物都具有自由"。② 这样,他就不仅明确了通过信约建立公共权力是为了保证个人的自然权利,同时由于肯定在订约以后个人仍然保留着自己的自然权利,就既为人们更多地行使政治权利留下了必要的空间,也明确地为每个人保留了可以自由行动的私人领域。

另外,基于对自然法与个人理性关系的论述,特别是他对"民约法"与古罗马的"市民法"的区分,霍布斯同样为每个人都有权参与公共事务的观点提供了发展的可能性。他认为"市民法"就是主权者所颁布的规章,是"每一个国家各自具有的法律"。而"民约法指的是成为一个国家的成员就有义务要服从的法律,而不是成为某一个国家的成员才有义务要服从的那种法律"。它是以"大家共同的"知识为基础的。"民约法对于每一个臣民说来

---

① 〔英〕霍布斯:《利维坦》,第 169 页。
② 同上。

就是国家以语言、文字或其他充分的意志表示命令他用来区别是非的法规。"①霍布斯对民约法的阐述实际上已经包含了他对自然法、主权者、人定法之间关系的看法。

他的这些说法清楚地表达了三者之间的关系,并在其中隐含地肯定了每个人参与公共事务的政治权利。他的这些话语不外乎表达了三点:其一,民约法就是自然法;其二,由于自然法只是靠每个人自己的理性去认识,靠每个人自己来执行,具有极大的或然性,所以需要国家以语言、文字明确地表达出来;其三,国家是以臣民的同意为基础建立的,民约法也是以大家共同的知识为基础的。因此,国家、公共权力形成和运作所依据的法律,都是以每个人的同意为基础的。②

施特劳斯明确地指出,霍布斯谈论的"民约法"实际上是"自然公法",这"是在17世纪出现的一门新学科"。这是"政治哲学两种典型的现代形式中的一种,另一种形式就是马基雅维里的'国家理由'意义上的'政治学'"。"'国家理由'学派以'有效政府'取代了'最佳制度'。'自然公法'学派以'合法政府'取代了'最佳制度'。"③而"合法政府"的合法,就在于它是以其公民的一致同意为基础的。

洛克则更为明确地肯定了每个人的政治权利是一种持续行使的权利。洛克之所以能够如此,主要是因为:其一,他比较清楚地区分了人的自然权利和在此基础上衍生的权利;其二,他清楚地区分了公共权力的形成与确定由谁来掌握公共权力是不同的两个问题;其三,他更始终如一地坚持了"每一个人对其天然的自由所享有的平等权利"。④

政治社会是根据人们生来就平等地自然享有的一切权利而建立的。"人们既生来就享有完全自由的权利","他就自然享有一种权力,不但可以保有他的所有物——即他的生命、自由和财产——不受其他人的损害和侵犯⑤,而且可以就他认为其他人罪有应得的违法行为加以裁判和处罚,甚至在他认为罪行严重而有此需要时,处以死刑。"而政治社会则是这样的社会,"在这个社会中,每一成员都放弃了这一自然权力,把所有不排斥他可以向社会所建立的法律请求保护的事项都交由社会处理。于是每一个成员的一切私人判决都被排除,社会成了仲裁人,用明确不变的法规来公正地和同等

---

① 〔英〕霍布斯:《利维坦》,第138、205、206页。
② 同上书,第207—208页。
③ 〔美〕列奥·施特劳斯:《自然权利与历史》,第194、195页。
④ 〔英〕洛克:《政府论》下篇,第34页。
⑤ 对这些权利,洛克有时统称为财产权。

地对待一切当事人。"这里的"公正地和同等地对待一切当事人""明确不变的法规"等都是政治社会的基本特征。而且,这样的法律还必须是所有的人"共同制定的法律"。①

凡是具有这样的法律,以及具有可以向其申诉、有权对其成员之间的纷争进行裁决、对犯罪行为进行处罚的司法机关的共同体,也就成了政治社会。洛克也称之为公民社会。由于每一个人对其自然的自由都享有平等权利,因此"任何人放弃其自然自由并受制于公民社会的种种限制的唯一的方法,是同其他人协议联合组成为一个共同体,以谋他们彼此间的舒适、安全和和平的生活,以便安稳地享受他们的财产并且有更大的保障来防止共同体以外任何人的侵犯"。② 这说的是政治社会以及它的法律都是所有的成员共同参与的结果。

由于政治社会或公民社会是一定数量的个人的集合体,而实际制定和执行法律要由具体的人来承担,从这个角度说,建立公民社会也就是建立有政府的国家。所以,洛克论述政治社会的起源,也就是在论述由公民构成的国家。他说无论人数多少,只要"某些人这样地同意建立一个共同体或政府时,他们因此就立刻结合起来组成一个国家"。"当某些人基于每人的同意组成一个共同体时,他们就因此把整个共同体形成一个整体,具有作为一个整体而行动的权力。"③

对于国家是否真的如此形成的问题,洛克的论证方式与霍布斯类似,他也认为如果根据历史的线索追溯国家的起源,很多国家可能是由家族繁衍而成的。但是,后来,人们就会行使他们的自然自由,选立他们认为最能干和可能最善于统治他们的人为统治者。而且,洛克说"这是毋庸置疑的"。④ 在这个问题上,洛克是过于武断了。但另一方面,他的观点也不是完全没有事实根据的。

虽然无论是由家族繁衍、联合形成的国家,还是靠征服形成的国家,在很大程度上它们都是靠强力和暴力创建和维持的。但是,在国家形成和变化的历史过程中,它如果对普通民众没有任何的价值,它也不可能存在下去。因此,它的那些与维护个人之间或部分人之间相对公正的关系有关的规则、法律,在很多时候也是通过有关个人或有关部分的代表之间的协商、谈判确定的。虽然在近代以前能够参与协商的总是少数人,但毕竟形成了

---

① 〔英〕洛克:《政府论》下篇,第52—53页。
② 同上书,第59页。
③ 同上。
④ 同上书,第64—65页。

人们之间如何能够彼此公正对待的实践经验。不能说洛克的社会契约论与这样的社会事实没有关系。正是在既有的社会实践经验的基础上,社会契约论者根据所有的人都平等的观念,进一步提出了所有的人都有权利参与社会契约的订立、共同体的所有成员共同拥有共同体的最高权力的观点。这样的观点反过来又推动了人们争取自己的有关权利。

洛克提出的另一个论证国家以人们的同意为基础的观点,虽然在现代条件下已经变得很困难,但却也是实际存在的个人表达意愿的一种方式。即无论是家族繁衍、联合形成的国家,还是靠征服建立的国家,个人都能够通过行使自己的自然自由从其中退出,"不再服从,而在别的地方建立新的政府"。① 这通常只有在很特殊的情况下才会实际发生。但是在洛克生活的时代这种情况却是实际存在的,一方面个人具有了独立生活的能力,同时由于美洲大陆为欧洲人提供了脱离原来的国家或政府创建新的共同体的机会。

无论如何,洛克的理论论证了国家和政府应该以每一个人的同意为基础。奴役的存在、某些人的权利被剥夺,归根结底是因为哲学家和普通民众没有认识到每个人拥有这样的权利,更没有实际行使自己的权利。一旦人们认识到自己拥有的自然权利,并认识到只有通过每个人平等地行使政治权利,才能够保障自己的自然权利,必然以各种方式争取平等地行使政治权利。而这正是近代以来人类社会的历史事实。

洛克在论证了每个人创建国家、创建公共权力的平等权利以后,在接下来的论述中,更具体地阐述了公民继续享有的政治权利的类别、规则和理由。首先,在以社会契约为基础的政治或公民社会中,"所有国家的最初的和基本的明文法就是关于立法权的建立"。这个立法权不仅是国家的最高权力,而且是神圣的和不可变更的。"如果没有得到公众所选举和委派的立法机关的批准,任何人的命令,无论采取什么形式或以任何权力做后盾,都不能具有法律效力和强制性。"②这清楚地表达了每个人选举最高权力机关的权利,以及立法权的行使规则和限度。

其次,他明确指出立法机构应该遵循的行为规则。"谁握有国家的立法权或最高权力,谁就应该以既定的、向全国人民公布周知的、经常有效的法律,而不是以临时的命令来实行统治。"③而且,由于立法机关行使的也是

---

① 〔英〕洛克:《政府论》下篇,第71页。
② 同上书,第83页。
③ 同上书,第80页。

"一种受委托的权力,当人民发现立法行为与他们的委托相抵触时,人们仍然享有最高的权力来罢免或更换立法机关"。① 这些则表明了最高权力的掌管者行使权力的方式,以及每个人都拥有监督、罢免掌握公共权力的人的权利。

另外,他还特别指出,作为一个国家的公民,每个人不仅放弃了自己的处罚犯罪行为的权力,同时还给了国家一种权力,即在需要的时候,他就要"使用他的力量去执行国家的判决"。② 这既表达了每个公民都需要承担的义务,也肯定了每个公民都有代表国家行使权力的政治权利。

与上述观点相一致,基于对每个人平等的自然权利的充分肯定,洛克明确地否定了君主专制的政治体制。人们之所以放弃自己执行自然法的权力,主要是因为人会有偏私、惰怠,不能公正、平等地对待他人。如果由一个君主专门掌控共同体的公共权力,那么,"专制君主也不过是人"。因此,"如果一个统御众人的人享有充当自己案件的裁判者的自由,可以任意地处置他的一切臣民,任何人不享有过问或控制那些凭个人好恶办事的人的丝毫自由,而不论他所做的事情是由理性、错误或情感所支配,臣民必须加以服从",这样的一种政府还不如自然状态。"在自然状态中,情况要好得多,在那里,人们不必服从另一个人的不法的意志。"③所以,人类社会需要的是以社会契约为基础建立起来的政府。

洛克对君主专制的缺陷的阐述显然是以实际存在的君主社会的状况为根据的。对于以社会契约为基础的社会,虽然实际上国家并不是在某一个时点上,由一定数量的人订立社会契约建立起来的,但每个人都承认一个人作为人自然拥有的权利和因此衍生的政治权利,却是近代以来人类社会的基本发展方向。并因此使整个社会生活领域分成了每个人都有权利参与的公共领域和公共权力不可侵犯的私人领域。

三、自然权利与公民权利

根据以上对西方人追寻人的自然权利过程的分析,我们可以看出,自然权利论者首先是根据与人自身及其生存有关的事实论证了每个人都平等享有的自然权利。尽管他们对有关事实的认识有某些片面之处,甚至是错误的,但他们都是自觉或不自觉地以事实为根据论证人的自然权利的。所谓

---

① 〔英〕洛克:《政府论》下篇,第 94 页。
② 同上书,第 53 页。
③ 同上书,第 8—9 页。

人的自然权利就是人之为人的权利,即人权。但是,由于人的贪欲、人对自己和与自己关系更近的人的偏私以及人的虚荣等先天或后天的缺陷,人必须凭借一个超越于个人之上的政治社会及从中形成的公共权力、明确颁布的法律,才可能使自己的自然权利得到维护。而且,每个人的自然权利得到平等维护的可能性要变为现实,必须是每个人都获得平等地参与公共事务的某些必要权利。每个人平等地参与公共事务的权利,即每个人平等的政治权利是以每个人平等享有的自然权利为根据的。

然而,所谓每一个人都平等拥有政治权利的政治社会,实际上主要是在近代以来逐渐形成的某些民族国家之中相对实现的。因此,首先,每个人平等拥有的政治权利就成为一个国家的公民平等拥有的一种公民权利。同时,由于每个人以自然事实为根据享有的自然权利,也只有凭借国家的公共权力、国家明确颁布的法律才能够得到维护,这样每个人的自然权利似乎也是作为一个国家的公民才具有的权利。

随着现代民族国家的形成,与公民身份相联系的权利的扩大,一方面,人的自然权利与作为公民的政治权利之间的因果关系被忽略了。无论是与人自身有关的生命权、自由权,还是与维护这些权利有关的选举权、被选举权、组建或参加政党的政治权利,抑或与人的生存和发展有关的各种权利,都被视为人权或与公民身份相联系的权利的不同类别。另一方面,由于自然权利论与自然法学说的复杂关联,自然权利论者通常都是先肯定自然法的存在,肯定每个人是凭借对自然法的认识来维护自己的自然权利的;然后,再通过人的理性能够认识到自然法这个中介环节,肯定人为制定的、以语言或文字的方式明确颁布的法律才能够实际维护人的自然权利;同时,根据人的理性认识能力的局限性,以及人的自利性,推论出只有以普遍同意为基础的人定法才能够平等地维护人的权利。这两个方面共同作用的结果就是,随着民族国家政治民主化程度的提高、公民政治权利的扩大,国家的法律确定了更多的公民权利,公民权利越来越被视为以普通同意为基础的权利,其自然事实根据变得越来越无关紧要。加之,二战以后联合国及其他国际组织,也以明确的组织章程或宣言等方式推动各国以立法的形式维护在一定程度上得到普遍承认的人权,更使得人的自然权利和公民权利似乎成为仅仅是以人的意见、达成的共识为根据的权利。

人的基本权利脱离自然事实,既与自然权利论者对自然法的阐述有关,也与19世纪的功利主义理论有关。自然权利论者一方面将自然法悬置起来,另一方面他们又往往以人的理性能够认识到自然法作为形成普遍同意的根据,并没有将普遍同意的基础更清楚地与自然事实联系起来。后来,随着社会思想理论更加世俗化,19世纪的哲学家开始宣称根本就没有什么自然法,实际存在的只能是人制定的法律。例如,边沁就认为真正的权利是真正的法律的作品。"实在的法律产生实在的权利。**自然权利**是自然法的作品,是一个从另一个隐喻引出的隐喻。"①而人为制定的法律正当与否,根据的是其是否增加人的快乐减少人的痛苦。然而,人的快乐与痛苦,既与一个人的实际状况有关,也与人的主观判断有关。这样就为仅仅将正当与否视为人的主观判断提供了可能性,也为将人的权利仅仅视为以人的意见为根据的普世价值提供了可能性。

当然,以边沁为代表的古典功利主义者在论述人的快乐和痛苦时,在很大程度上还是以人先天或后天形成的需要为根据的。只是在后来的发展中,居主流地位的思想理论越来越不关心人的意愿、意见、行为选择的事实根据,仅仅将每个人的意见、行为选择作为分析的对象。

当人的权利或公民权利既丢掉了它的先验的或超验的根据,又忽视了它的自然事实根据,它就或者被视为一种基于道德的确信,或者被视为制度事实。而这二者的实现,在现代社会都只能通过人们的政治参与,即普遍同意。但是,如果只承认人的权利是一种以人们的意见为根据的权利,一旦某些人的意见发生变化,普世价值受到了质疑,人的有关权利也就不可能再得到保障。而在人的权利中,越是直接与经济利益相联系的权利,也越容易发生意见上的分歧,越容易被否定。20世纪80年代以来国家承担的公民福利责任受到批判和削减的事实充分证明了这一点。而一些人否定个人从国家获得某些经济性福利给付的根本原因则是为了维护自己的经济利益,维护自己本来没有权利过多占有的自然资源带来的利益。

施特劳斯的《自然权利与历史》一书可以说是对于这种仅以人们的意见评判正当与否的现象的系统分析和批判,但是,他的论点与本书的论点又有很大的不同。他批判仅以人们的意见为评判正当与否的根据,导致了漫无节制的相对主义,是为了论证必须以智慧且高尚的哲学家因其本性能够发现的"自然"作为正当的根据。而本书的观点是,谁是智慧且高尚的哲学家以及其提出的观点是否正确,是无法确证的,同样只能导致相对主义。要避免只以人们的意见为根据导致的相对主义,需要的是以客观事实验证人们的意见是否正确。自然权利论者正是因为在这方面有了显著的突破,其思

---

① 〔英〕吉米·边沁:《立法理论》,李贵方等译,北京:中国人民公安大学出版社2004年版,第107—108页。

想观念才取得了巨大的实际影响。后来发生的问题,一方面是由于自然权利论者所认识到的事实有片面性和错误,另一方面则是因为其后思想理论发展的总体趋势不是努力纠正先前论者对事实认识方面的片面性和错误,而是选择了仅仅以反映个人利益、欲望的意见为根据的方向。对此,我们将在下一章进行分析。

第九章　自然正当论与自然权利论

施特劳斯在其《自然权利与历史》一书中,基本上是将西方人以"nature"为根据提出的思想理论分成了两大流派,一个是以古希腊哲学家为代表的古典自然正当论,另一个是以近代以来的自由主义哲学家为代表的现代自然权利论。而他自己则是对古典自然正当论给予了充分的肯定,对现代自然权利论进行了激烈的批判。然而,在人是怎样生活的、人可以并应该怎样生活、以什么为根据评价人的行为和社会层次的规则正当与否等问题上,自然正当论与自然权利论各有缺陷,也各有不可否认的价值,它们之间存在着互补关系。

施特劳斯在《自然权利与历史》一书的导论中,引用了美国《独立宣言》中经常被人引用的一段话:"我们认为以下真理是自明的,人人生而平等,他们被他们的造物主赋予了某些不可剥夺的权利,其中包括生命、自由和追求幸福的权利。"[①]但他自己强调的却是"真理是自明"的,而非人人平等;同时,人人拥有某些不可剥夺的权利,也是自由主义的基本观点。这从他接下来的论述中可以清楚地看出来。

首先,他说在他写作该书时的一代人以前,美国人仍然可以说那些真理是"自明"的,而德国学者已经在感叹,在德国"'自然权利'和'人道'这样的术语已经变得几乎是不可理喻",并"最终导向了漫无节制的相对主义"。一代人之后,就是美国那些有学养的人也是"服膺这样的立场:所有人都被进化的过程或者是某种神秘的命运赋予了多种冲动和激情,但毫无疑问没被赋予什么自然权利"。[②] 实际上,此时他所说的"natural right"已经是"自然正当"而非"自然权利"了。

而后,在他将实在权利与判断它们的标准相区别时,更清楚地表明了他是在肯定"自明"的"自然"才是判断正当与否的标准。他说,"拒斥自然权利(自然正当),就无异于说,所有权利都是实在的权利,而这就意味着,何为

---

① 〔美〕列奥·施特劳斯:《自然权利与历史》,第1页。
② 同上书,第1—2页。

权利(正当)是完全取决于立法者和各国的法院的。可人们在谈到'不公正'的法律或者'不公正'的判决时,显然是有着某种意涵,有时甚至是非如此不可的。在下这样的判断时,我们指的是存在着某种独立于实在权利而又高于实在权利的判断是非的标准,据此我们可以对实在权利作出判断。当今的许多人认为,我们所说的这种标准在最好的情形下,也不过是我们社会或我们的'文明'所选取的理想,它体现在其生活方式或制度中。"①他的这段话作为对现代社会居主流地位的思想理论在确立人的实在权利、评价社会制度正当与否方面存在的严重缺陷的批判,确实是切中要害的。但问题在于,"某种独立于实在权利而又高于实在权利的判断是非的标准"是什么。

　　本书的基本观点是,只有以所有的正常人都能够认识到的自然事实、客观事实为判断是非的标准,才能够避免"漫无节制的相对主义"。某些真理之所以是"自明"的,就因为它们实际上反映了所有的正常人都能够认识到的自然事实。这里的关键一是自然事实。人们根据自己的欲望、利益、偏好以及因此形成的各自意见、观点,只有以自然事实为根据,才可能分辨出"某种独立于实在权利而又高于实在权利的判断是非的标准"。二是以人人平等为根据的"普遍同意"。这既是因为人人平等本身就是事实,同时也是因为,人的认识能力的有限性和局限性,不可能绝对地、完全地认识到有关的自然事实。在这样的情况下,所有人的普遍同意就是必要的。当然,所谓的普遍同意,包括得到普遍同意的多数人决策规则。据此,我们就完全可以看出施特劳斯推论出来的,如果不以自明的"自然"为判断标准,不以"在人的内心就存在着"的某种东西为判断标准,"食人者社会与开化社会并无二致"的说法是没有道理的。因为任何正常的人都不会同意被他人吃掉,"食人者社会"中的"食人"规则不可能是正当的。

　　自然正当论者的基本观点是强调不能仅以人的意见、社会通行的法律、掌握公共权力的人的判断为正当与否的标准,需要"某种独立于实在权利而又高于实在权利的判断是非的标准"。但是,最终他们还是将这样的标准归结为意见,只不过是归结为少数智慧而又高尚的人的意见,然而,又不能确证谁是这样的人。自然权利论者则是以有关的自然事实论证了人人平等、每个人都拥有某些不可剥夺的权利,并因此肯定了以普遍同意为公共生活领域的基本规则的合理性。但是,由于自然权利论者也没有完全自觉到以自然事实作为立论基础的必要性,更由于他们对有关自然事实的认识存在

---

① 〔美〕列奥·施特劳斯:《自然权利与历史》,第2—3页。

片面性和错误,因此,他们对人的权利的论证本身也存在错误。加之既有的传统思维方式的影响,结果也导致了每个人都拥有某些不可剥夺的权利的观念仅仅成为一种"我们社会或我们的'文明'所选取的理想"。

本章将通过对这两种理论的缺陷和价值进行分析,以便进一步证明对人的权利和社会制度正当与否的论证需要以对有关自然事实的努力探究为前提。

第一节　古典自然正当论的价值和缺陷

本书在第七章已经指出,本来在古希腊人的思想观念中,"自然"既是指物质的自然世界,也是指人类社会应该遵循的规范、规则的模本。但是,当人们的兴趣"转向人文主义的学术研究"以后,尤其是到了苏格拉底和柏拉图的时代,以构想的关于人和社会的本质的"自然"为基础展开系统论证的哲学理论形成了。希腊哲学中的"自然"之所以越来越指向"变化中的不变和多样性中的统一性"的本质、本性,与当时的哲学家对已经形成的人与人、人与社会之间的关系的论证有直接关系。亦即,他们的论述实际上是不可能完全脱离自己所感知到的客观事实的。但是,对这些感知到的事实他们又给出了在很大程度上脱离了客观事实的构想。当时,在希腊城邦那样的小规模社会中,由于内部人与人之间的熟悉、外部各城邦或部族之间不断的征战,将整体的和谐放在第一位是极其必要和必然的。因此,论证整体和谐、忽视个人权利的哲学理论的形成也就成为必然。而以苏格拉底、柏拉图为代表的古典自然正当论者,为了论证社会和谐的优先性,就将"自然"主要解释为人追求与自己所属共同体的和谐之"本性",并认为符合这种本性的行为和社会规则才是正当的。从而在很大程度上阻碍了人们努力认识能够作为人人平等之根据的自然事实。对此,本章主要以柏拉图的有关论述为例分析希腊的哲学思想对自然事实的掩盖。

一、柏拉图对正义之源的阐述

柏拉图在他的《理想国》中借苏格拉底之口论述了一种理想的社会。这个理想的社会必须由掌握了辩证法的哲学家来管理。因为辩证法能够"通过推理而不管感官的知觉,以求达到每一事物的本质"。一个掌握了辩证法的哲学家如果"一直坚持到靠思想本身理解到善的本质时,他就达到了可理知事物的顶峰了"。① 柏拉图正是靠这种辩证法来阐述人和社会的本质的。由于他既看到理性和各种科学知识的重要性,又认为辩证法是"不管感官的知觉",因此,他所论述的人和社会的本质既有极其深刻的方面,也有偏离客观事实的地方。实际上,柏拉图自己也承认,"我们不能断定我们所看见的这东西正好就是实在"。不过,由于"只有辩证法有能力让人看到实在","别的途径是没有的",②所以必须如此来推论实在或事物的本质。这种观点显然具有阻碍人们努力关注有关自然事实的作用。

根据他自己提出的认识事物本质的方法,柏拉图认为不同的事物具有不同的功能,如果某个事物不能发挥它的功能,则是由于它有了"特有的缺陷"。人的心灵也同样具有其特有的功能,"譬如管理、指挥、计划等等","除心灵而外,我们不能把管理等等作为其他任何事物的特有功能"。另外,"生命"也是心灵的功能。如果心灵失去了特有的德行,就不能很好地发挥心灵的功能。"坏心灵的指挥管理一定坏,好心灵的指挥管理一定好。"而心灵的德行就是"正义"。③ 柏拉图在此已经初步表达了这样的观点,即正义源自人的心灵、源自人的好心灵,而好心灵就是能够发挥好的指挥管理功能的心灵。关于正义,柏拉图又将其分为"个人的正义"和"整个城邦的正义"。④

就城邦的正义来说,人之所以要建立一个城邦,是因为人需要许多东西,需要各种各样的人住在一起为彼此提供不同的东西。许多人聚集的公共住宅区,即"城邦"。同时,由于人"并不是生下来都一样的"。"个人性格不同,适合于不同的工作。"因为有分工,个人之间必须通过相互交换才能满足各自的多种需要。"于是我们就会有市场,有货币作为货物交换的媒介。"分工发达、市场活跃,人们的需要也会随之增加和提高,人们会希望生活得更加舒服,城邦也会随之扩大、繁荣。而且,人不仅有各种靠物质产品来满足的需要,人还有各种精神方面的需要,因此,城邦还会需要文学家、艺术家、歌唱家等。随着城邦的繁荣、扩大,不同城邦的人彼此就会争夺财富和土地。这"就要走向战争",就需要军队,需要专门的"护卫者"。此外,城邦还需要"统治者"。在这样的城邦里如何能够实现正义呢?正义原则就是:"每个人必须在国家里执行一种最适合他天性的职务。""正义就是只做自

---

① 〔古希腊〕柏拉图:《理想国》,郭斌和、张竹明译,北京:商务印书馆2002年版,第298页。
② 同上书,第299页。
③ 同上书,第40、41页。
④ 同上书,第57页。

己的事而不兼做别人的事。"①

关于城邦的正义,柏拉图最想论证的就是人"并不是生下来都一样的",所以城邦中才会有领导、有分工。而这一观点却不是以无可争辩的事实为基础的。人生下来既有不一样的方面,也有很多明显一样的方面。近代以来发展起来的,并基本得到普遍承认的人权观念,恰恰是以人天生就具有的共同点为基础的。

关于"个人的正义",柏拉图认为个人灵魂中的三个类似部分或三种品质如果能够各司其职,个人才是正义的。这三个部分就是理智、激情、欲望。理智"是智慧的,是为整个心灵的利益而谋划的",它能够起领导作用,使激情服从和协助它;服从理智的激情就成为勇敢;在理智和激情受到适当的教养、教育"并被训练了真正起自己本分的作用,它们就会去领导欲望";"当人的这三个部分彼此友好和谐,理智起领导作用,激情和欲望一致赞成它领导而不反叛",这样的人也就是有节制的人。所谓有节制,是因为欲望"占每个人灵魂的最大部分,并且本性是最贪得财富的"。只有在理智和激情的监视之下,才能避免"它会因充满了所谓的肉体的快乐而变大变强不再恪守本分,企图去控制支配那些它所不应该控制支配的部分,从而毁了人的整个生命"。② 具有了这三种美德的人也就是正义的人。

而且,他特别强调真实的正义并"不是关于外在的'各做各的事',而是关于内在的"事情。这就是"安排好真正自己的事情,首先达到自己主宰自己,自身内秩序井然,对自己友善"。当一个人使自己灵魂的三个部分相互协调、井然有序时,也就是他接受了理智的指导。亦即,社会的正义源自人的灵魂、人的本性。"正义的造成也就是在灵魂里建立起了一些成分:它们相互间合自然地有的统治着有的被统治着,而相互间仅自然地统治着和被统治着就造成不正义。"③

显然,柏拉图这里两次提到的"自然"不是一个含义,前者指的是由理智领导、激情协助、欲望得到节制的"自然"秩序,后者则是指由欲望自然地控制、支配人的生命。人的自然欲望成为统治者就会造成不正义。这样,一方面,尽管柏拉图肯定的是前一种"自然",但是他也没能彻底否定另外一种"自然"的存在,以及"自然"这个术语也可以用来表达与人的感觉、经验有关的东西。另一方面,由人的理智领导形成的"自然"秩序,实际上更多地属

---

① 〔古希腊〕柏拉图:《理想国》,第 58、59、60、62、65、124、134、154 页。
② 同上书,第 169、170 页。
③ 同上书,第 172、174 页。

于人为的秩序,因为理智的领导实际上需要借助人类社会发展过程中积淀起来的文化知识。而由人的自然欲望领导才更多地属于非人为的。因此,人们对"自然"是否就是正义的根据必定会产生质疑。但是,柏拉图强调的或者说主要关注的不是人的心灵与社会文化的相互作用,而是人的心灵中的各个部分各安其位、各自发挥自己应该发挥的功能,就有了内在的真实的正义和外在的"各做各的事"的正义,就实现了自然正当,即"合自然"的正当。

二、柏拉图对正义之源的限定

柏拉图思辨地构想个人的正义,是为了论证人"并不是生下来都一样的"。因为,他虽然认为正义源自人的灵魂的三个部分各安其位、各自发挥各自的作用,但是,他并不认为所有的人都能够做到"不许可自己灵魂里的各个部分相互干涉,起别的部分的作用"。能够如此的"正义的人"只是少数人。井然有序的国家或城邦能够具有"各做各的事"的外在正义,是由于这个国家中的少数人的理智或智慧。"一个按照自然建立起来的国家,其所以整个被说成是有智慧的,乃是由于它的人数最少的那个部分和这个部分中最小一部分,这些领导着和统治着它的人们所具有的知识。"① 亦即,按照"自然"建立的国家、合于"自然"的国家,是由少数能够用自己的理智领导自己的激情和欲望,并因此能够统治大多数人的人所统治的国家。但是,既然指导"和谐状态的知识"只有很少的人能够掌握,大多数人如何确认和相信他们掌握的就是真正的知识、他们的领导就是正义的呢?对此,柏拉图给出了回答:一方面,他基本上认为就是少数人具有认识正义、认识真理的天赋,其他人能够克制自我服从统治者的统治就能够实现正义;另一方面,他的回答又很有辩证性。

他在谈到节制时说,"节制是一种好秩序或对某些快乐与欲望的控制"。然后,先说个人的节制"就是人们所说的'自己的主人'",这就意味着一个人灵魂中"较坏的部分受天性较好的部分控制",反之,"他便要受到谴责而被称为自己的奴隶和没有节制的人了"。② 至于国家的节制,同样是国家中的那个较坏同时也是较大的部分受到了天性较好的部分的控制。柏拉图在将个人与国家类比时,从某种角度说,在他那里还没有发生层次谬误。他没有绝对地说国家的节制就是国家中天性好的那部分人控制了天性坏的大多

---

① 〔古希腊〕柏拉图:《理想国》,第 147 页。
② 同上书,第 150 页。

数人。他的辩证性表现在:

一方面,他说国家中天性较好的部分只是少数,我们"可以看到,各种各样的欲望、快乐和苦恼都是在小孩子、女人、奴隶和那些名义上叫做自由人的为数众多的下等人身上出现的"。"反之,靠理智和正确信念帮助,由人的思考指导着的简单而有分寸的欲望,则只能在少数人中见到,只能在那些天分最好且又受过教育的人中间见到。"如果"为数众多的下等人的欲望被少数优秀人物的欲望和智慧统治着",那么,这个国家就"可以被称为有节制的"。① "对于一般人来讲,最重要的自我克制是服从统治者;对于统治者来讲,最重要的自我克制是控制饮食等肉体上快乐的欲望。"②

另一方面,他又没有完全否认为数众多的下等人也是有理智、有智慧的。这些人的理智虽然在控制自己的欲望方面是有欠缺的,却能够认识到自己得由那些天分最好的人来控制、统治自己。因此,在这样的有节制的国家里,"它的统治者和被统治者,在谁应当来统治这个问题上具有一致的信念"。③ 为数众多的被统治者凭着自己仅有的一点点理智,虽然不能"做自己的主人",却能够知道必须让别人来控制自己,而且知道应该让谁来控制自己。所以,他的结论是,"因此我们可以正确地肯定说,节制就是天性优秀和天性低劣的部分在谁应当统治,谁应当被统治——不管是在国家里还是在个人身上——这个问题上所表现出来的这种一致性和协调。"④

然而,为数众多的下等人所具有的理智和智慧,如果连自己的欲望都不能很好地控制,必须得由他人来统治,又如何证明他们能够知道应当由谁来统治自己呢?即使他们接受了某个或某些人作为统治者,又如何证明他们接受的统治者就是"天性优秀"的人,施行的统治就是正当的呢?柏拉图辩证地推导出来的结论缺乏坚实的基础,显然不能说是"可以正确地肯定"的结论。

另外,柏拉图对他所肯定的理想国中自然秩序之形成的论述也是非常辩证的。一方面,他实际上是仅仅将人性中的好的或善的方面归结为人的本性,而且,不仅认为这样的人的本性就是正义的根源,还认为只是少数人具有这样的本性,认为只有在很少数的人那里是理智领导着激情和欲望,在其他人那里并不是这样。另一方面,他似乎又很强调教育的作用。他说我们挑选战士并对其进行教育,就是要使他们的信念"能因为有良好的天性和

---

① 〔古希腊〕柏拉图:《理想国》,第151页。
② 同上书,第89页。
③ 同上书,第151页。
④ 同上书,第152页。

得到教育培养而牢牢地生根"。① 这样,他们才能用自己的理智节制自己的凶狠和懦弱,成为城邦的自然秩序中的勇敢部分。

对于如何确定城邦的统治者,他认为城邦的统治者应该是"护卫者中最好的"、"最善于护卫国家的人"、"真正关心国家利益的人",而且是能够"终身保持"护卫国家信念的人,既不会因欺骗诱惑,也不会因强力压迫改变信念的人。必须将那些"从童年、青年以至成年经过考验,无懈可击"的人"定为国家的统治者和护卫者"。其中最好的、年纪大一点的做统治者,年轻人做"辅助者或助手"。而最理想的国家则应该由哲学家来做国王和统治者。因为"哲学家是能把握永恒不变事物的人",因此不会被千差万别的事物搞得迷失了方向。"他们知道每一种事物的实在",而且在经验和美德方面也不少于其他人。这是因为哲学家的天性就是"永远酷爱那种能让他们看到永恒的不受产生与灭亡过程影响的实体的知识"。他们"天赋具有良好的记性,敏于理解,豁达大度,温文尔雅,爱好和亲近真理、正义、勇敢和节制"。②

柏拉图以上关于护卫者和统治者的论述,似乎既肯定了人具有某些天赋的特性,也肯定了教育对人的本性的影响。但最后,他还是认为,上天在造人的时候,"在有些人身上加入了黄金,这些人因而是最可宝贵的,是统治者。在辅助者(军人)身上加入了白银。在农民以及其他技工身上加入了铁和铜。"只不过,他指出了父子之间并不一定是同质的。所以,统治者需"极端注意在后代的灵魂深处所混合的究竟是哪一种金属"。"如果他们的孩子的心灵里加入了一些废铜烂铁,他们绝不能稍存姑息。"即统治者的责任就是坚持公正原则,让每个人都做适合其天性的工作。③ 当人们相信了这样的说法以后,人们也就自然能够各安其位,社会也就能够形成"合于自然"的秩序。

不可否认,在柏拉图阐述的观点中,包含着一般人都能够认识到的客观事实:人具有理智也具有激情和欲望,人的理性化程度参差不齐,人的激情和欲望的强烈程度存在差别等。这些都是无可置疑的、一般人能认识到的事实。一个社会如果能够由非常优秀的人来管理、统治,确实很可能成为公正、有序的好社会,这也是有了必要的社会生活经验的正常人能够认识到的事实。但是如何确定谁是那样既有智慧又品德高尚的人呢?对此,实际上人们只能根据一个人的言行来判断。然而,既然人们的本性不同,人又如何

---

① 〔古希腊〕柏拉图:《理想国》,第 149 页。
② 同上书,第 124、125、127、214、228、229、230、232 页。
③ 同上书,第 128、129 页。

确证某个人的观点是"自然正当"的呢?

在如何确证某种观点、意见确实反映着那"永恒的不受产生与灭亡过程影响的实体的知识"的问题没有得到解决以前,只要求人们"自明"地相信自己天生就是某个阶级的人,安于自己的社会位置,社会和谐虽然可能得以实现,但显然是否定了"人人生而平等",因此,社会不可能是公正的。柏拉图论证的自然正当只是"当城邦里的这三种自然的人各做各的事时,城邦被认为是正义的,并且,城邦也由于这三种人的其他某些情感和性格而被认为是有节制、勇敢和智慧的"。① 这既是人的本性中都具有的"自然",也是社会的"自然"。可问题恰恰是,如果"自然"不以人们通常凭着感官知觉能够认识到的事实为基础,只以某种通过抽象的思辨获得的观点为基础,无论是在谁应该是统治者的问题上,还是在何为正当的问题上,人们之间或者说公民之间不可能形成"一致的信念"。

第二节　施特劳斯的自然正当论

这里所说的"施特劳斯的自然正当论",实际上就是他通过对古典自然正当论进行特别的解读和阐释形成的基本观点。在他的解读和阐释中形成的对自然的解释,以及对当代自然权利论者的批判,都有其合理之处。但是,由于他对自然的解释从根本上强调的是它只能靠思辨哲学来假定的特性,因此,他对"自然正当"的阐述、对"自然权利论"的批判也并非令人能够完全接受。

他在论述自然正当观念的起源时,对"自然"的含义给出了如下一些解释:首先,他指出,"毋庸多说,比如'天地'与'自然'当然是两回事"。另外,他还指出,"如果把自然理解为'现象之全体'的话,发现自然的要旨就无从把握。因为自然的发现恰恰在于把那一全体分成了自然的现象和不属于自然的现象:'自然'是一个用于区分的名辞。"而后,他还批判了那种"拒绝把'自然'当作一个标示分别的名辞",相信"凡存在之物,无不是自然的"观点。② 这就是说,他所说的"自然"不是相对于人类社会及人所创造的东西而言的自然世界,也不是人类社会中所有的事物,而是其中的某一些才属于"自然"。

对于"自然"是什么,施特劳斯是联系对"正确的方式",亦即对正当的

---

① 〔古希腊〕柏拉图:《理想国》,第157页。
② 〔美〕列奥·施特劳斯:《自然权利与历史》,第82、83、91页。

解释加以阐述的。他认为自然有两个含义：其一是指"作为某一事物或某类事物的本质性特征"；其二是指"作为'初始事物'"。而"正确的方式"则是自然的两个最重要的含义之间的"纽带"。① 即并非所有的自然存在的事物就是自然，只有体现着事物的本质性特征的初始之物才是"自然"。确立自然正当首先需要认识"自然"，否则自然正当的观念也就"必定不为人所知"。而"发现自然乃是哲学的工作"。"哲学是对万物'原则'之追寻，这首先指的是对万物'起始'或'最初事物'的追寻。"② 亦即，哲学的工作包括两项内容：一是发现自然，即追寻"最初事物"；二是依据所发现的"自然"追寻万物之原则。

对于哲学工作的这两项内容之间的关系，或者说发现"自然"的意义，一方面，施特劳斯给出了非常到位的阐释："简而言之，我们可以说自然之发现就等于是对人类的某种可能性的确定，至少按照此种可能性的自我解释，它乃是超历史、超社会、超道德和超宗教的。"③ 亦即，发现自然，就是要把"自然"从"现象之全体"中区分出来；依据所发现的"自然"追寻原则，就是要把正当的方式从被权威确定和维护的祖传的习俗、惯例中区分出来。从而正当的方式、以对发现的"自然"的解释追寻到的原则，将是"超历史、超社会、超道德和超宗教的"。

但是，另一方面，从某种角度说，施特劳斯的论述是将自然与正当原则等同了。当然，他的等同不是一种同语反复式的等同，而是通过肯定只有少数"高等人"的自然或本性才能够发现或体现自然正当，以突破同语反复式的等同。他的自然与正当原则的等同的中介环节是"善""自然的人性"以及"高等人"的自然本性。因此，他的自然正当论主要是肯定了对于"高等人"来说"真理是自明的"，并实际上否认了"人人生而平等"。

一、"自然"与善、"自然"与人的认识

施特劳斯认为，"经由自然的发现，基于祖传而要求权利的路数被连根拔起。哲学由诉诸祖传的转而诉诸好的——那本质上就是好的，那由其本性[自然]就是好的。"④ 这里的权利实际上是正当或正当原则，"好的"在中国哲学论著中通常译为"善的"。仅就这段话而言，他还是以自然与正当原则的区分为前提的。亦即，在哲学认识了"自然"之前，是以祖传的来证明原

---

① 〔美〕列奥·施特劳斯：《自然权利与历史》，第 84 页注释[3]。
② 同上书，第 82、83 页。
③ 同上书，第 90 页。
④ 同上书，第 92 页。

则之正当,经由"自然"的发现,以后就是以其好或善来证明原则之正当。显然,好的或善的也属于价值判断。如何证明某种东西或行为规则、原则是好的或善的呢? 施特劳斯说,哲学仍然保持了论证正当原则方面的"一个根本因素",即仍然保持了正当与初始事物,即"最古老的事物"的联系。"哲学由对祖传之物的诉求转向了对于某种比之祖传的更加古老的事物的诉求。""自然是比之任何传统都更古久,因而它比任何传统都更令人心生敬意。""在根除了来自祖传的权威之后,哲学认识到自然就是权威。"① 这样,他就将好的或善的与"自然"等同起来了,二者都是指"初始事物"。

接下来,他又将好(善)的与人及人类社会的事务相联系。他通过引述古希腊哲学家赫拉克利特的一句话阐明了自己的观点,即无论是否存在特殊的神或天意,只有人或人类才需要分辨正义与否。"只有对人类行为者来说,而且最终对于人类的裁断来说,正义才是好的而不义是糟糕的。"② 即正义或正当与否是人的判断,人认为是好的或善的就是正当的。当然,在这样的等同中,施特劳斯强调了需要依据的是人的理性做出的判断。发现自然的是人的"理性或理智",因此,"把自然称作最高权威,就会使对哲学而言至关重要的分别,亦即理性与权威之间的区别模糊不清"。因为在发现自然之前,正当是由权威及权威所维护的法律或习惯来界定的。正当"最初露面时,被等同于法律或习惯,或者是它们的一个要素;而习惯或习俗在哲学出现后则被看成是隐匿了自然的东西"。③ 这就是说,所谓自然的发现,是通过哲学的工作,即通过运用人的理性对已经存在的习俗、惯例、法律是否正当,或者说它们所维护的权利是否正当,进行裁断。人的理性判断为正当的、好的或善的,就是自然的。

二、人性与"自然的人性"

对于人的理性,施特劳斯一方面认为所有的正常人都是具有理性的,另一方面又认为并非所有的正常人的理性都是能够发现正义、正当的"自然的人性"。只有"区别于一般意义上的自然的人性",才能够充当宇宙秩序所具有的"道德特性"的基础。这样的"自然的人性"不是人的任何欲望和喜好。为了认识这种"自然的人性","我们必须区分那些与人性吻合因而对人而言是善的,以及那些败坏了他的天性或人道因而是坏的人类欲望和喜

---

① 〔美〕列奥·施特劳斯:《自然权利与历史》,第 92—93 页。
② 同上书,第 94 页。
③ 同上书,第 93、94 页。

好。如此我们就导向了一种生活、一种人生的观念,此种生活是善的,乃是因为它符合于人性。"①所以,对于人的本性,施特劳斯有时说的是人与其他动物的区别,有时说的是"高等人"的德行。正是在对人性的不同解说的变换、交替过程中,他论证了"自然的人性"才能够作为自然正当的根据。

关于人的本性,施特劳斯说:"每个人都以这样那样的方式区分肉体与灵魂;而且每一个人都得承认,他不可能在不自相矛盾的情况下否认灵魂高于肉体。那使人的灵魂区别于禽兽的灵魂的,那使人区别于禽兽的,乃是语言,或者理性,或者理解力。因此,人分内的工作就在于有思想的生活,在于理解,在于深思熟虑的行动。""人天生就是社会的存在。他乃是这样构成的,除了与他人生活在一起,他就无法生活下去或活得很好。既然使人区别于动物的是理性或语言,而语言就是交流,那么人比之任何其他社会性的动物,都在更加彻底的意义上是社会性的;人性本身就是社会性。"人的社会性不是从对快乐的"盘算中得来的","他的快乐是从联合中得来的"。"因为他天生就是社会性的。对他而言,爱、亲密、友谊,与对自己利益的关切、对何物有利于自己的盘算,都同样自然。""正是人的自然的社会性"构成了自然正当的基础。"由于人天生就是社会性的,他完满的天性就包括了最卓越的社会品德——正义。"②

毫无疑问,有语言、理性,比其他动物更具有社会性,这些都是人与禽兽的区别。因此,都可以说是人的本性。但是,人所具有的语言、理性、理解力等,相对于人"有思想的生活"和"深思熟虑的行动"来说,都是潜在的能力。人具有这些潜在的能力,不等于人就一定能够实现"有思想的生活"及"深思熟虑的行动"。没有这样的潜能,人固然不能实现"有思想的生活","深思熟虑的行动";有这样的潜能,人要把天生具有的潜能变成实际的能力,必须有社会文化这个中间环节。同样地,"人天生就是社会的存在"固然是事实。但人的天生的社会性也主要是一种潜在的特性,真正成为对他人的"爱、亲密、友谊",成为对何为社会正义的认识,以及能够"对何物有利于自己"进行"盘算",也必须接受一定的社会文化。更重要的是,人不仅具有社会性,人也是独立存在的个体,有自己的利益追求,因此,人仅仅通过深思熟虑,可能认为某种社会秩序就是自然秩序、恰当的秩序,也可能不这样认为。

然而,施特劳斯不打算从社会文化对人的本性的塑造方面看问题,至多只是强调当社会的规模与人的自然能力相符合时,有助于人性的完满。例

---

① 〔美〕列奥·施特劳斯:《自然权利与历史》,第 95—96 页。
② 同上书,第 128、130 页。

如,以血缘关系为基础的种族群体,城邦那样的小规模的封闭的公民社会。这是"人们能够在其中达到天性的完美的社会"。① 但并非所有的人都能够达到人性的完满。"这一事实就表明,即使是专制统治本身也并非违背自然。自我限制、自我强迫和施加于自身的权力,其实在原则上就是对别人的限制和强迫,以及施加于别人的权力。""于是,看起来,人性的完全实现就并不在于公民社会中的某种消极的成员身份,而是在于受到政治家、立法者或创建者的恰当指导的活动中。"②这就为论证只是少数"高等人"的自然本性才与正义等同铺平了道路。

因此,他最终强调的是"善的生活是人性的完美化"。"合于自然的生活是人类的优异性或美德的生活,是一个'高等人'的生活。""人性是一回事,德行或人性的完善又是另外一回事。德行,尤其是正义的确切性质无法从人性中推演出来。"③既然"人性是一回事,德行或人性的完善又是另外一回事",社会的"自然正当"就不可能靠人性来实现和维护。所以,社会就需要有德行的人来统治。

三、"正当"与每个人的意见

施特劳斯将人性与德行相区别,并认为人的德行是不同的。这些观点都是符合事实的。一方面,他说人的天性或德行的不同是先天的,"并不是所有的人都同等地为自然所装备来向着完善前进,或者说,并不是所有的'天性'都是'好的天性'。就在所有的正常人都具备道德能力的同时,有的人需要别人的指导,而有的人根本不需要别人的指导,或者只在小得多的程度上需要指导"。④ 另一方面,他在一定程度上似乎不关心这种差别是先天的还是后天造成的,"不管自然能力方面有何差异,并非所有的人都是以同等的热忱来追求德行的"。⑤ 这两个方面都是对社会实际状况的阐述。但是,如何证明谁是这样天生的"高等人"或热忱地追求德行的人呢?

在如何证明谁是天生的"高等人"或热忱地追求德行的人这个问题没有得到解决的前提下,肯定古典自然正当论者的观点,否定人人平等就缺乏合理性了。施特劳斯借着对古典派观点的阐述表达的看法是,"由于人们在人类的完善方面亦即在至关重要的方面是不平等的,一切人的平等权利对于

---

① 〔美〕列奥·施特劳斯:《自然权利与历史》,第 133 页。
② 同上书,第 134、135 页。
③ 同上书,第 128、147 页。
④ 同上书,第 136 页。
⑤ 同上。

古典派来说,就是最不公正的了"。① 然而,在不能证明谁是天生的"高等人"或热忱地追求德行的人的前提下,更合理的选择只能是,凭借所有的具有语言能力、理性、理解力的正常人的共识。因为,一方面,在这样的人之间,以事实为根据的认识和以某个人自己的内心领悟为根据的判断相比,还是在前一种情况下更容易达成共识;另一方面,即使人们还没有或无法认识到有关的事实,所有人的共识也比少数人的专断相对公正。

实际上,施特劳斯在强调少数"高等人"支配、统治社会的必要性的同时,也承认那只是一种政治理想,在现实中"没有任何人,也没有任何人群团体能够公正地统治人类"。② 对于"高等人"统治社会的必要性,他强调"即使是专制统治本身也并非违背自然"。"专制统治之为不义,只有当其运用于那些能被信念所统治或那些理解力充足的人时,才是如此。""正义与德行总的来说都必然是一种权力。"并且说,"好人并不就是好公民,而是在一个好的社会中扮演统治者角色的好公民"。这样的人"不知怎样就意识到,政治乃是人类优异性使自身得到充分发展的领域"。"在他们的精心培育下,所有形式的优异性都会以某种方式相互依赖。"因此,"公民社会或城邦的道德与个人的道德并无二致"。③ 亦即,城邦的"自然正当"不是因为没有专制或指导,而是因为那些能够提供指导或专制的人以他们的"自然本性"认识到了正当,并使那些不能以信念主宰自己的人受到了恰当指导。显然,这并没有解决如何识别优异的政治家、立法者的问题。

对于由优异的政治家统治实现公正的好社会之不现实,施特劳斯首先承认,像城邦这样的小规模社会即使合于人的自然本性,它也必然有破坏人的本性的需要。因为小规模的封闭社会,"就必定意味存在着不止一个公民社会,因此战争就有可能发生"。于是公民社会就必须培养起尚武的习惯,必须关注"伤害他人"。"而公正的人乃是不会伤害任何人的。""为了避免这种自相矛盾,城邦就要将自己转变成'世界国度'。"但是,没有任何人能公正地统治人类,这就只能是"由上帝统治着的宇宙"。④ 但施特劳斯也不想将"自然"等同于上帝的旨意。于是他提出必须"淡化"自然正当,以便使之"与城邦的要求相匹配"。城邦要求的是"将智慧与同意相调和"。⑤ 这样,施特劳斯就在一定程度上考虑了每个人的意见的重要性。

---

① 〔美〕列奥·施特劳斯:《自然权利与历史》,第 136 页。
② 同上书,第 152 页。
③ 同上书,第 134、135 页。
④ 同上书,第 151、152 页。
⑤ 同上书,第 155 页。

他之所以不能完全忽视每个人的意见的重要性,实际上与自然正当论没有解决如何确证谁是天生的"高等人"或热忱地追求德行的人有关。没有解决这个问题,就不能避免有人会冒充有智慧的明智者,"暴政的前景比之智慧者统治的前景要更加光明"。所以,尽管他充分肯定古典派的看法——"智慧对于自然而言是最高级的,它具有统治的资格",而且坚持"明智的统治者们不应该向他们那些不明智的臣民们负责"。"如若要使得明智者的统治依赖于不明智者的选举或同意,那就违背了自然。"但他基于对现实的了解也承认,"人们对于智慧的必然要求必定会受到对于同意的要求的限定"。由最好的人统治的最佳制度"只有在最有利的条件下才成其为可能",现实中,最好的办法也只能是调和对于智慧的要求和对于同意的要求。①

自然正当论的基本观点就是,将少数高尚且有智慧的人的本性视为判断正当的根据。毫无疑问,真正高尚且有智慧的人确实是能够抛开个人私利和偏见,相对公正地评价善恶、美丑的人。一个社会如果能够由高尚且智慧的人来领导,社会成员也更有可能以人性优异、道德高尚为追求目标。但是,这种理论的最大问题是如何确证谁是真正高尚且有智慧的人。这个问题不解决,高尚、智慧作为判断正当与否的标准,就只能是水中月、镜中花。

四、智慧与意见的特别"调和"

从根本上说,施特劳斯并不想放弃存在着只有哲学家才能够认识到的"超历史、超社会、超道德和超宗教的""自然正当"的观点,因此,他通过对苏格拉底的解读,主要从两个方面阐述"将智慧与同意相调和"的必要性,而实际上却是阐述了一种特别的"调和",即最终抛弃意见。他所论述的这两个方面是:其一,现实社会中的法律、习俗未必是"明智的立法者制定"的,很可能与"自然正当"相去甚远。如果以自然正当来评判既有的法律、习俗,自然正当就会"成为公民社会的火药桶"。所以公民社会要求以习俗性的正当来淡化自然正当。② 其二,为了避免妥协成为完全没有根基的东西,施特劳斯仍然试图通过强调哲学家的重要性来辩护。他认为哲学家能够引导其他人认识那"永恒的、不变的或真的事物",认识自然正当或正义。

仅就他肯定社会大众的意见需要哲学家的引导而言,施特劳斯的观点是极其有价值的。因为即使是显而易见的自然事实也不是所有的人都能够自然认识到的,所以在认识自然事实方面,哲学家或者说有智慧的人对大众

---

① 〔美〕列奥·施特劳斯:《自然权利与历史》,第141、142、143 页。
② 同上书,第155 页。

的引导是必要的。但是,他通过对苏格拉底的解读给出的具体阐述,实际上表达的却是最终要抛弃大众的意见。

"人们关于事物或者说某些极其重要的事物种类的意见,是彼此相冲突的。认识到了这种冲突,人们就得超出意见之外,而去寻找有关事物本性的融通无碍的观点。"在这个过程中,"意见就被看作是真理的片断"。"换言之,意见乃是自存的真理所要向之寻求的,而且达到真理的升华是由所有人都一直领悟着的那种自存的真理所指引的。"因此,凭借"交谈""辩论",人们就能够通过"关于事物本性的意见来了解它们的本性"。这就是哲学,"哲学就在于由意见升华到知识或真理"。① 他所说的"升华"显然就是最终使大众认识到自己的意见之错误,从而抛弃大众的意见。

施特劳斯的自然正当论与古典自然正当论一样,都是以构想的"本质""本性"论证社会层次规则的根据,结果既否认了人与人之间的平等,又没有解决如何确证谁是有智慧的"高尚之士"的问题。而这个问题不解决,仅仅谈论社会应该由有智慧的"高尚之士"来领导才能够实现自然正当,是缺乏实践意义的。尤其是在人类社会需要明确正当、正义之时,实际已经出现的是以智慧为权力辩护的情况下,仅仅论述依靠少数人的智慧追寻正当、正义,其结果只能导致智慧与权力的结合,少数人压制、控制大多数人对自身利益的合理追求。

但是,施特劳斯下面这个观点是非常有价值的,即一个社会中的哲学家、高尚且有智慧的人应该承担起引导大众追求人的优异性和美德的责任。因为人既是有着自身需要和利益的独立个体,又是同他人有着直接或间接关联的社会性存在,并且必然从这种社会性中衍生出人的公共性。作为社会的成员,作为一个共同体中的一员,人如果只知道追求个人利益的实现、自身欲望的满足,其结果不仅是使人的社会性需要不能得到适度的满足,使人不知何谓友善、情谊、真诚、高尚,导致人的恶性膨胀、品性堕落、相互伤害,而且在这样的社会文化环境中,由于人不能够了解个人与其所在共同体的共生关系,人的自利性也不可能得到满足。同时,人与人之间无论是因为先天还是后天形成的特性,在追求方面确实存在很大差别。因此,一个社会中品德高尚、有智慧、有思想的人承担起引导人追求美德的责任,引导大众共同创造激发人的善性的社会文化是非常必要的。

在思想文化领域中,确定谁是品德高尚、有智慧、有思想的人,主要靠的是个人表现和表达出来的品德、智慧、见解,而不是靠控制他人能够得到怎

---

① 〔美〕列奥·施特劳斯:《自然权利与历史》,第125页。

样的物质和非物质的利益的权力。即使有人依靠公共权力一时被误认为是品德高尚、有智慧、有思想的人,也不可能持久,早晚会被大众和真正品德高尚、有智慧、有思想的人识别出来,并予以抛弃。

当然,一个社会中品德高尚、有智慧、有思想的人承担起引导人追求美德的责任,引导大众共同创造激发人的善性的社会文化,并不等于社会政治制度、法律规则不以平等地维护每个人的利益、权利为目的。所以,智慧与意见的调和不应该是最终否定意见,而是引导意见和尊重意见的结合。"交谈""辩论"的作用主要在于澄清事实、发现推理中的逻辑错误,而不是完全抛开凭借着感官知觉能够认识到的自然事实。因为,如果没有这样的自然事实作为依据,不同的意见不可能仅仅通过"交谈""辩论"就形成科学知识或达于真理。

实际上,施特劳斯所说的两种"自然",人们凭着"感官性质的知觉"就能认识的自然,恰恰是另一种"自然",即只能通过哲学的工作才能认识的"真正存在"和"自然正当"的根据。因为"正当"是人们对人与人、人与社会之间关系应该如何的"裁断",正是由于有的人德行好,有的人德行差,无论是先天具有的还是后天造成的,德行不同的人对何为"正当"必然有不同的意见或"裁断",只有以人凭感官知觉能够获得的经验事实为根据,通过哲学的工作推论出来的观点才可能得到他人的承认。如果没有真正的自然事实这个坚固的基础,人们是不可能就何为正当达成一致意见的。

不过,由于人的认识能力的局限性,更由于社会现象与人的行为选择相互作用的结果直接相关,在很多情况下人的判断无法以自然事实为基础,此时既需要有智慧、有思想之士的引导,也更需要对普通人的意见给予切实的尊重。人们之间共识的达成总是需要有所依据的,或者以人们凭着感官知觉就能认识的自然事实为基础,或者以人们对自身利益的判断为基础,或者以人们普遍接受的价值观念为基础。在无法以自然事实为根据的情况下,社会成员之间一定程度的共识就既是识别智慧的"高尚之士"的根据,也是正当的根据。

施特劳斯在分析与自然权利论相联系的"合法政府"学派同古典的"最佳制度"学派之间的区别时,他承认"最佳制度"是一种哲学家构想的理想状态,所以,"它没有回答,也没打算回答此时此地何为正当秩序这一问题",同时他又指出,"合法政府"学派"则一劳永逸地,也就是说置地点和时间于不顾,回答了这一基本问题"。"自然公法想要对政治问题给出这样一种普遍有效的解决办法,使之在实践中能够普遍应用。换言之,在古典派看来,政治理论随时随地需要政治家的实践智慧的补充,而新型的政治理论本身就解决了关键的实际问题。"施特劳斯的结论是,"古典政治哲学的明达灵活让位给了偏执的僵硬不化"。① 实际上,"合法政府"派也不可能一劳永逸地解决何为正当的问题。但是,由于它肯定了每个人的权利,因此依靠每个人的努力和智慧使社会变得越来越公正就有了可能性。

第三节　自然权利论的价值与根本缺陷

对于自然权利论的根本价值,我们在上一章已经给出了必要的分析。概括地说,首先是它的论者自觉或不自觉地以关于人本身的事实为根据,论述了人的平等以及人平等享有的自然权利。另外,他们以对人的自然权利的平等为根据论证了人在政治上的平等权利。

在此我们有必要补充的一点是,他们对人人平等的肯定并非不承认人与人之间存在各种差别,他们强调的是人之为人就必然在某些方面是相同的。霍布斯强调的是人在能力和目的上是平等的。因此他认为亚里士多德的学说基础,即"人类根据天性来说,有些人更宜于'治人'","另一类人则以'役于人'为相宜","这种说法不但违反理性,而且也违反经验"。②

洛克一方面与霍布斯一样也强调人在能力与目的上的平等,"一切具有同样的共同天性、能力和力量的人从本性上说都是生而平等的"。③ "同种和同等的人们既毫无差别地生来就享有自然的一切同样的有利条件,能够运用相同的身心能力,就应该人人平等,而不存在从属或受制关系。"④ 另一方面,他又比霍布斯更清楚地表达了这样的观点,虽然说"所有的人生来都是平等的,却不能认为我所说的包括所有的各种各样的平等"。他承认人的"年龄或德行可以给人以正当的优先地位",也承认人们在才能上是有差别的,有些人是位于一般水平之上的。另外,"由于自然、恩义或其他方面的原因",一些人会得到或者说应该得到他人的尊敬。但是,凡此种种都与所有人在管辖或统治方面的平等没有矛盾。"每一个人对其天然的自由所享有的平等权利,不受制于其他任何人的意志或权威。"⑤

但是,由于自然权利论者对人本身和人与自然资源关系的认识都存在片面性或错误,因此,他们的理论也有着严重的缺陷。对于人本身的认识,

---

① 〔英〕霍布斯:《利维坦》,第 195—196 页。
② 同上书,第 92、117 页。
③ 〔英〕洛克:《政府论》上篇,第 56 页。
④ 〔英〕洛克:《政府论》下篇,第 3 页。
⑤ 同上书,第 34 页。

最突出的问题是,过度肯定了人的独立性和自利性,忽视了人的社会性以及其中可以发展出来的善性。尽管我们不能说"合于自然的生活是人类的优异性或美德的生活",但是,自然权利论者几乎完全否认了人的这个方面,同样是片面的。自然权利论者对人与自然资源关系的论证,问题更为严重。由于人与人、人与社会的关系在很多方面是通过人与物,包括人与自然资源的关系折射出来的,因此,无论是人的最基本的平等权利的确证,还是人与人、人与社会关系的正当原则、规则的形成,不仅要考虑人自身的特征,也必须考虑人与自然资源的关系。如果对人与自然资源的关系缺乏充分的认识,人对自身的平等权利就不能完全得到确证。

对自然权利论的主要缺陷和价值,仍然可以借助施特劳斯对霍布斯和洛克的评论与批判加以认识。

一、施特劳斯对霍布斯的分析和批判

霍布斯对人的自然权利的论证是以人的自我保全需要为基点的。这是与人有关的自然事实,但如果仅仅将人视为以满足这样的需要为目的,仅仅肯定"人类的欲望和其他激情并没有罪"①,对人的认识显然也是片面的。霍布斯也认识到仅仅以人的自我保全为目的来论证他的哲学理论是有问题的。

施特劳斯对此的分析是,"古典形式的自然权利论是与一种目的论的宇宙观联系在一起的。一切自然的存在物都有其自然目的,都有其自然的命运,这就决定了什么样的运作方式对于它们是适宜的。就人而论,要以理性来分辨这些运作的方式,理性会判定,最终按照人的自然目的,什么东西本然地(by nature)就是对的。"②而霍布斯是将"对于知识的关切"作为目的了。"然而,倘若整体全然不可理解,知识就无法维系目的。"结果,"一切意义的全部可理解性,其最终根源都在于人类的需要"。③ 尽管霍布斯对人的需要的认识相对于马基雅维里已经有所纠正,仍然导致了严重的错误。

施特劳斯认为发现了"人类的需要"这块"大陆"的是马基雅维里,是他将古典政治哲学的"人应该怎样生活"的问题变成了"人们实际上是怎样生活"。而这一发现就"丢弃了善的社会或善的生活的本来含义"。④ 霍布斯认识到仅此"无法保障正当社会秩序的实现"。所以,他一方面不是如古典

---

① 〔英〕霍布斯:《利维坦》,第95页。
② 〔美〕列奥·施特劳斯:《自然权利与历史》,第8页。
③ 同上书,第180页。
④ 同上书,第181、182页。

政治哲学那样"以把人的目的或完美的人视作理性的和社会的动物的观点,来定义自然法",另一方面他也反对马基雅维里的解决方法。他"基于马基雅维里对于传统的乌托邦学说的根本反对所要做的,是试图保持自然法的观念,但又要使它脱离人的完美性的观念"。① 那么,霍布斯是怎样论证的呢?

按照施特劳斯的看法,霍布斯将两种相互背离的传统结合起来了。一方面,就政治哲学的功能和范围而言,"霍布斯是赞同理想主义传统的";但另一方面,由于古典的政治哲学关注的是"人类优异性的生活"和"最佳制度",因而遭到了失败。因此,"他确信,传统政治哲学'更其是一场梦幻而非科学'"。所以,"他想要以恰当的方式,做好苏格拉底的传统以全然不妥的方式做过的事情。他需要在苏格拉底的传统遭到失败之处取得成功。"②

但是,一当霍布斯拒绝了人天生就是政治或社会动物的假定,他"就加入了伊壁鸠鲁的传统"。接受了伊壁鸠鲁主义的"善根本而言等同于快乐"的前提,并且"给那种非政治的观点赋予了政治的内容"。"于是,他就成了政治享乐主义的创始人。"这样的政治享乐主义与政治无神论是"同气相应、同声相连的"。同时,由于霍布斯认识到,或者说认为,传统哲学对智慧的寻找并未能成功地将自己变成为智慧,"要在传统遭到失败之处取得成功,人们一开始就得思考使智慧成为现实的必备条件:人们一开始就得思考正确的方法"。霍布斯提出的正确方法就是既要肃清怀疑论,"同时又公正地对待怀疑论中所包含的真理"。③ 亦即,无论是从基本假设还是从方法上说,霍布斯"实际上是将两种相反对的传统结合起来了"。④

对于施特劳斯的上述分析我们似乎可以做出这样的解读,即在古典自然正当论中,所谓"理性会判定"及"本然地就是对的",都是以抽象的思辨性假设为前提的。由于缺乏坚实的基础,古希腊哲学家构想出少数高尚且有智慧的人的本性"本然地就是对的",但却无法证明谁是这样的人。而"自然法"学说的论者,最终以构想的上帝的意志为依据。由于现代自然科学的形成和发展,主要靠抽象思辨和演绎推理来论证何为正当的理论路向,无论是以神的意志为前提还是以人的理性自然就能够形成的观念为前提,都受到了冲击。然而,自然科学并没有也不可能否定人的理性。既然人是有理性的存在,有关人和社会的理论思考、哲学论证就很难将人视为非目的

---

① 〔美〕列奥·施特劳斯:《自然权利与历史》,第 183 页。
② 同上书,第 169、172、181 页。
③ 同上书,第 172、173、174 页。
④ 同上书,第 174 页。

的存在。因此,"这就意味着,人们被迫接受一种根本的、典型的现代二元论,亦即在自然科学上的非目的论和在人的科学上的目的论"。①

那么,既然由霍布斯开启的现代自然权利论不再将宇宙和社会的和谐视为目的,最终只能将人的需要作为目的了。"一切意义的全部可理解性,其最终根源都在于人的需要。"如果"自我保全的欲求乃是一切正义和道德的唯一根源,那么,基本的道德事实就不是一桩义务,而是一项权利"。因此,"公民社会的职能和界限就一定得以人的自然权利而不是其自然义务来界定。国家的职能并非创造或促进一种有德行的生活,而是要保护每个人的自然权利"。并因而导致了自然权利论的根本性问题。即施特劳斯所说的,不再将恶视为"灵魂的淫逸放荡或软弱","自我节制的'严肃德行'就没有了立锥之地"。②

施特劳斯的评论有其合理之处,也有不当之处。他对霍布斯"基于马基雅维里对于传统的乌托邦学说的根本反对所要做的,是试图保持自然法的观念,但又要使它脱离人的完美性的观念"的判断是准确的。他正确地指出了霍布斯完全以"自我保全"为人的目的推论自然法或人类法,必然导致严重的不当。但是,霍布斯以一定的"自然事实"为根据推论出每个人都拥有平等权利是具有重要价值的。只不过因为他以人的目的是追求自己的利益为基点,没有认识到人也是能够为了他人而牺牲自己的某些权利,甚至是生命的。由于他没有认识到人的社会性这样的"自然事实",所以,他的论点存在着明显的局限性和片面性。

施特劳斯提出,"如果唯一的不受制约的道德事实就是个人自我保全的权利的话,那么,公民社会就很难要求个人在参加战争和被处极刑时舍弃那一权利"。③ 对于被处极刑的问题,霍布斯的理论是完全能够回答的。但对于个人能够不顾牺牲自己的生命参加战争,霍布斯的理论确实是无法回答的。这仍然是由于他所根据的事实有片面性和不充分性,既没有认识到人的社会性,又仅仅将人的公共性归结为以直接的保全自我为目的。

但是,我们却不能因此就否定人维护自身利益的平等权利,仅仅肯定"完美性"才是人的目的;更不能否定以"自然事实"为基础,人类社会的规范、法则"才可能是有效的或者有实际价值的"。如果人连生存都无法得到保障,就很难以人性的完美为普遍化的目的。仅仅以"人的完美性"为目的

---

① 〔美〕列奥·施特劳斯:《自然权利与历史》,第 8 页。
② 同上书,第 180、185、192 页。
③ 〔英〕霍布斯:《利维坦》,第 201 页。

确实是不可能实现的乌托邦,因此,确实也就不可能具有实际价值。当然,仅仅将人的目的归结为"自我保全",并以此为根据推论人类社会的道德规范也必然是不恰当的。

霍布斯的道德哲学中的问题,恰恰证明了他所依据的"自然事实"的片面性和不充分性。首先,这证明了人需要运用自己的理性能力对"自然事实"加以分辨。因为,尽管除了人造之物以外,确实没有什么不是"自然"的,然而,"自然"与"自然"是不同的。至少,有些"自然"是仅与个人生存有关的,有些"自然"则是人与人之间关系、人与社会之间关系的体现;有些"自然"的影响力是微乎其微的,有些"自然"的影响力则是巨大而长远的。再有,霍布斯的根本问题不在于以"自然事实"为基础,而在于没有认识到人除了自利性之外,也具有社会性,而且人的社会性在正常的社会生活中能够发展为善性,从人的社会性中也能够引导出必要的公共性。只是在所有这些方面,人与人之间会有巨大的差别。从这个角度说,霍布斯的学说是从古典自然正当论以人的完美性为出发点这个极端,走到了以人的自我保全、仅仅知道追求自己的欲望满足为出发点的另一个极端。

如果说霍布斯也关注了人的道德自觉,他是将自然法作为人的道德自觉的体现,认为自然法"在内心范畴中是有约束力的"。"自然法是永恒不变的","自然法所要求于人的只是努力,努力履行这些自然律的人就是实现了它们,而实现了自然法的人就是正义的"。所以,"有关自然法的真正学说便是真正的道德学说"。① 但是,他所说的"自然法"主要是人与人之间互不伤害的规则。因此,他提出的道德标准是相对低的。同时,由于他认为"在外部范畴中,也就是把它们付诸行动时",自然法缺乏必要的约束力,需要人为制定的、明确表达的法律,因此他主要关注的不是道德规范、道德学说,而是国家、公共权力的作用,是政治学说。

他说,过去的道德哲学家没有看到自然法"是作为取得和平、友善和舒适的生活的手段","于是便认为美德在于激情的适度"。② 在古典自然正当论者看来,节制本身就是目的,而霍布斯则认为自觉地遵循自然法也是为了另外的目的。结果,霍布斯的自然法和自然权利论与古典的或传统的自然正当论都是目的论,区别在于二者的目的不同。一个以社会或宇宙的目的为目的,一个以每一个人的目的为目的。这虽然有助于保障每个人的自然权利,但也确实"将人人所见而且很容易就能够看到的每个人的自我利益神

---

① 〔英〕霍布斯:《利维坦》,第 120、121、122 页。
② 同上书,第 122 页。

圣化了"。① 与此同时,严重地忽视了个人对他人、对自己所属共同体的义务。

二、施特劳斯对洛克的评论

施特劳斯认为,"乍看起来,洛克似乎全盘拒绝了霍布斯的自然法观念,而追随着传统的教条"。但是,由于洛克将人对超自然现象的看法归为信仰的领域,"这就意味着并没有什么自然法的存在"。洛克所说的法实际上是人定的法。"因此,倘若要有'一种为自然之光所能知晓的法,也即不必求助于明确的启示',那种法也必然是由一系列其有效性无须假设来生或对于来生的信仰的规则所组成"。②,这样,"洛克在很大程度上偏离了传统的自然法学说,走上了霍布斯所引导的道路"。洛克与霍布斯一样通过将人的"自我保全的权利确立为根本性的道德事实",将人对保全自己生命的追求视为和"驱使一块石头往下掉的自然的必然性如出一辙","那么自然权利就比之自然法更为根本,而且是自然法的基础"。③ 于是传统的自然法理论转变为现代自然权利论。施特劳斯对洛克的这些评论无疑是准确的,因此,洛克的理论也存在着与霍布斯的理论相同的问题。不过,施特劳斯进一步展开的分析却不是完全合理的。

首先,他也注意到了在洛克那里自然与理性是分开的,"在人心中注入了'保全他的生命和存在的强烈欲望'的是自然,而教导了他何者'对他的存在是必需的和有用的'只能是理性"。"理性教导说,'人作为自己和自己生命的主人,对于保全其生命的手段也具有着权利'。理性还教导说,既然所有人在自我保全的欲望,并且因此在自我保全的权利上都是平等的,那么他们在关键性的方面就也是平等的,尽管在其他方面还存在着某些自然的不平等。"④这实际上就是说,以自然事实为根据,理性认识到人平等地拥有的自然权利。"自然法"就是理性认识到的能够保障人的平等权利和社会秩序的法律、法则,"是理性为着人们的'相互保障'或人类的'和平与安全'而发出的戒命"。而且,施特劳斯认为只要这样来理解洛克的自然法,洛克的自然法学说也就不存在内在矛盾了。"对它必须这样来理解,因为别样的观点会面临我们已经提出过的困难。"⑤

---

① 〔英〕霍布斯:《利维坦》,第186页。
② 〔美〕列奥·施特劳斯:《自然权利与历史》,第206、217页。
③ 同上书,第226、232页。
④ 同上书,第232—233页。
⑤ 同上书,第233、234页。

然而,施特劳斯本人对将自然法等同于这样的戒命是持批判态度的。他在其《自然权利与历史》一书中多次批评类似的观念实际上是将公民社会与盗匪团伙混为一谈了。他针对洛克是这样说的,"洛克所设想的自然法,阐明了和平的条件,或者更一般性地说,阐明了'公共幸福'或'任何民族的繁荣兴盛'的条件。因而,在现世有着一种自然法的制裁方式:无视自然法就会导致公共的痛苦或贫乏。"然而,"也很有可能出现这样的情况:一个顺从于自然法的社会所享有的现世幸福,比之一个违背自然法的社会要来得少。因为在外交和内政事务中,实力并非永远青睐'正当的一方':'大盗们……并非虚弱的正义之手所能摆布'。"①亦即,以人的幸福、社会的普遍繁荣等为目的,遵循自然法或"社会的合约"的社会可能敌不过"大盗们"。

在此前,施特劳斯批判习俗主义时也曾提出,当人们把凭着感官知觉能够获得的东西视为自然,把普遍同意视为自然,把正义理解为防止自己伤害别人的习惯,甚至是理解为帮助他人的习惯,或者是把部分的利益从属于整体的习惯,都是有问题的。"对于正义的护卫者而言不大妙的是,对于维持一群强盗来说它也同样必要:强盗团伙的成员如果不能防止相互伤害、不互相帮助、不把自己的利益置于团伙利益之下的话,这个团伙一天也维持不下去。"②

施特劳斯的根本问题在于他混淆了一个社会内部成员之间的关系,与不同社会或不同团体之间的关系。如果一个强盗团伙内部确实如施特劳斯描述的那样,那么毫无疑问,这个强盗团伙在其内部是存在正义的。这对于正义的护卫者而言没有什么不妙的。强盗团体之所以被人们认为是不正义的,是因为它对其他人采取的不是团伙内部成员之间彼此对待的行为规则,是伤害他人,而不是互相防止伤害,更不是互相帮助。如果一个团体的人与其他团体的人也达成了社会契约,彼此防止相互伤害、彼此相互帮助,并切实履行契约,任何一个团体也不会被视为强盗。

洛克对此的表达是十分清楚的,当人们以对有关自然事实的认识为基础,一致同意为防止彼此相互伤害,将个人拥有的某些权力交给社会,由社会建立司法和执法机关,对侵害他人权利者给予适当的惩罚时,这些人就成了一个政治社会或公民社会的成员。他明确指出辨别谁是和谁不是共同处在一个政治社会中是容易的。"凡结合成为一个团体的许多人,具有共同制定的法律,以及可以向其申诉的、有权判决他们之间的纠纷和处罚罪犯的司

---

① 〔美〕列奥·施特劳斯:《自然权利与历史》,第234页。
② 同上书,第106页。

法机关,他们彼此都处在公民社会中,但是那些不具有这种共同申诉——我是指在人世间而言——的人们,还是处在自然状态中。"① 很显然,强盗团伙与被其抢劫的人如果处于同一社会,那么他们的行为就违反了社会契约和被社会成员公认的公正法律,他们就应该受到处罚;如果他们与被抢劫的人不属于同一社会,彼此之间就仍然是弱肉强食的关系。所以,会出现遵循自然法或"社会的合约"的社会敌不过"大盗们"的问题。但是,无论如何,我们不能因为强盗团伙对外人的行为而否定其内部存在的正义规则。

而施特劳斯认为公民社会或城邦与强盗或匪帮的区别,关键是前者"不只限于是集体私利的一种工具或一种表达"。因为"城邦的最终目的与个人的最终目的并无二致,那么城邦的目的就是与人的尊严一致的和平活动,而不是战争和征服"。② 而人的目的就是人性的完满化。"由于人天生就是社会性的,他完满的天性就包括了最卓越的社会品德——正义。""人由于其理性,有着别的世间的存在者所不可能有的选择范围。对于这一自由范围的意识,伴随着一种意识:对那一自由完全不加限制的使用是不正当的。人的自由伴随着一种神圣的敬畏之心,伴随着一种先见之明:并非一切事情都是可以做的。我们可以把这种由敬畏之心激发起来的恐惧感叫作'人的自然良知'。"③ 亦即,公民社会或城邦与盗匪团伙的区别不在于其成员是否能够彼此公正对待,而在于城邦的公民具有"自然良知"。

如果说城邦的公民都具有"自然良知",这就等于说,人与人之间不需要什么社会契约,人天生就能够彼此公正对待。这当然不是施特劳斯的观点,因为"并不是所有的人都同等地为自然所装备来向着完善前进",也"并非所有的人都是以同等的热忱来追求德行的"。④ 因此,社会的公正是需要由少数人性完满的统治者来推动的。但是,人性不完满的芸芸众生如何识别统治者之人性是否完满呢? 对此,无论是古典自然正当论者还是施特劳斯都没有给出切实可行的意见。实际上,恰恰是自然权利论者给出了能够引导人类社会朝着更加公正的方向前进的可行建议。

至于人的"自然良知",我们并不否认人具有或可能具有"自然良知",但问题在于一个社会仅仅凭借人的"自然良知"是不可能维持公正和秩序的。对于社会秩序来说,法则、规则是必要的。成员之间能够彼此公正对待的盗匪团伙,也同样是既需要人人都知晓的规则,也需要成员具有一定的

---

① 〔英〕洛克:《政府论》下篇,第53页。
② 〔美〕列奥·施特劳斯:《自然权利与历史》,第135—136页。
③ 同上书,第130、131页。
④ 同上书,第136页。

"自然良知"。盗匪团伙之所以是盗匪团伙,只是因为其在对外人进行抢劫时,既不遵循公正规则,也不再听从"自然良知"的指引。同样的,人能够意识到"对那一自由完全不加限制的使用是不正当的",也不完全是因为"自然良知"。人能够接受对个人自由的某些限制规则,也是因为认识到了如果每个人都要求绝对的自由,每个人的生存都不能得到保障。而限制某些个人自由的法则、规则,只有在当事人之间达成必要的共识时才能够是公正的,而对自然事实的认识则是人们之间能够达成共识的最可靠基础。

不过,施特劳斯对洛克财产学说的评论是有道理的。他指出,"洛克的财产学说,实际上差不多是他的政治学说中最核心的部分,当然也是其中最具特色的部分。这使得他的政治学说不仅与霍布斯的,而且与传统的学说最鲜明不过地区分开来。""洛克的财产学说以及他整个的政治哲学,不仅就《圣经》传统而言,而且就哲学传统而言都是革命性的。通过将重心由自然义务或责任转移到自然权利,个人、自我成为了道德世界的中心或源泉,因为人——不同于人的目的——成为了那一中心和源泉。洛克的财产学说比之霍布斯的政治学,是这一根本转变的更加'先进'的表达。"①这些评论基本上是合理的,不合理之处是关于人和人的目的。实际上洛克也是以人的目的为道德世界的中心和源泉的,只不过对人的目的的界定不同于施特劳斯所赞成的古典哲学家。

但施特劳斯的另一评论则清晰地点明了洛克财产权理论存在错误的关键。"按洛克的看法,是人而非自然,是人的劳作而非自然的赐予,才是几乎一切有价值的东西的源泉;人们要把几乎一切有价值的东西都归功于他自己的劳动。"②在这里,施特劳斯非常准确而透彻地指出了洛克的财产学说以及对人的财产权的论述的根本错误所在。当然,对于洛克形成错误观点的原因,本书的观点与施特劳斯的观点是不同的。本书的观点是,洛克的财产学说和财产权理论发生错误的根本原因,还是在于他对人与自然资源关系的自然事实没能够形成正确的认识。对此,本书在第一章已经进行了仔细分析。在此仅仅指出,尽管导致洛克财产学说和财产权理论错误的原因并不是他将快乐、幸福作为人的目的,但无论如何,确实由于他的学说和理论的错误导致了施特劳斯所说的结果,即过度释放了人的贪欲,并因此使人的平等的自然权利受到了极大的侵害。

---

① 〔美〕列奥·施特劳斯:《自然权利与历史》,第 239、253 页。
② 同上书,第 253 页。

第四节 "实然"与"应然"的关系问题

以上内容除了对自然正当论与自然权利论各自的缺陷和价值进行了分析,也在前面几章分析的基础上进一步论证了本书所说要阐述的根本观点,即人的自然权利是以关于人自身和人与自然资源关系的自然事实为基础的。因此,可以说人的基本权利是可以凭借人的认识能力能够认识的自然事实加以确定的;以自然事实确证的人的基本权利又是论证人的其他权利以及社会规则是否正当的根据。但是,这样的讨论就涉及"实然"与"应然"的关系问题。18世纪的英国哲学家休谟曾经提出一种观点,后来被人们称为"休谟原则",基本上表达的是从"实然"不能推导出"应然"。从某种角度说,本书也认为从"实然"不一定能够推导出"应然"。不过,本书的论据与休谟不同,结论也不完全相同。本书主要是从自然事实和人的认识能力的特征、"实然"与"应然"的不同类型、理性与人的行为之善恶的关系等方面加以考虑的。

一、自然事实与人的认识能力的特征

施特劳斯认为自然的基本含义是指"初始的""非人为的""由人找到或发现的事物"。① 这一解释同样可以用于对自然事实的界定。而人的不可剥夺的权利就是以这样的"自然事实"为基础的,因此,我们称这样的权利为人的自然权利。对作为人的自然权利之根据的自然事实,所有智力正常的人凭借一般的观察和思维能力就能够认识。这样的自然事实不仅是"由所有人所能亲见者出发能够看到的"②,而且就是每个人所能亲见者。虽然认识这样的事实需要"理性或理智",但需要的只是智力正常的一般人所具有的理性或理智,而并非哲学家的理性或理智。因为只有以这样的自然事实为基础的权利才能够不被各种各样的"理论"所否定,才能真正成为人的不可剥夺的权利。

仅就人能够了解的自然世界而言,自然事实早已数不胜数,其中与人的权利有关的自然事实还是可以限定的。与人的权利有关的自然事实,或者说能够作为人的自然权利之根据的事实,主要是关于人自身的事实、关于人与自然资源关系的事实。所谓关于人自身的事实,这里主要说的不是一个

---

① 〔美〕列奥·施特劳斯:《自然权利与历史》,第89页。
② 同上。

人的出生、成长，这个过程离不开他人的作用。这里主要说的是，对于任何作为独立存在的个体的人，如果被剥夺了支配自己身体的自由以及实现自己愿望、利益的权利，总会感到一定程度的痛苦。即使一个人已经接受的价值观念使其心甘情愿地接受这类剥夺，也只能是使这样的人将其所遭受的痛苦视之为应该、视之为快乐。至于自然资源不是任何人的创造物，更是显而易见的事实。

这两类事实都直接决定着人与人、人与社会的关系。亦即，直接且深刻地影响着人与人、人与社会关系的"自然"并非只有人自身的特性、特征，还有人与物质自然世界的关系。每个人都拥有的对自己身体的平等权利与对自然资源的平等权利，就是直接以这样的自然存在的事实为基础的自然权利。人的其他基本权利以人的这两种自然权利为基础；社会层次的规范、原则、法律、制度正当与否则取决于人的自然权利和其他基本权利是否得到了保障。当然，人的这两种自然权利也可以称为人的权利，只不过是人的权利中更为基本的权利。因此，我们也可以说人的基本权利都应该直接或间接地以自然存在的事实为基础。

尽管人的自然权利是以显而易见地自然存在的事实为基础的，却不等于它们是能够轻而易举地就得到普遍承认的。首先，由于自然事实是独立于人的客观存在，无论是显而易见的自然事实还是需要借助复杂的工具（包括认识工具）才能观察、了解的自然事实，要被人认识到，要成为人的知识，必然要以人的认识能力为中介。而人的认识能力必然具有主客观方面的种种局限性，这也就必然导致人在认识自然存在的事实方面存在各种差别。且不说对于相对复杂的事实的认识需要具有特殊的才能或经过专门的训练，即使对于显而易见的事实，由于自然存在的事实和加入了人工的事物的无限性，使人只能通过自觉或不自觉地选择来确定自己的认识对象，因此，人对简单的、显而易见的事实视而不见、听而不闻的现象并非鲜见。当有些人没有注意到某种事实的存在时，就不可能形成对有关事实的普遍承认。

其次，由于人对自然事实和其他事实的认识，总会直接或间接地影响到人的利益、人与人之间的关系，因此，在确定认识对象、获得有关的认识需要利用的工具方面，人与人之间就会自觉或不自觉地、直接或间接地相互影响。尤其涉及与人自身及利益有关的事实，更容易受到来自人为的自觉或不自觉的干扰，甚至可以说在人获取有关事实的知识的过程中总会有权力、私利以不同方式介入其中。例如，掌握文字这种认识自然和非自然事物的工具的机会，在人类历史的很长时间里都是被少数人控制的。因此，人类积累的各种知识、观念文化、制度文化，既有助于人更好地认识各种现象、事物,但也很可能形成对人的认识能力的干扰。从某种意义上说,人类积累的知识、观念文化、制度文化越丰富,越有可能将显而易见的自然事实"隐匿"起来。就如同"在那些简陋的基础上建立起巍峨的大厦时,把这些基础遮盖或掩饰起来了"。①

再有,权利需要通过人为建构的观念和规则予以承认和保障,无论哲学家和法学家对权利的解释如何纷繁,它总是涉及人与人、人与社会之间的相互关系,包括通过人与物的关系折射出来的人与人、人与社会之间的关系。因此,在人类社会发展到需要思考具有一定普遍性的人与人之间应该如何对待的问题时,无论"权利"这个概念是否已经出现,无论在某些人类文明中是否有"权利"这样一个词语,规范和解释它的有关规则和观念就必然出现。关键在于这些人为建构的观念和规则以什么为基础。由于人与人、人与社会的关系如何规范和界定必然影响到有关个人的实际利益,因此,与人的权利有关的观念和规则并非都能够以得到普遍承认的自然事实为基础。

总之,由于人的认识能力的局限性、人所面对的自然事实的无限性、肯定有关的自然事实对某些人的利益会产生实际影响,人们并没有将精力和能力完全用于对这些自然事实的追寻。同时,由于在人具有了一定的想象能力、抽象思维能力、逻辑推理能力,可以依据构想的概念进行推理的时候,在需要运用这种能力论证人与人、人与社会关系的某个方面时,人们未必就能够认识到有关的自然事实,未必自觉到结论性的观点以客观事实为根据的必要性。然而,居于统治地位、专门从事观念研究的人却比较容易自觉到通过构想某些观念为自己的统治地位、既得利益进行辩护的必要性,结果更加"隐匿"了能够作为人的自然权利的自然事实,社会规则就更难以有关的自然事实为基础了。直到近代以来,随着自然科学的发展,以经验事实为根据的认识论观念逐渐成为主流意识,推动对人和社会的研究也开始注重以客观事实为根据,人拥有某些不可剥夺的自然权利的观念才得到确认。

但是,这并不等于说,证明了人拥有某些不可剥夺的权利的事实,人的这些权利就必然能够得到尊重、得到保护。亦即,从"实然"还是不能绝对地推论出"应然"。因为,对于从"实然"是否能够推导出"应然",还需要对它们的类别进行具体分析。另外,根据休谟对二者之间关系的论证,判断从"实然"是否能够推导出"应然",也需要从如何界定理性方面对理性与人的行为之善恶的关系加以讨论。

---

① 〔美〕列奥·施特劳斯:《自然权利与历史》,第33、91页。

二、"应然"与"实然"关系的类别

对"应然"与"实然"的关系,当时休谟提出的观点,一方面是表达了他自己认识到的一种"逻辑真理"①,另一方面也是针对一些人提出的仅凭理性就能确定人的行为之善恶的观点。他认为"是"或"不是"所表达的关系不同于"应该"或"不应该"所表达的关系。因为前者表达的是观念与实际存在符合与否,凭借的是理性对经验事实的认识和判断;后者表达的是一种道德关系,凭借的是人的情感、动机、意志。道德的善恶"只属于心灵的活动,并由我们对待外界对象的立场得来,所以这些道德区别所由以发生的那些关系,必然只在于内心的活动和外在的对象之间,并且必然不可以应用于自相比较的内心活动,或应用于某些外界对象与其他外界对象的对比"。恶和德的区别是由"情感、动机、意志和思想"等决定的。②

休谟提出,"我们是否能够单是根据理性来区别道德上的善恶,或者还是必须有其他一些原则的协助,才使我们能够作出这种区别",这是必须考究的。③ 但是,他自己"考究"的结果,基本上是否认了理性在区别道德上的善恶的作用,而不是在肯定理性作用的同时再加上其他一些原则。他的观点是,一方面,"理性的作用在于发现真或伪。真或伪在于对观念的实在关系或对实际存在和事实的符合或不符合。因此,凡不能有这种符合或不符合关系的东西,也都不能成为真的或伪的,并且永不能成为我们理性的对象"。另一方面,"这个应该或不应该既然表示一种新的关系或肯定,所以就必须加以论述和说明"。"恶和德的区别不是单单建立在对象的关系上,也不是被理性所察知的。""行为之所以有功,并非因为它们是符合于理性,行为之所以有过,也并非是因为它们违反了理性。""理性既然永远不能借着反对或赞美任何行为、直接阻止或引生那种行为,所以它就不能是道德上善恶的源泉。"④

休谟的观点有一定的道理,所以该观点提出以后虽然引起了很多争论,但还是得到了比较广泛的认同。"自19世纪后期逻辑真理被大加强调,认为非道德性(或者,更通常地称为,非评价性)前提不能得出道德(或者评价性)结论。"⑤但是,对于"实然"与"应然"的关系似乎需要展开更加具体的

---

① 〔英〕约翰·菲尼斯:《自然法与自然权利》,第30页。
② 〔英〕休谟:《人性论》下册,关文运译,北京:商务印书馆2006年版,第505、509页。
③ 同上书,第496页。
④ 同上书,第498、509、510页。
⑤ 〔英〕约翰·菲尼斯:《自然法与自然权利》,第30页。

分析。这里至少包括两个方面的区别：其一是"应然"的决定根据；其二涉及人的认知与行为选择的关系。

就第一个方面说，很多的"应然"就是由"实然"决定的。但是，对于那些无法靠经验事实证明的终极性的价值观念、道德标准，"实然"是无法作为其唯一决定根据的。例如，经验事实已经充分证明的、在没有特殊防护措施的情况下，开水会烫伤人的肌体的"实然"，就决定了人不应该把自己的手伸到开水里。同时，人们通常也会自然地认识到，一个人不应该强制性地把别人的手放到开水里。明知开水会烫伤人，还趁着别人睡着时把开水浇到别人的身上，同样会被人们认为是不道德的行为。当然，对于一个人为什么不应该伤害他人，就不仅仅是开水烫伤人的"实然"能够决定的了。此时决定应该与否的还包括如何看待人的价值、如何对待他人等道德标准。

需要对"实然"与"应然"的关系加以具体分析的另一个方面是，认知与行为选择之间的关系。一个人知道了事实之间的因果关系，确实并不意味着其必然按照自己所知道的"实然"去行动。例如，在经验事实、科学知识已经证明人在喝了酒以后开车，驾驭车的能力、反应能力必然降低的情况下，一些人却无视这样的客观事实、科学知识，仍然酒后驾车。在这里，尽管"实然"不能决定个人具体的行为选择，但是"实然"确实给出了衡量一个人的行为选择是否应该的标准。在这类情形中，"实然"虽不能决定具体个人的"应然"，但是确实能够清楚地显露出具体个人的行为是善还是恶。

三、人的行为之善恶与理性的关系

约翰·菲尼斯对于休谟原则的看法是：一方面，"这个原则是正确的和有意义的"；另一方面，"这个原则本身绝没有要求或授权休谟得出结论说'恶行'与'美德'之间存在的区别无法为理性所感知"。① 如果我们将菲尼斯的话理解为休谟原则并不能否认理性在确定"应然"方面的作用，那么休谟对这一方面并没有给出必要的论述。另外，说仅仅凭借对客观事实的认识不能确定道德上的善恶，是有道理的。因为人凭借对客观事实的了解、对自然规律的认识，既可以为善也可能作恶。然而，这并不表明人的理性与其行为的善恶无关。人的理性与行为之善恶，或者说与道德的关系至少包括三个方面：其一，是否尊重客观事实，尊重反映着客观事实、事实之间的因果关系的科学知识；其二，是否愿意根据已经被经验事实、科学知识证明了的规则去行动；其三，是否愿意以自己的理性指导、约束自己的情感或欲望。

---

① 〔英〕约翰·菲尼斯：《自然法与自然权利》，第30页。

而休谟在表达理性对人的行为的影响时,主要承认的是理性能够帮助人确定可用来满足自己为善或作恶之需要的对象的存在,能够帮助人通过了解对象与自己的需要之间的因果关系更有效地达到为善或作恶的目的。他说理性主要以两种方式影响人的行为。"一个方式是:它把成为某种情感的确当的对象的某种东西的存在告诉我们,因而刺激起那种情感来;另一个方式是:它发现出因果的联系,因而给我们提供了发挥某种情感的手段。"①

休谟之所以对理性在人的行为选择的道德性方面的作用没有给出更充分的阐述,在很大程度上是因为他主要将人的理性界定为认识外界事物存在与否以及它们之间的因果规律的能力。如果像康德那样还将人的理性视为自我约束、克制自己的欲望、情感的能力,那么理性与人的行为之善恶的关系必将更为复杂。因为康德的实践理性批判的重点是阐述人作为理性存在者,应该使自己超越作为感性自然的存在,按照理性直接意识到的法则行动。因此,康德对人的理性的解释是,理性是"一种能够给与意志以影响的能力","**意志被认为是一种按照对一定规律的表象**自身规定行为的能力,只有在有理性的东西中才能够找到这种能力"。"人们发现,在他们自身之内确实存在着一种把他们和其他物件区别开,以至把他们和被对象所作用的自我区别开的能力,这就是理性。"②这样的理性体现的是一种人格,是能够使人"超脱了整个自然的机械作用的自由和独立性"。③

尽管康德主要论述的是纯粹理性的作用,而人既是有理性的存在也是有感情、有生物性欲望的存在,但是,无论如何人确实因为具有理性而不同于其他动物,更不同于没有任何意识的存在。一个自然物体从高处落下时,只能按照重力加速度下落,既不能改变自己的下降速度,也不能改变自己的运动方向。而人是有理性、有意志的,所以能够自己决定自己的行为和行为目的。理性是"愿望准则之中愿望的决定根据"。④ 因此,我们不能否认人的理性在决定其行为之善恶中的作用。人的理性既是认识客观事实、因果规律性的能力,也是指导、约束自己的情感、欲望的能力。因此,需要辩证地思考人的理性与感情的关系。

一方面,恰恰因为人是具有理性的存在者,人的需要远远超越了动物的本能性欲望,人可以通过运用大量的知识和经验追求在文化的加盟下极大

---

① 〔英〕休谟:《人性论》下册,第 499 页。
② 〔德〕伊曼努尔·康德:《道德形而上学原理》,苗力田译,上海:上海人民出版社 2005 年版,第 12、46、76 页。
③ 〔德〕康德:《实践理性批判》,韩水法译,北京:商务印书馆 2005 年版,第 94 页。
④ 同上书,第 48 页。

地丰富起来的多种需要的满足,因此,同只靠本能刺激的存在相比,一个人通过损害他人利益追求个人幸福的可能性也远远超过了仅仅遵从自然之必然性的动物。所以,正如康德所说,"一个恶棍的沉着会使他更加危险"。①另一方面,在人的感觉世界中,或者说在人的欲望中,本身就包含着文化因素。这同样是因为人是有理性的,人的理性就体现在人能够创造和接受文化。因此,人的欲望就在本质上不同于其他动物的欲望。在人的欲望中就包含了文化的因素。人的理性不仅会扩大和加深人的欲望,也能反观、反思、调节、控制自己的欲望。亦即人的行为不是完全由感情、欲望决定的,人是能够凭借自己的理性对自己的行为做出选择的。

一般而言,动物的欲望是否能够得到满足仅取决于外界环境条件,外界环境具备使其满足欲望的条件,它的欲望就能够得到满足;外界环境不具备相应的条件,其欲望就不能被满足。而人在确定的环境条件下是否满足自己的某种欲望、情感需要,是可以根据自己的理性认识和价值观念进行选择的。亦即,人进行选择的根据既包括对有关事实、事物之间的因果关系的认识,确定自己的选择将导致的结果是否符合自己的期望;也包括对结果本身的道德判断。一个人选择导致恶的行为自然是不道德的。但是,一个人无视所有智力正常的人都能够认识到的客观事实,不承认或以行为选择表示不承认这样的客观事实,既是缺乏理性的也是不道德的。

基于以上对"应然"与"实然"关系的看法,在总体上,我们可以说,对客观事实、自然规律的认识不仅使人的行为更有效率、能够更好地实现预期目的,同时,也在很多情况下为确定人的行为之善恶提供了标准。至于对于人的权利的维护,如果只是将人的某种权利作为一种价值观念、伦理道德标准加以论证,那么坚持人拥有某些权利的人就无法证明否认人具有某些权利的人是在坚持一种恶的观点。然而,如果我们以所有智力正常的人都能够认识到的客观事实为根据论证人的某些不可剥夺的权利,不承认这些客观事实的行为本身就证明了这是一种不道德的、恶的行为。在此前提下,无意识地损害他人的不可剥夺的权利,就是一种缺乏理性的行为;有意识地损害他人的不可剥夺的权利,就是一种缺乏道德的恶行。

---

① 〔德〕伊曼努尔·康德:《道德形而上学原理》,第9页。

第十章　人对自然资源的自然拥有与拥有权利的分化

本书第二章分析马歇尔的公民权利理论时曾经提到，马歇尔认为某些权利在中世纪就存在，但是具有普遍性意义的公民权利是在18世纪才开始形成。然而，确切地说，这并不是人的权利存在或形成的时期，而是人与生俱有的权利开始得到明确承认、开始形成明确的规则予以保障的时期。根据考古学家和历史学家已经发现的事实、得出的基本结论，在人类社会相当长的历史时期中，人们是以自然形成的群体为单位，对已经认识到其价值的自然资源自然地共同利用和分享。亦即，此时人们是自然地拥有对自然资源的平等权利，同时也拥有对自己身体的支配权和保护权。只不过在那时人还没必要也没有可能形成权利意识。等到人们意识到某些基本权利的重要性时，由于人的能力和影响力的差别及其叠加效应，不仅使少数人控制了群体共有的自然资源和其他物质财富，而且已经能够以对物质力量的掌握为基础，借助对精神力量的控制，实际阻止和压制多数人对自身权利的追求和维护。

本章将通过对人类社会发展历史的简单梳理，分析人类社会怎样从对自然资源的共同利用和平等分享转变为对自然资源拥有不同的权利，并以此为基础形成财富占有上的分化。

第一节　人对自然资源的自然拥有与拥有意识的形成

汤因比认为，标志着人类在生物圈中最早出现的事件，既不是某种解剖学特征的发展，也不是某种技能的获得，而是"人类意识的觉醒"。当然，人类意识的觉醒又是由于直立、用手从事了更多的活动，以及大脑的进化。而手和脑的发展及其相互作用，"为人类意识的觉醒，从解剖学方面创造了条件"。解剖学方面的变化本身就是一个漫长的过程，形成对事件、行为的自觉认识同样需要一个过程，人类意识的觉醒必定是"渐进的""漫长的"。汤因比的看法是，"产生意识这一成就如此重大，取得这一成就所付出的努力也一定极其艰巨。因此,毫不奇怪,在意识的黎明期以后,又经过100万年或50万年蛰伏不振,人类才能够真正开始利用意识的觉醒所赋予他的精神和物质力量。"①但是,在这种一般意义上的人类意识觉醒之后,人对自己所面对的、经历的事实也不一定就能够形成相应的具体意识。在很多事情上,人仍然需要经历一个或长或短的过程才能够形成自觉的意识。人对自己与自然资源以及劳动产品的关系的认识就是如此。

一、不可能也没有必要形成自然资源归属意识的时期

对于人类社会的历史,学术界的一个基本共识就是,在距今1.2万年前的200万年或更长的时间里,类人动物和人类都是靠采集野生植物或采集与狩猎结合获得生存资料的。同时,无论是由于遗传基因还是后天的生存需要,类人动物、人类,总是以群居的方式生活。靠采集、狩猎为生的生存方式"意味着这些人不可能在一个地方待太长时间,因为他们吃光了沿途的植物时就必须不停移动;如果他们是狩猎者,他们不得不随着兽群的迁移而迁移"。②此时,人与自己已经认识到其价值并有能力加以利用的自然资源的关系,一方面,在他们的活动范围内,似乎所有的自然资源都是完全属于他们的,随时可以根据自己的需要从中获取;另一方面,他们又只是获取在当时能够满足其生存需要的一些动植物。所以,即使在人类意识觉醒之后,除了当时准备摘取、猎取或已经拿在手中的那个极小的部分以外,对其他自然资源与自己的关系不会形成明确意识。

类人动物为了获取有关的生存资料,逐渐学会了利用石块、木棍,特别是对这些原生态的自然物进行一些加工,这样一种独特的活动方式使其逐渐进化为现代人。但是,在解剖学上看属于完全意义的现代人,是在大约三四万年前出现的。那时还处于到目前为止人类经历的最后一次冰河期。在那时的人类能够生存的一些地方,人们仍然过着以采集、狩猎为生的半游牧式的生活。同时,由于人们需要生活在靠近水源的地方,因此在一些有河流、湖泊的地方,人们也通过捕捞鱼虾为生。尤其是在冰河期逐渐结束,一些冰雪开始融化形成更多的河流、湖泊的地方。此时的人相对于其他物种,不仅制造了更有效、种类更多的石器,还开始利用兽骨、兽皮、植物纤维提高自己的生活质量。

---

① 〔英〕阿诺德·汤因比:《人类与大地母亲》,徐波等译,上海:上海人民出版社1992年版,第27、28、30—31页。

② 同上书,第23—24页。

在解剖学意义上的现代人那里,在其仍然以采集、狩猎、捕捞为生的时期,一方面,由于地广人稀,不同的群体之间可能很少相遇。因此,相对于他们的消耗能力而言,自然资源是极其丰富的。无论是作为可以加工成劳动工具的石头、树木,还是可以直接作为生活资料的野生动植物,对于当时的人类而言都是可以随用随取的。虽然人的生存所需要的资料中已经加入了劳动,但是,那基本上是举手之劳。至少,当时的人们自己保存某些已经认识到的有用之物与将它们留在大自然之中是没有区别的;只要是具有获取自然物能力的人,从别人手里抢夺与从大自然中获取也是没有太大不同的。因此,他们既不可能,也没有必要形成某些自然资源是"我的"或"我们的"之类的权利意识。

另一方面,由于采集、狩猎、捕鱼所需要的工具是经过一定程度加工的,由于他们已经开始用兽皮、织物包裹自己的身体抵御寒冷,对于这些使用起来更有效的工具、穿在自己身上的"衣服",以及自己需要吃下去的野果、猎获物等,有关个人多多少少会有些它们是属于自己的意识。同时,当一个群体相对固定地居住在某个山洞里,他们也会形成类似于那是"我们的家园"的意识。如果其他动物侵占了,他们可能会奋力保卫自己的居所。但是,由于以血缘关系为纽带的群居生活方式,需要大家协力抵御各种食人动物及捕获人可以食用的动物,那时的人类群体主要还是采取生活物品共同分享的生活方式。每个人对于已经意识到属于自己的东西,也不会形成所有权不可侵犯的意识,至多是形成了这些东西"我"是可以随时使用、享用的意识。

由于人类只是在7000年前才开始创造文字,后人通过有关的文字记录也只能了解这个时期以及之前不久的人的生活状况。对于更早的人类生活状况,当今的人们是通过考古学家发现的物质遗迹来了解的。同时,即使有了文字记录,由于其真实性、准确性也都存在着很多需要验证、补充之处,有关的考古遗迹仍然是重要的佐证。对于两三万年前的人类生活状况,在世界很多地方都发现了有关的遗址。那些遗迹表明,解剖学意义上的现代人类一般以一定规模的群体为单位,有了某些固定的生活地点。

例如,当今的人们在西班牙、法国陆续发现的一些岩洞里留下的大约完成于3万到1.2万年前的壁画,就提供了当时人们的物质和精神生活状态的信息。那些壁画主要以动物为对象,表明人类当时能够认识和利用的自然资源主要就是那些动物。同时,弗罗姆金认为那些以观察动物的活动为基础创造的壁画,创作者观察的细致入微,不仅表明了创作者的绘画能力,也表明"这是代代相传的知识结晶",表明了当时的人类已经有了传递知识的符号系统；而且，作品的灵性与神秘的氛围，"显示壁画乃是传承已久的某个信仰系统具体的呈现"。总之，这些壁画表明，"当时的人类显然已有了语言，也开始艺术创作；个人才智得以发挥，团体也建立了某些传承；巫术和信仰体系成形；有识之士也借着依序组织事件的经过发挥影响力"。①

但是，尽管此时的人类群体成员之间可能已经有了初步的劳动分工——有人主要负责制造工具、有人主要负责采集或打猎、有人主要从事原始的艺术或宗教活动，总体上那时的人还是以洞穴为居所，生活资料集体共享的。因为当时人们活动的主要目的就是从自然界获取必要的生存资料。这种行为取向，需要一个群体的成员相互合作，加之长辈（至少是母亲）对新生儿、未成年人的出自本能的关爱，在群体内部成员之间还是会共同分享既有的生活资料。尤其是不同的群体之间很少相遇，即使偶然相遇谁也不可能从对方那里获得比从自然界直接获取更多或有什么显著区别的东西，人们不会产生某些自然资源是自己所有的意识。

中国考古学家在广西、四川、北京、内蒙古、宁夏、山西、河南等地发现的文化遗迹，同样为我们提供了当时人们的物质和精神生活状况的有关信息。他们制造出不同类型的石器，有的适用于狩猎，有的适用于对猎获物进行切割、刮削。在不同的环境中人们以不同的野生动植物为主要食物。

在这样的自然环境中，由于认识和利用能力有限，人的所需所用相对于环境能够提供的资源而言实在是微乎其微，人们实在是既不可能也没有必要形成某些自然资源长期归自己所有的意识。所以，《世界文明史》的作者们认为，"冰河期靠采集、狩猎为生的人食物丰足，生活舒适且有闲暇"。②弗罗姆金认为那时的人，"更能适应冰河期艰苦的环境，并学会如何过冬"。"他们懂得找寻遮风避雨的地方，甚至自行修建，也学会穿衣保暖。他们不仅会使用火，更懂得生火。他们已有艺术创作，工业也开始萌芽。科学家深信，早在纪元两万七千年，人类便开始织布。他们有语言、宗教信仰乃至相当于历法的记事系统。""大体而言，他们和自然称得上是和睦相处。他们人口兴旺，繁衍不绝。在狩猎采集的年代，全球人口可能达千万之众。"③显然，这"达千万之众"的人口分布在地球上适于当时人类生存的各地，仍然是地广人稀，对于实际长期占用的自然资源也不会产生长期占有的明确意识。

---

① 〔美〕戴维·弗罗姆金：《世界大历史》，王琼淑译，北京：国际文化出版公司2006年版，第21页。
② 〔美〕菲利普·李·拉尔夫等：《世界文明史》上卷，第24页。
③ 〔美〕戴维·弗罗姆金：《世界大历史》，第27页。

二、对自然资源和劳动产品的拥有意识开始形成

人类的定居生活始于1万多年前冰河期的结束。由于气候的变化,原来适于人们采集、狩猎的森林和草原减少、大量动物北移,有些人跟着那些仍然可以作为食物的动物北移,有些人开始更多地依靠因冰川融化形成的海湾、河流、湖泊里的鱼类及周围的动植物生存。由于定居生活使人口增加迅速,生存资料逐渐变得稀缺。根据"古人类学家的推断,约公元前9000年,亚洲西部的剩余人口开始迁移到野生动物和植物不那么丰足的内地"。因为人有能力利用的野生动物和植物类自然资源不那么丰足,就有人开始驯养动物。为了防止挨饿,有些人开始将捕到的活的动物,主要是绵羊和山羊,"逐步饲养它们,这样在急需时就可杀之食肉"。随着控制环境意识的形成,"生产植物食物随之出现"。这些都表明满足人的需要的生存物品中开始加入了人的劳动。① 有关完全定居的农业最早的考古证据见之于公元前7500年至6500年左右,主要分布在西亚地区。西方学者一般都认为最早进入农业社会的是苏美尔地区。

按照汤因比的看法,人类最初是在那些能够靠自然灌溉的、零星分散在西南亚的小块绿洲上,"完成从采集食物向生产食物的转变"的。② 中国学者田昌五根据美国考古学家布列伍德等人的研究,也认为西南亚的"野生原始小麦区"是"最早产生农耕的地区",该地区"全部靠雨水灌溉"。③ 但是,这类主要靠大自然的赐予,加入较少劳动就能有丰厚收获的绿洲是非常稀缺的。加之,在人类有意识地种植、收割而又不懂得施肥的情况下,地力很快就会被耗尽。所以,人还不能够完全定居,还需要不断寻找新的适于耕种的绿洲。后来,一些原本生活在西南亚绿洲的人群就迁移到了两河下游的丛林沼泽地带。这里土地肥沃、水源充足,但要在这里发展农业生产不仅需要征服丛林沼泽,而且需要人工灌溉土地,因为这个地区的雨季与农作物的需要不一致。要在这样的地方生存下去,一方面需要通过投入人力去除灌木、荒草;另一方面需要开挖运河和沟渠,将水从底格里斯河和幼发拉底河引到打算耕种的土地上。

经过投入这些劳动生产出来的小麦,就小麦本身而言可能与野生小麦没有什么不同,但是,这样的过程却会深刻地影响人与人之间的关系。这样

---

① 〔美〕菲利普·李·拉尔夫等:《世界文明史》上卷,第25、26、27页。
② 〔英〕阿诺德·汤因比:《人类与大地母亲》,第59页。
③ 田昌五:《古代社会形态析论》,上海:学林出版社1986年版,第74页。

的过程既需要一定数量的人相互合作,因此就会在群体中产生指挥者和被指挥者的区分。而这种区分最初可能主要是基于能力,但结果会是有的人因为获得了指挥权而增强了对他人的影响力、控制力。当然,由于最初这样的开发活动还是在整个地区分散进行的,所以,"拓荒任务是许多相互分散的苏美尔人社区完成的,这些社区在政治上彼此独立,各自从不同的方位向荒原进攻"。① 亦即,进入定居农业时代的苏美尔人是以一定规模的共同体为单位,分别对某一范围内的土地进行开发和耕种。因此,接受一个指挥中心的群体规模相对较小时,掌握了指挥权的人的影响力也会相对有限。

另外,仅就农田的耕种而言,人们的居住地与其开发耕种的土地不可能相距太远,必须是在一天的时间内既能够往返,还能有更多的时间从事生产劳动。因此,共同居住在一个地方的人不可能太多。这就形成了以"村落"为单位的定居方式。"在西亚所谓'村落时代'的最早期,有些村落只有200名居民,比群体的平均规模还要小;而在村落时代的极盛期,一些村落拥有的居民在5000人以上,规模比随后出现的典型的城市还要大。"②但无论规模大小,村落这种居住方式表明,人们是以一定数量的人口构成的群体为单位,分散在可以进行农耕的土地上的。而且,最可能的是血缘关系最近的人居住在同一村落,即同一村落的人同时也是同一氏族的人。因此,人们最初还会延续着采集、狩猎时的传统,大家共同劳动、共同分享劳动成果。

不过,种植食物的农业生产之所以发生,在很大程度上是由于人口的增加,在人口繁衍增加的过程中,原先的血缘群体会不断分化,没有血缘关系的群体也可能相遇、融合。人们相互交往的范围不会局限于一个村落,而是涉及更大范围内更多的群体、村落。仍然以苏美尔人及其对两河下游地区的开发为例。那些分别进入两河流域下游的苏美尔人是有着共同的语言、宗教和文化的。③ 这既表明了他们之间有着共同的历史渊源和实际的相互联系,又表明他们仍然是以规模较小的群体为社会生活单位的。

在这样的生活环境中,人们必然逐渐形成对某些自然资源和劳动产品的拥有意识,即把某些东西看作是自己的。首先,由于农作物从种植到成熟需要经过一段时间,人们不仅需要在自己投入了劳动的地方定居下来,还需要对收获的劳动产品进行储存,至少储存到下一个收获时期。对于这些被储存起来的劳动产品,对于一个共同劳动、共同享用的村落中的人来说,必

---

① 〔英〕阿诺德·汤因比:《人类与大地母亲》,第77页。
② 〔美〕菲利普·李·拉尔夫等:《世界文明史》上卷,第29页。
③ 〔英〕阿诺德·汤因比:《人类与大地母亲》,第77页。

然形成它们是"我们的"意识。其次,由于在一个地方长期定居下来,获得相对稳定的食物,人们为之付出了完全不同于采集、狩猎时代的劳动。在人们的活动范围内的土地、河流,至少其中的一部分,已经不是原生态的自然资源,而是加入了一定量的人类劳动的耕地、灌渠、运河等;在适于农耕的地方人们一般也不再居住在山洞,人们的住所同样是加入了人类的某些劳动;为了开发耕地、修建灌溉系统、建造居住场所等,人们也会制造出需要加入更多劳动的工具。由于人们使用的生产资料、消费的生活资料,不再是纯粹的自然资源,而是加入了一定量的人类劳动的产品,对于那些经过自己的劳动开发出来的能够进行耕种的土地,以及其他劳动产品,一个共同为之付出了劳动的群体必然会越来越清晰地形成它们是"我们的"意识。

另外,还有一个重要因素会推动人们增强这样的拥有意识。这就是其他群体对某个村落、群体的劳动成果的抢掠。由食物采集到食物生产的转变是一个缓慢的过程。例如,原本靠采集大麦、小麦为生的人们,可能需要经过很长时间才能掌握它们的成熟期;对于种子落地而结出更多的籽粒也不是短时间能认识到的;知道播种与收获之间的关系可能需要更长的时间。因此,在西亚"这一转变不仅历时约 3000 到 4000 年,而且变化极其缓慢"。① 这就极可能发生仍然以采集为生的群体,在游动中收割了农业生产者种植的大麦、小麦的事情。前者以为它们仍然是野生的,后者则会清晰地感知到自己的劳动成果被他人掠走了。当然,由于定居的农业生产群体有了自己驯养的动物、储存的粮食、能够御寒的衣物,也可能发生被他人有意抢夺的事情。因此,正是在人类进入农业社会以后才产生了战争。虽然"没有人能够说清人类战争开始于何时",但从理论上说,采集、狩猎时期的人类群体没有什么储存物,没有必要兵戎相见。从考古发现提供的事实看,"至至少少有一点是肯定的,冰河时代的任何洞穴壁画都没有描绘人与人交战的场面,现知最早的表现战争的绘画与定居的村落生活同时出现。更引人注目的一个事实是,现知西亚最早的村落有许多都是带有防御设施的村落。"② 这就清楚地表明村落中的居民有了保护自己的所有物不被他人抢掠的自觉意识。

中国作为最早进入农业社会的文明古国之一,农业的发展与苏美尔有相同之处,但也有不同。其中一个不同点就是,"中国文明的兴起没有伴随

---

① 〔美〕菲利普·李·拉尔夫等:《世界文明史》上卷,第 24 页。
② 同上书,第 33 页。

着定居地的变动"。① 主要是在地势相对较高的风化黄土地带直接依赖于降雨对农作物的灌溉,发展起了定居农业。但是,中国人进入农业生活的时间可能并不比苏美尔人晚。早在仰韶文化之前的黄河流域遗址中,发现的石器工场里的石器就既有石锄、石镰等农具,也有狩猎和畜牧方面所需的用具。由此可以推断,那时黄河流域的居民已经既从事原始的农业,也饲养家畜,而且有些原始手工业也已经发展起来了。但是,同时也仍然从事渔猎和采集。这种原始的综合经济活动可能更有利于定居生活和人口的繁衍。因此,在河南、陕西等地分布着很多由几十处遗址构成的聚落群。

在距今6000年至5500年前的仰韶文化中期的一些遗址,例如临潼姜寨的聚落遗址,"聚落平面布局由居住区、墓葬区和陶器窑场三大部分组成"。"居住区是整个聚落的主体,其周围有环壕和河水防护。居住区中心是4000多平方米的广场,其周围分布着100多座大小规模不等的房屋,这些房屋的门一律朝向广场,按不同方位分为5组,各组由十几、二十几座大小不等的房屋组成。一般是小型房屋十几座,中型房屋一二座,大型房屋仅一座,各组之间有一定的距离。环壕以外的墓地,可分5区。"所以,研究者认为这可能是一处由5个氏族组成的聚落。② 这类遗址充分显示了当时人们的住所是自己建造的,对于自己的居所和其他劳动产品已经有了明确的保有意识。

第二节 对劳动产品和自然资源的拥有权开始分化

一、个人拥有意识的明确

在某些自然资源和劳动产品是属于"我们的"意识明确起来的同时,个人能够分别使用的一些生活物品和生产工具是某个人的意识也会更加明确,即私有观念产生了。首先,就居住方面而言,早期的人类主要是居住在天然山洞中,后来是掘穴栖身或搭建一些窝棚之类的住处。进入农业社会以后,人们已经分别住在人工建造的房屋中。即使根据今天农村居民建房的情况,住房的搭建肯定是需要多人合作的。但居住,已经是以家庭为单位分别居住。长期固定居住在一座加入了更多的人类劳动的房屋中,人自然会形成"我的""我家的"意识。而且如前所述,房屋已经有了大小之别,在中国的仰韶文化时期,"改善了半地穴居住建筑,发明了木骨泥墙的地面建

---

① [英]阿诺德·汤因比:《人类与大地母亲》,第125页。
② 许顺湛:《五帝时代研究》,郑州:中州古籍出版社2005年版,第335页。

筑,发明了前堂后室的建筑"。在仰韶文化的晚期,在距今5000年前,"出现了类似宫殿的建筑"。① 居住在更宽阔、更大的房屋中的人,恐怕不是由于数量多,更可能是因为在群体中有较高的地位、掌握了群体的公共权力。

另外,标志着人类生产能力提高的畜牧业、农业的形成以及与之相联系的定居生活,不仅使人们有了可以储备起来的食物,而且可以有超过每年生存所需的最低量的剩余产品。在中国的一些仰韶文化遗址中,甚至前仰韶文化的遗址中,人们不仅发现了大量的农业生产工具,表明那时的人们已经开始种植粮食,而且还发现了能够大量储存粮食的窖穴。② 如果一个村落的人是共同劳动、共同分享劳动成果的,那么对于储存起来的粮食,一方面是大家共同拥有,另一方面可能也需要定期分配给居住在各自房屋中的家庭食用。对于分到自己手里的粮食,人们也会形成这是"我的"或"我家的"意识。

再有,由于食品有了剩余,既能够使一些人不必从事与食物的获取直接相关的活动,而是可以专门从事其他活动;也能够使所有的人在从事与食物的获取直接相关的活动之外,从事一些其他活动。所以,随着人类的定居生活越来越成为常态,人类不仅从旧石器时代跨入了新石器时代,而且其他很多生产、生活技能也发展起来了,特别是手工业有了独立发展的机会。除了建造房屋技能的显著提高,其他方面如工具的制造更加精良,而且不仅利用石块,还利用木材、各种兽骨、蚌壳制造生活和生产工具;制陶业发展起来了,彩陶出现了。那时中国人能够制造的陶器"品种很多,有炊器、食器、容器,还有不少陶装饰品或雕塑艺术品。陶器的制造为了实用、美观,在陶质和器形上不断发生变化"③。其中的每一类又有很多子类,并不断增多和改变。用植物纤维织布、用柳条编筐等的编织业以及与之相联系的织机出现了。由于长期加工石头,人们对于石头之间的区别会有越来越清楚的了解。基于这样的了解,人们不仅根据石材的不同性能制造更有效的生产、生活工具,而且还利用玛瑙、玉石等制造装饰品。在这样的发展过程中,将某些经常需要使用的生产工具、生活物品以及令人赏心悦目的装饰品、艺术品视为己有或据为己有的情况越来越普遍。

在人类还是靠采集、狩猎为生时,人类的需要与其他动物还没有质的不同,主要还是与生俱来的生物性需要。人类制造工具也是为了更充分地满

---

① 许顺湛:《五帝时代研究》,第341页。
② 同上书,第339页。
③ 同上。

足这类需要。但是,在进入了农业社会、手工业发展起来以后,在人类能够用自己的劳动制造生活用品以后,人类的需要开始加入了人为建构的成分,而且随着人类文化的积累、发展,由人类文化建构的需要越来越丰富、多样。当人不仅仅以吃饱为满足,开始追求食物在观感和味觉上更加美好时,与此相联系的欲望、需要就会变成没有止境的。而且,随着人类精神文化的发展,对住所、衣物、装饰品、艺术品以及其他生活物品的需要还不止于实用、美观方面的更高要求,还包括了以此标示自己强于他人、高于他人的心理需要。于是,人类的需要变成了永远也不可能完全满足的。这种性质的需要,一方面推动着人类不断地发明、发现、创造出更新、更好的东西,另一方面也使人将更新、更好的东西更多地据为己有的愿望越来越清晰、强烈。当然,在几千年前的农业社会中,人们主要还是将加入了人类劳动的、个人或家庭能够分别使用的物品视为己有。

二、对劳动产品和自然资源的拥有权开始分化

根据在中国发现的仰韶文化遗址中的墓葬情况,研究者可以对当时的社会状况做出很多推断。首先,葬俗本身就可能是与灵魂不死的观念相联系的。其次,仰韶文化时期的遗址,一般都有公共墓地,"它反映了人们血缘关系的牢固性"。在仰韶文化的早期,大多数墓地是多人二次合葬,表明是一个家族或氏族中不同时期去世的人先埋葬一次,然后根据某种习俗,在某个时间段,再在族群中重要的人物去世时与之合葬。在仰韶文化时期,多数人是没有葬具的。但也有个别有原始木棺、石棺的现象。另外,在仰韶文化中期的有些遗址中,发现"其中瓮棺葬较多,土坑墓葬较少",表明去世的人也需要房屋的观念开始出现。不过,瓮棺的排列仍然明显地反映着死者之间的血缘关系。仰韶文化晚期,"成人墓绝大多数是单人一次仰身直肢土坑葬",二次葬除个别地方外,"各地几乎绝迹"。而且,"到了仰韶文化中晚期,男女成年(夫妻)合葬墓较前普遍"。① 这表明个人和一夫一妻制家庭的地位变得重要了。

更重要的是,在仰韶文化时期已经出现了随葬品,这是某些物品属于个人的明显证据。一方面,"仰韶时期男女墓葬的随葬品区别不是很明显,但从总体上看,女性随葬的装饰品多于男性,随葬品基本上都是人们生前的实用品"。另一方面,不同的人的随葬品的多寡出现了明显差别。例如,在半坡遗址中发现一个三四岁小孩的墓葬,不仅"破例地按成人葬俗处理,特别

---

① 许顺湛:《五帝时代研究》,第 346、347 页。

是竟使用了木板棺作葬具,并随葬了 79 件器物,其中还有一件青白色的玉石耳坠"。在华县元君庙遗址也发现了两个合葬的女孩的随葬品显著多于他人。①

在距今 4600 年到 4000 年前的龙山文化时期,生活在中国大地上的人们在农业生产、工具制造、房屋建设、生活用品、装饰品和艺术品的制造等方面又有了明显的进步。不仅制陶业有了非凡的发展,在制造石器的基础上,形成了"玉雕手工业阶层",而且,在制陶和加工石料的基础上发展出了金属的冶炼和制造工业,木材加工业中出现了木漆器手工业。在生者的生活世界物质产品日益丰富的同时,死者的随葬品也在增加和变化。特别是明显地反映出人与人之间拥有财富的差别已经十分巨大。② 这不仅表明人们之间对劳动产品的权利已经有了显著的分化,同时也表明特殊的人拥有了高于其他人的地位、权力。

上述事实已经清楚地反映出,进入农业社会以后,特别是随着手工业的发展,人类能够制造的物品越来越多、越来越丰富。同时,对于那些个人或家庭能够分别使用、欣赏的物品,个人的拥有意识已经很明确了,并且在拥有的数量、质量、品种等方面已经产生了显著的差别。人们对劳动产品拥有之数量、质量上的显著差别,必然与彼此之间对土地以及其他自然资源的拥有意识的形成、拥有权利的分化有一定的联系。个人之间在拥有生活用品、装饰品、艺术品等方面的差别就是他们对自然资源的权利显著分化的反映。人类在没有定居下来以前,不会形成对土地的拥有或占有意识,只有在进入农业社会定居下来以后,才会逐渐形成氏族、部落共同拥有一定范围内的土地及其上下的有关资源的意识。特别是在遭遇其他氏族、部落有意或无意的侵犯时,氏族、部落对一定范围内的土地的拥有意识就会逐渐形成。同时,随着父系氏族家长制的形成,氏族、部落对土地和其他自然资源的共同拥有很容易演变成氏族、部落首领所有,其他个人或家庭仅仅是使用、占有。

当然,在此时人们还不会形成明确的所有权、占有权、使用权的概念,也不可能对它们之间的不同形成清楚的认识。从人类社会的发展历史看,人将某些物品看作是自己的,经历了一个漫长的过程。而且,在"我的""他的"财产意识产生之后,以明确的法律、制度表达出来,同样也经历了一个不算短的过程。在权利分化的初期主要还是一种自然的分化,如首领事实上的所有和支配权的存在。从一定程度上可以说,直到罗马共和国时期,人类

---

① 许顺湛:《五帝时代研究》,第 348、352 页。
② 同上书,第 376、377、378 页。

才第一次以法律文本的方式明确地对所有权和占有权之间的不同进行了区分。这种区分是由罗马的一些非官方的法学家以有组织的文本的方式表达出来的,所表达的内容则是已经存在于商业活动和财产契约关系中的习俗、惯例。亦即,在人们已经有了比较清楚的财产拥有意识的情况下,在实际的社会生活中,在处理彼此的财产关系时,首先形成的是习俗、惯例,而后,才以法律的形式加以确立。

关于罗马法的特点和价值,安德森给出了比较准确的评价。就其特点而言,由于它主要关注的是买卖、雇佣、租赁、继承、担保以及婚姻、遗嘱等问题,因此,"它不是公法和刑法,而是民法,它管理各方对于财产的争论"。"公民对国家的公共关系以及家长对其依附者的父权关系,对司法理论和实践发展的根本作用则是次要的。"就其价值而言,它"发展了一系列抽象的'契约性的人格'理论"。"它发明了'绝对财产的观念'——民法所有权(dominium ex jure Quiritium)。"这是"新罗马法的伟大的、决定性的贡献"。"此前,司法体系没有明确提出无条件的私人财产的概念。"所有权都是相对的,通常都受到一些来自当权者或其他群体、个人的某些限制,或者对其负有某些义务。① 安德森认为,罗马法通过提出单纯的"占有权"与所有权之间的差别,"第一次将私人财产所有权从任何外在的条件和限制中解放出来"。"正如希腊文明第一次将绝对极端的'自由'从一直在它以前流行的、有相对条件和权利的政治连续系列中解脱出来一样,罗马文明也首次将纯粹的'财产'从先于它产生的、含糊的和不确定的占有权的经济系列中区分出来。"②

然而,"所有权""占有权"等概念的提出,以及有关规则的形成都必定是以人们已经形成的相关意识、观念为基础的。所以,尽管在几千年前人们还没有形成这类概念,也没有以法律文本的形式明确表达和规范,我们却不能否认那时的人们已经有了类似的意识。无论是对于自然资源还是对于劳动产品,一旦人对其形成了拥有意识并以某种形式拥有了它,这些东西也就成了人的财产。马克思认为,"财产最初意味着,劳动的主体把自己的生产或再生产的条件看作是自己的东西"。③ 在对财产的界定方面,马克思特别

---

① 〔英〕佩里·安德森:《从古代到封建主义的过渡》,郭方、刘健译,上海:上海人民出版社2001年版,第58、59页。
② 同上书,第59页。
③ 马克思:《政治经济学批判》,载于《马克思恩格斯全集》第46卷上,北京:人民出版社1979年版,第496页。

强调的是"仅仅是有意识地把生产条件看作是**自己所有**这样一种关系"。①但是,既然财产包括再生产自身的条件,那么财产也应该包括各种各样的消费品、生活用品。而且,随着社会经济的发展,所谓的消费品、生活用品往往既包括再生产自身所必需的物品,也包括发展、享受、享乐以至炫耀性的物品。因此,本书将把财产作为一个更宽泛的概念对待,而用资产来专指能够作为生产条件的各种资源。考古发现墓穴中的随葬品的巨大差别,即反映了人们在财产拥有方面的差别,也表明人们已经有了某些财产是属于某人的意识。

第三节 对自然资源和劳动产品的权利分化与公共权力的作用

个人之间对劳动产品和自然资源拥有方面差别的形成,既是由于人的劳动能力在整体上的提高,对自然资源的利用能力增强,也是由于个人在实力、能力、权力方面多种形式的分化,这些分化又与群体对公共权力的需要、掌握公共权力的少数人利用公共权力谋取私利有直接关系。群体对公共权力的需要不仅表现在某些生产劳动环节需要协调合作,生活物品需要分配,更与战争有直接关系。因此,公共权力也就不仅仅以个人的生产、生活能力、发明创造能力为基础。那些在保护和征服中更有行动能力和智谋的人,恐怕更容易得到群体成员的尊敬,其影响力也会相应增强。结果,可能是与直接的物质生产没有关系的这类能力在影响财富分配的各种因素中具有更大的权重。

一、公共权力的必要和作用

任何采取群居生活方式的动物,对于群体活动总是需要一定的协调模式。蚂蚁、蜜蜂等是靠本能相互协调,而灵长类动物,特别是类人动物和人类,则需要由一些特殊的个体或多或少地承担必要的指挥、协调责任。"群体中总会出现一个领袖,其他成员则充当小喽啰。"②亦即,任何群体都需要有掌握一定公共权力的领导者,同时对于人类而言,这又是导致一些人失去对自然资源平等权利的重要原因。

就群居动物中领袖与喽啰的关系而言,可能只是在很少的事项上领袖

---

① 马克思:《政治经济学批判》,载于《马克思恩格斯全集》第46卷上,第493页。
② 〔美〕戴维·弗罗姆金:《世界大历史》,第25页。

对其他个体的行为有轻微的影响,也可能是在很多事项上令其他个体绝对服从,更可能是介于这两种极端情况之间的某种状态。这些特殊的个体之所以能够对其他个体有或强或弱的影响力,一方面是由于辈分较高。在以血缘关系为纽带的群体中,长辈对晚辈一般是具有影响力的。另一方面,则是由于某些个体的体力、智力及其运用达到了不寻常的水平。其实辈分较高的人之所以对他人具有影响力,在很大程度上也是由于其生活经验丰富,即能力较强。当然,在人类社会后来的发展中,由于公共权力能够给其掌控者带来的物质和精神方面的利益之巨大,最初靠能力,靠增进共同体利益的能力获得公共权力的人,创造了各种能够使自己的子孙承袭公共权力的观念、理论,那些靠血统、靠出身掌握了公共权力的人的能力各不相同,有的甚至是低能儿。

根据弗罗姆金的介绍,《黑猩猩在召唤》一书的作者简·古多尔在20世纪中期曾经只身深入丛林对黑猩猩进行观察研究。她发现,"黑猩猩的社会中存在极周密的阶级制度——每只雄猩猩都隶属一定的阶级;它们也很清楚自己的地位。和黑猩猩交往之初,简·古多尔将猩猩群中的老大称为歌利亚。她观察发现,如果歌利亚和另一头雄猩猩同时去拿一根香蕉,另一头猩猩会主动退让。"但是,后来情形发生了变化,一头被简·古多尔称为迈克的雄猩猩本来是群体中最弱势的,却让歌利亚俯首称臣了。一般来说,"同一群黑猩猩争斗时,通常不会真的伤害对方,而是靠恫吓取胜"。能够弄出很大的声响是恫吓的主要手段,黑猩猩通常是靠拉着树枝划过地面弄出声响的。而迈克则发现了简·古多尔营地里的金属煤油罐,敲打它能够发出比拉树枝恐怖得多的声音。"有恃无恐的情况下,他开始争取同伙的领导权。他敲打着金属罐,向阶级比它高的同伙冲过去,吓得它们束手无策。"结果,迈克成了新的首领。①

这段故事主要表明的是能力对于获取权力的作用。但是,即使像黑猩猩这样的群体,拥有较大权力的雄猩猩也不可能仅仅是在群体中称霸,在获取食物、逃避灾害等方面,必定也要发挥一定的领导作用。亦即,对于比较高级的群居动物而言,在群体中不仅存在着强者为自己的利益对其他个体施加影响的权力,也需要并会实际形成有能力的个体承担起协调整个群体活动,使整个群体受益的公共权力。对于人类而言,一方面同样存在着一些人由于拥有或掌握了其他人无法抗衡的力量而能够支配、指挥、控制他人的情形;另一方面,也是由于群体的活动需要有人进行适当的组织、群体成员

---

① 〔美〕戴维·弗罗姆金:《世界大历史》,第210页。

的关系需要有人加以协调、有些共同面对的事务需要处理,因此,逐渐形成了公共权力。而且,对公共权力的需要,随着群体活动能力的提高、活动方式的复杂还会变得更加强烈。在人类处于以采集、狩猎为生的时代就有公共权力存在,在后来的发展中公共权力也逐步增强。

弗罗姆金根据史前人类学者的看法指出,"人类分享食物绝非出于偶然,而是规律且有计划的行为,更是社会发展过程中不可或缺的经验。我们可以将它视为最原始的合作社:共同生活,一起工作。这样的行为模式可促进文化的发展。其结果可能衍生出最初的例行性分工:女性采集植物,男性则负责狩猎。双方各自带着食物回居家所在的营地一起享用,并且以晚餐这样的仪式为主轴,发展出各式各样的社交生活。"[①]在这样的发展过程中,有计划地分配食物、协调共同生活的活动也就是行使公共权力的活动;有计划的分配和共同生活的持续就是掌握公共权力的人物发挥作用的结果。只是相对于后来的发展而言,此时公共权力的作用极其微弱。

公共权力的形成和行使,从根本上说是由于群体整体利益的需要。例如,在狩猎过程中,尤其是在捕获大型动物的过程中,需要有人指挥、协调众人的活动,大家才能共同受益。但是,实际掌握了公共权力的人不一定仅仅利用公共权力为群体谋利,也可能在某些情况下利用公共权力为自己和与自己关系密切的人谋利。不过,在公共权力的形成时期,首先还是由于群体利益的需要。反过来,也只有那些有能力为群体带来利益的人才可能被群体成员赋予公共权力,才可能得到群体成员相对普遍的服从和拥戴。不仅如此,那些能够给群体带来巨大利益的人物还会经由人们的口口相传和文字记录被后世所景仰。

二、公共权力的形成与特殊人物的贡献

中国古代的史学家记录下来的更早的历史传说,比较清楚地显示了公共权力的形成与特殊人物的关系。对于中国的历史,最普遍而又最简单的一种概括就是:自从盘古开天地,三皇五帝至于今。虽然关于三皇五帝的历史传说,在其长期传播的过程中已经发生了很大的变异,古代历史学家对这些传说的记录也是因人而异,在其中加入了很多个人的理解和想象。但是无论如何,其中还是包含着一定的事实因素。对于三皇,有些历史文献记为燧人氏、伏羲氏、神农氏,有些提到女娲氏、祝融氏,此外,有些历史文献还提到有巢氏。但无论三皇所指为谁,有关传说表达的都是对人类生存和发展

---

① 〔美〕戴维·弗罗姆金:《世界大历史》,第24页。

有着重大意义的发明、创作。

例如,《韩非子·五蠹》记载:"上古之世,人民少而禽兽众,人民不胜禽兽虫蛇。有圣人作,构木为巢以避群害,而民悦之,使王天下,号之曰有巢氏。民食果蓏蚌蛤,腥臊恶臭而伤害腹胃,民多疾病。有圣人作,钻燧取火,以化腥臊,而民说之,使王天下,号之曰燧人氏。"①再如,《白虎通德论》说:"谓之神农何?古之人民皆食禽兽肉,至于神农,人民众多,禽兽不足。于是神农因天之时,分地之利,制耒耜,教民农作。神而化之,使民宜之,故谓之神农也。"②

根据这些记述,我们似乎可以将有巢氏、燧人氏、神农氏等看作是有相关重大发明的人,并因为其超乎寻常的能力得到其他人的拥戴,"使王天下"。但是,有些历史文献所记述的事迹又不可能发生在一个人生活的时代。所以,当代学者许顺湛认为三皇应该是指不同的历史时代。"伏羲为渔猎时代,神农为农业时代",而且是前后相继的。特别是根据"学术界不少人都认为女娲氏大体与伏羲氏同时",而在中国又有女娲抟土造人的传说,所以,"伏羲时代的上限应该是人类的初始",下限则是神农氏时代,即农业生活开始之时。至于燧人氏,根据历史事实,在进入农业社会之前人类已经学会人工取火,不可能在神农氏之后。而燧人氏时代应该是开始于能够人工取火之时,但其下限则很难确定,因为直至今天一些地方的人还是靠钻木取火的。③

这种看法有其合理性。但是,似乎我们也不能完全否认有巢氏、燧人氏、伏羲氏、神农氏等是有相关重大发明的人。首先,因为这些流传下来的传说都是与人类社会中重要的发明相联系的,因此,即使是指时代,也主要是指那些重大发明出现的时代。其次,虽然说那些发明很可能是集中了很多人长期积累的经验之结果,但是根据人类社会各种发明、发现的事实,我们也不能否认其中有特殊人物发挥了关键性的作用。那些传说在很大程度上是由于推崇这样的发明创造者,而且在传说不断流传的过程中,其中的人物还会被传说者加以神化。因此,传说中的有巢氏、燧人氏、伏羲氏、神农氏,应该是与特定的人物原型相联系的。再次,由于这些重大的发明不一定是一个人完成的,很可能是群体成员共同参与的结果,至少是使群体成员都能受益,因此,有巢氏、燧人氏、伏羲氏、神农氏等,也可能是指首先拥有了那

---

① 《韩非子》,北京:中华书局2007年版,第267页。
② 〔汉〕班固:《白虎通德论》,上海:上海古籍出版社1990年版,第10—11页。
③ 许顺湛:《五帝时代研究》,第6,7页。

种发明的氏族群体。首先拥有了这些发明的群体一定会变得比其他群体强大,当这样的群体与其他群体相遇时,很可能是因为具有了与其发明有关的优势,或者是因为将其发明传授给了其他群体,获得了对其他群体的领导权。但是,这种领导权最终还是得落实在该群体的领导者手中。

加之,如果我们从另一个角度看,即在口口相传的过程中,言说者不断地将所言说的人物神化,由于言说者有意无意的附会、想象,将不同人物的事迹加到一个名字之下,而文字记录的历史传说一定是离记录者生活的年代最近的传说。因此,很可能形成这样的状况:即传说中的重大发明创造总是同某个人物原型相联系,而附加在同一个名字上的事迹却是很长的历史时期中分别出现的不同个人的事迹。这样,伏羲氏就既是指某个有重大发明的个人,也是指一个漫长的历史时代。

因此,至少在一定程度上我们可以将有巢氏、燧人氏、伏羲氏、神农氏等看作是与特定的人物原型相联系的、有相关重大发明的人。这些个人因为其超乎寻常的能力得到其他人的拥戴,"使王天下",或者是如黑猩猩迈克那样自命为王。其结果就是随着人类社会的发展,氏族群体中出现了掌握公共权力的领袖、首领。在一些群体开始相对稳定地定居在一个地方时,随着人口的繁衍,不同氏族、部落开始比较频繁地相遇、交往、交战时,有的氏族、部落的首领还成了多个部落构成的部落联盟的领袖。

至于三皇之后的五帝,古代历史文献的记述也是众说不一。但大多都提到了黄帝、尧、舜等。许顺湛根据对大量文献的分析提出,"五帝是族团的名称、族团世袭领袖的名称"。① 这种说法与其对三皇的解释类似,具有一定的合理性。由于相互交往、交战,结果形成了规模非常庞大的群体,对其中具领导地位的氏族、部落及其首领的政绩有很多传说,或者说一代代的言说者把很多政绩都放在了他们身上,以至这些族团领袖已经被视为帝王,而且是秉承了某种超自然力量的意志即"天意"的帝王。同时,许顺湛认为,属于以五帝为领袖的各个族团的年代,大约是从公元前4000年到公元前2100年。② 这基本上是考古发现的龙山文化和夏文化时期,此后就是有着更确凿证据的商、周时代。历史文献和考古发现都证明了这个两千年是定居农业和手工业及商业发展,人口迅速增加,人的活动范围扩大,能够被视为共同体的人群规模已经很庞大,群体领袖的地位显赫、权力剧增的时代。

其他首先进入农业社会的文明古国,公共权力在推进社会从采集、狩猎

---

① 许顺湛:《五帝时代研究》,第24页。
② 同上书,第170页。

向农业社会转变,以及发展农业生产的过程中同样发挥了巨大的作用。为了开发两河流域送给人类的肥沃的冲积层土壤,"人们必须在更大范围内运用已经学会的人工灌溉技术,因而需要远远多于以往任何合作性事业的人的合作。与以往相比,这种合作的范围不可同日而语。而且,不仅是规模的不同,合作的性质也不同"。"肯定有那么一些领袖人物参与了人类征服两河领域冲击盆地的策划活动。这些领袖人物想象力丰富,远见卓识,并且能够自觉地工作。"同时,"群众还必须信任他们"。为此又需要借助对超自然力量的信奉。另外,"因为需要开发的水源与土地面积之广,参与人员之众多,仅凭记忆中的口头协议和指令,而不把它们记录下来,是很难进行卓有成效的工作的"。于是苏美尔人创造了迄今为止人们已知最早的复杂而又粗糙的文字系统。①

仅仅根据汤因比的这些描述和分析我们就可以说,在人类进入农业社会时,领袖人物的作用、公共权力的行使是十分重要的,而且是在较大规模的群体中发挥作用。所以,汤因比认为那些迁移到两河流域下游的苏美尔人取得的成就,"不仅仅是个技术性的成就,更为重要的是社会成就"。② 所谓的"社会成就"就包括更大规模群体中公共权力的形成,以及宗教、文字等方面的创造。

在公共权力形成过程中特殊人物的作用也表明,人的劳动、人的能力对于人的生存、发展、享受的作用之重要。而且,随着人类社会的发展,人的劳动、人的能力的作用越来越重要。既然人在劳动能力和其他能力方面的差别会导致所生产的物品、创造的财富之间的差别,人在财富占有方面具有一定的差别也是非常合理的。但是,财富占有上的差别不仅仅以人的劳动、人的能力在创造财富方面的差别为根据,还有政治权力的作用。而政治权力的基础既包括与生产物质财富有关的因素,也包括许多可以直接介入物质财富分配的因素。多种因素综合作用的结果就导致了最终靠权力、武力、智力否定人对共有的自然资源的平等权利,甚至将某些人对自然资源的权利彻底剥夺。

三、公共权力的作用与社会分化

从人类社会发展历史来说,公共权力的显著增强始于父系家长制的形成。家长或族长权力的增强,以及成为惯例的制度,既是由于具有血缘关系

---

① 〔英〕阿诺德·汤因比:《人类与大地母亲》,第60、61页。
② 同上书,第60页。

的人之间自然存在的长辈对晚辈的指教、关爱,更是由于生产、生活的复杂化,需要有人对劳动进行组织、对劳动产品进行分配。由于在猎获大型动物、修建水利设施、建造房屋、与其他群体交战等方面成年男子一般具有明显的优势,在人类进入农业社会的同时,往往也是父系氏族形成的时期。父系氏族通常是由具有血缘关系的男子、未出嫁的女子和属于其他氏族的作为妻子的女子构成的亲属团体。这样的团体已经可以称之为家庭、家族了。由于在社会经济发展过程中男性的作用凸显、对公共权力的需要增加、共同体剩余产品增多,使得以血缘关系和婚姻关系为基础的男性家族首领的作用显著增强,家族长与一般成员之间在权力上有了明显的不同。在个人不可能脱离自己出生于其中的共同体的情况下,个人对掌握着公共权力的家族长的服从,甚至是屈从就不可避免了。亦即,家族长对共同体成员的支配、控制关系形成了。在土地和劳动产品仍然为共同体成员共同所有的情况下,家族长权力的增强,家族长对共同财产和共同体成员的支配及其形成的规则,很可能逐渐演变为共同体的物质财产和所有成员都归家族长所有的制度和观念。

当社会发展到在人的活动能力所及的地区内存在着多个氏族、部落的时候,无论是通过和平方式还是通过血腥的相互征战,总会在多个部落的范围内形成作用范围更广、涉及人口更多的公共权力。此时,公共权力的掌控者可能是某个氏族、家族的长者,也可能是能力超群、为共同体做出了重大贡献的人。无论是怎样的人掌握更大的群体的公共权力,都意味着他及其辅助者对共同体的财产和成员一定程度的控制、支配,并很可能演变出公共权力的掌控者成为公共财产和有关人员的所有者的制度和观念。而且,还很可能将过去已经习惯性地将某些人仅仅作为劳动力、作为奴隶对待的方式予以明确。

例如,对于在冲击盆地上劳作、生活的苏美尔人来说,"管理灌溉系统是统治者头等重要的公共功能"。要保证堤坝、水渠完好无损,就需要定期调集一定量的劳动力看护、维护,需要农民承担公共徭役。"农民的所有行动必须在公共权威的指导下进行";"在特殊季节分配定量的灌溉用水是个生死攸关的问题,必须由拥有至高无上权力的权威来裁决"。[①] 掌握公共权力的人在处理这些公共事务的过程中,不仅是事务的处理者,也逐渐成为对其他人的支配者、统治者。于是,社会成员之间开始在权力拥有、社会经济地位等方面出现了显著的分化。而且,分化已经达到了一些人被作为奴隶,另

---

① 〔英〕阿诺德·汤因比:《人类与大地母亲》,第 63 页。

一些人被视为神的程度。"在率先出现文明的苏美尔平原,从伊朗高地引进女奴就和进口木材一样稀松平常";在另一端,"苏美尔诸王开始宣称自己乃神所指定的统治者,甚至直称自己便是神"。①

公共权力与个人或家庭拥有财产的分化之间的关系主要可以分为两个方面。一方面是长期的共同劳动、分享劳动成果必然导致的结果。在人们还没有能力生产出剩余产品时,氏族首领、家族长的作用主要是对氏族、部落的活动进行指导、组织、协调,对劳动产品进行分配。但是,在人们开始自己种植农作物、蓄养动物以后,收获的粮食需要储存,家禽家畜需要饲养,耕地、居所和生产各种器皿的场地等加入了人类劳动的自然资源成为需要保护的财产。在氏族、部落或更大范围群体的首领组织、指挥共同体成员从事这些活动、分配劳动成果时,很自然地就会导致公共权力掌控者对共同体所拥有的自然资源、劳动产品以及共同体成员的控制权、所有权。在公共权力掌控者仍然与其他成员一样参与生产劳动,劳动产品仍然共同分享的情况下,他们对共同体财产的控制权的价值和意义还不明显。在公共权力作用范围扩大、社会的物质财富增加、掌握公共权力的人不必再参与生产劳动时,共同体成员之间的差别就不仅仅是权力方面的分化,同时也很容易体现为对自然资源的权利以及劳动产品占有方面的分化。特别是有了越来越多的剩余产品、享受性产品以后,公共权力的掌控者无论是否具有资产所有权的意识,都很可能将共同体的土地、其他成员看作是能够生产更多的消费品的资产,从而使自己能够享用、占有更多的共同体的剩余产品。

另一个方面是,不同部落、部落联盟无论是为了自卫还是为了征服,相互之间发生战争时,由于胜负,也由于参战者在权力、作用方面的不同导致的结果。这个方面与前一个方面也是相互联系、相互加强的。马克思说:"某一个共同体,在它把生产的自然条件——土地——当作**自己的**东西来对待时,会碰到的唯一障碍,就是业已把这些条件当作自己的无机体而加以占据的**另一共同体**。因此**战争**就是每一个这种自然形成的共同体的最原始的工作之一,既用以保护财产,又用以获得财产。"②正因为这样的"工作",自然形成的共同体逐渐变成了更大的联合体,变成了由少数人控制着公共权力的初级国家。而且,由于人的劳动已经能够创造出剩余产品,战争中获胜的一方还开始将战俘变成没有任何权利的劳动力,即作为奴隶来驱使。

---

① 〔美〕戴维·弗罗姆金:《世界大历史》,第38、40页。
② 马克思:《政治经济学批判》,载于《马克思恩格斯全集》第46卷上,第490页。

四、初级国家中的社会分层和城乡分化

在初级国家中,一方面,有些人被作为没有任何权利的劳动力即奴隶对待;另一方面,由于人口增加、地域广阔,以及生产力发展、人的劳动能力提高、劳动分工复杂,需要处理的共同事务增多,规模巨大的群体的领袖人物不仅自己不必再参加物质性产品的生产,专门负责公共事务的处理,而且还需要许多助手协助其处理公共事务。此外,在很多情况下,一个人或少数人要能够令大量的被统治者服从,仅仅靠自身的能力是不够的,还需要借助超自然的力量。因此,就需要从事宗教活动、操办祭祀仪式的人员。管理公共事务、从事宗教活动又需要文书抄写、事件记录等方面的人员。这些都是不再直接从事农业生产劳动的人。这就导致了体力劳动与非体力劳动的分化。而且,由于战争,还会形成一个专门从事这种"工作"的团体或阶层。

同时,由于不再直接从事农业生产劳动的人能够离开耕地集中居住,那些不必从事农业劳动的人与从事农业劳动的人之间还形成了居住地点的分化。而且,在掌握公共权力的人成为能够调动共同体中其他劳动力的统治者,而手工业者不仅仅制造生产和生存必需品也能够制造多种装饰品、艺术品以后,统治者为了将群体的财富和劳动力更多地用在满足自己的物质和精神需要上,他们还会将一些手工业者集中在自己身边。与劳动分工发展相联系,当各地自然资源和劳动者制造的产品差异越来越大的时候,商品交换,甚至相对而言的远距离贸易也会发展起来。在一个群体的自然资源、劳动产品以及劳动力还被视为共同所有的时候,商人的活动主要也是服务于统治阶层的。于是群体的统治者及其家人、协助统治者处理公共事务的各类行政管理人员、从事宗教或祭祀活动的专门人员、为统治者提供生活服务的仆人和一些工商业者等的居住地就逐渐发展为更便于生活和防卫的城市。

总之,由于生产力发展,人的劳动能力提高,随着劳动分工的发展,对公共权力需要的增加,公共权力的掌控者也极力利用各种方式扩大和巩固自己的权力。再加上战争和征服,伴随着统治者的形成,还形成了协助统治者处理公私事务的社会阶层,以及以战争为主要职业的军人团体。由于剩余产品增多,公共权力的掌控者和协助者都或多或少有机会借助对公共事务的处理——土地及其他生产条件的分配、劳动产品的分配等——增加自己能够占有和享用的财产。如有意识地将人们的劳动产品中的更大部分作为剩余产品,增加生前或死后的享受性、奢侈性产品的生产,强迫共同体成员将劳动力以过度付出的方式用于公共工程和大型建筑,以及对外征服等。

这又会进一步推动劳动分工的发展,致使被统治者之间在社会经济地位方面也发生一定程度的分化。而且社会成员的居住和生活方式也呈现为城市与乡村的分化。

以苏美尔人为例,由于他们是分别进入两河流域下游的冲击盆地的,同时土地的开发和从两河中引水灌溉土地也可以由各个群体分别进行,因此,"苏美尔人在两河流域建立了许多城邦,比邻而居,时相往来也就势所难免。但每个城邦仍拥有独立的政府,彼此间并未奉有共同的统治者"。而且,苏美尔人还"发明了群体互动的政治,即独立城邦彼此间的政治运作"。"此乃国际关系的滥觞。"①

但是,在人类能够创造的财富不断增加、人的需要和欲望也更迅速地扩张的时候,不同政治体系之间的和平相处是不可能长期维持的。总是会有某个群体的统治者或者因为内部遇到经济、政治困难,或者因为更大的贪欲,觊觎其他群体的财富,而发起抢夺、征服。"到了公元前 3000 年,苏美尔处处是门禁森严的城池。原本基于经济和社会考量作为宗教与市集重镇的城池,如今摇身一变成了军事要塞。"公元前 2300 年左右,"骁勇善战的沙鲁金国王,征服邻国,建立了世上第一个帝国"。而后,在他和他的儿孙的统治之下,现今伊拉克全境和叙利亚部分地区内的城邦全部统一。② 其他被神指定的统治者,或者自称为神的统治者,都失去了神的恩宠。

显然,这种征服、统一,从根本上说,对于广大的民众并没有多少利益可言,主要是增进和扩大了最终胜利的统治者的权势,使之能够调动更多的人;有更多的人为之创造财富。不过,对于普通民众来说也还是会受到相关的影响。一方面是在面对其他群体发起进攻、进行抢掠时,需要协力保护群体的共同资源和财产;另一方面是无论首先进攻的一方还是防守的一方,一旦失败,民众处境更加悲惨,成为奴隶。结果,在这样的过程中,攻守双方的统治者都更有机会加强对其民众的控制权。双方的不同只是最终胜利的群体中会有更多的人进入统治阶层,其统治者则成为更大地域范围和更多民众的帝王。

在中国的中原地区以及其他没有太多自然障碍的平原、高原地区,同样也是在进入农业社会以后,随着人口的增加,各群体之间的地理距离就越来越小了。在龙山文化时期,"在自然条件较好的地方,村落分布相当稠密。例如,在豫北洹水沿岸七公里的地段内,人们先后在那里建立了十九处村

---

① 〔美〕戴维·弗罗姆金:《世界大历史》,第 40 页。
② 同上书,第 40、43、44 页。

落。在西安沣河下游两岸约七公里的地段内,散布着八处村落。"①相对于当时人们利用自然资源的能力和已经扩张起来的需要和欲望而言,人口密集就等于感觉到自然资源稀缺,彼此争夺就不可避免。所以,司马迁在《史记·五帝本纪》中说:"轩辕之时,神农氏世衰。诸侯相侵伐,暴虐百姓,而神农氏弗能征。于是轩辕乃习用干戈,以征不享,诸侯咸来宾从。"②轩辕即黄帝。另外,许多古代传说中还有炎帝、蚩尤彼此之间的交战。表明了各个不同群体之间已经不是互不相关或和平相处了。彼此征战的结果,就是有的群体成为胜利者,战败的群体或者臣服,或者另外开辟生活之地。因为,毕竟在总体上仍然有很多没有被开发的地方,只不过有的地方可能环境条件相对较差。

随着人口的繁衍和征服,以某些个人或氏族为首所领导、控制的群体规模越来越大了。在农业剩余产品增多、手工业发展的同时,在中国的龙山文化时期也同样出现了一些作为统治中心的古城。到目前为止在河南境内就发现了6座,加上在21世纪初才确定了其为古城的山西境内的陶寺,在中原地区就发现了7座古城。大约距今都有4000多年的历史。它们被确认为城,首先是因为有城墙。另外,这些古城的特点一般是自身的面积较大,同时,在它们的周围都分布着许多聚落遗址,这些古城则在聚落群中居于中心地位,"都是邦国的国都"。这表明由于内外部因素的作用,"原始部落不得不进行联盟,或不得不走向酋邦国家的道路"。而且像陶寺古城中的大型墓葬中的随葬品——鼍鼓、特磬、土鼓等是"王室重器",表明死者"应该是王朝中至高无上的人物,酋邦国家的国王"。城内的"大型窖穴的存在暗示陶寺城址内大型仓储功能区的存在,这是早期国家所应当具备的功能区"。在遗址中的其他发现也表明"金属、文字、阶级、礼制等事物都出现了"。另外,考古学确定的这些古城存在的时间与历史传说中尧舜禹时代大体相当。因此,"它可以作为我国尧舜禹时期社会已经进入初期国家阶段的标志"。③而禹则是历史传说中部落联盟首领由各部落首领推举过渡到世袭制的关键人物。④

以城市的出现为标志的城乡分化,反映的是人类社会已经由以血缘关系为纽带的氏族、部落为基本社会单位进入到以初级国家为单位的阶段。

---

① 郭沫若主编:《中国史稿》第一册,北京:人民出版社1976年版,第75页。
② 〔汉〕司马迁:《史记》,北京:中华书局1999年版,第3页。
③ 许顺湛:《五帝时代研究》,第360、365、366、367页。
④ 参见郭沫若主编:《中国史稿》第一册,第130—136页。

国家虽然是初级的,但其内部在自然资源、劳动产品、思想文化资源的占有方面的分化却是巨大的。而且,这种分化又是与政治权力的分化、少数人掌握了群体的公共权力直接相关的。甚至,在某种程度上我们可以说国家的"初级"恰恰就在于其内部成员之间在政治、经济地位等方面空前的分化,因为在初级国家形成的同时也是人类社会中奴隶制度的创立时期。

第四节 韦伯对原始共同体分化过程与原因的论述

虽然韦伯的有些观点未必可取,但是他对原始共同体分化过程和原因的阐述还是比较翔实可信的。所以,有必要在此对他的有关论述加以介绍和分析,以便结合本书对公共权力在导致社会分化方面的作用的论述,对人类从自然拥有自然资源到拥有权利的分化过程形成一个概括性的认识。

一、与经济活动形式及其他因素相关联的社会组织形式

韦伯认为,"把原始经济生活划一地分为渔猎经济、牧畜经济和农业经济三个不同阶段,是不足取的","原始经济是建立在耨耕水平上的一种游牧农业,并且一般是同渔猎经济相结合的"。① 这里涉及如何界定"原始经济"的问题,如果将渔猎以及采摘活动视为原始经济,那么韦伯的观点可能也是不足取的。因为,从理论上说,渔猎和采摘的对象是自然存在的,而耨耕农业无论怎样简单,总是需要以人对植物生长规律的认识为前提的,其收获的对象是加入了人类自觉劳动的结果。这样的认识和行动能力不是人天生就具有的,是需要经历较长的采摘过程才能够认识到并形成种植能力的。而捕获和采摘自然存在之物,则与人的自然本能更为接近。因此,人类社会必定是先经历了一个渔猎、采摘阶段才可能进入耨耕农业的。当然,进入耨耕农业阶段,如果有条件的话,人们也不会放弃渔猎活动。此时,自然是耨耕农业与渔猎活动并存。

抛开对人类社会原始经济阶段的划分,仅就人类开始从事原始农业活动时的情况来说,由于人们还同时从事渔猎活动,并会发展出牧畜经济,不同类型的经济活动确实可以有不同的组织形式。对此,韦伯的看法是可取的。他认为,"耨耕可以由小家庭单独进行,也可以由若干家庭聚成甚至上百人的群体劳动来进行。后一种农业经营方式是技术有了相当发展之后的产物。渔猎最初是共同进行的。""牲畜的饲养可以单独进行,而且一定向来

---

① 〔德〕马克斯·韦伯:《经济通史》,第25页。

是如此;无论如何从事牧畜的社会集团不可能很大,因为大的牲畜群要散布的区域很广。最后,粗放农业可以用各种方法进行,但垦地却需要共同行动。"①这就是说,在人类的经济活动多样化,但活动能力还比较低下时,经济活动主要以规模比较小的群体为单位。这些小规模的群体,有时是共同行动,有时是分为更小的单位单独行动。

无论群体规模大小,主要是以血缘关系为基础的氏族。韦伯说:"盖尔族的氏族一词是'血亲'的意思,同相应的德文 Sippe(亲族)一词一样,是拉丁文 proles(后裔)一词的同义语。"②这表明氏族的基本含义是指具有血缘关系的人构成的群体。但是,随着人的活动范围的扩大,不同氏族之间的交往增加,氏族也不一定完全以血缘关系为唯一的构成因素。韦伯认为氏族可以分为不同的种类,虽然主要的还是血缘氏族,但也有不完全以血缘关系为基础的军事氏族和"图腾氏族"。"图腾氏族"是由于其成员有共同的崇拜对象、礼仪、习俗等而形成的。因此,"属于同一个图腾的人们形成为一个文化统一体,一个和平集团,集团成员之间不得进行战斗。他们实行族外婚"。而军事氏族通常是由男子组成的,特别是由那些"在身体上和经济上有能力武装自己去进行作战的男子"组成的。只有这样的男子"才被承认是族人"。"凡是做不到这一点的,就必须'托庇'于一个领主或保护人,并屈居于他的权力之下。所以,男系氏族实际上成为财产所有者的特权集团了。"③

由此可见,影响社会组织形式的因素不仅仅是经济活动的类别和水平。韦伯指出,"在这些不同的农业经营方式中,还穿插着两性之间的劳动分工。耕地和收割原来都是以妇女为主。只在遇到重劳动时,如以犁代耨,男子才必须参加。以纺织为主的家庭劳动,只由妇女承担。男子的劳动既包括渔猎、饲养耕牛之类的家畜(小家畜还是妇女分内的事),也包括木工和金工,以及最后和最重要的一项,作战。"④显然,这其中有些活动是可以由女性或男子单独进行的,而渔猎、作战等则是需要男子集体行动的。同时,之所以有经济活动与性别之间的关联,从根本上说,还是由于人的能力方面存在差别。

韦伯认为在性别和经济活动特征两种因素的相互作用下,产生了两种公社化的形式:"一方面是家庭和田间的公社化,一方面是渔猎和军事的公

---

① 〔德〕马克斯·韦伯:《经济通史》,第 25—26 页。
② 同上书,第 29 页。
③ 同上书,第 27 页。
④ 同上书,第 26 页。

社化。前者以妇女为中心,在这个基础上,她往往占有一个突出的社会地位。""而渔猎和军事的公社化却使男子的社团因而产生。"在前一种情况下,公社的首领更可能是家长,女性家长;而在后一种情况下,首领更可能是由个人的天赋或功绩决定的。在后一种情况下,"起决定作用的不是他的亲族关系,而是他的勇武善战和其他个人品质;他是一个自由选出的领袖,拥有自由选出的部属"。①

韦伯所说的这两种情况,与前面我们所论述的一个人如何成为公共权力的掌控者是一致的,即这个人可能因其辈分和年纪,也可能是因其能力和贡献。不过,这两种情况可能还是有一定先后顺序的。如果说人类最初的经济活动是采摘和渔猎,那么,公共权力的最初基础恐怕还是年龄和辈分。当生产、生活逐渐复杂,作战日益重要,以及家族长是男子的可能性增加时,天赋和功绩在决定由谁"王天下"时也会成为重要的因素。但"王天下"者又会特别地考虑亲族关系。因此,可以说是性别、亲属关系、与特定的社会经济活动相关的能力或功绩三种因素交互作用,既决定着社会组织形式,也决定着公共权力的掌控者。

韦伯说,"氏族可能有组织,也可能没有组织,原来的情况可能处于两者之间"。"氏族经常有一个族长。""原则上他是同族中年纪最长的人。他充任氏族成员间争执的仲裁人,并替他们分配土地,分配自然是依照惯例而不是武断进行的,因为氏族成员都具有平等的权利,就是有什么不平等,至少也有明确的规定。"②显然,随着公共权力的形成和增强,氏族是趋向有组织的。氏族首领可能不一定是年纪最长的人,而是能力、功绩超群的人。而且,能力可能是有助于整个群体的能力,也可能包括有助于控制其他群体成员增进自己及其近亲利益的能力。由于男子在生产劳动中的作用日益重要,更由于在战争中男子的重要作用,因此,公共权力的掌控者也日益向男性转变。韦伯认为,亲属关系究竟是以母系为主还是以父系为主,要看土地是怎样获得的。"土地的分配或是依照经济原则,把土地看作是女子的劳动场所,或是依照军事原则,把土地看作是征服的果实和军事保护的目的物。耕田种地的主要责任如果落在女子身上,土地就由作为子女监护人的舅父继承。反之,土地如被看作是'枪地',产权就归军事组织所有;子女也算是属于父亲的,其结果则是女子被剥夺了土地权。"③亦即,在共同体内部不仅

---

① 〔德〕马克斯·韦伯:《经济通史》,第26页。
② 同上书,第29页。
③ 同上书,第27—28页。

形成了权力的分化,也产生了经济权利的分化。

二、共同体分化的过程与原因

韦伯认为,原始家庭共同体,在消费方面几乎始终是纯粹共产主义的。但是,对财产的所有权并不一定是纯共产主义的。"所有权,甚至对子女的所有权,尤其是对铁制工具和纺织品的所有权,都常常有相当的发展。""既存在作为正常情况的绝对父权,也存在这种父权为图腾集团或母系氏族之类的其他组织所削弱的情况。"① 显然,所有权的发展是与经济有了一定的发展相联系的。有了铁制工具、纺织品等,才会有所有权的发展。而在对物的所有权发展的同时,对人的支配、控制权也可能得到增强和明确。

在小家庭进化为扩大的家庭以后,可能由于劳动集中化的需要,仍然以一个共同体形式存在。而且,这样的共同体可能"采取自由共同体的形式"。"家长是推选出来的。""在生产方面纯粹是共产主义的",或者"是建筑在股份基础上的"。但是,也可能发展为家长制的庄园,发展为领主家庭的形式。"它的显著特征是把产权完全交给一个人,也就是一家之长掌管,任何人都无权要求查核账目,而且这个专制地位是世袭的、终身的。这种专制权可以及于妻子、儿女、奴隶、牲畜和工具,也就是及于罗马法上所谓的家产,罗马法反映了这种专制权的最完备的形式。"②

韦伯认为庄园式家庭"是庄园和封建制发展的中间体"。这里的"庄园"显然是指内部财产分化更加严重,已经包括了大量奴隶劳动的庄园。庄园式家庭财富更加严重的分化,主要是对共同体土地分配权的掌握。土地分配权"往往发展为世袭的领主权力"。最初氏族成员可能由于各种原因,以送礼、帮助耕田造屋等方式表示"对这种世袭荣衔的尊敬","但逐渐发展成为义务"。"军事首领可能通过内部的分配或者通过对外的征服而取得土地所有权。他在战利品的分配或在被征服土地的分配方面,都享有特殊的权利。他的部属在土地分配上也要求特殊待遇。"同时,"领主的土地通常不承担普通份地的负担","反之,普通份地占有人还要帮助耕作"。③ 韦伯的论述表明,无论是氏族首领还是军事集团的首领分配土地的权力,一般而言都是一个群体所需要的一种公共权力。但是,如果掌握这种权力的人自觉或不自觉地因掌握这种权力得到某些私利,获得私利的方式又成为惯例,就

---

① 〔德〕马克斯·韦伯:《经济通史》,第31页。
② 同上。
③ 同上书,第34页。

会导致财富占有上的分化。特别是在公共权力掌握者所获得的私利超过其为共同体所做出的贡献时,他们手中的权力就已经不仅仅是一种公共权力了,而成了领主权。

由于进入农业社会以后战争普遍存在,实际上氏族首领和军事首领很可能是合二而一的。所以,庄园式家庭就会发生更加严重的分化。他认为内部严重分化的第一个原因是,"由于职业军人阶级的出现"。这个阶级的出现是由于"军事技术的进步和军事装备质量的改进"。这就导致只有具备一定经济实力的人才能够从事军事训练、置办军事装备,并加入职业军人阶级。结果在"那些握有财产能够服军役并装备自己的人,和那些因做不到这一点而不能维持充分自由民地位的人之间,便产生了一道鸿沟"。这些职业军人因为有机会通过战争活动积累战利品,所以会变得更加富有。内部分化的第二个原因是,"征服一些敌对民族并使之屈服"。即在劳动能够创造出剩余产品以后,将被征服的敌人"变成一种载负重荷的奴隶阶级"。"这样就产生了领主阶级,他们因拥有人类劳动力而能开垦土地了,而开垦土地却是普通自由民力所不及的。""奴隶和被奴役的人口可能是被共同利用的,为整个集团所有并用于集团耕作。""也可能由个人利用,分配给个别领主去耕种他们私人的保有地。"①

实际上,韦伯所说的这两种原因也是有一定关联的,当然不完全等同。没有职业军人时,就已经有了征战、征服,征服者也会将敌对方的战俘变成奴隶。有了职业军人,战争变得更惨烈,失败者同样会成为奴隶。二者的不同在于,有了职业军人阶级,获胜者一方中,首先是职业军人,特别是其中的领导者更有机会从中获益,而没有能力成为职业军人的农民的境况会相对变差。实际上,由于农民必须承担战争的各种经济负担,农民的境况就不是相对变差,而是必然绝对变差。如果奴隶和被奴役人口为整个集团所有,在征服中获胜一方中的所有成员,还都能够分享胜利成果,尽管彼此之间也会存在一定差别。如果奴隶被分配给个别领主,结果就是,即使是征服者群体中的成员,也只是少数人享受胜利成果,多数人则只是承担战争支出。这样,社会必然产生更严重的贫富分化。

另外,韦伯还提到了领主权发展的另一个原因,是在太平洋岛上常见到的情况,"就是巫术这种职业"。"在很多场合下,酋长并不是从军事首领,而是从能呼风唤雨的巫师中发展起来的。"不过,巫师仅靠巫术是不可能成为领主的。所以,韦伯接着说,"一旦国王和僧侣结成同盟,僧侣就用这种办

---

① 〔德〕马克斯·韦伯:《经济通史》,第34、35页。

法来获取私产"。① 显然,领主权的形成离不开对公共权力的掌控。

领主权发展的另一个原因是贸易。共同体的首领可以通过向外来的商人收税,并将共同体的这项收入归为己有的方式增加自己的财富;也可以通过垄断对外贸易的方式增加自己的财富,即排斥共同体中的其他人进行对外贸易。至于韦伯说的"通过各种形式的贷款以资金供给商人"增加财富的方式,以及导致分化的第三、四个原因,基本上都是领主权已经形成的前提下,进一步扩大的方式。"以资金供给商人"必然是自己有了相当数量的资金;"没有自卫力量的人"的"自愿投靠"对象,必然是已经有保护力量的领主了,因为有人投靠,其力量会进一步增强;"拥有大量劳动力和耕畜","能够在完全不同于普通农民的规模上"开垦土地的人,自然也是已经拥有了相当财富的人。②

最后,韦伯指出,"领主财产也可能在赋税组织和国家官制中有其财产来源,而在这个项目之下应有两种可能"。"一种可能是,当时已产生了极权的属于王公的私人企业,其职员同他们所经营的资产完全无关。""另一种可能是,有一个经营业务的阶级组织,在这个王公的企业之外,还有一些封臣、包税人和官员的企业从旁起辅助作用。在后一种场合下,王公把土地分给他的部属,而由他们来支付一切行政开支。"前一种容易发生在"中国、小亚细亚、埃及"等以灌溉农业为主的地方。所谓王公的企业,基本上发展为官办工商业。这种制度,以及与之相关的制度,"就是把居民置于一种对王公的奴隶关系中"。后一种可能性,在印度、古希腊、西欧等不同的地区发展为不同的社会分化和统治形式。③

总之,以原始共同体和原始农业为起点,由于生产力的发展和生活方式的变化,个人先是对加入了人类劳动的某些生活用品、生产工具产生了拥有意识。继而,由于共同体的自然扩大或联合,对公共权力的需要增强,公共权力的掌控者开始有机会自觉不自觉地利用公共权力为自己获取私利,于是在共同体内部逐渐形成了财产拥有方面的分化。不同族群之间的征伐,以及相互贸易等,不仅进一步加剧了内部财产占有,包括对自然资源占有的分化,而且导致了分化的极致,即一些人被彻底地剥夺了对自然资源的任何权利。因为失去了对自然资源的任何权利,有些人还失去了对自己身体的支配权,成了奴隶。下一章将对自然资源权利分化的这种极端状况展开分析。

---

① 〔德〕马克斯·韦伯:《经济通史》,第36页。
② 同上书,第35、36页。
③ 同上书,第37、38、39页。

第十一章 人对自然资源权利的分化不可达于极致

在西欧国家开始工业化之时,由于越来越多的劳动者对自然资源的起码权利都被否定了,后来,国家不得不以社会政策的方式加以弥补。实际在人类社会的历史上,在很多地区都曾经经历过相当数量的劳动者失去对自然资源起码权利的时期。而且,历史已经证明,如果在一个社会中人对自然资源权利的分化已经达到这种极致状态,这个社会是不可能持续存在的。人对自然资源的权利的分化达于极致的状态,即在一些地区的历史中曾经存在的奴隶制度。奴隶不仅是完全失去了对自然资源的起码权利,也被完全剥夺了对自己身体的权利。

在人类进入农业社会以后,当人们的社会、经济地位逐渐分化的过程与社会经济发展和公共权力的作用相联系,在一些地区就出现了个人或家庭之间对自然资源和劳动产品权利的分化达于极致的状况。一些人由于完全失去了对自然资源的起码权利,也同时失去了对自己身体的支配和保护权利,处于没有任何权利的境地,这就是奴隶。所谓奴隶,按照马克思的说法就是:"同自身劳动的客观条件没有任何关系",被其主人当作他们"自身再生产的无机自然条件来对待"。[①] 亦即,奴隶没有任何生产资料,其自身反而被他人当作生产工具。在这样的情况下,奴隶对于已经被视为资产的自然资源不可能有任何权利。奴隶的出现、奴隶制度的产生既与人的劳动能力提高有关,更是源于某些人的贪婪、源于人的恶性的滋长。这样的状态既是极其不公正的,也是不可能持久的。在本章我们将对从原始公有制演变出来的不同的奴隶制形式进行分析,目的是论证人对自然资源权利分化的这种极端状态是不可持续的。

当然,就人类历史的实际发展过程而言,劳动者与自身劳动的客观条件的关系,在有些情况下是比较清楚的,在有些情况下则是比较模糊的。有时,被明确界定为奴隶的人可能对劳动的客观条件有些许权利,而一些没有

[①] 马克思:《政治经济学批判》,载于《马克思恩格斯全集》第46卷上,第488页。

被明确界定为奴隶的人可能事实上对自身劳动的客观条件已经没有什么权利了。例如,当人类自然形成的群体开始在政治、经济权力上产生明显分化,形成了父系家长制时,家族、氏族中的一些成员可能实际上已经与自身劳动的客观条件没有什么关系了,然而在观念上却仍然被视为家族成员。同样,在人类有文字记载的历史中曾经长期且广泛存在的隶农或农奴,与奴隶相比,从理论上说,主要的区别就是前者同自身劳动的客观条件还有些关系,同时,在某一时间是否劳动还可以由自己决定。但是,如果他们被压榨到食不果腹、衣不蔽体且不得不长时间地从事过度劳动的地步,也就无异于奴隶了。不过,历史事实的模糊性并不能否定抽象概括的理论分析之价值。

另外,人类从对自然资源自然地平等拥有,到产生了拥有、占有意识,形成了拥有权利的显著分化,主要是在人类进入农业社会以后。在农业社会,土地是最重要的自然资源。尽管在农业社会人类也已经认识到其他许多自然资源的价值,并不断提高对它们的利用能力,但是土地在人类进入工业社会之前,还是最重要的自然资源。所以,本章的分析将以人与土地关系的变化为主。

第一节 典型的和非典型的奴隶制

所谓典型的奴隶制,即奴隶主是具体的个人,奴隶、奴隶主以及其他人都清楚奴隶和奴隶主的角色,清楚奴隶主的权力和奴隶必须遵循的基本行为规则。亦即,奴隶的身份、地位即使不是由法律明确规定的,也是以普遍通行的惯例为根据的。希腊、罗马的奴隶制是典型的奴隶制。佩里·安德森认为,"奴隶制的生产方式就是希腊罗马世界的重要发明,它是希腊罗马兴旺和衰亡的决定性特点"。而非典型的奴隶制,按照佩里·安德森的看法,其特征是,虽然奴隶也以各种形式存在,"但是它一直是一种不纯正的司法形式——经常采取债务奴隶和刑事劳役的形式——在其他混合的劳役形式中,它只是向前发展的社会等级中带有依附和不自由特点的不定型的社会统一体中的低级形式"。[1] 非典型的奴隶制也可以说就是马克思所说的"普遍奴隶制"。[2] 其主要特征是,事实上已经沦为奴隶的劳动者,并没有在法律上被明确地认定为奴隶。

在非典型奴隶制的情况下,劳动者是否确实成了奴隶,与掌握公共权力

---

[1] 〔英〕佩里·安德森:《从古代到封建主义的过渡》,第9—10页。
[2] 马克思:《政治经济学批判》,载于《马克思恩格斯全集》第46卷上,第496页。

的人的状况有较大的关系。如果掌握公共权力的人比较仁慈,处于被统治地位的劳动者对自己的劳动产品可能保有一定的支配权,并因此对自己的身体也保有一定的自由支配权,此时,劳动者基本上还可以属于自由劳动者。但是,如果统治者出于各种原因,强迫被统治的劳动者用很多的时间承担劳役、兵役,对劳动者的劳动产品征收很高水平的赋税,致使劳动者失去了自由支配自己的身体和劳动产品的可能性,此时,这样的劳动者也就无异于奴隶了。这样的"普遍奴隶制",既包括马克思所论述的以土地公有的农村公社为基础的亚细亚所有制方式,也包括中国夏、商、周时期的所有制形式。虽然那时的中国不是以土地公有的农村公社为基础,而是以大土地所有者为基础的官僚体系控制劳动者,但是与以土地公有的农村公社为基础的亚细亚所有制方式有一个共同点,即都有一个凌驾于整个社会之上的统治集团。这个集团在有些情况下,是能够将普通劳动者置于类似于奴隶的地位的。

一、马克思对土地所有制形式的概括

马克思在1857—1858年撰写《政治经济学批判》(即《资本论》)的最初草稿时,甚至到《资本论》正式出版以后,对原始社会"自然形成的共同体"究竟是家庭、部落、氏族还没有形成确定的认识。① 但无论如何,马克思明确指出"自然形成的共同体"是人们共同占有和使用土地的第一个前提。"一旦人类终于定居下来",对于为人们"既提供劳动资料,又提供劳动材料,还提供共同体居住的地方"的土地,人类会"朴素天真地"将其视为"**共同体的财产**"。② 根据现代人们已经掌握的历史知识,以血缘关系为基础的亲属群体共同占有土地,就是人类社会最初的所有制形式。只不过在当时,人们还不可能形成所有权意识,对于占有也未必形成清楚的意识。这种共同占有主要是"通过劳动过程而实现的实际占有"。③ 由于人口增加、生产力发展、迁徙、征服等各种因素的作用,原始的土地所有制形式会以各种方式发生变化。马克思在分析原始公社的特征及其解体的原因时,概括出了三种土地所有制形式:"亚细亚的所有制形式""古代的所有制形式""日耳曼的所有制形式"。④ 并且,他基本上是将这三种形式视为以土地为主的财

---

① 恩格斯为马克思《资本论》所作注释,载于《马克思恩格斯全集》第23卷,北京:人民出版社1972年版,第389页注50a。
② 马克思:《政治经济学批判》,载于《马克思恩格斯全集》第46卷上,第472页。
③ 同上。
④ 同上书,第472、474、477页。

产制度变化的三个阶段。无论历史是否实际历经了这三个阶段,马克思对原始的共同体共同占有财产的制度之所以被打破的分析是成立的。

马克思的所谓"古代的所有制形式",与希腊、罗马的奴隶制是有直接关联的,形成的是典型的奴隶制。至于日耳曼形式,实际上,主要是在日耳曼人移居的一些地方建立起来的。后来马克思也明确指出这是日耳曼人在"被征服的国家建立的新公社",它们既继承了古代原型的特征,又"在整个中世纪时期,成了自由和人民生活的唯一中心"。① "日耳曼的所有制形式"既是一种封建农奴制,也有滑向奴隶制的情况。"亚细亚的所有制形式",总体上说,不是典型的奴隶制,但是也有将劳动者置于典型的奴隶状态的情况。

对于"亚细亚的所有制形式",虽然马克思认为与原始形式"完全不矛盾",但同时又指出这是已经形成了"凌驾于所有这一切小的共同体之上的**总合的统一体**"的那种形式。而且,统一体已经"表现为**更高的所有者**或**唯一的所有者**,实际的公社却只不过表现为**世袭的**占有者"。② 很显然,这种形式的共同体已经远离了原始的共同体所有制。

所谓"亚细亚的所有制形式",虽然在共同体层次保持了土地公有,但由于生产力发展、社会经济发展、总合的统一体的存在,共同体所保有的土地的价值就可能会衰减至令公社成员成为奴隶的状态。这类形式的所有制之所以更多地具有"原始"的特征,最根本的一点就是统治者没有明确宣布土地归其所有,各个小的共同体没有从形式上丢掉自己所拥有的土地。

尽管在人们还没有形成明确的所有权观念时,凌驾于一些小的共同体之上的总合的统一体似乎没有剥夺各个小的共同体对土地的所有权,然而,那样的统一体的存在必然使劳动者的劳动成果不能完全归自己或自己直接所属的小的共同体享有,其中或大或小的一个部分必然要归属于那个更高的总合统一体的代表者。根据后来人们认识到的所有权概念,也正因为如此,那个统一体的代表者才能够成为"**更高的所有者**或**唯一的所有者**"。如果他或他们没有对其成员剩余劳动产品的支配权、控制权,也就谈不上"凌驾于所有这一切小的共同体之上"了,更谈不上是土地等资产的所有者了。同样是因为这一点,公社成员对土地的共同所有也就开始贬值了。

不过,在这种所有制之下,劳动者是否是奴隶在实践上是不确定的,对

---

① 马克思:《给维·伊·查苏利奇的复信草稿》,载于《马克思恩格斯全集》第 19 卷,北京:人民出版社 1963 年版,第 433 页。

② 马克思:《政治经济学批判》,载于《马克思恩格斯全集》第 46 卷上,第 473 页。

于可能与奴隶没有区别的劳动者的身份,也没有从规则上明确。有关的劳动者是否是奴隶,主要取决于统治者的统治方式。

如果总合的统一体之实存,主要表现在通过保卫或者征服来增进整体利益,表现在需要其成员参加修筑灌溉渠道、桥梁公路之类的公共工程,或者为之交纳必要的产品,公社成员的共同所有还没有发生变化。而且这样的需要,正是更大范围的公共权力存在的基础。这时,劳动者就不是奴隶。但是,公共权力的掌握者对于其成员劳动贡献的要求,往往不止于此。那个更高的统一体的代表者很可能运用武力、暴力、智力,尽可能多地从劳动者那里获取剩余产品,会使公社的一部分剩余劳动"属于最终作为个人而存在的更高的共同体,而这种剩余劳动既表现在贡赋等等的形式上,也表现在为了颂扬统一体——部分地是为了颂扬现实的专制君主,部分地为了颂扬想象的部落体即神——而共同完成的工程上"。这就"奠定了向徭役制等等过渡的基础"。① 在这样的情况下,如果劳动者还能保有一定量的生活必需品和必要的劳动工具,部分劳动以及其他活动还可以自己安排,即还保有一定的人身权利,也还不能说劳动者已经成了奴隶。如果最高统治者变得肆无忌惮,使劳动者对土地及其他生产工具的占有完全失去了提高自己的需要满足程度的意义,劳动者对自己的身体也基本失去了支配自由,只有通过极端过度的体力支出才能勉强为生,此时,单个的人实质上"就是作为公社统一体的体现者的那个人的财产,即奴隶"。②

一般而言,普遍的奴隶制是在那个凌驾于一切小的共同体之上的总合统一体已经发展为君主专制国家的情况下出现的。与此同时,手工业、商业也有了一定程度的发展,人们已经发现了更多的自然资源的价值,不适宜耕种的土地可能埋藏着丰富的矿产资源,在本地价值较低的农产品可能通过贸易换来价值更高的物品。这时,社会中有一定数量的成员不再参与农业生产劳动,统治着国家的那些人又利用各种手段从农村公社中汲取财富,如果达到公社成员的必要劳动都被严重侵犯的程度,公社成员也就成为国家的统治者的奴隶。

当然,如果将这种财产所有制形式中的劳动者界定为奴隶,主要是从一般的本质性特征而言,并不是典型意义上的奴隶。典型意义上的奴隶主要是指其主人和自己都相对清楚地知道其是主人的财产,并且是以法律或类似于法律的规则加以明确的。另外,所谓"普遍"也是相对而言的,因为在公

---

① 马克思:《政治经济学批判》,载于《马克思恩格斯全集》第 46 卷上,第 473、474 页注①。
② 同上书,第 493 页。

社成员成为"普遍奴隶"的同时,社会中已经有了相当多的其他从业者以及主要靠剥削劳动者为生的人。

二、希腊的奴隶制

安德森认为,"是希腊城邦最早在形式上确立了绝对的奴隶制度并确立了它的统治地位,并由此从一种从属的设施发展成为一套系统的生产方式"。尽管与此同时自由农民、依附民和城市工匠也存在,但是"古希腊的占统治地位的生产方式是奴隶制,它控制着各类地方经济之间的复杂关系,它给整个城邦文明留下深刻印记。罗马也一样"。① 他的这一结论的重要根据就是,身份明确的奴隶人口数量远远超过自由民。"近来有一种说法认为,在伯利克里时代,雅典的奴隶与自由民比率大约是 3 比 2。"在其他城邦"奴隶人口在不同时代可能更多"。"在公元前 4 世纪,亚里士多德很自然地注意到'城邦中必定有大量奴隶',同时色诺芬在描述雅典的兴旺景象时写道:'该城邦应当拥有公共奴隶,而每个雅典公民都能拥有 3 个奴隶。'"与此相关,"古典时代的希腊,奴隶第一次超越了家务劳动的界限而被用于手工业、工业和农业生产中"。并且,由于奴隶的普遍使用,"它的内涵相应地变得绝对了","逐渐发展到了一个完全失去自由的极端"。②

希腊在进入奴隶制之前,主要社会基本单位是以血缘关系为基础的部落。在部落内部还不存在严格的阶级分化。从经济方面说,农业和畜牧业是共同体成员的基本职业,同时也有少数工匠制作必要的生产工具和简单的武器。就绝大多数情况而言,"每个家庭都自制工具,自缝其衣,自产其粮"。"以物易物是他们唯一的交换方式。"而且,每个部落的规模很小,基本各自独立,还没有形成超越各个小共同体之上的政治权力,其内部的公共权力也还很虚弱。部落首领主要靠自己种田为生,没有其他任何报酬。部落首领的主要职责是"在战时统领军队,并奉献牺牲,使神祇有利于公社"。③

这基本上就是马克思所说的"古代的所有制形式"。但是,当经济活动以家庭为单位各自进行时,由于体力、智力、具体的劳动技能、付出的劳动量等各种因素的作用,家庭之间必然产生贫富分化。更重要的是,随着人口的繁衍、增加,部落首领的权力自然扩大,而且在人口世代繁衍的过程中,部落

---

① 〔英〕佩里·安德森:《从古代到封建主义的过渡》,第 10 页。
② 同上书,第 11 页。
③ 〔美〕菲利普·李·拉尔夫等:《世界文明史》上卷,第 213、214 页。

中的家庭、个人与首领的远近亲疏关系会变得非常不同。掌握公共权力的首领和他的家庭、家族以及征服中的有功者就会成为所谓的贵族。根据历史学家的看法,"贵族"一词来自希腊语"arisioi",其基本含义是"最佳者"。① 因此也可以推测,贵族最初是与人的能力、功绩有关的。

由于这些自然会发生的变化,以及在外部恢复和发展了与东方的长途贸易,城市在贸易、防御等方面的作用变得重要了。于是,大约自公元前800年开始,希腊的城市在贵族的控制下建立和发展起来了。随着希腊人向地中海地区和黑海地区的扩张,"直至公元前6世纪中叶殖民时代结束,海内外大约有1500座希腊城市"。城市不仅是统治者、商人、手工业者的居住地,也是农民和土地所有者的集中居住中心。他们日出时出城耕作,日落时回城。所以,"城市范围一般包括城市周围的农田以及全部农业人口在内。这些城市的社会结构仍然有许多过去的部落特点:它们的内部机构以世袭集团为主要特征"。"城市居民依规模和内涵依次被正规地组织为'部落''胞族''部族'。"②这就是希腊人发展起来的著名的政治社会组织——城邦。与此同时,在与征服有关的前提下,不同的城邦也经由不太相同的路径创建了彻底剥夺一些人对自然资源和自身的起码权利的奴隶制。

希腊不同地方奴隶制的形成有所不同。在有些地方与对外征服和军事技术的进步有关。强大的军队,在对外征服和扩张中发挥了重要作用。反过来,靠军事力量又加强了整个城邦和其中一些成员的经济实力。在靠军事力量占领土地的同时,使被征服的居民成为奴隶。

例如,斯巴达对美西尼亚的征服。结果是斯巴达社会分成了三个主要的阶级:作为征服者的斯巴达人,从其他地方流动来的主要从事工商业活动的"边民",被称为希洛人(helots③)的奴隶。由于斯巴达对周围民族的土地扩张和征服是在君主制下进行的,因此,"最好的土地归国家所有,最初被分成均等的份地,分给斯巴达阶级,作为不可让渡的地产"。希洛人作为耕种土地的奴隶,"也为国家所有,随土地分配给他们的主人"。④ 即斯巴达采取的是"奴隶和被奴役人口为整个集团所有"的方式。这样,就使有经济力量参与军事征服的人,都进一步增强了经济实力。

结果,在斯巴达就形成了一种独特的奴隶制度,这种制度使除了直接掌控国家权力的贵族之外的所有斯巴达男子处于相对平等的地位:经济上靠

---
① 〔法〕德尼兹·加亚尔、贝尔纳代特·德尚等:《欧洲史》,第63页。
② 〔英〕佩里·安德森:《从古代到封建主义的过渡》,第20—21页。
③ 《从古代到封建主义的过渡》一书的中文译者译为"黑劳士"。
④ 〔美〕菲利普·李·拉尔夫等:《世界文明史》上卷,第224—225页。

奴隶劳动供养,政治上都有参加国民大会对议事会的议案进行表决、选举公职人员的权利,这些从直接的生产中解脱出来的男性公民能够用全部精力训练职业军事技能。所以这些人"骄傲地称呼自己为'平等的人'"。实际上,"完全经济意义上的平等从来没有在斯巴达公民权中体现过"。安德森认为,正是斯巴达的大规模农业奴隶制"促成了希腊古典时代以前首批奴隶人口以及最早的重甲步兵公民权的产生"。①

不过,由于国家不仅禁止解放奴隶,并且禁止把他们卖到国外,而且根据奥利瓦的描述,这些奴隶还拥有自己的家庭,偶尔还承担军事义务,因此安德森接受了奥利瓦的观点,即斯巴达的奴隶制保持着"未成熟形式"的状态。而《世界文明史》的作者称之为被束缚在土地上的"农奴"。②

与斯巴达的奴隶制不同,雅典所在的阿提卡地区没有经历严重的武装冲突,因此没有被征服者作为奴隶的来源。但是,由于该地"有充足的矿藏和出色的港湾",为雅典的工商业发展提供了很好的条件,加之葡萄和橄榄栽培技术的引进,"也许给希腊在地中海地区的商业交换带来了更多的好处"。然而,这样的好处并不是所有的人都能够获得的。在已经产生的贫富分化的基础上,对于新的种植和加工技术,都只有比较富裕的农民才能够采用。因此,"这种发展所提供的经济机遇造就了一个新兴的富裕的农村所有者阶层。他们从传统的贵族阶层中分离出来,而且在某些情况下受惠于辅助的商业活动"。③ 与此同时,一些小农却会由于各种原因陷入贫困、陷入债务之中。为了还债,有人不得不出卖土地,甚至卖身为奴。亦即,雅典的奴隶始自购买。这清楚地表明,在农业生产以及工商业活动发展到如古希腊的水平时,一个人已经占有的自然资源和拥有的物质财富对于其进一步创造和积累物质财富的意义。

当然,雅典及其他地方的富人大量购买奴隶,与经过了相对漫长而复杂的政治体制的变革有着密切的关联。由于那些发了财的人对于自己在君主制下的无权状况极度不满,陷入贫困的人对自己的贫困境况极度不满,社会呈现出民怨沸腾、混乱失序的状态,于是引发了政治、经济方面的改革。最著名的是梭伦改革,在政治上给予了中下层民众一定的权利,在经济上"取消了存在的抵押契约,禁止今后再有债务奴的存在,限制任何个人可以拥有的土地数量"。④ 这样的改革也不仅仅发生在雅典,也发生在其他城邦。结

---

① 〔英〕佩里·安德森:《从古代到封建主义的过渡》,第 25、27 页。
② 〔美〕菲利普·李·拉尔夫等:《世界文明史》上卷,第 223 页。
③ 〔英〕佩里·安德森:《从古代到封建主义的过渡》,第 21—22 页。
④ 〔美〕菲利普·李·拉尔夫等:《世界文明史》上卷,第 228 页。

果,一方面将世袭君主制改成了僭主统治,另一方面阻止了农村土地的集中,阻止了贵族地产的发展,使小农和中农得以长期存在。这种情况"在整个希腊看来是普遍性的",结果就使数量不多的农业财产成为"希腊公民的经济基础"。① 而后又经过一系列的冲突和改革,特别是克利斯梯尼的进一步改革,雅典进入了民主政治的时代,公民拥有了基本的政治权利。尽管在实践中公民大会还是受到出身于上层家庭的职业政治家的非正式控制,不过,"这种社会控制从来没有被合法地确立和巩固"。② 但与此同时,希腊的奴隶制也发展起来了。

一方面,由于小农经济的普遍存在,能够靠土地为生的人自然不愿意离开土地接受他人的雇佣;另一方面,葡萄、橄榄的种植、加工,矿藏的开采又需要大量的劳动力。那些相对富裕的阶层、占有了这些自然资源的人,很难从城邦内部得到所需要的雇佣劳动者,于是开始从其他地方购买劳动者。在将一些人完全作为工具对待的观念和制度已经存在的社会环境中,购买的劳动者必然被当作奴隶,因为这样在短时间内会使买主获得尽可能多的利益。同时,在那些没有采取保护小农经济的地方,陷入极度贫困的人或因其他原因失去人身自由的人,也会被作为奴隶出卖。例如,"在阿提卡的劳里昂蕴藏着希腊最富有的银矿。在那里劳动以大规模的奴隶劳动为主(约3万人)"。③

所以,安德森认为,"一旦社会分化的势头在希腊社会内部被阻止,对于统治阶层来说,依赖进口奴隶就是解决劳动力短缺的有效办法"。加之奴隶价格低廉,在当时奴隶的价格"不超过一年的供养费用"。"雇佣奴隶在整个希腊本族人社会中就得以普及,以至于最底层的手工业者和小农都可以拥有奴隶。"到公元前5世纪,"雅典、科林斯、艾吉纳以及其他任何一座重要的城市所拥有的大量奴隶人口总数,大多超过了自由公民的总数"。④

大量奴隶的存在不仅使富人获得了超常的财富,而且相应地提高了希腊自由人的地位。"正是奴隶经济在矿业、农业和手工业领域的确立,导致希腊城市文明迅速达到鼎盛。"首先,由于奴隶在从事各种生产劳动,"才使土地所有者阶层从土地中脱离出来"成为城市公民;同时,因为从事生产劳动的是奴隶,城市居民才能够通过对他们的极度压榨使"城市高高凌驾于农村之上";是奴隶制把城市和农村联系在一起,而这是以一些人被作为"会说

---

① 〔英〕佩里·安德森:《从古代到封建主义的过渡》,第23页。
② 同上书,第30页。
③ 同上书,第31页。
④ 同上书,第27页。

话的工具"和"降为被买卖的物品"为代价的;更重要的是,"由于奴隶制系统组织的建立而发现了新的关于自由的观念","相应地提高了希腊城市中公民的地位,并使司法意义上有意识的自由达到了一种迄今未知的高度"。"自由公民的身份在奴隶劳动者的衬托下,十分鲜明突出。"因此,安德森认为,奴隶制的影响并不是简单地表现在经济领域,而是对整个社会结构、政治制度产生了极端重要的影响。"希腊化的解放制度与奴隶制度是不可分的;一种是另一种的构成条件,这是一种双重的体系。"① 亦即,奴隶制不仅导致人与人之间对自然资源权利的极大分化,同时也导致了其他权利的极大分化。

三、罗马的奴隶制

罗马的奴隶制与雅典的奴隶制又有所不同。罗马的政治经济制度不仅彻底剥夺了沦为奴隶的人对自然资源的权利,而且也几乎是彻底地剥夺了仍然被视为公民的大多数人对自然资源的权利。

由于意大利既缺少矿产资源也缺少优良港湾,但是肥沃的土地多于希腊,因此,"罗马人在其历史的大部分时期里,都一直是以务农为主的民族"。另外,"意大利半岛更易受到外族入侵"。所以,"几乎从定居意大利土壤伊始,罗马人就热衷于军事活动"。② 当罗马人在战争中征服意大利诸民族的时候,统治者就把从战争中所取得的耕地,以方便富有者占领大部分土地的方式进行分配。而且,时间久了,这些富有者还"并吞邻近的地段和他们贫穷邻居的份地"。③

这不仅导致了更严重的土地占有以及相关的贫富分化,而且还导致了两个严重的后果。一是强化了罗马民族的农业特征,"接连不断地获得新的土地就使把全部人口吸引到农业活动中成为可能。结果,罗马人看不到有发展工业和贸易的必要。"④ 二是,由于连绵不断的战争,一方面为大土地所有者提供了大量的可以作为奴隶的战俘,另一方面则需要从自由民中不断地征兵,结果,自由劳动者大量地被从农业中抽出去当兵,大土地所有者正好利用不会被抽去当兵的奴隶进行生产劳动。因此,与自由民的数量相比,奴隶数量持续增加,形成了典型的奴隶制。不过,由于战俘主要是男性,女性奴隶很少,加上农业奴隶生活在如同监狱般的环境中,"因此,农村奴隶人

---

① 〔英〕佩里·安德森:《从古代到封建主义的过渡》,第 11、12、13、27、31 页。
② 〔美〕菲利普·李·拉尔夫等:《世界文明史》上卷,第 311 页。
③ 〔古罗马〕阿庇安:《罗马史》下卷,谢德风译,北京:商务印书馆 1985 年版,第 6 页。
④ 〔美〕菲利普·李·拉尔夫等:《世界文明史》上卷,第 317 页。

口的性别组成一直处于极端失衡的状态,并且其中几乎没有婚姻关系。结果必然是生殖率低下。"①所以,罗马的奴隶主要靠战俘,一旦战俘减少,奴隶贸易也无法替代。

同时,在罗马并没有形成使普通公民保有必要的财产的制度。在罗马共和国中不仅存在着公民与奴隶的区分,同时,在罗马公民中又存在着在政治和经济上都处于强势地位的贵族与日益失去了对自然资源的任何权利的自由平民之间的区分。"结果是,到公元前3世纪末,'无产者'几乎已经成为公民中的大多数,而且还不得不应召入伍以应付汉尼拔对意大利的突然袭击;而'小农'的财产则急剧减少,到下个世纪其数量已经降至可以维持生存的土地的最低线以下。"②

当然,对于罗马的状况不同的人的看法也有所不同。《剑桥欧洲经济史》的作者们认为,"哪怕在罗马世界,我们也不应该夸大有成群的、有时披枷带锁的奴隶耕种着广袤的大庄园土地的论断,同样受权贵或首领统治的自由民也大量存在"。但他们也承认,"公元1世纪左右,罗马帝国的奴隶制仍然十分兴盛,富人尤其拥有大队奴隶劳动力任其任意支配"。③ 不过,在罗马持续的对外征战中,拥有小块土地的自由民的普遍贫困化、无产者化却是显著的。

这样的状况必然引发平民的反抗。但是,持续了几个世纪的反抗也没有从根本上改变贵族在政治经济领域的优势地位。那些富有的大土地所有者独占着元老院的所有席位和执政官的职位。反抗的收获主要是迫使贵族同意由民众选举保民官,同时非官方的一些法学家开始将与财产的管理和处理有关的习俗、惯例以确定的法律形式表达出来,逐渐形成了迄今仍然对人类社会具有重要价值的罗马法体系。然而,保民官的作用是很有限的,连出身贵族的格拉古兄弟试图在罗马进行类似于梭伦那样的土地制度改革,不仅以失败告终,改革者及其追随者还被杀害了。④ 罗马共和国时期形成的法律体系,虽然有助于维护所有人的财产权,在财产的获取主要靠暴力、权力的情况下,法律的主要作用还是维护有权有势的富人的利益。而且,罗马法关于财产的极为实质的部分,也是"针对奴隶的所有权的"。⑤ 亦即,罗

---

① 〔英〕佩里·安德森:《从古代到封建主义的过渡》,第70页。
② 同上书,第49、50页。
③ 〔英〕M. M. 波斯坦主编:《剑桥欧洲经济史》第一卷,郎立华等译,北京:经济科学出版社2002年版,第217页。
④ 参见〔古罗马〕阿庇安:《罗马史》下卷,第9—19页。
⑤ 〔英〕佩里·安德森:《从古代到封建主义的过渡》,第59页。

马法的主要作用之一就是使奴隶们的身份更加明确,使奴隶制度得到法律的确认。

四、东方的奴隶制

如果说以农村公社土地共同所有为基础的亚细亚所有制方式,在一些情况下实际上也就是奴隶制,那么它属于非典型的奴隶制。其原因,一方面是一些东方文明古国在进入奴隶社会时,还没有形成明确的所有权意识;另一方面是还没有发明铁制农具,生产力水平还比较低,因此在农业劳动中大规模地使用奴隶的经济意义还不显著。而在公元前900年左右进入意大利的移民群体,已经掌握了冶铁技术。① 同时,种植橄榄、葡萄以及橄榄油、葡萄酒的加工也比种植谷物更适合于使用奴隶劳动。

对于非典型的奴隶制,可以用马克思作为亚细亚所有制典型的印度为例进行分析。根据马克思在《资本论》中的描述,在印度的不同地区存在着不同的公社形式。最简单的公社的特征是:土地公有,土地的产品在成员间分配;农业和手工业相结合,成员间有固定分工,是一个自给自足的整体;公社里有负责处理公共事务的"首领",以及负责专项事务的人员,包括负责宗教和历法的婆罗门,这些人的生活由全公社负担;如果人口增加了就在未开垦的土地上按照旧公社的样子建立一个新的公社。但是,这样的公社是与庞大的国家机构和已经相对发达的以交换为媒介的劳动分工并存的。国家的统治者既控制了其他许多自然资源的使用权,还使公社的一部分剩余产品"到了国家手中"变成了商品。② 因此,这样的公社的所谓"原始",仅仅是土地仍然公有。而且,公社的形式也在发生变化。有些公社不仅是房屋及其附属物——园地,已经是农民的私有财产,生产也不再是共同进行,而是将公有的耕地定期在成员间分配,产品归自己所有等,③公社内部也会发生贫富分化。

印度的河谷地区本来也是伟大的古代文明地区,早在7000多年前就有了畜牧业、种植业、制陶业等。可能是公元前2000年左右中亚和西亚游牧民族的大量迁移使古代印度社会变成了"印度-雅利安人"社会。在从游牧、畜牧经济转为农业经济的过程中,亚利安人在不断扩大征服的地盘的同

---

① 〔美〕菲利普·李·拉尔夫等:《世界文明史》上卷,第311页。
② 马克思:《资本论》,载于《马克思恩格斯全集》第23卷,北京:人民出版社1972年版,第395、396页。
③ 马克思:《给维·伊·查苏利奇的复信草稿》,载于《马克思恩格斯全集》第19卷,第434页。

时,社会结构也由"简单的家庭首领的联盟","逐渐出现分层并且复杂起来"。印度的四大等级和种姓制度就是在这个过程中形成的。从而使"印度在密切保持血缘族群方面是独一无二的"。种姓制度成了"印度全部社会结构的关键组成部分,它历经了文明程度的全面变化,而且还历经了政权形式的变化"。① 这恐怕是印度的农村公社能够一直保持土地公有、内部分工固定的重要原因。

在几乎覆盖了印度大部分地区的孔雀王朝时代,"王国人口稠密而又富庶",它通过职能繁多的官僚机构对社会生活和社会活动施行家长式管理。在经济领域,"政府控制了矿山、森林、珍珠采集业,甚至控制了制盐用的平底锅,政府开办了农场、船厂和兵工厂,雇佣贫穷的妇女进行纺织"。同时它还有庞大的军队。在政府的农场、工厂中的劳动者是否为奴隶且不说,仅就农村劳动者而言,"政府财政收入的主要来源是土地税,占总收成的四分之一和一半之间"。在两千年前的生产力水平之下,如此大比例的收成被拿走,不能不说农村公社成员的必要劳动已经受到严重侵犯,农村公社的成员实际上已经变成了统治者的奴隶。而且,它还"拥有大量的间谍、情报员和秘密警察"。尽管这套监控体系的对象可能不是农村社员,但也说明农村社员不仅遭受了残酷的经济压榨,而且社会生活也受到严格的控制。②

不过在孔雀王朝倾覆之后,经过500多年的纷争建立起来的笈多王朝,一方面,"与六百年前的孔雀王朝相类似:政府控制了金银加工、盐和矿物的开采、铸币和武器制造业务,雇佣了一支庞大的官僚队伍和一支间谍队伍。税收既包括交纳一定份额的谷物,还包括被迫在公共工程上劳动及用水灌溉田地的费用";但另一方面,"负担不是十分苛重,不至于妨碍大批农业人口的兴盛"。③ 这种情况下的公社社员似乎不能完全视之为奴隶。

韦伯对印度的农村公社给出了更详细的描述。他指出印度的农村公社有不同的组织形式,其共同点与马克思的描述相同。但是,土地所有权因村而异。其中的一种"土地所有权是属于个人的,租税负担亦复如此。村落的首脑是村长,统一的马尔克的财产归国王所有,农民不能分享。凡是想开垦土地的人,都必须为取得这项权利而支付一定的代价"。"另一种形式则表现为置于一个'共同体'之下的村落,这个共同体乃是一群特权贵族的共同体。"他们世袭地持有土地,并把土地出租。"他们的地位介于真正耕种者和

---

① 〔美〕菲利普·李·拉尔夫等:《世界文明史》上卷,第153、154、157页。
② 同上书,第175、176页。
③ 同上书,第409页。

国王之间。""最后,还有这样一些村落,它们完全处于一个包税人或领主的控制之下。"①所有这些形式都表明真正耕种土地的农民或者由他们构成的村社并不真正拥有对土地的所有权。因此,即使在第三种形式下仍然实行共同耕种、共同分配,能够分配的也只是在被重重剥削之后剩下来的部分。其实,他们就是国王或领主的农奴、奴隶。

总之,在马克思所说的那种印度公社的情况下,从一方面看,它们是保持了原始公社土地公有的基本特征,因此其中的成员经由公社仍然保有了极少量的一点自然资源——土地。但另一方面,如果那个总合统一体及其所利用的各种从中渔利的人,对公社及其成员的压榨、剥削、控制已经达到极其残酷的地步,再加上其他自然资源的价值不断被发现,农村公社成员集体保有的那一点土地的价值就会极大地衰减。公社成员的状况可能与奴隶无异。这种情况在中国古代的历史中、在欧洲中世纪实行的农奴制中、在俄国近代的农村公社中都曾经存在。

俄国的农村公社也被马克思作为亚细亚所有制的一种典型,但后来马克思也称之为"农业公社"。俄国的农村公社,一方面是土地村社共同所有,但与此同时,"比较集权的专制制度矗立在公社的上面","除国有土地外,掌握着将近一半土地,而且是优等地的土地所有制,是和公社对立的"。因此,"国家借助集中在它手中的各种社会力量来不断地压迫公社。由于国家的财产搜刮而削弱得陷于束手无策境地的公社,成了商人、地主、高利贷者剥削的对象"。②马克思的寥寥数语已经清楚地表明,尽管一些俄国的农业公社仍然保有一小块土地,并且社员共同所有,但是随着社会经济的发展,人类发现和创造的财富增加,一个小的共同体对一块土地的共同占有,对于整个社会成员之间的平等权利,甚至生存权利都失去了价值。

对于俄罗斯的农村公社,韦伯的看法是,它"不是一种原始的组织,而不过是租税制度和农奴制度的产物"。作为一种土地制度,村社成员的土地权可以从土地"定期重新分配的权利中表现出来"。"但所谓村民一律平等通常只是徒具形式。"而且,在村社成员与村社的关系中,不仅是"个体成员对村落享有土地权,反过来村落对于他们的劳动力也有当然的征发权。甚至当一个村民已经在村长的允许下离开了村落并且从事于完全不同的职业之后,村落还是可以随时把他召回来,要他分担公共负担。这类负担的起源,

---

① 〔德〕马克斯·韦伯:《经济通史》,第15、16页。
② 马克思:《给维·伊·查苏利奇的复信草稿》,载于《马克思恩格斯全集》第19卷,第436、437、439页。

同农奴身份的解放和作为租税的代价等的赎金的分期偿付特别有关"。这类负担无异于使已经废除了的农奴制通过村社制又延续了下去。"农民虽不再是领主的农奴,却成为米尔的农奴。"①而农民之所以成为村社的农奴,无论村社是否为解放农奴的产物,根本上还是因为有"比较集权的专制制度矗立在公社的上面",以及农民对其他自然资源的权利完全被否定。

第二节 中国奴隶社会的基本特征

一、中国奴隶社会组织形式的特点

从大量劳动者失去对自然资源起码权利的角度说,中国的夏、商、周时代也可以称为奴隶社会。但是,中国的奴隶社会既不同于希腊、罗马的典型奴隶制社会,也不同于印度、俄罗斯那样仍然保持了村落土地公有的农村公社。这一方面与在中国长期保持了以家族、宗族为社会组织基本单位的传统有关;另一方面,则是由于中国在进入奴隶社会时,农业生产工具主要还是木制、石制的,还没有铁制生产工具。虽然青铜制造业很发达了,但那时的青铜,主要是被统治者垄断起来,用于制造各种兵器、礼器和其他器具。同时,由于生产力的发展水平比较低,具有一定规模的手工业主要由官府控制,因此商品经济也远没有希腊、罗马发达。

宗族既是由于家族的世代繁衍,也是由于各种社会经济因素而人为地保持下来的社会组织单位。这样的社会组织单位被保持下来可能与下面这些因素有关:在中国的中原地区以及其他没有太多自然障碍的平原、高原地区,进入农业社会以后,人口相对密集;有自卫和征服的需要;纺织、制陶、青铜冶炼等手工业的发展。无论是作战还是作为自给自足的生产组织都是人越多越有利,所以当一个家族繁衍为多个家族时,辈分最高的家族长或因能力、功绩掌握了领导权的人物会努力维持其作为一个宗族的存在。结果,在中国,"夏、商、周三代的统治者都聚族而居,因而以族为单位占有土地。在宗族形成以后,很自然地形成了宗族土地所有制"②。宗族土地所有制与村落土地所有制的根本区别在于,后者还是一种公有制形式,而前者通常已经演变为实际上的宗族长所有。

在各部落相互征伐的时候,无论是得胜者还是失败者,都没有打破聚族而居的状态。只是在征战中获胜的一方会自然地将已经形成的部落首领对

---

① 〔德〕马克斯·韦伯:《经济通史》,第12、13页。
② 田昌五:《古代社会形态析论》,第158页。

共同体财产和成员的所有权扩展到被征服的那些氏族、部落。于是形成了"溥天之下,莫非王土;率土之滨,莫非王臣"①的观念。亦即,世代繁衍的宗族,加之不同宗族的联姻、联盟,形成部落联盟或初级国家的过程,也是部落联盟或国家首领逐渐成为联盟或国家占有的土地和其他自然资源的所有者的过程。但是,在国家占据了大面积的土地之后,对于新占领的地方,通常是采取由首领向同姓以及某些异姓宗族授予土地的方式。在中国的夏代就开始有了这样的分封现象。"商、周发展为分封制。"所谓分封制就是"封建亲戚,以藩屏周";"封立宗族,建成宗族部落殖民体系"。② 由于分封制,土地和其他自然资源实际上就由受封者所有了。

不过,中国的分封制与欧洲中世纪的封建制并不完全相同,其中最重要的区别是,在劳动者中有相当数量的奴隶。而且,中国的奴隶制主要就是包含在这样的分封制当中的。因为国王在向臣下分封土地时是连附着于土地的农民一起封赏的。同时,被国王授予了土地的人作为宗族的首领,也会将其族人一起带到受封的土地上。前者多属于被征服的宗族、部落的人,基本上是被作为奴隶对待的。但受封的族长所带领的同族人,虽然其中很多也必须从事生产劳动,却不是奴隶。因此,从大的方面划分,可以说中国的奴隶社会也属于非典型的奴隶制社会。在中国的奴隶社会中,在宗族这种基本社会组织单位中,包括了不同社会身份的人对封建领主的不同隶属、依附关系。

二、中国奴隶社会的阶级结构和等级制度

既然中国的奴隶社会是包括多种隶属、依附关系的社会,因此其阶级结构就不是简单地由奴隶主与奴隶两个阶级构成的。对于中国奴隶社会的阶级和等级制,以及生产者的身份,瞿同祖给出了比较翔实可信的阐述。根据他的描述和分析,在中国的奴隶社会,夏、商时代通过战胜其他部族,建立起比较广泛的统治权的部族首领仍然称王,在周开始称天子。王或天子在自己先后占领的土地上,留出一部分作为王畿之地,其余部分授予同姓的叔伯兄弟子侄或一些异姓宗族的首领,使他们各自带着自己的族人分别立国。也有自愿或被迫臣服的部族首领被允许在原先的地盘上立国的情况。这些有国的宗族首领称为诸侯。诸侯的爵位不同,分为公、侯、伯、子、男。"天子三公,及王者之后称公,其余大国称侯,小国称伯、子、男。"诸侯从天子那里

---

① 《诗经·小雅·北山》,北京:中华书局2006年版,第299页。
② 田昌五:《古代社会形态析论》,第158页。

得到土地和民众,一方面要对王室缴纳贡赋、提供役力。对于贡赋、役力,王室"不应开口向诸侯有所要求"。但实际上,"贡赋是经常的,若遇王室有特别灾难,仍当尽力接济"。诸侯是要按等级纳贡的。"公侯地多,自然所贡者多。"役主要是工役和兵役。另外,接待天子的巡察、到君王的所在地朝觐、随王祭祀等也都很重要。①

诸侯对于受封的土地是拥有所有权的。瞿同祖认为土地为采邑主绝对私有,主要体现在:其一,"大的封邑主能以他的田邑分赐给他的亲属和手下官吏,成为许多小封邑主"。这就表明"封邑主对于他的封地有绝对私有权,封给了他,便由他自由处置,天子是不再过问了"。当然,诸侯分封其亲属和官吏,"只能'立家',不能立国"。其二,"封邑主对于土地的自由分配"。封邑主通常将自己的封地分为三个部分。其中一个部分由封邑主通过自己的官吏直接管理,称为"公田"。"所谓公田,便是封邑主自己划出了的一部分田土。公者,便是主人的意思。"另一部分是分给农民耕种的田地,称为"私田"。剩下的"便是不可耕种的山林川泽及废地"。具体如何划分,完全由封邑主自己决定。其三,"封邑主土地利用权"。根据《诗经》中的"雨我公田,遂及我私","便可以晓得当时的人民,不但对于公田有力役的义务,而且先公而后私"。这表示"封邑主可以从公田上得到人民的耕役,因而可以坐享其成"。"山林川泽及废地之由封邑主独专其利,也可证明封邑主全部土地是完全归他一人私有的。"另外,瞿同祖还特别指出,"诸侯过分的渎职不法,或侮辱中央,天子有讨伐的权力。不过,因此而除其国,将土地收回的事却不曾见诸史籍。"②

天子对于自己留下的王畿之地、诸侯对自己的领地都需要利用公、卿、大夫、士等进行管理。他们自己所从事的"只是巡狩朝聘、祭祀、宴享等所谓大事"。于是,"天子有公,诸侯有卿",为他们承担执政全责。三公正卿是发号施令的负责者,其余卿大夫是奉命而行的辅弼者。真正治理国邑,接近庶民的是士。士为卿大夫的邑宰、家臣,受卿大夫指派,代表卿大夫监督农民耕作,点收田地收获,接受人民纳献,命令及指派各种工役、兵役,以及当人民有争议时,为其判断曲直,加以惩罚。③ 在这个实际承担行政事务处理的官僚体系中,大土地所有者又是握有政治和行政权力的决策者。所以,我们可以说中国的奴隶社会是,以大土地所有者为基础的官僚体系控制劳动

---

① 瞿同祖:《中国封建社会》,上海:上海世纪出版集团2005年版,第52、66、67、68、70、72页。
② 同上书,第77、81、82、165页。
③ 同上书,第167、169页。

者的制度形式。

天子、诸侯通过向卿大夫、士授田作为其报酬。不同级别的人得到不同数量的田,作为其俸禄。天子之卿受田百里,直至下士受田百亩。下士受田与作为庶人的上等农夫耕种的田地数量相同。"禄足以代其耕也。"官吏所受田,通常"无罪是不归还,而可以世世代代享用的"。此外,下士受田百亩,就是田百亩;而卿或大夫受田百里、几十里,就不仅仅是田,还有邑。瞿同祖认为田与邑的区别是,"田是在郊野的,是农夫所耕之田。而邑是田不甚多的土地,是贵族及官吏居住的地方。"所以,又有"大夫食邑,士食田"之说。①

通过以上梳理我们得知:天子、诸侯是大量土地的所有者,卿大夫通常都是天子、诸侯的同宗、同族之人或有功之臣。同时,他们也是得到了几十里、上百里土地的封邑主。所以,他们"不论为同姓或为异姓,都是贵族",都是"在上的统治者"。而"庶人是在下的被统治者"。士则是介于庶人和卿大夫之间的一个社会等级。士有两种:一种是"有官禄的小吏,属于卿大夫之下,以佐治政事";另外一种是没有官禄的"士民","与农工商同列称为四民"。四民皆为庶人,其中的士民就是"以学问为事,不耕不作,又无赋役"的庶民,是"士的预备阶级",一旦经他人举荐或征召,被诸侯卿大夫擢用,就"或为家臣,或为邑宰"。②

三、庶人与奴隶

在上面我们基本上勾画了中国奴隶社会的阶级、阶层结构。但是,这里还有一个涉及中国奴隶社会根本特征的问题,即从事农业劳动的人是否都是奴隶。如果从事农业劳动的人都是奴隶,那么中国的奴隶社会就应该算作典型的奴隶制社会,反之则不然。在中国的诸多部落进入农业社会以后,由于彼此之间的相互征伐,将战俘作为奴隶的情况肯定是存在的,然而从事农业劳动的人是否主要是身份明确的奴隶,则不一定。对此,不同的人有不同的看法。这涉及对中国古代历史文献中"众人""庶人"的理解。

郭沫若认为,早在灭夏之前,商的祖先就已经逐步将原来的部落组织转变为奴隶制国家了。"商代的奴隶名目繁多,被投入各种社会生产和生活领域,是创造财富和创造文化的基本阶级。""农业奴隶被称为'众人',表示人数多的意思。卜辞里面的'众'字作日下三人形,形象地说明他们是在田里

---

① 瞿同祖:《中国封建社会》,第 62、79、80、81 页。
② 同上书,第 123、127 页。

赤身露体从事耕作的奴隶。"周代的农业生产奴隶是"庶人"或"庶民"。①但这里的问题是,"日下三人形"不能证明他们就是奴隶。至于说周代从事农业生产的"庶人"或"庶民"都是奴隶,同样难以成立。

对于庶人是否为奴隶的问题,在民国时期和改革开放以后,都有学者明确指出庶人不是奴隶。瞿同祖认为,庶人不是典型意义上的奴隶,是"指一般平民而云,占社会中人口最多数,所以称为庶,极言其众多"。依据劳动分工,庶人分为士农工商四民。"农民人数最多,是食料及兵役的供给者。"他们"每人授田百亩,力耕为业,自天子诸侯卿大夫以至庶人都靠着他们而生活"。当然,这只是一般而言,不同的地方、不同的土质,会有一定的差别。由于农民基本上是自己同时生产简单的农具和衣服等生产、生活必需品,所以庶人中的工商是"属于官,食于官"的。② 在官府的陶器、铜器、玉石、纺织等工场中劳动的手工业者,在很多情况下肯定是劳动艰苦、没有人身自由的。所以,即使在身份上不属于奴隶,实际状况也很可能无异于奴隶。商人,作为官商,主要是与贵族交易,那么,善于经营者,可能不仅经济状况比较好,而且还有"参政议政"的机会。可能正因为如此,自那时起,统治者一直在制度和观念方面极力贬低商人的地位,将其置于士农工之后。但是,其影响力始终是大于工农业从业者,甚至是大于士的。

为了得到授田,卿大夫和士需要承担替天子诸侯管理政事的义务,庶民需要承担各种出工出力的义务:要为其封邑主耕种公田,即代耕。此外,是献纳,包括"献衣""献食"。前者是男耕女织的小农之家中女子承担的义务,后者指渔猎、畜牧、特殊农产品的提供。当然,还有工役和兵役。③ 且不说出兵役的艰苦、危险,就是为天子诸侯筑城、筑宫殿、建坟墓以及筑路、修桥等工役,有时也是非常沉重的、严重影响农业生产的。所以,农民在很多情况下,其处境也会无异于奴隶。

但是,以农民为主的庶人毕竟不是奴隶。庶人与天子、诸侯、卿大夫一样,基本上是同一宗族的自由人。其中有些人还有可能脱离生产劳动进入士的阶层中。而奴隶基本上"是自由被束缚的异族人"。"庶人虽贱,尚为同族人,所以不失其自由身,为上者当役之以时。"④这里之所以说"基本上",是因为存在同族为奴或异族受封的情况,只不过都是少数特例。庶人

---

① 郭沫若主编:《中国史稿》第一册,第172、174、204、243页。
② 瞿同祖:《中国封建社会》,第123、126、127、128页。
③ 同上书,第128、137、138、139、142页。
④ 同上书,第113、133页。

主要是因为耕种了封邑主的土地、居住在封邑主的土地之上,"于是与领主成一种间接隶属关系",并因此需要对封邑主承担各种义务。而封邑主则是因为作为土地的所有者,"对于他的土地有自由处置权,同样的,对于他的土地上的属民,自也有处置的权力。于是他便有治理人民,征役于民、判断争讼、执行刑罚的权力"。① 这在与家长制一脉相承的宗族制及其相应的观念之下,统治者和被统治者中的多数都会视之为理所当然。庶人虽然没有对土地的所有权,但一般情况下是有长期使用权的。另外,关键的是,庶人即使为贵族服劳役、兵役,也是"役之以时",即只是在一定的时间段之内失去人身自由,直接受在上者支配,而不是彻底失去人身自由。

典型的、身份明确的奴隶"以异族人为主,是以身体直属于主人的,所以成为主人的所有物"。"任意役使,和牛马一样。任意鞭打生杀,不问有罪无罪。"奴隶劳动,主要是"因农业推广而增加其需要。殷代的书契上已有'浮'字及'奴'字。周金文中关于俘虏人数的记载多至万余人。可以看出这种趋势"。奴隶的主要来源是战俘,同时也有"以罪没为奴隶"和"自卖为奴"等情况。但是,战俘一定是"没有血缘关系的异族人,所谓戎蛮夷狄者,才可以被俘为奴"。"奴隶的用途极广,贵族家中有供杂役的奴仆",也有"操作于农田的农奴","官衙中也有不少皂隶"。② 这些人不是被"役之以时",而是自己没有任何生产资料,终身失去自由,随时被主人役使的。

孙健认为,"中国奴隶社会中的主要生产者,在商朝是众,或众人,在西周是庶人。众人和庶人其社会身份与希腊罗马奴隶社会中可以被奴隶主任意屠杀、买卖的奴隶不完全相同。"但是,他又认为,"中国奴隶社会中主要生产者(众人、庶人)的社会身份是农村公社成员"。③ 这种说法很可能是为了将中国的古代社会归入马克思所说的某一种类型的农村公社之中。然而,如前所述,在农业社会中农民大多采取村落的居住方式,村落不一定等于马克思所说的农村公社。马克思所说的农村公社,或者是村落土地公有,或者是土地个人、家庭私有,但一个人或一个家庭能够在村落中拥有一份土地,又是因为他是作为公社的村落中的一员。中国夏、商、周时代的村落,土地既不是村民共同所有,也不是生产者以公社成员的身份私有,而是名义上的国王所有和实际上的领主所有。庶人是耕种土地的农民。

何兹全对众人和庶人是否为奴隶以及他们的社会地位等,给出了更清

---

① 瞿同祖:《中国封建社会》,第137页。
② 同上书,第26、130、132、133、134、135页。
③ 孙健:《中国奴隶制与封建制的特征》,载于孙健编:《中国经济史论文集》,北京:中国人民大学出版社1987年版,第25页。

楚的解释。他认为众人和庶人首先是指与受封的宗族长同氏族、同部落的自由平民。这些自由平民主要从事农业生产劳动，地位比较低下，但仍然保有参与国事的一些权利。但在周代由于将被征服的殷人也称为庶人，庶人中也包括了一些奴隶。

而且，在周代实行分封的过程中，受封的同族人居住的地方一般称为邑，后来也称为国。被征服的殷人则居住在国之外的野。这就形成了"国人"与"野人"之分。国人虽然"很难说它不包括贵族"，但"主要指的是贵族以外的周族自由平民"。"西周春秋时期，国人是强大的社会力量，对政治问题很有发言权，而且参与政治活动，过问国家大事。"这既是因为"有从氏族延续下来的氏族成员的民主权"，也是因为"国人人数众多，出兵打仗依靠它"。所以，"庶人有地位，能参与国事"。① 当然，由于宗法制度讲究嫡庶之分，所以，庶子的地位是低下的。庶的最初意义，就是于众多之外还有低下的意思。但是，尽管庶子身份地位低下，仍是同氏族或同部落联盟的成员。

正是这些众多的本氏族、本部落的成员，在商称为"众"，在周称为"庶"。"众、庶都是劳动者，特别是从事农业的劳动者。"作为同一个宗族的成员，庶人有参与国事的权利。"国有大疑，要谋及卿士，也要谋及庶人。贵族要取悦于天子，也要取悦于庶人。"但同时，由于庶人是同族人中地位比较低下者，结果，从地位低下方面就衍生出了下面的情形，即"周灭商后，称殷人为'殷庶'或'庶殷'"。其中，同样是既有"殷众人"之意，"也有轻视的意思"。因此，当天子将殷庶人分赐给各周族及有姻亲、盟约关系的其他宗族长时，其中有些庶人就是奴隶。②

何兹全认为郭沫若之所以认为众人、庶人都是奴隶，主要因为他把大盂鼎铭文中记载的被"锡"者与其领主的关系等同于奴隶与奴隶主的关系，把被"锡"者都视为奴隶了。实际上，金文中的"锡"，包含着"'分'的意思"，是把一些人"分给某人"之意。"分给中自然有隶属关系，但这隶属关系不是奴隶和奴隶主关系，至少不都是奴隶和奴隶主关系。"根据殷周之际和西周时期出现的阶级、阶层关系和记载这些关系的资料，大盂鼎铭文中记载的被"锡"者，既包括有一定身份的人，也有一般的自由人，有依附民，也有奴隶。③ 中国的奴隶社会就是以宗族为基本单位，其中既包括奴隶也包括其他多种隶属、依附关系的社会。

---

① 何兹全：《中国古代社会》，北京：北京师范大学出版社2007年版，第30、32、33、35、37、42页。
② 同上书，第41、43页。
③ 同上书，第43、44页。

由以上分析可以看出,作为奴隶社会,中国的情况不同于希腊、罗马的奴隶制社会。中国古代社会的奴隶制是混合在其他劳役形式中的一种,并没有发展成为一套系统的生产方式。亦即,没有发展为古希腊、罗马那样的典型的奴隶制社会。对于其间的区别,田昌五认为中国奴隶社会的特点是由家族奴隶制发展为宗族奴隶制,"而不是像古希腊、罗马那样由家族奴隶制发展为劳动奴隶制"。① 但问题是,"宗族奴隶制"和"劳动奴隶制"的概念并不能清楚地区分典型的奴隶制与非典型的奴隶制。最简单地说,"宗族奴隶制"中的奴隶必然也是从事劳动的奴隶。

实际上,中国奴隶社会与希腊、罗马奴隶社会的区别:一是,由于中国古代的社会组织体系以家族和宗族为基本单位,奴隶是在某个家族、宗族中从事劳动的奴隶。而希腊、罗马的奴隶制是以大土地所有者的庄园为社会生产和社会组织的基本单位的。奴隶是在作为奴隶主的各个大土地所有者的庄园中进行劳动的奴隶。大土地所有者使用奴隶进行生产劳动的庄园与先前的农村公社相比,是一种"新型的农村制度"。② 二是,在中国的以家族、宗族首领作为封邑主的社会组织结构中,不仅存在着奴隶,同时还存在着大量不属于奴隶的劳动者——众人、庶人。虽然,在贡纳极重、服役无尽无休的情况下,这些人也无异于奴隶,但毕竟中国古代社会的奴隶制是混合在其他劳役形式中的。这是中国奴隶社会最主要的特征。而希腊、罗马的奴隶制社会,不仅在奴隶主的庄园中奴隶是主要的劳动者,就是在整个社会中,也是奴隶构成了劳动者的主体。

第三节 奴隶社会不可能长期持续

把人等同于驮兽和其他无生命的生产工具,降低为可以被买卖的商品,绝对违反了作为人类社会根基的自然事实,严重地损害了人的本性和人与人之间的关系。这种制度必然遭到奴隶的反抗,在罗马最著名的奴隶反抗就是巴格达领导的奴隶起义。③ 除此之外,由于"奴隶制以降低身份的耻辱玷污了雇佣劳动甚至独立劳动",其无效率也必然使它"最终导致农业和手工业生产的瘫痪"。因为"一旦手工业劳动与失去自由紧密结合在一起,也就失去了自由发明的社会基础";而"农业奴隶本身由于众所周知的原因,一

---

① 田昌五:《古代社会形态析论》,第146页。
② 〔英〕佩里·安德森:《从古代到封建主义的过渡》,第53页。
③ 〔美〕菲利普·李·拉尔夫等:《世界文明史》上卷,第325页。

旦放松监督,就几乎没有动力去称职认真地完成他们的经济任务"。① 所以,大量的人被作为奴隶对待的社会是不可能长期持续的。反过来说,能够继续存在的社会,都是在内部或外部的某些因素作用下对奴隶制做出适当调整的社会。虽然在不同的民族、不同的地区对奴隶制的调整方式和路径各有特点,但基本上都是在继续维持极大不平等的前提下,使大多数人保有对自然资源的少量权利。正是绝大多数人保有了对自然资源的少量权利,才使西方的封建社会、东方的君主专制社会比奴隶社会存在了长得多的时间。

当然,导致一个社会难以持续或解体的原因不仅仅是劳动者被彻底剥夺了对自然资源的权利。在劳动者保有对自然资源起码权利的情况下,各种自然灾害、战争、对公共权力的争夺等,也有可能致使一个社会解体。但无论如何,劳动者保有对自然资源的起码权利是一个社会能够持续存在的根基。

一、罗马奴隶制的解体

罗马奴隶制的解体,既是由于长期大量使用奴隶之不可能持续,也是由于它对待本国公民的方式。在罗马帝国时期,绝大多数劳动者对土地的权利就被剥夺了。差别只是,战俘奴隶不仅失去了对自然资源的起码权利,也失去了对自身的基本权利。而罗马公民在名义上还保有对自身的基本权利。但实际上,他们也没有多少人身自由,他们不得不应召入伍,为统治者四处征战,这样,即使他们仍然保有一点土地也往往无暇耕种,再加上严重的伤亡,结果,如前所述,大量的自由民也沦为了"无产者"。公元前133年,出身贵族的提比略·格拉古在当选为保民官以后,曾经提出一项限制公民承租或占有土地数量的法案,"规定每个公民最多可拥有300英亩,外加每个孩子可拥有150英亩。超出部分将由政府没收,并划成小块分给贫民"。这显然是恢复每个人对自然资源基本权利的合理主张。然而,只知道追求自身利益的贵族激烈反对此项改革建议,最终杀害了提比略及其300名追随者。九年后其弟弟盖约·格拉古担任保民官时再次提出一系列改革法案。结果是,其本人和3000名追随者又被杀害了。②

安德森的评论是:"贵族的政治统治,制止了所有彻底扭转持续的土地所有者两极分化的努力,其结果是造成对曾经是希腊城邦脊梁的小型农民

---

① 〔英〕佩里·安德森:《从古代到封建主义的过渡》,第13、14、15页。
② 〔美〕菲利普·李·拉尔夫等:《世界文明史》上卷,第326页。

阶级的持久的侵害。"① 但是，贵族控制大量财产和公共权力、依靠奴隶进行生产劳动，同时需要沦为无产者的自由人为之当兵打仗的社会状态是不可能持续的。在共和国最后的几十年里，大量的无产者聚集在罗马城，暴乱经常发生。所以，后来统治者不得不采取一种向聚集在罗马的城市无产者配给粮食的制度。这项措施，最初也是由保民官提出的。根据阿庇安的叙述，在格拉古兄弟的改革被镇压以后，"最后人民保民官司柏里阿斯·托里阿斯提出一个法律，规定分配国家土地的工作应该停止，但是土地应当是属于那些现在占有的人，占有者应当交付地租给人民，从地租收入得来的金钱应当分配。这个分配只是对于贫民的一种安慰，但是对于人口的增加没有什么帮助"②。而安德森认为，"实际上，这是从未发生过的土地分配制度的廉价替代形式：控制着共和国的元老院的寡头统治喜欢的是被动的消费的无产者，而不是不顺从的生产者农民"③。

不过，从人与自然资源的关系方面看，尽管分配粮食这样的方式，从统治者的角度说是将接受者变成了被供养者，是为了减少他们的反抗。然而，这同时也表明人对自然资源的权利是不能被彻底剥夺的。当绝大多数人对自然资源的平等权利被彻底剥夺时，统治者为了避免社会彻底崩溃，总得采取某些变通之策。

罗马采取的变通措施，除了对无产者实行极低水平的配给制，后来还对退伍军人提供了退伍津贴。最初，退伍老兵要求的是分配土地，但是元老贵族"并不愿意给曾经为他们作战并赢得许多前所未闻的财富的士兵哪怕很少的补偿"。这样，不仅会导致大量的无产者，而且首先是直接影响军队的战斗力。"结果是，在共和国后期，军队中产生了一种内在倾向，军人从对国家的忠诚转向对成功军官的效忠，因为通过他们的个人权力，这些军官能够保证士兵获得掠夺物和赠品。"④ 安德森认为这是罗马共和国走向帝国的重要原因。

在乌大维接受了奥古斯都和皇帝的称号之后，罗马进入了元首制或早期帝国时期。在当时所谓"皇帝"即大元帅。⑤ 帝国之所以能使共和国晚期的危险和紧张局面得到缓解，是因为他采取了一系列精明的政策。其中包括："将土地分给成千上万个内战后退伍的士兵，并用他个人的财富资助他

---

① 〔英〕佩里·安德森：《从古代到封建主义的过渡》，第50页。
② 〔古罗马〕阿庇安：《罗马史》下卷，第25页。
③ 〔英〕佩里·安德森：《从古代到封建主义的过渡》，第51页。
④ 同上书，第60页。
⑤ 〔古罗马〕阿庇安：《罗马史》上卷，第13页。

们当中的许多人";"更重要的是从公元 6 年开始,退伍军人接受固定的退伍津贴,数额相当于 13 年的工资,这笔津贴从特别设立的军事金库中支付,金库是从意大利有产阶级手中征收的销售税和遗产税中获得的"。"随着新体制的创立,遵守纪律和忠诚的信念回到了军队中";"在都市,城市无产者的骚乱,由于获得了比恺撒时期所获得的更多的谷物而平息下来,而且自从吸纳了埃及谷物后,帝国供应得到了保证";同时,由于"一个野心勃勃的建筑计划"以及其他城市维护和管理所必需的工作的开展,"给贫民提供了很多的工作机会"。① 总之,是通过向无产者提供现金、实物、工资等方式使他们的生存危机得到了缓解。但这些都是缓解自由人生存问题的措施,奴隶制本身的问题仍然存在,而且在帝国时期没有任何行政管理或法律层面的变化。

因为罗马的元首制并没有完全抛弃共和国时期的自由观念和已经形成的法律体系。民法的主旨还是被保留下来了,"公民内部主权没有受到非法侵入"。"有产阶级的财产继续受到由共和国制定的法律的保护。"②但是,这既是罗马帝国的优点,也使其继续维护了奴隶制。

由于自由民的状况得到改善,罗马帝国有了大约两个世纪的平静和辉煌。这就与希腊城邦使其公民保有一定量的在农业社会非常重要的自然资源,保住了公民对小块土地的权利,有了类似的效果。当然,罗马帝国被供养的公民不可能成为政治民主的基础。更重要的是,由于其生产主要靠奴隶,因此"在大约两个世纪的时间里,罗马帝国城市文明的平静和辉煌中一直隐含着它所依据的生产基础的、潜在的局限性和危险"。由于"元首制遏制了进一步的扩张",奴隶来源枯竭、价格迅速上升,奴隶劳动效率低下的问题开始暴露。同时,因为"人口的绝大部分由农民、奴隶劳动者和城市贫民组成",对工业品的消费能力自然极低。"国家是帝国最大的、唯一的消费者。"这个特点又必然导致"阻碍商业的发展"。"结果是,在 3 世纪早期,整个经济和社会体系开始出现危机,并很快导致传统政治制度的普遍崩溃。"③同时,由于"2 世纪和 3 世纪的瘟疫使人口大大减少",更是雪上加霜。④

结果,"农村经济中影响深远的改变发生了,它预示着生产方式将从整体上开始向另外一种生产方式转变"。这个变化就是,地主大规模地将奴隶

---

① 〔英〕佩里·安德森:《从古代到封建主义的过渡》,第 64 页。
② 同上书,第 66、67 页。
③ 〔英〕佩里·安德森:《从古代到封建主义的过渡》,第 69、72、73 页。
④ 〔美〕菲利普·李·拉尔夫等:《世界文明史》上卷,第 357 页。

"转变为依附于土地的农奴"。"从此,所有者们逐渐停止直接供养为数众多的奴隶,转而将他们安置在小块土地上,让他们自己养活自己,而地主则收取剩余价值。"①亦即,大地产所有者从自身利益出发也开始将奴隶转变为租种其土地的农民。当然,在转变的过程中对租地者的人身自由和租地的权利都还有很大的限制,租种土地的农民还不是自由的佃农。

与此同时,由于帝国的军队和官僚机构的迅速扩大,沉重的税负使得在奴隶制盛行时还存在的小土地所有者和自由佃农难以承受。"当他们为抵御国家的苛捐杂税和强制征召制度而寻求保护时,就沦为受大农庄主'保护'的人,其经济地位与那些释放奴隶相似。"②结果是,这些本来拥有一小块土地的自由人,为了抵制国家的强征暴敛,不得不依附于大农庄主,把自己的土地和某些人身权利交付给了所谓的保护人,自己则成了在一定程度上失去人身自由的佃农。

两种变化的汇合最终导致"隶农(colonus)——依附农民在大多数省份出现了,并最终占据了统治地位"。奴隶和寻求保护的自由农民都变成了既有些人身自由又受富有且强势的主人控制的依附者。这样的一个农村生产者阶级,"在法律上和经济上都与奴隶和自由佃农或小土地所有者有所不同"。"他们被束缚在地主的地产上,交纳租金或农产品,或在分成制基础上耕作。隶农一般保留土地产量的一半。这种新的劳动制度对于剥削阶级收回成本的益处,是显而易见的。"③当然,对于奴隶来说,由于可以"保留土地产量的一半",相比以前,是获得了一点对自然资源的权利。

"隶农这个词本来只是耕种者的意思,早先它被用来描述专为他人耕地的人,一个农民(farmer)、佃农(tenant)。因此,我们说从大约2世纪开始,有罗马特征的小块土地的增加是向隶农制的迈进是很正确的。"④

与奴隶相比,隶农在人与自然资源关系的谱系中所处的位置,从没有任何权利的一端稍微有所改善,但其权利仍然是被严重剥夺的。隶农"不再担心自己有成为最可悲的、没地的人的危险了"。"但是不能随意搬迁令人想起奴隶,对大人物的依赖也让他必须含辱忍垢,不得不接受土地保有权所带来的一系列限制条件。所有这些共同构成了将他变成一个地位最低贱的社会阶层的标准,尽管在理论上,他还享有'自由'。"⑤说到底,隶农与奴隶唯

---

① 〔英〕佩里·安德森:《从古代到封建主义的过渡》,第83页。
② 同上书,第83—84页。
③ 同上书,第84页。
④ 〔英〕M. M. 波斯坦主编:《剑桥欧洲经济史》第一卷,第226页。
⑤ 同上书,第228页。

一的区别就是获得了对一小块土地的"保有权"。但就是由于有了这个根本性的区别,从人与自然资源关系的角度说,隶农制与奴隶制还是有着很大不同的。

二、欧洲封建农奴制对奴隶制的取代

在日耳曼人大规模入侵罗马帝国时,"他们还不知道持久的领土国家为何物"。但正是在夺取了罗马人的一部分土地之后,日耳曼人对土地持久占有的意识,或者说视之为财产的意识逐渐形成了。由于第一次入侵时日耳曼人相对较少,"他们由于在占领后害怕军事力量的分散,通常会更为集中",因此,"土地的分配可能对当地罗马人社会结构的影响相对很小"。他们保留了帝国农业生产中的隶农制。但是,对日耳曼人社会结构的影响却是强烈的。对占领的土地不再是平均地分给日耳曼人。"土地似乎可能为部族权贵所占有,他们然后将部落中的普通战士民众安置在那里作为他们的佃户,或许作为贫穷的小土地所有者。"由于还没有形成所有权观念,因此,最初土地也没有被明确为世袭的财产,"耕种份地的普通战士也许还保留着他们大部分的传统权利"。但是,很快地,"一个日耳曼人贵族阶层在土地上就牢牢地形成了,并在它之下有了一个依附农民阶层";同时,也还有种族奴隶。侵入罗马的各部族几乎"都在他们建立的大地产上保留了大队奴隶。在地中海的西部地区,农业奴隶制继续是一个主要的经济现象"。①

与此同时,进入罗马的日耳曼人的政治组织形式也正在由过去的部落联盟向着君主制国家转变。最初,日耳曼人的这种转变中的政治组织形式和权力结构,与罗马原先的政治体制是并存的。源自于习惯传统的日耳曼人的法律,与罗马法也是并存的,"各自应用于其民族人口"。但是,后来发生的第二次入侵、迁移,打破了"5世纪僵硬而脆弱的二重性","一个缓慢的融合进程,将日耳曼的和罗马的因素结合为一个新的综合体"。这就是后来"遍布整个中世纪欧洲的封建秩序"。②

第二次入侵之所以能够突破罗马原先的社会结构,既是由于有第一次做基础,也是由于进入的人数众多,因此就"在分量上和空间上都在西方建立了范围更广的和更持久的社会形态"。一方面,"入侵者直接大规模地没收了当地的大庄园,将它们并入王家财库或分配给他们的贵族扈从"。另一方面,由于有大量的农民跟着迁移过来,因此,"新的农村秩序中民众和农民

---

① 〔英〕佩里·安德森:《从古代到封建主义的过渡》,第113、114、118页。
② 同上书,第115、120、130页。

的成分也更显著"。"正是在这个特别的时期,农村公社成为中世纪封建主义后来非常突出的一个特征。""因而,自主的农民小块地产和公社的村庄土地这两者直接从北方森林带来的传统,便在新的移民定居地重新出现了。"①

不过,根据《剑桥欧洲经济史》作者的描述和分析,在日耳曼人入侵罗马帝国的最初几个世纪里,在罗马帝国和日耳曼的有关因素相互融合形成封建制度的过程中,就劳动者的身份地位而言,其变化类似于罗马帝国后期的变化:一方面,发生了奴隶向佃农的转变;另一方面,则使本来独立自主的小农由于自愿寻求或被迫接受庇护而成为大土地所有者的依附者,甚至成为农奴。

奴隶向佃农转变的情形是:尽管从法律上仍然强调某些人的奴隶地位,但是地主已经认识到让他以前的奴隶安家立业对自己是有利的。所以,"在经历了最初几个世纪的蛮族列国的入侵之后,出现了奴隶向佃农的转变"。原来的奴隶只需要拿出部分的时间到大庄园上干活,其余时间就可以用于耕种主人提供给自己的土地。"起初他又是奴隶又是佃户,最后,他很可能只是佃户而不是奴隶了。"②

但是,最初沿袭了北方森林里的传统、以村落为单位定居下来的自主农民,由于战乱,也由于在迁徙中宗族关系的削弱,不得不寻求强势者的庇护,结果却沦落为依附者——隶农或农奴。正是下层对庇护的寻求与入侵部族的首领对家属、扈从和功臣的封赏最终形成了欧洲的封建制度。本来自由的农民之所以寻求庇护,主要因为生命安全是比保有财产和人身自由更基本的生存需要。

在这个过程中,"自由民和非自由民之间的区别慢慢地消除了,领主对奴隶的权力日渐削弱,而对自由民的权力却日益增强"。③ 所以,本来有着各式各样差别的农民,从9世纪和10世纪初开始,逐渐成为一个被称为"农奴"的阶级。这基本上是一个介于自由农民和奴隶之间的阶级。封建领主"用政治—法律的强制关系向农民剥削剩余产品"。"这种超经济的强制,采取劳役、实物地租或习惯性捐税的形式,由农民向作为个人的领主支付。""它必然的结果是经济剥削与政治权威的一种法律融合体。农民归属于他领主的司法权下。"④

---

① 〔英〕佩里·安德森:《从古代到封建主义的过渡》,第120、121、122页。
② 〔英〕M. M. 波斯坦主编:《剑桥欧洲经济史》第一卷,第223、222、223页。
③ 〔德〕马克斯·韦伯:《经济通史》,第43页。
④ 〔英〕佩里·安德森:《从古代到封建主义的过渡》,第151页。

另外，中世纪欧洲农民还不是完全意义上的佃农，与市场经济的发展水平还比较低也有直接关系。因为在缺乏市场交换机会的情况下，领主不能靠获取品种基本相同的实物地租满足自己的多种需要。所以，他们只能采取将一部分土地作为份地提供给农民，以从农民那里获取劳役地租的方式满足自己的多种需要。得到了份地的农民为其领主提供劳役，既包括按照领主的要求种植各种不同的农作物，也包括修路、建房、酿酒、织布、制衣，以及提供各种生活服务和制作奢侈品等与领主的多种需要相关的劳动。当农民在领主的庄园中从事各种工作时，其状况与奴隶没有什么区别。只是在市场交换有了一定程度发展以后，领主才越来越多地接受实物地租、货币地租。此时，农民对领主的依附关系也开始松动。

但是，即使在领主对农民仍然握有政治、司法权力的情况下，当农民在自己的份地中劳动时，其人身自由和对劳动成果的权利还是有明显改善的。在整个社会存在着极大不平等的前提下，与奴隶相比，农奴以世代租佃的方式保有了极少量的自然资源，在某种程度上可以自由地安排自己的劳动和其他活动，可以留下的劳动产品与自己在劳动中付出的努力有了一定的联系。

正因为劳动者对自然资源的权利有所恢复，所以，"从5—10世纪引进了一系列或大或小的技术革新"，在古罗马虽然已经存在但当时还没有被广泛采用的一些技术也得到了传播，从而"迅速提高了小农业单位的生产力，使之比使用强迫劳动的大地产拥有了明显的经济优势"。①"到13世纪，欧洲封建主义已产生一种统一而发展了的文明，标志着比'黑暗时代'初始的、拼凑而成的社会的巨大进步。"进步的标志是多重的，其中首要和最基本的就是"农业生产率有了明显的增长"。而技术革新则是这种进步的物质手段。②

毋庸置疑，封建制度下的农奴与拥有土地及更多人身自由的农业生产者相比，在农业技术进步中获得的好处还是少得多。在技术进步、产量增加、人口增加、农民占有土地面积进一部分割的前提下，"富农阶层常常获取了村庄内农业进步的大多数好处，并常常将最贫穷的农民降低到为他们工作的依附劳动者的地位"。农业生产者之间产生贫富分化，与当事人的劳动能力、勤劳程度、生育子女数量等方面的差别有着不可否认的关系。但是，总体上说，在封建制度之下，"无论富有的还是贫穷的农民在结构上都是与

---

① 〔英〕M. M. 波斯坦主编：《剑桥欧洲经济史》第一卷，第109页。
② 〔英〕佩里·安德森：《从古代到封建主义的过渡》，第194页。

盘剥他们的领主对立的,两者之间持续的、缺乏记录的租税斗争,在整个封建时代都在进行",偶尔还爆发为公开的战争。① 因为封建制度的根本问题是封建领主剥夺了农民对自然资源和自己身体的大部分权利。

三、中国小农土地私有制对奴隶社会的取代

中国古代直至西周初期,实行的都是土地名义上的天子所有和实际上的贵族封邑主所有。在封邑主的土地上劳动的既有奴隶,也有类似于西欧的隶农或农奴的庶人。根据有关学者对中国的契约史的研究,此时,"加入流通过程的商品还仅限于动产,如奴婢、马牛和一般农业、手工业产品等;不动产,如田地、房屋等除了由于政治因素而已存在的赏赐、没入关系外;由于经济因素而出现的包括抵押、典当、买卖关系,尚未发生"。但是,"到了西周中期,随着社会经济的发展和王室的衰微,土地国有制开始动摇,首先在贵族领主之间出现了土地转让现象。转让的形式还不是买卖,而是抵押、典当"。春秋时期,"土地私有制产生,社会上由于经济的因素发生的土地转让关系日益发展"。"战国时期,'田里不鬻'的原则已被废止了,不仅土地的抵押、典当、赠送等关系在发展,而且也已和其他商品一样,被公开买卖。参与买卖土地的有贵族、官僚,也有平民。"② 此后直至中华人民共和国成立之前,中国基本上实行的都是土地私有制。

自春秋时期土地能够公开买卖,表明土地名义上的天子所有已经被动摇了。春秋时期之所以出现了土地私有制,从政治上说,是由于长期实行的等级制度已经不能持续了。因为这种制度的存在很大程度上依靠的是诸侯对天子的服从,而这种服从又是以彼此之间存在的血缘关系、亲属关系、战场上的生死与共为基础的。特别是当这种关系具体体现为天子对诸侯在物质利益上的巨大赐予时,不服从的可能性比较小。但是随着时间的推移、代际的更迭,彼此之间的血缘、情感关系会发生根本性的变化,多代以后的领地继承者也会在感性层面淡化曾经的赐予关系。再加上天子自身的各种问题,如首先违反自己应该如何对待臣属的有关规则,对违反有关规则的诸侯无力惩治等。结果必然是,曾经有效地规范等级关系的"礼"失去了效力。

同时,由于在等级关系中,"天子虚领天下,不亲政事,所以为诸侯所乘。诸侯虽较天子亲政事,然而不如卿大夫,所以实权操之于卿大夫手。至于真的和庶人接近,治理赋役的,还是卿大夫的家臣邑宰,所以后来他们权重大,

---

① 〔英〕佩里·安德森:《从古代到封建主义的过渡》,第 197 页。
② 张传玺:《契约史买地券研究》,北京:中华书局 2008 年版,第 9、14、15 页。

侵凌于卿大夫之上。不过家臣所治者不过一家一邑,势力不很大"①。因此,最初是一些诸侯国对天子不再服从,对其他诸侯国恃强凌弱,相互争霸;继而在一些诸侯国内部也就出现了卿大夫宰臣专权、篡权的情况,在内部也会发生等级较低的封邑主相互侵夺或谋取更高等级权力的事件;在天下大乱之时,普通民众既有可能受到各种伤害,也有可能获得新的发展机会。

从经济方面说,土地私有制的出现与劳动生产力的发展有直接关系。"进入春秋时期,铁器已有较多的使用。到了战国,铁器的使用已较为普遍。""随着铁器的大量使用,又为这一时期大规模地兴修水利事业提供了必要手段。"此外,牛耕也得到广泛使用,对农时的掌握更加精确,耕作技术已向精耕细作发展。② 这些发展必然使人们开垦荒地的能力相应提高。一般而言,直接耕种土地的人,至少也是直接管理农业生产活动的人,更有可能开垦新地。这些新开垦的耕地,很可能在封邑主的视野之外,也就成为开垦者的私有土地,所以这些土地"无租税负担,可以买卖"。③ 同时,与农业生产有关的这些发展既需要,也必然推动手工业的发展,而且一定程度上改变了"工商食于官"的情况。因为在手工业产品被农业劳动者普遍需要的情况下,手工业劳动者就不必完全依赖官府。因此,"官工业中劳动者的逃亡、怠工斗争加剧","于是有一部分官工业允许私营,使私营独立的手工业者发展起来。到了战国时期,个体手工业者已经相当普遍"。在这样的情况下,各级封邑主拥有财富的多寡就可能与其等级地位不一致,就会出现"下层富于上层的现象",就会出现"上下相克的斗争"。④

另外,铁器的大量使用也必然包括武器的制造。在劳动生产力和劳动分工发展的情况下,再加上各地方自然资源的差别,通过市场的交换也会进一步发展。但是,有能力以非市场交换的方式从他人那里获取财富的人,如果没有受到强有力的制约,很难自觉地通过与他人等价交换的方式获取自己希望得到的东西。因此,在王室衰微、礼崩乐坏的情况下,诸侯国之间以武力夺取他人土地、财富的情况又急剧增加。在春秋时代 242 年中,诸侯之间的战争侵袭达到 297 次,春秋后一直到秦兼并六国,战争更加频繁,"所以以'战国'名之"。⑤ 在战争中获胜的诸侯,在夺得了新的土地后,最初还是采取分封的方式。但是,后来情形逐渐变化了。大概是汲取受封者一旦强

---

① 瞿同祖:《中国封建社会》,第 193 页。
② 岳琛主编:《中国农业经济史》,北京:中国人民大学出版社 1989 年版,第 66、67 页。
③ 同上书,第 70 页。
④ 同上书,第 68、72 页。
⑤ 瞿同祖:《中国封建社会》,第 194 页。

大起来就可能威胁封赐者的教训,一些获得了土地的诸侯开始采取将新获得的土地与土地上的居民设立为一个行政单位,向新的行政单位派遣官吏的方式。再后来,"灭国即以为郡县"成为普遍现象。至秦始皇统一天下,则实行了完全的郡县制。县令、郡守"受皇帝命以治理郡县,有秩而不食封"。① 郡县制的基本特点就是经济权力与政治权力在形式上是分开的。

这样,皇帝仍然是全部土地及有关自然资源名义上的所有者,但先前因受封而实际存在的所有者却不复存在了。在既有规则已经遭到严重破坏的社会环境中,事实上管理、耕种土地的人也就成了所管理、耕种的土地的实际所有者。对这种自然形成的事实的官方认定,始于公元前359年秦孝公时期的商鞅变法。至秦始皇统一六国之后,"始皇帝三十一年(公元前216年),使黔首自实其田"。② 即让占有土地的百姓向政府自报占有土地的数量,政府承认农民对土地的所有权。"从此以后,私有土地是中国历史上最主要的土地产权制度。"③

就中国土地私有制的出现而言,土地私有的形成并不是以个人的平等权利为基础的。先是因为王室衰微、礼崩乐坏,土地的封邑主所有被自下而上地破坏了。后来是由于长期的战争和社会动乱,实际所有者既可能因各种原因放弃土地,也可能以暴力、欺骗的方式侵夺他人的土地。官府对土地私有的认可就是在这样的背景下出现的。此后,每当改朝换代之时,基本上都经过一段严重的战乱,其结果也基本上是人口锐减、土地大量抛荒。新的王朝建立之初,统治者都有机会大量接收前朝的国有土地和被抛荒的无主土地。他们通常都是将一部分土地作为朝廷直接所有的公田(官田),这个部分占土地总量的比例各朝代不尽相同,但都有这样一个部分。这部分土地很多朝代都采取军屯和民屯的方式进行耕种。军屯即由士兵耕种土地,以解决军队的粮食供给;民屯即官府作为土地的出租者,由没有土地的农民耕种,农民向官府缴纳地租。

同时由于长期的战乱,经济凋敝、人口锐减、土地相对过剩,普通农民也能够通过继续耕种先前的土地、占有他人抛弃的土地、开垦无主荒地等,成为或大或小的一块土地的所有者。对于允许私人所有的私田,官府通常颁发有关的凭证;对土地的买卖,不仅交易双方订立契约,而且还需要"报官过户"。这既体现了官府对土地私有权的保护,也"有利于官府掌握土地占有

---

① 瞿同祖:《中国封建社会》,第199、200页。
② 赵冈引自《册府元龟》,见赵冈:《中国传统农村的地权分配》,北京:新星出版社2006年版,第33页。
③ 赵冈:《中国传统农村的地权分配》,第32页。

状况及赋役征调情况"。① 因此,在土地是主要自然资源的农业社会中,由于实行普遍的土地私有制,在一定程度上保证了每个人对部分自然资源的权利。当然,这种权利又是在存在极大不平等的前提下实现的。

因为君主集权专制的政治制度,总是努力保护少数统治阶级的社会、经济利益。所以,虽然自秦朝开始以后的朝代基本上都实行了郡县制,但实际上各朝代建立之初,在实行郡县制的同时,一般都会对宗亲、打天下的功臣进行封赏。新皇帝会把大量的土地分别划拨给他们。汉初的统治者,在政治上实行的是郡县与封侯并列的制度。起初,受封的人与先前的诸侯类似,既从领地获取经济利益,也掌握政治统治权。后来经过掌握中央权力的统治者与诸侯们的较量,诸侯的治民权被取消了,成了单纯拥有大量土地的贵族地主。同时,没有受封的皇亲国戚、各级官员,也能够根据等级和官位被分配大量土地,成为大地主。其他朝代对宗亲、功臣也都会给予大量土地,有的同时赋予统治权,有的仅仅是给予土地所有权。所以,随着每个新朝代建立,都会制造出一批拥有大量土地的贵族地主、官僚地主。

在经过长期战乱,有着大量荒闲耕地的情况下,虽然普通农民也能够得到一块土地,但即使在北魏至唐前期,有些朝代实行所谓"均田制"的情况下,实际上也是使富户豪门有机会得到更多的土地。而且,问题还不仅仅是初始阶段就存在的不平等,国家的其他政策、制度往往也是不利于小土地所有者的。结果就使小土地所有者很难稳定存在。但由于大量小农的破产会威胁到最高统治阶层的利益,甚至威胁其存在,所以,在中国的很多朝代里,每当以土地为基础的编户人口显著减少,导致政府课税基础被严重损害时,最高统治者就会采取一些扭转局面的措施。因此,在总体上,中国自秦汉直至民国时期,基本上维持了大土地私有与小农土地私有并存的经济制度。

在存在极大不平等的前提下实现的小农土地私有,一方面,保证了多数劳动者对自然资源的起码权利。这是中国在近代以前社会经济发展领先于其他地方的一个重要原因。但另一方面,这种制度又在很大程度上抑制了劳动者对其他自然资源的认识和利用,妨碍了从农业社会向工业社会的迈进。这恐怕又是近代以来中国社会经济发展滞后的重要原因。

---

① 岳琛主编:《中国农业经济史》,第87页。

第十二章　社会制度对人与自然资源关系的影响

人与自然资源关系,既包括人使用和享用自然资源的权利,也包括人认识和使用自然资源的能力。如果人没有能力使用自然资源、不将自己的能力作用于自然资源,人就不能够享用自然资源。即使只是享用自然生长的野果,也需要进行采摘。而且,更需要积累什么样的野果能够食用,什么样的野果不能食用的知识。

但是,人努力提高自己认识和使用自然资源的能力,既有与生俱来的内在动力,也需要一定的社会环境条件。一方面,人天生就有活动自己的肢体的内在冲动,也有追求认知需要得到满足的内在动力,有认识各种现象背后原因的好奇心;另一方面,如果人的这种与生俱来的内在动力受到限制、压制,一般而言,人的努力程度也会相应减弱。而不同的社会制度,在激发还是压制人提高和使用能力的积极性方面是有巨大差别的。亦即,人认识和使用自然资源的能力与社会制度之间存在着复杂的相互关系。

本章将以在一些传统农业社会存在的小农土地私有制和近代西方的工厂制为例,对社会制度影响人与自然资源之间关系的情况进行概括分析。

第一节　小农土地私有制下人与自然资源关系的特点

人类社会历史中的一个显著的差别就是,在靠奴隶从事农业生产难以为继的情况下,在西欧形成的是统治者占有全部土地,农民只能成为大大小小的受封领主的农奴的封建制,而在我国和拜占庭等东方国家,由于各种必然和偶然因素的作用,在少数人占有大量土地的同时,普通农民也获得了拥有一小块土地的机会。因此在这些地方,替代奴隶劳动的主要方式是,形成了比较普遍的小农土地私有制。

在农业社会中劳动者能够相对普遍地拥有一小块土地,无疑是在政治经济权利极大不平等的前提下,保证多数人对自然资源起码权利的一种方式。这样的经济制度不仅比奴隶制社会要合理得多,比西欧的封建农奴制也更为合理。因此,无论是拜占庭帝国还是古代中国,在其小农土地所有制能够得到较好保护的时期,其社会经济发展都曾经明显好于西欧。但是,在人们没有普遍自觉地认识到每个人对自然资源的平等权利,在整个社会的政治制度极其不合理的情况下,其他的许多制度又对小农土地私有制形成强大的冲击。

小土地私有制通常是在因长期战乱土地大量荒闲、人口大量减少、新的统治者又形成了君主集权制的情况下建立的。实行了土地私有制的地方,国家的最高统治者与小农的关系往往会形成一种悖谬的状态。一方面,由于国家的统治者与小农的关系不像封建领主与其农奴那样直接,国家经常会迫使小农承担非常沉重的劳役和税负,致使拥有小块土地的自由农民的处境有时比封建领主的农奴还要悲惨。因此,小农对以土地为主的自然资源的权利,随时有丧失的危险。另一方面,由于国家的统治是以小农的兵役、劳役、纳税为基础的,如果大量小农退化为某些人的农奴、奴隶,并严重影响到国家的财政收入,以至政权稳定时,国家的统治者又会采取一些保护小农的措施。

小农土地私有制下,人与自然资源关系的特点:一是在资源占有极其不平等的前提下,多数人对部分自然资源的权利得到了一定程度的实现;二是由于小农与君主集权制国家的关系,个人自由比农奴多一些,个人的劳动积极性也相对高些;三是个体小农在很大程度上还是受到掌握国家权力的统治阶层的限制,而且在国家的统治者利用公共权力对小农横征暴敛时,小农的生存需要可能会受到威胁,因此,又在很大程度上抑制了劳动者对其他自然资源的认识和利用能力的形成与提高。

本部分将主要以罗马帝国解体后的拜占庭帝国和中国不同朝代的社会为例,揭示小农土地私有制使人与自然资源关系呈悖谬状态。

一、拜占庭帝国的小农土地私有制

由于罗马在扩张过程中占领的地中海东部与西部社会有着很大的差别,罗马帝国解体后在东方兴起的拜占庭文明,也与后来的西欧封建制有显著的不同。一方面,由于已有的社会经济基础和地理环境,东部的商业活动相对比较发达,城市也比较多。在西罗马帝国灭亡以后,拜占庭的工业和贸易仍然继续发展。[1] 另一方面,在罗马帝国分裂为东西两部分后,东部政府的集权化程度就相对较高。西罗马帝国灭亡后,东罗马帝国进一步发展为

---

[1] 〔美〕菲利普·李·拉尔夫等:《世界文明史》上卷,第481页。

君主集权的国家。相对强大的拜占庭皇帝既通过对工商业加强控制增加了自己的财政收入,也通过保护自由农民的土地制度,保证了帝国的兵源和财源。因此,在7至11世纪拜占庭文明比西方的基督教文明更为发达。

7世纪初,帝国经历了几次战争,为了能够更有力地抵抗外敌的侵扰,推进拜占庭帝国的繁荣,赫拉克留斯(Heraclius)[1]皇帝及其后一些有能力、有机会有所作为的皇帝,进行了一系列改革。这些改革被视为拜占庭帝国历史的真正开端。在经济上,最突出的改革之一是创立了"军事地产",即将因战争而荒废的大量土地分给军队中的士兵。大规模地向士兵授田的政策,既加强了拜占庭的军事力量,又扩大了自由农民的队伍。帝国对士兵的授田,以继续提供军事服役为他们获得土地的条件。即让士兵的长子继续当兵,"而其他子女则专门开垦未耕土地"。[2] 正是这些服兵役的农民和交粮纳税的农民共同构成了帝国的经济和财政力量的中坚。

此外,对于不断进入帝国管辖的巴尔干半岛的斯拉夫人,帝国的方针是:"只要尊奉拜占庭皇帝并向帝国交纳贡赋,就容许他们在巴尔干半岛上定居下来,否则就以武力对付。"[3]结果是南下的斯拉夫人逐渐融入拜占庭社会,成为拜占庭人的组成部分。到8世纪初,拜占庭帝国还将归顺的斯拉夫人迁移到小亚细亚。斯拉夫人移居巴尔干半岛和小亚细亚在土地关系方面所造成的一个重要结果就是,把他们原有的村社制度带入了拜占庭帝国。这是一种同日耳曼人的农村公社相似的社会经济制度。[4] 又使拜占庭帝国的土地关系增加了一种形式,一种有利于保证农民对自然资源起码权利的形式。

拜占庭帝国土地所有制和劳动关系的多种形式既是历史积累的结果,也是当时的国内外环境使然。就拜占庭所处的地理位置来说,在当时是一种四面临敌的状况。就国内状况来说,皇帝需要依靠军队的将领和贵族的拥戴,依靠教会的支持,必然允许皇室成员、军队将领、贵族以及教会、寺院的神职人员等占有大量土地,保护大地产主的利益。但与此同时,皇帝为了保证足够的兵源和税收,又必须保护小农,保护他们对小块土地的占有权、使用权。可是,为了避免农民逃亡、土地荒废,皇帝又允许大地产主把佃户固定在土地上,维护佃户对主人一定程度的人身依附关系。只是在将领、贵族、教会、寺院的势力过于膨胀时,皇帝才会对大地产进行抑制,甚至是给予

---

[1] 《从古代到封建主义的过渡》的中文译者译为"希拉克略"。
[2] 〔英〕M. M. 波斯坦主编:《剑桥欧洲经济史》第一卷,第187页。
[3] 厉以宁:《罗马—拜占庭经济史》下编,北京:商务印书馆2006年版,第611页。
[4] 同上书,第613页。

严厉打击。①

皇帝为了维护税源和兵源,在必要时对大地产的所有者给予遏制,对小农提供一些保护。例如,在 8 世纪初取代了赫拉克留斯王朝的伊索里亚王朝的创立者,在立法方面做的一项重要工作就是制定了著名的《拜占庭农业法》。该法的目的是维护既有的土地所有制,维护各种类型的土地所有以及佃户的正当权利。当然,也包括小块土地的所有者、耕种者对土地的权利。由于它"保护农民的动产和不动产","考虑了自由和行动自由农的利益","因而具有特殊的历史价值"。② 对于移入帝国的斯拉夫农民,"采取与拜占庭农民一样的税种和税率"。正因为农民的利益得到了一定程度的保护,所以,"8—11 世纪内,拜占庭的农业是增产的。除粮食生产而外,其他农产品生产、林业、畜牧业都有较大的发展。这一时期,'基督教的东方又一次恢复了希腊与罗马的农业科学传统。有关农业与家畜繁殖的著作都是在这个 10 世纪内写成的。'拜占庭出口的农产品,包括水果、蜂蜜、牲畜、木材等等,这些都归功于耕作和栽培方式的改进、田地管理规则的完善和务农者的积极性。"③

然而,按照韦伯的国家将人民视为税源或视为徭役之源的两分法④,拜占庭的《农业法》的根本目的,是为了获得稳定的税收。然而恰恰又是国家的税收政策与其他一些因素的相互作用,最终导致了自由小农难以持续存在。

首先,小土地所有者抵御自然和人为风险的能力总是很弱的,一旦陷入贫困,往往就不得不通过出卖土地以解燃眉之急。因此,小农失去土地的情况仍然经常发生。土地向大土地所有者集中,必然又增强了他们的政治力量。结果是,强势的贵族既借助自己的经济实力,也借助自己的政治权势,大量购买、侵吞小农的土地,把自由农民变成自己田庄里有人身依附关系的佃农。

在这个过程中,明智的和有能力的皇帝会努力限制贵族地主购买小农的田产。但是,有关的措施不仅遭到贵族地主的顽强抵抗,而且也不能阻挡小农户失去土地的进程。虽然皇帝禁止地主购买土地、禁止大地主接受小农馈赠土地,而贫困的小农在灾荒和税负的重压之下,为了活命,仍然采取

---

① 参见厉以宁:《罗马—拜占庭经济史》下编,第 520 页。
② 〔英〕M. M. 波斯坦主编:《剑桥欧洲经济史》第一卷,第 187 页。
③ 厉以宁:《罗马—拜占庭经济史》下编,第 617、618 页。
④ 〔德〕马克斯·韦伯:《经济通史》,第 61 页。

各种方式将土地"赠送"给能够庇护他们并为他们提供糊口之粮的贵族地主。

更重要的是,政府的税收政策往往加剧小农的破产。在四面临敌的情况下,作为国家税源的小农,其纳税负担总是十分沉重的。农民的税收负担重,破产的就多,大地主的实力就更强大。在皇权衰弱的时候,不仅贵族势力增强,贵族地主获得的特权和优惠也增多,包括越来越多的免税,直至完全豁免纳税。① 普通农民的税负就会更加沉重。

再有,中央集权的君主统治在工商业领域的独特作为,同样推动了土地向少数人的集中。自从罗马帝国晚期,对城市工商业就采取了管制政策。包括对某些行业实行国家垄断经营,国家没有垄断经营的也通过同业公会进行控制。"拜占庭各城市中商业受到严格控制,个人的创造力难以发挥;贸易和工业方面的规定十分详尽,受政府的密切监督。"②所以,无论是得到皇帝赏赐的军政要员,还是发了财的商人,使用其钱财、剩余资本的唯一出路,便是购买农村地产。他们或合法或非法地买进农民和士兵的土地,使原来的自由农民成为其附庸。虽然,为了保住帝国的财政和军事实力的根基,帝国的多个皇帝都做出了保护小农的努力,但在其他多种因素的交互作用下,这些皇帝的努力基本上收效不大。

11世纪以后,拜占庭在突厥人和周边其他外敌的攻击之下,在十字军东征的间接和直接冲击下,不断丧失领土、兵源和财源。同时内部争夺皇位、争夺权力、争夺经济利益的斗争也愈演愈烈。因此,能够拥有小块土地的自耕农越来越少,有人身依附关系的佃农则在增多。

最后,在拜占庭帝国,随着皇权的衰落,"大地主和官员形成了一个特权阶级,显赫的官员和军官自然要在各省弄块地产"。"而富裕的地主则努力搏个官职,通过接任官位或买个官衔来确保自己的社会地位,并建立他们所缺乏的社会关系",以便进一步扩大自己的地产。与此同时,小农在自然灾荒、兵祸、国家税负的重压之下,不得不"放弃了他们负担过重的自由,向势力强大的主人寻求庇护以缓解其赋税和服役的压力"。"'强权者'胜利了,最终中央政府不得不向其屈服,任由其肆意发展,任由获得经济和社会主导地位的不断上升阶级胡作非为。这样,拜占庭帝国从前所依赖的经济和社会基础崩溃了。国家放松了中央集权控制,于是拜占庭帝国的封建化开

---

① 参见厉以宁:《罗马—拜占庭经济史》下编,第580、584、641页。
② 〔英〕M. M. 波斯坦主编:《剑桥欧洲经济史》第一卷,第194页。

始了。"①

二、中国的小农土地私有制

总体上说,中国的小农土地私有制比拜占庭帝国的小农土地私有制存在的时间要长得多。但实际上并不是持续存在的,在其存在的整个历史中又是不断受到破坏的。通常,每当长期战乱导致大量土地抛荒,随着新的王朝建立,社会相对稳定,大多数农民有机会获得一小块土地以后,经过或长或短的一段时间,由于国家对官僚、贵族地主在税收方面的优惠,国家和地主阶级对小农的剥削、压榨,以及其他诸多因素的作用,总是会导致大量小土地所有者不得不依附大土地所有者,导致小土地所有者向农奴、奴隶的退化。但是,在大量小农破产,朝廷的税收基础显著缩小,朝廷为了获得更多的税收进一步加重小农的税负达到民众无法接受的程度时,如果再有其他天灾人祸,往往会引发民众的激烈反抗。结果很可能就是,经过战乱,旧的朝廷被推翻,新王朝建立。

中国的小土地所有者很难稳定存在的基本原因,与拜占庭帝国的情形有很多相似之处。主要也是官方的税收政策不利于小土地所有者、小土地所有者抵御风险的能力弱、统治者对工商业发展机会的垄断等。这些因素往往导致土地向少数人手里集中,导致一部分人失去土地,成为大土地所有者的农奴、奴隶。但中国与拜占庭帝国不同的地方是,政府在避免土地高度集中方面进行了更多的探索,另外也由于中国特殊的家庭财产继承制,在唐中期以后,特别是"北宋初期土地集中的情形,应较以往缓和"。但是,即使在明朝,"投献与投靠的现象还是普遍发生"。只是到了清朝,由于税收政策的改变,更由于清朝政府有意抑制汉人缙绅的权势,"因投靠及投献而造成的土地集中的现象"才逐渐缓和下来。② 从总体上说,自秦汉以后,中国的土地制度基本上是小农土地私有制与土地向大土地所有者集中不断交替,直到清朝,小农土地私有制才相对稳定。之后,是其他破坏性因素的作用增强。

首先,自秦汉至唐中叶,主要是政府的税收政策推动了土地占有严重分化。简单地说,土地所有者需要交纳两种税,一种是田赋,另一种是人头税,所有这些都是以家庭有田产为前提的。"有了田产的人,便有正式而固定的户籍,于是田赋与徭役的义务便同时发生。"田赋基本上是耕地多的家庭多

---

① 〔英〕M. M. 波斯坦主编:《剑桥欧洲经济史》第一卷,第 194、195、196、197 页。
② 赵冈:《中国传统农村的地权分配》,第 21、22 页。

交,耕地少的家庭少交。但人头税和徭役则不然,在人口数相同的情况下,只有很少田地的家庭与有大量田地的家庭负担相同。这样"总税负便变成了急剧累退的税率"。而且,"田赋的负担远较人头税为轻"。自汉文帝开始,田赋基本上是三十而税一,人头税则十分沉重。"此外,田赋的隐逃较易。"①对于有少量田地、被官府登记在册的小农而言,人头税的隐逃很难。而王公贵族、官僚阶级不仅拥有大量土地,还享有免除税负、劳役的特权。

在这种以小土地所有者为主要对象,负担重而又高度累退的税收结构下,小土地所有者无法将自己的土地扩大到能显著降低税率的程度,有的就选择了放弃土地,全家逃亡;但更多的是将自己的田地献给富豪,以求荫庇,是为"带产投靠"。与此同时,富人则因为出身贵族或有官职,享有收纳"荫户""附户"的特权。他们之所以行使这样的特权,接受这种带产投靠,是因为"从富豪的立场来看,田产愈大,缴税后的报偿率也愈高"。而且,投靠的家庭还为其提供了必需的劳动力。② 由于这样的投靠、依附,一些富豪地主"在经济上广霸田园,置壁设垒,荫庇着大批徒附、宾客和奴婢"。他们建立起实行多种经营、能够自给自足的田庄。"地主的田庄是租佃经营与使用奴婢经营的结合体。"同时,由于"在政治上他们把持举荐,垄断仕途",又成为能够左右官场和政治的士族地主。"在社会上他们的势力纵横捭阖,盘根错节",成为豪强地主、士族地主。③

小农对富豪的"带产投靠"、依附,与前面提及的西欧、拜占庭帝国自由小农寻求庇护的情况是一样的。这些投靠者、依附者与豪强地主、士族地主也结成较强的依附关系。但是,与欧洲的农奴制不同的是,中国的豪强地主、士族地主没有持久地成为一个固定、封闭的社会等级。同时,由于土地私有和买卖自由基本上一直是得到官府承认的制度,再加上中国的诸子平等继承制度,所以生产者与投靠对象没有形成完全稳定的世代依附关系。

不过,也恰恰因为土地可以自由买卖,小自耕农失去土地的可能性也就更大。因为小土地所有者抵御风险的能力十分弱。无论是水旱灾害,还是官府迫害,或是家庭劳动力变故,都可能使一个家庭通过卖地暂渡难关。其结果可能是挺过了一时的艰难,也可能是陷入更大的困境。与此同时,工商业资本会加剧土地的集中,这与政府的工商业政策直接相关。

对于工商业活动,各个朝代几乎都是由官府高度垄断和严格控制的。

---

① 赵冈:《中国传统农村的地权分配》,第13、14页。
② 同上书,第14页。
③ 岳琛主编:《中国农业经济史》,第94、95页。

这不仅使朝廷获得即时的利益,也使这个领域中的经营者有机会通过对生产者和普通消费者的剥削积累大量财富。由于官府对工商业活动的垄断和控制,积累了大量钱财、成为富商大贾的人缺乏使用这些财力的其他机会。结果,积累了大量资本的工商业者,就到农村放贷和购买土地。所以,在新朝代建立以后,经过几十年的恢复,随着人口增加、土地变得稀缺以后,"王侯贵族、达官显贵、地方豪绅、工商业主、高利贷主都不遗余力地兼并土地"。①

结果,土地私有制就成了一把双刃剑,既能够使普通农民有机会保有一小块土地,使其对自然资源的权利得到或多或少的实现,但往往也容易使其在遭遇天灾人祸时完全失去土地。由于大量小农的破产会威胁到最高统治阶层的利益,甚至威胁其存在,所以,在以土地为基础的编户人口显著减少,导致政府课税基础被严重损害时,有些最高统治者会试图采取一些扭转局面的措施。

三、中国的均田制与税制

政府抑制土地兼并、避免小农退化为农奴、奴隶的努力,在唐中叶以前,主要是通过均田制、限田制抑制土地的过度集中。唐中叶以后则在税收方面有所改革。

唐中叶之前抑制土地过度集中的措施,在豪强地主已经占有大量土地,并且政治上具有很大影响力的情况下,是很难实行的。例如,西汉与东汉之间短暂地掌握了国家最高权力的王莽,就曾经力图实行严格的均田制。"把全国的民田改称'王田',不许买卖。规定男子不满八口的人家,如果占田超过一井(九百亩),就要分田给九族、邻里或乡党;原来没有田地的人,则按照制度一夫一妻分田百亩。"②显然,在已经形成了土地私有制的情况下,要让豪强地主将比这一规定多出来的大量占有土地自觉地分给他人是不可能的。强制执行,既需要强有力的执行机构,又必须能够抵挡住来自以豪强地主为首的大地主的激烈反抗。因为不具备这些必要条件,王莽的均田制和其他抑制豪民富贾的措施,连同他的王朝一起很快以失败告终了。

在经过长期战乱、人口减少、土地抛荒的情况下,新建立的王朝一般来说才有可能利用这样的机会,适当地对少数人占有过多土地的情况加以制约。在这种情况下,统治者一般都将大量土地收归官府所有,部分实行屯

---

① 岳琛主编:《中国农业经济史》,第89页。
② 郭沫若主编:《中国史稿》第二册,北京:人民出版社1979年版,第257页。

田,部分在农民和工商业者、贵族、官员等之间进行分配。这其中就有均田制的成分。但是,均田制并不是在所有人之间平均分配土地。首先,均田所分授的土地主要是战乱后政府能够掌握的无主耕地和荒地。那些已经掌握在私人手里的耕地,如果没有政治上的原因,一般不会被没收。同时,按照均田令,普通农民与贵族、高级官员所得的授田数量有巨大差别,而且在实际实行中也不保证每个人都得到均田令所规定的耕地数量。一则是虽然战乱后总体上人少地多,具体到不同地方,劳动力与耕地的比例又各不相同。有些地方还是属于人多地少的"狭乡"。随着人口的增加,耕地减少,会有更多的农民得不到均田令所规定的耕地数量。

另外,实行均田令的朝代通常都不是完全禁止土地买卖,只是对土地买卖的范围有一定的限制。所以,用不了多长时间,土地的实际拥有状况就会与均田令的规定大相径庭。结果,很多朝代的均田制经常是虎头蛇尾,用不了多少时间就名存实亡了。

"但均田令也并不是一纸具文,它用法令强制土地与劳动力结合,在均田法令下,许多无地农民得到土地,均田令对土地买卖有一定的禁止,对无限占田有一定限制,多少起了抑制兼并和维护小农经济的作用。"①西晋、北魏以及北魏以后的几个朝代实行的占田制和均田制,都体现了适当抑制贵族、官僚过度占有土地,使普通农民较均等地拥有土地的意图。这些制度在短时间内,对于保护小土地所有者是具有一些积极作用的。当然,与此同时,一方面会对土地所有者的权利造成诸多限制,另一方面又会因为官府实际的执行能力差,不能将有关的规则、限制真正落实。结果,往往是限制了最守规矩的人,为能够投机钻营的人提供了机会。

实行均田制的朝代,在税收方面,通常也是以丁为本。税负的计算方式通常与授田方式相联系,所以在均田制能够得到一定程度实行的时候,小农的负担也能有所减轻。但是,即使在实行均田制的朝代,小农与富豪地主的税负也是不同的。首先,政府的税收政策仍然给予王公贵族和官僚阶级很多特权。同时,在国家掌握的土地减少,农户不能得到足额授田,以及因土地已经出卖而田亩少于官府所规定的授田数量的情况下,少地的农户的税负就非常沉重了。在均田制已经不能实行时,地少人多的小农户的税负就难以承受了。土地再次成为小农户的负担。所以,就会不断出现弃家卖产、依附豪门大户的现象。

在唐中叶,由于小户逃亡、大户荫蔽,以户籍为据的均田制已经无法实

---

① 岳琛主编:《中国农业经济史》,第133页。

行。"天宝末年,安史之乱起,一切典章制度均已荡然无存,于是,均田制也就从此而废了。"①在这样的情况下,唐德宗时期进行了一次重大的税制改革,实行了被称为"两税法"的新税制。按照新的税法,在贵族、官僚有免除赋役的特权的前提下,土地越多的人、财产越多的人,越需要多交税,而且户税还是一种累进税。这样,丁多地少的小农户税负显著减轻了。"小农户弃产逃乡的诱因大为减弱。"②但是,由于政府的执行能力,更由于执行者自身的利益驱动,随着时间的推移,新税法有利于小农户方面的规定日渐衰弱。此后,历经五代、辽、宋、金、元以及明朝前期,基本上实行的都是有着各自特点的两税法。在社会相对稳定的时期,各种有一定变异的两税法,与唐以前相比,在一定程度上使贫穷小农的负担有所减轻。因此,在中国逐渐形成了小农占有较大比例的土地占有制度。

中国传统社会基本得到维持的小农土地制度,一方面因为劳动者对自然资源拥有一定的权利,且拥有比西欧农奴多一些的个人自由,所以利用劳动能力的积极性也相对高一些。在基本没有战乱的承平时期,作为私有者的小农、大地主、大大小小的商人等,合力推动了农业和工商业的技术进步。"唐后期农业中商品经济有了明显的发展。""茶、蔗等商品性作物的种植有突出的扩大。"桑、麻的种植在扩大,棉花的种植已经从海南传至闽粤。③ 始建于公元960年的宋朝,虽然受到了北方游牧民族最严重的侵扰,以致在把都城迁到江南后,也没有逃过覆灭的下场,但可能与南北方的交流以及南方的自然条件更好有关,其在物质生产、科学技术和商业等方面的发展更是取得了显著进步。按照《世界文明史》一书作者们的看法,"事后看来,宋朝似乎是中国文明演进过程中的一个分水岭。这一时期发生了许多渐进的而非突然的变化,这些变化被称为一场'中世纪革命'。"而中国崭露头角的工业革命之所以夭折在襁褓之中,至少部分原因是蒙古人的入侵和占领。④

明、清时期政府实行的农业赋役政策,虽然在一定程度上保护了小农土地私有制,但也导致了人口增加。其工商业政策又使剩余农业劳动力难以转移。结果是,尽管在明、清时期农业的商品化程度在提高,却没有发展出以节省人力为取向的资本积累和开创性投资。以至于使中国的农业进入了一种"内卷化"状态。

---

① 岳琛主编:《中国农业经济史》,第134页。
② 赵冈:《中国传统农村的地权分配》,第18页。
③ 岳琛主编:《中国农业经济史》,第206、207、208、209页。
④ 〔美〕菲利普·李·拉尔夫等:《世界文明史》上卷,第743、745页。

四、中国农业的"内卷化"

内卷化(involution)一词是美国人类学家格尔茨(Clifford Geertz)提出的。黄宗智在《华北的小农经济与社会变迁》一书中介绍,格尔茨将农业活动中"集约化到边际报酬收缩的现象"称为"农业内卷化"。① 杜赞奇在用"内卷化"描述政治现象时解释说,"'政权内卷化'与农业内卷化的主要相似之处在于:①没有实际发展的增长(即效益并未提高);②固定方式的再生和勉强维持。"② 也有人将"involution"一词译为"过密化",赵冈称之为"中国农村过密型生产模式"。③ 中国近代以来之所以出现农业内卷化现象,与小农土地私有制得到一定程度的保护、人口增加、工商业发展受到贬抑和控制、相对开放的官僚体系,以及改朝换代必然经历的战乱对经济发展的冲击等都有直接关系。但是,从根本上说,则是因为人的两种自然权利的拥有程度长期存在着极大的不平等。

由于各地自然条件不同、物产各异,不同地方的人互通有无是必然之事。但是,中国各朝代的官府对商业活动都有很多限制,一贯实行重农抑商的政策,同时,对非自用的手工业产品的生产多实行官办、官营。例如,盐和铁是人们日常生活和制造生产工具不可或缺的两种东西,自秦汉一直实行盐铁官营;自唐后期,茶叶的种植已遍及江南许多地区,逐渐进入普通人的日常生活,"因而在中国历史上第一次实行茶的专卖";④ 种桑、养蚕、缫丝、织绸缎,在中国有着悠久的历史,与之相应,也很早就形成了大规模的官营织造;矿冶业同样历史久远,历朝历代都是官营矿场占主要地位,即使允许民营也要处于官府的严密控制之下。这样的政策一方面使手工业者大多成为官办工矿场中的雇工,而且往往是没有择业自由的雇工;另一方面则导致商业活动获得的远远高出农业生产活动的收益,不能用于扩大商业活动规模,或者用于发展工业生产,而是将积累的财富用于购买土地,结果导致资金和人力向农业生产活动集中。

同时,清朝政府于18世纪20年代,在全国推行了"摊丁入地"的政策。这项政策的特点是主要按土地的多寡征税,这是有利于小农的。但是,也导致了人口的急剧增加。在人口迅速增加时,虽然政府鼓励垦荒,耕地面积也有所扩大,但远远赶不上人口的增加。根据《简明清史》作者的看法,清代很

---

① 〔美〕黄宗智:《华北的小农经济与社会变迁》,北京:中华书局2000年版,第6页。
② 〔美〕杜赞奇:《文化、权力与国家》,王福明译,南京:江苏人民出版社1996年版,第68页。
③ 赵冈:《中国传统农村的地权分配》,第127页。
④ 岳琛主编:《中国农业经济史》,第207页。

多文献记载的耕地面积和人口数字不完全相同,"存在着很多可疑之处"。粗略地说,全国耕地面积从17世纪中叶至18世纪中叶大概由5亿多亩增加到8亿—9亿亩。人口由清初的六千万左右,到康熙末年增加到八九千万,到乾隆六年(1741年)增加到将近14 000万,1840年达到41 281万。① 根据陈振汉提供的数据,1700年中国人口是13 800万,1800年是34 000万,1850年是41 000万。② 尽管这些数字不完全一致,还是能够证明清代人口确实在迅速增加,而土地的开垦则已经达到这样的地步,即"边疆山区和海岛都得到了普遍的开辟"③,"耕地面积的扩增,到十八世纪中叶,多半已接近顶点"。④

人口快速增加、人均耕地面积显著缩小,与重农抑商的政策、具有一定开放性的严重压迫普通百姓的官僚体系一起,导致了小农土地耕种的"内卷化",导致了整个中国农村"走入贫穷化之路",⑤导致了中国农村"贫农经济的形成",或者说"小农经济的半无产化"。⑥

贫困化的具体表现是:"第一,土地分配曲线的平均值降落到很低的地位,以人均耕地来说,整个农村变得很贫穷。第二,无地农户在总农户中的比重,没有增加,甚至可能减少。第三,大地主迅速消失,地主平均占有土地的规模变得很小,换言之,农村社会只剩下中小地主。"⑦赵冈、黄宗智及《简明清史》的作者等,都引用了清代政府留下的18世纪直隶获鹿县土地占有情况的统计资料证明了中国农村的贫困化。该资料表明,无地或占地不到1亩的赤贫农户占总户数的29.5%,占地1至10亩的贫苦农户占总户数的31.8%,占地10至60亩的中等农户占总户数的34.5%,占地60亩以上的农户占总户数的4.2%,其中占地100亩以上的农户仅占农户总数的1.6%。⑧

当然,上述对清朝的土地状况的各种刻画,只是反映了中国传统社会"两个分离而又相关连的社会系统"中的一个,即"位于社会政治体系的基层,主要由耕种者组成"的那个,而没有涉及由皇室、王公贵族、通过科考获得功名的士绅和通过捐纳获得功名的商人等构成的,在"耕作社会之上的另

---

① 戴逸主编:《简明清史》第一册,北京:中国人民大学出版社2006年版,第288、289、290页。
② 陈振汉:《我国历史上国民经济的发达和落后及其原因》,载于孙健编:《中国经济史论文集》,第74页。
③ 岳琛主编:《中国农业经济史》,第242页。
④ 〔美〕黄宗智:《华北的小农经济与社会变迁》,第194页。
⑤ 赵冈:《中国传统农村的地权分配》,第150页。
⑥ 〔美〕黄宗智:《华北的小农经济与社会变迁》,第15页。
⑦ 赵冈:《中国传统农村的地权分配》,第150—151页。
⑧ 戴逸主编:《简明清史》第一册,第308页。

一个社会"。① 中国农村土地"分配曲线的两端收缩,标准差减小"的判断②,主要说的是这个主要由耕作者组成的社会。但是,在中国传统社会,恰恰又是由于这个"耕作社会之上的另一个社会"的存在,及其实行的高度控制工商业活动的制度以及相对开放的科举制度等,严重压制和削弱了劳动者改进生产技术、提高劳动生产率的积极性,压制了对可用于工业生产活动的自然资源的认识能力和使用能力的形成和发展,导致了中国整个社会的极度贫困和落后。

在当时的中国,主要由耕作者组成的社会体系,人口在迅速增加,但生产技术"还处于传统农业的延续阶段","生产工具基本仍沿用宋元以来的一系列工具",没有其他谋生手段的小农,能够做的主要就是"在农业生产活动中,特别注意在耕耘、选种、播种、灌溉、施肥等方面去寻求增产的方法,力求加强农业的集约经营"。③ 也就是在已经形成的模式中,在有限的土地上投入尽可能多的劳动力。这样,虽然极大地提高了土地的生产率,但劳动生产率是在降低的,以至降低到劳动的边际效益趋向于零。即形成了农业生产的"内卷化"。而相对富裕的农民,包括处于耕种者社会之上的另一个社会体系中的士绅,虽然有经济能力,但他们追求的是"通过科举和入仕与政府建立密切联系",而不是经营农业、提高农业生产力。④ 所以,在西方进入工业化社会之时,中国则陷入了劳动生产率降低、劳动者愈加贫困的状态。

第二节 工厂制产生的前提条件

工厂这种经济活动的组织形式是18世纪后首先在西欧出现的。但是,导致其出现的有关因素则是在13到18世纪的社会经济变迁过程中逐渐形成的。其中,商品经济的发展、财产私有权的确立、多数劳动者彻底失去对自然资源的起码权利但同时获得了人身自由、财产所有者获得了政治权利等,都是最重要的因素。正是这样的社会变迁最终导致了工厂制的形成,使工厂制具有了两种特性。一方面它为人类更充分地利用各种自然资源,为生产力的发展提供了一种非常有效的组织方式;另一方面这种生产活动的组织方式使个人不能直接拥有相关的劳动条件,因而很容易导致否定大多

---

① 〔美〕黄宗智:《华北的小农经济与社会变迁》,第186页。
② 赵冈:《中国传统农村的地权分配》,第151页。
③ 岳琛主编:《中国农业经济史》,第245、246页。
④ 〔美〕苏耀昌:《华南丝区:地方历史的变迁与世界体系理论》,郑州:中州古籍出版社1987年版,第69页。

数人对自然资源的平等权利。

根据《欧洲剑桥经济史》作者们的看法,"1200—1800年间,东欧与西欧在政治经济自由化或农奴制度等方面的发展趋势是背道而驰的"。这几百年,在中欧和东欧地区,本来相对于西欧拥有更多自由的农民,自15世纪初期,情况却开始恶化。"各国都加快了建立农奴制度的步伐。这一进程在18世纪下半叶的俄罗斯达到了最高峰。"①而在西欧则是土地所有者与农民之间封建性质的关系、农奴制度逐步消失的过程。农奴逐渐变成了佃农、拥有一些土地的自由农,甚至工商业者。在绝大多数国家,自12、13世纪就开始废除庄园制,至16世纪庄园制已经被完全废除。农民在婚姻、继承、土地占有及使用方式等方面已经拥有了广泛的自主权。

西欧农奴制的消失,以及其他有助于工厂制的因素的形成,首先是由于人口的增加。在人口稀少、土地相对富余的时候,统治者也是以允许农民耕种力所能及的一块土地和控制人身自由的方式将农民束缚在土地上的。但是,当人口随着中世纪经济的扩展而增长时,情况发生了变化。

由于人口增加,西欧开始了几百年的拓荒和移民,从而使整个社会结构发生了显著变革。首先,广大范围内的人们彼此之间在物质和精神上的交流变得越来越方便、频繁,商品经济和远距离贸易恢复和发展起来了。与商品经济的发展相关联的是,货币的普遍使用使领主与农奴之间的依赖关系减弱,越来越多的自治城市和组织建立,封建庄园制解体和民族国家形成,土地专属权形成以及私有财产权确定,依靠技术革新和劳动分工提高劳动力价值成为人类自觉的努力。最终,在自然资源得到更广泛、更充分利用的同时,人类创造的物质财富中人的特殊劳动能力越来越重要,多数劳动者不得不走进工厂,成为依附于机器的劳动力。

一、西欧早期封建制的基本特征

罗马帝国灭亡后的西欧,由于初期战乱、盗匪肆虐,长途贸易几乎无法进行,城市随之衰落。于是"渐渐出现了一种封建结构,即分权的政治组织、等级财政义务,和以相对自给自足为特征的庄园经济结构"②。庄园"从土地关系上讲是这样一块被管理的土地,它的大部分地产收入直接或间接地只归一个主人所有;从人与人之间关系上讲,就是只服从一个领主的一群

---

① 参见〔英〕M. M. 波斯坦、D. C. 科尔曼、彼得·马赛厄斯主编:《剑桥欧洲经济史》第五卷,第108—109页。

② 〔美〕道格拉斯·C. 诺思:《经济史上的结构和变革》,第143页。

人"。① "领主既是农民的压迫者,又是农民的保护人。"②

当然,领主不是完全独立存在的,他们处于由国王、大领主、地方领主等不同等级的封建领主构成的等级结构之中。"这个结构规定了他与其他领主与作为其占有权最终来源的国王的关系。"③同样地,这个结构也规定着领主与他的那群人之间的关系。在封建社会形成的过程中,最初对领主和农奴各自的权利、义务并没有清楚的规定。但是,在领主与他的那群人的关系中,以及不同等级领主的关系中,最主要的内容就是土地使用权的有条件的转让。地位在下的一方获得或保有对一块土地的使用权,就要对其主人承担某些义务。

对于单个农奴来说,一方面他们对一小块耕地,以及自己所在村庄附近的荒地、牧场拥有了一定的权利。"他们有权为自己耕田,利用牧场和荒地,把自己的财产过继给继承人。"另一方面,作为获得这些权利的条件,他们要受到庄园的约束。"未经领主同意不得迁出或嫁出庄园。他们还要向领主交纳例行的婚丧税,此外——作为农民或农奴与领主之间最基本的联系——他们负有完成规定的劳役的义务。"④一个农奴通常一周有3天要在领主的领地上从事耕作,耕作时还要自备犁、牛和其他劳动工具。在最繁忙的收割期,他经常还要放下自己田里的活计,为领主提供更多的劳动。⑤

领主在从农民那里获得劳动和劳动产品的同时,也要对臣属于他的农民提供必要的保护。在罗马帝国覆灭后的西欧,由于持续的战乱,"领主及其骑士已不仅成为一个武士阶级,而且变成了一个高度专业化的统治阶级,其生存和存在的理由都依军事技术而定"。这是一个"靠暴力生存"的阶级。⑥ 他们既靠暴力保护自己的领土,也靠暴力保护自己的臣民、财产不被他人掠夺。实际上,也正是因为这些人掌握了一定的军事力量、掌握了暴力,所以他们才能通过强夺或封赐占有领土、占有劳动者,剥削和压迫自己的臣民。

在封建制形成过程中,领主拥有大量土地,能够通过转让土地使用权获得人力、物力回报,能够在获得的人力、物力回报中拿出一部分作为保护自

---

① 〔法〕马克·布洛赫:《法国农村史》,余中先等译,北京:商务印书馆1991年版,第79页。
② 〔法〕费尔南·布罗代尔:《15至18世纪的物质文明、经济和资本主义》第二卷,顾良译,北京:生活·读书·新知三联书店2002年版,第266页。
③ 〔美〕道格拉斯·诺思、罗伯斯·托马斯:《西方世界的兴起》,第40页。
④ 同上书,第38、39页。
⑤ 参见〔美〕道格拉斯·C.诺思:《经济史上的结构和变革》,第145—146页。
⑥ 同上书,第144页。

己和领地中的居民和财产的武装力量。所以,这些实力既使他们有可能同其上面的政治权力相抗衡,获得擅专的管理权、司法权;又使他们能够尽可能地剥削、压迫其领地中的农奴和其他居民。他们使自己成为执行庄园习俗的法庭的仲裁者,一方面对村民之间的纷争依据有关的习俗、惯例进行处理,可能提供所谓的公正;另一方面,他们利用掌握的司法权又为自己剥削农奴创造了更多的机会。而这样的安排之所以能够维持,关键是因为封建社会的法律、习俗是以暴力和政治权力为基础的。

正因为领主掌握了对其领地上的居民的行政管理权、司法权,所以,不仅其领地上的农奴受到领主的剥削、压迫,就是自由小农也难以摆脱领主的控制。在西欧封建制形成过程中,由于社会动荡,也由于日耳曼人仍然保持个人服从部落首领的习惯,自由小农的数量是很少的。而且,为数很少的自由小农也"很难完全逃脱领主们的控制"。"即使不涉及土地问题,自由农对领主依附的奴役性关系仍然相当紧密。拿法庭来说,自由农所属的法院几乎都是附近领主们的。"①

不过,农民或农奴也不是完全听任领主摆布的,农奴也有同其主人进行博弈的条件。10世纪前的西欧基本上还处于地广人稀、土地十分丰裕的状况,既导致了农民不得不接受领主的剥削、压迫,也使农奴能够适当地维护自己的权利。因为一方面,地广人稀,到处都是荒地,农民似乎可以远远地离开领主,自己种地,全部收获物都归自己享用,不必非要领主分给一块土地。但实际上,虎狼的出没、盗匪的抢劫,都使个人或家庭不能离群索居。所以,农民不得不接受领主的保护,并接受领主的剥削。另一方面,也同样是因为地广人稀,领主对农奴的剥削、压迫也要适可而止。否则,农奴会跑到其他领主那里。作为稀缺资源的劳动力的增减与经济利益的增减直接相关。"当时没有防卫的土地几乎多得像空气和其他没有什么经济价值的东西一样。劳动和资本这些短缺的生产要素单独规定了全部产出边界。"②但是,随着人口的增加,情况发生了从量到质的变化。

二、商品经济的发展及新的社会结构的形成

西欧大约从7世纪结束了人口下降的趋势,进入了人口和经济活动同步增长的阶段。但在人口进一步增长,原居住地附近的荒地已经被完全开垦以后,开垦更边远地区的原始森林、沼泽、荒地也开始具有经济价值。于

---

① 〔法〕马克·布洛赫:《法国农村史》,第93页。
② 〔美〕道格拉斯·诺思、罗伯斯·托马斯:《西方世界的兴起》,第42页。

是,11—13世纪西欧进入了一个"大拓荒"时期。正是向原先的无人居住区的拓荒和移民,使商品经济、远距离贸易得以恢复和发展。

当时,领主和农民都积极参加了这个向原先无人居住的地区移民、开荒的进程。"这是一种欧洲规模的现象","人们对大面积的处女地进行拓垦"。"领主对此是有兴趣的,因为他们可以从新的采地或扩大采地中抽取新的租金收入。"①对于参与拓荒的农民来说,也可以得到不少好处。为了获得开垦森林和荒野的劳动力,贵族及他们的代理人或承租人,不得不将农民从奴役地位中解放出来,他们"为了主要的事业,一般不得不许诺特别豁免封建义务以招募人员"。② 宗教界人士为了传播宗教信仰和获得更多的财富,也积极参与了拓荒活动。

人口增长推动的大拓荒使庄园之间的旷地、边远地区的荒野,逐渐都成了人们的定居地。这样的变化:一是消除了人们在不同地区流动的风险。随着拓荒运动的开展,"越来越多的地区已置于领主及其臣属的保护之下。诚然,在他们之间争夺仍有发生,不过渐渐地冲突毕竟减少了,终于结束了混乱无序的状态"③。二是不同地方的自然地理环境不同、产出的物品不同,相互交换的愿望和行为推动了商业的发展,以及城市的建立。以自然资源的差异为基础,"人口密度高的地区可以更有效地生产劳动密集产品,用来交换人口密度小的地区的土地密集产品"。④

由于商品经济的发展、繁荣,货币成为越来越普遍使用的交易媒介,领主们越来越愿意农奴将过去需要交付给他们的实物以及提供的劳役换成货币。不仅如此,"他们也往往租出他们的一部分领地以期得到一份固定的租金"。⑤ 因此,在王公贵族的城堡附近、在人口密度较高的地区,商品的交换通常也会更加活跃。于是,这类地方就可能逐渐发展成工商业城市。由于经济利益的吸引,也由于农奴与领主的关系已经发生的变化,有些本来没有迁徙自由的农奴开始设法离开原来的庄园,进入城市。

在西欧封建制度中发展起来的工商业城市,既脱胎于封建制度,又与其有着本质上的不同。一方面,正是由于封建的政治体制下最高权力的分散化,才使地方领主有机会创立或保护工商业城市。他们的目的既是为了便于自己满足需要,更是为了垄断地方市场,以及通过将长途贸易集中在他们

---

① 〔法〕马克·布洛赫:《法国农村史》,第29页。
② 〔英〕佩里·安德森:《从古代到封建主义的过渡》,第199页。
③ 〔美〕道格拉斯·诺思、罗伯斯·托马斯:《西方世界的兴起》,第17页。
④ 同上书,第51页。
⑤ 同上书,第53页。

庇护之下,以从中捞取利润。但是,另一方面,一旦在经济上稳固和发展了,城市里的工商业者就会通过向所在地的领主交纳一定量的税金获得城市的自治权。"市镇制定了各自的法律,并逐渐设立了各自的商事法庭。"①在这个过程中,城市形成了完全不同于封建制度的社会制度。

对于新兴的工商业城市与封建体制的根本区别,安德森给出了清楚的解释。他认为工商业城市的自治"所采取的最成熟形式是公社(commune),这个制度提醒人们,即使在它们的封建统一体内,市镇和乡村之间的不同也是不可能减少的"。"因为公社是建立在平等者之间相互忠诚的一个誓约上的联盟,即'同盟者'(conjuratio)。这种誓约在中世纪世界是一种反常事物,因为,虽然封建的封臣封君制度强调相互性的特点,但它们是上等人和下等人之间的一种明确的等级制缔结的义务束缚关系。它们的不平等性要比相互性更为明确。而城市'同盟'建立的公社盟约,是最接近于实际历史上大约相似于正式的'社会契约'的事物之一,完全体现了一个新的原则——一个平等者的社会。"正是"政治上自治","这一点将西欧与同一时代的东方国家及其大得多的都市集中地从根本上区分开来"。②

与此同时,由于商品经济的发展,也使封建领主之间的关系发生了变化。这主要是因为远距离贸易的发展使保护问题超出了地方领主的能力范围。"保护的所在地日渐从单个人和庄园转移到地区法院和男爵,乃至较大地区的国王。这样对远距离贸易商品的私有权的保护便对较大政治组织的发展起了有力的推动作用。"③当然,这也与能够用货币给付代替兵役有关。以前需要服兵役的人,现在交一笔钱就可以了。领主则能够用货币建立一支常备军,而且"他们有多大负担能力,便可以维持多大规模的军队"。④ 结果,领主和农奴之间的相互依赖性降低了。农奴获得了更多的自由,逐渐变成了定期交纳租金的佃农。而有能力雇佣一支常备军,提供更大范围保护的领主,则通过谈判或征服,建立了更大范围的管辖、统治。最终,逐渐导致了民族国家的形成。

经过了11至13世纪的扩张,西欧在14、15世纪中叶又由于多种因素的综合作用,出现了严重的衰退。但是,"市场仍一直是中世纪后期组织经济活动的一个重要手段"。"十三世纪时已经广泛发展了的国际贸易仍然存在。""工业区一直出口制造业产品",并以其工业品换取德国、法国等地的

---

① 〔美〕道格拉斯·C.诺思:《经济史上的结构和变革》,第151页。
② 〔英〕佩里·安德森:《从古代到封建主义的过渡》,第203、204页。
③ 〔美〕道格拉斯·诺思、罗伯斯·托马斯:《西方世界的兴起》,第83页。
④ 同上书,第55页。

谷物。"整个北欧,织品、羊毛、酒、粮食、木材、铁和铜的贸易一直在地区间进行。""同样,北欧和南欧之间的贸易几乎跟十三世纪时一样。"① 也就是说,虽然14、15世纪中叶,西欧发生了严重的社会、经济问题,但已经形成的市场经济框架仍然存在,并继续发挥着组织经济活动的作用。亦即,从制度安排方面,整个社会并没有发生实质性的倒退。

不仅如此,在延续了多年的混乱中,影响市场机制的一些结构性因素也增强了。其中之一是,由于社会混乱,"增强了独立团体依靠政府强权组织经济活动的刺激"。"试图借助于政府而不是寻求提高生产率的途径垄断贸易和制造业相对说来更有利可图。在这期间民间团体日益与政府联合起来,创建有利于他们的收入再分配制度。"② 这种趋势的发展必然降低经济效率。但是,这一趋势却也有利于民族国家的形成。因为商业团体总是要选择更强、能在更大范围为之提供帮助的政府。这样的政府由于与商人联盟,经济实力得到增强,也就更有机会战胜其他地方领主,成为更大范围领土和居民的政府。因此,在14、15世纪,"出现了同城市国家相竞争并最终使之黯然失色的民族国家。在这个过程中,众多的封建男爵、地方公国和小王国——这些都是中古盛世的标志——被合并为英国、法国、西班牙和尼德兰"③。

在14、15世纪发展起来的另一个影响市场机制的结构性因素是行会势力的增强。"行会是依照职业类型而专业化的手艺工人的一种组织。它是通过对内实行劳动章程,对外实行垄断这两项任务而发挥作用的。"④ 不过,西欧中世纪的行会不同于拜占庭及君主专制时代的中国这类传统帝国的行会。传统帝国的行会是政府为了控制工商业而建立的,中世纪西欧的行会是同一行业的从业者自己建立的自由行会,其目的是为了保护行会会员的利益。即使行会与政府合作,也是为了其会员的利益。但行会通常都是地方性的,在12世纪最后几十年中已经普遍出现。但在14、15世纪,它的垄断性显著增强。由于人口减少、市场萎缩,地方性的行会为了保护当地从业者的利益,往往采取非市场化的手段排斥外地竞争者,包括借助政府的力量垄断市场。垄断必然导致产品价格上涨、质量下降。15世纪以后,由于人口增加、消费者对行会进行的斗争、商人对行会的抵抗、行会会员之间的分

---

① 〔美〕道格拉斯·诺思、罗伯斯·托马斯:《西方世界的兴起》,第96、100页。
② 同上书,第101页。
③ 同上书,第102页。
④ 〔德〕马克斯·韦伯:《经济通史》,第86页。

化、行会之间的争斗等,最终行会瓦解了。① 市场中的自由竞争推动了广泛的技术变革,更有效地利用新技术、新设备的工厂制出现了。

三、私有产权的确立与自由的无产者的形成

这里所谓的"私有产权的确立",主要指的是对土地的私人专有观念和制度的形成。因为自从人类进入农业社会以后,就自然地形成了个人或家庭对生活资料和简单的生产工具,以及牲畜的个人私有、专有权。当生产力进一步发展,人的一些劳动产品开始成为生产工具、成为形成最终产品的原材料时,它们的私人专有性,直至以公有制为基础的社会主义制度建立之前,都没有发生实质性的变化。

在农业社会,土地和劳动力是最主要的生产要素。由于西欧的封建制是在战乱中由罗马人的制度和日耳曼人的制度逐渐合流而形成的,它既继承了罗马的法律,又包含着日耳曼人原有的和根据实际情况发展了的习俗、惯例。日耳曼人在进入罗马帝国之时基本还没有完全脱离原始部落社会,在产权观念和制度方面,还处于专一的共同体所有和个人拥有部分权利的混杂状态。在这样的基础上形成的封建制度,一方面对土地形成了以国王为代表的专一的共同体产权意识,另一方面国王与不同等级的贵族又具有了对土地享有某些特殊权利的观念,并依靠自己掌控的武力和政治权力建立了相应的规则。结果,就形成了上至国王下至耕种土地的农民、农奴都对同一块土地拥有某些权利的状况。同时,封建领主又对农民拥有很大的控制权。

后来,人口增长、商品经济发展,以及经常发生的战争再次推动了西欧社会结构的变迁,在社会结构发生变化的过程中,罗马法"在近代欧洲产权结构的形成中再度发挥了作用"。② 其中,财产所有权的明确是很重要的一点。而在明确财产权方面,对土地的私人专有观念和制度的形成又是最主要的。同时,在这个过程中,很多劳动者失去了对土地的使用权,因此,成了自由的无产者。因为劳动力这种生产要素的不自由,就是对土地的使用权使他们不得不依附于封建领主。

私人财产权的明确,特别是在确立土地的私人专有产权的过程中,大量土地集中到以经济利益为取向的少数人手中,同时其他人成了自由的无产者,导致更有效率的生产工具、经济活动方式得以产生和推广,为工业革命

---

① 参见〔德〕马克斯·韦伯:《经济通史》,第 94—97 页。
② 〔美〕道格拉斯·C. 诺思:《经济史上的结构和变革》,第 141 页。

的发生和工厂制度的形成提供了重要的基础。

在中世纪的西欧,直至10世纪,由于"土地充足,因而不值得花费代价去发明土地利用的专有权"。①"调整领主与其'臣仆'关系只凭庄园的惯例。"②由于对惯例的解释、实际执行、改变等,很大程度上取决于有关各方之间的实力对比,所以在不同的社会经济条件下,农民对土地的耕种权是不同的。

另外,由于西欧的气候环境既适合生产谷物,也适合牲畜饲养,几乎每个农民在耕种土地的同时,都会饲养一些牲畜。农民有权耕种的土地相互毗连,并不圈围。农民在耕种自己的土地时,不仅在耕种、收割、轮作等方面都要遵循集体的要求,而且,由于"强大的社会聚集力和土地集体所有的社会意识",③收割后的耕地和休闲的耕地,以及没有耕种的沼泽、荒地、林地等,能够转为牧场的,就要作为公共牧场,不能作为牧场的也被视为公地。④根据这样的观念和相应的习惯,每个村民都拥有在荒地、林地和休闲的耕地上放牧牲畜的权利,也有从森林中获取动植物资源的权利。

后来,随着人口增多、商品经济发展以及技术水平提高使土地价值增加,人们的产权观念和产权制度开始发生变化。一些利益相关者开始采用"各种尝试来规定专一产权和转让的可能性"。⑤虽然封建法律在最初"不承认土地所有权的概念",但是"土地实际价值的上升通过各社会集团的竞争为建立、重建和确定对土地的所有权提供了刺激"。⑥而土地私有制、自由的劳动力、可进行商品交换的市场,又是经济发展、生产技术革新的必要条件。

在欧洲的历史上,这些条件首先是在后来成为荷兰共和国的尼德兰等地形成的。在大西洋沿岸贸易发展的过程中,由于地理位置适中,自中古时期这个地区就是西欧天然的货物集散地。加之该地区的统治者相对积极地推动了有竞争的商品市场的发展、保护了有专业技艺的手工业者,使得荷兰成为西欧第一个重要的制造业,尤其是纺织业中心,成为新式农业发明的先驱。⑦

在英国,土地私有制、劳动力的自由流动也发展得比较早。在英国确定

---

① 〔美〕道格拉斯·诺思、罗伯斯·托马斯:《西方世界的兴起》,第29页。
② 〔法〕马克·布洛赫:《法国农村史》,第85页。
③ 同上书,第60页。
④ 同上书,第62页。
⑤ 〔美〕道格拉斯·C.诺思:《经济史上的结构和变革》,第151页。
⑥ 〔美〕道格拉斯·诺思、罗伯斯·托马斯:《西方世界的兴起》,第81页。
⑦ 同上书,第165—167、177—180页。

土地的私人专有权的过程中,首先受到关注的是对公共牧地使用权的限制。在 13 世纪的英格兰,"是限制进入的庄园条例以习俗的形式体现出来"。"一个家庭在公有地上放牧的牲畜的数量受到限制,这类限制性安排已变成了习俗惯例。"后来,则是"一个粗具轮廓的土地法发展起了"。① 1235 年和 1285 年的两项法令,"允许只要为承租人留有足够的土地,庄园领主便可以把荒地圈围起来。这样领主们便获得了对大片以前属于所有居民的庄园土地的专有权"②。这与羊毛出口带来的经济利益有直接关系。

另外,英国与其他封建社会相比,对私有权的界定方面还有一个突出的进展,即在 13 世纪英国王室法庭获得了对自由民的裁判权。"由于庄园主丧失了对自由民的裁判权,他们也就失去了对其土地财产的控制。"尽管那时英国的自由民比例还很小,但自由民拥有的土地逐渐变成可以自由转让的了。"这样,私有权定义中重要的一条——享有权和转让权——在英国的法律中便被确定下来。虽然它只适用于一小部分英国土地,但极其重要的是有了先例。"③在 14 世纪西欧再次进入人口显著减少、劳动力严重稀缺的时期,在英国,农奴以前的劳动义务和固定地租合而为一,成为固定的货币地租,农奴变成了能够长期租种耕地的佃农,获得了对土地的终身用益权。由于人口增长缓慢,农民又以承租人而非农奴的身份获得了继承权。进一步发展的结果则是庄园经济的死亡:劳役不可逆转地由货币地租代替了;土地由自由承租人租种,或者由领取货币工资的雇工耕种。④

这种在当时有利于农民的方式,却也为后来剥夺农民对土地的权利提供了条件。因为虽然农民获得了土地的终身用益权,但不是所有权。只要有需要,所有者还是能够从农民手里拿走耕地的。在西欧,尤其是在英国,剥夺农民土地的典型方式就是圈地。通过对土地进行圈围,领主加强了自己对土地的专有权,同时彻底剥夺了小农对土地的起码权利。

按照《剑桥欧洲经济史》作者的看法,圈地运动这个概念包含多重含义:(1)将以往分散于各处的耕地合并在一起,变成一个紧凑的大块耕地。这些耕地通过篱笆、栅栏和大门被包围起来。(2)由耕地转为牧场。(3)大的土地所有者将若干农场合并起来以扩大耕地面积,土地上的农舍也随之被拆除。(4)大的土地所有者限制或完全否认其他农民的权利而独占公共土地。这四个方面的活动都会使公共土地制度部分或全部瓦解,同时也会使单个

---

① 〔美〕道格拉斯·C. 诺思:《经济史上的结构和变革》,第 151—152、152 页。
② 〔美〕道格拉斯·诺思、罗伯斯·托马斯:《西方世界的兴起》,第 81 页。
③ 同上书,第 80—82 页。
④ 同上书,第 101、102 页。

农民开始摆脱村社共同体的束缚。① 实际上,其中最本质的意义就是通过圈围界定了对土地的私人专有权。"大土地所有者"就是在这个过程中形成的,是通过圈地明确了他们对土地的专有权。与此同时,农民对土地的权利被剥夺了,原先必须接受的义务(束缚)自然也取消了。

由于明确了土地的专有权,获得了土地专有权的人一般来说也会更积极地采用能够增加收益的技术。圈地运动"消除了地权中的许多公有制成分并提高了耕作者利用更有效的技术的收益"。② 因此,在人口再次迅速增加的情况下,英国的大土地所有者积极地参与并推进了已经在荷兰发生的农业革命。"在这样一个国家,'新农业'找到了适宜的土壤;它在那儿迅速发展并得到极大的完善。"③人工培植草场、种植饲料作物、对耕地进行人工除草和施肥、通过选育良种改进畜牧业、对植物与牲畜进行病虫害防治、改良农具等等,一系列农业"技术革命"显著提高了农牧业的生产率。

当然,与此同时那些被剥夺了原先对土地所拥有的某些权利的人,则很有可能陷入生存无着的境地。英国的农业革命、工业革命,就是在剥夺了大多数人对土地的起码权利的基础上发展起来的。这样的剥夺,使被剥夺者"完全可以按照自己的意志行事";一般情况下,"他们会被吸引到工资相对较高的部门"。④ 然而,如果没有或者没有发现可以挣得工资的机会,自由的大多数人就会陷入生存无着的境地。

圈地运动不仅发生在英国,也同样发生在法国、德国等地。近代以来,在人口与当时的人们能够利用的资源基础的消长循环中,由于市民阶级力量的上升、新航路的发现、与欧洲以外地区贸易的扩展、宗教改革、启蒙运动传递的重视科学和个人权益的观念、各种类型的战争、君主专制制度的形成,以及后来发生的"光荣革命"或更为惨烈的"大革命"等,西欧各国的土地在王室、贵族、教会、农民、市民之间的分配状况都发生了实质性变化。不过,在不同地方土地制度的变革方式和结果并不完全相同。

在欧洲,由于在不同的国家,王室、领主、农民的力量对比有各自的特点,以及自然地理环境的不同,近代以来的土地集中和私人专有权的明确过程也不完全相同。按照韦伯的看法,在有些地方,"通过对农民的剥夺,于是

---

① 参见〔英〕M. M. 波斯坦、D. C. 科尔曼、彼得·马赛厄斯主编:《剑桥欧洲经济史》第五卷,第 106—107 页。
② 〔美〕道格拉斯·诺思、罗伯斯·托马斯:《西方世界的兴起》,第 187 页。
③ 〔法〕马克·布洛赫:《法国农村史》,第 240 页。
④ 〔英〕M. M. 波斯坦、D. C. 科尔曼、彼得·马赛厄斯主编:《剑桥欧洲经济史》第五卷,第 108 页。

农民变成了自由但无土地的人,正如在英格兰、梅克伦堡、希泽尔-波美拉尼亚和西里西亚的一部分地区那样"。在另一些地方,"通过对大领主的剥夺,领主失去了土地,而农民变得既自由而又有土地。这种情况发生于法国、德国西南部以及地主以租佃办法利用土地的每一个地方"。还有些地方,是通过前述两种方法的结合,农民变得既自由而又有一部分土地。①

但实际上,在小农得到了部分土地和自由的地方,也只是延缓了作为农民的劳动者失去对小块土地权利的进程。就韦伯概括的两种典型情况而言,前一种主要是通过超经济的强制直接剥夺了小农,而在后一种情况下,小农之所以最终又失去了对小块土地的权利,似乎更主要的是由于市场机制的作用,但结果都是土地主要集中到了少数人手里。

第三节　工厂制的双重性

工厂制度的双重性在于:一方面它为人类更充分地利用各种自然资源,为生产力的发展提供了一种非常有效的组织方式;另一方面这种生产活动的组织方式使个人不能直接拥有相关的劳动条件,因而很容易导致否定了大多数人对自然资源的平等权利。结果会造成自然资源和人类利用自然资源能力的极大浪费,以及自然环境的破坏。当然,如果许多失去自然资源起码权利的人陷入生存困境,社会的持续存在本身也会成为问题。更重要的是,工厂制虽然"很容易导致否定了大多数人对自然资源的平等权利",但是,并不是没有解决之道。关键还是,每个人对自然资源的平等权利是否得到承认,个人是否努力争取自己的这一重要权利。

一、对矿产资源私有权的形成

韦伯认为"所谓工业,就是改变原料"。按照这个定义,"自然物产的生产和矿业并不包括在这个概念以内"。② 但实际上,他又是把矿业和工业结合在一起加以讨论的。对此,似乎不难理解。因为工业所改变的原料就是"自然物产"和矿业产品。所谓工业革命就是所改变的原料和改变原料的方式发生了巨大的变化:改变的原料涉及远较之前广泛得多的自然物产和矿产,尤其以各种各样的矿产为改变对象;改变原料的方式不仅能够使原料发生更加精细、深入的物理变化,而且能够使原料经由化学变化具有较之过去

---

① 〔德〕马克斯·韦伯:《经济通史》,第59页。
② 同上书,第73页。

远为丰富的用途。特别是改变原料所利用的工具、动力也是通过对自然物产和矿产的改变制造出来的，从而在专业分工的基础上，将人的体力从改变原料的过程中极大地解放出来。结果，改变原料的过程因专业化、机械化、自动化，变得迅速、复杂、多样且规则、准确、精细。另外，在改变原料的技术方式发生变化的过程中，改变原料的人的活动组织方式也发生了变化，正是在有关变化的基础上，才出现了工业化社会生产活动所独有的组织方式——有固定资本、雇佣自由劳动者、实现严格的会计核算制度的工厂。

既然工业革命的特征之一是，改变的原料涉及远较之前广泛得多的自然物产和矿产，尤其以各种各样的矿产为改变对象，这就涉及本来不属于任何人的各种矿藏的归属权问题。而历史事实基本上是，近代以来，延续着已经形成的财产所有权观念和制度，在政治权力和越来越强大的经济实力的作用下，人类认识到并能够加以利用的矿藏资源大多数都成了少数人的财产。每个人对矿藏资源的平等权利基本上被否定了。

韦伯对现代资本主义发展以前的矿业的分析表明，对矿藏的权利，与对土地的权利的形成过程有些类似，但是，与对土地的权利相比，形成私人所有的过程更迅速。首先，他认为矿业最初只是一种地面上的作业。显然，这是符合历史事实的。因为，地面下的开采既需要冒很大的风险，也需要更高的技术水平和更多的投入。因此，人类对许多矿藏资源的认识和利用能力是在近代才发展起来的。

无论是地上还是地下开采，韦伯指出，采矿业方面产生出来的第一个法律问题，就是对于谁有权在一定的地点进行开采。在没有确切证据的时代，韦伯认为可能有两种情况：第一种是，"由马尔克组合来处理这项权利"；第二种是，"这种额外发现物的权利，和部落的一般事务不同，可能属于部落长"。① 前一种情况基本属于专一的共同体所有，在人类活动范围比较狭小的时代，基本上属于保证了每个人对自然资源的平等权利。后一种情况，就是随着共同体首领权力的增大，形成了由共同体首领代表共同体行使和享有权利，普通成员的权利已经受到了一定程度剥夺。这与人类刚进入农业社会时对土地的所有权情况基本一样。在那样的时代人们能够开采的矿藏，即使不完全是地面上的，地下开采的难度也不会太大。

当人类能够开采深埋地下的矿藏、利用更多种类的矿藏、大规模开采矿藏资源时，人类社会已经形成了对土地等自然资源的私有观念和制度。所以，对矿藏的私人所有权，相对于土地而言，很快就形成了。并不像每个人

---

① 〔德〕马克斯·韦伯：《经济通史》，第112页。

对土地的权利那样,在极大不平等的前提下,人类社会还经历了一个绝大多数人获得了起码权利的阶段。所以,在没有严重的自然灾害、战乱的情况下,"农民好歹能糊口活命,这也是普遍的事实"。当然,"一般要靠种种额外工作"。① 而每个人对矿藏资源的权利,在近代以来人类能够认识并加以利用的能力迅速提高的过程中,大多数人的权利几乎从一开始就被否定了。

所以,韦伯认为,"在不单纯是凭揣测的年代里,法律地位不外有两种可能性。不是把采石场的开采权视为土地的一部分,也就是说,地面的所有人即地下蕴藏物的所有人(虽然这只是就领主对土地的权利而不是就农民对土地的权利而言),就是把一切蕴藏视为'王权'——由政治统治者,也就是司法领主、王室封臣或国王本人予以处理,甚至土地持有者本人没有取得政治当局的让与权也不得进行开采。"②前一种情况通常出现在土地的私人专有权已经确立,而且土地所有者比较强大的社会环境中。后一种情况,一般是政治统治者相对强大,因此能够将土地与地下矿藏分开。韦伯这里说的政治统治者,主要指的是比较大的封建领主、国王。他们依靠对政治权力的掌控,既剥夺了普通民众对矿藏类自然资源的权利,也剥夺了一般土地所有者对矿藏类自然资源的权利。

除了韦伯所说的两种情况,在比较早地实现了中央集权制的国家,对矿藏的权利还有另一种情况,即由政治统治者代表国家掌握所有权。例如,在印度的孔雀王朝时代,帝国的统治者"控制了矿山、森林、珍珠采集业,甚至控制了制盐用的平底锅";中国在商代青铜制造业就已经很发达了,但那时的青铜,主要是被统治者垄断起来,用于"制造各种兵器、礼器和用具";在秦始皇统一中国后,很快就实行了盐、铁专营。另外,政治统治者通常是要"占有和铸造货币有关的贵金属的利益"。③ 所以,他们往往会控制对金、银的开采。在中国以铜铸造货币时,统治者也控制了对铜的开采、冶炼。从每个人对自然资源的平等权利方面考虑,由代表国家的政治统治者控制矿藏的开采权,比完全由私人占有,相对合理一些。但是,在统治者利用对公共权力的控制大肆为自己谋取利益的情况下,统治者的控制与私人控制也没有实质性的区别。而且,统治者借助政治权力进行的控制,在生产技术的采用和经营管理方面都会存在严重影响效率的问题。

在西欧,随着商品经济的发展,对土地私有权的确立,最终对矿藏类自

---

① 〔法〕费尔南·布罗代尔:《15至18世纪的物质文明、经济和资本主义》第二卷,第262页。
② 〔德〕马克斯·韦伯:《经济通史》,第112页。
③ 同上书,第113页。

然资源的权利基本上也集中到了少数人手中。不过,在现代民族国家形成过程中,有些地方也出现过矿藏资源由国家控制的情况。近代以来,在西欧,在大封建领主掌握矿藏开采权的地方,经常会发生"国王和封建土地持有人之间对矿山所进行的斗争"。① 韦伯对一些国家采矿权变动情况的描述,表明了矿藏资源是如何变成国家所有或最终变成少数私人所有的。② 对于德国的矿业发展情况,韦伯和布罗代尔给出了相对详细的阐述,使我们能够更清楚地了解对矿藏资源的权利是怎样集中到少数人手中的。③

二、工业革命的发生

在西欧,正是对多种自然资源的私人所有权制度的确立、个人的基本自由权利得到保障,为工业革命奠定了必要的制度基础。诺思认为,"工业革命是创新率的一种加速,其起源可以追溯到传统年代(1750—1830 年)以前",规定得更完备的产权改善了要素市场和产品市场。"由此而来的市场规模扩大,又引起更大的专业化和分工,从而增加了交易费用。为了降低交易费用而设计了组织变革,结果不仅大大降低了创新成本,而且,同时扩大的市场规模和对发明的规定完善的产权还提高了创新的收益率。"按照他的看法,工业革命既是"一系列往事的渐进性的积累",而且也算不上真正的革命。"真正的革命是在 19 世纪后半期发生的,时间要晚得多。"真正的革命是,以科学理论和科学实验为基础的,"技术的巨大发展依赖于科学的革命"。④

但是,从劳动者与生产条件的关系方面看,却是工业革命最终彻底地使大多数劳动者失去了对自然资源的任何权利。当然,诺思所概括的工业革命能够发生的那些必要条件——完备的产权制度、要素市场和产品市场的扩大、生产活动中专业化程度的提高等,确实都是以过去几百年积累的社会、经济、政治制度变革和生产技术的改进为基础的。而且,许多因素往往是相互作用、相互增强的。例如,市场扩大,既与私人产权制度的确立有关,也与工业活动组织方式变化、生产技术发展有关。

在市场扩大、经济发展的过程中,公共权力掌控者,或者说已经形成的民族国家,是否能够保护私人财产权、维护市场中的自由竞争,也是经济能

---

① 〔德〕马克斯·韦伯:《经济通史》,第 114 页。
② 同上书,第 114、115 页。
③ 同上书,第 115、116 页。〔法〕费尔南·布罗代尔:《15 至 18 世纪的物质文明、经济和资本主义》第二卷,第 393—430 页。
④ 〔美〕道格拉斯·C. 诺思:《经济史上的结构和变革》,第 181、184 页。

否进一步发展的一个重要影响因素。近代以来,"每个新兴的民族国家都极欲得到更多的岁入。达到这一目的采用的方法对国家的经济是至关重要的,因为在每种情况下都含有对产权的改变。"而每个国家采用怎样的方法,"政府和它的国民在扩大国家的税收权方面的相互作用特别重要"。① 诺思通过对比荷兰、英国的成功与西班牙、法国的失败,证明了国家渐进发展的影响。②

从总体上说,诺思对工业革命得以发生的必要条件给出了比较系统的概括。但是,与他对平等缺乏必要的关注有关,他对多数农民的贫困与工业革命的关系也缺乏必要的关注。实际上,在以圈地或其他形式推进土地私人所有权制度的过程中,导致很多获得了自由的劳动者陷入严重的贫困,也是工业革命得以发生的重要条件。奥菲指出,"农村土地制和农民生活形式的破坏",周期性的经济危机、节约劳动力的生产技术不断革新,以及"与其他因素结合在一起,或多或少地破坏了迄今为止劳动力使用的主流情况"。"被这些因素影响的个体发现,他们已无法再凭个人或集体之力来控制其劳动力使用的条件,劳动的能力已不再是维持自身生存的基础。"③

而且,奥菲还指出,这种变化属于社会成员大规模"消极地"无产阶级化,这并不等于被剥夺了劳动手段或生存资料的个体,就一定"要把自己的劳动力放到劳动力市场上去出卖,自发地进行'积极'无产阶级化"。实际上,劳动力大规模地转变为无产阶级绝不是一种自然的结果。要将"消极"的无产阶级转变为"积极"的无产阶级,需要社会结构、社会制度多方面的改革。需要通过"国家机器中的'意识形态'部分和'压制性'部分",解决"把劳动力纳入劳动市场供应方的问题";需要国家建立起"组织和支持劳动力市场外生存形式","把不能'纳入'雇佣劳动关系的风险和生活领域进行制度化";需要国家解决"对劳动市场的供求关系进行数量控制的问题"。④ 诺思也同样提到了在工业化过程中,"有效的思想约束"和"坚持不懈地发展新社会的伦理准则"的重要性。⑤

诺思对工业革命的解释似乎过于看重降低交易费用这个动力因素,轻视了生产工具和技术革新作为一种相对独立的因素发挥的作用。或者说,

---

① 〔美〕道格拉斯·C.诺思:《经济史上的结构和变革》,第169页。
② 同上书,第169—177页。
③ 〔德〕克劳斯·奥菲:《福利国家的矛盾》,郭忠华等译,长春:吉林人民出版社2006年版,第100页。
④ 同上书,第102、103、107页。
⑤ 〔美〕道格拉斯·C.诺思:《经济史上的结构和变革》,第192页。

轻视了在必要的社会经济制度环境下，市场扩大——生产工具和技术革新——生产组织形式改变——生产率提高——利润增加，这样一种连带作用过程。他说，"在许多文献中，对工业革命的强调走的是错误的路线——即从技术变革到工厂制度，而不是从中央工场经由监督、扩大专业化、改善对投入贡献的衡量再到技术变革。"其实这两种看法都有所偏颇。他接下来的说法可能是更合乎实际的。"交易费用和技术当然纠结在一起不可分开：专业化扩大引起了组织创新，组织创新导致了技术变革，技术变革反过来需要进一步的组织创新来实现新技术的潜力。"①然而，在工业生产领域，无论是组织创新还是技术变革，都不是仅仅靠人包括智力和体力在内的能力就能够实现的，通常都需要一定量的资本。

经济史学家对工业革命发生过程的具体阐述，更清楚地表明在工业生产活动方式从家庭副业变成现代化的工厂制的几百年中，经济活动的组织方式和技术方面的变化是与社会制度、社会结构的变迁相互交织在一起的。

三、生产活动组织方式的变化与工厂制的形成

人类进入农业社会以后，工业可能是作为家庭副业，产品直接为自己使用；或作为一个共同体的辅助性生产活动，由专门的手艺人从事，产品供本共同体的人使用。在这两种形式中，工业活动都是以拥有某种特殊手艺的个体劳动者为基本单位，工业活动基本上是辅助性的。另外，在主要靠个人技能从事工业活动的时代，领主、王公贵族、国王、君主为满足自己生活或军事方面的各种需要，也可能让一些具有特殊技能的人专门为自己制造工业产品。

对于由掌握共同体公共权力的人组织某些手艺人专门从事某些工业生产活动的方式，韦伯称之为"对于手艺工人的庄园式的利用"。这种利用可能采取两种形式：一种是手艺人仍然是个体劳动者，以自己的特殊技艺为庄园主提供各种可能的工业产品，以满足主人的多种需要。这种情况"在印度和中国名门巨族的家庭中以及在中世纪的世俗领主和寺院的庄园中"，都能够看到。另一种是将他们集中在领主、王公贵族、国王、君主的作坊中，从事某种生产活动。② 中国的青铜制品、瓷器、丝织品等很多艺术品、奢侈品，也是在这样的作坊中生产出来的。被集中在作坊中的手艺工人，主要是奴隶，即使没有被认定为奴隶，其处境基本与奴隶也差不多，通常都缺乏必要的人

---

① 〔美〕道格拉斯·C. 诺思：《经济史上的结构和变革》，第 188、192 页。
② 〔德〕马克斯·韦伯：《经济通史》，第 79 页。

身自由。"奴隶保有制的特点使这样一个机构不可能发展为一个现代工厂。"①而且,这种形式的存在也表明,在工业活动还只是社会生产中很小的一个部分时,在人类能够认识和利用的矿藏资源还很少时,对矿藏资源的权利就被少数人控制了。

在手艺人能够是个体劳动者的情况下,当交换经济有一定程度的发展时,这些个体劳动者就有可能为自己积累一些进行生产必需的资本。如果这个手艺人拥有了人身自由,他们就可能成为一个自由手艺人、自由的手工业劳动者。在中世纪,自由手艺人为了自我保护依照职业类型组成了行会。当市场进一步发展,行业之间和行业内部形成分化,家庭手工业逐渐扩展开来时,特别是由于农村土地制度的变化、农业生产方式的革新等,使家庭手工业在农村扩展开来时,原先的手工业行会又逐渐瓦解了。

至此,改变原料的工业活动,主要是在组织形式方面有不同的情形,改变原料的技术手段并没有显著的变化。而后来,在种种必要的社会环境条件下,则是生产组织方式和生产技术两个方面变化的相互作用导致了工业革命的发生。布罗代尔引述了布尔让对 15 至 18 世纪的工业活动的分类。后者将这个时期的工业活动方式分成四种类型:"形同星云的家庭小作坊";"位置分散、但互有联系的工场";"集中的制造厂";"拥有机器设备以及用水和蒸汽为动力的制造厂"。这四个类型,"大致按出现的先后顺序排列"。② 显然,布尔让分类中的第一类,是在更早期,在古代社会就存在的家庭副业、个体工匠的基础上发展起来的。但是,早期的家庭副业、个体工匠能够发展成为众多的小作坊,也是与人口增加、市场扩大、私有产权的确立等有直接关系的。

在家庭手工业和商品经济发展的过程中,往往会出现某些手艺人、工匠不得不依靠中间商的情况。一是由于市场的波动,在市场萧条时,工匠的产品没有销路,他就没有收入,当市场好转时,"他往往不得不从他的经纪商那里借入原材料以重新开始生产"。"一旦负债——他的制成品预先抵押给了他的债权人——工匠很少能够重新获得其独立地位。"二是因为市场的扩大,如果手工业者的原料、产品是与远方市场相联系的,"地方工匠并不了解也无法利用远方市场上的消费者需求"。"只有商人能够对这种需求的衰落和流动及时做出反应,提倡改变最终产品的性质以满足消费者的偏好,在必

---

① 〔德〕马克斯·韦伯:《经济通史》,第 80—81 页。
② 参见〔法〕费尔南·布罗代尔:《15 至 18 世纪的物质文明、经济和资本主义》第二卷,第 311、312、313、316 页。

要时补充更多的劳动力,并且向潜在的工匠提供生产工具和原材料。"①此时,商人已经不仅仅是商人,在一定程度上已经兼有企业家的特征。这就是代理商或"包买商制度"。

布尔让分类中的第二种类型,与劳动分工进一步发展有一定的关联。同时,众多分散的小企业之间的联系仍然是靠"总其事的商人","他们身兼协调、联络、领导等项职责"。之后,便是"劳动力集中在大小不等的厂房内"的手工工场和"集中的制造厂"。②但在韦伯那里,家庭工业的成长分成了五个阶段。按照韦伯的看法,家庭工业的成长经历了以下几个阶段:代理商垄断工人的产品出售;代理商发给工人原料;生产方法控制,"发原料给工人是和发半制成品相结合的";由代理商供应工具,但不是很普遍,这种关系主要局限于纺织工业,"自16世纪起就流行于英国";代理商有时也采取措施,把生产过程的几个阶段合并起来,这也是主要见于纺织业。③

韦伯之所以对于家庭工业发展阶段给出更详细的划分,是因为他更强调代理商供应工具特别重要。而这又是因为他更看重在工业生产活动中固定资本与工人的关系。他认为,家庭工业在世界各地都能见到,只是达到了由代理商供应工具并在不同阶段上具体指导生产这个阶段,"在西方世界以外却不多见"。这就是说,家庭工业发展到这样的阶段,具有了特殊的意义。关于特殊的意义,根据韦伯的阐述,就是工业生产中的固定资本变得重要了,同时固定资本与劳动力分离了。他说,家庭工业发展的前三个阶段的特点是,"固定资本迄今仍无关重要"。在这几个阶段,"资本依然握在独立工人手里,它的组成部分是分散的,而不像现代工厂那样集中,所以没有特殊的重要性"。家庭工业发展到第四个阶段,工人就开始与生产工具"完全分离了"。④

基于对固定资本是否与劳动者分离的特殊意义的看法,对于手工工场和工厂(集中的制造厂),韦伯都称之为工业作坊。这种工业作坊与先前就存在的作坊生产有共同的特点,即"家庭和工业的分离";不同点是以前的生产作坊,或者规模很小,或者劳动者是不自由的,而工业作坊使用的是自由的劳动者。在韦伯看来,不使用机械力的手工工场与工厂之间的区别不是

---

① 〔英〕M. M. 波斯坦、H. J. 哈巴库克主编:《剑桥欧洲经济史》第六卷,王春法主译,北京:经济科学出版社2002年版,第262页。
② 〔法〕费尔南·布罗代尔:《15至18世纪的物质文明、经济和资本主义》第二卷,第312、313页。
③ 〔德〕马克斯·韦伯:《经济通史》,第99、100页。
④ 同上书,第100页。

最重要的。他认为,"固定资本的构成是无足轻重的;它可能是一种花费很大的马力,也可能是水车。决定性的事实是企业主以固定资本进行经营。"①

因此,韦伯认为"必须认定":"工厂并不是从手工业,或者以手工业为牺牲而发展起来的,而是和手工业并存或在手工业以外发展起来的。它掌握了新的生产方式或新产品。"所以,即使在纺织领域,工厂也是在其发展起来以后,才对家庭工业造成冲击的。因此,"在家庭工业制度和工厂之间,固定资本的大小具有决定性的意义。在不需要固定资本的生产领域中,家庭工业就一直维持到今天;而在需要固定资本的生产领域中,工厂就勃兴起来"。"最后,还有待说明的是,现代工厂并不是一开始就靠机器而诞生的,但这两者之间却有相互作用。""作坊内部的专门化和劳动纪律形成了一个增加使用机器的倾向,甚至于形成了一种刺激。"②这最后一点,再一次强调了手工工场与现代工厂的区别不是根本性的。关键在于"现在作坊的业主变成为工人的雇主,变成为市场而生产的一个企业家"。③

另外,韦伯虽然不如奥菲系统,但也认识到了,劳动者并非是自然地走进工厂的。现代工业作坊的业主"把工人集中在作坊内,在现代初期是有一部分强制性的;贫民、无家可归者和犯人被迫进入工厂"。只是"在18世纪中,劳动契约到处都取代了不自由的劳动"。④

对于包买商介入家庭工业,以及从家庭手工业到手工业工场再到现代工厂的变化,诺思是从能够降低控制产品质量的成本角度分析的。所以,他认为商人发放半制成品具有特别重要的意义。诺思的解释有其合理性。但是,他的这个角度却不能解释代理商为什么向家庭工人提供生产工具。代理商向家庭工人提供生产工具,从而导致工人与生产工具的分离,与新的、需要投入更多资金购买的生产工具的出现不无关系。

在商品经济发展、私有产权制度确立的社会环境中,一些人有能力发明或购买他人发明的效率更高的生产工具,成了既包含自然资源又包含更多的人类劳动、用来从事工业生产的固定资本的所有者;而大多数手工业劳动者则由于商人——企业家的垄断或其他方面的强势,只能接受很低的工资,根本无力购买新的生产工具,成了没有任何生产资料的劳动力。当然,这就是诺思所强调的工业革命发生的一个必要条件——私人财产权的确立——

---

① 〔德〕马克斯·韦伯:《经济通史》,第102、103页。
② 同上书,第108、109页。
③ 同上书,第109页。
④ 同上。

在得到国家保护的情况下必然产生的结果。

诺思的问题主要是,他在运用自己提出的分析经济史的新框架时,把更有效的制度主要归结为能够降低成本,特别是降低交易费用的制度。实际上,在工业生产组织形式的改变过程中,既可能是有助于降低交易费用的形式更能够继续存在,也可能是直接提高效率、增加利润的组织形式在竞争中胜出。这两个方面既有相同之处,也并非完全等同。提高效率、增加利润包括生产和交易费用的降低,也包括在生产、交易费用之一或都增加时,仍然采取能够更多地增加收益的方式。其中,使用更有效率的生产工具是很重要的方面。

这就涉及如何看待工业革命过程中改变原料的生产技术与改变原料的组织方式之间关系的问题。一般来说,大家都承认,在种种必要的环境条件下,改变原料的组织方式与技术方式之间也是相互作用的。但是,在此前提下,有人更强调组织方式的改变为技术革新提供了基础,有人则认为是技术革新推动了组织方式的改变。与此相联系的是,如何看待工业生产活动中的固定资本与劳动者分离的问题。在人类社会的发展过程中,从工业活动不需要什么固定资本,到使用大量固定资本的现代工厂,对劳动者有着决定性影响的不是生产的组织方式的改变,也不是生产技术和设备的改变,而是人类能够利用更多自然资源制造生产设备时,它们作为工业活动的固定资本又集中到了少数人手中!

工业革命不仅是以机器代替手工劳动,而且由于机器所需要的能源非常大,因而能够且也需要将更多的劳动者集中在一起从事生产。同时,由于动力强大、生产速度和规模都远远超过家庭工业,因此,这种革命性的变化也要以普遍的、有弹性的需求为条件。因此,使用大型机器的工厂的形成,社会经济环境条件是重要的。在市场扩大、供给和需要增加等条件下,为了增加生产,有能力的企业家必然选择生产效率更高的机器。由于大型机器需要更多的人在一起生产,于是生产组织的方式也发生了变化。

当生活消费品的生产使用机器时,对铁矿、煤矿的需求必然增加。反过来,"越来越多的廉价金属供应确实极大地促进了其他工业部门的机械化,促进了从水运向蒸汽动力的转变,并且,最后还促进了运输手段的变革。在这个过程中,冶金部门的制造单位一直在成长,直到它们在规模大小以及金工能源方面超过了英国最大的棉纺织工厂为止"。[①]

在这样的过程中,生产设备、劳动工具等固定资本集中到企业家手中,

---

① 〔英〕M. M. 波斯坦、H. J. 哈巴库克主编:《剑桥欧洲经济史》第六卷,第 300—301 页。

劳动者成了靠出卖劳动力为生的无产者。在工业主要以家庭手工业为基础时,劳动者使用的早期机器,"都是一些价格不高、不很完善的木制新发明,用很小的一笔钱就可以制造出来"。此时,很多人是可以通过自己的努力工作或生活节俭,想法解决自己的劳动工具问题的。但是,到了金属制造的大型机器被广泛应用时,只有少数以正当或不正当手段积累了大量资本的人才能够置办得起。正是在这样的情况下,既包含着自己的劳动,也包含着他人的劳动,同时包含着一定量自然资源的资本,通过对他人劳动的支配、控制,获得了快速增值的机会。由于劳动生产率的提高以及人类认识和利用了更多的自然资源,经济发展了,普通劳动者的生活水平也有了提高,但从基本事实、简单的公正原则方面说,大多数人更彻底地失去了对自然资源的权利。

在大多数人失去了对自然资源的平等权利、社会难以为继的情况下,迈向工业化的国家开始以贫困救助、政府参与社会保险等方式对公民失去的对自然资源的起码权利进行弥补。然而,这种弥补,在观念上又不是以受助者对自然资源的权利为基础的,而是以社会团结、利他主义、社会权利等,这些人们可以认同,也可以不认同的观念为基础的。结果,既导致了国家福利政策体系的复杂,也导致了对国家是否应该承担向其公民提供个人生活资源责任的激烈争论。

结论　人的两种自然权利

任何人——无论其性别、种族、国籍、宗教信仰、身体状况以及社会经济地位——都拥有一些不可侵犯的权利,这一观念在当今世界是得到普遍承认的。但与此同时,对于人具体拥有哪些权利,又存在很大争议。对人具体拥有哪些权利的争论,一方面是由于实际利益,为了个人或有共同之处的人构成的群体的某些利益而否认人平等地拥有某些权利;另一方面则是由于在理论上没有对人的权利的根据给出充分的、完整的认识。在当今世界,谈论权利的人往往将人的权利视为"不言自明的"。① 实际上,人权观念能够逐渐得到肯定和普及,除了各种社会力量的推动,与最先论证人的权利的自然权利论者对人的权利的自然事实基础的揭示有直接关系。不过,在这样的论证过程中,他们只是比较明确地阐述了人对自身的平等权利的自然事实基础,对人与自然资源关系的论述却存在明显缺陷,以致后来在此基础上发展起来的自由主义理论完全否定了人对自然资源的平等权利。而人对自然资源的平等权利恰恰是人的权利的另一种以自然事实为基础的自然权利。

马克思和恩格斯在《德意志意识形态》中指出,"任何深奥的哲学问题都可以十分简单地归结为某种经验的事实"。② 至少,关于人类社会生活的有关问题是必须以经验事实为根据的。而且,也正是因为能够归结为经验事实,有关的哲学观点才能够走出哲学家的书斋,得到公众的普遍承认。本书所提出的"人的两种自然权利",就是指人对自身的平等权利和人对自然资源的平等权利。因为人的这两种权利的根据都是自然存在的客观事实,从这个角度来说它们是人的两种自然权利。人的这两种以自然事实为根据的权利,又是人的其他权利的基础,是社会基本制度的基础。

---

① 〔英〕理查德·贝拉米:《重新思考自由主义》,王萍等译,南京:江苏人民出版社2008年版,第244页。
② 马克思、恩格斯:《德意志意识形态(节选)》,载于《马克思恩格斯选集》第1卷,北京:人民出版社1995年版,第76页。

一、每个人对自己身体的自然权利

每个人对自身的自然权利之所以能够逐渐得到比较普遍的承认，根本原因就是人的这些权利是以关于人本身的自然事实为基础的。

马克思和恩格斯揭示了关于人的一个基本事实——"人们为了能够'创造历史'，必须能够生活。但是为了生活，首先就需要吃喝住穿以及其他一些东西。"① 但是，关于人还有另外一种基本事实——人作为独立的个体，有自己的感觉、知觉、需要。谁没饭吃谁感觉饿，谁没衣服穿谁挨冻，谁遭受毒打谁感觉疼痛，等等。这些是除了马克思和恩格斯已经揭示的关于人的一个基本事实以外的另一个不可否认的事实。正是这些不可否认的客观自然事实构成了人对自己的身体、生命和基本自由权利的基础；也正是因为有自然事实基础，才使人的这些基本权利逐渐得到了普遍承认。

由于人是独立的个体，有自己独立的感觉、知觉、需要，因此人对自己的身体有着与生俱来的权利，他人不能随意支配、侵犯。人的言论、行动、思想、信仰等方面的自由权利，都是属于或者是以人与生俱来的对自己身体的权利为根据的。至于在司法机构得到公正对待的权利，则是以人对自己身体的自然权利为根据，通过一定的社会行动过程争取到的。

罗尔斯在对"道德人格能力是获得平等正义权利的一个充分条件"的注释中明确指出，"作为公平的正义具有一种自然权利理论的特征"。因此，用"自然权利"称呼"平等正义权利"是恰当的。将"这个为正义所保护的权利"称为自然权利之所以是恰当的，是因为"这些权利仅仅取决于一定的自然特性"，"这些特性和建立在它们之上的权利的存在是独立于社会制度和法律规范的"。"'自然的'这个术语的恰当性就是在于它表明了由正义理论确定的权利和由法律和习惯规定的权利的区别。"同时，他还指出，"自然权利的观念还包括着这种权利一开始就是属于个人的"。② 在这里，他清楚地表明了人平等地拥有某些权利，就因为他是一个人。不是因为他具有与别人缔结社会契约、选择正义原则的道德能力。罗尔斯在这个注释中，比传统的社会契约论者更为清楚、明白地确认了人平等的基本权利的基础就是人的自然特性。

当然，根据本书的观点，道德人格能力就不是获得平等正义权利的一个充分条件，而只是必要条件。因为人平等的基本权利的基础是人的自然特

---

① 马克思、恩格斯：《德意志意识形态（节选）》，载于《马克思恩格斯选集》第 1 卷，第 79 页。
② 〔美〕约翰·罗尔斯：《正义论》，第 508 页。

性和包括人与自然资源之间关系的自然特性。道德人格能力的作用就在于具有道德人格能力的人能够承认这些自然事实。

二、每个人对自然资源的平等权利

自然资源不是任何人创造的,是与人的活动、活动能力无关而自然存在的物质资源。既然不是任何人创造的,因此每个人对自然资源就都拥有平等的权利。大量的考古资料已经证明,在人类社会的历史中,在很长的时间里,人类都是靠采集野生植物或采集与狩猎结合获得生存资料的。此时,人与自然资源的关系,一方面,因为相对于人的认识能力和利用能力而言,自然资源是极其丰富的。人类既不可能,也没有必要形成某些自然资源是"我的"或"我们的"之类的权利意识。另一方面,采集、狩猎、捕鱼的生存方式本身就保障了每个人对自然资源的平等权利。

每个人对自然资源的平等权利被打破,大多数劳动者对自然资源的权利受到剥夺,一方面,就人类社会自身的历史发展而言,有其必然性;另一方面,又确实是人为建立的制度导致的结果。既然是人为建立的制度导致的结果,后来的人就有必要对这种制度是否公平合理提出质疑、进行分析,如果能够证明其是不公正的制度,就应该通过新的人为建立的制度加以改变。

而且,人类社会的历史已经证明,在少数人把多数人等同于驮兽和其他无生命的生产工具、降低为可以被买卖的商品的奴隶社会,由于奴隶既失去了对自己身体的自然权利,也失去了对自然资源的起码权利,这样的社会是不可能长期持续的。最终,这样的社会,或者因为越来越多的人失去对使用自然资源进行劳动的积极性而衰败,或者因为奴隶不堪压迫进行反抗而崩溃。当一个社会的多数劳动者丧失了对自然资源的任何权利,还因此丧失了对自己身体的自然权利,这样的制度就绝对地违反了人类社会存在的自然事实基础。

奴隶社会之后的封建社会和以小农土地所有制为基础的社会通常能够存在更长时间,一个重要原因是大多数劳动者通过对土地的使用,或多或少地拥有了一些使用和享用自然资源的权利。在传统农业社会由于人能够利用的自然资源主要是土地,封建制下的农奴和小农土地所有制下的农民,能够通过对自然资源的使用保持对自然资源的一点享用权。

另外,在传统农业社会,"耕者有其田",甚至是平均占有土地或共同拥有土地的观念还是具有一定影响力的。且不说在中国的历史上曾经较长时间存在的"均田制",就是在欧洲,土地是所有人的共同财产的观念也是比较流行的。在封建制下长期存在的、每个人对其都有使用权的"公地",就是这种观念的体现。马克·布洛赫在《法国农村史》中引用路易十四时代一个学者欧赛伯·洛里埃尔的话说,"法国的一般法律是","土地只在庄稼生长时才得到保护,一旦收获后,从一种人权角度看,土地成为所有人的共同财富,不管他是富人还是穷人"。每个农民都有"拾穗权"。另外,他还提到 1000 年时暴动的诺曼底农民的不满。"人类劳动的双手从未动过一切:草、水、荒地,不属于任何人所有。这是社会意识的古老的基本感性。"①

人类进入工业社会以后,一方面,人认识和利用自然资源的能力极大提高,能够使用的自然资源种类和数量广泛增加;另一方面,由于生产方式的变化,对自然资源的使用与享用分离了。使用了某种自然资源进行劳动的人并不能直接享用转入到劳动产品中的自然资源。结果,人对自身的自然权利在西欧得到承认并在法律上被确定以后,虽然从理论上说个人拥有了自由使用自然资源的权利,但是,因为具有市场价值的自然资源已经被少数人占有了,所以大多数人实际上是失去了对自然资源的所有权,并丧失了对自然资源起码的享用权。当一个人对自然资源既没有所有权,也没有享用权时,也就是丧失了对自然资源的起码权利。而且,在这样的情况下,一方面,少数人因为对自然资源和包含了自然资源的资本的占有而占据劳动力市场中的优势地位,那些仅仅拥有普通技能的劳动者的劳动能力创造的价值不能获得等价的报酬;另一方面,这样的劳动者一旦失去劳动能力或其劳动能力失去市场价值,就将陷入生存危机。此时,社会成员的自愿互助、慈善救助,往往也不能解决问题。

在当今的很多工业化国家中,社会经济结构同样是少数人占有国家的大部分自然资源,多数人对具有市场价值的自然资源没有任何权利。虽然在市场竞争机制的作用下,原来占有大量自然资源和劳动创造物的人也可能变得一无所有,但是,总体的社会经济结构却始终是少数人占有各种自然资源,如土地、矿藏、山林等,以及以它们为原材料的生产资料,多数人则主要靠出卖自己的劳动力为生。即使在实行矿藏资源国有化的国家,其收益只是作为国家的财政收入的组成部分,大多数劳动者也同样是不能平等地获得对这些自然资源形成的物质财富的享用权。

资本主义工业社会就是在对自然资源的严重不平等占有的基础上发展起来的。所以,自资本主义私有制形成以来,就遭到了各种派别的社会主义者的批判。20 世纪前几十年曾经在一些国家实行的社会主义,是希望通过对自然资源和包含了自然资源的生产资料实行公有制,解决资本主义私人

---

① 〔法〕马克·布洛赫:《法国农村史》,第 62、204 页。

财产所有制造成的不公正。实践证明这种选择又会导致很多新的问题，包括政治权力、劳动报酬方面的不公正。但是，最近几十年在一些国家进行的经济制度改革，仍然没有考虑到维护每个人对自然资源平等权利的问题。

三、每个公民的福利权利

由于在当今世界，对自然资源的使用和享用基本上还是在主权国家的范围内实现的，因此每个人对自然资源的平等权利也就是公民的平等权利。公民实现这种自然权利，可以采取从国家平等地获得一定量的生活资源的方式。因此，以自然资源不是任何人创造的自然事实为基础的每个人对自然资源的平等权利就成为公民福利权利的基础。

最早开始工业化进程的英国，在应对大量失地农民成为流浪汉导致的普遍骚乱乃至公开叛乱的探索中，最终颁布《济贫法》对陷入绝对贫困的人给予最低水平的救助。虽然，英国当时这样做的动机，或者是为了平息社会动荡、骚乱，或者是出于对极度贫困者的人道主义同情。但实际上，这种勉强使人维持生存的救济，就是对那些完全丧失了对自然资源起码权利的人的一点点弥补。后来，其他一些欧洲国家以及美国也实行了类似的"济贫法"。

工业革命开始以后，由德国首创，后来很快也出现在其他工业化国家中的社会保险，从根本上说，与弥补大多数人丧失的对自然资源的权利没有直接关系。社会保险应该是以大数法则为基础，使尽可能多的个人共同分担工业化社会特有的生活风险的一种制度安排，如工伤、患病等。但是，由于西方的工业化形成的财产占有状况是资本资源以及生产资料集中在少数人手中，大多数人成为除了自己的劳动力，没有任何资产的无产者。无产者只能靠出卖劳动力换取必要的生活资料。无产者一旦暂时或永久失去劳动能力，或者虽然有劳动能力却没有出卖的机会，就会陷入生活无着的困境。于是，社会保险就发展成了无产者在能够劳动时以其部分劳动所得应对不能劳动时的困难的政策。然而，由于有些劳动者收入过低，有些人没有收入，社会保险就采取了并不严格遵循保险原则的缴费和支付方式，结果模糊和掩盖了保险参与者共同分担风险的本质。

20世纪以来发展起来的社会福利政策，无论如何复杂，基本上就是"济贫法"的变异和社会保险的扩展。所谓"济贫法"的变异，20世纪以后，特别是第二次世界大战以后，在很多国家，即使是贫困救助政策，也绝对不是像"济贫法"那样苛刻，更不是以剥夺个人自由为前提的。同时，由于在很多西方国家公民的政治权利得到普遍承认，以及反法西斯国家共同的抵抗经历激发了人们的"敦刻尔克"精神,在很多国家还多少不等地颁布了一些与是否贫困无关的普遍性福利项目,如儿童福利、残疾人福利、老年人福利以及在教育、职业培训、职业介绍等方面的福利。社会保险的扩展,主要体现为保险项目增加、保险给付水平更高。这些社会福利政策加在一起,就形成了"从摇篮到坟墓"都有国家福利介入的"福利国家"。所有这些政策的结果,一方面,在一定程度上保障了劳动者基本生活需要的满足;另一方面,模糊了在个人生活需要满足方面,国家责任、个人责任和社会责任之间可以在理论上确定的界限。

国家福利政策领域存在的很多问题,除了具体设计方面的疏漏、烦琐、脱离实际等,从根本上说,是因为没有寻找到坚实的客观事实基础。虽然对于公民从国家得到一定生活资源的情况,也被普遍承认为公民的社会权利。然而,并没有人进一步追究公民的社会权利的根据是什么。

如果国家的福利政策以每个人对自然资源的平等权利为基础,将一个国家一定时间段内生产的物质财富中包含的自然资源的市场价值作为国家向其公民提供福利的物质资源,就既解决了现代社会个人无法通过对自然资源的使用实现每个人对自然资源平等权利的问题,也使国家的福利政策具有了坚实的客观事实基础和确定国家福利给付的数量根据。因为以每个人对自然资源的平等权利为基础,个人作为国家的公民,从国家得到一定的福利给付就是公民的福利权利。在国家通过保证公民的福利权利平等地满足了个人基本生活需要的情况下,因个人的特殊情况不能满足基本需要的人,就由自愿承担社会义务的人通过有组织的或非组织化的慈善活动提供帮助。与此同时,个人也要对自己的生活和自己的家庭承担起应该承担的责任。

四、个人的财产权

每个人对自己身体的自然权利在当今世界是得到普遍承认的,具体体现为人的各项基本自由权;同时,每个人对自然资源的平等权利是个人从国家得到一定量的生活资源的权利基础。每个人平等地拥有的这两种自然权利是人的财产权的基础。亦即,人的财产权不完全是以自然权利论者所揭示的人对自己身体的自然权利为基础的。

如果承认每个人对自然资源拥有平等权利,那么,个人的财产权就不是完全像近代自然权利论者的观点那样,完全以个人对自己的身体、生命、健康的平等权利为基础,同时还要以每个人对自然资源的平等权利为基础。

一方面,因为人对自己的身体拥有平等的权利,所以人对自己的劳动创造的财富、劳动创造的价值拥有不可侵犯的权利。就如洛克所说,"每个人对他自己的人身享有一种所有权,除他以外任何人都没有这种权利"。所以,"他的身体所从事的劳动和他的双手所进行的工作,我们可以说是正当地属于他的"。① 另一方面,由于在人的劳动产品中或多或少总是包含着一定量的自然资源,对于自己的劳动产品中包含的自然资源,个人不一定拥有全部的所有权。例如,煤矿、铁矿、原油的市场价值,其中的很大部分是由没有加入任何人类劳动的自然资源形成的。它们的生产经营者没有权利成为包含着全部价值的财产的所有者。因此,对于人的劳动制造的产品中包含的来自自然资源的价值,需要经过一定的再分配过程,才能够成为个人有权利拥有的财产。

这个再分配过程大体包括三个环节:首先,从每个人的劳动产品的总价值中分离出由自然资源形成的价值部分。从技术上说,在能够以货币衡量物品价值、劳动力和其他各种生产资料的价值,并能够通过市场价格相互比较的条件下,将具体产品中劳动创造的部分和自然资源形成的部分相互分离是能够做到的。其次,将从所有的人的劳动产品中分离出来的由自然资源形成的部分的价值加总。最后,依据总量平均分配给每个人。经过这样的再分配过程,个人对自己得到的由自然资源形成的财产就拥有了不可侵犯的权利。

这样的再分配责任,从理想状态出发,应该由一个全球性的机构承担。但是,依据目前人类社会的实际状况,由各主权国家的政府承担更为合适。在人类社会几千年的历史上,各种类型的人类群体,为了得到更多的自然资源,经历了无数的血腥杀戮和惨烈争战。目前在国际社会已经形成的主权国家体系以及主权国家的责任和彼此之间关系的现代规则,对于维护人类和平是具有显著的积极作用的。因此,目前各个国家的政府对本国公民利用自然资源形成的价值在全体国民之间进行平均分配是最为合适的。但是,国家对这个部分的财富的集中和再分配,不同于国家为了处理公共事务的税收和财政支出。

由于个人以人对自然资源的平等权利为基础获得的这部分财产与个人是否具有劳动能力、是否参加劳动无关,因此,个人对这部分财产的权利也就是个人从国家获得一定的生活资源的权利。国家为了进行这样的分配需要具体从事的工作,与当今世界多数国家政府承担公民福利职责的方式相比,将是既科学合理又相对简单易行的。国家的责任就是定期地将包含在

---

① 〔英〕洛克:《政府论》下篇,第18页。

GDP 中的自然资源的价值依据市场价格加以确定，从不同的自然资源使用者那里征收上来，根据国家总人口数量，以货币的形式定期平均地提供给每个人。

五、公民的政治权利

人的两种自然权利是每个人自然或者说天生就拥有的权利，是人之为人就拥有的权利，是"天赋人权"。但是，每个人的自然权利要能够平等地得到实现，是需要社会制度加以规范和保障的。因为人的本性决定了人不可能孤立地存在，人天生就是社会性的存在，因此，人必然作为一个规模或大或小的社会中的成员存在。作为一个社会的成员，人与人之间就必然存在相互作用、相互影响。彼此之间直接或间接的互助、合作，有可能使其中的每个人都受益。但是，人与人之间的相互作用中也存在着相互伤害，或一些人侵犯了另一些人的平等权利的事情。同时，作为由一定数量的个人构成的社会，就必然有些公共事务需要处理。所以，一个社会必须以法律、制度规定其成员的行为。

而个人是否有权利参与公共事务的处理，参与法律的制定，对于维护个人的自然权利以及与之相关的个人利益来说是重要的。从理论上说，因为每个人拥有平等的自然权利，也就需要平等地拥有一些政治权利。自然权利和政治权利是与人的不同角色相联系的权利。前者是人作为个体行动者与生俱来的权利，后者是个人作为社会成员才需要和可能拥有的权利。政治权利对于平等地维护每个人的自然权利具有极其重要的价值和意义。如果社会成员没有起码的平等参与包括立法在内的公共事务的权利，个人的自然权利应该如何实现，在保证每个人平等地实现个人的自然权利过程中，需要受到哪些限制、限制到什么程度等，都将成为掌握政治权力的人可以自行决定的事情。在这样的政治环境中多数人的自然权利必将受到严重的剥夺。

就人类社会历史的实际状况而言，在很长的历史中，大多数社会的政治权力是被极少数人控制的。当一个社会的成员相对自觉地认识到公共权力对每个人的意义，认识到人与人之间不仅有着各种差别，在某些方面也是相同的、平等的，每个人都平等地拥有某些与生俱来的权利时，就必然努力争取参与公共事务的权利。

因此，每个人以自然事实为基础的自然权利、以每个人的自然权利为基础对自己劳动创造的价值的权利、对自然资源通过人的劳动形成的价值的平等权利（即从国家获得合理的生活资源的权利），需要得到有关立法机构通过法律给予确认和保障。而这又需要所有具有行为能力的人拥有必要的政治权利。这就是说,人的权利具有三个层次:以自然事实为基础的自然权利——人权;以自然权利为基础的各项基本权利——福利权利、政治权利、对自己劳动成果的所有权等;法律确定的具体权利。

　　一个社会的法律、制度必须以自然事实为基础才可能是科学的、合理的、公正的。反之,一个社会的法律、制度也应该以平等地维护每个人的自然权利为根本目的。

　　但是,因为政治机构、政治权利是一种人为的设计,在利益极大分化、功能极其多元化的社会中,不同的人、不同的利益群体对公民如何行使政治权利的制度、规则有不同的认识。所以,直至今天,即使是在政治民主最为发达的国家,公民的政治权利也是极其有限的,而且也是很不平等的,并因此致使很多人的自然权利仍然不能得到起码的保障。这表明了人类通过各种形式的努力,争取更多、更平等的政治权利以维护人的平等的自然权利的过程,仍然漫长。